De Voltaire a Wagner

Coleção Estudos
Dirigida por J. Guinsbrug

Equipe de realização – Tradução: Ana M. Goldberger Coelho; Revisão: J. Guinsburg e Plínio Martins Filho; Produção: Ricardo W. Neves e Adriana Garcia.

Léon Poliakov

DE VOLTAIRE A WAGNER

HISTÓRIA DO ANTI-SEMITISMO III

Título do original francês
De Voltaire à Wagner

Copyright © Calmann-Lévy, 1968

2ª edição

ISBN 85-273-0087-7

Direitos em língua portuguesa reservados à
EDITORA PERSPECTIVA S.A.
Av. Brigadeiro Luís Antônio, 3025
01401-000 – São Paulo – SP – Brasil
Telefone: (011) 885-8388
Fax: (011) 885-6878
1996

Sumário

Preâmbulo	XI
PRÓLOGO	1
1. O Estado do Judaísmo na Europa no Século XVIII	3
1. *Alemanha*	11
2. *França*	21
3. *Grã-Bretanha*	26
4. *Um Olhar sobre Outros Países da Europa*	30
2. Estados Unidos da América	33
3. Os Homens do Gueto	39
Livro I: O SÉCULO DAS LUZES	51
4. Os Deístas Ingleses	55
5. A França das Luzes	65
1. *A Sensibilidade Protestante*	65
2. *Montesquieu. Os Fisiocratas*	73
3. *Voltaire*	78
4. *Rousseau*	91
5. *Diderot e a* Enciclopédia	93
6. *A "Sinagoga Holbáchica"*	104
7. *Os Construtores de Sistemas*	111
8. *Os Regeneradores*	126
6. A Alemanha	139
1. *A Boa Alemanha*	139

2. *O Bom Judeu* 144
3. *A Filosofia Alemã e os Judeus* 153
4. *Os Salões Judeus de Berlim* 166

Livro II: A EMANCIPAÇÃO 183

7. A Emancipação 185
   1. *A Emancipalão na França* 186
   2. *A Emancipação na Alemanha* 202
   3. *Veleidades Emancipativas no Império Russo* .. 210
8. Efeitos da Emancipação 219
   1. *O Caso dos Judeus* 219
   2. *O Caso dos Não-Judeus* 231

Livro III: A REAÇÃO RACISTA 259

9. Inglaterra 273
   1. *As Judias de Walter Scott e os Judeus de Disraeli* 273
10. França 287
    1. *A Entrada dos Judeus na Sociedade* 287
    2. *Os Espectros do Passado: os Judeus Errantes* 298
    3. *As Ameaças do Futuro: os Movimentos Socialistas* 310
11. Alemanha 323
    1. *Arndt, Jahn e os Germanômanos* 323
    2. *O Atalho do Anti-Semitismo Econômico* 333
    3. *Börne e Heine. Jovem Alemanha ou Jovem Palestina?* ... 337
    4. *A Cruzada dos Ateus* 346
    5. *O Caso de Richard Wagner* 363

CONCLUSÃO 387
ORIENTAÇÃO BIBLIOGRÁFICA 399

What happened to the Negro in this country is not simply a matter of *my* memory or *my* history; it is a matter of *American* history and *American* memory. As a Negro, I cannot afford to ignore or deny or overlook it, but the white American necessity is precisely to ignore, deny and overlook it. Now what I would like to see happen in some day to come is a fusion between what I remember and what you remember.

(JAMES BALDWIN)

["O que aconteceu com o negro neste país não é mera questão de memória *minha* ou história *minha*; é questão de história *americana* e memória *americana*. Enquanto negro, não posso permitir a mim mesmo ignorá-la ou negá-la ou deixá-la de lado, mas a necessidade do branco americano é precisamente de ignorá-la, negá-là e deixá-la de lado. Agora, o que eu gostaria de ver acontecer um dia é uma fusão entre o que eu lembro e o que você lembra".]

Preâmbulo

O autor desta tese acha que está perfeitamente a par das numerosas imperfeições e lacunas de seu trabalho. De um lado, elas eram inevitáveis por causa da amplidão de um tema que impunha pesquisas muito variadas abrangendo dois séculos de história européia, política, ideológica e literária. Daí, um estilo cursivo, confinando por vezes com o de um ensaio; daí, uma informação que somente em certos capítulos satisfaz às exigências habituais da erudição; daí, enfim, uma atenção dada quase que unicamente aos países que encarnam o mundo moderno, às custas daqueles (Áustria-Hungria, Rússia) que ainda estão regidos, antes de 1850 e no campo que nos interessa, pelos costumes e pela sensibilidade de outrora.

Ainda mais grave pode parecer outra censura que somos o primeiro a fazer. O presente trabalho pretendia ser, na medida do possível, um trabalho de sociologia histórica, de acordo com o método que nos esforçamos para observar nos dois volumes que o precederam. Esse princípio não foi respeitado em nosso "Prólogo" e, de certo modo, em nosso "Livro II"; no essencial, a obra deslizou, contra nossa vontade, para um estudo da história das idéias, se é que se pode chamar assim os esboços sucessivos onde os juízos emitidos sobre os judeus e o judaísmo por eminentes personagens tanto cristãs quanto judias alternam com dados biográficos e com tentativas psicológicas de interpretação, na medida em que os documentos permitem. Assim, não se encontrará em nosso trabalho um estudo sistemático da parte que os judeus tiveram no desenvolvimento da sociedade industrial; pode-se encontrar apenas um breve capítulo onde dizemos por que a idéia de "anti-semitismo econômico" parece-nos estar despida de um valor explicativo real, num campo onde, a nossos olhos, cabe à teologia o papel principal (o de uma "infra-estrutura", se se quiser). Para desencargo de consciência, observamos que, a partir do momento em que os judeus franceses ou alemães "assimilam-se", ou seja, tornam-se em princípio, de acordo com os desejos de seus emancipadores e com seus próprios desejos, cidadãos franceses ou alemães a mesmo título que seus compatriotas não-judeus, eles parecem furtar-se aos métodos de investigação usados nas ciências humanas em seu estado atual[1]. À primeira vista, dificuldade de ordem simplesmente técnica: a falta nos arquivos, para os períodos posteriores à emancipação, de dossiês dedicados ao que outrora chamava-se a "nação judaica"[2] reflete, no caso, uma indeterminação essencial, cuja origem é preciso procurar nos ideólogos e pensadores. "Seita" no século XVIII, "raça" no XIX, os judeus, de quem se chegou a dizer, no século XX, que eram constituídos pelo olhar dos anti-semitas, parecem assim escapar às categorias conhecidas pela sociologia: ao tentar tornar inteligível o fenômeno do anti-semitismo moderno, não poderíamos, talvez, fazer outra coisa senão adotar, à revelia do projeto primitivo, um método eclético, ditado pelas fichas acumuladas ao acaso?

De fato, levando-se em conta as dificuldades acima, nosso primeiro passo consistiu na reunião de textos em que os grandes europeus do passado tratavam dos judeus e do judaísmo; o dossiê formado deixou-nos inicialmente a impressão de uma bobagem monumental. Esses textos geralmente são pouco conhecidos; historiadores e comentaristas tendem a silenciar a seu respeito; em quase todos os casos, e além dos escrúpulos de método, as próprias necessidades da causa obrigavam a nos reportarmos às fontes originais. Pode-se adivinhar as razões pelas quais a erudição do século XX prefere calar-se sobre as diatribes antijudaicas de gente como Voltaire ou Kant, Proudhon ou Marx. Contudo, esses textos existem. Podem ser considerados como opiniões sem grandes conseqüências, como um tributo negligentemente pago às idéias da época, ou, pelo contrário, pode-se perguntar se eles não expressam uma orientação essencial do pensamento ocidental. Citamos os contextos, mas não cabe a nós decidir sobre uma questão que diz respeito aos historiadores da filosofia; ela nos parecia ser digna ao menos de ser colocada.

Existe outra questão vinculada àquela, e que diz respeito antes de tudo ao sociólogo. As precauções tomadas por tantos homens de boa vontade não contribuiriam tanto quanto a insuficiência dos métodos tradicionais para ocultar, aos olhos dos cientistas, uma realidade quase

---

1. Deve-se lembrar que a sociologia da religião só apreende os judeus praticantes, ou seja, uma minoria.

2. Uma história econômica dos judeus europeus no século XIX é possível teoricamente, mas ela exigiria pesquisas extremamente aprofundadas nos arquivos que servem para os trabalhos de história econômica em geral, e, além disso, imporia identificações aleatórias, às quais se somaria o problema colocado pelos judeus convertidos. Não é de espantar que não exista nenhum trabalho sério dessa ordem, ao contrário daqueles que, não raro excelentes, se referem aos séculos precedentes.

indestrutível de ordem psicológica e que se oferece à observação? Contudo, hesita-se nos termos (hábitos de pensamento? permanência da sensibilidade? memória coletiva?), e essa dificuldade talvez não seja a menor. Achamos que o problema não é novo, pense-se nas polêmicas em torno de conceitos tão diversos como a "alma coletiva" de Durkheim ou as "imagens originais" de C.G. Jung. É como se os especialistas das várias disciplinas tivessem tentado, cada um à sua maneira, uma conceituação apropriada. A esse respeito, recentemente o historiador Alain Besançon perguntava "o que significa exatamente em psicologia o fato de ser judeu, católico ou protestante" e lembrava "o fenômeno já observado pelo historiador, que um professor francês de tradição laica pode comportar-se como um jansenista, um bolchevique como o Arcipreste Avvakum e que acontece a um cientista positivista como Freud lembrar-se, ao escrever, do *Zohar* que jamais leu"[3].

Por mais deficiente que pareça nosso trabalho, achamos que seu mérito talvez seja o de revelar, à luz do dia, num ponto particular, a persistência de uma sensibilidade arcaica entre os homens do Século das Luzes e muito além. É fato que resquícios dessa ordem encontram, no caso da relação judaico-cristã, seu exemplo mais singular. Nossa ousadia foi empreender o estudo histórico desse fato e, assim, partir para um terreno mal explorado, onde nossos precursores foram pouco numerosos e que é iluminado de modo apenas imperfeito pelas ciências humanas, da psicologia profunda até a genética humana: seria esse um último motivo para solicitar a indulgência do leitor?

Tal como se apresenta, este trabalho de tese não poderia ter sido empreendido sem o generoso apoio de Fernand Braudel. Não poderia ter sido levado a bom termo sem a bondosa compreensão e os incentivos de Raymond Aron e Jacques Droz. Por outro lado, pudemos tirar proveito da erudição de muitos amigos. François Furet deu-se ao trabalho de ler os capítulos referentes ao Século das Luzes, e Rita Thalmann fez o mesmo no que se refere à história alemã; suas indicações foram preciosas para mim. Léon Lévy pôs à nossa disposição sua vasta erudição de germanista. Albert Pessès ajudou na parte relativa aos autores românticos franceses. Com Jean-Pierre Peter, discutimos o caso singular de R. Wagner. Reformulamos a conclusão seguindo os conselhos de Norman Cohn e Gavin Langmuir; mas o trabalho em sua globalidade foi grandemente estimulado por nossas trocas de opiniões e nossa correspondência. O Dr. Béla Grunberger teve a boa vontade de discutir conosco a legitimidade de nossas interpretações psicológicas, e o Dr. V. Gachkel fez o mesmo quanto ao "Livro II". Em relação a um tema que é interdisciplinar por excelência, as discussões que tivemos com Alexandre Kojève,

---

3. *Annales*, XXII (1967), p. 656. Na mesma revista, o Pe. Alphonse Dupront dedicava, faz alguns anos, um trabalho aos "Problemas e métodos de uma história da psicologia coletiva", história sob a qual ele entendia a "da psique coletiva" ou da memória coletiva; entre outros temas de pesquisa, Dupront propunha que se fizesse um "inventário, através do Ocidente medieval e moderno, das manifestações das forças irracionais (pânicos, epidemias, psicoses, feitiçarias...)". (*Annales*, XVI (1961), pp. 3-11.)

Emmanuel Levinas e Alexis Philonenko foram não menos preciosas, especialmente em matéria de história das idéias. Lucette Finas gentilmente sacrificou muitas noites para ler, caneta na mão, o manuscrito todo; as correções que ela sugeriu muitas vezes nos levaram a atenuar ou tornar mais preciso nosso pensamento. A todos eles, bem como àqueles que, num momento qualquer, ajudaram com um conselho, uma crítica ou uma indicação bibliográfica — a lista deles seria muito longa deixamos aqui nossos sinceros agradecimentos.

PRÓLOGO

1. Estado do Judaísmo na Europa do Século XVIII

No século XVIII, o número de judeus na Europa elevava-se a dois milhões aproximadamente, sendo que mais da metade habitava na Polônia. Embora a condição a que estivessem submetidos variasse segundo o país, a diferenciação maior era entre os judeus "sefaradim" (espanhóis ou portugueses) e os "aschkenazim" (alemães e poloneses). Os sefarditas, talvez contando uma centena de milhares, no mais das vezes descendentes dos marranos de que falamos longamente no volume anterior (*De Maomé aos Marranos*), podiam instalar-se em todos os países europeus, com exceção de sua península de origem, onde as fogueiras da Inquisição continuavam sendo acesas de tempos em tempos. De fato, eles se estabeleceram principalmente nos grandes portos da Europa ou de ultramar, onde se dedicavam ao comércio internacional em escala mundial. Um autor inglês do começo do século XVIII comparava-os às "porcas e parafusos de um grande edifício que, embora tendo pouco valor em si, são absolutamente necessários para sustentá-lo"[1]. Todos os governos consideravam-nos súditos úteis; além das atividades comerciais e financeiras, muitos cultivavam as letras e as artes, enquanto outros brilhavam no cenário político, como negociadores ou agentes secretos. Nos centros principais onde residiam, em Londres, Amsterdam, Hamburgo, Bordeaux, Livorno, eles gozavam de um *status* privilegiado e, em geral, haviam adotado as maneiras honradas e polidas de seu tempo. Os da Holanda, segundo um viajante alemão de 1678, "têm uma cara tão boa que é

---

1. Citado por WERNER SOMBART, *Die Juden und das Wirtschaftsleben*, Leipzig, 1911, p. 201.

preciso não considerá-los como judeus"[2]. No ano seguinte, o Duque de Hanover, passando por Amsterdam e tendo ficado doente, sua mulher escrevia ao irmão:

> Graças a Deus ele está melhor com os cuidados do Signor Robbio, médico judeu, e de nosso anfitrião, o Signor de la Costa, residente de Portugal, da mesma tribo, que nos hospeda magnificamente e faz ele mesmo as sopas para Ernesto-Augusto. Ele é tão limpo, e todos os de sua nação, que não querem ter qualquer comércio com os judeus alemães por causa de sua sujeira e mau-cheiro...[3]

Assim, pois, esses judeus polidos e precocemente "assimilados" distanciavam-se cuidadosamente de seus correligionários, e nada resume melhor a opinião particular que tinham de si mesmos, reflexo da que os cristãos cultos nutriam sobre eles, que a apologia feita no século seguinte pelo judeu bordelês, Pinto, face às generalizações anti-semitas de Voltaire:

> Se o Sr. de Voltaire tivesse consultado, nessa ocasião, essa correição de raciocínio que professa, teria começado distinguindo dos demais judeus dos judeus espanhóis e portugueses, que jamais se confundiram com a multidão dos outros filhos de Jacó, ou nela se incorporaram. Ele deveria ter dado a sentir essa grande diferença. Sei que ela é pouco conhecida na França, falando em termos gerais, e que esse fato causou prejuízos, em mais de uma ocasião, à nação portuguesa de Bordeaux. Mas o Sr. de Voltaire não pode ignorar a delicadeza escrupulosa dos judeus portugueses e espanhóis em não se misturar, por casamento, aliança ou outra forma, com os judeus de outras nações. Ele esteve na Holanda e sabe que suas sinagogas são separadas e que, com a mesma religião e os mesmos artigos de fé, suas cerimônias amiúde não se parecem. Os costumes dos judeus portugueses são totalmente diferentes dos dos demais judeus. Aqueles não usam barba e não apresentam nenhum aspecto singular em seu vestuário; as pessoas abastadas, entre eles, incentivam as pesquisas, a elegância e o luxo nesse gênero tanto quanto as outras nações da Europa de que diferem apenas pelo culto. Seu divórcio de seus outros irmãos é tal que, se um judeu português, na Holanda ou Inglaterra, casasse com uma judia alemã, perderia de imediato suas prerrogativas; ele não seria mais reconhecido como membro de sua sinagoga; seria excluído de todos os benefícios eclesiásticos e civis; seria separado inteiramente do corpo da nação; ele não poderia nem mesmo ser enterrado entre os portugueses, seus irmãos. A idéia que eles têm, de modo bastante geral, de serem descendentes da tribo de Judá, da qual afirmam que as famílias principais foram enviadas para a Espanha no tempo do cativeiro da Babilônia, só pode levá-los a tais distinções e contribuir para essa elevação de sentimentos que pode ser observada neles e que até mesmo seus irmãos das outras nações parecem reconhecer (...).
> Aqueles que conhecem os judeus portugueses da França, da Holanda e da Inglaterra, sabem que, longe de ter, como diz o Sr. de Voltaire, *um ódio invencível por todos os povos que os toleram*, pelo contrário, acreditam estar tão identificados com esses mesmos povos que se consideram como parte deles. Sua origem espanhola e portuguesa tornou-se uma pura disciplina eclesiástica que a crítica mais severa poderia acusar de orgulho e vaidade, mas de modo algum de avareza e superstição...[4]

---

2. Dr. SCHULZ, *Voyages*..., citado por MAX GRUNWALD, *Spinoza in Deutschland*, Berlim, 1897, p. 288.

3. E. BODEMANN, *Kurfürstin Sophie von Hannover, Briefwechsel mit ihrem Bruder*, Leipzig, 1889, p. 369.

4. ISAAC PINTO, "Réflexions critiques sur le premier chapitre du VIIe tome des oeuvres de M. de Voltaire", em *Lettres de quelques Juifs...* do Abade Guénée, Paris, 1821, t. I, pp. 12 e ss.

Essas distinções e protestos de um judeu assimilado do século XVIII podem ser encontrados sob inúmeras variantes, depois da emancipação geral dos judeus, pois é apoiando-se em argumentos semelhantes que, a seguir, irão distanciar-se os judeus ricos dos judeus pobres, os judeus autóctones dos judeus estrangeiros e, de modo muito singular, os judeus alemães dos judeus poloneses. A problemática da emancipação quer que alguém sempre possa encontrar alguém mais judeu do que ele mesmo. É justo acrescentar que depois o Sr. Pinto tomava a defesa de seus correligionários, explicando os erros deles pela condição a que estavam sujeitos (também nesse ponto aparece como um precursor):

> É de espantar que, privados de todas as vantagens da sociedade, multiplicando-se segundo as leis da natureza e da religião, desprezados e humilhados por todos os lados, freqüentemente perseguidos, sempre insultados, a natureza envilecida e degradada neles pareça relacionar-se apenas com a necessidade?... Pode-se lamentar quando eles erram, mas seria injusto não admirar a constância, a coragem, a boa fé, o desinteresse com que sacrificam tantas vantagens temporais...[5]

Esses judeus tradicionais, nesse tempo, só eram tolerados oficialmente na Europa nos países germânicos, na Polônia e na Itália; contudo, conseguiam infiltrar-se progressivamente, em número crescente, na França e na Inglaterra.

Já examinamos como foi sua situação na Polônia em nosso primeiro volume, ao qual remetemos o leitor; antes da partilha desse país em fins do século XVIII, a situação não varia. Mais para oeste, em compensação, lá onde os primeiros sintomas da Revolução Industrial começavam a manifestar-se e onde se elaboravam as idéias que iriam abalar o universo, o novo clima político e social da época favorecia os sucessos comerciais e financeiros dos judeus, por várias razões, das quais as mais marcantes procediam de sua condição medieval de prestamistas, também chamados "párias privilegiados". (A definição de judeu que pode ser encontrada num célebre tratado do século XV, a *Summa Angelica* de Ange de Chivasso: "Ser judeu é um delito, porém não punível pelo cristão", reflete a seu modo essa situação ambígua.) Essa condição medieval foi estudada em nossa obra dedicada aos *banchieri* judeus da Itália e para lá remetemos o leitor para detalhes mais amplos[6]. Na época do absolutismo, o privilégio particular dos judeus desaparece à medida que a proibição medieval do empréstimo a juros cai em desuso; mas, ao mesmo tempo, a consolidação do poder dos príncipes, seus aliados tradicionais, abre-lhes possibilidades de ação em outros setores. De fato, a "razão de Estado" vai substituir a ética medieval entre os detentores do poder; paralelamente, esboça-se a idéia de um interesse geral, oposto aos privilégios corporativos de antes. Não podemos tratar detalhadamente de uma evolução estrutural da condição econômica dos judeus (que, para ser estudada convenientemente, iria exigir um volume muito grande)[7] e

---

5. *Idem.*

6. *Les banquiers juifs et le Saint-Siège du XIIIe au XVIIIe siècle*, Paris, 1965.

7. *Idem*, "Bibliografia".

da qual alguns efeitos ainda persistem, dos dois lados do Atlântico, em nosso mundo atual; mas, levando-se em conta a tenacidade das idéias transmitidas referentes a uma aptidão congênita e quase biológica dos judeus para o enriquecimento e o comércio, as poucas indicações que se seguem nos parecem necessárias. O que vem a seguir, portanto, é um esquema que será ilustrado parcialmente mais adiante neste mesmo "prólogo" (também não se trata mais de especificar a importância relativa dos diferentes fatores enumerados abaixo, dos quais, aliás, alguns se misturam, como veremos, de modo que se pode falar, no que se refere ao papel econômico dos judeus nos tempos modernos, de uma verdadeira superdeterminação).

1º. Por um lado, a dianteira que os judeus tinham em relação a seus concorrentes cristãos decorria objetivamente (tecnicamente) de sua antiga especialização no empréstimo sob penhor. Em particular:

a) A manipulação dos penhores trazia o problema de sua conservação em bom estado e do escoamento dos que ficavam em mãos do emprestador, levando à especialização dos judeus em atividades como a reforma, a utilização de sobras e o comércio de artigos usados (não se deve esquecer a ampla comercialização desses artigos antes da Revolução Industrial). Deve-se observar que ainda hoje, em vários países, os judeus desempenham um papel importante na indústria têxtil, na ourivesaria e comércio de quinquilharias; ora, todas essas especializações procedem historicamente do antigo empréstimo sob penhor.

b) Por razões da mesma ordem, isto é, levando em conta o caráter heteróclito das riquezas mobiliárias manipuladas pelos prestamistas sob penhor, os judeus, na medida em que agora estavam autorizados a comerciar, tinham tendência para traficar com todo gênero de mercadorias (prenúncio das "grandes lojas" modernas), ao contrário dos comerciantes cristãos, tradicionalmente confinados pelos estatutos corporativos a um único gênero de comércio.

c) Do ponto de vista financeiro, um prestamista não passa de um detentor de capital que abre crédito ao público; além disso, os judeus foram os pioneiros da venda a prestação aos particulares. Já foi constatado em nosso trabalho mencionado acima, que tais operações já eram difundidas entre os judeus da Itália do século XV; elas podem ser encontradas nos documentos alemães ou franceses do século XVIII e compreende-se facilmente que tenham constituído uma das razões da preferência da clientela pelo judeu.

d) Outra razão da voga do comércio judeu foram os preços baixos que eram cobrados, preços que desafiavam toda concorrência, segundo inúmeros testemunhos no mesmo sentido, a tal ponto que, nos locais onde os judeus eram autorizados a abrir lojas, as corporações cristãs sentiam-se acuadas até a ruína. Também nesse ponto, o exercício profissional do empréstimo a juros havia feito com que os judeus ficassem conhecendo (a partir do conceito da importância do giro rápido do dinheiro) a verdade elementar, e hoje em dia conhecida universalmente, de que o giro rápido de um estoque de mercadorias escoadas a lucros baixos (em outros termos, a produção em grande série) normalmente beneficia o empresário ou o comerciante. Os comerciantes cristãos, por seu lado, levaram algum tempo para extrair as conseqüências dessa verdade fundamental, pois estavam presos às tradições e regulamentos corporativos, baseados no conceito medieval do "preço justo" que, na prática, implicava um débito malthusiano, compensado por uma rendosa margem de lucro, a fim de que cada membro da corporação tivesse garantida sua segurança e sua participação.

In matters of commerce, the fault of the Dutch
Is giving too little, and asking too much.
("Em questão de comércio, o defeito do holandês
É dar muito pouco, e cobrar por demais")

dizia um adágio inglês do século XVII; é evidente que o adágio não se aplica unicamente aos holandeses.

2º Outros fatores da superioridade do comerciante ou empresário judeu decorriam igualmente de sua condição medieval, mas através das sensibilidades e costumes respectivos, de uma relação coletivamente intersubjetiva: o desprezo em que era tido o judeu, o tratamento que lhe era infligido. Desse ponto de vista, achamos que se pode constatar uma verdadeira complementaridade entre macrocosmo cristão e microcosmo judeu.

Do lado judeu, pode-se observar principalmente:

a) Como regra geral, um estilo de vida bem mais modesto do que o do mercador cristão, preocupado em manter seu prestígio ou *status* corporativo; daí, para o judeu, uma redução considerável nas despesas com sua própria manutenção e a de sua família.

b) Um dinamismo tradicional, ligado à insegurança da condição política do judeu e contrastando com a "amável despreocupação" do empresário cristão; uma avidez de enriquecimento devida à cruel experiência secular, já que, na sociedade cristã, o dinheiro é a única proteção do judeu; além disso, quando essa sociedade torna-se burguesa e os antigos quadros começam a desagregar-se, o dinheiro torna-se um meio de escapar ao desprezo ambiental e tornar-se, a partir de um certo nível de fortuna, uma pessoa de qualidade, como veremos mais adiante.

c) No que se refere mais especialmente ao espírito de empresa, que implica a aceitação ponderada dos riscos, aqueles a que o judeu estava acostumado pela própria precariedade de sua condição predispunham-no a correr, com a mesma tranqüilidade, os riscos propriamente comerciais e avançar ousadamente.

d) Enfim, deve-se lembrar as relações e a solidariedade internacionais dos judeus, como resultado das perseguições e expulsões. Pode-se dizer deles, mas em escala muito mais vasta, o que recentemente foi dito dos protestantes franceses: "Em todos os setores, a perseguição e a insegurança da situação fizeram deles uma minoria particularmente móvel e impuseram-lhes uma mobilidade que, embora freqüentemente cruel, os beneficiou grandemente..."[8]

---

8. HERBERT LÜTHY, *La banque protestante en France*..., Paris, 1959, t. I. p. 28.

Do lado cristão, pode-se observar, notadamente na nobreza e entre os funcionários, a tendência de entender-se com os judeus, para tratar em associação com eles dos assuntos de remuneração, pouco compatíveis com a condição das classes superiores ou com os costumes da época. Assim, a honra cristã de uma pessoa de posição elevada e de poder não ficava ou ficava menos comprometida (não se enrubesce perante o mais miserável dos homens), e o segredo do acordo ou da operação parecia estar mais garantido. A corrupção pura e simples pode ser comparada com essas práticas, já que, pelas mesmas razões, o judeu estava numa boa posição para exercer o papel de tentador.

As modalidades de tais combinações, permitindo ficar rico sem comprometer a dignidade, eram inúmeras. Citemos duas categorias:

a) Aplicação lucrativa de capitais, operações de usura ou especulação, das quais todo o opróbrio era lançado sobre o judeu, associado ou testa-de-ferro. A ascensão meteórica dos Rothschild, devida em grande parte às especulações feitas com o capital do riquíssimo margrave de Cassel, fornece o exemplo histórico mais conhecido.

De fato, a origem dos capitais com que operavam os financistas e os grandes comerciantes judeus no mais das vezes era cristã. É interessante observar que as dívidas contraídas desse modo contribuíam, por outro lado, para a manutenção dos precários direitos de cidadania dos judeus: seus credores tornavam-se, *ipso facto*, seus protetores interessados, pois em caso de expulsão os créditos eram irrecuperáveis. Em certas épocas e em certos países, as comunidades judias utilizavam sistematicamente este procedimento de garantia contra as expulsões. Foi especialmente o caso da Itália da Renascença[9], bem como da Polônia do século XVIII: no que se refere a este país, o ministro das finanças do Imperador Paulo I, Gavrila Derjavin, constatava:

> ... A fim de evitar o que lhes aconteceu na Espanha (os judeus), inventaram ou aplicaram na Polônia seu velho estratagema de endividar-se no país onde residem, a fim de serem tolerados. Eles dão em garantia todos os bens móveis das judiarias, por intermédio de suas comunidades, que, assim se asseguram da vinculação e do respeito dos credores...[10]

b) Gratificações e gorjetas aceitas pelos funcionários públicos, mediante as quais os judeus conseguiam obter, ao mesmo tempo que o direito de residência num país ou numa cidade, o privilégio de exercer um ou mais gêneros de comércio. Na Alemanha, essas gratificações leva-

---

9. Sobre esse tema, remetemos a nosso trabalho *Les banquiers juifs...*, Paris, 1965 (cf. especialmente as pp. 100-108).

10. Cf. "Avis sur la lutte contre la famine en Russie Blanche, et la réorganization de la vie des Juifs", *Obras de Derjavin* (em russo), São Petersburgo, 1878, t. VII, p. 278. Em 1773, o governador da província de Mohilev descrevia a mesma situação, como segue:"... (os judeus) emprestam onde quer que isso seja possível e, no final das contas, vão à falência intencionalmente; descobrem um meio de endividar-se junto aos habitantes e, com isso, obrigam, pela força das coisas, a serem tolerados. Eles emprestam dinheiro de várias maneiras: se o credor recusa confiar nalgum deles, o empréstimo, formalmente, mas não na realidade, é contraído pela comunidade..." (*Idem*, p. 334).

vam o nome dugestivo de "doçuras" (eram comuns na Europa dos séculos XVII-XVIII, de modo geral; um grande teólogo romano, o Cardeal de Lugo, declarou nada ter a criticar, desde que o funcionário ou ministro pago não fizesse nada contrário aos interesses de seu príncipe; não é certo que essa cláusula sempre tenha sido respeitada)[11].

c) A justeza das duas observações acima e a importância de que se revestiam tais fatores psicológicos para a ascensão econômica dos judeus ressaltam do exemplo da instituição dos "judeus da corte", que floresciam principalmente na Alemanha, mas de que se pode encontrar um germe equivalente no círculo de certos grandes senhores franceses. Não se poderia compreender, sem dar o devido lugar às afinidades psicológicas entre senhores e judeus, decorrentes parcialmente de cumplicidade desse gênero, a razão pela qual os príncipes confiavam a direção de seus assuntos financeiros, pessoais e mesmo sentimentais a factótuns escolhidos entre os filhos de Israel. Inútil acrescentar que o favor com que consequentemente eram beneficiados constituía para os "judeus da corte" uma posição de força essencial, muito lucrativa para as atividades econômicas judias em seu conjunto.

3º Enfim, alguns outros fatores do sucesso dos judeus devem ser considerados sob o ângulo da ética comercial, se não da ética *tout court* dos séculos passados. A rotina a que estava sujeito o comércio cristão vinculava-se historicamente a uma tradição cristã ou agrário-cristã hostil ao enriquecimento e ao comércio, freando o desenvolvimento econômico europeu. "O espírito da corporação, em princípio, opõe-se ao espírito de novidade" (Charles Morazé). A casta cristã de produtores e comerciantes havia imposto a si mesma regras de jogo muito rígidas e opunha-se à menor mudança nos usos e costumes estabelecidos. Os judeus, rigorosamente excluídos das corporações, não se sentiam vinculados por tais regras de jogo, e o espírito da inovação, desenvolvido pela existência movimentada e perigosa de seu exílio, tornara-se neles, pode-se dizer, uma segunda natureza.

Dentre os estratagemas comerciais utilizados pelos judeus, para fúria e desespero de seus concorrentes cristãos, alguns foram há muito incorporados aos costumes modernos, enquanto outros continuam a ser reprovados; tanto uns quanto outros valiam aos judeus o favor da clientela, ao mesmo tempo que uma fama pouco lisonjeira; mas, sob este ponto de vista, não tinham muito a perder. Eis alguns estratagemas:

a) Publicidade e solicitação de clientela, isto é, "promoção de vendas", estritamente proibidas pelos regulamentos das corporações, mas arma econômica favorita dos judeus, sob forma de angariação de fregueses nas praças públicas, nas salas das hospedarias, e nas ruas dos guetos, assiduamente frequentadas pelos compradores cristãos.

b) Fabricação e venda de artigos de qualidade inferior, não conformes aos padrões corporativos; apresentação atraente da mercadoria, especialmente das quinquilharias reformadas ou consertadas pelos hábeis artesãos dos guetos.

---

11. Cf. nosso trabalho mencionado acima, p. 148.

c) Escoamento de mercadorias de origem duvidosa, quer fossem despojos de guerra, contrabando, pilhagem de soldados, roubos e assaltos. (Sob esse último ponto de vista, é característica a obrigação assumida em relação aos sefarditas de Hamburgo pelos asquenazitas, quando estes foram admitidos na cidade, no sentido de não comprar de receptadores e soldados[12]. No primeiro volume, tratamos do fenômeno do banditismo judeu na Alemanha nos séculos XVII-XVIII[13].

A esse último ponto pode-se vincular a questão da "ética talmúdica", ou seja, de uma ética que permitia, em relação a não-judeus, práticas proibidas nas relações entre correligionários.

É conhecida a difusão que tiveram, sob esse ponto de vista, graças à propaganda anti-semita, certos textos ou preceitos da religião judaica, dos quais alguns eram autênticos e outros forjados. Mas, em relação a isso, nos primeiros séculos de nossa era, os doutores da religião-filha imitaram os da religião-mãe (cf. a "exceção de Ambrósio", autorizando o empréstimo a juros aos heterodoxos: *ubi jus belli, ibi jus usurae*[14]); a seguir, a discriminação para com o "Infiel" passou a ser praticada pelos dois campos, pelos meios políticos a seu alcance, ou seja, respectivamente, a violência e o artifício. Cristãos e judeus praticavam o sistema dos dois pesos e duas medidas e estavam presos numa inextricável relação de reciprocidade. Os tradicionalistas dos dois campos pareciam achar bom que assim fosse (assim, Bonald escrevia: "... os cristãos podem ser enganados pelos judeus, mas não devem ser governados por eles, e essa dependência ofende sua dignidade ainda mais do que a cupidez dos judeus lesa seus interesses"[15]). Porém, pelo próprio fato de que os judeus não passavam de uma pequena minoria, comportamentos dessa ordem eram-lhes vantajosos (na medida em que a elasticidade em matéria comercial constitui uma vantagem), pois o ato econômico do judeu dizia respeito no mais das vezes a um cristão, enquanto que a recíproca só se verificava numa ínfima proporção dos casos.

Tais são os fatores dominantes, ao lado dos que são invocados com maior freqüência: cultura elevado do "povo que lê há dois mil anos" ou uma espécie de seleção natural parecem ter desempenhado um papel apenas subsidiário, que assegurava a progressão econômica dos judeus nos países onde eram tolerados. Cabe acrescentar que, apesar de seu avanço, os homens de negócios judeus não adquiriram a supremacia em nenhum país do Ocidente e que não desempenharam o papel de "criadores do capitalismo" que às vezes lhes é atribuído.

Agora veremos os fatos concretos, país por país.

---

12. A. FEILCHENFELD, "Die älteste Geschichte der deutschen Juden in Hamburg", *M.G.W.J.*, XLIII (1889), pp. 279 e ss.

13. Cf. *De Cristo aos Judeus da Corte*, pp. 199-200.

14. Cf. *Les banquiers Juifs... cit.*, pp. 50, 293.

15. L. DE BONALD, "Sur les Juifs", *Mercure de France*, XXIII (1806), pp. 249-267.

1. ALEMANHA

De modo geral, o progresso econômico dos judeus, no alvorecer dos tempos modernos, caminha lado a lado com a ascensão do absolutismo centralizador e com a afirmação do poder dos príncipes, às custas das franquias burguesas e dos privilégios corporativos medievais. Essa evolução é nítida principalmente na Alemanha, onde tais franquias e privilégios persistiram mais tempo do que nas monarquias ocidentais e onde a burguesia cristã combatia os judeus, instrumentos do poder absoluto, com especial encarniçamento. Sob esse aspecto, nada é mais característico do que o episódio do estabelecimento em Berlim dos judeus expulsos de Viena em 1671.

A expulsão da rica e antiga comunidade de Viena foi decretada no mais puro estilo medieval, por motivos dentre os quais é difícil determinar qual a parcela que cabe à hipocrisia medieval e qual às superstições pias. O Imperador Leopoldo I da Áustria, ex-jesuíta, tinha fama de devoto. Durante os dez primeiros anos de seu reinado, ele deu provas de boa vontade para com os judeus, mas uma série de infelicidades que se abateu sobre a família imperial em 1669 — um incêndio do palácio, a morte do príncipe herdeiro, seguida por um aborto da imperatriz — semeou dúvidas em seu espírito. O confessor da imperatriz encarregou-se de observar-lhe que se tratava de sinais ou avisos vindos do alto, e seus argumentos foram apoiados pela oferta feita pela burguesia de Viena no sentido de cobrir, e ultrapassar, as conseqüências financeiras que a partida dos judeus poderia causar ao tesouro imperial. A expulsão foi decretada pelo imperador em 28 de fevereiro de 1670; todos os judeus tiveram de deixar a capital antes de Pentecostes (por outro lado, eles foram chamados de volta uns quinze anos mais tarde e, a partir de então, considerados indispensáveis: "É de sua diligência que dependem, na maioria das vezes, os negócios mais importantes de Viena", declarou o novo ministro de Leopoldo I, o Chanceler Ludwig[16]. Quando tomou conhecimento da expulsão, o "Grande Eleitor" Frederico Guilherme, o primeiro dos monarcas que fizeram a Prússia moderna, decidiu convidar cinqüenta famílias judias ricas para seu Estado, cujas indústrias e comércio ele procurava desenvolver por todos os meios, e onde já havia acolhido numerosos colonos ou empresários estrangeiros, especialmente huguenotes franceses. Assim, deu aos judeus, mediante uma *taxa de proteção* (*Schutzgeld*) correspondente, um privilégio especial e revogável, em que eram estipuladas as atividades permitidas aos judeus, bem como seus direitos e deveres, conforme o costume[17]. A concorrência que logo se estabeleceu entre comerciantes cristãos e comerciantes judeus foi ainda mais encarniçada porque eles se diferen-

---

16. *Praesertim Viennae ab opera et fide judaeorum res saepius pendent maximi momenti*; citado por W. SOMBART, *Die Juden und das Wirtschaftsleben, op. cit.*, p. 57.

17. Resumido segundo o relato de SELMA STERN, *Der preussische Staat un die Juden*, Tübingen, 1962. ("Erster Teil, Die Zeit des Grossen Kurfürsten und Friedrichs I", Cap. I, pp. 11-15.)

çavam tanto pela cultura e costumes, quanto pelos usos comerciais e situação jurídica; certas formas e efeitos dessa concorrência irão persistir até o século XIX, bem depois da emancipação dos judeus. Além disso, a chancelaria do Estado prussiano foi inundada, durante gerações, por representações e contra-representações, cuja leitura conduz diretamente a certos fatores principais do anti-semitismo moderno:

> Esses anticristos [indignavam-se, já em 1673, os comerciantes cristãos de Berlim e Colônia] correm de cidade em cidade, vendem uma coisa e compram outra, e, assim, não só se livram de suas mercadorias velhas avariadas e enganam as pessoas com seus panos velhos, como estragam todo o comércio, especialmente o da prata, latão, estanho e cobre (...). Essa é a razão urgente que nos obriga a humildemente expor nossa desgraça a Vossa Majestade, desgraça tão grande que deve levar-nos à ruína e, conosco, levar à ruína vossas cidades, com suas escolas e igrejas nas quais é celebrada a glória de Deus...[18]

Daí, vê-se como, já no século XVII, a glória de Deus era relacionada com os lucros do comércio cristão. Pode-se atribuir a ressentimentos da mesma ordem um libelo um tanto escatológico que data do mesmo ano de 1673, dirigido contra o banqueiro Israel Aron, que conseguira alcançar a posição essencial de fornecedor da corte do Grande Eleitor; ao mesmo tempo que atacava o judeu, o libelo atacava os funcionários da corte que o favoreciam e a quem ele teria coberto de ouro e presentes[19]. As recriminações das corporações cristãs contra a concorrência dos judeus repetiam-se de ano em ano e de província em província. Pode-se encontrar uma abundante seleção destas nos dois volumes de documentos recentemente publicados por Selma Stern[20]; limitamo-nos a citar as imagens vigorosas que em 1734 utilizaram os comerciantes da cidade de Stendhal: "O judeu é um lúcio num tanque de carpas... Ele penetra em todo lugar, arranca o pão da boca dos comerciantes, suga o sangue dos pobres e, sordidamente, não paga os impostos..."[21]

Em 1673, o Grande Eleitor tomou o partido dos judeus, opinando que "os judeus e seu comércio não são prejudiciais a nós nem a nosso país, mas que são úteis", e seus sucessores na maior parte das vezes adotaram a mesma linha de conduta, ficando bem entendido que essa utilidade media-se pelo conteúdo das bolsas dos filhos de Israel. Por seu lado, os judeus faziam-se humildes e pequenos e limitavam-se, para justificar sua tolerância num Estado cristão, a invocar os princípios do negócio sadio:

---

18. S. STERN, op. cit. "Erster Teil, Zweite Abteilun", Akten, nº 27, pp. 33-34.

19. Cf. HEINRICH SCHNEE, Die Hoffinanz und der moderne Staat, Berlim, 1953, t. I, pp. 54-55.

20. Op. cit., Akten (1. Die Zeit des Grossen Kurfürsten und Friederichs I; 2. Die Zeit Friedrich Wilhelms I.)

21. Idem, vol. 2, nº 267, pp. 330-333.

Perguntamos: quem são os que ficam arruinados por nós e por nosso comércio? (...) Será que os armazéns desses grandes negociantes não estão cheios de mercadorias mais numerosas e mais preciosas do que todas aquelas que nós podemos reunir? No entanto, eles também possuem casas soberbas e vastos palácios. Qual de nós pode ter liteiras e carruagens para levá-lo às casas de lazer e jardins, como eles o fazem? Qual de nós ganhou bastante dinheiro para poder imitá-los, para comprar terras, abandonar o comércio e tornar-se banqueiro de categoria? (...) Se é a nós que se deve imputar a ruína dos comerciantes cristãos, não compreendemos por que eles vão à falência em cidades onde não existe um único judeu. Mas não é usual ver comerciantes cristãos lançar-se em negócios de que não entendem? Qual pode ser o resultado quando esses comerciantes apóiam-se em seus servidores, em vez de cuidar eles mesmos dos negócios; quando passam o tempo bebendo e comendo e dissipam seus lucros nas tavernas? De que os judeus têm culpa quando esses comerciantes vão à falência? (...) Os judeus não confiam nos olhos de terceiros, são eles mesmos que viajam e compram suas mercadorias; não compram além do que permitem suas bolsas; não compram a crédito...[22]

O entrelaçamento dos interesses da religião com os do comércio pode ser exemplificado ainda pelos incidentes que eclodiram em 1669 na cidade prussiana de Halberstadt. Sem que fossem oficialmente autorizados, os judeus admitidos para comerciar na cidade construíram uma sinagoga. Sem comunicar o fato às autoridades, os burgueses de Halberstadt, acompanhados por uns cinqüenta mosqueteiros armados [relatava a súplica judia] irromperam em nossa sinagoga e quebraram portas e janelas, e destruíram o edifício inteiro de ponta a ponta, quebraram, demoliram e partiram em pedaços tudo, e provocaram tal tumulto, escândalo, terror e pavor que esperávamos ser moídos de pancadas e massacrados até o último homem, de modo que, dia e noite, tivemos de proteger-nos com os soldados contra a plebe que acorreu de todos os lados...[23]

O governo prussiano ordenou uma investigação. Os burgueses de Halberstadt justificaram-se da seguinte maneira:

...A experiência infelizmente torna conhecido o mal que causam tais seminários, para a eterna danação dos judeus, pois ali são-lhes inculcadas, desde a infância, suas superstições e ensinam-lhes a compreender errado as profecias divinas e a Revelação e a desprezar Jesus Cristo, de modo que o caminho da conversão é tornado mais difícil. Além disso, esse povo multiplica-se mais ali onde se favorece o exercício de sua deplorável religião, e o país inteiro fica infestado de judeus para a ruína dos cristãos...[24]

Pode-se ver aí como os imperativos do comércio cristão alimentavam e estimulavam a milenar luta da Igreja contra a Sinagoga.

Embora as empresas da burguesia cristã pareçam efetivamente ter sofrido muito com a presença dos judeus, essa presença era extre-

---

22. *Idem*, vol. 2. nº 18, pp. 27-31 ("Gegenvorstellung der sämtlich vergleiteten Judenschaft hiesiger Königl. Residentien contra einige unruhige Krämer unter Namen sämtlicher deutschen und französischen Handelsleute daselbst und deren ungegründete Klagen").
23. *Idem*, vol. 1, nº 121, pp. 108-109.
24. *Idem*, vol. 1, pp. 113-115, 126.

mamente lucrativa para os príncipes e a nobreza, seus protetores naturais (a ponto de alguém como Werner Sombart pretender ver no judeu o autêntico co-fundador do Estado moderno). Porém, além dos princípios do equilíbrio político a serem respeitados num Estado que continuava cristão, os sentimentos religiosos vinham traçar limites para a proteção e os favores dados, em nome de sua utilidade econômica e financeira, aos filhos do povo deicida. No caso, era evidente o papel desempenhado pelo temperamento ou pelas convicções pessoais dos autocratas. A conduta a ser adotada para conciliar razão de Estado com as exigências da moral cristã era ingenuamente descrita pelo "rei-sargento", Frederico Guilherme, dando conselhos sobre como governar bem a seu filho, o futuro Frederico, o Grande:

> No que se refere aos judeus, existe um número muito grande em nosso país que não recebeu de mim as cartas de proteção. Deveis expulsá-los, pois os judeus são os gafanhotos de um país e a ruína dos cristãos. Peço que não lhes deis novas cartas de proteção, mesmo que vos ofereçam muito dinheiro... Se precisais de dinheiro, taxai a judiaria inteira em 20.000-30.000 *thalers* a cada três ou quatro anos, além do dinheiro de proteção que vos pagam. Deveis exercer pressão sobre eles, pois traíram Jesus Cristo e jamais deveis confiar neles, pois o mais honesto dos judeus é trapaceiro e vadio, ficai certo... [25]

Realista como seu pai, mas tão cínico quanto este era preconceituado, Frederico, o Grande, não teve preocupações morais dessa ordem e voltou à regra áurea do Grande Eleitor: um judeu é útil na medida em que é rico. Portanto, perseguia e expulsava impiedosamente os filhos de Israel sem recursos, os "judeuzinhos", ao mesmo tempo que distribuía privilégios aos que demonstravam poder criar indústrias, abrir estabelecimentos comerciais, cobrar impostos e, principalmente, emprestar dinheiro[26]. Tais procedimentos de governo, que, aliás, eram observados na época em muitos Estados europeus, contribuíram para a persistência, até hoje, de uma certa relação entre judaísmo e dinheiro (tanto em relação ao conceito que o mundo cristão tinha do judaísmo, quanto ao que diz respeito à vida interior deste); tanto isso é verdade que as sensibilidades sobrevivem durante gerações às estruturas de onde se originaram, e, ao fazê-lo, fazem subsistir certas seqüelas dessas estruturas.

Do ponto de vista econômico, os judeus alemães gozavam, nos séculos XVII e XVIII, de um papel cada vez maior nos grandes centros comerciais: em Leipzig, onde sua participação numérica nas célebres feiras acabou atingindo 25% em fins do século XVIII[27]; em Hamburgo, onde o Senado da cidade livre, que os havia expulsado em 1648 e só readmitiu algumas famílias quinze anos depois, constatava, em 1733, que eles se tinham tornado um "mal necessário" para o comércio

---

25. Cf. S. STERN, *op. cit.*, II/1, pp. 9-10.
26. Cf. H. SCHNEE, *op. cit.*, t. I, pp. 189-190.
27. Cf. W. SOMBART, *Die Juden und das Wirtschaftsleben*, Leipzig, 1911, p. 26.

devido ao entrelaçamento de seus interesses com os dos cristãos[28]; em Frankfurt principalmente, onde dizem que um incêndio do gueto, em 1711, fez tremer as finanças do Império, mas cujas muralhas, transformadas em local de passeio, estavam adornadas com a seguinte inscrição: "Nenhum judeu e nenhum porco podem entrar neste lugar".[29] Em Frankfurt, principal centro financeiro da Alemanha, os judeus eram particularmente numerosos: mais de 3 000, 16% da população da cidade, por volta de 1711; e é evidente que o gueto de onde saíram os Rothschild contava, ao lado de alguns financistas ricos, uma plebe numerosa, amontoada nalgumas ruelas estreitas, dedicando-se a mil tráficos miseráveis para garantir a subsistência.

> Emprestando e trocando, eles sabem atrair as pessoas para suas redes.
> Quem se deixar pegar nelas, jamais sairá.
> Em teu país inteiro, não resta mais ninguém
> Que não esteja aliado a Israel de um modo ou de outro.

Foi assim que Goethe, a quem esse espetáculo fascinava desde a juventude[30], descreveu o tráfico dos judeus (*A Feira de Plundersweilern*, 1778). Uma canção popular fornece uma descrição mais precisa:

> Alguém quer comprar uma roupa,
> Logo corre ao judeu.
> Louça, estanho, pano, chapéus,
> E todas as coisas que faltam,
> Ele acha tudo com o judeu
> Que recebeu bens em penhor

28. *Idem*, p. 23, citando um inquérito do Senado: "...sie nehmen an Zahl merklich zu. Es ist fast kein Teil der grossen. Commercii, der Fabriquen und der täglichen Nahrung, worin sie nicht stark mit eingeflochten sind. Sie sind uns schon ein malum necessarium geworden".

29. Cf. WILHELM TREUE, "Die Juden in der Wirtschaftsgeschichte des rheinischen Raumes", em *Monumenta Judaica*, Köln, 1962, p. 428. Para a inscrição "kein Jud' und kein Schwein darf hier nicht hinein", ver o contemporâneo ZALKIND-HOURWITZ, *Apologie des Juifs en réponse à la question: Est-il des moyens de rendre les Juifs plus heureux et plus utiles à la France?*, Paris, 1789, p. 63, nota. As autoridades de Frankfurt mantiveram a interdição até o começo do século XIX, apesar dos protestos dos judeus ricos; cf. GEORG LIEBE, *Das Judentum in der deutschen Vergangenheit*, Leipzig, 1903, pp. 113-114.

30. Como se sabe, Goethe era originário de Frankfurt. Em sua velhice, lembrava as impressões do gueto da seguinte maneira:
"Dentre as coisas significativas que preocupavam a criança e também o jovem, figurava principalmente o estado da cidade judaica, que, para dizer a verdade, era chamada de a rua judaica, pois era constituída essencialmente por uma única rua, que sem dúvida alguma outrora estivera comprimida entre o fosso e a muralha da cidade. O espaço apertado, a sujeira, a agitação, o sotaque de um idioma que soa mal ao ouvido, tudo isso produzia uma impressão bastante desagradável. Durante muito tempo não me aventurei por ali sozinho e não voltava para lá com boa vontade depois de conseguir escapar das insistências de tantos homens incansavelmente ocupados em chamar a freguesia e regatear..." (citado por G. LIEBE, *op. cit.*, p. 114).

E o que é roubado e o que é pilhado
Tudo isso também se encontra com ele
... Casacos, calças, seja lá o que for
O judeu vende muito barato
Os artesãos não vendem mais nada
Porque todo o mundo corre para o judeu...[31]

Com certeza, o povinho das cidades e dos campos alemães tirava vantagens concretas da presença dos judeus, ao contrário dos comerciantes e dos artesãos; mas depoimentos de todo gênero são unânimes em dizer que também as "classes silenciosas", as que não tinham voz no capítulo, desprezavam-nos e detestavam-nos. "Enrolar o judeu" era considerado um feito notável, como atestam vários contos populares, como "O Judeu nos Espinhos" (*Der Jude im Dorn*) que os irmãos Grimm incluíram em sua clássica coletânea.

A tradicional identificação cristã — judaísmo = mentira, daí judeu = trapaceiro — convinha muito bem a essa ética. No século XVII, a crença na velhacaria congênita dos judeus parece ter sido partilhada por todas as classes sociais. Spener, fundador do pietismo luterano, que foi um dos primeiros a sair em defesa deles, oferecia até mesmo uma espécie de explicação natural:

> Os pobres, que, como entre os cristãos, constituem entre eles o maior número, não podem fazer outra coisa, não tendo mais do que alguns *thalers*, senão prover pela velhacaria a suas necessidades e as de sua família; é por isso que essa gente miserável não pode sonhar dia e noite com nada que não seja o modo de garantir sua subsistência por meio da trapaça, da intriga, do artifício e do roubo...[32]

No século seguinte, opiniões como essa começaram a ser classificadas de preconceitos pelas pessoas esclarecidas. Segundo Christian-Wilhelm Dohm, funcionário prussiano que foi um dos precursores da emancipação dos judeus, "são só as pessoas do povo, que acreditam que elas mesmas podem enganar um judeu, que o acusam de observar uma lei que permite fraudar os que têm uma religião diferente da sua; e são só os padres intolerantes que difundem as fábulas sobre os preconceitos dos judeus, traindo seus próprios preconceitos desse modo..."[33] Pode-se dizer que o anti-semitismo popular estava baseado em dois pontos, que eram suas condições necessárias e suficientes: tanto às crianças quanto aos adultos, os padres das duas confissões ensinavam, no catecismo e do alto dos púlpitos, que os judeus eram um povo deicida e pérfido; na vida real e na idade adulta, essas opiniões raramente eram desmentidas, tirando sua justificação quotidiana da tensão *sui generis* inerente às relações de negócios, do conflito potencial ou franco que implica toda compra e venda, todo regateio e toda troca — e o

31. Cf. G. LIEBE, p. 34.
32. Cf. G. LIEBE, p. 115.
33. *De la réforme politique des Juifs*, de C.W. DOHM, tradução de M. Bernouilli, Dessau, 1782, p. 20.

contato entre cristãos e judeus limitava-se essencialmente às relações agressivas desse gênero.

Muito mais complexas eram as relações dos judeus com os detentores do poder e as classes dirigentes. Tais relações constituíam sua posição de força essencial, e, numa época em que a ordem tradicional das coisas e as idéias recebidas encontravam-se abaladas principalmente de cima para baixo, às vezes elas atingiam um grau real de intimidade. Era por causa delas que as figuras de proa dos guetos podiam empreender sua ascensão meteórica e saborear, depois de fazer fortuna, as volúpias do poder e mesmo uma certa glória, ao mesmo tempo que continuavam judias.

Extraordinários romances da Alemanha do barroco! Aqui está um pobre judeu de vinte anos, Alexandre David de Halberstadt, que, em 1707, vem tentar fortuna em Brunswick, capital do ducado de mesmo nome, onde os judeus não eram tolerados. Quando chegou, o guardião das portas da cidade teria exclamado: "Então vou chegar a ver com meus próprios olhos um judeu instalado em Brunswick?"[34] O fato é que ele conseguiu obter o direito de residência. Mas, nos primeiros dias, teve de dormir ao relento, sobre um banco, porque não encontrou um morador disposto a hospedá-lo.

Os documentos informam-nos a seguir das recriminações dos comerciantes da cidade, indignados com os procedimentos desleais do judeu, como entregar as encomendas na casa dos fregueses. Porém, desde o começo, ele conseguiu trazer o herdeiro do trono para seu lado, com toda probabilidade emprestando-lhe dinheiro. Em troca, este lhe deu antecipadamente um "privilégio secreto" e o cobriu abertamente de favores quando, em 1714, sucedeu seu pai no trono. Alexandre David foi então autorizado a construir uma casa, criar uma manufatura de tabaco, importar tecidos ingleses e holandeses, e recebeu o título de fornecedor da corte, o que o subtraiu à justiça ordinária. Aos conselheiros que protestavam, o jovem duque teria respondido: "Pode-se encontrar homem igual a este, abençoado com um gênio inventivo tão divino?"

No decurso dos anos, Alexandre David, comerciante, banqueiro e funcionário público ao mesmo tempo, como quase todos os judeus da corte, desenvolveu e diversificou seus negócios, de que faziam parte o fornecimento de víveres ao exército, a organização de uma loteria, adiantamentos de dinheiro ao duque e empréstimos a outros príncipes alemães (entre outros, ao futuro Frederico, o Grande, por intermédio da noiva deste, Elizabeth Cristina von Bevern). Ele prosperou sob cinco duques sucessivos, multiplicando títulos e funções à medida que aumentava sua riqueza: era *banqueiro* da corte, *joalheiro* da corte, *financista* da corte, *fornecedor* da corte e desempenhou certas missões políticas. Sabia falar em alto e bom som aos funcionários da corte: quando um de seus ex-cocheiros, acusado de roubo, foi condenado à morte e o

---

34. Biografia de Alexandre David de Halberstadt, segundo H. SCHNEE, *op. cit.*, t. II, pp. 88-100.

ministro do duque, Schrader von Schliestedt, recusou-se a agraciá-lo com as palavras: "Ele será enforcado ou não me chamo Schrader von Schliestedt!", o judeu retorquiu: "Eu me chamava Alexandre David antes que vós vos chamásseis von Schliestedt" — e obteve ganho de causa. Ele passava suas horas de lazer estudando o *Talmud* e construiu, em Brunswick, uma sinagoga suntuosa. Morreu em 1765, com quase oitenta anos; seu corpo foi levado na carreta fúnebre ducal, seguido pelos servidores da corte, para sua última morada.

É quase certo que os serviços que prestou ao príncipe herdeiro desde que chegou, acompanhados por presentes, estiveram na origem de seu êxito notável. Presentes de valor eram considerados pelos judeus da corte como um investimento de futuro, desde que distribuídos criteriosamente. Em suas memórias, Glückel von Hameln[35] conta uma história muito característica. Descreve o casamento suntuoso, em 1670, de sua filha mais velha com o filho do banqueiro Elias Cleve, honrado com a presença do segundo filho do "Grande Eleitor" prussiano:

...A esse casamento também veio um certo Mocata, joalheiro português, que usava um pequeno relógio de ouro muito bonito, ornado de diamantes, valendo quinhentos ducados. Elias Cleve fez com que ele lhe entregasse o relógio e quis presenteá-lo ao príncipe. Mas um de seus amigos, que estava a seu lado, lhe disse: "De que adianta? Se ele fosse o príncipe herdeiro, eu ainda entenderia". Porém, como já disse, pouco depois o príncipe herdeiro morreu de repente e o jovem príncipe, que agora é o Príncipe Eleitor, tomou seu lugar. Depois disso, Elias Cleve muito censurou o amigo que o dissuadiu de presentear o relógio cada vez que o via. E por certo o príncipe jamais teria esquecido um presente tão bonito: pois os grandes senhores não esquecem coisas desse gênero...

Assim, voltamos às relações cordiais que eram estabelecidas entre os judeus e os príncipes alemães, tanto uns quanto outros personagens fora de série ou fora de contexto na sociedade alemã do tempo; mas, fossem quais fossem as verdadeiras razões dessa afinidade entre membros de duas castas que, cada uma a seu modo, estavam imbuídas do sentimento de sua superioridade, no século XVIII uma corte principesca alemã tornou-se propriamente inconcebível sem seu judeu. Por ocasião de um conflito que, em 1741, no principado eclesiástico de Hildesheim, colocou de um lado a corporação dos retalhadores e do outro os judeus, o Rabino Herschel Oppenheimer dirigiu-se ao príncipe-bispo para fazer com que os artesãos voltassem a seu lugar:

...se os retalhadores tivessem alguma prática de corte, não teriam raciocinado de modo tão tolo, pois quase não se pode encontrar príncipe ou potentado no Reich alemão que não tenha seu judeu da corte, que sempre tem privilégios junto àquele, ao contrário do retalhador, todos os dias os judeus são cobertos de favores, privilégios e até monopólios, o que inverte de modo absoluto o princípio segundo o qual os judeus gozariam de um favor menor junto aos príncipes do que os demais súditos....[36]

---

35. *Denkwürdigkeiten der Glückel von Hameln*, ed. Berlim, 1913, p. 121. Sobre essas memórias, ver *De Cristo aos Judeus da Corte*, p. 201-203.

36. H. SCHNEE, *op. cit.*, t. III, p. 72.

Os aproximadamente trezentos principados alemães davam a certos judeus a possibilidade de fazer carreira e fortuna. Quanto menor o principado, mais íntimas as relações entre o príncipe e seu judeu, algumas vezes chegando a pôr o soberano sob a tutela de seu factótum. Heinrich Schnee publicou algumas cartas endereçadas, por volta de 1730, pelo conde de Lippe-Detmold a seu banqueiro Joseph-Isaac. A seguir um extrato:

> Joseph, informamos que para esta noite não temos mais manteiga e, portanto, pedimos que tomeis as medidas necessárias para que recebamos uma boa tonelada ainda esta noite. O tempo urge, pois, caso contrário, não poderemos sentar à mesa; esperamos assim que façais o máximo ...[37]

Em outra carta, o conde suplicava ao judeu que arrumasse urgentemente velas já que, de outro modo, ele ficaria reduzido a passar a noite na escuridão. É com o mesmo tom subalterno que solicitava adiantamentos de dinheiro. Uma sujeição desse tipo faz pensar, mais do que nas relações entre Mefistófeles e Fausto (segundo a imagem romântica de Sombart), nos sinistros *Morlocks* de H.G. Wells ou no filme *The Servant* de Joseph Losey. Contudo, deve-se desconfiar da literatura, lembrando que, se existe um campo onde a imaginação e os chavões literários fizeram muito mal, é exatamente o das obsessões anti-semitas, que em todos os tempos implicaram um aumento característico do poderio exercido pelos judeus.

No entanto, esse aumento, por mais obsessivo que seja, tem uma de suas raízes em certas práticas financeiras do passado. Principalmente no seio da nobreza, eram numerosos os cristãos ávidos de especular ou emprestar com usura em segredo, sem perder face, para quem o judeu serviçal e discreto, impermeável à vergonha de se comportar como judeu, constituía o testa-de-ferro ideal. Fachada que ainda desorienta muitos historiadores contemporâneos! Às vezes, não passava de uma marionete cujos fios eram manipulados pelo capitalismo cristão; na maioria das vezes, tratava-se de associações em que o parceiro cristão, parte invisível do *iceberg*, desempenhava papel dominante. Assim, a carreira de Baruch Simon (avô do escritor Ludwig Börne) na corte do príncipe-arcebispo de Colônia foi devida à proteção do Ministro Conde Belderbusch, sócio principal da associação, cuja fortuna chegou a atingir um milhão de ducados. De acordo com os boatos, o capelão da corte, Pe. Paulin, também participava dessa sociedade: *sub vesperum cum ministro et Baruch spolia dividebet*, dizia-se dele[38]. Na Saxônia, sob o Ministro Brühl (1733-1763), o Conde Joseph Bolza tornou-se o homem mais rico do reino. Ele se servia de testas-de-ferro judeus, especialmente do "feitor da corte", Samuel Ephraim Levy, para suas especulações e usuras à coroa; "o lucro que ele obtém é um pouco judeu demais, e os serviços dessa Excelência custam-nos bem caro", escrevia Brühl em 1761. A cobiça do Conde Bolza acabou fazendo com que se

---

37. H. SCHNEE, *op. cit.*, t. III, pp. 102-104.
38. H. SCHNEE, *op. cit.*, t. III, pp. 35-38.

suspeitasse que ele era um judeu camuflado, de modo que, no tempo do nazismo, seus descendentes tiveram de fazer pesquisas genealógicas para que lhes entregassem os "certificados de arianidade"[39]. É ainda na Saxônia, sabe-se, que foi representado o último ato da tragicomédia durante a qual Voltaire, que havia encarregado o filho do joalheiro Herschel de comprar obrigações da Saxônia, conseguiu enganar magistralmente o jovem; o pai morreu de desgosto. O poeta Lessing que, na época, servia como secretário do filósofo, resume a confusão no seguinte epigrama:

> Pour dire très brièvement
> Pourquoi cette affaire
> A mal tourné pour le Juif
> La réposenest à peu près la suivante:
> Monsieur V... fut un plus grand fripon que lui[40]

> (Para dizer em poucas palavras
> Porque esse negócio
> Acabou mal para o judeu
> A resposta é mais ou menos a seguinte:
> O Sr. de V... foi mais velhaco do que ele.)

Como já foi dito, os Rothschild construíram a base de sua fortuna fazendo frutificar a fortuna reunida pelos margraves de Cassel, de acordo com as instruções que recebiam.

A aptidão dos judeus em cobrir com sua insígnia de judeu todo tipo de operações indelicadas ou contrárias ao código de honra com certeza facilitou um grande número de ascensões espetaculares. Uma vez realizado, o judeu da corte escapava das principais servidões de sua casta; podia escolher uma residência fora do gueto e usar armas; a designação de "judeu" cedia lugar, na correspondência oficial, à de "senhor"; sob essa forma, seu nome figurava no almanaque oficial da corte. O enterro de Alexandre David no coche fúnebre dos duques de Brunswick não foi um fato único; amiúde os grandes senhores alemães honravam com sua presença os funerais, as circuncisões e principalmente os casamentos judaicos, às vezes celebrados na residência do soberano local. Parece que as amabilidades ou homenagens dessa ordem exasperavam mais a burguesia cristã do que o espetáculo dos sucessos financeiros dos filhos de Israel. Consegue-se sentir essa exasperação nos motivos invocados pelos edis de Frankfurt para negar aos judeus, apesar de seus protestos, o acesso ao célebre "passeio" da cidade: "É só o orgulho e a vontade de se igualar aos cristãos que provocam esses pensamentos ambiciosos", escreviam na conclusão... [41]

---

39. H. SCHNEE, op. cit., t. II, pp. 241-245 e 289.

40. H. SCHNEE, t. II, pp. 235-236, resumindo as especulações de Voltaire na Alemanha segundo F. KÖLTZSCH, Kursachsen und die Juden in der Zeit Brühls, tese, Leipzig, 1929.

41. G. LIEBE, op. cit., p. 114.

2: FRANÇA

Com quase a mesma vivacidade de cores, pode-se encontrar, na França do século XVIII, o mesmo quadro da Alemanha. Os judeus são protegidos cuidadosamente pelo poder central, combatidos ativamente pela burguesia ascendente e odiados cristãmente pelo conjunto da população, com a exceção relativa dos meios esclarecidos e privilegiados. Como o antigo edito de seu banimento da França, reiterado em 1615 por Luís XIII, não foi revogado, é na semiclandestinidade que eles se espalham pouco a pouco no reino, a partir da Alsácia e de Metz, do enclave pontifício do Condado Venessino e das cidades portuárias. Na França, não gozam do apoio específico que encontravam na Alemanha, dividida por cada príncipe, para exasperação de seus súditos; mas talvez o clima humano de um país grandemente aberto para o antigo Mediterrâneo tenha contribuído para tornar menos chocante os contrastes e os ódios.

O fato continua sendo de que o estabelecimento de judeus em uma cidade podia ser sentido como crime de lesa-majestade divina, como insinuava, em 1708, o baixo clero de Nancy, em seu requerimento ao Duque Leopoldo de Lorena:

>... O que sempre nos distinguiu de modo tão feliz dos reinos mais florescentes nos escapará dentro de poucos momentos, e ficaremos reduzidos a chorar, como os povos que nos circundam, as feridas funestas que um comércio, sempre contagioso, pode fazer no Estado e na religião? Portanto não se trata aqui, Senhor, de falsos alarmas; quantos comerciantes arruinados, campos desolados, famílias oprimidas e sem recursos apresentam-se antecipadamente a nossos olhos! O que recusastes com tanta firmeza a hereges que nada esqueceram para se estabelecerem em vossos Estados, ireis dá-lo a judeus, os inimigos mais mortais de Jesus Cristo, de sua Igreja e do nome cristão? Esse povo, tão visivelmente maldito e reprovado por Deus, banido de quase todos os Estados, irá encontrar, Senhor, um asilo no vosso?[42]

Quando os comerciantes ameaçados dirigiam-se diretamente às autoridades, sem passar pelo clero, manifestavam suas inquietações sem desvios teológicos[43]. "Os judeus logo se apossarão do comércio da França..." (comerciantes de Gien, 1732). "Essa nação judia, infiel e enganadora, espalha-se a cada dia em nossos cantões..." (deputados do comércio de Montpellier, 1739). "Essa nação judia só parece arrastar-se para melhor elevar-se e enriquecer..." (deputados da Câmara de Comércio de Toulouse, 1744). "Suplicamos que detenhais os progressos dessa nação, que iriam causar uma reviravolta inevitável em todo o comércio..." (Montpellier, 1744). A administração real não se deixava perturbar com esses alarmas:

---

42. Cf. MAURICE ARON, "Le duc Léopold de Lorraine et les Israélites"; *Revue des Études Juives* (mais adiante, *R.E.J.*), XXXIV (1896), pp. 107-108.

43. As citações que se seguem foram extraídas do notável estudo de N. ROUBIN, "La vie commerciale des Juifs comtadins en Languedoc au XVIIIe siècle", *R.E.J.*, XXXIV-XXXVI (1896-1897), pp. 75-99, 91-105, 276-293.

O melhor partido que eles [os comerciantes de Toulouse] podem tomar é sortir suas lojas com as mesmas qualidades que os judeus compram e contentar-se com um lucro menor...

... Se os comerciantes [de Béziers] queixam-se dos prejuízos que os judeus provocam, é culpa deles. Eles não devem explorar o público e tentar obter lucros consideráveis...

... Os comerciantes de Montpellier... mantêm seus tecidos a preços tão excessivos que, seja lá o que for que digam sobre a má qualidade daqueles que os judeus levam para as feiras, estes não valem menos pelos preços a que são vendidos do que os que podem ser encontrados nas lojas dos comerciantes. Os judeus têm tecidos de todas as qualidades, a todos os preços. Não ouvi ninguém dizer que seus tecidos não estão marcados com o chumbo da fábrica. Conseqüentemente, é a diferença entre o pouco lucro a que os judeus se reduzem e os preços excessivamente caros que os comerciantes põem em seus tecidos que determinou o público a fazer suas compras nas feiras em vez de dar comissões a Lyon...

Mas a módica margem de lucro dos judeus não basta por si só para explicar seu êxito. De um modo característico, a própria semiclandestinidade em que eram obrigados a operar acabava por favorecê-los, excitando a imaginação dos clientes:

Atualmente, existe na Praça da Bolsa [de Nantes], homens dessa têmpera, que vendem toda espécie de mercadorias e quinquilharias e cujo chamado para atrair o cliente é: à bancarrota, à bancarrota! (...) No ano passado, essa gente intrigante expôs para vender na Praça da Bolsa musselinas, tecidos indianos e lenços de todos os tipos. Não obstante, foram vendidos com rapidez surpreendente...[44]

Outro procedimento dessas vendas relâmpago ou furtivas consistia em comerciar as mercadorias num quarto de hospedaria ou, ainda melhor, em entrar em entendimento com algum senhor sem dinheiro que punha seu castelo à disposição do judeu, como fizeram os marqueses de La Grave em Montpellier ou o Sr. de Saint-Simon em Saintes[45]. Uma administração já meio convicta das idéias do Século das Luzes e preocupada com o interesse geral permitia e mesmo aprovava essas práticas, principalmente quando os interesses imediatos do Estado saíam ao mesmo tempo beneficiados. Com certeza, foi esse o caso da "guerra dos alquiladores" no Languedoc, durante a qual alguns ousados judeus de Avignon puseram um fim à penúria de animais de tração e cavalos de sela que reinava por volta de 1735 na região do Midi importando animais de Poitou e de Auvergne, e, ao mesmo tempo, arruinaram a corporação de alquiladores cristãos. "Os judeus venderam os animais a preços convenientes e proporcionais às possibilidades da gente do campo...", constatava Bernage, intendente do Languedoc[46].

44. Cf. LÉON BRUNSCHWICG, "Les Juifs en Bretagne au XVIIIe siècle", R.E.J., XXXIII (1896), p. 111.
45. Cf. N. ROUBIN, estudo *cit.*, p. 80.
46. N. ROUBIN, estudo *cit.*, pp. 91-98.

O tradicional comércio de dinheiro achava defensores com maior dificuldade. Contudo, esta é a opinião que um alto magistrado emitia em 1768 sobre o comércio dos judeus alsacianos:

> É certo que os judeus podem ter alguma utilidade na Alsácia. Em tempos difíceis e quando a guerra está nas fronteiras, os camponeses encontram em sua casa os recursos para manter os encargos que devem sustentar. Se foram devastados, se perderam os animais na corvéia, os judeus lhes fazem adiantamentos, que lhes permitem comprar sementes e animais: esses empréstimos não são baratos: mas, em extrema necessidade, é ainda melhor passar pela mão do usurário do que perecer. Os judeus também se dedicam a pôr em condições a cavalaria; fazem maquinações para mandar vir cavalos de países estrangeiros; e não se pode deixar de convir que, durante todas as guerras passadas, eles prestaram serviços desse gênero.
> Portanto, não é um mal que existam alguns judeus na Alsácia; mas vejamos o mal que um número muito grande deles pode trazer... Os judeus não trabalham a terra e ocupam muitas casas nos campos que poderiam ser ocupadas de modo útil por agricultores. Os camponeses, achando junto aos judeus dinheiro para emprestar, quer para pagar seus Senhores, quer para os impostos do Rei, tornam-se por esse meio lânguidos e preguiçosos e caem na miséria pouco depois, enquanto seus bens, mal cultivados, são vendidos para pagar seus credores...[47]

Na segunda metade do século XVIII, o clima parecia ser favorável aos requerimentos dos judeus que solicitavam a autorização oficial para praticar "o comércio e as artes" em Paris. As corporações se lhe opuseram em nome da tradição, mas alguns argumentos apresentados nessa ocasião refletem ao mesmo tempo o abalamento da antiga ordem de coisas, os progressos da irreligião, o advento de uma "idade da razão". É muito instrutiva a memória redigida em 1765 por um advogado célebre, Goulleau, a pedido dos comerciantes e negociantes de Paris (os "Seis Corpos"). Esse trabalho é, essencialmente, uma longa exposição histórica dos crimes e prejuízos causados pelos judeus, emaranhado por comparações e metáforas pitorescas, à moda da época[48]. Todas as censuras tradicionais são enumeradas por Goulleau e retomadas por conta dele, desde a insociabilidade às usuras, e desde o assassinato ritual à propagação da peste — com exceção do crime original e principal, isto é, da morte de Cristo, que o trabalho nem menciona. Assim,

---

47. *Traité commun des fiefs,* de M. GÖTSMAN, antigo conselheiro do Conselho Supremo da Alsácia, Paris, 1768, t. II, pp. 317-318.

48. *Requête des marchands et négociants de Paris contre l'admission des Juifs,* Paris, 1765. Essa memória tornou-se um dos "clássicos" da polêmica anti-judaica da França em fins do século XVIII; além disso, foi reeditada em 1790, quando a Assembléia Constituinte estava cogitando da emancipação dos Judeus.
Certas expressões de Goulleau merecem ser citadas:
"...pode-se comparar os judeus aos marimbondos, que se introduzem nas colmeias para matar as abelhas, abrir seu ventre e tirar o mel que está dentro de suas entranhas..."
"...são partículas de dinheiro vivo que correm, dispersam-se e, ao menor declive, reúnem-se num bloco principal..."
Quanto aos judeus de Bordeaux, "eles eram judeus em Portugal, ali tornaram-se cristãos, chegaram à França como cristãos e aqui tornaram-se judeus; que sociedade de homens!"

embora a estrutura continuasse intacta, a pedra angular da argumentação antijudaica foi retirada por esse escritor. Já estamos na idade da razão; além disso, por ocasião de um outro litígio, o advogado e polemista Linguet comedia suas palavras da seguinte maneira: *O hábito, a religião, a política, talvez a razão, ou, pelo menos, um instinto justificado por muitas razões, forçam-nos a vincular ao nome de judeu tanto desprezo quanto aversão...*[49] As novas idéias, o deísmo ambiental, haviam chegado até os belchiores de Montpellier, que em 1789 invocavam o Ente Supremo:

> Não existe ninguém que não traga no coração a convicção do mal que o povo judeu faz em todo o universo. O Ente Supremo, na criação da natureza, quis expressamente que essa raça fosse encerrada em um certo território, e proibiu-a de comunicar-se de qualquer maneira com as outras nações...[50]

Mas, no essencial, o anti-semitismo continuava baseado, no século XVIII francês, como em outras partes, na antiga conjunção dos impulsos da religião tradicional e dos interesses comerciais — como lembrava o Ministro de Estado Malesherbes a Luís XVI, às vésperas da Revolução:

> ...ainda existe no coração da maioria dos cristãos um ódio muito forte contra a nação judaica, ódio baseado na lembrança do crime de seus ancestrais e corroborado pelo costume dos judeus de todos os países de dedicar-se a comércios que os cristãos consideram como sua ruína...[51]

Por conseguinte, o anti-semitismo militante era essencialmente um fenômeno burguês-cristão: posto de lado o dinamismo dos interesses comerciais, judeus que se encarniçavam em exercer seus ofícios de judeu sem a menor hipocrisia constituíam forçosamente um motivo de escândalo para comerciantes que professavam adorar o Deus dos humildes e dos pobres (segundo o *Dictionnaire du Commerce* de Savary, "diz-se que um comerciante é rico como um judeu quando possui a reputação de ter juntado grandes bens"). Veremos como, mesmo entre os filósofos e os enciclopedistas, as disposições referentes aos filhos de Israel parecem estar coloridas pela origem social destes. Só uma nobreza cujo prestígio repousava no nascimento e cujos preconceitos englobavam indiferentemente tudo o que não era ela, demonstrava alguma simpatia pelos judeus, e talvez lhe desse preferência em relação a uma burguesia cristã da qual sentia aumentar as invejas e os ódios. Na medida em que essa nobreza conhecia suas próprias diferenciações e contrastes, a constatação aplica-se principalmente à velha nobreza da espada, o que não é de espantar. É notável ver os heróis e grandes capitães, aqueles que

---

49. *Annales*, de LINGUET, comentando um decreto do Parlamento de Paris de 21 de julho de 1777, Londres, 1777, segundo tomo, pp. 99-125.

50. Caderno de queixas dos vendedores de roupas e calçados de segunda mão de Montpellier, citado por N. ROUBIN, estudo *cit.*, p. 87.

51. Cf. PIERRE GROSCLAUDE, *Malesherbes, témoin et interprète de son temps*, Paris, 1961, t. II, p. 647.

tinham acima de si apenas o rei e o céu, rodear-se de judeus e protegê-los. Foi o caso do Príncipe Eugênio de Savóia, do Marechal Maurice de Saxe[52] do Príncipe Charles de Ligne. Este, no final da vida, redigiu uma *Mémoire sur les Juifs,* cuja boa vontade vinha velada por uma fina camada de ironia de grande senhor. "Os judeus têm vários tipos de virtudes", escrevia ele em conclusão; "jamais bêbados, sempre obedientes, conscienciosos e antecipando os desejos, súditos fiéis aos soberanos em meio às revoltas, jamais encolerizados; unidos entre si, algumas vezes hospitaleiros, e os ricos ajudando os pobres". Seguia-se um apelo para a emancipação dos judeus, de uma ironia mais dura:

E os israelitas enfim, esperando os decretos impenetráveis da Providência sobre seu endurecimento no gênero de erros de seus antepassados, serão, ao menos neste mundo, felizes, úteis e deixarão de ser o povo mais vil da terra. Concebo muito bem a origem do horror que inspiram os judeus, mas é tempo que isso acabe. Uma cólera de mil e oitocentos anos parece-me ter durado bastante tempo![53]

Sem dúvida alguma, o filo-semitismo da nobreza sob o *Ancien Régime* repousava inicialmente nos múltiplos serviços que os judeus podiam prestar-lhe, nos empréstimos de dinheiro, isto é, nas especulações feitas em comum (a que se dedicava, por exemplo, no tempo de Law, a princesa de Rohan, sob a cobertura de um certo Salomon Lévy[54]). Mas a falta de preconceitos burgueses facilitava tais relações, que não eram necessariamente interessadas. Só um padre de extração nobre, seguro de si, podia colocar-se a favor de um judeu em dificuldades, do modo como fez, em 1744, o abade de La Varenne de Saint-Saulieu:

[Do abade de La Varenne de Saint-Saulieu ao tenente de polícia de Paris, 14 de março de 1744]:
Não esqueci que me dissestes que eu tinha ar de rabino quando vos falei desse assunto; mas quando souberdes que o judeu por quem falo fez pelo menos tanto bem na prisão onde está quanto todas as instituições de caridade, quando pôde, e que saíram poucos prisioneiros que não tenham sentido os efeitos de sua liberalidade, vós não me acusareis mais de judaísmo sem dúvida alguma, e estou

---

52. O Príncipe Eugênio freqüentava as caçadas organizadas pelo judeu da corte vienense Wolff Wertheimer; cf. H. SCHNEE, t. III, p. 243. Maurice de Saxe achava que só os fornecedores judeus estavam à altura de abastecer convenientemente a seus exércitos. Em 1727, endereçava o seguinte bilhete ao tenente de polícia de Paris: "Senhor, o Sr. Salomon promete tornar-se um homem muito honesto, até mesmo um bom católico; ele me prestou serviços e o reconhecimento me incita a desejar que tenhais indulgência para com sua judiaria; ele ainda está empregado por alguns dias em meus negócios, assim peço que lhes deis consideração ou graça. Não me resta outra coisa senão agradecer-vos pela bondade que tendes tido a esse respeito, e assegurar-vos que ninguém poderia ser mais perfeitamente, Senhor, vosso humilde e mui obediente servidor, Maurice de Saxe." (Cf. LÉON KAHN, *Les Juifs de Paris au XVIIIe siècle,* Paris, 1894, p. 106).
53. *Oeuvres choisies, littéraires, historiques et militaires du maréchal prince de Ligne,* Genebra, 1809, t. I, pp. 53 e 65.
54. LÉON KAHN, *op. cit.,* pp. 74 e ss.

até persuadido de que vos tornareis (rabino) tanto quanto eu, e que vossa justiça se dedicará a imitar o Senhor que recompensa desde este mundo a boa fé dessas miseráveis vítimas de sua cegueira...⁵⁵

Terminemos com um apanhado da condição social dos judeus em Paris no final do *Ancien Régime*. Ele é dado por um processo movido em 1776 pelo judeu bordelês Mendes contra os negros Gabriel Pampy e Amynte Julienne. (Estes eram escravos que Mendes trouxera das Antilhas; em Paris, eles o tinham abandonado e ele dirigia-se à justiça para conseguir que voltassem.) Durante o processo, o judeu e os negros trocaram, pela boca de seus advogados, as opiniões pouco lisonjeiras que a Europa cultivava respectivamente sobre eles. Um censurava todos os filhos de Cam por serem "velhacos e mentirosos"; os outros retorquiam "que podiam fazer a mesma crítica à nação judaica, e que a comparação talvez não fosse favorável a ela". Também acusavam Mendes de uma crueldade cujos exemplos multiplicavam; mas o tormento mais terrível que sofriam era que "seu senhor impedia-os de cumprir os deveres da religião católica, na qual eles tinham a felicidade de ter sido criados".

Mas por que Mendes teria vindo instalar-se em Paris? É que, expunha o advogado de Pampy e Julienne,

a capital parecia-lhe o lugar mais favorável. Todas as categorias ali são quase confundidas, e se um judeu opulento não goza dessa consideração lisonjeira que é a primeira necessidade para um homem bem nascido, ele pode ao menos gozar de todas as conveniências que o ouro pode comprar... Se a estadia nessa cidade prometia muitos prazeres ao senhor Mendes, ela foi bem funesta para seu negro e sua negra. Pois o judeu, em vez de fazer com que eles provassem os efeitos dessa suavidade que caracteriza o francês, pelo contrário, fez com que eles sentissem falta dos trabalhos penosos em que eram empregados nas colônias...⁵⁶

O tribunal deu ganho de causa da Pampy e Julienne⁵⁷.

3. GRÃ-BRETANHA

A originalidade dos costumes ingleses manifestou-se nos tempos modernos, dentre tantos outros campos, na condição propiciada aos judeus.

55. LÉON KAHN, *op. cit.*, p. 94.
56. *Mémoire pour um Nègre et une Négresse qui réclament leur liberté contre un Juif*, Paris, 1776 (Bibl. Nac., Paris, 4º Fn 8377). O estilo do documento é um exemplo notável da sensibilidade francesa em fins do Antigo Regime: "Dois escravos têm a felicidade de aportar na França. Eles aprenderam que o ar que aqui se respira é o da liberdade. Suas almas, aniquiladas sob a escravidão mais dura, abriram-se para a mais doce esperança... Esses desgraçados começam a sentir que a liberdade é o primeiro dos direitos do homem, é também seu bem mais precioso... Sua posição é terrível. É a própria humanidade que os apresenta à justiça..."
57. Cf. a carta de parabéns de Voltaire a Le Moyne des Essarts, advogado dos dois negros (18 de outubro de 1776).

Sob o título "O Anti-Semitismo em Estado Puro", lembramos, em nosso primeiro volume[58], o pavor provocado em 1656 pela intenção de Cromwell de readmiti-los nas Ilhas Britânicas (de onde haviam sido expulsos em 1294) e como, face à oposição popular, ele teve de voltar atrás, ao mesmo tempo em que autorizava tacitamente que uma colônia de ricos comerciantes ex-marranos se estabelecesse em Londres. Arte britânica do compromisso: depois esses preciosos contribuintes tornaram-se úteis ao país que os acolheu, tanto como financistas, quanto como informantes políticos (no que se refere aos negócios da Espanha), e Londres tornou-se um dos principais centros da próspera "dispersão marrana". Também vimos [59] como sua história agitada levou os judeus originários da Península Ibérica a curvar-se aos costumes cristãos, a "assimilar-se" por antecipação. Durante o século XVIII, judeus saídos dos guetos alemães e poloneses, mantidos à distância, aglomeraram-se em torno deles e acabaram superando-os em número; no total a Grã-Bretanha contava, por volta de 1800, com vinte ou vinte e cinco mil judeus.

No Continente, a dispersão dos filhos de Israel constituía a prova de sua decadência; aos olhos dos governantes ingleses, ela se tornou a garantia do valor de um povo desagradável sob vários aspectos. Já em 1712, o estadista e publicista Joseph Addison proclamava sua utilidade para o gênero humano:

Na verdade, eles estão tão dispersos por todas as partes comerciantes do mundo que se tornaram o instrumento graças ao qual as nações mais distanciadas mantêm relações umas com as outras, e o gênero humano fica ligado por uma correspondência geral... Eles são como as porcas e os parafusos de um grande edifício, que, embora tendo pouco valor em si, são absolutamente necessários para sustentá-lo...[60]

Funções tão pacíficas não tinham por que chocar as classes dirigentes e a opinião pública de uma ilha que já era a "ilha dos comerciantes" e na qual (segundo Max Weber) as jovens energias capitalistas haviam transformado em proveito próprio o dinamismo da revolução calvinista. A flexibilidade ou, se se quiser, o "modernismo" do comércio inglês permitia-lhe não temer mais do que era razoável a concorrência judaica; além disso, no caso, tratava-se principalmente de judeus chamados de portugueses, os quais, já vimos, perturbavam bem menos a imaginação dos cristãos do que seus irmãos alemães e poloneses. Por outro lado, certos dados imediatos do protestantismo calvinista, tais como a popularidade do *Antigo Testamento* e o prestígio de seus heróis (refletido pela voga de nomes de batismo bíblicos), bem como a multiplicação de seitas e os princípios de liberdade religiosa que daí resultaram, constituíam fatores de compreensão e às vezes de simpatia. Assim esta-

---

58. Cf. *De Cristo aos Judeus da Corte*, pp. 175-180.

59. Cf. *De Maomé aos Marranos*, p. 197 e ss. ("A Epopéia Marrana").

60. *The Spectator* de 27 de setembro de 1712; cf. M.F. MODDER, *The Jews in the literature of England...*, Filadélfia, 1939, pp. 46-47.

vam exauridos os dois ativantes fundamentais, e talvez indissolúveis, do anti-semitismo. É fato que os mercadores ingleses só excepcionalmente entregavam-se à agitação e aos protestos angustiados que caracterizam a atitude das corporações alemãs ou francesas.

Segundo alguns historiadores ingleses, foi o talento comercial da nação judaica que poupou a esta, nos tempos modernos, os problemas e as convulsões anti-semitas. Assim, G.M. Trevelyan diz:

... no intervalo que separa a expulsão dos judeus por Eduardo I de sua readmissão por Cromwell, os ingleses aprenderam a gerir eles mesmos seus negócios financeiros e comerciais. Não havia mais perigo de dominação hebraica e de reação anti-semita como resposta. Sob a dinastia de Hanover, a Inglaterra era bastante forte para digerir um afluxo moderado de judeus[61].

Essa "digestão" nem sempre foi fácil, e o próprio termo empregado pelo autor poderia dar a entender que até hoje ainda não está completamente terminada. Seja como for, se, no século XVIII, a velha Inglaterra ignorava o fenômeno, clássico no Continente, das campanhas antijudaicas provocadas pelos interesses comerciais, o judaísmo não deixava de ter ali inimigos desinteressados.

No berço da tolerância religiosa e política, quase não existe autor, ao menos entre aqueles cujo nome foi conservado para a posteridade, que não haja lançado alguma linha sobre o povo deicida, inimigo permanente do nome cristão. É o caso de Daniel Defoe, amaldiçoando "os execráveis judeus que crucificaram o Senhor da Vida"; ou de Alexander Pope, que, numa de suas sátiras, elevava a seguinte prece:

Imploramos-te, Senhor, que afastes de nós as mãos dos judeus bárbaros e cruéis que, embora tenham horror pelo sangue das pastas de porco [black-pudding], não deixam de ser sanguinários com a mesma veemência. Para que tais calamidades nos sejam evitadas, que todos os cristãos bons e honestos fiquem acautelados, pelo triste exemplo desses miseráveis, contra o abominável pecado da avareza.

Quanto a Jonathan Swift, acautelava a opinião pública inglesa contra os indomáveis *dissenters*, agitando o espectro do perigo judeu:

O que irá acontecer se os judeus se multiplicarem a formarem um enorme partido entre nós? Os *dissenters* não irão aliar-se a eles, já que estão de acordo sobre certos princípios gerais e que os judeus são um povo de cabeça dura e rebelde?

O livro de M.F. Modder, do qual extraímos essas citações[62], apresenta muitas outras do mesmo gênero, tiradas de obras de Samuel

---

61. G.M. TREVELYAN, *English Social History*..., Londres, 1946, pp. 32-33 e 394. Cf. também, no mesmo sentido, *The Cambridge History of British Foreign Policy*, Londres, 1919, t. I, p. 3, bem como A.E. BLAND, P.A. BROWN, R.H. TAWNEY, *English Economic History, Selected Documents*, Londres, 1946, pp. 4 e ss.

62. M.F. MODDER, *The Jews in the literature of England... op cit.*, pp. 50-76.

Richardson, Henry Fielding ou Laurence Sterne. Entre os romancistas, só Tobias Smolett foi nitidamente favorável aos judeus (no capítulo seguinte veremos os pensadores políticos e religiosos). Porém, melhor do que essas arranhadas, que podem ser parcialmente atribuídas a uma espécie de convenção literária, a furiosa e efêmera explosão antijudaica de 1753, fazendo eco à de 1656, dá provas da persistência, no seio da população inglesa, dos ódios e dos terrores medievais.

O pretexto foi fútil[63]. Em 1753, o governo do Duque de Newcastle, sem dúvida por instigação de um grupo de sefarditas ricos, submeteu à aprovação das Câmaras um projeto de lei (*Naturalization Bill*) que simplificava o processo de sua naturalização e autorizava-os a comprar terras. O projeto foi aprovado sem dificuldades pela Câmara dos Lordes e pela dos Comuns. Mas uma agitação popular erguia-se contra a lei, de uma violência raramente igualada nos anais da história inglesa. As petições de protesto, em que se associavam todas as camadas da população, multiplicaram-se, inscrições sediciosas surgiram nas ruas das cidades inglesas. Competindo entre si, os panfletários avisavam do perigo do afluxo dos judeus e seu acesso à propriedade fundiária, que levaria ao domínio do solo nacional, à maneira da partilha da terra de Canaã entre as doze tribos bíblicas. Um dos agitadores chegou mesmo a descrever previamente em detalhes, e não sem um certo humor, o triste estado da Inglaterra em 1853: a Catedral de Saint Paul transformada em sinagoga, o comércio arruinado por causa da observância obrigatória do *schabat*, a proibição da carne de porco e uma *Bill of Naturalization* dos cristãos rejeitada pelo Grande Sanedrim. Mas era com toda a seriedade que o arcebispo de Canterbury, partidário da *Bill*, temia, nessa época, um massacre geral dos judeus[64].

No final das contas, o governo teve de ceder à agitação das ruas e ab-rogar a impopular lei seis meses depois de sua publicação. Contudo, ela não era de natureza a ameaçar concretamente quaisquer interesses econômicos; foram apreensões mais nebulosas, obscuros temores ancestrais que subiram à superfície, só de pensar em ver os membros da raça deicida admitidos para exercer a plenitude dos direitos do homem e do cristão. Além disso, ainda hoje, sutis barreiras sociais e discriminações tácitas cercam os judeus nos países anglo-saxões; preço inconfessável talvez da segurança material que ali gozam...

Foi apenas durante os últimos anos do século XVIII que uma nova imagem do judeu começou a superpor-se, nas Ilhas Britânicas, àquela que, desde a era das Cruzadas, inquietava e aterrorizava todas as terras da cristandade. Na época em que a França e, a seguir, o Conti-

---

63. A descrição que se segue da agitação antijudaica de 1753 foi extraída de CECIL ROTH, *History of the Jews in England*, Oxford, 1949, pp. 212-221.

64. Carta citada por C. ROTH, *op. cit.*, p. 217, nota: "O mundo não quer ouvir a verdade, e a prova é muito evidente desse espírito abominável que grassa contra os judeus. Acredito que dentro de pouco tempo eles serão massacrados... Estamos tratando os judeus agora exatamente como os maometanos tratam os cristãos".

nente, entrava no turbilhão das lutas revolucionárias, a Grã-Bretanha submergia em lutas de gênero bem diferente: o boxe sem luvas. Para espanto do público, numerosos filhos do gueto sentiram vocação para boxeadores profissionais, e os nomes de Abraham da Costa, de Samuel e Israel Belasco, de Isaac Bitton e principalmente de Daniel Mendoza ocuparam a crônica esportiva. "Dan" Mendoza acabou tornando-se um ídolo nacional; ainda hoje, os conhecedores estão de acordo em ver nele um dos pioneiros do "nobre esporte"[65]. Foi assim que o tipo do jovem atleta judeu começou timidamente a competir com os arquétipos de Judas dos trinta dinheiros e de Shylock de nariz curvo, e desse modo voltamos à originalidade dos costumes britânicos.

4. UM OLHAR SOBRE OUTROS PAÍSES DA EUROPA

O caso dos judeus das Ilhas Britânicas põe em relevo a relação entre o estado de desenvolvimento econômico de um país e a condição propiciada aos judeus. Quem quiser reduzir o anti-semitismo a um fenômeno de concorrência comercial, levando à revolta dos autóctones contra a supremacia judaica, poderia tirar um argumento ainda melhor de outro caso excepcional, os Países Baixos. Os judeus que lá se instalaram no começo do século XVII, no tempo em que os "carreteiros do mar" holandeses serviam de mestre aos ingleses, acabaram constituindo 2 a 3% da população, e Amsterdam, lugar onde mais se estabeleceram, mereceu o nome de "nova Jerusalém"; nem essa densidade, nem sua prosperidade haviam provocado, nas florescentes Províncias Unidas, perseguições ou mesmo recriminações em relação a eles.

Contudo, uma posição bem assentada dos judeus não significava necessariamente que o povo, a quem não se pedia opinião, se tivesse acomodado com boa vontade à presença deles. Globalmente, o anti-semitismo é um fenômeno em vários níveis ou camadas concêntricas, das quais a inveja econômica não passa da mais superficial ou mais tardia; além disso, a imagem do judeu nos outros países da Europa apresentava, na mesma época, toda uma gama de tonalidades que não se relacionavam com sua função sócio-econômica.

Foi assim que, na Itália, todas as condições de uma intensa judeofobia pareciam estar reunidas. Os judeus desempenhavam aí um papel econômico de primeiro plano, num país de comércio enfraquecido, onde os descendentes distantes dos comerciantes e financistas que outrora dominaram a Europa passavam os dias em ociosidade crescente. Ao lado dos grandes empresários judeus de Veneza ou de Livorno, livres e às vezes insolentes, existia também, em quase todas as cidades, uma miserável plebe judia, amontoada nos guetos. A palavra, como a coisa

---

65. Cf. o necrológio a ele dedicado em *Bell's Life* em 3 de setembro de 1836: "Admite-se, já faz tempo, que não existiu pugilista que elucidou ou promulgou os princípios do boxe de modo mais completo do que Mendoza. Dan pode ser chamado de primeiro 'grão-mestre' da ciência pugilística neste país; ele elaborou um sistema de ataque e de defesa ao mesmo tempo novo e impressionante." (Citado por ALBERT M. HYAMSON, *The Sephardim of England*, Londres, 1951, p. 216.)

que ela designa, deve-se lembrar, são de origem italiana; depois da Reforma católica, a Santa Sé achava que assim estava dando um exemplo ao mesmo tempo do triunfo do cristianismo e da pureza intransigente de seus próprios princípios ("um gueto de judeus é prova melhor da verdade da religião de Jesus Cristo do que uma escola de teólogos", proclamava, em fins do século XVIII, o publicista católico G.B. Roberti). Porém, a julgar pela história pacífica dos filhos de Israel e pela indiferença dos literatos em relação a eles, essa pouco cristã lição de coisas ficava sem efeito na Itália, fossem pobres ou ricos, não suscitavam, naquele país de velha e elevada cultura, as preocupações e pavores que podem ser constatados do outro lado dos Alpes. A Itália também foi o único país da Europa onde os judeus, depois de sua emancipação, integraram-se fácil e harmoniosamente à sociedade cristã e o que praticamente ignorou o anti-semitismo sob suas formas modernas[66]. Para o italiano da rua, o judeu é um excêntrico que ainda está esperando o Messias e que sabe se defender enquanto espera; nem um, nem outro desses aspectos constituem, a seus olhos, um vício redibitório.

Enquanto a população italiana gozava de uma espécie de imunidade visceral às excitações antijudaicas, na Espanha, em compensação, o anti-semitismo perpetuava-se na ausência dos judeus. Sobre esse assunto, remetemos o leitor ao volume anterior, no qual procuramos estabelecer a longa genealogia de um fenômeno que remonta, em última análise, às lutas sócio-religiosas da Idade Média, e cujas raízes, portanto, mergulham num passado longínquo. Na extremidade oposta da Europa, a Rússia não passou por nada semelhante a essas lutas, a não ser sob a forma da efêmera "heresia dos judaizantes" do século XV; contudo, a judeofobia moscovita era quase tão intensa quanto a que grassava na Península Ibérica e também encontrava sua expressão concreta num cordão de isolamento erguido contra os fiéis da lei de Moisés, mantido de século para século por todos os tzares sucessivos. Em ambos os casos, pode-se ficar tentado a fazer a ligação entre o atraso econômico e cultural e o horror pelo judeu. O horror não era menos intenso na Polônia e na Hungria, mas o atraso, do ponto de vista que nos interessa, levou a resultados bem diferentes, pois os judeus eram numerosos e estavam profundamente incrustados na economia dessas regiões. Foi na Hungria que, no século passado, foi forjada uma definição de anti-semitismo que vale ao menos tanto quanto as outras: "O anti-semita é um homem que detesta os judeus mais do que o razoável". Pode-se ver que, embora quase todos os países da velha Europa satisfizessem essa definição, as nuanças, ou mesmo as contradições, não eram menos numerosas.

Ao rápido quadro que acabamos assim de esboçar, o estado das relações judaico-cristãs no Novo Mundo permite acrescentar alguns toques que parecem cheios de ensinamentos.

---

66. Obviamente, estamos tratando da sensibilidade popular. No plano político, houve, na Itália, campanhas antijudaicas na imprensa católica depois da supressão do Estado da Igreja e houve principalmente o trágico intermédio do anti-semitismo do Estado mussoliniano, após a criação do Eixo, em 1938.

2. Estados Unidos da América

A poderosa comunidade judaico-americana normalmente situa sua fundação no ano de 1654, quando uma vintena de judeus, fugindo da Inquisição brasileira, vieram estabelecer-se em New York. É também por volta de meados do século XVI que se pode ver judeus, na maioria das vezes comerciantes, aparecer em outras colônias (Massachusetts, Connecticut, Virginia, Maryland). No começo, a constituição do judaísmo americano foi tímida e lenta; há um século, os Estados Unidos contavam apenas com alguns milhares de judeus, em geral de origem sefardita. Em certos casos, os representantes do poder colonial ou as assembléias locais erguiam-se contra sua presença, aliás, como contra a admissão de outras minorias religiosas como os católicos ou mesmo os *quakers*[1]. Num país virgem e pobre de homens, onde cada novo colono era apreciado em função de seu esforço e não de sua genealogia, essas tendências não prevaleceram, bem como o paradoxo da tendência oposta, que parece ter-se esboçado nas colônias puritanas (foi assim que, durante um processo movido em Connecticut, os juízes reduziram a multa imposta a um judeu, "para que, considerando que ele é judeu, mostre-se a ele o favor que se puder...").

O puritanismo, que foi determinante para a formação dos sentimentos dos norte-americanos, inicialmente procurou sua verdade no

---

1. Em certos Estados norte-americanos, as discriminações legais sobreviveram à Constituição dos Estados Unidos. Foi assim que, na Carolina do Norte e em New Hampshire, a exclusão dos judeus e dos católicos de certos cargos públicos só veio a ser abolida em 1868 e 1876 respectivamente. Em Maryland, os judeus e os *quakers* só conseguiram obter o direito de voto em 1825.

judaísmo do *Antigo Testamento*. O historiador James Adams chegou a escrever "que, em espírito, eles (os puritanos) podem ser chamados de judeus e não de cristãos. Seu deus era o deus do *Antigo Testamento*, suas leis eram as leis do *Antigo Testamento*, seus modelos de comportamento eram as personagens do *Antigo Testamento*..."[2] É certo que os mestres intelectuais desses "judeus de espírito" atribuíam um valor elevado ao testemunho dos judeus de carne e osso e o mesmo ocorria em relação aos fundadores de algumas outras seitas. O puritano Cotton Mather celebrava cada conversão de judeu como um acontecimento de importância e redigiu um tratado especial sobre esse tema. O fundador do metodismo, John Wesley, passando algum tempo na América do Norte, começou a estudar espanhol para melhor converter os judeus "dos quais alguns estão mais próximos do espírito de Cristo do que muitos daqueles que o chamam de Nosso Senhor". O *quaker* William Penn dizia ter por eles "uma tenra compaixão", acrescentando que não convinha convertê-los a não ser pela suavidade. Mais cético parece ter sido o puritano Ezra Stiles, observando em seu diário:

> Constato que a Providência parece fazer tudo para trabalhar na mortificação dos judeus e impedir sua incorporação em outra nação, a fim de que eles continuem sendo um povo diferente... Ela proíbe a incorporação dos judeus ao povo da América, tanto quanto aos da Europa, da Ásia e da África[3].

Para os teólogos que perscrutavam a tradição cristã, os judeus continuavam marcados por um sinal especial; mas a opinião pública nascente não olhava tão de perto, num país novo onde tudo estava por fazer, e "cujos habitantes tinham vindo para esquecer, não para lembrar"[4]. Foi assim que se estabeleceu a específica tolerância norte-americana, estimulada pela solidariedade perante as tarefas de preparação do solo e construção, levando ao igualitarismo civil e religioso. Já Tocqueville observava que, nos Estados Unidos, a opinião pública, mais do que impor a verdadeira religião, exigia que cada um professasse *sua* religião. Como regra geral, os judeus obtiveram a igualdade dos direitos cívicos e eleitorais a partir do fim da era colonial, tendo sido essa conquista, no conjunto, mais fácil nos Estados do Norte do que nos do Sul.

Muitos deles destacaram-se durante a Guerra da Independência e alguns foram promovidos a oficiais nos campos de batalha. A fraternidade dos combates e o sangue derramado sempre foram um móvel vigoroso para a integração das minorias. A filosofia política dos Estados Unidos veio trazer a essa integração o toque final e, ao redigir as atas de nascimento da nação americana, seus fundadores inauguravam a idade dos direitos do homem, proclamados solenemente pela Declara-

---

2. Citado por R. LEARSI, *Israel, A History of the Jewish People*, New York, 1949, p. 399.

3. Cf. *The Jews of the United States. A Documentary History*, editado por L. BLAU e SALO W. BARON, vol. I: *General Introduction*, p. XXI, New York, 1963.

4. TOCQUEVILLE, *De la Démocracie en Amérique*.

ção da Independência[5]. Numa mensagem de 1790, George Washington expressamente estendia esses direitos aos judeus:

> Que os filhos do tronco de Abraão que residem neste país possam continuar a gozar do favor dos outros habitantes; que cada um deles permaneça em segurança em seu próprio vinhedo e sob sua própria figueira; não haverá ninguém para ameaçá-lo.

Mas as mais generosas declarações de intenções exigem, para sua aplicação prática, um clima propício, e as que, na mesma época, eram formuladas na Europa pelos déspotas esclarecidos ou pelos constituintes franceses, coroadas pela emancipação dos judeus do Velho Continente, não irão impedir as ferozes explosões do anti-semitismo dos séculos XIX e XX e talvez até tenham contribuído para elas, como veremos mais adiante. Se o judaísmo encontrou, na república norte-americana, a segurança e a paz que eram prometidas por seus fundadores, houve razões mais profundas para isso do que uma ideologia.

Inicialmente, é preciso lembrar um fator adventício que jogou a favor dos judeus: a existência de uma coletividade negra, que polarizava como se sabe os instintos agressivos da coletividade branca. Mas, acima de tudo, cada geração americana era confrontada com uma imigração nova, com pobres diabos de costumes diferentes e, portanto, chocantes, e, no século XIX, primeiro os irlandeses, depois os italianos, não eram melhor tratados ou vistos do que os judeus polono-russos que afluíram em fins do século, ou do que são os mexicanos e porto-riquenhos hoje em dia. Todos os grupos humanos que povoaram sucessivamente os Estados Unidos tiveram de sofrer o mesmo transplante e as mesmas provações; daí uma bem menor "alteridade judaica". Por conseguinte, pode-se falar de uma verdadeira predisposição histórica, pois os usos e costumes que regem a vida comunitária americana também derivam, em última análise, de um grandioso desenraizamento coletivo.

Além disso, a mobilidade e o dinamismo que caracterizam os filhos de Israel e tornam-nos objeto de inveja não ofuscavam uma maioria cristã que dava mostras das mesmas qualidades. Durante o século XIX, o mito norte-americano da "fronteira" parecia moldar um novo povo errante, de que Tocqueville deixou a seguinte descrição:

> Esses homens deixaram sua primeira pátria por um bem, deixam a segunda para ficar ainda melhor; em quase qualquer lugar encontram fortuna, mas não a felicidade. Neles, o desejo de bem-estar tornou-se uma paixão inquieta e ardente que aumenta à medida que é satisfeita. No passado, romperam os vínculos que os prendiam ao solo natal; desde então, não têm outros. Para eles, a emigra-

---

5. "We hold these truths to be self-evident, that all men are created equal, that they are endowed by their Creator with certain inalienable rights; that among these are life, liberty, and the pursuit of happiness." (Aproximadamente: "Sustentamos que as seguintes verdades são evidentes por si mesmas, que todos os homens são criados iguais, que são dotados por seu Criador de certos direitos inalienáveis; que, entre estes, estão a vida, a liberdade, e a procura da felicidade." N. do T.)

ção começou por ser uma necessidade; hoje, ela se tornou uma espécie de jogo de azar, cujas emoções amam tanto quanto os ganhos..."[6]

Tais traços, comuns aos judeus e aos americanos do passado também implicam um desejo ou necessidade de inovação, que são, como se sabe, o principal motor da expansão capitalista. A respeito desse mesmo assunto, o economista alemão Werner Sombart chegou a escrever, há meio século, que "a América é, em todas as suas partes, um país judeu"[7].

Foi nessas condições, pode-se crer, que até uma época relativamente recente o anti-semitismo era ignorado nos Estados Unidos, assim como muitas outras "velhas opiniões que, há séculos, vem dirigindo o mundo (e que) ali desapareçam", para citar outra observação de Tocqueville[8]. Em particular, tudo se passava como se, transplantada para a América do Norte, a tradição cristã se tivesse livrado de seu componente antijudaico; daí pode-se concluir que o mito do povo deicida e seus vários prolongamentos histórico-teológicos, se são a condição necessária do anti-semitismo, não são condição suficiente. No começo do século XX, observadores qualificados, tanto cristãos, quanto judeus, declaravam que ele inexistia nos Estados Unidos[9]. É significativo que seu lento surgimento tenha coincidido com o término da colonização, com uma certa estabilização ou um "aburguesamento" da sociedade americana e com as restrições que esta trouxe a toda imigração a fim de proteger as situações adquiridas. (Contudo, em assuntos desse tipo as determinantes raramente são simples, e também se pode argumentar com a rápida multiplicação dos judeus nos Estados Unidos, decuplicando entre 1880 e 1914[10], e com a hostilidade que suscita toda imigração recente.)

Foi igualmente nessas condições que, no seio de um povo sem passado, os judeus suportaram com maior alegria o peso de seu passado milenar e, gozando da mesma segurança que seus compatriotas cristãos ("de uma segurança dinâmica na insegurança"), ali adquiriram um perfil bem diferente. Daí sua notável e às vezes agressiva confiança, sua imagem lisonjeira de si mesmos e uma adoração sem reservas, de

---

6. ALEXIS DE TOCQUEVILLE, *De la Démocracie en Amérique*, ed. (abreviada) J.P. Peter, Paris, 1963, p. 166.

7. W. SOMBART, *Die Juden und das Wirtschaftsleben*, op. cit., p. 31. Sabe-se que, segundo a tese de Sombart, os judeus teriam sido os verdadeiros criadores do capitalismo; portanto, ele lhes atribuía uma influência decisiva no *way of life* americano, sem perceber que se tratava de traços inteiramente originais, tais como foram descritos pelo perspicaz Tocqueville quase um século antes.

8. *De la Démocracie en Amérique*, op. cit., p. 45.

9. Ver, por exemplo, o verbete "anti-semitismo" na (*Jewish Encyclopedia* (1901) e na *Encyclopedia Britannica* (ed. de 1910).

10. O número de judeus nos Estados era de 50 000 em 1850, 275 000 em 1880, 1 100 000 em 1900 e 3 800 000 em 1925 (em 1960, era de 5 300 000).

uma espontaneidade ingênua, em relação à nova mãe-pátria[11]. Daí, também, a desintegração do exílio tendo-se atenuado, a transformação da dialética do Exílio e da Terra Prometida num exercício puramente teórico (como observam seus historiadores)[12]. É que, ainda hoje e apesar das campanhas anti-semitas que foram virulentas principalmente no período de entre-guerras, a qualidade de judeu continua sendo, nos Estados Unidos, tão respeitável, com algumas nuanças, quanto a de protestante ou católico. É comum ver-se padres ou pastores mostrando os judeus como exemplo a seu rebanho e esse procedimento não se limita ao campo da filantropia. "Onde estão os *nossos* Einstein, Oppenheimer e Salk?", censurava recentemente aos educadores católicos o presidente da grande universidade católica de Notre-Dame; da mesma forma, um teólogo protestante deplorava a ausência, dentre os autores de sua obediência, das faculdades visionárias dos escritores de origem judia[13]. Tais marcas de uma estima quase oficial pelo velho nome judeu, bem como certos modos de cooperação especificamente americanos entre cristãos e judeus (pastores pregando nas sinagogas e vice-versa) continuam sendo inimagináveis na velha Europa, onde o passado continua pesando grandemente no presente.

Voltemos, portanto, a esse passado, e ao estranho destino dos judeus alemães.

---

11. "A história dos judeus na América começa por um sonho. Pois o coração de um homem perseguido e acossado sonha constantemente com um santuário. É a faísca que o mantém vivo em meio ao terror. Fechado dentro dos muros do gueto, atormentado pelas leis de proscrição e pelo ódio de seus vizinhos, o judeu sonhavam com um santuário, com uma ilha para onde pudesse escapar, fugindo da perseguição e das trevas que o circundavam..." É assim que começa o artigo "History of the Jews in the United States" de uma recente enciclopédia judaico-americana (*The Jewish People, Past and Present*, New York, 1955, t. IV). A idéia de uma experiência judia única no gênero é bem reproduzida pelo título de um recente ensaio do Rabino STUART E. ROSEMBERG, *America is Different* (New York, 1964).

12. L. BLAU e SALO W. BARON, *The Jews of the United States...*, *op. cit.*, "Introduction", p. XXXV.

13. STUART E. ROSENBERG, *op. cit.*, p. 257.

3. Os Homens do Gueto

Destino estranho, na verdade, desse grupo humano, pouco mais numeroso do que uma tribo de australianos ou de peles-vermelhas e cuja posteridade será exterminada assim como a desses povos, depois de ter dado origem aos super-homens que provocaram uma reviravolta no mapa intelectual do Ocidente. Destino tanto mais estranho quanto a geração de judeus alemães de que tratamos parece atingida pela esterilidade cultural, mesmo de um ponto de vista estritamente rabínico. Como escreve seu historiador mais recente,

os judeus alemães desse tempo não possuíam, propriamente ditas, nem literatura, nem ciência. Eles não deram provas de nada comparável à mobilidade intelectual dos judeus helenizados, ou à profundidade filosófica dos judeus espanhóis ou à cultura dos judeus holandeses ou à imaginação criadora dos judeus italianos ou ao êxtase religioso dos judeus poloneses...[1]

"Minha nação é mantida a tal distância de toda cultura que chegamos a não ter mais esperanças em seu reerguimento!" exclamava o filósofo Moses Mendelssohn[2]. Pode-se dizer que esses homens só deixaram alguns traços de sua passagem nesta terra graças a seus hábeis financistas; e estes não tinham o hábito de lançar no papel o que pensavam de si mesmos e do mundo que os cercava. Nessas condições, o retrato dos ancestrais de Marx, Freud ou Einstein só pode ser uma espécie de

1. S. STERN, *Der preussische Staat un die Juden, op. cit.,* II/1, p. 168.
2. Cf. M. KAYSERLING, *Moses Mendelssohn, Sein Leben und Wirken,* Leipzig, 1888, p. 522.

reconstituição arqueológica para a qual iremos lançar mão de alguns depoimentos contemporâneos, bem como do que sabemos por outras fontes sobre a vida dos guetos medievais.

Tem-se muitos retratos físicos desses judeus alemães. Aqui está o que era feito pelo Príncipe de Ligne:

> Queremos um retrato deles? Sempre suados por *correr* as praças públicas, os cabarés, para vender coisas ali; quase todos corcundas, uma barba ruiva ou preta igualmente imunda, tez lívida, desdentados, nariz comprido e torto, olhar medroso e inseguro, cabeça oscilante, cabelos postiços espantosos, joelhos manchados de vermelho e descobertos, pés compridos e virados para dentro, olhos cavos, queixo afilado...[3]

A palavra *correr* aparece com freqüência nos escritos do século XVIII consagrados aos judeus: "São partículas de dinheiro vivo, que *correm*, dispersam-se..." era dito na memória do Dr. Goulleau, e esse verbo também surge da pena do apologista Zalkind-Hourwitz, ao descrever a luta deles pela vida:

> Aqui está a condição dos judeus... aqueles que *correm* as províncias, embora respirem um ar mais livre, nem por isso são menos infelizes. Além das despesas, desconfortos e perigos inseparáveis de uma vida errante, eles são continuamente perturabados pelos oficiais do comércio, da alfândega e do controle e com muita freqüência são presos pela polícia à menor suspeita; são obrigados a levar consigo sua louça e suas carnes, sendo-lhes proibidas as das outras nações; o que irrita os ávidos e intolerantes hoteleiros que fazem com que paguem bem caro o pouco que lhes vendem. Como a opressão torna-os desconfiados, que também temos prevenção contra eles e que, além disso, não têm domicílio fixo, pouco podem comprar ou vender a não ser em dinheiro vivo...[4]

Sem dúvida alguma, essa corrida permanente, esse comportamento próprio só deles, contribuía para a persistência das lendas sobre uma constituição física particular dos judeus e para suas malformações congênitas. Zalkind-Hourwitz informa que tais opiniões eram objeto de discussões nas sociedades eruditas de seu tempo[5], e, em sua célebre *Histoire des Voyages*, La Harpe, para melhor descrever a feiúra dos pigmeus de olhos vesgos, comparava-os aos judeus. Um autor inglês que viajou muito pela Europa, John Toland, de que falaremos mais adiante, constatava:

> A força dos preconceitos é tão grande que conheço uma pessoa, por certo não idiota, que procurava me convencer, ao contrário das evidências vistas por seus olhos e pelos meus (com certeza pelos meus), de que todos os judeus têm um olho visivelmente menor do que o outro: idéia estúpida, que ele havia tomado emprestada do vulgo. Outros dirão, com seriedade, que o judeu pode ser reconhecido graças a seu cheiro especial...

---

3. *Mémoire sur les Juifs du prince Ch. de Ligne*, ed. cit., p. 49.

4. *Apologie des Juifs en réponse à la question: Est-il des moyens de rendre les Juifs plus heureux et plus utiles en France?*, de M. ZALKIND-HOURWITZ, judeu polonês, Paris, 1789, p.. 20.

5. *Idem*, p. 67.

Esse cheiro (o *foetor judaicus*)[6], opondo-se ao "cheiro de santidade" cristão, era um sinal da depravação dos judeus: o modo pelo qual, aos olhos de seus contemporâneos, sua hediondez procedia diretamente do grande crime de seus ancestrais pode ainda ser ilustrado pela observação feita por outro viajante:

> ...Eu não separava a idéia de judeu da idéia de um homem de tez trigueira, olhos embaciados, nariz chato, boca grande; via enfim que Deus imprimiu em sua fronte um caráter de desaprovação...[7]

Fugir do perigo; conseguir obter dinheiro, garantia de segurança; eram essas as molas do movimento perpétuo que chocava os observadores (mas estes, em suas descrições, acentuavam a procura do dinheiro: *Der Jude liebt das Geld, und fürchtet die Gefahr*, dizia Goethe)[8].

A obsessão judaica pelo dinheiro levava a uma escala de valores que atribuía primazia à riqueza no seio das comunidades judaicas, e uma hierarquia dessas não se limitava, bem entendido, só aos judeus alemães do século XVIII. Mas, no interior dos guetos, a procura de dinheiro não degenerava em culto ao bezerro de ouro, ao contrário da tendência que se esboçava então na burguesia cristã. De fato, exatamente por causa de sua condição, o dinheiro continuou sendo, para os judeus, um meio por tanto tempo quanto sua tolerância, isto é, o direito à vida, o fim, continuou precisando ser adquirido com a ajuda desse dinheiro; igualmente um meio para casar, procriar[9], e assim perpetuar o povo da Aliança cuja glória o Eterno, bendito seja, tem uma necessidade premente de que seja celebrada. Num antigo apólogo talmúdico, a condição de judeu é comparada à do servo de um rei odiado pelo povo:

> A que podem ser comparados os povos da terra? A um homem que odeia o rei, que gostaria de atacá-lo, mas que é impotente para fazê-lo. É por isso que ele ataca quem serve o rei, pois não pode atacar este. Os povos da terra gostariam de atacar Deus; como não podem fazê-lo, entram em atrito com Israel.

Esse mestre do *Talmud* reconhecia, aliás, a importância do ódio das nações para a preservação do judaísmo: "Quando o Rei Ahasverus entregou a Haman seu anel para selar a perseguição que o outro pedia, fez mais por Israel do que todos os profetas"[10].

Assim, estamos quase apreendendo o fascinante entrelaçamento, na trama da história judaica, de uma pressão externa e uma tradição interna. Esta, ao mesmo tempo que glorificava a riqueza, atribuía-lhe

---

6. Cf. *De Cristo aos Judeus da Corte*, p. 121.

7. VAN DE BRANDE, *Voyage en Languedoc*, Montauban, 1774, p. 110.

8. "O judeu ama o dinheiro e teme o perigo..."

9. No império austríaco, os judeus, para poderem casar, no século XVIII, tinham de pagar uma taxa especial. Da mesma forma na Prússia, onde essa taxa consistia na aquisição de um jogo de porcelana, muito caro, das manufaturas do Estado. Em Frankfurt, não podiam casar antes dos vinte e cinco anos, etc.

10. Cf. KARL THIEME, "Der religiöse Aspekt der Judenfeindschaft", em *Judentum; Schicksal, Wesen und Gegenwart*, Wiesbaden, 1965, vol. II, p. 609.

a posição de serva de uma sabedoria em cujos termos não existe melhor meio de servir o Eterno do que aguçar o intelecto dos filhos do Povo Eleito através do estudo. Além disso o mundo futuro dos judeus, seu "paraíso", era tradicionalmente pintado como uma espécie de permanente academia talmúdica. Em sua vida quotidiana, essa primazia dada às coisas do espírito manifestava-se em costumes tão característicos quanto a procura, pelos plutocratas, de um genro erudito, comprado com o auxílio do dote da filha, quanto pela preponderância, nos assuntos comunitários, da voz dos rabinos. O rito de passagem para a idade núbil dos meninos consistia num exercício de leitura (*bar-mitzvah* = maioridade religiosa e social); desde tenra idade, eles eram iniciados nos rudimentos da arte dialética; o tema da criança judia discutindo com os doutores, que é evocado numa cena do *Evangelho de Lucas*, era, nos guetos, um episódio da vida quotidiana[11].

Aos olhos dos contemporâneos de Voltaire, mais ainda do que aos olhos das gerações cristãs precedentes, a sabedoria judia não passava de fábulas e quimeras talmúdicas; contudo, pode-se correr o risco de dizer que o regime plutocrático dos guetos era uma espécie aproximada de *A República* de Platão, onde, para governar a cidade, era preciso praticar a dialética, sobressaindo-se no conhecimento da Verdade e do Bem. Em suas relações internas, especialmente nas relações familiares, às vezes os párias da Europa demonstravam uma delicadeza de sentimentos, um orgulho requintado[12], de que dificilmente pode-se achar equivalente na Europa desse tempo. Mas os homens do gueto professavam um desdém absoluto pela "questão de honra", o que é evidente e convém a uma república governada por sábios. Zalkind-Hourwitz coloca nos seguintes termos esse traço dos judeus de seu tempo:

> É verdade que eles são absolutamente insensíveis ao que se chama propriamente a questão de honra, mas é porque acreditam firmemente, como Sócrates, que um homem honesto não pode ser desonrado por ter sido insultado por um brutal; que é o cavalheiro que paga dívidas com bengaladas que é o infame e não o judeu que as recebe; acreditam, enfim, que a aptidão para esgrimir não é uma prova de bravura, nem a bravura a prova da honestidade. É preciso admitir que esses preconceitos dos judeus são bem admissíveis quando se considera que os

---

11. Cf. *Lucas*, II, 42-48: "Quando ele chegou aos doze anos de idade, eles subiram para lá [Jerusalém], segundo o costume da festa (...). Depois de três dias, eles o encontraram no templo, sentado entre os doutores, ouvindo-os e interrogando-os. Todos os que o escutavam estavam impressionados com sua inteligência e suas respostas..."

12. Em suas *Mémoires*, GLÜCKEL VON HAMELN escreve que ela mesma continua a ganhar sua vida até uma idade avançada, a fim de não ser um encargo para outra pessoa: "Tendo conservado apenas um pouco de fortuna, não tive uma existência fácil, esforçando-me para perseverar com toda a honradez, a fim de não ser um encargo para meus filhos, Deus queira que não, e de não comer o pão de outrem. O de meus filhos seria ainda mais amargo para mim do que o de estranhos; pois, Deus queira que não, meus filhos poderiam ter pecado contra mim, o que, dia após dia, teria sido pior do que a morte para mim" (GLÜCKEL VON HAMELN, ed. cit., p. 254).

piratas barbarescos são esgrimistas muito malvados, muito corajosos e muito desonestos...[13]

Argumento característico: a relatividade da ética e dos costumes já se tornara um lugar-comum para o público desse tempo e já certos filósofos daí tiravam conclusões devastadoras. Nos judeus, um senso crítico dessa ordem (mas cujo radicalismo continuava temperado pelo sistema de referências constituído pela *Torá*) tinha achado com que exercitar-se durante sua dispersão milenar, alimentado por peregrinações tão instrutivas quanto a leitura dos relatos de viagem e estimulado, além disso, pelos vexames e injúrias, bem como pela hipocrisia da sociedade que os circundava. Citemos ainda Zalkind-Hourwitz:

> O que devem pensar os judeus da gente que os oprime unicamente por causa de sua religião, enquanto eles tratam amigavelmente todos aqueles que abjuram dela, isto é, que deixam de ser judeus, sem ficar embaraçados se eles se tornam cristãos, nem se são pessoas honestas; o que devem pensar os judeus, pergunto, dessa conduta? Conduta que, neste século esclarecido, não podem mais atribuir nem ao fanatismo, nem a uma política ruim. Não têm razão em concluir que o cristianismo o ordena ou que os cristãos, mesmo os mais honestos e os mais esclarecidos, são menos zelosos dos costumes e de sua própria religião do que inimigos do judaísmo e, por conseqüência, de Deus, seu autor...[14]

O senso crítico e as faculdades intelectuais dos judeus, sua desconfiança para com os juízos absolutos e os ídolos foram estimulados de muitas maneiras. Os ofícios exercidos por eles contribuíam para isso, tanto como sua situação de minoria e um conjunto de crenças cujas práticas implicavam um desafio permanente àquelas professadas pela "maioria compacta". Se a tendência para agir e pensar de modo diferente dos outros e, portanto, o talento de inovar em todos os setores encontram ali uma de suas fontes, o modo pacífico da resistência dos judeus não pode ser destacado de seu aspecto religioso para a vida de outrem. Talvez não tenha havido, na história, agrupamento humano que praticasse a não-violência de modo tão sistemático, que exercesse, quer fosse por não poder fazer outra coisa, as virtudes cristãs do perdão e do esquecimento das injúrias, que oferecesse a outra face aos golpes. Aqui encontramo-nos na origem da sensibilidade muito particular dos judeus, de um conjunto de comportamentos, quando não de uma constituição psicofisiológica, cuja persistência até os dias de hoje às vezes leva a falar de sua "alteridade". Aliás, vários versículos do *Antigo Testamento* não dizem expressamente que o Eterno *marcou* para sempre o povo de sua aliança, a fim de que ele não se confunda com os outros povos?[15] Da mesma forma, a

---

13. *Op. cit.*, p. 33.
14. *Idem*, pp. 29-30.
15. "Sereis a minha possessão particular dentre todos os povos, porque minha é toda a terra; e vós sereis para mim reino sacerdotal e nação santa" (*Êx.*, XIX, 5-6); "E sereis para mim santos; porque eu, o Senhor, sou santo, e vos sepa-

proverbial "inquietude" ou "desenraizamento" judaico tem uma de suas origens na noção mística do Exílio, levando, através de fascinantes peripécias históricas, a um modo muito particular de relacionamento entre o povo disperso e seu "meio ambiente natural", carregado de conseqüências psicológicas e sociais[16]. Mas, seja qual for a primeira origem de tais fenômenos, o vínculo entre a singularidade da história

---

rei dos povos, para serdes meus" (*Lev.*, XX, 26); "Eis que é um povo que habita só, e entre as nações não será contado" (*Núm.*, XXIII, 9); "E o que veio ao vosso espírito de maneira alguma sucederá, quando dizeis: 'Sejamos como as nações, como as tribos dos países, servindo ao madeiro e à pedra'" (*Ez.*, XX, 32). Ver também todo o capítulo VIII de I *Sam.*, no qual os judeus resolvem forçar a mão do Eterno, a fim de ter um rei para julgá-los e levá-los à guerra, "como existe nas outras nações."

16. Tentamos esclarecer o mecanismo específico das relações entre os judeus e seu meio ambiente na conclusão de nosso estudo sobre o comércio judeu do dinheiro. A seguir, um extrato essencial:

"Consideremos o grande ator da geografia humana, 'o homem, moldado pelo meio que seus ancestrais criaram' (P. GEORGE), e perguntemos qual é o meio e quais são os ancestrais quando esse homem é judeu. Chocamo-nos imediatamente com uma antinomia singular. Numa determinada área (Oriente Médio, Maghreb, Europa), os antepassados genéticos dos judeus são, agora sabemos, da mesma origem que os das populações que os circundam, mas a tradição judaica exorta seus fiéis a recusar tanto estes ancestrais quanto este meio, e as populações, notadamente quando são cristãs, partilham da crença segundo a qual os filhos de Israel descendem da 'raça dos patriarcas'. Desse modo pode-se constatar de imediato a intrusão de uma representação coletiva, que forma um anteparo entre os judeus e o contexto natural. É claro que, em todo agrupamento humano, seja ele qual for, um 'meio ambiente humano' interpõe-se entre o indivíduo e esse contexto, mas, no caso dos judeus, a barreira de fato que é erguida pela natureza social dos homens é duplicada por uma barreira ideal psico-religiosa, suscitada pela natureza particular atribuída aos judeus, pois é a des-identificação ou separação religiosa do meio ambiente humano 'autócone' que os identifica como tais. Conseqüentemente, seu meio ambiente natural é, do ponto de vista psíquico, um meio ambiente *desdobrado*.

"O meio onde vivem, bem real e bem tangível, são eles em primeiro lugar que tendem a considerá-lo como uma terra de exílio, como um lugar de expiação, e não como a terra protetora e nutridora; por seu lado, os povos-hospedeiros os excluem e chegam até a proibir-lhes, notadamente na Europa cristã, a propriedade fundiária, isto é, o apossar-se do solo. O outro contexto, aquele que, de modo bem incompleto, exerce para suas almas esse papel maternal, não passa de uma reminiscência, que eles cultivam, é verdade, com fervor obsessivo, com todo o poder sugestivo inerente aos ritos e observâncias do judaísmo. Parece até que esse fervor e esse poder foram crescendo à medida que se distanciava no tempo o lendário acontecimento da separação. Contudo, a palavra homem em hebreu arcaico se diz *adam* e a palavra terra, *adama*, não deixam de ser sugestivas pela natureza afetiva, quase erótica, do enraizamento num solo natal. (Por outro lado, pode-se perguntar se a tradição judaica teria bastado para conservar, nos judeus, sua identidade, isto é, para impedir sua fusão com os povos-hospedeiros, nos cadinhos do Ocidente cristão, não fosse o imenso crédito que a tradição, e portanto a identidade, gozava junto a esses povos.)

"Como conseqüência desse desdobramento, a civilização dos judeus é uma civilização dupla, como vimos; eles possuem duas séries de prenomes (isto é, dois modos de identificação); seguem simultaneamente dois calendários diferentes. Escrevem da esquerda para a direita, em caracteres latinos, quando se dirigem aos cristãos, e da direita para a esquerda, em hebraico, quando se correspondem entre si (mas esse hebraico está semeado de palavras emprestadas da língua do

dos judeus e a vasta gama de suas particularidades não poderia ser seriamente posto em dúvida. Assim, no que diz respeito à não-violência dos judeus, uma não-violência no máximo compensada pela chamada agressividade verbal e que, levada às últimas conseqüências, tendia para um "masoquismo" característico.

país). Falam entre si na língua do país onde moram (mas essa língua está recheada de termos hebraicos). O enraizamento integral no país de acolhida (onde amiúde sua instalação veio antes da formação de um povo autóctone) é, para eles, uma tentação permanente. O caso dos judeus italianos do *Quattrocento* que estudamos é característico sob esse aspecto. Quando alguém como Ismael Laudadio da Rieti declara ao agitador messiânico Reubeni que Jerusalém não tem mais atrativos para ele, porque ele se sente otimamente em Siena, seria errado ver nisso um *ubi bene, ibi patria* de banqueiro. Já se disse, e talvez seja verdade, que a vinculação de um judeu ao país onde está pode chegar a uma intensidade sem igual, justamente porque se trata de uma posse incompleta: de fato, ela é contestada tanto pela tradição judaica, quanto pela sensibilidade cristã, convergentes nesse ponto.

"Limitando-nos ao caso dos judeus instalados no Ocidente, onde, como procuramos mostrar em outro lugar, certos artigos da fé cristã contribuíam singularmente para fazer com que eles conservassem o sentimento de sua identidade, pode-se constatar que, segundo os países e as conjunturas, são ora as relações com o país de acolhida, ora as com a Terra Prometida que passam ao primeiro plano de sua consciência coletiva, mas sem que jamais uma ou outra predomine completamente. Daí sua separação secular entre duas 'personalidades de base' (em termos de antropologia cultural) ou o conflito entre duas 'imagens maternas' (em termos psicanalíticos). Pode-se pensar que é esse desdobramento, essa oscilação constante entre dois contextos ou dois vínculos afetivos – e, em última análise, entre duas identidades – que se encontra na raiz da proverbial 'inquietação judaica': sem tentar tornar mais precisa essa idéia bem vaga e quase metafísica, basta assinalar a relação entre uma inserção tão excepcional na existência e o conjunto das particularidades afetivas e intelectuais dos judeus. Portanto, é em primeiro lugar a uma tal situação conflitante que seria preciso reportar, achamos, tanto o dinamismo econômico quanto a fecundidade cultural de que eles deram provas na Dispersão. Bem entendido, também é preciso levar em conta uma superdeterminação que é exercida por caminhos muito variados: a 'inquietação' cresce na proporção direta das perseguições, que não podem deixar de gerar ansiedade; a cultura foi historicamente escorada pela instrução religiosa obrigatória à qual já os 'pais do *Talmud*' submetiam suas ovelhas.

"Portanto, no caso dos judeus, o enraizamento quase físico em uma terra é substituído por um complexo conjunto de idéias, uma doutrina para a qual esse enraizamento torna-se um acontecimento escatológico, que cabe ao 'Povo Eleito' apressar. Não há nada de espantar no fato de que os historiadores judeus postulem quase sempre, ainda que implicitamente, uma 'idéia-força' como fundamento da conservação do judaísmo, e que sua filosofia da História seja, explicitamente ou não, uma filosofia voluntarista. E se, de maneiras diversas, como destacamos em vários lugares deste trabalho, ela deixa um lugar tão amplo para a possibilidade que os homens têm de exercer sua escolha entre o bem e o mal, isto é, para o livre-arbítrio (o dos não-judeus, bem como o dos judeus), mantido em sua dignidade de fator histórico...

"Aí está, portanto, toda uma gama de caracteres únicos que, uns a partir de origens remotas, outros a partir do primeiro milênio de nossa era, singularizavam os judeus. (Sem dúvida os ódios e as perseguições de que foram objeto derivavam dela de modos diversos. A escola psicanalítica não deixou de lançar luz sobre os múltiplos e vigorosos simbolismos do judeu, que seria, em níveis diferentes, um deicida, ou um Deus Pai repressivo, ou um bastardo sem eira nem beira. Seu Exílio era um castigo infligido pelo Todo-Poderoso, sem dúvida alguma uma

É verdade que o masoquismo judeu, de numerosos prolongamentos psíquicos de toda ordem e do qual sem dúvida alguma faz parte uma notável fertilidade cultural, afetará principalmente as gerações posteriores de judeus "emancipados". Na cálida intimidade dos guetos, ele ficava temperado pelo desdém com que era tratado o mundo cristão, pela rejeição dos valores deste e pela indiferença sobre suas opiniões. Enquanto permaneciam uma coletividade globalmente oprimida, e justamente por isso, os judeus enfrentavam o meio circundante coletivamente e não individualmente; eles se contemplavam em seu próprio espelho e naquele, caretiante, que lhes era oferecido por seus detratores; a fé dos judeus em sua superioridade moral, culminando na idéia de Eleição, compensava o sentimento de insegurança que provocava neles sua fraqueza e vulnerabilidade físicas. Deve-se repetir ainda: uma *condição* dilacerada, isto é, o paradoxo do Povo Eleito-aviltado, entrelaçava-se e era equilibrada por uma *tradição* em virtude da qual os cristãos, de um modo significativo, eram temidos como animais ferozes, muito mais do que odiados como homens. Assim, compreende-se melhor como os judeus podiam suportar os ultrajes, refrear seus ressentimentos e abster-se rigorosamente de todo ato de violência para com seus adversários; sob esse aspecto, parece ser ainda mais significativa sua repugnância visceral pelos prazeres da caça, aos quais o povo errante e perseguido, que tinha horror de sangue, havia renunciado desde o começo de sua dispersão.

O entrelaçamento de uma condição histórica com a ética religiosa judaica e o comportamento dos homens do gueto pode ainda ser exemplificado pelo ciclo de festas anuais e seu conteúdo simbólico. Quer sejam graves como o "Grande Perdão", quer sejam alegres como a Páscoa, todas elas acentuam a responsabilidade particular dos filhos de Israel frente ao Criador do Universo, que não cessa de cumulá-los de benefícios e condescende em perdoá-los por seus inúmeros pecados. Elas são, portanto, todas consagradas à Aliança, às mil peripécias históricas, entre o Eterno e seu Povo. Só há uma exceção, cujo ponto culminante alegórico é voltado contra as "nações" que perseguem os judeus. Essa festa primaveril, Purim, permite que eles se comportem de modo *não-judeu,* ou seja, que se vinguem simbolicamente de seus opressores, que os espezinhem, que exteriorizem um júbilo sem acanhamento; mas a válvula assim oferecida aos instintos elementares reprimidos não é mais do que o carnaval anual do gueto...

*
* *

constatação de autoculpabilidade vinha estimular as acusações do meio circundante.)

"Em que medida essas singularidades não predispunham os judeus a destacar-se nas atividades intelectuais e comerciais? Em todo caso, pode-se ver até que ponto o recurso ao método comparativo está cheio de dificuldades e é, por que não dizer, inadequado..." (*Les banquiers juifs*..., pp. 295-300.)

O povo cristão podia desrecalcar seus sentimentos em qualquer estação. Vaias e gritos à mera visão de um judeu era um espetáculo quotidiano. O filósofo Moses Mendelssohn escrevia a um beneditino amigo seu que preferia não sair à rua sem necessidade:

> ...A intolerância me persegue de todos os lados, de modo que, por amor a meus filhos, fico fechado o dia inteiro em minha fábrica, como você em seu claustro. De noite, às vezes falo disso com minha mulher e meus filhos. Papai, pergunta o inocente, que quer de nós esse homem? Por que ele nos joga pedras? O que é que nós lhe fizemos?... Sim, Papai querido, diz outro; eles sempre nos perseguem pelas ruas gritando: Judeu! Judeu! Por que isso os perturba? Ah, baixo os olhos e suspiro para mim mesmo: Homens! Homens! como puderam chegar a isso?...[17]

Por trás da efusão sentimental, aparece uma realidade social, confirmada por testemunhos de origem cristã:

> ...Nada mais comum do que ver, nos mercados, nas feiras e nas hospedarias, as crianças e qualquer um que queria praticar sua temeridade e sua malícia atacarem os judeus e torturá-los com troças, injúrias, roubos, até mesmo golpes e outros procedimentos pagãos[18].

Numa ode à glória do Imperador José II, o poeta Klopstock exclamava: "Quem não freme de piedade ao ver como nossa plebe *desumaniza* (*entmenscht*) o povo de Canaã?"[19] Mas, se a mera visão dos judeus aquecia ao rubro as paixões populares, era porque o horror ou o desagrado preexistiam a visão, e assim estamos de volta ao fenômeno do "anti-semitismo em estado puro". A seguir, em relação ao século XVIII, um exemplo referente à França da Regência:

Tendo-se proposto a fundar montepios, o Duque de Noailles despachou um investigador para à Itália a fim de informar-se sobre seu funcionamento. Em Veneza, esse funcionário ficou sabendo, com grande espanto, que o montepio era mantido pelos judeus:

> Eu tenho muito medo de imprimir, de início, um justo desagrado por este relatório ao explicar uma singularidade que, contudo, não pode ser dissimulada. A República de Veneza compreendeu, como os outros Estados soberanos da Itália, que seria muito útil aos pobres encontrar um lugar onde pudessem receber, por seus trastes, algo com o que aliviar sua urgente miséria, mas ela fez um uso singular dessa reflexão, e acredito que não há outro lugar, senão Veneza, onde o montepio é exercido pelos judeus...[20]

---

17. Carta de Moses Mendelssohn ao beneditino Winkopp, de 28 de julho de 1770 (cf. M. KAYSERLING, *Moses Mendelssohn, Sein Leben und Wirken*, Leipzig, 1888, p. 269).

18. *Licht und Recht, Von dem Zustand und Tractament der Juden*, s. 1, 1704.

19. Cf. G. LIEBE, *Das Judentum in der deutschen Vergangenheit, op. cit.*, p. 120.

20. *Mémoire d'enquêteur dépêché par Noailles en prévision de la création d'um mont-de-piété*, Bibl. Nac., Paris, ms. fr. 113666-67.

Esse secular "desagrado" dos cristãos comunicara ao próprio termo "judeu" uma espécie de carga explosiva. Mesmo em meios esclarecidos, o vocábulo, com sua força afetiva, servia como padrão do Mal, em virtude do uso, quer a língua fosse latina, germânica ou eslava. Quando quer exemplificar os vícios dos holandeses, Montesquieu, o mais justo dos homens, exclama: "...jamais houve judeu mais judeu do que alguns dentre eles"[21]. Assim, embora vozes cada vez mais numerosas se elevassem nessa época em favor do judeu *homem,* tanto os defensores quanto os detratores se atinham à mesma acepção da *palavra,* e o judeu só era estimado sob a condição de não ser judeu: ambiguidade semântica que irá contribuir, por seu lado, para a perenidade do anti-semitismo moderno: nunca é demais insistir nisso. Na Alemanha, o primeiro grande advogado dos judeus, o dramaturgo Lessing, fazia com que uma de suas personagens exclamasse: "Existem judeus que não são nem um pouco judeus!"[22] Na França, o constituinte Rewbell, opondo-se à emancipação dos judeus de Bordeaux, argumentava de maneira análoga: "Estão vos propondo que considereis os judeus de Bordeaux como não sendo judeus!"[23] Também é da mesma maneira que certos emancipadores judeus defendiam a causa de seus correligionários: "Procurai no judeu o homem, não procureis no homem o judeu..."[24]. Quando, em 1805, Napoleão encarregou seus ministros de estudar o futuro estatuto dos judeus, um dos projetos elaborados nesse sentido sugeria: "... Suprimir-se-á nos atos oficiais a denominação judeu... à qual estão vinculados infelizes preconceitos"[25]. Cético, Champagny, o ministro do Interior, comentava: "Temo que o uso prevaleça sobre o decreto que irá proibir essa denominação"[26]. Esse pessimismo não era totalmente justificado, pois, com o tempo, tais operações de magia verbal, com o auxílio das quais vários governos europeus procuraram "resolver a questão judaica" agindo sobre as coisas através das palavras, não demonstraram ser totalmente ineficazes. Assim, pode-se dizer que, na França, os judeus tornaram-se, em certa medida, israelitas, tanto para eles mesmos quanto para uma parte da população cristã. Na Rússia, essa atenuação irá corresponder à substituição parcial do termo *Evréi* (hebreu) por *Jid,* fortemente insultante. Mas, nos países alemães, o termo *Mosaiste,* usado administrativamente, continuará sendo uma fórmula

---

21. Eis o contexto: "Tudo que me disseram sobre a avareza, a vadiagem, a trapaça dos holandeses não é ilusão: é a pura verdade. Não acredito que, desde um homem célebre chamado Judas, jamais houve judeu mais judeu do que alguns dentre eles..." (Cf. *Voyages,* na edição das *Oeuvres Complètes* de Montesquieu por M.A. Masson, Paris, 1950-1955, t. II, p. 1290.)

22. Fala do "Servidor arrependido" na peça *Die Juden* de Lessing (1749).

23. Cf. S. DUBNOV, *Histoire moderne du peuple juif, op. cit.,* I, p. 108.

24. *Idem,* p. 412.

25. Cf. ROBERT ANCHEL, *Napoléon et les Juifs. Essai sur les rapports de l'État français et du culte israélite de 1806 à 1815,* Paris, 1928, pp. 226-229.

26. S. DUBNOV, *op. cit.,* p. 412.

sem sentido, pois ali, ainda hoje, um judeu continua sendo um *Jude*; talvez seja característico que, em alemão (ao contrário do francês ou do inglês), o judeu *errante* (ou seja, uma personagem cujas andanças um dia poderão ter fim) é chamado de judeu *eterno* (*Ewiger jude*)[27].

---

27. Essa observação foi feita na tese universitária, à qual desejamos uma publicação próxima, da Irmã MARIE-LOUISE GABRIEL (Londres): *The Portrait of the Contemporary Jew in English and German fiction and drama from 1830 to 1880.*

Livro I: O SÉCULO DAS LUZES

Desde a mais alta Idade Média tem havido espíritos para pôr em dúvida as crenças tradicionais para interrogar-se em segredo sobre os dogmas da Revelação e mesmo sobre a existência de Deus. Nos confins do mundo ocidental, lá onde o cristianismo confinava com o Islã, essas dúvidas blasfematórias às vezes chegavam a manifestar-se: um certo panfleto chamava Moisés, Jesus e Maomé de "três impostores". Em outros lugares, elas permaneciam incomunicadas, e até mesmo a variedade de opiniões, fruto da Reforma, não fez mais do que substituir de início várias inquisições múltiplas por uma Inquisição única: Michel Servet morreu na fogueira como Giordano Bruno. Dois séculos ainda irão transcorrer antes que as eternas interrogações, na esteira das idéias científicas novas, possam ser livremente discutidas em praça pública. O questionamento universal do Século das Luzes não deixará de se estender ao caso e à *significação* exata dos judeus. As diferentes respostas dadas, propagadas por Voltaire e pelos enciclopedistas, darão a volta ao mundo com a Revolução Francesa e ainda hoje são consideradas fontes autorizadas em certos países. Na parte que nos interessa, essas respostas foram elaboradas principalmente na Inglaterra, na primeira metade do século XVIII, durante uma polêmica que serviu de inspiração e modelo às gerações futuras e que ainda não está inteiramente encerrada. Essa discussão mostra como a idéia que se forma do judeu, isto é, o anti-(ou filo-)semitismo, está vinculada, no plano conceitual às questões supremas da Causa primeira e dos fins últimos do homem. É por isso que convém começar esta parte de nosso trabalho com um capítulo dedicado aos deístas ingleses.

4. Os Deístas Ingleses

> *We must carefully distinguish between what the Scripture itself says, and what is only said in the scriptures**.
>
> (ROBERT BOYLE)

As revoluções inglesas e a ascensão de uma burguesia comercial levaram a um notável desabrochar econômico e cultural das Ilhas Britânicas. A ousadia e o vigor do pensamento inglês espantavam os contemporâneos. Como escrevia La Fontaine:

> *Les Anglais pensent profondément,*
> *Leur esprit, en cela, suit leur tempérament.*
> *Creusant dans les sujets, et forts d'expériences,*
> *Ils étendent partout l'empire des sciences...* [1] **

Mais tímida, e no começo quase imperceptível, foi a evolução das idéias morais e religiosas. Repugnava aos maiores espíritos ingleses pôr em questão a religião tradicional. Newton achava que o principal interesse de suas descobertas era fornecer uma demonstração racional da existência de um Deus (a inexplicável "força de gravitação" não

---

* "Devemos distinguir com cuidado aquilo que a própria Escritura diz daquilo que só é dito nas escrituras." (N. da T.)

1. "Le renard et les raisins" (*Fables*, liv. XII, 169).

** "Os ingleses pensam prufundamente,/ Seu espírito, nisso, acompanha seu temperamento./ Cavando fundo nos temas e fortes em experiências,/ Eles estendem por toda parte o império das ciências..." (N. do T.)

55

implicava na existência de um "grande Relojoeiro"?); Robert Boyle legou sua fortuna a uma fundação destinada a coroar as melhores obras da "nova escola apologética de base astronômica"[2]; John Locke, o primeiro grande apóstolo da tolerância, que era estendida aos muçulmanos e aos judeus, defendia a perfeita compatibilidade do cristianismo e da razão e erguia-se contra o questionamento dos milagres bíblicos. Mais ousados, alguns espíritos considerados menores, como Herbert de Cherbury, Charles Blount, iam mais longe (pois a razão é um deus exigente), mas sem que, com isso, ousassem professar um ateísmo ou um ceticismo tão pouco compatível com as estruturas mentais da época quanto com sua legislação. A partir de 1693, a lei sobre a liberdade de imprensa permitiu que as idéias subversivas tivessem curso, ao mesmo tempo que era traduzido o *Dictionnaire* de Bayle e que se tornava conhecida na Inglaterra a crítica bíblica de Spinoza. O conceito de uma religião conforme a mensagem evangélica, embora sendo conciliável com o novo espírito científico, uma religião que fosse racional e *natural,* ao modo do grandioso espetáculo das leis naturais, seduzia a inteligência inglesa e dava origem à grande "discussão deísta". Restava saber como é que durante milênios o gênero humano pudera permanecer preso às superstições clericais e prestar tributo ao obscurantismo das Igrejas tradicionais, principalmente da Igreja Romana. Quem, pois, havia tido interesse em abusar da razão e corromper a bondade inata dos homens, em adulterar sistematicamente a "religião natural"?

Nesse ponto, o próprio Newton sugerira um começo de resposta, imputando a São Jerônimo as corrupções do texto bíblico, mas sem tirar disso nenhuma conclusão precisa[3]. Em compensação, foi um libelo em regra contra os Padres da Igreja, corruptores do verdadeiro cristianismo, que John Toland escreveu, o "primeiro livre-pensador da história ocidental". Durante sua vida de aventuras, ele não cessou, ao mesmo tempo em que vivia de magras prebendas, de pregar um cristianismo "razoável", livre de sua ganga de mistérios[4] e conforme ao ensinamento de Jesus Cristo, assim como podia ser encontrado nos Evangelhos. Esse cristianismo, para ele, era o dos ebionitas, que ele chamava de nazarenos ou, mais simplesmente, de judeus. De fato, segundo ele:

... o verdadeiro cristianismo dos judeus foi oprimido pela cabala superior em nome dos gentios, que, não podendo suportar sua simplicidade e sua perfeita concordância com a razão, no próprio estado onde foi instituído por eles, sufocaram-no gradualmente sob as figuras e os mistérios de seu paganismo, sob as distin-

---

2. Cf. V. MONOD, *Dieu dans l'Univers; essai sur l'action exercée sur la pensée chrétienne par les grands systèmes cosmologiques depuis Aristote jusqu'à nos jours,* Paris, 1933, p. 178.

3. "An historical account of two notable corruptions of Scripture" (esse trabalho de Newton só foi publicado em 1737).

4. Ver especialmente *Christianity not misterious...* (1696) e *Nazereus, a Jewish, Gentile and Mahometan Christianity* (1718) de JOHN TOLAND (1670-1722).

ções e as doutrinas absurdas dos filósofos, desfiguraram-no por sua hierarquia pontifícia, por seus altares, suas oferendas, seus rituais e pelas cerimônias de seus padres, sem sequer querer tolerar as dos judeus, que eles mesmos reconhecem como sendo de inspiração divina (...) É ainda essa mesma tradição que tem sido empregada para introduzir a invocação dos santos, as preces pelos mortos, o culto das imagens e toda a seqüela de superstições gregas e romanas, das quais duvido que se possa encontrar o mais leve vestígio em toda a Bíblia...[5]

Em conseqüência, exortava seus contemporâneos a voltarem à pureza dos dois *Testamentos*, que incitavam os judeus a continuar bons judeus e aos gentios a tornarem-se bons cristãos:

Segue-se que os *judeus*, quer se tornem *cristãos*, quer não, permanecem sempre obrigados a observar a lei de Moisés, encerrada nos limites onde ela se encontra hoje em dia; e que todos aqueles que pensam que *Jesus Cristo* os libertou da necessidade de observar a lei deles, e que é um crime para eles persistir nela, não entendem nada da Escritura e estão errados, bem como a maioria dos *gentios*, que, tendo de *cristãos* apenas o nome, submetem seus corações idólatras a todas as superstições nas quais nasceram. Foram eles que destruíram o verdadeiro cristianismo... Seu ódio era tão violento contra os *judeus* que, por mais que lhes devessem o Evangelho, bastava que estes tivessem persistido na observação de sua lei para que aqueles a rejeitassem, por mais justa e razoável que pudesse ser...[6]

Vê-se como nosso filósofo escorregava insensivelmente da apologia dos judeus do passado à dos judeus do presente (aliás, toda meditação sobre as Escrituras parece transformar a "questão judia" em tema intemporal por excelência). Esse "filo-semitismo" de Toland também se baseava em sua condição de desclassificado social, de *outlaw* errante, que o teria levado a simpatizar com o povo proscrito? Foi ele estimulado num momento qualquer por uma prebenda, seu meio habitual de subsistência? Não se sabe, mas pode-se constatar que, em 1714, ele publicou suas *Reasons for Naturalizing the Jews in Great-Britain and Ireland*, nas quais advogava a imigração coletiva para as Ilhas Britânicas dos judeus do Continente. O escrito era dedicado aos bispos do Reino Unido; Toland começava lembrando-lhes os méritos históricos dos "educadores do gênero humano", que haviam conseguido inculcar o monoteísmo no Império Romano e cujos prenomes os ingleses contemporâneos orgulhavam-se de usar, mas que odiavam e desprezavam "com uma desumanidade que só encontra paralelo em sua incoerência". Fato cuja principal responsabilidade ele atribuía ao clero, aos "*padres, seus inimigos encarniçados, que devotamente ofertaram sacrifícios humanos, não só para partilhar os despojos com príncipes ávidos, como também para aumentar a reputação de seu zelo e sua santidade entre o vulgo...*" Ele também dava sua parte à xenofobia do povo, cujos motivos resumia, como se segue, em três pontos:

5. Cf. *Le Nazaréen*... de TOLAND (trad. francesa, Londres, 1777, p. 144).

6. *Idem*, p. 158.

Admito que, em todos os países, o vulgo raramente se conforma com o afluxo de estrangeiros: o que provém, primeiramente, de que ignora que, no começo, também ele foi estrangeiro; em segundo lugar, de que ele só aceita com má vontade que outros venham partilhar o exercício de seus ofícios ou, como diz, *tirar o pão de sua boca*; e, em terceiro lugar, porque é estimulado, nessa aversão, pelos artifícios daqueles que têm intenções de mudar de governo...

A seguir, assegurava a seus leitores que muitos deles deviam ter sangue judeu nas veias, especialmente os escoceses, "o que constitui a razão pela qual muitos habitantes dessa parte da ilha têm uma notável aversão pela carne de porco e pelo *black-pudding*, sem falar de algumas outras semelhanças fáceis de constatar"[7].

Glorificava as verdades do judaísmo, que ordenava aos judeus "magnificar perante o mundo a bondade, a sabedoria e a força divinas e os outros atributos de Deus, ao mesmo tempo que os deveres dos homens que constituem a *religião natural*". Enfim, enumerava as várias vantagens que a multiplicação dos judeus prometia à Grã-Bretanha; mesmo se têm alguns defeitos, estes "procedem de seus acidentes, não de sua natureza"; além disso, "eles se impregnam visivelmente da natureza das nações entre as quais vivem". Ele também garantia que, uma vez instalados nas Ilhas Britânicas, os filhos de Israel saberiam tornar-se soldados valorosos e os ousados marinheiros que tinham sido na Antigüidade: "... e eu imagino que eles poderiam matar os inimigos de nossas Ilhas Britânicas, uma vez transformadas em suas ilhas, com a mesma alacridade"[8].

Não parece que esse curioso texto de Toland tenha tido muita repercussão. Hoje em dia, a maioria de seus biógrafos nem chega a mencioná-lo; na época, atraiu uma *confutation* anônima, que, principalmente, acautelava os ingleses contra os perigos do proselitismo judeu. "Onde nossos padres convertem um judeu ao cristianismo, os judeus pervertem dez cristãos ao judaísmo..." "Separemo-nos deles em vez de naturalizá-los, para que Deus não nos rejeite e não nos abandone como fez com eles..." Esse perigo seria tanto mais urgente quanto os judeus pretendem ser os detentores das únicas Escrituras não corrompidas; ora, "centenas deles, nascidos na Espanha, em Portugal, na Holanda, na Inglaterra, não conhecem uma única palavra de hebraico..."[9]

Era essa também a posição mais ou menos implícita da falange principal dos deístas, denunciando as incoerências da doutrina revelada. Para eles, os erros com que fora cumulada, por séculos, a tradição cristã, deviam-se primeiramente aos judeus, senão só a eles. Além disso, se, para a Igreja Romana, o aviltamento do Povo Eleito constituía uma

---

7. *Reasons for Naturalizing the Jews in Great-Britain and Ireland, on the same foot with all the other nations, containing also a defense of the Jews against all vulgar prejudices in all countries*, Londres, 1714.

8. *Reasons for naturalizing... cit.*

9. *A confutation of the reasons for naturalizing the Jews, containing the Crimes, Frauds and Insolencies, for which they were convicted and punished in former Reigns*, Londres, 1715.

prova da verdade do cristianismo, é desse mesmo aviltamento que nossos autores amiúde extraem argumentos contra a crença tradicional. Mas os modos de raciocinar eram múltiplos; é importante passá-los em revista, pois ao comprovarem a judeofobia ambiental (e mais especificamente a identificação corrente entre judeu = trapaceiro), servem como os primeiros marcos à linha de declive histórico do anti-semitismo moderno; através de diversas transformações, que serão vistas mais adiante, o pensamento deísta tornar-se-á uma força atuante, um fator histórico, várias gerações mais tarde.

Em primeiro lugar, citemos o matemático William Whiston, o sucessor de Newton em sua cátedra de Cambridge. Como seu grande êmulo, ele se consumia em cálculos intermináveis para integrar a cronologia bíblica no tempo astronômico. Na medida em que tais cálculos não davam resultado, imputava a diferença residual à ação de um cometa, que teria perturbado o delicado mecanismo do universo por ocasião do Dilúvio: portanto, as incongruências matemáticas não eram senão o resultado da maldade humana. Outros erros eram atribuídos por ele à malícia dos escribas judeus; mesmo porque procurava reconstituir os textos autênticos em seu *Essay towards restoring the true Text of the Old Testament*... (1722). A última proposição desse ensaio afirmava: "Por volta do começo do segundo século da era cristã, os judeus corromperam gravemente suas cópias hebraicas e gregas do *Antigo Testamento*; eles o fizeram intencionalmente em vários trechos, por oposição ao cristianismo". De outro lado, Whiston deve ter tido a reputação de amigo dos judeus, pois foi ele que foi encarregado por um *gentleman* anônimo de distribuir cem libras esterlinas entre eles depois de um incêndio que destruiu, em 1736, o bairro judeu de Londres[10].

Igualmente virulento mostrou-se Matthew Tindal, cujo tratado *Christianity as Old as Creation: or the Gospel, a republication of the religion of nature* (1730) provocou mais de cento e cinqüenta refutações na Inglaterra e no Continente, uma das quais devida ao ilustre Berkeley[11]. Conforme sugere o título do texto, o cristianismo era identificado com a "religião natural", que teria sido pervertida por Moisés. Para demonstrar os malefícios do judaísmo, Tindal servia-se de exemplos tirados da História contemporânea. Todos os seus banhos de sangue e os seus crimes não podiam ser justificados pelos precedentes bíblicos? "Pergunto: os espanhóis teriam chacinado tantos milhões de índios se não tivessem pensado poder usá-los como se fez com os cananeus? Quantos precedentes os padres do papa não tiraram do *Antigo Testamento* para justificar o assassinato dos dois Henriques da França! Se a conspiração da pólvora tivesse tido sucesso em nosso país, eles teriam usado o mesmo argumento..." Tindal também lembrava como os gnósticos, "uma das maiores seitas dos tempos primi-

10. *Memoirs of the Life and Writings of Mr. William Whiston... written by himself*, Londres, 1753.

11. Cf. NORMAN TORREY, *Voltaire and the English Deists*, Yale, 1930, p. 109, e PRESERVED SMITH, *The Enlightment 1687-1776*, ed. New York, 1962, p. 419, citando *Alciphron* do Bispo Georbe Berkeley.

tivos", opunham, ao cruel Jeová, o verdadeiro Deus das Luzes; "essa é a diferença que existe entre a representação de Deus nos livros da religião judaica e nos da religião cristã"[12].

Indo um pouco mais adiante, seu continuador, Thomas Morgan, procedia a uma franca apologia do gnosticismo, a seus olhos conforme aos verdadeiros ensinamentos de Cristo, e estendia os ataques contra o Deus de Israel até seu povo:

> Supor que uma horda de pobres e desprezíveis escravos egipcianizados, que, logo depois de libertados de um jugo, foram colocados sob outro; que um povo mal conhecido pelo resto do gênero humano, relegado a um canto da terra, proibido de misturar-se aos outros povos; que um povo desses, colocado em tais circunstâncias, estava destinado, pela Sabedoria e Conselho divinos, a servir de luz para os *gentios,* de meio para preservar o verdadeiro Conhecimento e Adoração de Deus no mundo, de guia para a verdadeira Religião e caminho da Salvação; supor isso é o mesmo que admitir aquilo que nós proclamamos com desprezo, ou seja, que Deus procurava atingir um fim tão desprezível, através de meios tão viciados quanto o próprio Moisés...

Em suma, o Deus do *Antigo Testamento* era, para nosso autor, o "Deus de Israel, o Deus dos Exércitos ou Deus da guerra, um deus local e tutelar que residia entre seu povo..."[13] Já se observou que certos trechos de sua obra principal, *The Moral Philosopher...*, nos quais insiste no caráter puramente "nacional e temporal" da legislação mosaica, parecem parafraseados do *Tratado Teológico-Político* de Spinoza[14].

Outro precursor da alta crítica bíblica, Anthony Collins, adotou uma posição semelhante em seu *Discurso sobre os Fundamentos da Religião Cristã* (1724). Ele serviu de fonte autorizada para o Barão de Holbach, em seu feroz *Espírito do Judaísmo...*, que fazia passar por uma tradução de Collins[15].

Foi assim que a revolução intelectual do deísmo radicalizou-se rapidamente, como toda revolução autêntica, e a "religião natural" desembocou num panteísmo que não passava de um ateísmo ligeiramente disfarçado. Certos argumentos, que podem parecer humorísticos para nosso entendimento, eram, contudo, apresentados com a maior seriedade por seus autores; foi assim que o Bispo William Warburton

---

12. *Christianity as old as Creation... cit.*, Londres, 1731, pp. 239-242.

13. A obra mais conhecida de THOMAS MORGAN é *The Moral Philosopher, in a Dialogue between Philalethes, a Christian Deist, and Theophanes, a Christian Jew* (Londres, 1737); é evidente que o filósofo deísta triunfa sobre o "judeu-cristão", defensor da ortodoxia. Não tendo podido consultar esse livro em Paris, extraímos as citações acima de outro escrito de MORGAN, *A Brief Examination of the Rev. Mr. Warburton's Divine Legation of Moses...* ; Londres, 1741, p. 158 e p. XIV.

14. Cf. JULIUS GUTTMANN, *Kant und das Judentum*, Leipzig, 1908. Segundo Guttmann, os conceitos de Kant sobre o judaísmo e os judeus teriam sido emprestados dos Caps. III, V e XVII do *Tractatus Theologico-Politicus* de que Morgan também se serviu.

15. Ver mais adiante, pp. 164-165.

procurou demonstrar (em *The Divine Legation of Moses...*, 1738), que a eleição por Deus do povo mais grosseiro e mais vil de todos constituía a melhor prova da verdade da Revelação[16]. (No século XX, pode-se encontrar um eco longínquo desse argumento numa polêmica anti-semita conduzida na Inglaterra sob o lema "How odd of God"[17].)

Ainda mais venenoso foi o célebre pastor Woolston que, condenado por blasfêmia, morreu, dizem, na prisão. Seus escritos burlescos, nos quais Voltaire se inspirou, circulavam às dezenas de milhares de exemplares; neles, se dedicava a ridicularizar os métodos tradicionais de exegese bíblica, sob o disfarce de defendê-los[18], e os judeus, "perturbadores e malcheirosos", ofereciam a sua zombaria um alvo selecionado. Eis um exemplo:

> Conforme o provérbio e a crença comum ao gênero humano, o mundo está infectado de judeus. É por isso que Amiano Marcelino, muito felizmente para nosso objetivo, ao falar dos judeus, chama-os de *judeus perturbadores e malcheirosos*. Como essa marca da infâmia foi colocada neles? Será por causa do mau cheiro que exalam segundo a opinião corrente ou por qualquer outro modo; isso importa pouco para nossa profecia e para seu tipo e mesmo se seus corpos não cheiram mal e jamais cheiraram mal, suas blasfêmias contra o Cristo, as maldições que lançam contra sua Igreja e suas glosas falsas da Escritura bastam para tornar seu nome odioso e abominável. Ultimamente, percebi que São João parece querer dizer que as rãs são símbolo das pessoas animadas por um espírito mentiroso e diabólico; ele fala de três espíritos particularmente impuros, semelhantes às rãs. Estou convicto de que está falando de três judeus de quem conheço bem os nomes e as mentiras, e também sei como eles saíram da boca do Dragão, mas não cabe a mim explicar e desvendar essa profecia...[19]

Vemos como os judeus, simplesmente existindo, podiam *dar provas* indiferentemente a favor da falsidade do cristianismo ou de sua

---

16. O argumento de Warburton faz pensar no segundo conto do *Decameron: Abraão, o judeu, estimulado por seu amigo Joãozinho, vai a Roma e, vendo a depravação do clero, volta a Paris e se torna cristão*. Em Roma, Abraão constata que, do modo como é conduzida, a Igreja deveria ter desabado logo; sua manutenção secular leva-o a concluir pelo milagre, e, portanto, pela verdade do cristianismo. Sobre as origens (orientais) desse tema, cf. *De Maomé aos Marranos*, p. 35.

17. Esse lema foi emprestado do dístico de W.E. EWER, "How odd of God, to choose the Jews" ("Que estranho Deus ter escolhido os judeus"). Cf. a obra (da apologética judaica) de LEWIS BROWNE, *How odd of God*, Londres, 1935, bem como um panfleto anti-semita de D. Reed (sem lugar nem data de publicação, mas posterior a 1942), sob o mesmo título.

18. Woolston fingia defender os métodos de exegese alegórica e típica (que remontam a Orígenes) contra os da exegese literal. Suas verdadeiras intenções levaram muito tempo para serem expostas; cf. N. TORREY, *Voltaire and the English deists, op. cit.*, pp. 59-103.

19. Esse trecho constitui uma exegese burlesca do *Êx.*, VIII, 8-10: "E Moisés clamou ao Eterno sobre as rãs com que tinha atingido o Faraó. O Eterno fez o que Moisés pedia; e as rãs morreram nas casas, nos pátios e nos campos; elas foram amontoadas e o país foi infestado..." Para Woolston, as rãs "tipificavam" os judeus. T. WOOLSTON, *The Old Apology for the Truth of the Christian Religion...*, Londres, 1732, pp. 124-125.

veracidade; jogos do espírito animados por obscuras paixões elementares, em virtude das quais um anti-semitismo primário pode servir de balcão tanto para uma fé do povinho quanto para o *Écrasez l'Infâme*.

Por volta de 1750, a agitação deísta na Inglaterra teve fim de modo tão repentino como começara no princípio do século. Um de seus últimos profetas foi Peter Annet, um artesão e brilhante autodidata que se propunha desembaraçar o cristianismo de suas "pernas judias" para assentá-lo firmemente sobre a "rocha" da "Natureza". O Rei Davi, sobre cuja vida escreveu, era seu bicho-papão:

> Cristãos! Eis os avatares da vida de um judeu que vós não enrubesceis ao cobrir de louvores, como um homem conforme ao coração de Deus! Britânicos! Eis um rei a quem foi comparado vosso excelente monarca falecido! Quanta falta de piedade em relação a Sua Majestade Divina! Que afronta à memória de um príncipe irrepreensível! (*David, a história de um homem conforme ao próprio coração de Deus*)[20].

Lorde Henri Bolingbroke, o último dos grandes deístas, também se dedicou a ressaltar o contraste entre os costumes dos patriarcas e o ideal do *gentleman* inglês. De acordo com as opiniões de seu tempo, tendia a apresentar os judeus como uma espécie de estalão do mal. Assim, a propósito da maldição da posteridade de Cam por Noé (*Gên.* IX, 25): "Só um autor judeu poderia ter imputado à economia da Divina Providência a realização de uma predição dessas!"[21] Mas, se os judeus eram maus, sua religião tinha-os tornado piores, pois "julgavam-se autorizados por sua religião a cometer crueldades tais que, mesmo eles, talvez não as tivessem cometido se não tivessem religião..."[22] Contudo, Lorde Bolingbroke tendia a dividir equitativamente entre os judeus e os Padres da Igreja as responsabilidades pelas fábulas e mentiras da tradição cristã: no fim de contas, e ao contrário da lenda, esse grande senhor não deveria ser qualificado de "anti-semita" precoce[23].

*
* *

Concluindo essa rápida revoada sobre a propaganda deísta, parece útil fazer três observações.

---

20. Cf. N. TORREY, *Voltaire and the English Deists, op. cit.*, pp. 175-198.

21. *The Works of Lord Bolingbroke...*, ed. Filadélfia, 1841, vol. II, *Letters on the study and use of History*, p. 209.

22. N. TORREY, *op. cit.*, p. 145.

23. "... Se os fundamentos do judaísmo e do cristianismo são verdadeiros, quantas fábulas sem-número não foram inventadas para glorificar, embelezar e escorar as estruturas, segundo o interesse e o gosto dos diferentes arquitetos! Que os judeus foram culpados, é preciso admitir; para vergonha dos cristãos, senão do cristianismo, os Padres de uma Igreja não têm o direito de jogar a primeira pedra contra os Padres da outra..." (*Works... ed. cit.*, vol II, p. 213).

1º) Os escritos que citamos não dispensam necessariamente grande lugar aos judeus. Na maioria das vezes, consistem em polêmicas dos autores entre si e em pesquisas.

2º) Tampouco há fundamento para pensar que esses autores estavam "obcecados" pelos judeus (do presente e do passado). Mas, quando tratavam deles, permaneciam presa do universo tradicional cristão, ao qual apenas John Toland conseguiu livrar-se, conforme atesta seu escrito em favor da emancipação dos judeus, assim como suas opiniões otimistas sobre a perfectibilidade do homem graças à educação, formuladas com notável nitidez![24]

3º) Nada é mais delicado do que a sutil história das idéias, nada é mais aleatório do que o estabelecimento de suas filiações genealógicas, e no caso em tela, somos levados de uma maneira característica a perguntar se nossos neognósticos devem qualquer coisa a seus longínquos predecessores Valentino e Marcião ou se suas opiniões foram elaboradas simplesmente sob o impulso conjunto da rebelião anticlerical e do sentimento antijudeu. Antes, depois ou na mesma época, outros autores formularam em outros países idéias semelhantes, e o germe dos argumentos antijudeus dos deístas ingleses já se encontra em Spinoza[25]. Suas intenções pareciam generosas: de início foi para escapar à estreiteza dos horizontes judaico-cristãos que os apóstolos da "religião natu-

---

24. "Não ignoro a que ponto o mundo é regido pelos preconceitos e como alguns, que não gostariam de ser contados entre o vulgo, partilham de seus erros. Um dos mais generalizados é a idéia que prevalece de um certo gênio, ou inclinação do espírito, reinante numa dada família ou nação. Que tal tendência seja amiúde observável, não negarei; mas afirmo que ela procede inteiramente do Acidente e não da Natureza. Os diferentes métodos de Governo e Educação são as verdadeiras causas e molas de tais inclinações através do globo, assim como isso é evidenciado pelas mudanças progressivas devidas na maioria das vezes às modificações desses métodos, tanto na Antigüidade, quanto nos Tempos Modernos. Comparai a Grécia e a Itália do presente com as do passado; ou mesmo a Velha Inglaterra com a Nova, e não podereis mais ter dúvidas sobre o assunto. De modo algum contesto o que deve ser atribuído ao clima, mas, assim como o Governo e a Educação têm primazia sobre ele [o gênio nacional] pode ser mudado pelos habitantes, e já o foi em muitas épocas pelos judeus..." (*Reasons for Naturalizing the Jews... op. cit.*, Cap. VIII).

25. Assim, em sua carta ao jovem católico Albert Burgh: "Falais também da concordância unânime de milhões de homens, da sucessão ininterrupta da Igreja Romana, etc., mas esse é o refrão mais constante dos fariseus! [ou seja, dos judeus – N. do A.]. Estes, de fato, com uma confiança tão forte quanto a da Igreja Romana, invocam multidões de provas que, com tanta tenacidade quanto as vossas, dão como experiências pessoais aquilo que ouviram dizer. E fazem remontar sua linhagem até Adão. Eles exaltam com a mesma arrogância a permanência de sua Igreja, que até hoje se mantém imutável e firme, apesar da hostilidade odiosa dos gentios e dos cristãos. Defendem-se principalmente com sua antigüidade. Clamam a uma só voz que têm tradições recebidas do próprio Deus e que são os únicos a guardar o verbo de Deus, tanto o escrito quanto o não escrito. Ninguém pode negar que todos os hereges vêm dos fariseus, mas que estes permaneceram fiéis a si mesmos durante milhares de anos e isso, não por coação política, mas pela influência da mera superstição. Os milagres que eles relatam poderiam cansar mil faladores. Mas aquilo de que mais se orgulham, é que contam com mais mártires do que qualquer outra nação..." (Carta LXXVI; cf. *Oeuvres Complètes*, Paris, ed. La Pléiade, 1954, p. 1347).

ral" criticavam o exclusivismo do *Antigo Testamento*, procuravam a origem da civilização no Egito ou o berço do gênero humano na Índia, subordinavam Moisés a Zoroastro ou até identificavam Abraão com Brama[26]. É, contudo, essa corrente de inspiração universalista que, enriquecida pelas especulações com pretensões científicas do século XIX, ou através de outras mediações, chegará ao século XX sob o véu do chamado internacionalismo "ariano", à dogmática racista do hitlerismo. E já no século XVIII uma pista segura[27] leva dos deístas ingleses a Voltaire, o grande profeta do anti-semitismo anticlerical moderno.

---

26. Sobre esse assunto, mais adiante pode-se encontrar algumas indicações no Livro III ("A Reação Racista").

27. Isso ficou estabelecido mediante os "Carnets" de Voltaire, por N. TORREY, *Voltaire and the English Deists*, Yale, 1930.

5. A França das Luzes

1. A SENSIBILIDADE PROTESTANTE

> *Esse ódio que se tem por eles* [os judeus] *é extraordinário* [espantava-se Mme de Sévigné]. *Mas de onde vem esse mau cheiro que confunde todos os perfumes? – Sem dúvida alguma é que a incredulidade e a ingratidão cheiram mal assim como a virtude cheira bem... Sinto piedade e horror por eles, e peço a Deus junto com a Igreja que tire o véu que os impede de ver que Jesus Cristo veio...*[1]

Parece que essa era a opinião geral da sociedade francesa no século de Bossuet. É verdade que uma censura rígida impedia a manifestação de uma opinião contrária, e já mencionamos em nosso primeiro volume os dissabores do erudito Richard Simon. Até a morte do Rei Sol, existia a respeito dos judeus apenas uma verdade oficial na França, cujos cânones podem ser ilustrados pelas desventuras ocorridas em 1710 com o pastor Jacques Basnage.

Esse historiador calvinista publicara na Holanda uma *História dos Judeus* onde, pela primeira vez no Ocidente, tentava aplicar ao difícil assunto as regras da crítica histórica. Sua obra causou sensação através da Europa erudita, e um teólogo famoso, o Abade Louis Dupin, achou que seria útil reproduzi-la na França, depois de tê-la modificado de acordo com as exigências da verdade católica. O pobre Basnage não teve

---

1. Carta de 26 de junho de 1689 a Mme de GRIGNAN; *Lettres*, ed. La Pléiade, Paris, 1957, t. III, p. 466. Dessa carta pode-se concluir que a rainha da França, em visita a Avignon, queria converter os judeus dessa cidade. Agradeço ao amigo desconhecido que me assinalou o fato.

outro recurso a não ser um protesto impotente: "Tiraram-me a *História dos Judeus*; apagaram meu nome, inseriram sentimentos que eu não tenho..."[2] Com efeito, a contrafação de Dupin contava com mais de uma centena de modificações, incidindo sobre fatos ou juízos que não convinha difundir na França. Assim, Basnage levantara dúvidas sobre se o Imperador Constantino teria mandado cortar as orelhas dos judeus; Dupin dava o fato como verdadeiro, conforme João Crisóstomo. Basnage chamara de devasso ao Rei Dagoberto, que os havia expulsado; Dupin tomou a peito restabelecer as virtudes desse monarca. E assim por diante, de século em século; a última modificação era também a mais importante. Ao tratar da expulsão dos judeus da Espanha, tema carregado de alusões à revogação do Edito de Nantes, Basnage criticara Fernando e Isabel por terem "desolado um grande e vasto reino"; é evidente que Dupin apressou-se em mudar isso, para elogiar altamente essa medida tão legítima quanto sábia.

Pode-se ver por aí como sua história de dor, uma história que, no alvorecer do século XVIII, atribuía aos protestantes franceses o papel de fermento cosmopolita no movimento geral das idéias, incitava-os a refletir sobre o significado das tribulações dos judeus e a rever as idéias recebidas a respeito deles. Foi nos "refúgios" da Holanda e de Genebra que foram elaboradas, sob a égide de Pierre Bayle, o grande apóstolo da tolerância, as novas opiniões. A seguir, ao longo de todo o Século das Luzes, quando vozes cada vez mais numerosas se ergueram para pedir a promoção dos judeus em nome de um ideal de humanidade abstrata, os autores protestantes estarão quase sozinhos em manifestar interesse no que o "judaísmo tem a dizer", como se expressará Jean-Jacques Rousseau. Já assinalamos várias vezes o relativo favor de que gozavam os filhos de Israel nos países de tradição calvinista, mas, no caso dos reformados franceses, essa simpatia foi decuplicada por uma história trágica, que multiplicou sob os aspectos mais diversos as afinidades e semelhanças. Tratou-se de uma *sim-patia* no sentido mais profundo do termo, por parte de um grupo humano que, de modo abreviado, havia atravessado as mesmas provações. Afinal de contas, alguém como Drumont não estará inteiramente errado em chamar os protestantes franceses de "meio-judeus".

Pierre Bayle, cujo célebre *Dictionnaire historique* afinou o senso crítico de várias gerações européias e ainda merece ser objeto de meditação hoje, teve uma biografia um tanto marrana, pois, quando tinha vinte anos, achou, por razões que continuam obscuras, que devia converter-se ao catolicismo; mas logo abandonou o seio da Igreja Romana. Depois de alguns anos de vida errante, fixou-se em Rotterdam e dedicou sua existência à denúncia dos fanatismos e obscurantismos de toda obediência, com uma paixão estimulada por uma tragédia vivida pessoalmente (como conseqüência de um de seus escritos, seu irmão, que ficara na França, foi jogado na prisão e ali morreu). Esse anticlerical

---

2. *L'histoire des Juifs, réclamée et rétablie par son véritable auteur, M. Basnage, contre l'édition anonyme et tronquée qui s'en est faite à Paris chez Roulland, 1710*, Rotterdam, 1711, Prefácio, p. 16.

ardente continuava sendo basicamente cristão no fundo de seu coração e acautelava contra "os pós corrosivos da filosofia"; mas esse excelente dialético conseguiu demonstrar melhor do que qualquer outro filósofo, antes de David Hume, a esterilidade existente em querer escorar a fé com argumentos da razão. Seu *Dictionnaire* "continua sendo a acusação mais esmagadora que jamais foi feita contra a vergonha e a confusão dos homens"[3]; ali distribuía os ataques com perfeita imparcialidade, e, se os judeus recebiam boa parcela destes, isso não se devia a ele, mas ao lugar seleto que lhes cabe na tradição cristã. Se combatia os "preconceitos desse povo miserável", atacava com mais vigor ainda os dos cristãos do passado e do presente. Criticava a igreja católica da Espanha por "tratar o cristianismo como um palácio velho que precisa de escoras e o judaísmo como uma fortaleza que é preciso atacar incessantemente com canhões e bombas"[4] e reivindicava para os judeus o direito à liberdade de pensamento e de culto, como para todas as outras seitas, opiniões ou escolas, para o "judeu, pagão, maometano, romano, luterano, calvinista, arminiano, sociniano..." (*Traité de tolérance universelle*, 1686)[5]. De sua produção, imensa mas fragmentária, é difícil extrair um conceito sistemático a respeito dos filhos de Israel; mas pode-se supor razoavelmente que partilhava com aquele desenvolvido em sua *Histoire* por seu amigo e executor testamentário Jacques Basnage, embora este pastor tenha sido um calvinista mais conformista do que ele; concepção que sem dúvida alguma reflete as opiniões dominantes e difundidas pelo protestantismo francês naquela época.

A intenção de Basnage era escrever uma história dos judeus, começando onde "Josefo acabou", isto é, na segunda destruição do Templo.

Não somos movidos por nenhuma paixão [anunciava no prefácio]; trazemos tudo o que pudemos desenterrar com referência aos judeus, com fidelidade exata. O cristão não deve achar estranho que, com muita freqüência, absol-

---

3. PAUL HAZARD, *La crise de conscience européenne, 1680-1715*, Paris, 1961, p. 96.

4. Ver o *Dictionnaire historique et critique* de BAYLE, principalmente o verbete "Barcochébas" e o verbete "Acosta".

5. *Commentaire philosophique sur ces paroles de Jésus-Christ: Contrains les d'entrer, ou Traité de tolérance universelle*, Rotterdam, 1713, t. II, p. 377. Esse tratado foi escrito imediatamente após a revogação do Edito de Nantes. Em outro lugar, Bayle desenvolvia seus argmentos em favor da tolerância para com os judeus:

"Tratemos de esclarecer isso do modo mais breve possível, e, em primeiro lugar, no que se refere aos judeus, estamos persuadidos, mesmo nos países da Inquisição, como na Itália, que devem ser tolerados. Eles são tolerados em vários Estados protestantes e todas as pessoas razoáveis têm horror do tratamento que recebem em Portugal e na Espanha. É verdade que muito se deve à culpa deles mesmos, pois, que ficam lá, sob a aparência de cristãos, e com uma profanação horrível de todos os sacramentos, já que podem ir para outro lugar professar às claras o judaísmo? Mas esse erro não desculpa as leis cruéis dos espanhóis e ainda menos a rigorosa execução dessas leis. Em segundo lugar, no que se refere aos maometanos...", etc. (t. I, p. 377).

vamos os judeus de vários crimes de que não são culpados, pois a Justiça o exige; e não é tomar partido acusar de injustiça e violência aqueles que as praticaram...[6]

Por conseguinte, Basnage estava decidido a dissipar as lendas sangrentas que durante séculos haviam se aglomerado em torno do tema inicial do deicídio; porém sua formação teológica impedia que ele pusesse em questão a raiz do mal. A este respeito, o pastor retomava seu tom de sermonário.

Como foi, pois, que a filha de Sião caiu? Não se pode negar um acontecimento certo. Basta lançar um olhar sobre a presente miséria do povo judeu para ficar convencido de que Deus está irritado com ele e que ele merece, por seus pecados, a cegueira que o fez rejeitar... Em vez de arrepender-se de um crime tão negro como ter crucificado o Messias, passou-se para um espírito de sedição e de revolta. Os judeus revoltados cometeram crueldade terríveis...

Nem por isso Basnage deixava de achar desmesurado o castigo que o Todo-Poderoso infligiu aos filhos de Israel, e chega-se mesmo a perceber em certos lugares uma discreta desaprovação; talvez seja significativo que não empregue, a esse respeito, o termo *milagre*, mas sim *prodígio*:

Se Deus se houvesse contentado em punir apenas os chefes da nação, os escribas e os fariseus que gritaram: "Crucificai, crucificai!", se o castigo tivesse parado sobre a cabeça dos culpados, não se ficaria espantado; mas ele passou de geração em geração, de século em século. Já se escoaram dezessete centenas de anos de miséria e cativeiro, sem que se possa descobrir qualquer aparência de alívio. O acontecimento não tem similar. Uma segunda circunstância destaca esse *prodígio*: pois essa nação infeliz quase não consegue encontrar um único lugar em toda a terra onde possa repousar a cabeça, nem pôr os pés. Ela passa através das torrentes de sangue que espalhou, e ali se mantém. Esses milhares de judeus, que veremos serem degolados por um zelo bárbaro e cruel, enfraqueceram-na sem a apagar nem a destruir. Ela ainda subsiste, apesar das perseguições do cristão e do idólatra, reunidos para perdê-la...

Não menos característica da sensibilidade calvinista é a conclusão de Basnage: "Somente Deus sabe o tempo em que irá chamar de novo essa nação eleita..." Mas o esforço crítico de nosso autor apresentava-se como que atingido de paralisia quando se tratava de explicar as semelhanças entre as parábolas evangélicas e as parábolas talmúdicas; em vez de admitir uma filiação judaica, ele quase prefere acreditar que Cristo "copiou os escritos gregos"![7]

---

6. *L'Histoire et la Religion des Juifs depuis Jésus-Christ jusqu'à présent. Pous servir de supplément et de continuation à l'histoire de Joseph*, de M. BASNAGE, Rotterdam, 1707, t. I, prefácio.

7. "A maioria das parábolas que se encontra no *Talmud* são *diferentes das do Evangelho e quase sempre têm outro objetivo*. A dos trabalhadores que vão tarde para o vinhedo não é revestida de circunstâncias ridículas e aplicada ao Rabi Bon, que trabalhou mais na Lei em vinte e oito anos do que outro fez em cem? Recolhemos *uma porção de expressões e pensamentos dos gregos* que

A nova sensibilidade também se manifesta em Marie Huber, teóloga de Genebra que teve sua hora de celebridade. Em *Le monde fou préféré au monde sage...* (1731), ela põe em cena dois judeus retos e puros, que se sentem atraídos pela mensagem de Jesus, mas que são rejeitados pela sociedade cristã, pois "todos os cristãos, seja qual for a seita a que pertencem, são muito uniformes num ponto. Esse ponto é o amor pelas riquezas, o desejo insaciável de acumular; sob esse aspecto, eles são mais judeus do que os próprios judeus..." O judeu que constata esse fato espanta-se "de ver homens que reconhecem como seu rei a Jesus de Nazaré, filho de carpinteiro, pobre e abjeto, lutarem com todas as forças para subir, ficarem mais ricos; numa palavra, para serem o antípoda daquele no mundo..."[8] Uma das personagens de Marie Huber, Philon, comenta: "Eu quero conhecê-los; e, apesar de serem judeus, não terei vergonha de receber deles lições sobre o que forma a essência do cristianismo". O principal porta-voz da autora, Éraste, que apresenta os dois judeus, é um negociante, o que não deixa de ser característico; além das perseguições, as afinidades entre protestantes e judeus reaparecem no plano de sua principal ocupação, para a qual suas respectivas atribulações, como já observamos, no conjunto foram lucrativas...

No plano teológico, o estudo pessoal das Escrituras levava certos espíritos a "judaizar" de várias maneiras e, no limite, a decidir tornar-se judeus. No que se refere ao mundo germânico, o historiador H.J. Schoeps, em seu *Philosemitismus im Barock*, exumou vários casos dessas extremas ousadias; entre os reformados franceses, pode-se citar o pastor Nicolas Antoine, que foi queimado em Genebra em 1632, e o célebre crítico e filólogo Claude Saumaise, que, em seu leito de morte, declarou que a religião judaica era a única verdadeira[9]. Ambos eram trânsfugas do catolicismo, e dessa maneira sua procura espiritual encontrou um termo final.

---

estão relacionados com os do Evangelho. Pode-se dizer por isso que J.C. copiou os escritos gregos? Poder-se-ia dizê-lo com muita probabilidade, pois esses autores receberam e publicaram suas obras antes de J.C. Contudo, isso seria um erro evidente. *Dizem que essas parábolas tinham curso entre os judeus antes de que J.C. ensinasse.* Mas onde? É preciso adivinhar a fim de ter o prazer de tornar os fariseus doutores originais e J.C. um copista, que *tomava emprestado o que os outros tinham de mais fino e delicado!*" (*Op. cit.*, ed. La Haye, 1716, t. V, pp. 179-180.)

Pode-se perguntar a quem Basnage estava fazendo alusão quando falava daqueles que procuram "tornar os fariseus doutores originais e J.C. um copista". No tempo dele, opiniões como essas podiam ter curso entre certos rabinos "esclarecidos" holandeses.

8. M. HUBER, *Le monde fou préféré au monde sage, en vingt-quatre promenades de trois amis, Criton (philosophe), Philon (avocat), Éraste (négociant)*, Amsterdam, 1731, t. I, pp. 167 e 175.

9. Cf. ESPIARD DE LA COUR, *Oeuvres mêlées...*, Amsterdam, 1749, p. 22. "O Sr. de Saumaise declarou no seu leito de morte, a um amigo que lhe perguntou quais eram seus sentimentos naquele último momento, que, se Deus exigia um culto, a religião judaica era a verdadeira".

Mas foi um defensor estrito da ortodoxia calvinista, o pastor Jurieu, o grande adversário de Bossuet, que prometia aos judeus (em seu *Accomplissement des prophétes...*) que "Jerusalém deve ser-lhes reconstruída e que eles serão reunidos em sua terra". Assim, desde fins do século XVII a teologia da Reforma prefigurava a seu modo o futuro sonho dos sionistas. No julgamento do teólogo católico Richard Simon, Jurieu "apoiava manifestamente a religião dos judeus e destruía ao mesmo tempo a religião cristã"[10]. Pode-se ver a multiplicidade de maneiras diretas e indiretas com que a Reforma conduzia a sociedade ocidental a rever suas opiniões sobre os judeus e o judaísmo, ao mesmo tempo que sobre a religião em geral. Voltamos assim a seu papel decisivo no questionamento das crenças estabelecidas, pois ela permitia que os doutores de cada campo prestassem ouvidos à propaganda contrária. Falando como David Hume,

... todos os sistemas religiosos estão sujeitos a grandes dificuldades; cada controversista vence na sua vez, enquanto faz uma guerra ofensiva e expõe os absurdos, os barbarismos e as doutrinas perniciosas de seu adversário. Mas todos preparam, em suma, um triunfo completo para o cético...[11]

Talvez seja errado incluir nessa última categoria do Marquês Jean-Baptiste d'Argens, um dos apóstolos do deísmo em sua versão francesa, ou seja, da fase característica da história das idéias durante a qual uma grande parte da sociedade esclarecida, ao mesmo tempo em que rejeitava os dogmas cristãos e reivindicava uma visão científica do mundo, ainda não ousava despovoar o céu de um Ser Supremo e punha fé numa religião "natural", cientificamente demonstrável.

De origem católica, o Marquês d'Argens, depois de uma juventude cheia de aventuras, instalou-se na Holanda onde, com os conselhos e o auxílio de dois publicistas protestantes, os pastores Pierre Chaix e Armand de La Chapelle, dedicou-se às letras[12] e delas fez seu ganha pão. Os escritos em que esse partidário da religião natural, de resto o mais supersticioso dos homens, atacava as Igrejas estabelecidas estão singularmente destituídos de originalidade; como amiúde acontece, exatamente por isso são lidos com maior avidez e são mais difundidos; por conseguinte, a personagem é das mais representativas de seu tempo.

A única originalidade das *Cartas* de d'Argens consiste no título que ele deu às duas primeiras séries: *Cartas Judias* e *Cartas Cabalísticas*. Talvez a idéia lhe tenha sido sugerida por seus dois mentores, que "limavam e aplainavam seu estilo"; em todo caso, elas tinham algo de picante. Porém, cabalistas ou não, seus judeus são ainda menos judeus do

---

10. *Lettres choisies à M. Simon*, Amsterdam, 1730, t. I, p. 316, carta XXXVII.

11. D. HUME, *Dialogue sur la religion naturelle*, Paris, ed. C. Rosset, 1964, p. 122.

12. Sobre o papel desempenhado por Chaix e de La Chapelle no aprendizado literário de d'Argens, ver a tese de E. JOHNSTON, *Le marquis d'Argens, sa vie et ses oeuvres*, Paris, 1928, p. 33.

que os persas de Montesquieu foram persas, embora um deles, "Aaron Monceca", só possa ser o Dr. Fonseca que, em Constantinopla, lhe deu aulas de hebraico. Um outro, o Rabino Isaac Onis, parece ser o próprio d'Argens; Voltaire, que cobria o marquês de elogios hiperbólicos, comparando-o a Montaigne e a Bayle, chamou-o de "meu caro Isaac" até a morte e mesmo além-túmulo[13]. Esses judeus são *filósofos* que conversam epistolarmente sobre assuntos de países cristãos, sobre seus costumes, instituições e crenças, e que servem de cômoda máquina de guerra para escarnecer da Igreja e apoiar a propaganda deísta do autor.

Em suas primeiras "cartas" (que, de 1736 a 1739, foram inicialmente publicadas por ele em "meias folhas" à razão de duas cartas por semana), d'Argens, assim como John Toland, louva o judaísmo por aproximar-se da verdadeira religião natural:

> Tudo o que aqui [Paris] é chamado espírito forte, gente fina, mulher do mundo, só pratica a religião nazarena exteriormente; no fundo do coração, existem muito poucos que estejam realmente convictos. Eles contentam-se em acreditar em Deus; muitos pensam que a alma é imortal; muitos outros, como os saduceus, sustentam que ela está sujeita à morte. Considero estes como pessoas em erro; quanto aos primeiros, não sei se podemos recusar-lhes o título de judeus. Eles acreditam em Deus que criou o Universo, que recompensa os bons e castiga os maus. No que acreditamos além disso? Não é isso toda a nossa religião, com exceção de algumas cerimônias que nossos doutores e nossos padres nos ordenaram... (*Carta Judia 4*).

Mas, bem depressa, o tom muda: os judeus admitem que "o culto nazareno tem ainda mais brilho" que o deles, cujo objetivo é "a riqueza e os bens da terra. Os nazarenos são os únicos que têm o coração de um filho para um bom pai, servem a Deus por ele mesmo e não tendo em vista as recompensas". Os defensores da Igreja apressaram-se em marcar o ponto: "Por uma contradição tão feliz para ele quanto singular, em sua vigésima sexta carta volta a ser cristão, assim como os parisienses e os turcos são judeus, sem saber", alegrava-se a revista dos jesuítas[14]. No que diz respeito ao cristianismo, essa reviravolta foi de curta duração; mas, no que se refere ao judaísmo, as coisas foram-se agravando a partir de então. A julgar por sua epístola "Aos rabinos da sinagoga de Amsterdam", bem parece que o necessitado marquês solicitou em vão a essa sinagoga uma prebenda ou pensão e que ele se vingava denegrindo o judaísmo[15]; mas esse tom devia, ao mesmo tempo, convir melhor para sua sensibilidade inveterada, bem como à de seus leitores.

---

13. Ver a correspondência de Voltaire, em "d'Argens" (ed. Moland), e também sua carta a Frederico II, de 1º de fevereiro de 1772, a respeito da viúva do marquês: "É uma virtuosa, essa mulher de Isaac. Ela conhece grego e latim e escreve sua língua de um modo que não é comum."

14. "Mémoires pour l'Histoire des Sciences et des Beaux-Arts..." (*Journal de Trévoux*), julho de 1736, primeira parte, pp. 1350-1363.

15. D'Argens inseriu a seguinte dedicatória no começo do tomo III das *Lettres juives* (edição de 1738): "... eu o dedico a vós *gratis,* sem esperar qual-

Por volta da centésima carta, rompe definitivamente com a sinagoga, fazendo com que esta seja renegada por Isaac Onis, que se torna caraíta e refugia-se no Cairo. A partir de então, leva o ex-rabino a confessar os crimes rituais dos judeus e avalizar as demais acusações de praxe, da maneira mais conformista (cf. por exemplo a *Carta 122*); o que é mais interessante, faz com que aquele discorra sobre a misteriosa culpa dos judeus da seguinte maneira:

> Quando penso nos males que nossos pais sofreram, fico tentado a crer que eles foram culpados por alguns grandes crimes cujo conhecimento não chegou até nós: e é preciso que te confesse que, se não estivesse tão certo quanto estou da verdade de minha religião, quando examino os males que nos acabrunham desde o nascimento do nazareísmo, eu acreditaria de boa vontade que as profecias foram cumpridas e que o Deus de Israel, tendo abandonado seu povo, teria escolhido um outro. Será possível, meu caro Monceca, que a Divindade exponha um povo a males tão grandes se ele não os mereceu por crimes que exigem castigos tão rudes? Acredito ter base para sustentar que nossos autores não nos disseram as verdadeiras causas que podem ter obrigado o Senhor a abandonar assim seu povo à crueldade de seus inimigos. Sem dúvida, é preciso que os judeus hajam cometido algumas ofensas contra os romanos pelas quais a Divindade estaria justamente irritada... (*Carta 157*).

Um trecho como esse já prenuncia o tema da "consciência infeliz" dos judeus na filosofia clássica alemã, notadamente em Hegel. Pode-se ver que, depois de ter primeiro jogado o jogo que seu título prometia, d'Argens encaminhou-se para o declive do deísmo europeu. Não é de espantar que Voltaire saudasse com entusiasmo a publicação das *Lettres juives*: "Acredito, meu caro Isaac, que fareis trinta volumes de *Cartas Judias*. Continuai, é uma obra encantadora... Eu penso exatamente como vós em quase tudo..."[16] Decididamente, se os judeus filósofos de nosso marquês são personagens exemplares, o são a mesmo título que os judeus convertidos das lendas e moralidades medievais, e é de odres bem velhos que seu vinho deísta é despejado.

Só nos resta acrescentar que, alguns anos mais tarde, em suas *Cartas Chinesas*[17] (por volta de 1742), o inconstante marquês novamente tomou o partido dos judeus. Pela boca do sábio Sioeu-Tcheou, ele se dedicava a fazer justiça sobre as acusações tradicionais, especialmente a do homicídio ritual.

> (Pois de que serve aos judeus sacrificar uma criança no dia da morte do Legislador dos cristãos? Em qual de seus livros pode-se encontrar o menor vestígio

quer coisa em troca. O que não custa nada sempre é perfeitamente bem recebido, principalmente por vós, israelitas. Seria, portanto, uma espécie de infâmia que vós criticásseis um livro que, a partir de agora, vai tornar-vos conhecidos por toda a Europa. É verdade que, em geral, vossa ação é tão pouco curiosa de elogios quanto é ávida de dinheiro..."

16. Voltaire a d'Argens: cartas de 2 de fevereiro de 1735 e dezembro de 1736.

17. *Lettres chinoises*, cartas nº 120, 123, 124, 128, 129 (ed. Haia, 1750, t. V, pp. 23-143).

de um costume desses? De onde vem o fato de que, nos países onde eles gozam de grande liberdade..., jamais lhes foi atribuído nada semelhante? Por outro lado, qual é o objetivo desse sacrifício ridículo?...)

Ele também descrevia, com uma condescendência divertida, as cerimônias judaicas, o que lhe permitia escarnecer da teologia católica:

> Tu não acreditarias, caro Yn-Che-Chan, que os pontífices europeus estabelecem sua religião sobre os espetos e pingadeiras dos judeus (...). Todos os mistérios maiores do cristianismo estão ali inteiramente contidos: ali encontra-se a justificação do pecador, a Trindade e a morte do Legislador dos cristãos.

Não se conhecem as razões ou os motivos para essa nova reviravolta de d'Argens em relação aos judeus.

2. MONTESQUIEU. OS FISIOCRATAS

Entre os sistemas de governo descritos pelo autor do *Espírito das Leis*, a teocracia não tem lugar, e é com dificuldade que se pode encontrar em sua obra principal algumas referências ao *Antigo Testamento*[18]. Ele se abstém de criticar ou ridicularizar a lei de Moisés; contudo, esta não podia deixar de chocar esse defensor do direito natural[19]. A qualidade do espírito de Montesquieu ressalta-se ainda para nós da maneira como ele trata os judeus no conjunto de seus escritos: não lhe atribui um lugar fora de proporção; só lança mão deles excepcionalmente com o objetivo de demonstrar quer a verdade, quer o erro das crenças e das instituições estabelecidas; faz uma nítida separação entre os judeus do passado e os do presente; e não cede à tentação fácil de fazer humor às custas de uns ou dos outros.

Contudo, nas *Cartas Persas*, a situação paradoxal do judaísmo chamava a atenção de Montesquieu:

> (De Usbek para Ibben): Tu me perguntas se existem judeus na França. Saiba que, onde quer que exista dinheiro, existem judeus. Tu me perguntas o que eles fazem. Precisamente o que fazem na Pérsia; nada se parece mais com judeu da Ásia do que um judeu europeu. Eles fazem surgir entre os cristãos, como entre nós, uma obstinação invencível por sua religião, que chega à loucura.
>
> A religião judaica é um velho tronco que produziu dois ramos que cobriram toda a terra, quero dizer, o maometanismo e o cristianismo; ou melhor, é uma mãe que engendrou duas filhas que a cobriram com mil chagas; pois, em

---

18. Cf. as reflexões de PAUL VERNIÈRE, "Montesquieu et le monde musulman, d'après l'Esprit des lois", *Atas do Congresso Montesquieu*, Bordeaux, 1955, p. 175.

19. Nos *Pensamentos* de MONTESQUIEU pode-se encontrar a seguinte reflexão: "... A lei de Moisés era bem rude. 'Se alguém bate em seu escravo e este morre sob a mão dele, ele será punido; mas se o escravo sobreviver um dia ou dois, aquele não o será, porque é dinheiro dele'. Que povo é esse em que era preciso que a lei civil suavizasse a lei natural!"

matéria de religião, os mais próximos são os maiores inimigos. Mas, apesar dos maus tratos recebidos, ela não deixa de se glorificar por tê-las posto no mundo; ela se serve de ambas para abraçar o mundo inteiro, enquanto que, de outro lado, sua idade venerável abraça todos os tempos.

Os judeus consideram a si mesmos, portanto, como a fonte de toda santidade e a origem de toda religião; a nós, em compensação, eles consideram como hereges que modificaram a lei, ou melhor, como judeus rebeldes...

(*Cartas Persas*, LX)

No *Espírito das Leis*, Montesquieu desenvolve essas idéias e, no final das contas, dá razão aos judeus. Os dois capítulos que dedica a eles tratam sucessivamente do comércio e da religião. É na intolerância dos cristãos que percebe a fonte dos males dos judeus e é a ela que Montesquieu atribui, de modo definitivo, os costumes e fisionomia particular dos judeus.

"Vimos o comércio sair do seio da vexação e do desespero." Erguendo-se contra os preconceitos escolásticos contrários aos mercadores, Montesquieu especifica esse pensamento da seguinte maneira:

O comércio passou para uma nação nesse tempo coberta de infâmia, e logo deixou de ser diferençado das usuras mais terríveis, dos monopólios, dos aumentos de subsídios e de todos os meios desonestos de obter dinheiro. Os judeus, enriquecidos por suas exações, eram pilhados pelos príncipes com a mesma tirania: coisa que consolava os povos e não os aliviava.

O que aconteceu na Inglaterra dará uma idéia do que se fez nos outros países. Tendo o Rei João mandado prender os judeus para ficar com seus bens, poucos dentre eles não tiveram pelo menos um olho furado: o rei fazia assim sua câmara de justiça. Um deles, que teve sete dentes arrancados, um por dia, deu seis mil marcos de prata no oitavo (...)

E devo observar, incidentalmente, como se brincou com essa nação de um século para outro. Seus bens eram confiscados quando eles queriam ser cristãos, e, logo depois, eles eram queimados quando não queriam mais ser...

(*Espírito das Leis*, XXI, 20: "Como o comércio surgiu na Europa, através da barbárie".)

Mais uma vez é a chama das fogueiras que Montesquieu evoca quando se ergue contra a intolerância religiosa na célebre "Censura" que põe nos lábios de um judeu:

Nós vos conjuramos, não pelo Deus poderoso que servimos, vós e nós, mas pelo Cristo que vós dizeis ter assumido a condição humana para vos propor um exemplo que pudésseis seguir; nós vos conjuramos a agir conosco como ele próprio agiria se ainda estivesse na terra. Vós quereis que nós sejamos cristãos e vós não quereis sê-los (...)

Vós fazeis com que morramos, nós que não acreditamos naquilo que vós acreditais, porque nós não acreditamos em tudo que vós acreditais. Nós seguimos uma religião que vós mesmos sabeis que outrora foi querida por Deus; nós achamos que Deus ainda a ama, e vós pensais que Ele não a ama mais e, porque vós pensais assim, fazeis passar a ferro e fogo aqueles que estão nesse erro tão perdoável de acreditar que Deus ainda ama aquilo que amou..."

(*Espírito das Leis*, XXV, 12: "Mui humilde censura aos Inquisidores da Espanha e de Portugal".)

O mesmo Montesquieu que fala do "erro perdoável" dos judeus pode ser encontrado em seus "Pensamentos" íntimos quando, sob o título característico de *Dúvidas*, medita sobre os mistérios da religião cristã e, glosando São Paulo, conclui que os judeus não podem ser excluídos da salvação[20]. Sob o mesmo título poderia ser colocada outra meditação, na qual seu intelecto exigente não percebe outra saída a não ser o *credo quia absurdum* de Tertuliano:

> ... Que coisa revoltante o suplício de um Deus! Muito mais do que todas as opiniões monstruosas do paganismo (...). Mas essa idéia da Cruz, que se tornou objeto de nosso respeito, é muito menos acabrunhante para nós do que era para os romanos. E tem mais: não havia povo tão vil no espírito dos romanos quanto os judeus. Todas as obras estão cheias da ignomínia com que eles os cobriam. Contudo, foi um homem dessa nação que lhes foi proposto para adoração; são os judeus que o anunciam e são judeus que se apresentam como testemunhas...[21]

Refletindo ainda sobre os judeus antigos, espantava-se com sua coragem, mas criticava seu fanatismo[22]. Admirava o "sublime" do judaísmo, que não encontrava mais entre seus contemporâneos:

> Existe, no sistema dos judeus, muita aptidão para o sublime, porque eles tinham o costume de atribuir todos os seus pensamentos e todos os seus atos a inspirações particulares da Divindade: o que lhes dava um agente muito grande (...) O que acaba de perder o sublime entre nós e nos impede de impressionar e ser impressionados é essa nova filosofia que só nos fala de leis gerais e nos tira do espírito todos os pensamentos particulares da Divindade. Reduzindo tudo à comunicação dos movimentos, ela não fala senão em entendimento puro, idéias claras, razão, princípios, conseqüências[23].

É ainda o caso dos judeus que ele apresentava enquanto exemplo das "causas morais que podem afetar os espíritos e os caracteres"[24].

A propósito dos judeus do presente, fala como reformador realista:

> Para tornar o reino florescente e restabelecer as finanças (...) deve-se tirar todas as taxas dadas a particulares sobre os judeus e vender a estes privilégios mais extensos mediante uma soma pagável em efeitos reais durante três anos, o todo, de um valor de um milhão em impostos...[25]

Seria preciso fazer uma cidade judia na fronteira com a Espanha, em algum lugar próprio para o comércio como em Saint-Jean-de-Luz ou em Ciboure. Eles

---

20. *Oeuvres complètes*, publicadas sob a direção de M.A. Masson, Paris, 1950-1955, t. II, pp. 582-584.

21. *Idem*, t. II, p. 273.

22. "Os judeus, só com seu entusiasmo, defenderam-se melhor contra os romanos do que todos os outros povos que foram engolidos por esse império (...) Uma indicação de que a intolerância é um dogma da religião dos judeus é que, no Japão, onde existem (acho) setenta seitas, não há qualquer disputa entre elas pela preeminência" (*Idem*, t. II, p. 139).

23. *Idem*, t. II, p. 37.

24. *Idem*, t. III, pp. 421-422.

25. *Idem*, t. II, pp. 114 e 118.

iriam para lá às multidões e acabariam de levar para este reino toda a riqueza que têm. Dar-lhes apenas os mesmos privilégios que têm em Livorno, ou até mais, se se quiser...[26]

Mas é o campeão esclarecido da tolerância que exclama: "Agora os judeus estão salvos: a superstição não voltará mais, e eles não serão mais exterminados por princípios de consciência"[27].

Nessa boa vontade de Montesquieu para com os filhos de Israel, pode-se primeiro ver uma marca de seu tempo e do espírito novo que soprava na França depois da morte de Luís XIV. O trecho das *Cartas Persas* citado acima continua assim:

> Eles jamais tiveram na Europa uma calma como a que gozam. Começa a desfazer-se entre os cristãos, aquele espírito de intolerância que os animava: houve mal-estar na Espanha por tê-los expulsado e, na França, por ter cansado os cristãos cuja crença diferia um pouco da do príncipe. Percebeu-se que o zelo pelos progressos da religião é diferente do apego que se deve ter por ela e que, para amá-la e observá-la, não é necessário odiar e perseguir os que não a observa.

Também se pode levar em consideração o senhor de La Brède, membro de uma classe mais facilmente "filo-semita" que qualquer outra, e também o fidalgote exportador de vinhos. Sem dúvida alguma ele teve relações de negócios com os grandes judeus bordeleses, e quem sabe se não foi de um deles que recebeu a sugestão da "cidade judia na fronteira com a Espanha" ou mesmo a inspiração para a célebre "censura aos Inquisidores". Ao lado de tais determinantes, resta fixar a parcela exata que cabe a um temperamento equilibrado, à generosidade de coração de um homem feliz ("minha alma prende-se a tudo") e que não agia senão por "amor pelo bem, pela paz e pela felicidade de todos os homens"[28].

Pode-se encontrar uma sensibilidade da mesma ordem num autor pouco conhecido, Espiard de la Cour, que, assim como Montesquieu, pertencia a uma grande e velha família de magistrados. Numa coletânea de "Pensamentos"[29], este pensador original raciocina da seguinte maneira:

> Se os judeus têm horror aos cristãos, com certeza não é mais do que por represália. Eles sofreram bastante nos Estados destes para guardar um violento ressentimento.
> Os diferentes banimentos e chamados da nação judaica que foram executados, alternadamente, na França e na Espanha, seriam apenas desculpáveis se tivessem sido ditados por motivos de religião; mas as riquezas desses infelizes, de que

---

26. *Idem*, t. II, p. 107.

27. *Idem*, t. II, p. 262.

28. Ao Duque de Nivernais: defesa de *O Espírito das Leis* perante a Comissão do *Index*.

29. *Oeuvres meslées, contenant des pensées philologiques et quelques poésies*, de M.E./SPIARD/D./E.L./A/C.OUR/. Sobre essa família da Borgonha ver o *Dictionnaire généalogique* de LA CHESNAYE-DESBOIS, Amsterdam, 1749.

os reis queriam aproveitar-se, e as instigações de monges fanáticos sempre foram as causas primeiras.

Jesus Cristo condenou-os a errar pelo Universo, sem ter qualquer pátria; portanto, todas as regiões do mundo devem estar abertas para eles. Em parte alguma são estrangeiros, nem cidadãos...

Raciocínio curioso, pelo qual esse cristão concluía ousadamente que incumbe ao homem suavizar os decretos misteriosos da Providência, refletindo nisso as tendências reformistas de seu tempo.

Outros autores reivindicavam um chamado dos judeus em nome da prosperidade geral da França. Assim Ange Goudar, um fisiocrata (ou "pré-fisiocrata") que se preocupava com os problemas da população. Eis sua defesa:

Necessidade de chamar os judeus para a França, a fim de aumentar a população.

Não é fácil dizer por que nosso próprio governo fechou a porta a um setor da população para o qual uma multidão de outros Estados da Europa a abriram.

As razões que fizeram com que, outrora, os judeus fossem expulsos da França não existem mais (...).

As razões outrora alegadas contra os protestantes não teriam cabimento em relação aos judeus.

Essa seita, estabelecida entre nós, poderia animar a ambição de um partido. A intriga e a cabala são totalmente desconhecidas por ela. É a natureza das coisas. Sua segurança o exige. Se os judeus parassem por um momento de ser fiéis, eles se perderiam para sempre. Errantes, sem chefes, sem pátria e, por conseqüência, sem meios para resistir à menor potência que quiser destruí-los, a primeira máxima política para eles é não ter nenhuma...

O que não era tão malvisto: assim nosso autor apontava a razão tradicional pela qual um Estado tão bem policiado quanto a República de Veneza prodigava seus favores aos judeus[30]. A seguir, valorizava os serviços que estes prestavam aos governos em tempos de guerra e passava a seu tema favorito, ou seja, ao crescimento da população:

Mas a primeira causa para a proteção que nosso governo deveria dar aos judeus é sua grande população.

Não existe povo na terra que se multiplique mais do que eles.

Essa grande propagação tem causas naturais (...). As verdadeiras são a moderação de seus desejos, uma certa continência nacional e um distanciamento natural da devassidão. Não existem outros homens na Terra que, com tantos defeitos, tenham tão poucos vícios...[31]

Os direitos dos judeus também eram defendidos, de modo bastante agradável, pelo Abade Coyer, um polígrafo próximo dos fisiocratas, que fora encarregado (provavelmente por Turgot) de redigir um panfleto contra o regime das corporações. Em seu *Chimki, histoire*

---

30. Remetemos o leitor a nossa obra sobre os banqueiros judeus da Itália, Cap. XII ("Le cas singulier de Venise").

31. *Les intérêts de la France mal entendus dans les branches de l'agriculture, de la population, des finances, du commerce, de la marine et de l'industrie*, pelo cavalheiro GOUDAR, Amsterdam, 1756, t. I, pp. 421-430.

cochinchinoise..., descreve a triste condição dos "banianos", mas não há como enganar-se, como veremos:

> ...o que há para censurar nos banianos? Dispersados por toda a Ásia, sem chefe e sem constituição, não fazemos mais do que procurar subsistir pelo trabalho e pela indústria, conformando-nos em toda parte às leis, aos costumes e às ordens dos príncipes. Vossos reis, baseados na reputação de nossa habilidade no banco, no câmbio, na corretagem, permitiram que nos estabelecêssemos em seus Estados. Mas há quem encontre o segredo para anular a proteção que eles nos dão. Somos excluídos não apenas de todos os cargos e empregos, ainda nos proíbem toda sorte de artes e ofícios. Somos proibidos de vicejar no comércio. Ninguém ignora a acusação injuriosa que vosso corpo de negociantes acaba de fazer contra nós[32]. Eles nos censuram por emprestar com usura: é preciso chegar a isso se é o único meio que nos deixam para viver. A *vadiagem*: pedimos que se enforquem os vadios. E sempre *o crime original de nossa religião*: é um pouco singular que negociantes e artesãos queiram ser mais religiosos do que os reis que protegem a religião; mais religiosos ainda do que o Bonzo supremo, que nos vê em número de quinze mil na cidade santa de Faifo, que permitiu que nós ali praticássemos nosso culto e todas as artes...[33]

Mas outros espíritos, que também tinham desposado a causa dos "banianos", raciocinavam em relação aos judeus de maneira bem diferente.

3. VOLTAIRE

> J'ai toujours observé que les gens prompts à soupçonner un certain genre de crime sont ceux qui s'y adonnent eux-mêmes; il est très facile de concevoir ce qu'on admet, mais il n'est pas si facile de comprendre ce qui vous répugne*.
>
> (SADE, *Aline et Valcour*, ed. de 1835, t. IV, p. 149.)

No tempo da dominação hitlerista na Europa, um professor de História, Henri Labroue, não teve dificuldade para escrever um livro de duzentas e cinqüenta páginas com o auxílio dos escritos antijudeus de Voltaire[34]. Em sua monotonia, os textos assim reunidos nada acrescen-

---

32. Evidentemente trata-se da *Requête des marchands et négociants de Paris contre l'admission des Juifs* citado na nota 48 do Cap. 1.

33. *Chimki, histoire cochinchinoise, qui peut servir à d'autres pays*, pelo ABADE GABRIEL-FRANÇOIS COYER, Londres, 1768, pp. 60-62. O panfleto emprestava a maior parte de seus elementos da *Mémoire sur le corps des métiers* do fisiocrata SIMON CLICQUOT-BERVACHE (1858).

* "Tenho sempre observado que as pessoas prontas a suspeitar de um certo crime são aquelas que se entregam a ele; é muito fácil imaginar o que se admite, mas não é tão fácil compreender aquilo que vos repugna." (N. do T.)

34. HENRI LABROUE, *Voltaire antijuif*, Paris, 1942.

tam à glória do grande homem: é antes sua licença que choca. Por exemplo, na adaptação livre que ele faz do Cap. XXIII de *Ezequiel*[35]:

> Os trechos mais essenciais de Ezequiel, os mais conformes à moral, à honestidade pública, os mais capazes de inspirar pudor aos jovens e às jovens, são aqueles em que o Senhor fala de Oolla e de sua irmã Ooliba. Nunca seria demais repetir esses textos admiráveis.
> O Senhor diz a Oolla: "Você ficou grande; suas mamas incharam, seu pêlo começou a crescer...; chegou o tempo dos amantes; eu me estendi sobre você...; mas tendo confiança em sua beleza você se prostituiu para todos os passantes, você construiu um bordel...; você fornicou nas encruzilhadas... Dá-se dinheiro a todas as putas e foi você também que o deu a seus amantes..."
> Sua irmã Ooliba fez ainda pior: "Ela se abandonou com furor àqueles cujos membros são como membros de jumentos, e cuja semente é como a semente dos cavalos... O termo semente é muito mais expressivo em hebraico..."

Em sua *Profissão de Fé*... deísta, Voltaire também se torna o guardião dos bons costumes:

> Os costumes dos deístas são necessariamente puros; já que sempre têm o Deus da justiça e da pureza perante eles, o Deus que não desce à terra para ordenar que se roube dos egípcios, para mandar Oséias tomar uma concubina por dinheiro e dormir com uma mulher adúltera. Tampouco podemos ser vistos vendendo nossas mulheres como Abraão. Não nos embebedamos como Noé e nossos filhos não insultam o membro respeitável que os fez nascer...[36]

De um modo geral, é principalmente o órgão sexual masculino que, nessa matéria, excitava a imaginação de Voltaire: só nas páginas 32 a 35 do relato de Labroue, as palavras "prepúcio", "desprepuçado", "glande" e "vara" aparecem mais de vinte vezes! Mas ao *castrar* assim os judeus, o genial aluno dos deístas ingleses não estava obedecendo a uma preocupação superior, a de lutar contra o obscurantismo eclesiástico, de *esmagar o Infame*?

Nada é mais revelador do que o exame do principal documento voltairiano que é o *Dicionário Filosófico*. De seiscentos e dezoito verbetes[37], uns trinta atacam os judeus, *nossos mestres e nossos inimigos*, em

---

35. Em *Instruction du gardien des capucins de Raguse a Frère Pediculoso*... (1768). No *Dictionnaire philosophique*, verbete "Ezequiel", Voltaire dedica-se a outra adaptação desse capítulo: "Uma mãe tinha duas filhas que perderam cedo a virgindade; a maior chamava-se Oolla e a menor Ooliba... Oolla era louca pelos jovens senhores, magistrados, cavalheiros; ela dormiu com os egípcios desde o início da juventude... Ooliba, sua irmã, fornicou de preferência com oficiais, magistrados e cavalheiros bem constituídos; ela descobriu sua torpeza; multiplicou suas fornicações; procurou com arrebatamento os abraços daqueles que têm membros como jumentos e que espalham a semente como cavalos".

36. *Profession de foi des théistes* (ed. Garnier-Moland das *Oeuvres complètes*, XXVII, pp. 55-59.)

37. Fizemos o exame na edição J. Benda-R. Naves (1936), que segue a edição de 1769 do *Dictionnaire*.

quem acreditamos e a quem detestamos (verbete "Abraão"), *o mais abominável povo da terra* (verbete "antropófago"), *cujas leis não dizem uma palavra sobre a espiritualidade e a imortalidade da alma* (verbete "alma"), e assim por diante até "tortura"[38] e até Z. "Jó", que é apreciado por Voltaire, não é judeu, é árabe[39]. O verbete "judeu" é o mais longo do *Dicionário* (30 páginas)[40]. Sua primeira parte (redigida por volta de 1745) termina assim: "... não encontrareis neles senão um povo ignorante e bárbaro, que de há muito soma a mais sórdida avareza à mais detestável superstição e ao mais invencível ódio por todos os povos que os toleram e os enriquecem"; segue-se a célebre recomendação que, em tal contexto, produz o efeito de uma cláusula de praxe: "Porém não se deve queimá-los". Ainda mais significativa é a última parte desse verbete ("Sétima Carta"), redigida em 1770. Nela, o patriarca de Ferney faz uma arenga a judeus imaginários, em nome da cristandade: "*Nós vos* enforcamos entre dois cães durante séculos; *nós vos* arrancamos os dentes para forçar-vos a nos dar vosso dinheiro; *nós vos* expulsamos várias vezes por avareza e *nós vos* chamamos de volta por avareza e por tolice..." e assim em diante; mas, definitivamente, os judeus são tão culpados quanto seus carrascos cristãos, se não mais: "Toda a diferença está em que *nossos* padres vos fizeram queimar por laicos, e que *vossos* padres sempre imolaram as vítimas humanas com suas mãos sagradas..." (Ainda voltaremos a essa obsessão voltairiana do homicídio ritual). Segue-se esta recomendação: "Quereis viver em paz? Imitai os banianos e os guebros; são muito mais antigos do que vós, estão dispersados como vós. Principalmente os guebros, que são os antigos persas, são escravos como vós depois de terem sido, por muito tempo, vossos senhores. Eles não dizem uma palavra; fazei como eles". Como conclusão, enfim: "Vós sois animais calculantes, pro-

38. "... O que é muito singular, é que jamais se falou da questão, de tortura, nos livros judeus. É muita pena que uma nação tão mansa, tão honesta, tão amável, não tenha conhecido essa maneira de saber a verdade. Em minha opinião, a razão é que eles não tinham necessidade disso. Deus sempre a fazia conhecer a eles como seu povo querido (...) assim, a tortura não pode estar em uso. Foi a única coisa que faltou aos costumes do povo santo..."

39. "Bom dia, meu amigo Jó; és um dos mais antigos excêntricos que os livros mencionam; tu não eras judeu: sabemos que o livro que traz teu nome é mais antigo do que o *Pentateuco* (...) É evidente que esse livro é de um árabe que viveu antes do tempo em que situamos Moisés... o que demonstra que essa fábula não pode ser de um judeu, é que nela se fala de três constelações que hoje chamamos de Ursa, Órion e Hiades. Os hebreus jamais tiveram o menor conhecimento de astronomia; nem tinham uma palavra que expressasse essa ciência; tudo que se refere às artes do espírito lhes era desconhecido, até o termo geometria.

"Os árabes, pelo contrário, morando embaixo de tendas, podendo continuamente observar os astros, talvez tenham sido os primeiros a regular seus anos pela inspeção do céu.

"Uma observação mais importante é que se fala de um único Deus nesse livro. É um erro absurdo ter imaginado que os judeus fossem os únicos a conhecer um Deus único; era a doutrina de quase todo o Oriente; e, nisso, os judeus não passaram de plagiadores, como o foram em tudo..."

40. MOLAND, XIX, pp. 511-541. O verbete "judeu" não figura na edição Benda-Naves do *Dictionnaire*.

curai ser animais pensantes". Essa comparação entre o cristão que pensa e o judeu que calcula é uma antecipação *a priori* do anti-semitismo racista, decretando a superioridade da inteligência criadora dos cristãos, transformados em arianos, sobre o intelecto estéril dos judeus. Pode-se encontrar o mesmo Voltaire moderno quando ele afirma que os judeus são *plagiadores em tudo*[41] ou quando escreve, em seu *Essai sur les moeurs*: "Os judeus eram vistos com o mesmo olhar com que vemos os negros, como uma espécie de homem inferior"[42].

Não espanta dizer que se pode encontrar a mesma entonação na correspondência voltairiana: quando, jovem aventureiro, ele oferece seus serviços ao Cardeal Dubois para espionar um judeu espião[43] ou quando, a meio século de distância, escreve ao cavaleiro de Lisle: "... Mas o fato de que esses desprepuçados de Israel, que vendem calças velhas aos selvagens, digam que são da tribo de Nephtali ou de Issachar é bem pouco importante; nem por isso eles deixam de ser os maiores patifes que já conspurcaram a face do globo"[44].

A fobia antijudaica de Voltaire era bem conhecida por seus contemporâneos, bem como pela posteridade imediata, e impressionava tanto amigos quanto inimigos. "Quando digo", escrevia Louis de Bonald, "que os judeus são o objeto da boa vontade dos filósofos, é preciso excetuar o chefe da escola filosófica do século XVIII, Voltaire, que, toda a vida, mostrou uma decidida aversão por esse povo desafortunado..."[45] Mais ou menos na mesma época (1807), Grattenauer, um panfletário antijudeu alemão, propunha que os berlinenses destruíssem o busto de Moses Mendelssohn e o substituíssem pelo de Voltaire[46]. No que se refere ao campo filosófico, eis o que pensava o Príncipe de Ligne, que, durante os oito dias que passou em Ferney, teve de ouvir as maiores da boca do inesgotável patriarca: "O Sr. de Voltaire só se desencadeou tanto contra Jesus Cristo porque este nasceu entre uma nação que ele abominava. Ele era o Fréron deles* e é o único defeito no Sr. de Voltaire"[47]. A *boutade* faz pensar e poderia levar longe.

---

41. *Dictionnaire philosophique*, verbete "Jó" (cf. a nota anterior).

42. *Essai sur les moeurs*, cap. VIII.

43. "Monsenhor, envio a Vossa Eminência um pequeno relatório do que pude desenterrar com referência ao judeu de quem tenho a honra de vos falar. Se Vossa Eminência julga a coisa importante, ousarei eu vos apresentar o fato de que um judeu, não sendo de nenhum país a não ser daquele onde ganha dinheiro, pode tanto trair o rei pelo imperador quanto o imperador pelo rei? Estou muito enganado ou esse judeu poderá facilmente dar-me sua cifra com Wilar e conceder-me cartas para ele..." (*Lettre au cardinal Dubois, et mémoire joint*, de 28 de maio de 1722, XXXIII, 66).

44. Carta de 15 de dezembro de 1773, XLVIII, 522.

45. L. DE BONALD, "Sur les Juifs", artigo reproduzido por *L'Ambigu*, Londres, XIV (1806), pp. 3-22.

46. "C.W. Fr. Grattenauers erster Nachtrag zu seiner Erklärung über seine Schrift Wider dis Juden", *Ein Anhang zur fünften Auflage*, Berlim, 1803, p. 75.

* Elie Fréron era um crítico literário, inimigo de Voltaire. (N. do T.)

47. *Oeuvres choisies... du prince de Ligne*, Genebra, 1809, t. I, p. 48.

Voltaire terá sido antijudeu por que era anticlerical ou seu combate contra o Infame seria animado por seu ódio contra o povo da Bíblia? Em seu último escrito importante, *La Bible enfin expliquée*... (1776), de novo se torna *cristão*, para combater *seis judeus*; empregou o mesmo procedimento irônico em 1762 em sua resposta a Isaac Pinto, que o criticava por "esmagar um povo já muito infeliz" e sua ironia somava-se à má fé polêmica; prometia ao judeu que iria emendar os trechos de que se queixava, mas não cumpriu a palavra[48]. Essa resposta, ditada por Voltaire no auge do caso Calas, que serviu como ponto de partida para suas grandes campanhas contra a intolerância, foi por ele assinada: "Voltaire, cristão, cavalheiro ordinário da câmara do Rei

48. ISAAC PINTO, judeu português, redigiu as *Réflexions critiques sur le premier chapitre du VIIe tome des oeuvres de M. de Voltaire* (de que citamos um extrato no começo desta obra) e enviou-as a Voltaire, junto com a seguinte carta:

"Se tivesse que me dirigir a outro que não fôsseis vós, Senhor, ficaria muito embaraçado. Trata-se de mandar-vos uma crítica de uma passagem de vossas obras imortais; eu, que as admiro demais, que não sou feito senão para lê-las em silêncio, para estudá-las e para calar-me. Mas, como respeito ainda mais o autor do que admiro suas obras, acredito que ele é um homem bastante grande para perdoar-me esta crítica em favor da verdade que lhe é tão cara e que talvez só lhe tenha escapado nesta única ocasião. Espero ao menos que ele me achará desculpável, que ajo em favor de uma nação inteira, à qual pertenço e à qual devo esta apologia.

"Tive a honra, Senhor, de vos ver na Holanda quando eu era bem jovem. Desde essa época, me instruí em vossas obras, que sempre me deliciaram. Elas me ensinaram a combater-vos; fizeram mais, inspiraram-me a coragem de vos fazer a confissão disso.

"Estou, além de toda expressão, com sentimentos repletos de estima e veneração, etc."

Voltaire respondeu (em 21 de julho de 1762, XLII, 181):

"As linhas de que vos queixais, Senhor, são violentas e injustas. Existem entre vós homens muito instruídos e muito respeitáveis; vossa carta convenceu-me bastante disso. Terei o cuidado de fazer um cartão na nova edição. Quando se comete um erro, é preciso repará-lo; e eu cometi um engano ao atribuir a toda uma nação os vícios de vários particulares.

"Eu vos direi com a mesma franqueza que muita gente não pode suportar nem vossas leis, nem vossos livros, nem vossas superstições. Ela diz que vossa nação sempre fez muito mal a si própria e ao gênero humano. Se sois filósofo, como pareceis ser, pensareis como esse senhor mas não o direis. A superstição é o maior flagelo da terra. Foi ela que, em todos os tempos, fez degolar tantos judeus e cristãos. É ela que ainda vos manda para a fogueira entre povos que sob os outros aspectos são estimáveis. Existem aspectos sob os quais a natureza humana é a natureza infernal; mas a gente honesta quando passa por Grève, onde se usa a roda, manda o cocheiro andar depressa e vai distrair-se na Ópera do espetáculo horrível que viu pelo caminho.

"Poderia discutir convosco sobre as ciências que atribuís aos antigos judeus e mostrar-vos que eles não sabiam mais do que os franceses do tempo de Chilperico. Eu poderia fazer com que vós admitísseis que o jargão de uma pequena província, misturado com caldeu, fenício e árabe, era uma língua tão pobre e tão rude quanto nosso antigo gaulês. Mas talvez vos aborreceria, e vós me pareceis muito cavalheiro para que eu queira vos causar desprazer. Continuai judeu, pois vós o sois. Vós não degolareis quarenta e dois mil homens porque não pronunciaram bem *schibboleth,* nem vinte e quatro mil homens por terem dormido

Mui Cristão"⁴⁹, ele que, cinco dias depois, anunciava a seu fiel Damilaville: ". . . termino todas as minhas cartas dizendo *Esmagai o Infame*, como Catão dizia sempre 'Essa é minha opinião, e que se destrua Cartago' "⁵⁰. Pode-se encontrar aqui novamente o jovem Voltaire, aquele que, em 1715, exclamava em sua ode *Le vrai Dieu* ("O Verdadeiro Deus"): "O homem está feliz por ser pérfido, e culpado de um deicídio, tu fazes com que nos transformemos em Deuses!"⁵¹ Parece que os anti-semitas conhecem esse tipo de prazer divino.

Voltaire, anti-semita? Entenda-se bem a significação permanente do termo. Para os apóstolos de uma razão universal, uma atitude crítica perante o judaísmo era evidente, e era lógico que eles o chamassem de superstição; mas veremos que, na prática, atribuíam ao combate nessa frente uma importância infinitamente variável. Na medida em que, atacando a Revelação de Moisés, desafiavam ao mesmo tempo a autoridade da Igreja e do Estado, a autoridade, "interiorizada", do pai, o aspecto que assumia, nesse ponto preciso, sua polêmica não deixa de ser significativa para a estrutura profunda de sua personalidade. Um rebelde de gênio como o Marquês de Sade em parte alguma trata dos judeus (com exceção de uma menção cheia de piedade em *Aline et Valcour*⁵²), como se sua prodigiosa agressividade, voltada na essência contra si mesmo, não tivesse qualquer necessidade de ser *projetada* sobre esses símbolos por excelência de um Deus Pai, vingador e cruel. A esse respeito, a sociologia e a psicologia profundas revelaram hoje em dia as correlações entre o anti-semitismo e a estrutura da personalidade, cuja existência não deixa mais lugar a dúvidas (mesmo que os autores divirjam nas interpretações, segundo as escolas)⁵³. Parece-nos possível estendê-las às grandes figuras do passado, sob a condição de dispor, para tanto,

---

com madianistas. Mas sede filósofo, é tudo que posso vos desejar de melhor nesta curta vida.

"Tenho a honra de ter, Senhor, todos os sentimentos que vos são devidos, etc.

VOLTAIRE, cristão,
Cavalheiro ordinário da câmara do Rei Mui Cristão."

Foi em torno dessa correspondência que o Abade Guénée construiu suas *Letrres de quelques Juifs portugais, allemands et polonais à M. de Voltaire*, publicadas em 1769 e reeditadas várias vezes.

49. Em 1746, Voltaire obteve "o cargo de cavalheiro ordinário da Câmara do Rei. Esse cargo foi um bom negócio, não tanto por causa das mil e seiscentas libras anuais que lhe trazia, quanto porque ele conseguiu revendê-lo, em 1749, pelo preço de trinta mil libras; por um favor particular, conservou o título, que se orgulhou de exibir até o fim da vida e do qual, ocasionalmente, tirou um partido útil" (J. DONVEZ, *De quoi vivait Voltaire*, Paris, 1949, p. 216).

50. XLII, 184.

51. VIII, 415.

52. "Os infelizes pais de vossa religião, os judeus, eram queimados na Espanha recitando as mesmas preces que aqueles que os retalhavam. . ." (*Aline et Valcour*, ed. du Livre Précieux, p. 269). O grande especialista e editor da obra de Sade, Gilbert Lély, confirmou que em nenhum outro lugar pode-se encontrar outra menção aos judeus.

53. Cf. a série *The studies in Prejudice*, New York, 1949-1951, e especialmente *Anti-semisitm and Emotional Disorder* de N.W. ACKERMAN e M. JAHO-

de documentos literários ou biográficos em número suficiente. Já demos algumas amostras dos primeiros; vejamos agora os últimos.

Já faz tempo que os biógrafos de Voltaire têm posto em evidência, cada um em sua linguagem própria, os traumatismos infantis que pesaram sobre a vida desse gênio precoce: a vida de um homem que não fundou um lar e de quem não se conhece qualquer paixão amorosa viril; de um homem sujeito a doenças e febres indefiníveis, e angustiado pelo medo da morte; de um homem, enfim, atormentado por angústias e obsessões sanguinárias, das quais sua prodigiosa vitalidade só triunfava *integrando-as* de modo adequado, isto é, transmudando seu dinamismo psíquico em agressividade frenética. Embora um *Infame* de contornos talvez imprecisos fosse o alvo principal, também acontecia que ele ridicularizasse, com uma veemência não desconhecida por Céline, o gênero humano inteiro, e o homem se tornava para ele um "ser miserável, que é só um modo do Ser, um embrião nascido entre a urina e os exrementos, ele mesmo excremento, formado para engordar a lama de onde sai"[54]. Os críticos literários também não deixaram de observar a repetição, nas tragédias de Voltaire, do tema do *parricídio*, o que sugere uma homossexualidade latente, daí as angústias de castração: hipótese à qual, além de seus escritos, o que se sabe de sua primeira infância dá uma coerência real. Sem motivo aparente, atribuía a si mesmo uma filiação adulterina[55]. É certo que ele foi uma criança mal-amada, privada bem cedo da mãe, e que sofreu a dureza e o fanatismo jansenista de um pai *rabujento como Grinchard* e de um irmão mais velho de *costumes ferozes*[56], de quem guardou rancor por toda a vida; é notável que o Voltaire da idade madura, que não tem senão fel para os patriarcas da *Bíblia,* abra uma exceção para o José vendido por seus irmãos, entregue-se aos sentimentos e se enterneça até as lágrimas pelo destino deste[57]. Ainda mais tarde, na velhice, não é a criança ferida imortal que se manifesta quando Voltaire escreve, em sua *Primeira Carta aos Judeus*: "Sei que o *instrumento* ou prepúcio ou desprepuçado causou querelas bem funestas..."[58]

DA, e *Dynamics of Prejudice* de B. BETTELHEIM e M. JANOWITZ, bem como *The Authoritarian Personality* de T.W. ADORNO *et al.* Este trabalho geralmente é considerado como um dos clássicos da psicologia social norte-americana; cf. as observações de J. MEYNAUD e A. LANCELOT, *Les attitudes politiques*, Paris, 1962, pp. 78-84.

54. XXVIII, 320.

55. Carta ao Duque de Richelieu de 8 de junho de 1744 (XXXVI, 305).

56. Carta a La Harpe (XLVIII, 16) e carta ao Marquês d'Argens (XXXVII, 467).

57. Cf. o verbete "José" do *Dictionnaire philosophique*: "A história de José, quando não é considerada como objeto de curiosidade e de literatura, é um dos mais preciosos monumentos da Antigüidade que chegaram até nós (...) Quase tudo nela é maravilhoso, e o fim pode fazer derramar lágrimas de enternecimento. É um jovem de dezesseis anos de quem os irmãos têm ciúmes; ele é vendido por estes para uma caravana de mercadores (...). Pode-se encontrar nessa história tudo aquilo que constitui um poema épico interessante; exposição, nó, reconhecimento, peripécia e maravilhoso..."

58. XIX, 527.

Restam as determinantes sociais, aquelas que puderam incitar essa criança frustrada a pedir contas de um determinado substituto paterno em vez do que a outro, a *investir* seus ódios irracionais, a especificidade do anti-semitismo consistindo precisamente naquilo que o povo diz de Deus, que é além do mais circuncidado, constitui para a lógica do inconsciente cristão o objetivo mais razoável. Resumindo essas determinantes no caso de Voltaire[59]: família paterna burguesa e pia, mas, do lado materno, influências bem diferentes: um amigo de sua mãe, o Abade de Châteauneuf, fazia com que ele recitasse as quadrinhas de *La Moisade* desde tenra idade:

> A mentira sutil passando por verdade
> Desse legislador [Moisés] fundou a autoridade,
> *E deu curso às crenças públicas*
> *Com que o mundo foi infestado*[60].

Ele teria essas quadrinhas libertinas presentes no espírito quando uma vintena de anos mais tarde escrevia *La Henriade*? Note-se a semelhança:

> O sacerdote desse templo é um desses hebreus
> Que, proscritos da terra, e cidadãos do mundo
> Levam de mar em mar sua miséria profunda,
> *E, de um antigo amontoado de superstições,*
> *Encheram faz muito tempo todas as nações*[61].

Esse sacerdote é um mágico judeu, oficiando entre os membros da Liga que querem assassinar em efígie Henrique III. A operação fracassa, e "os dezesseis perdidos, o hebreu tomado de horror, vão esconder na noite seu crime, seu terror"[62] (numa nota, Voltaire afirma que Catarina de Médicis mandara vir, para a França, judeus detentores de "segredos da Cabala"; mas a história não o confirma).

O fantasma do crime ritual surge no espírito de Voltaire em outras ocasiões. Assim, quando, ao ditar suas memórias, ele cita, depois de quarenta anos, as palavras *dessa bela canção* outrora ouvida por ele em Bruxelas:

> Alegremo-nos, bons cristãos, do suplício
> Do mau judeu chamado Jonathan
> Que, sobre o altar, com grande malícia
> Assassinou o Santíssimo Sacramento[63].

---

59. No que se refere à formação do espírito e da sensibilidade de Voltaire, ver o grande trabalho de RENÉ POMEAU, *La religion de Voltaire*, Paris, 1954, que serviu de ponto de partida para este capítulo.

60. "...Ele só tem três anos e já sabe toda *Moisade* de cor. É raro que, durante a vida, o homem não seja aquilo que o fizeram numa primeira educação. Como pouca gente conhece essa *Moisade,* nós a transcrevemos..." (*La vie de Voltaire*, do ABADE DUVERNET, Genebra, 1786, p. 112, 313-315).

61. *La Henriade*, quinto canto (VIII, 140-141).

62. *Idem.*

63. I, 122 (*Commentaire historique sur les Oeuvres de l'auteur de la Henriade*, 1776).

A esse respeito escarnece do jesuíta Claude Nonotte, que "não sabia que existem mais de sessenta cidades na Europa onde o povo pretende que outrora os judeus deram facadas em hóstias que derramavam sangue". Ele, Voltaire, nada ignora do "milagre da *rue des Ours* em Paris, onde o povo queima todos os anos a figura de um suíço ou de um franco-contês que assassinou a Santa Virgem e o Menino Jesus no fim da rua; e o milagre dos Carmos chamado Billettes, e cem outros milagres nesse estilo". É evidente que ele ridiculariza esses "milagres", "celebrados pela ralé do povo e postos em evidência pela ralé dos escritores, que querem que se acredite nessas tolices", mas essa indignação não é pura e outros frêmitos misturam-se a ela, cuja confissão parcial é fornecida pela boa lembrança deixada pela canção sanguinária.

Os anos passados por Voltaire adolescente entre os jesuítas de Louis-le-Grand sem dúvida alguma não foram de molde nem a aliviar seus terrores[64], nem a temperar sua animosidade em relação aos filhos de Israel. (Sob certos pontos de vista, a educação jesuíta desse tempo era de um liberalismo notável, mas justamente por isso, ou seja, porque o conceito de uma "religião natural" comum a todos os povos da terra era ativamente propagado pela Sociedade de Jesus, a revelação abraâmica e seus fiadores viam-se desvalorizados na mesma proporção)[65].

A seguir, vieram os anos loucos de Voltaire, a humilhação das bengaladas do Cavalheiro de Rohan e o exílio na Inglaterra. "À sua chegada a Londres, ele dispunha, escreveu, de uma letra de câmbio de vinte mil francos, sacada contra um banqueiro judeu que acabava de falir. É conhecida a admirável pirueta voltairiana:

> Quando o Sr. Medina, vosso compatriota, causou-me em Londres uma falência de vinte mil francos, há quarenta e quatro anos, ele me disse que "não era culpa dele, que era um desgraçado, que jamais tinha sido filho de Belial, que sempre procurara viver como filho de Deus, isto é, como homem honesto, como bom israelita". Ele me enterneceu, eu o abracei, nós louvamos a Deus juntos e eu perdi oitenta por cento[66].

---

64. Cf. a evocação que Voltaire fazia do "quarto de meditação": "É assim que outrora se saía do quarto de meditação dos jesuítas: a imaginação inflama-se com esses objetos, a alma torna-se atroz e implacável". (*Avis public sur les Calas et les Sirven*, XXV, 527.)

65. A amplitude de vista dos jesuítas ia bem longe no começo do século XVIII. Assim, o Padre Louis Lecomte glorificava a "religião natural" dos chineses: "Na sábia distribuição de graças que a graça divina fez entre as Nações da terra, a China não tem por que se queixar, pois não existe nenhuma outra que tenha sido favorecida de modo mais constante... A China conservou por mais de dois mil anos o conhecimento do verdadeiro Deus e praticou as máximas mais puras da moral, enquanto que a Europa e quase todo o resto do mundo estavam no erro e na corrupção." (*Nouveaux Mémoires sur l'état présent de la Chine*, 1698-1700, t. II, p. 98.) Ver também as liberdades tomadas com o *Antigo Testamento* pela popular *Histoire du peuple de Dieu* do PADRE BERRUYER; ou, em outro domínio, o elogio de Pierre Bayle feito pelo *Journal de Trévoux*, abril-junho de 1707, pp. 693-706.

66. "Première lettre", verbete "Juifs" do *Dictionnaire philosophique* XIX, 526.

É interessante constatar que, na época em que "abraçava Medina" o Voltaire dos anos ingleses manifestava de fato alguma boa vontade para com os filhos de Israel. Freqüentava a família de outro banqueiro judeu, Acosta, que acabou resolvendo o problema (mas que então se transformou, para Voltaire, num anônimo "cavalheiro inglês" que sua estrela lhe mandara para salvá-lo[67]). Para as naturezas anti-semitas, o dinheiro não deixa de ter cheiro, e é o dos judeus que exala os eflúvios mais agradáveis; desse modo pode-se perceber sua ambivalência, sua atração secreta pelo objeto de seus furores. Para dar prazer a seu banqueiro, Voltaire inseriu na edição inglesa de *La Henriade*, versos sobre o fanatismo antijudeu:

> *Il vient: le Fanatisme est son terrible nom*
>
> ...
> ... *lorsqu'au Fils de Dieu Rome enfin fut soumise*
> *Du capitole en cendres il passa dans l'Église:*
>
> ...
>
> *Dans Madrid, dans Lisbonne, il allume ses feux,*
> *Ces bûchers solennels où des Juifs malheureux*
> *Sont tous les ans en pompe envoyés par les prêtres*
> *Pour n'avoir point quitté la foi de leurs ancêtres*[68] *

Fato igualmente significativo, pode-se achar nos cadernos de Voltaire as seguintes anotações:

> A Sra. Acosta diz, em minha presença, a um abade que queria torná-la cristã: "Vosso Deus nasceu judeu? – Sim. – Viveu como judeu? – Sim. – Pois bem, sede então judeu"[69].
>
> England is meeting of all religions, as the Royal exchange is the rendezvous of all foreigners. When I see Christians cursing Jews, methinks I see children beating their fathers. Jewish religion is the mother of Christianity, and grand mother of the mahometism**.

Foram alguns amigos judeus que lhe inspiraram essas reflexões? É fato que, quando volta da Inglaterra, decide dar pouco caso aos pre-

---

67. Cf. GUSTAVE LANSON, "Voltaire et son banqueroutier juif en 1726", *Revue latine* (1908).

68. "Première lettre" acima, e nota de Beuchot: "É só na edição de Londres, de 1728, que aparecem pela primeira vez os versos citados aqui". A família Acosta fazia parte dos subscritores dessa edição.

* Aproximadamente: "Ele vem: Fanatismo é seu nome terrível/. . ./. . . quando ao Filho de Deus Roma enfim se submeteu/ Do capitólio em cinzas ele passou para a Igreja:/. . ./ Em Madrid, em Lisboa, ele acende seus fogos/ Essas fogueiras solenes onde judeus desgraçados/ São todos os anos em pompa enviados pelos padres/ Por não terem abandonado a fé de seus antepassados". (N. do T.)

69. *Voltaire's Notebooks*, ed. Bestermans, Genebra, 1952, pp. 31 e 233.

** A Inglaterra é um encontro de todas as religiões, como a casa de câmbio real é o *rendez-vous* de todos os estrangeiros. Quando vejo cristãos insultando judeus, penso estar vendo filhos batendo nos pais. A religião judaica é a mãe da cristandade, e a avó do maometismo." (N. do T.)

conceitos franceses contra os negócios da Bolsa e das finanças, e começa a ficar rico da maneira como se sabe. É alguns meses depois desse retorno que, beirando a ilegalidade, realiza a mais astuciosa e mais lucrativa operação de sua vida: o golpe da loteria Pelletier-Desforts lhe traz, segundo ele mesmo, quase um milhão de libras[70]. Assim procedendo, comporta-se como *judeu*, segundo a terminologia da época, o que não podia deixar de atrair graçolas e mesmo alguns insultos mais sérios. Foi assim, uma vintena de anos depois, por ocasião do célebre caso Hirschel, um "negócio sujo", na opinião de Frederico II, e que lhe valeu o duro epigrama de Lessing. Como o brilhante dramaturgo evitou a armadilha que o mais astuto dos judeus de Berlim havia armado?, pergunta o poeta. Lembremos sua resposta:

> Para dizer em poucas palavras
> Porque esse negócio
> Acabou mal para o judeu
> A resposta é mais ou menos esta:
> O Sr. de V. foi mais velhaco do que ele.[71]

Que interesse tinha Voltaire, depois de fazer fortuna em 1730-31, em lançar-se em negócios duvidosos e, além disso, de envergadura medíocre, como o caso Hirschel? Na opinião de um biógrafo do Voltaire financista, "tendo vindo aos negócios com o objetivo de ficar rico, ele se apega ao jogo e os negócios transformam-se num fim em si (...) o gênio do homem de negócios talvez haja ofuscado o gênio do escritor por mais tempo do que se pensa"[72]. Depois disso, Voltaire não temeu tomar parte numa empresa de Nantes de tráfico de negros, aplicação extremamente lucrativa[73]; ele se torna "uma das vinte pessoas de maior renda do reino"[74]. Comportamento pouco digno de um filósofo, ao mesmo tempo em que contribui para assegurar melhor sua independência de escritor e de pensador, de fato não diminuiu a dependência interior desse filho de notário face aos reis e aos príncipes, como atestam tantos detalhes de sua biografia. Que ele haja procurado então livrar-se do judeu dentro de si, atacando os judeus públicos e notórios, lançando sobre estes bodes expiatórios a reprovação que tinha por si mesmo, será muito natural.

---

70. I, pp. 67 e ss. (*Commentaire historique...*) Um milhão de libras equivalem a mais de dezesseis milhões de francos novos! Sobre a loteria Pelletier-Desforts, ver J. DONVEZ, *Voltaire financier*, Paris, 1949, pp. 37-56.

71. Cf. supra, p. 20, Frederico II considerava o caso Hirschel como "o caso de um velhaco que quer enganar um trapaceiro".

72. J. DONVEZ, *op. cit.*, pp. 59 e 69.

73. *Journal de la traité des Noirs*, apresentado por JEHAN MOUSNIER, Paris, 1957, p. 13.

74. J. DONVEZ, *op. cit.*, p. 175.

Mas seu grande fervor anti-semita, tal como é revelado por seus escritos, data de seu último período, isto é, dos quinze anos de velhice durante os quais, alcançando, com os casos Calas e la Barre, uma grandeza profética, resolve refazer a sociedade de seu tempo e torna-se o Messias inconteste do Século das Luzes. Depois de haver destruído muita coisa, dedica-se então a reconstruir; ao mesmo tempo que os espíritos da Europa, rege como bom pai de família seu domínio de Ferney; o artista dentro dele enfim encontrou o grande papel de sua vida.

"Fiz mais em meu tempo do que Lutero e Calvino." Eis que se ergue perante nós o Voltaire da espera escatológica, o líder de uma nova Igreja deísta, que espera para o amanhã uma era messiânica, instaurada graças a seu verbo e a seu "pequeno rebanho" de apóstolos, e que sonha com arrebatar em sua cruzada os déspotas esclarecidos[75], o Voltaire que, em suas cartas e escritos, exclama: "Fez-se uma pequena reforma no século XVI, exige-se uma nova aos gritos"[76]. "Prepara-se um belo século... Uma nova revolução começa..."[77] "Bastaria dois ou três anos para fazer uma época eterna"[78]. D'Alembert, seu discípulo preferido, é aquele "de quem Israel mais espera"[79]. Obrigado a beber seu cálice judeu até o fim, o patriarca de Ferney é também o Voltaire que desferiu contra o eterno concorrente e modelo, contra o velho Israel de sempre, os dardos mais numerosos e mais cruéis: quando se pensa na curva da existência de outros grandes fundadores de religião, em Maomé, em Lutero, pergunta-se se não se trata, nessa altura, de uma necessidade psicológica ineluctável[80].

Voltaire judeu? Se, por acaso, ele tivesse sido (afinal, na época em que viveu, o filósofo mais popular da Alemanha chamava-se Moses Mendelssohn), a posteridade ter-se-ia excedido em reencontrar nesse grande demolidor (como um dia ele mesmo se definiu)[81], ainda mais do que em Heine ou em Karl Marx, o inquieto temperamento judeu ou a alma judia negadora e eterna. Como ele era, sem dúvida não houve, nos tempos modernos, homem que excitasse, com tanta arte, a fibra anti-semita que dorme em tantos corações, não excluídos os dos judeus. Nessa frente móvel, a Igreja, procurando cerrar fileiras face às campa-

---

75. Cf. sua carta a Frederico II: "Por que não vos encarregais do vigário de Simon Barjone (o papa), enquanto que a imperatriz da Rússia limpa o vigário de Maomé? Vos teríeis, os dois, purgado a terra de duas estranhas tolices. Outrora concebi grandes esperanças em vós; mas vós vos contentastes com ridicularizar Roma e a mim, com ir direto ao sólido e com ser um herói muito ponderado" (8 de junho de 1770, XLVII, 102).

76. XXVII, 112.

77. Citado por R. POMEAU, op. cit., p. 353.

78. XLIV, 361.

79. "... Dizei-lhe que ele é a esperança de nosso pequeno rebanho e aquele de quem Israel mais espera. Ele é ousado, mas não é nada temerário..." (Para Thiérot, 19 de novembro de 1760, XLI, 69).

80. Cf. De Cristo aos Judeus da Corte, p. 193.

81. Carta a Mme DU DEFFAND, 1770 (XLVII, 93).

nhas desse homem sozinho, parecia já estar esboçando uma reviravolta de alianças: são prova disso as apologéticas *Lettres de quelques Juifs* ("Cartas de Alguns Judeus"), devidas ao Abade Guénée, ou as conclusões acrescentadas aos *Moeurs des Israélites* ("Costume dos Israelitas") do Abade Fleury:

> XX. Esse povo, em meio a tantos reveses, tantas calamidades, conserva sempre a firme esperança de ver um dia a realização das promessas que lhe foram feitas. Ele suspira pelo Messias, conserva uma firme esperança de ser um dia restabelecido em seu primeiro esplendor e tem sempre os olhos voltados para Jerusalém, como o lugar destinado à sua glória. Eis, por certo, algo sobre o que meditar para aqueles que depreciam o povo judeu e que, não vendo nele o instrumento da providência, não o consideram senão como uma nação vil e entregue à superstição mais absurda, e à cupidez mais insaciável[82].

Quanto aos raros judeus franceses "esclarecidos" da época, não parece que tenham visto com rigor a Voltaire, e ainda hoje a grande maioria de seus descendentes retomaria por sua conta, em relação a este "patrono dos democratas" (Julien Benda), o que escrevia o sábio Zalkind Hourwitz, que julgava o patrono dos futuros anti-semitas:

> É bem possível que Voltaire tenha detestado menos os judeus modernos do que os antigos, ou seja, o tronco do cristianismo que ataca sem cessar. Seja como for, os judeus lhe perdoam todo o mal que ele lhes fez, graças ao bem que ele lhes fez, embora sem querer, talvez mesmo sem saber; pois, se eles gozam, faz alguns anos, de um pouco de repouso, devem isso ao progresso das Luzes, para o qual decerto Voltaire contribuiu mais do que qualquer outro escritor através de suas numerosas obras contra o fanatismo[83].

De fato, durante gerações, os judeus emancipados pensaram poder reconhecer-se na máscara crispada do campeão da tolerância, no pacifista místico que sentiu horror das fogueiras e também no genial abalador dos mistérios cristãos. "Com certeza eu não compreendo nada; ninguém jamais compreendeu, e essa é a razão pela qual se degolou"[84]. Eternos degolados, eles não viam em Voltaire senão o porta-bandeira da democracia burguesa, pacífica e laica, sem pensar que o esmagamento do *Infame* será o prelúdio (através de quantas mediações se quiser) de degolamentos igualmente vastos.

---

82. *Essais historiques et critiques sur les Juifs ou Supplément aux moeurs des Israélites* do ABADE FLEURY, Lyon, 1771, primeira parte, p. 216.
83. *Apologie des Juifs... cit.*, p. 57, nota.
84. *Dictionnaire philosophique*, verbete "Arius".

4. ROUSSEAU

> *Rousseau a des retours calvinistes sur lui-même: il s'examine et se trouve mauvais. Voltaire ne s'examine pas, et il se trouve bon**.
>
> (RENÉ POMEAU, *Voltaire par lui-même*, Paris, 1954, p. 16.)

Pensando bem, pode-se perguntar se a correlação entre a estrutura da personalidade e os sentimentos manifestados para com os judeus não deveria manifestar-se de uma maneira mais regular no caso dos autores do século XVIII do que no de nossos contemporâneos. De fato, nos dias de hoje e até nova ordem, parece que os dados estão lançados: os homens que escolheram, por um conjunto complexo de razões ou motivações, o campo da "esquerda" são levados, por isso, a condenar o anti-semitismo, o que implica, ao menos em princípio, uma atitude de boa vontade em relação aos judeus. É evidente que não existia nada de semelhante a tais fidelidades ou tais hábitos de pensamento no Século das Luzes, de modo que, na época em que se esboçava nosso universo mental atual, cada um podia tomar posição livremente, segundo seu temperamento, em virtude de obscuras determinantes ou solicitações psicológicas, sem que considerações ou imperativos estranhos a essas disposições afetivas viessem mascarar ou mesmo falsear estas.

Não obstante tal observação, quando se tenta aplicar a Jean-Jacques Rousseau o padrão que acabamos de empregar em Voltaire, vê-se logo que numerosos elementos estavam reunidos para dispô-lo favoravelmente em relação aos filhos de Israel. Família e antecedentes calvinistas; consciência atormentada, sensibilidade doentia; sede de justiça, intolerância pelo sucesso, ódio pela *filosofia cômoda dos felizes e dos ricos*[85]; e conhece-se o modo como o homem fez de sua vida uma trapalhada, fugindo de seus semelhantes e às vezes raiando a mania de perseguição. Mas não esmiuçaremos mais o velho tema das relações entre gênio e loucura; para nosso propósito, basta constatar que, ao contrário do perseguidor Voltaire, que escolheu julgar-se inocente, Jean-Jacques, que se diz culpado toda a vida (a ponto de confundir o remorso com o livre-arbítrio em suas tentativas para provar a existência de um Ser Supremo: "sou escravo por meus vícios e livre por meus remorsos"[86]), só queria prestar ouvidos benevolentes *às razões dos judeus*.

---

* Aproximadamente: "Rousseau tem retornos calvinistas por sobre si mesmo: ele se examina e se acha mau. Voltaire não se examina e se acha bom." (N. do T.)

85. *Dialogues*, ed. *Oeuvres complètes*, Paris, 1865, t. IX, p. 3.

86. "Quanto me entrego às tentações, estou agindo segundo o impulso dos objetos externos. Quando me censuro essa fraqueza, escuto apenas minha vontade, sou escravo por meus vícios e livre por meus remorsos; o sentimento de minha liberdade não se apaga em mim senão quando me depravo e impeço enfim que a voz da alma se eleve contra a lei do corpo" (*Profession de foi du Vicaire savoyard*).

Ele anunciava essa intenção num trecho curioso de sua *Profession de foi du Vicaire savoyard* ("Profissão de fé do vigário da Savóia"), onde, sob o pretexto de comparar os méritos das três grandes religiões monoteístas, se limita, de fato, a opor, à Igreja triunfante, a Sinagoga oculta e defende a esta, cuja revelação lhe parece ser "a mais segura"; mas isso não seria por que ela é tiranizada? É preciso ler o trecho:

> Temos três religiões principais na Europa. Uma admite uma só revelação, a outra admite duas, a terceira admite três. Cada uma delas detesta, amaldiçoa as outras, acusa-as de serem cegas, de serem rígidas, de serem convencidas e mentirosas. Que homem imparcial teria a ousadia de julgá-las sem primeiramente pesar bem suas provas, ouvir bem suas razões? Aquela que só admite uma revelação é a mais antiga e parece a mais segura; a que admite duas e rejeita a terceira, pode muito bem ser a melhor, mas por certo ela tem todos os preconceitos contra si e a inconseqüência salta aos olhos...
>
> Nossos católicos fazem muito estardalhaço da autoridade da Igreja; mas o que ganham com isso quando precisam de um aparato de provas tão grande para estabelecer essa autoridade quanto as outras seitas precisam para estabelecer diretamente sua doutrina? A Igreja decide que a Igreja tem direito de decidir. Não é uma autoridade bem provada? Saindo disso, entra-se em todas as nossas discussões.
>
> Conhece-se muitos cristãos que se deram ao trabalho de examinar com cuidado o que o judaísmo alega contra eles? Se alguém viu alguma coisa foi nos livros dos cristãos. Bela maneira de instruir-se sobre as razões de seus adversários! Mas o que fazer? Se alguém ousasse publicar entre nós livros onde se favorecesse abertamente o judaísmo, puniríamos o autor, o editor, o livreiro. Essa linha de conduta é cômoda e segura, a fim de sempre ter razão. Existe prazer em refutar as pessoas que não ousam falar.
>
> Aqueles dentre nós que estão dispostos a conversar com os judeus não são mais avançados. Os desgraçados sentem-se à nossa disposição! A tirania que se exerce sobre eles torna-os temerosos; sabem quão pouco a injustiça e a crueldade custam para a caridade cristã: o que ousarão dizer sem expor-se a que nós gritemos "blasfêmia"? A avidez nos dá zelo, e eles são muito ricos para não estar em erro. Os mais sábios, os mais esclarecidos são sempre os mais circunspectos. Pode-se converter algum miserável, pago para caluniar a seita; pode-se fazer falar alguns vis negociantes de quinquilharias, que cederão para vos adular; pode-se triunfar de sua ignorância e de sua covardia, enquanto seus doutores irão sorrir em silêncio de vossa inépcia. Mas vós pensais que, onde se sentissem em segurança, eles se venderiam tão barato? Na Sorbonne, é claro como dia que as predições do Messias dizem respeito a Jesus Cristo. Entre os rabinos de Amsterdam, é igualmente claro que elas não têm a menor relação com este. Creio jamais ter ouvido bem as razões dos judeus para não ter um Estado livre, escolas, universidades onde pudessem falar e polemizar sem riscos. Somente então poderemos saber o que têm a dizer.

Note-se o argumento do final, sionista, antes de ser criado esse termo. Por outro lado, pode-se perguntar se o próprio Rousseau esteve "disposto a conversar com os judeus" como diz. Seus biógrafos nada informam a esse respeito, mas a coisa é plausível; ele poderia ter encontrado, durante suas peregrinações, nas estradas, os negociantes de quinquilharias de que fala, talvez ficando na hospedaria dos catecúmenos como ele, e esse homem tímido poderia ter percebido, durante sua estadia em Veneza, os misteriosos "doutores, sorrindo em silêncio de vossa inépcia". No tempo em que, tendo-se refugiado em Montmorency, dizia não querer ler mais nada, fazia uma exceção ao *Phédon* de Mendelssohn, "porque é obra de um judeu".

Contudo, na mesma *Profession de foi...*, Rousseau mostra-se filho de seu tempo ao clamar seu horror pelo cruel Deus judeu dos combates:

> Se então [a Divindade] só nos ensinasse coisas absurdas e sem razão, se ela só nos inspirasse sentimentos de aversão para nossos semelhantes e de pavor por nós mesmos, se ela só nos pintasse um Deus em cólera, ciumento, vingador, parcial, odiando os homens, um Deus da guerra e dos combates sempre pronto a destruir e fulminar, sempre falando de tormentos, de penas e gabando-se de punir mesmo os inocentes, meu coração não seria atraído para esse Deus terrível e eu evitaria deixar a religião natural para abraçar aquela; pois vê-se bem que seria preciso optar. Aquele que começa escolhendo para si um só povo e proscreve o resto do gênero humano não é o pai comum dos homens...

Da mesma forma, várias vezes Jean-Jacques fala dos judeus da Antigüidade da maneira convencional: "o mais vil dos povos", "a baixeza de [esse] povo incapaz de qualquer virtude", "talvez o povo mais vil que existia então"[87]. Enfim, a revelação do Sinai incomodava esse apóstolo da religião do coração assim como a maioria de seus contemporâneos, daí a célebre exclamação: "Quantos homens entre Deus e mim!"[88], cujo sentido especificava pouco depois como segue: "Será tão simples, tão natural que Deus tenha ido procurar Moisés para falar a Jean-Jacques Rousseau?"[89]

Afinal o amor pelo Deus do Sinai prevaleceu sobre o ódio em sua alma. Assim, declarava ao Duque de Croy que, como ele, "achava em Moisés e nos objetos recebidos mais verdade do que em tudo"[90]; opinião cujo sentido se esclarece com a leitura de sua afirmação de que é "fácil conciliar a autoridade da Escritura com os monumentos antigos, e não se fica reduzido a tratar de fábulas e tradições tão antigas quanto os povos que as transmitiram"[91].

Rousseau justificava sua admiração por Moisés da seguinte maneira (em suas *Considérations sur le Gouvernement de Pologne...*):

> [Moisés] formou e executou o espantoso empreendimento de instituir, como um corpo de nação, um enxame de desgraçados fugitivos, sem artes, sem armas, sem talentos, sem virtudes, sem coragem, e que, não tendo como seu um único palmo de terreno, formavam uma tropa estrangeira sobre a face da terra.

---

87. *Profession de foi* ... Carta a M. de Franquière e a P. Moultou (1769); cf. P.M. MASSON, *La religion de Jean-Jacques Rousseau*, Paris, 1916, II, pp. 246-247.

88. Em *Profession de foi...*

89. Em sua *Lettre à Mgr de Beaumont, archevêque de Paris*, na qual protestava contra a condenação do *Émile...* (do qual faz parte, como sabemos, a *Profession de foi...*).

90. *Journal inédit du duc de Croy*, publicado pelo VISCONDE DE GROUCHY e P. COTTIN, Paris, 1907, t. III, p. 15.

91. Cf. *Essai sur l'origine des langues*, Cap. IX ("Formation des langues méridionales").

Moisés ousou fazer, dessa tropa errante e servil, um corpo político, um povo livre e, enquanto errava nos desertos sem ter uma pedra onde repousar a cabeça, ele lhe dava essa instituição duradoura, à prova do tempo, da fortuna e dos conquistadores, que cinco mil anos não conseguiram destruir nem mesmo alterar e que ainda subsiste hoje com toda a sua força, quando até o corpo da nação não subsiste mais.

Para impedir que seu povo se fundisse entre os povos estrangeiros, lhe deu costumes e usos inconciliáveis com os das outras nações; sobrecarregou-o de ritos, de cerimônias particulares; incomodou-o de mil maneiras para mantê-lo em bom estado e torná-lo sempre estrangeiro entre os outros homens; e todos os vínculos de fraternidade que colocou entre os membros de sua república eram um número igual de barreiras que a mantinham separada de seus vizinhos e impediam que se misturasse com eles. Foi com isso que essa nação singular, com tanta freqüência subjugada, com tanta freqüência dispersada e destruída na aparência, mas sempre idólatra de sua regra, conservou-se, apesar de tudo, até nossos dias, esparsa entre as outras sem confundir-se com elas e que seus costumes, suas leis, seus ritos, subsistem e durarão tanto quanto o mundo, apesar do ódio e da perseguição do resto do gênero humano[92].

Aqui, é o autor do *Contrato Social* que se extasia com a excelência da legislação que Moisés deu a sua *singular nação*. Numa página que permaneceu inédita, sua admiração reveste-se de acentos mais místicos e nela pode-se ver que ele pressente que, entre outras intuições, os judeus são coisa bem diversa de uma "raça"[93].

... não se vê mais como antes povos orgulhando-se de serem autóctones, aborígines, filhos da terra ou da região onde estão fixados. As freqüentes revoluções do gênero humano transplantaram ou fundiram tanto as nações que, talvez com exceção da África, não resta nenhuma sobre a terra que possa se gabar de ser originária do país de que tem a posse. Nessa confusão da espécie humana, tantas raças diversas habitaram sucessivamente os mesmos lugares e ali se sucederam ou misturaram, que essas raças não se distinguem mais e que os vários nomes que levam os povos não são mais do que os dos lugares onde moram. Se sobram alguns nomes dos traços de filiação, como entre os persas e guebros, nem se pode encontrá-los mais em seu antigo território, nem se pode mais dizer se formam um corpo nacional.

Mas um espetáculo impressionante e verdadeiramente único é ver um povo expatriado, não tendo mais lugar nem terra há quase dois mil anos, um povo misturado de estrangeiros, talvez não tendo mais um único rebento das primeiras raças, um povo esparso, dispersado pela terra, escravizado, perseguido, desprezado por todas as nações, conservar, apesar disso, suas características, suas leis, seus costumes, seu amor patriótico pela primeira união social, quando todos os vínculos parecem rompidos. Os judeus nos dão um espetáculo impressionante; as leis de Numa, de Licurgo, de Sólon estão mortas; as de Moisés, bem mais antigas, continuam vivas. Atenas, Esparta, Roma pereceram e não deixaram filhos sobre a terra; Sião destruída não perdeu os seus.

Eles se misturam com todos os povos e jamais se confundem com eles; não têm mais chefes e continuam sendo um povo; não têm mais pátria e continuam sendo cidadãos.

Qual deve ser a força de uma legislação capaz de operar semelhantes prodígios, capaz de desafiar as conquistas, as dispersões, as revoluções, os exílios,

---

92. *Considérations sur le Gouvernement de Pologne et sur sa réformation projetée en avril 1772*, Cap. II ("Esprit des anciennes institutions").

93. Sobre a origem racial dos judeus, ver nossa *História do Anti-Semitismo*, t. I: *De Cristo aos Judeus da Corte*), Anexo A.

capaz de sobreviver aos costumes, às leis, ao império de todas as nações, que lhes promete, enfim, através dessas provações, que ela vai continuar a sustentar todas elas, a vencer as vicissitudes das coisas humanas e durar tanto quanto o mundo? Dentre todos os sistemas de legislação que conhecemos, alguns são seres de razão cuja própria possibilidade é discutida; outros não deram senão alguns fiéis, outros jamais fizeram um Estado bem constituído, com exceção daquele, que passou por todas as provas e sempre resistiu. O judeu e o cristão estão de acordo em reconhecer nisso o dedo de Deus, que, segundo um, mantém sua nação, e segundo o outro, castiga-a, mas todo homem, seja qual for, deve reconhecer nesse fato uma maravilha única, cujas causas, divinas ou humanas, merecem decerto o estudo e a admiração dos sábios, de preferência a tudo que Grécia e Roma oferecem de admirável em matéria de instituições políticas e de estabelecimentos humanos[94].

Ao Duque de Croy, Rousseau dizia, durante sua memorável entrevista, que os hebreus eram "mais seguros"[95]. Mas em parte alguma a originalidade de sua posição ressalta com tanto vigor quanto quando ele manifesta sua adoração pelo *sábio hebreu*, ou seja, por Jesus. É nesse contexto que, com toda naturalidade, denigre as testemunhas que são judias: "Do seio do mais furioso fanatismo, a mais elevada sabedoria se fez ouvir, e a simplicidade das mais heróicas virtudes honrou o mais vil dos povos"[96]. Contudo, a missão histórica de Jesus, como ele a vê, parece estranhamente com a que, no século seguinte, os apóstolos do sionismo tentarão levar a bom termo: "Jesus, que este século não conheceu, porque é indigno de conhecê-lo, Jesus, que morreu depois de ter querido fazer um povo ilustre e virtuoso de seus vis compatriotas..."[97] ("Rousseau era cristão mais ou menos como Jesus Cristo era judeu", ironizava Grimm). Rousseau desenvolve esse pensamento nos seguintes termos:

> Seu nobre projeto era levantar seu povo, fazer dele novamente um povo livre e digno de sê-lo; pois era por aí que era preciso começar. O estudo profundo que fez da lei de Moisés, seus esforços para despertar o entusiasmo e o amor por ela nos corações mostraram sua finalidade tanto quanto era possível sem assustar os romanos; mas seus compatriotas vis e covardes, em vez de escutá-lo, passaram a odiá-lo, precisamente por causa de seu gênio e de sua virtude, que censurava a indignidade deles...[98]

No conjunto, tais tomadas de posição não poderiam espantar da parte do eterno não-conformista, do desprezador dos filósofos da moda, que ele chamava "de ardentes missionários do ateísmo e dogmáticos

---

94. Essas duas páginas inéditas de J.-J. Rousseau, conservadas na biblioteca pública de Neuchâtel (*Cahiers de brouillons, notes et extraits, n.º 7843*), foram assinaladas por PIERRE-MAURICE MASSON em sua edição crítica da *Profession de foi du Vicaire savoyard*, Paris, 1914, p. 375, nota 1. Masson transcreveu-as parcialmente em *La religion de Jean-Jacques Rousseau*, Paris, 1916, II, p. 240. Agradecemos o distinto arquivista da biblioteca de Neuchâtel, M.-J. Biadi, que amavelmente nos entregou uma fotocópia dessas duas páginas.

95. *Journal inédit du duc de Croy, loc. cit.*

96. *Profession de foi...*

97. Carta a P. Moultou, 14 de fevereiro de 1769.

98. Carta a M. de Franquières, 1769 (segundo o texto dado por P.-M. MASSON em sua edição crítica da *Profession de foi... cit.*, p. 525).

muito imperiosos"[99], nem do inimigo jurado de Voltaire, a quem lançava: "... Senhor, eu vos odeio"[100]. Além das simpatias naturais de um pensador perseguido em relação a um povo perseguido, elas revelam a sensibilidade sismográfica do homem que talvez tenha sido o primeiro a pressentir os perigos de "uma inquisição filosófica, mais cautelosa e não menos sanguinária do que a outra"[101]. O fato é que Rousseau não tinha a vantagem da ofensiva e que, frente à incansável propaganda de Voltaire, suas defesas nem sempre parecem atingir o objetivo, tanto mais que a luta era desigual; um arsenal de pseudo-argumentos tão gratificantes quanto variados arrebata com maior facilidade a convicção do que lições de razão e de virtude.

Uma das relíquias mais curiosas do Século das Luzes é o exemplar do *Émile* anotado pela mão de Voltaire. Trinta e uma observações, na maioria desdenhosas, são dedicadas à *Profession de foi*... (que formava o t. III do *Émile*), mas elas estão agrupadas de maneira descontínua, de um modo que permite supor, parece, que nosso homem, que declarava "que não se pode ler esse romance absurdo", pulou durante a leitura o trecho em que Rousseau defendia o judaísmo; fica-se surpreendido lamentando essa negligência, que talvez tenha privado a posteridade de uma pirotecnia literária[102]. Um século e meio depois, Charles Maurras resolveu tomar o lugar de "Voltaire, iluminado pelo gênio anti-semítico do Ocidente", para dizer algumas verdades ao "aventureiro alimentado de moela bíblica": foi assim que ele chamou o "miserável Rousseau":

> Ele entrou [na civilização dos franceses] como um desses energúmenos que, vomitados pelo deserto, enfarpelados com um saco velho, passeavam seus melancólicos gritos através das ruas de Sião; arrancando os cabelos, rasgando seus farrapos e misturando seu pão ao lixo, eles sujavam cada passante com seu ódio e seu desprezo... A esse, ninguém podia, ninguém devia conter. Ele vinha de um dos pontos do mundo onde, há fois séculos, fervilham todas as misturas da anarquia judeu-cristã...[103]

A esse respeito, pode-se perguntar sobre o efeito exercido de geração em geração, na França e no mundo, pelas diatribes voltairianas ou pelas defesas de Rousseau. De acordo com a natureza das coisas, aquelas parecem dispor de uma força percuciente tão grande quanto estas. Também se deve dizer que nós citamos todos os textos do passeante solitário nos quais ele glorifica o nome de Israel, mas apenas uma fração daqueles em que o Senhor de Ferney ridiculariza esse nome.

99. *Rêveries...*, *Oeuvres*, ed. Paris, 1865, t. IX, p. 341.
100. *Idem*, t. X, p. 228 (carta a Voltaire de 7 de junho de 1760).
101. *Rêveries...*, p. 345.
102. B. BOUVIER, "Notes inédites de Voltaire sur *La profession de foi du Vicaire savoyard*", em *Annales de la Société Jean-Jacques Rousseau*, I (1905), pp. 272-284.
103. C. MAURRAS, *Les Monod peints par eux-mêmes* (Cap. XXIII: "Idées françaises et idées suisses"), em *L'Action française* (boletim bimensal), I, 1899, pp. 321-322.

Pode-se pensar que a influência destes, ou melhor, seu público, foi ainda mais vasto porque Voltaire não entrou para a história como agitador anti-semita, mas como campeão da tolerância e arauto da democracia e desse fato extrai sua autoridade. Comentaristas, editores e professores evitam na maioria das vezes falar dos arrojos e escritos antijudeus do defensor de Calas. Nem por isso tais textos deixam de existir e continuam, sem dúvida, encontrando seu caminho no momento oportuno, mantendo a chama do "gênio anti-semítico do Ocidente"; gênio que poderia não ser mais do que uma expressão específica das relações do homem ocidental com Deus.

5. DIDEROT E A *ENCICLOPÉDIA*

> *Si je crois que je vous aime librement, je me trompe. Il n'en est rien. O le beau système pour ingrats! J'enrage d'etre empêché d'une diable de philosophie que mon esprit ne peut s'empêcher d'approuver, et mon coeur de démentir**.*
>
> (DIDEROT a SHOPIE VOLLAND)

No verão de 1773, Diderot, convidado para ir à Rússia pela Imperatriz Catarina, fez, no caminho, uma longa parada nos Países Baixos. Uma carta dirigida por ele a Mme d'Épinay informa-nos que freqüentou, em Haia, Isaac Pinto, o judeu esclarecido que se correspondia com Voltaire: "... Encontrei aqui um tal Pinto, judeu. Ele era bem libertino em Paris e não é muito ajuizado em Haia. Tem uma pequena casa, onde só dependeria de mim ficar conhecendo o sexo idumeano[104], mas esses cursos de físico jamais foram de meu gosto e não são mais de minha idade..."[105] Esse intermédio encontrou reflexo em *Le neveu de Rameau*, no qual já figurava uma personagem judia perseguida; em 1774, Diderot, reestruturando sua obra-prima, acrescentou um segundo judeu "opulento e pródigo... que conhecia a Lei e a observava rígido como uma barra", para fazer dele o herói inglório de um negócio escandaloso ocorrido na realidade com um comerciante cristão (conforme o próprio Diderot nos informa)[106]. Pouca coisa isso, e sabemos que basta

---

* "Se pensar que vos amo livremente, estou enganado. Não é nada disso. Que belo sistema para ingratos! Fico com raiva de ser impedido por um diabo de filosofia que meu espírito não se pode impedir de aprovar e meu coração de desmentir." (N. do T.)

104. Diderot aqui está fazendo uma alusão a uma concepção cabalística relativa a uma humanidade "pré-adâmica" ou idumeana, composta apenas por homens; trata-se, portanto, de amor homossexual.

105. Cf. *Correspondance inédite*, publicada por A. BABELON, Paris, 1931, t. II, p. 212.

106. Esse comerciante chamava-se Vanderveld; cf. *Voyage en Hollande* de DIDEROT, *Oeuvres complètes* (ed. Assézat-Tourneux), t. XVII, p. 494. O episódio foi esclarecido por T. REINACH, "Les Juifs dans l'opinion chrétienne aux XVIIe et XVIIIe siècles...", *R E.J.*, VIII (1884), pp. 141-142.

batizar de "judia" não importa qual história engraçada para fazer com que ela adquira uma *vis comica* suplementar. Quanto ao resto, as menções de judeus e do judaísmo são muito raras na vasta produção de nosso filósofo.

Levando-se em conta o combate travado por ele contra a religião revelada, tais menções não poderiam estar ausentes. Num escrito da juventude, *La Promenade du Sceptique...* (1747), Diderot resolvia acertar as contas com o judaísmo e o cristianismo; e, desde esse primeiro ataque, pode-se ver que coloca lado a lado duas superstições inimigas, segundo ele igualmente absurdas e igualmente maléficas. Ele as representa sob a forma de dois "exércitos", o dos judeus e o dos padres. Àqueles, seu condutor [Moisés] tinha "vigorosamente recomendado não dar quartel a seus inimigos e ser grandes usurários, duas tarefas que realizaram muito bem". Estes, dirigidos por um *vice-rei* [o papa] que acha que "todo o mundo é seu escravo (...) são a raça mais malvada que conheço". E Diderot escarnece a luta que travam os dois "exércitos", cada um munido de seu "código militar".

> O primeiro contém regulamentos singulares, com uma longa lista dos prodígios operados para sua confirmação; e o segundo revoga esses primeiros privilegiados e estabelece outros que estão igualmente apoiados em maravilhas; daí o processo entre os privilegiados. Os da nova criação se julgam favorecidos com exclusão dos da antiga, enquanto que estes amaldiçoam aqueles como sendo intrusos e usurpadores...[107]

A mesma eqüidade pode ser encontrada em outras ocasiões: assim, quando Diderot descreve os jansenistas a Catarina II, "... chorando sobre o destino da Igreja, como, sob Juliano, choravam esses patifes de judeus e galileus, uns sobre a ruína de Jerusalém, outros sobre a destruição de suas escolas fanáticas"[108]. Quando passa a fazer, à Imperatriz, uma série de perguntas sobre a situação econômica do Império Russo, em primeiro lugar indaga sobre o total da população, em segundo o número de religiosos e em terceiro o de judeus[109]. Quando redige, para a *Enciclopédia*, seu longo artigo sobre a filosofia dos judeus, vê-mo-lo fazendo um balanço da mesma ordem entre o Galileu e os talmudistas; mas, estando a censura de prontidão, foi preciso que ele a enganasse, transformando esse *Judeu obscuro e fanático* em *filho de Deus* e chamando de *pueris e tolas* as máximas talmúdicas[110]. Certas omissões parecem igualmente significativas: uma nota sobre a usura que redigiu

---

107. *La Promenade du Sceptique ou Les Allées*, ed. cit., t. I, pp. 171 e ss.

108. Cf. *Diderot et Catherine*, de M. TOURNEUX, Paris, 1899, pp. 298-299.

109. *Idem*, pp. 532-535.

110. Eis, respectivamente, o texto original e o texto publicado desse trecho (segundo JACQUES PROUST, *Diderot et l'Encyclopédie*, Paris, 1962, p. 542):

"... Tudo que se pode dizer de razoável a esse respeito é que os talmudistas efetuaram comparações semelhantes às de Jesus Cristo, mas que a aplicação que esse judeu obscuro e fanático fazia delas e as lições que delas extraía em geral têm um

para Catarina II não contém nenhuma referência aos judeus[111]. Em compensação, em sua polêmica *Examen du prosélyte répondant à lui-même* (1763), não elude a clássica "prova pelos judeus" e eis a réplica que aí encontra em boa razão:

> *A razão demonstra que naturalmente a nação judia devia estar extinta.* A razão demonstra, ao contrário, que os judeus casando-se e fazendo filhos, a nação judia deve subsistir. Mas, direis, de onde vêm que não se vê mais nem cartagineses nem macedônios? A razão é que eles foram incorporados a outros povos, mas a religião dos judeus e a dos povos entre os quais habitam não lhes permitem incorporar-se a estes; eles devem formar uma nação à parte. Além disso, os judeus não são o único povo que subsiste assim dispersado; há um grande número de anos, os guebros e os banianos estão no mesmo caso...[112]

Deve-se observar que, nessa mesma ocasião, Diderot põe em questão, a propósito do "milagre judeu", tanto a religião dos judeus quanto a dos "povos entre os quais habitam".

Um raciocínio positivista como esse é característico do grande defensor da irreligião, para quem até mesmo o deísmo de seu tempo não passava da última *cabeça a ser cortada* da *hidra* obscurantista[113], mas cuja moral, por outro lado, conforme observou inutilmente[114] J. Proust, foi "laica, profana, mas nem um pouco profanadora". De fato, pode-se constatar que ele trata dos problemas do Sagrado com um tranqüilo desrespeito, sem a menor veneração (mesmo para a pessoa de Cristo), mas também sem furor iconoclasta. Em seu tempo, talvez não tenha havido homem tão tolerante; não chegou ele, a preconizar até deixar a seus adversários "a liberdade de falar e de escrever que eles querem nos tirar?"

Poder-se-ia mesmo acrescentar que, no começo do artigo enciclopédico sobre a filosofia dos judeus, vê-se em Diderot alguns acentos entusiastas sobre os quais pode-se perguntar se foram inspirados unicamente pela preocupação de conciliar a censura:

> Sem dar fé aos devaneios que os pagãos e os judeus debitaram na conta de Sem e de Cam, o que a história nos ensina basta para torná-los respeitáveis; mas caráter mais grave do que as que essas similitudes e parábolas forneceram aos autores do *Talmud*".

"... Tudo que se pode dizer de razoável a esse respeito é que os talmudistas efetuaram comparações semelhantes às de Jesus Cristo, mas que a aplicação que o Filho de Deus fazia delas e as lições que delas extraía são sempre belas e santificadas, enquanto que a aplicação dos outros é quase sempre pueril e tola".

111. *Diderot et Catherine II, cit.*, p. 200-203.

112. *Oeuvres complètes*, ed. cit., t. II, p. 97

113. "... é só levar em consideração que a noção de uma divindade degenera necessariamente em superstição. O deísta cortou uma dúzia de cabeças da hidra: mas a que lhe deixou irá reproduzir todas as outras." (*Diderot et Catherine II*, p. 307.)

114. Cf. JACQUES PROUST, *Diderot et l'Encyclopédie*, cit., p. 295 ("La critique de la morale chrétienne").

que homens ela nos oferece que sejam comparáveis em autoridade, em dignidade, em juízo, em piedade, em inocência, a Abraão, a Isaac e a Jacó? José tornou-se admirado pela Sabedoria entre o povo mais instruído da terra e governou-o durante quarenta anos.

Mas eis que chegamos ao tempo de Moisés; que historiador! Que legislador! Que filósofo! Que poeta! Que homem!

A dabedoria de Salomão tornou-se proverbial...

Na seqüência do artigo, Diderot baseia-se principalmente na *Histoire des Juifs depuis Jésus-Christ*... de Basnage. Perto do fim, estende-se sobre *Le sentiment des Juifs sur la Providence et la liberté* de um modo que sugere um certo interesse pelos raciocínios de Maimônides sobre o problema do livre-arbítrio.

*
* *

Diderot é a *Enciclopédia*, mas a *Enciclopédia* não é Diderot. Esse grandioso manifesto da burguesia ascendente foi obra de mais de duzentos colaboradores, de opiniões díspares; do ponto de vista que nos interessa, percebe-se rapidamente que os judeus, de quem se fala a propósito de muitos assuntos, senão fora de propósito, na maioria das vezes são invocados para a demonstração de uma tese, e percebe-se que as necessidades da demonstração levam, na maioria dos casos, a falar mal deles.

Curiosamente, a exceção de maior boa vontade é fornecida pelo verbete onde menos se esperaria achá-la: no longo artigo sobre "usura". Para seu autor, o economista Faiguet, tratava-se de demonstrar o absurdo da proibição do empréstimo a juros. Mais do que criticar abertamente os mandamentos antiusurários da *Bíblia*, preferiu extrair argumentos da diferença de tempos e costumes, e foi assim que foi levado a descrever os judeus da Antigüidade sob cores idílicas:

> Essa simplicidade de costumes opõe-se a nosso fausto (...). Em vez de conhecermos apenas a amizade, nós, infinitamente distanciados dessa igualdade preciosa que torna os deveres da humanidade tão caros e tão prementes, nós, escravos do costume e da opinião, sujeitos portanto a mil necessidades arbitrárias, nós emprestamos constantemente grandes somas e normalmente por motivos de cupidez ainda mais do que para verdadeiras necessidades.
>
> Segue-se, dessas diferenças, que a prática do empréstimo gratuito era de uma obrigação mais estrita para os hebreus do que para nós, e podemos acrescentar que, vista a influência da legislação nos costumes, essa prática era para eles muito mais natural e mais fácil, tanto mais que suas leis e sua polícia mantinham entre eles um certo espírito de união e de fraternidade que não se tem mais visto entre os outros povos. Tais leis, com efeito, respiravam mais a doçura e a igualdade que devem reinar em uma grande família do que o ar de dominação e de superioridade que parece necessário num grande Estado...[115]

---

115. No fim de seu artigo, Faiguet não deixa de mencionar as usuras medievais, mas o faz em duas linhas: "... nesse caso, é preciso entender sempre um negócio iníquo, prejudicial ao público e aos particulares, assim como outrora o praticaram na França os italianos e os judeus(...) numa palavra, a usura dos judeus e dos lombardos, que naquele tempo engordavam com a miséria da França..."

Mas é a essa mesma aspiração de reformar a ordem existente das coisas que convém atribuir, em última análise, a peroração irônica do verbete "hebraico (língua)":

> Não cabe a nós, cegos mortais, questionar a Providência; por que não lhe perguntamos também por que a ela só aprouve falar aos judeus através de parábolas: por que ela lhes deu olhos a fim de que eles não vissem nada e orelhas a fim de que não ouvissem nada e por que, de todas as nações da Antigüidade, ela escolheu especialmente aquela cuja cabeça era a mais dura e a mais grosseira? É aqui que é preciso calar-se, orgulhosa razão; aquele que permitiu que a nação favorita se perdesse é o mesmo que permitiu que o primeiro homem se perdesse e ninguém pode ver nisso mais do que a sabedoria eterna...

Ou esta "queda" literária do verbete "cabala" (Abade Pastré):

> "Depois de ler este artigo e vários outros, poderemos dizer estes versos dos *Plaideurs*: 'Que de fous! je ne fus jamais à telle fête!'"*

Vejamos os dois verbetes "judaísmo" e "judeus", isto é, aqueles onde os judeus não são mais meras testemunhas, mas constituem o fundo do debate. São exposições breves que se pode chamar de objetivas. A primeira foi atribuída, erradamente segundo todas as aparências, a Diderot[116]. Eis a conclusão:

> Os judeus hoje são tolerados na França, na Alemanha, na Polônia, na Holanda, na Inglaterra, em Roma, em Veneza, mediante tributos que pagam aos príncipes. Também estão muito espalhados pelo Oriente. Mas a Inquisição não os tolera na Espanha nem em Portugal. (Ver "judeus".)

O segundo verbete é assinado pelo Cavalheiro de Jaucourt, braço direito de Diderot. Ele se inspirou visivelmente em Montesquieu e conclui da seguinte maneira:

> ... A partir desse tempo, os príncipes abriram os olhos para seus próprios interesses e trataram os judeus com mais moderação. Sentiu-se, em alguns lugares do Norte e do Sul, que não se podia dispensar o auxílio deles. Mas, sem falar do Grão-duque da Toscana, a Holanda e a Inglaterra, animadas pelos mais nobres princípios, deram-lhes toda a suavidade possível, sob a proteção invariável de seu governo. Assim, espalhados nos dias de hoje com mais segurança do que jamais tiveram em todos os países da Europa onde reina o comércio, eles se tornaram os instrumentos pelos quais as nações mais longínquas podem conversar e corresponder-se entre si... A Espanha viu-se muito mal por tê-los expulsado, bem como a França por ter perseguido súditos cuja crença diferia em alguns pontos daquela do príncipe. O amor da religião cristã consiste em sua prática: e essa prática não respira senão suavidade, humanidade, caridade (D.J.).

---

* Aproximadamente: "Quantos loucos! jamais estive nessa festa!" (N. do T.)

116. Esse verbete foi atribuído a Diderot por Assézat e consta em sua edição clássica das *Oeuvres complètes*, mas, segundo Jacques Proust, a atribuição é falsa (cf. *Diderot et l'Encyclopédie* cit, ano II, p. 536).

Mas, tratando da *medicina*, o mesmo Jaucourt ergue-se contra os judeus em nome da medicina somática nascente, desconfiada das curas pelo espírito:

> Os antigos hebreus, estúpidos, supersticiosos, separados dos outros povos, ignorantes no estudo da física, incapazes de recorrer às causas naturais, atribuíam todas as suas doenças aos maus espíritos (. . .), numa palavra, a ignorância que tinham da *medicina* fazia com que eles se dirigissem aos adivinhos, aos mágicos, aos encantadores, ou finalmente aos profetas. Na própria época em que nosso Senhor veio à Palestina, parece que os judeus não estavam mais esclarecidos do que antes. . .

Ainda Jaucourt, no verbete "menstrual", apraz-se em comparar as mulheres judias, com seu pavor pela sujeira e suas observâncias absurdas, às negras da Costa do Ouro e do reino do Congo. No verbete "Padres da Igreja", esse "faz-tudo" da *Enciclopédia* não deixa de lembrar a imoralidade do patriarca Abraão, o que lhe permite melhor criticar São João Crisóstomo e Santo Agostinho. Outros autores, tratando de temas bem diferentes (por exemplo, geografia ou astronomia), negavam todo mérito a Moisés, que não teria feito mais do que seguir a escola dos egípcios; de um modo geral, os enciclopedistas tiveram tendências para glorificar a história do Egito a fim de rebaixar melhor a história sacra dos judeus. No verbete "economia política", é de um modo mais tradicional, se se pode dizer assim, que seu autor, Nicolas Boulanger, criticava a "superstição judaica":

> O monarca, entre os judeus endurecidos e entre todas as outras nações, era menos considerado como um pai e um Deus da paz do que como um anjo exterminador. O móvel da teocracia teria sido, pois, o temor: também o foi do despotismo: o Deus dos citas era representado por uma espada. O verdadeiro Deus dos hebreus também era obrigado, por causa do caráter deles, a ameaçá-los perpetuamente (. . .). A superstição judaica que havia imaginado que não podia pronunciar o nome terrível de Jeová, que era o grande nome de seu monarca, nos transmitiu por aí uma das etiquetas dessa teocracia primitiva. . .

Mas essas flechas ou essas críticas, por ocasião das quais o denegrimento dos judeus não servia, na maioria das vezes, senão como anteparo a ataques bem diferentes, são bem pouca coisa ao lado do grande artigo "Messias", devido a um discípulo de Voltaire, o pastor Polier de Bottens. O artigo foi encomendado pelo próprio mestre, que forneceu o plano e, depois, retocou-o de punho próprio[117]; nele, reconhece-se bem sua maneira, que consiste em alimentar-se longamente da ignomínia dos judeus, o que permite, de passagem, ridicularizar a Igreja estabelecida, sob a aparência de defendê-la:

---

117. Para detalhes sobre a colaboração de Voltaire na *Enciclopédia*, ver R. NAVES, *Voltaire et l'Encyclopédie*, Paris, 1938; sobre o verbete "Messias", cf. pp. 27-32 e o Apêndice IV.

Os judeus, revoltados contra a divindade de Jesus Cristo, recorreram a todos os tipos de caminho para invalidar e destruir esse grande mistério, dogma fundamental da fé cristã; eles desviam o sentido de seus próprios oráculos, ou não os aplicam ao Messias (...). Todos esses sofismas, todas essas reflexões críticas em nada impediram a Igreja de acreditar na voz celeste e sobrenatural que apresentou à humanidade o *Messias* Jesus Cristo como *o filho de Deus, objeto particular da dileção do Altíssimo e de acreditar que nele habitava corporalmente toda plenitude de divindade.*

Se os judeus contestaram a qualidade de *Messias* e a divindade de Jesus Cristo, tampouco nada negligenciaram para torná-lo desprezível, para lançar sobre seu nascimento, sua vida e sua morte, todo o ridículo e todo opróbrio que pôde imaginar seu cruel encarniçamento contra esse divino Salvador e sua celeste doutrina; mas, dentre todas as obras produzidas pela cegueira dos judeus, sem dúvida alguma não existe nenhuma mais odiosa e mais extravagante do que o livro intitulado *Sepher Toldos Jeschut,* tirado da poeira pelo Sr. Wagenseil no segundo tomo de sua obra intitulada *Tela Ignea,* etc.

(Segue-se um longo resumo do *Toldoth Iechuth,* um escrito blasfematório que circulava nos guetos; provavelmente, data dos primeiros séculos da era cristã. Nele, Jesus é descrito como filho de uma mulher de má vida e um legionário romano; sua biografia aparecia ornada de muitos detalhes obscenos. Devidamente atribuído aos judeus e acompanhado de invectivas referentes a eles, o panfleto podia passar pela censura e fazer as delícias dos inimigos da Igreja. Nesse caso, o pastor Polier parece ter sido um instrumento inconsciente nas mãos de Voltaire. Um procedimento semelhante foi empregado em 1770 pela "sinagoga holbáchica" — que será vista mais adiante — publicando o tratado anticristão *Israel vengé...* (*Israel vingado...*) do marrano Orobio de Castro.)

... Contudo, é graças a todas essas odiosas calúnias que os judeus se mantinham em seu ódio implacável contra os cristãos e contra o Evangelho; nada negligenciaram para alterar a cronologia do Velho Testamento e difundir dúvidas e dificuldades sobre a época da vinda de nosso Salvador; tudo anuncia sua teimosia e sua má fé...

Pode-se ver que se fala bastante dos judeus na *Enciclopédia* e que, nela, se encontra, a seu respeito, uma grande variedade de opiniões e de juízos. Mas o que não se pode encontrar, em suas vinte mil páginas *in-folio,* é uma mostra de belos sentimentos tais como gozavam os guebros, cuja descrição, contudo, poderia facilmente ser aplicada aos filhos de Israel modificando-se alguns termos ou nomes próprios. Eis o elogio dos guebros, de seus costumes, de seu culto e até de seus messias, por Nicolas Boulanger:

Povo errante e espalhado por várias regiões da Pérsia e das Índias. É o triste resto da antiga monarquia dos persas, que os califas árabes armados pela religião destruíram no século VII, para fazer com que o deus de Maomé reinasse no lugar do deus de Zoroastro, a doutrina dos magos e o culto do fogo. Eles permanecem como para servir de monumento a uma das mais antigas religiões do mundo.

Embora exista muita superstição e ainda mais ignorância entre os guebros, os viajantes são bastante unânimes para nos dar uma idéia que nos interessa quanto a seu destino. Pobres e simples em seus hábitos, doces e humildes em suas maneiras, tolerantes, caridosos e laboriosos, não existem mendigos entre eles, mas são todos artesãos, trabalhadores e grandes agricultores (...).

Embora tenham motivos para odiar particularmente os maometanos, eles sempre atribuíram à Providência a tarefa de punir esses cruéis usurpadores; e consolam-se por uma tradição muito antiga com que alimentam seus filhos, que sua religião voltará a preponderar um dia e será professada por todos os povos do mundo: a esse artigo de sua fé, também acrescentam essa espera vaga e indeterminada, que se pode encontrar entre tantos outros povos, por personagens ilustres e famosas que devem vir no final dos tempos para tornar os homens felizes e prepará-los para a grande renovação (...).

De resto, os guebros não têm nenhum ídolo ou imagem, e possivelmente são o único povo da terra que jamais os tiveram (...).

Povos que têm um culto tão simples e dogmas tão pacíficos sem dúvida alguma não deveriam ter sido objeto do ódio e do desprezo dos maometanos; mas estes não apenas os detestam, eles ainda os acusaram em todos os tempos de idolatria, de impiedade, de ateísmo e dos crimes mais infames. Todas as religiões perseguidas e obrigadas a manter em segredo suas assembléias sofreram, da parte das outras seitas, calúnias e injúrias desse gênero...

6. A "SINAGOGA HOLBÁCHICA"

Desde o começo do século XVIII, muitos manuscritos anti-religiosos circulavam na França, multiplicados por copistas, alguns dos quais haviam se especializado nessa atividade. Segundo Wade, o erudito que mais estudou essa literatura clandestina, ela traz, na maioria dos casos, a marca das idéias de Baruch Spinoza (notadamente, de seu *Tratado Teológico-Político*), e sabe-se que, de fato, esse nome judeu tornou-se o símbolo de toda propaganda atéia "spinozista" (dizia-se que o *Tratado* "tinha sido feito no inferno por um judeu renegado"[118]).

Um dos escritos mais notáveis desse tipo é a *Lettre de Thrasybule à Leucippe*. Seu autor, o erudito Nicolas Fréret, secretário da Academia de Inscrições e Belas-Letras, nele faz com que o filósofo Thrasybule descreva as bizarras superstições das "seitas" judia e cristã, que ele compara entre si. Depois de ter falado com seu correspondente das idéias cristãs sobre o Cristo-Messias, Thrasybule opõe a elas as opiniões judaicas:

... Os judeus, pelo contrário, sustentam que todas as profecias sobre esse homem, que deve elevar de novo sua nação, não podem ser tomadas senão alegoricamente. Dizem que ele será um rei poderoso, que os reunirá e que restabelecerá seu império e o estenderá por sobre todas as nações. E é preciso admitir, de fato, que seus livros não nos dão outra idéia e que neles não se pode encontrar nada que favoreça a explicação dos cristãos.

118. IRA O. WADE, *The Cladestine Organisation and Diffusion of Philosophic Ideas in France from 1700 to 1750*, Princeton, 1938. "A maior influência singular exercida sobre os escritores do período é a de Spinoza, tão grande é sua influência que se fica tentado a ver, no movimento inteiro, uma gigantesca manifestação de spinozismo triunfando sobre todas as outras formas de pensamento" (Conclusão, p. 269).

Fréret, portanto, baseia-se nos livros judeus para mostrar o erro dos cristãos. Esses livros, prossegue ele, continuam sendo o fundamento da verdade cristã; destruam a seita judaica, e o cristianismo irá desmoronar como um castelo de cartas:

> *A seita destes depende da verdade da dos judeus, sobre a qual ela está inteiramente baseada; assim, bastaria destruir aquela para ser dispensável falar desta: mas, por si mesma, ela está destituída de provas suficientes,* não temos nenhum livro desse Cristo; e, embora seus discípulos tenham escrito vários, há alguns que só falam por ouvir dizer...[119].

Tem-se amiúde observado que, para os polemistas anti-religiosos do passado, o judaísmo constituía um alvo cômodo na medida em que podia ser vilipendiado sem perigo. O escrito de Fréret não sugere que, além das razões táticas, as campanhas antijudias dos "spinozistas" e outros ateus eram determinadas por uma necessidade interna de debate? Que se pense também na imagem pauliniana: "Não és tu que sustentas a raiz, mas a raiz a ti" (*Epístola aos Romanos,* XI, 18).

Mas essa é uma questão para os teólogos.

A *Lettre de Thrasybule à Leucippe* é um escrito de grande força dialética, uma demonstração fria onde toda paixão parece estar ausente. Bem diferente em tom é *La Moïsade,* do mesmo Fréret, um panfleto que parece tirar da *Lettre* suas conclusões lógicas, pois termina com imprecações contra Moisés e seus guardiães:

> Morre, Moisés, morre, tirano destruidor! Que o céu te esmague com seus raios vingadores! Que a terra, irritada como o céu, por tua perfídia e tua crueldade, abra-se sob teus passos criminosos e te engula, monstro abominável (...). E vós, povo furioso e insensato, homens vis e grosseiros, dignos escravos do jugo que levais... ide, retomai vossos livros; e afastai-vos de mim![120]

Rival e contemporâneo de Fréret, Jean-Baptiste de Mirabaud, o secretário perpétuo da Academia Francesa, redigia também sob o manto dos escritos anti-religiosos. Assim, compôs três "Opiniões" que podem ser consideradas como várias partes sucessivas de um único tratado. Suas *Opinions des anciens sur la nature de l'âme* não têm qualquer relação com nosso assunto; suas *Opinions des anciens sur le monde...* apresentam uma relação na medida em que, ali, ele polemizava contra o relato bíblico da criação; suas *Opinions des anciens sur les juifs...* relacionam-se a nós de modo mais estrito, pois, nelas, queria demonstrar "que o desprezo em que caiu a nação judia é anterior à maldição de Jesus-Cristo":

> Vereis, portanto, que muito tempo antes de ser lançada essa maldição, que hoje é considerada como a causa de sua miséria, eles eram igualmente odiados e

---

119. *Lettre de Thrasybule à Leucippe, Oeuvres complètes* de FRÉRET, Paris, ano VII, t. XX, p. 99 (grifo nosso, L.P.).

120. *La Moïsade, Oeuvres complètes, op. cit.,* t. XX, p. 257.

geralmente desprezados em todos os países que os conheciam: depois do que admitireis que só se faz menção deles nos livros antigos por ocasião desse desprezo e em relação à aversão geral que se tinha por eles...[121]

Essa é a tese de Mirabaud, que ele demonstra com grande reforço de erudição, por meio dos autores gregos e latinos conhecidos em sua época. Seu lema é que:

> Não apenas todas as nações desprezavam os judeus; elas chegavam mesmo a odiá-los, e achava-se que se tinha o mesmo fundamento para odiá-los e para desprezá-los. Eram odiados porque se sabia que eles odiavam os outros homens; e eram desprezados porque eram vistos observando costumes que eram considerados ridículos[122].

De um modo mais preciso:

> Embora sua circuncisão, seu *schabat*, seus jejuns e suas lúgubres cerimônias fizessem com que a nação judia fosse desprezada, nada atraía tanto o insulto e o desprezo dos homens quanto essa credulidade ridícula de que os pagãos os acusavam[123].

Como filósofo esclarecido, Mirabaud observa a seguir que as perseguições de que os judeus são objeto só fazem prendê-los mais firmemente a suas superstições e ele os compara, sob esse ponto de vista, aos primeiros mártires cristãos. Nem por isso sua demonstração deixa de conter o germe dos argumentos dos futuros "racistas", pois ela extrapola no tempo a ignomínia dos filhos de Israel, que, por isso, parece tornar-se permanente e irremediável.

É inútil perguntar por que, para fins de sua propaganda anticlerical, gente como Fréret ou Mirabaud dava preferência a argumentos antijudeus, argumentos deixados de lado por outros espíritos fortes. Da mesma forma, sem dúvida alguma jamais se saberá por que o principal centro dessa propaganda em Paris, na segunda metade do século, recebeu o apelido de *a sinagoga da rue Royale*[124].

Era nesse endereço que um barão alemão rico e culto, Paul Henri d'Holbach, mantinha as portas sempre abertas e dava, duas vezes por semana, "jantares filosóficos". Esse anfitrião devia ter uma personalidade singularmente forte. Diderot um de seus comensais, deixou dele um retrato curioso: "Ele tem originalidade no tom e nas idéias. Imaginai um sátiro alegre, picante, indecente e nervoso, em meio de um grupo de figuras castas, indolentes e delicadas. Era assim que ele aparecia entre

---

121. *Lettre à M.****sur les Juifs, où il est prouvé que le mépris dans lequel la nation juive est tombée, est antérieur à la malédiction de Jésus-Christ...* Dissertações variadas sobre diversos assuntos (de J.-B. MIRABAUD), Amsterdam, 1740, t. I, p. 164.

122. *Idem*, p. 171.

123. *Idem*, p. 185

124. O termo figura nos relatórios da época. Assim, o suíço Meister chamava a casa de Holbach de "uma das mais doces hospedarias dos iniciados da *Enciclopédia* e sua sinagoga mais célebre" (Cf. RENÉ HUBERT, *D'Holbach et ses amis*, Paris, 1928, especialmente a p. 49).

nós..."¹²⁵ Contudo, por trás do faustuoso anfitrião da "sinagoga", escondia-se um discreto e metódico apóstolo da propaganda atéia, que ele fez passar do estado artesanal ao estado industrial, fazendo imprimir em Londres ou em Amsterdam os manuscritos que circulavam debaixo do pano e acrescentando escritos de sua própria fabricação.

Desse modo, o Barão d'Holbach mandou publicar, entre 1760 e 1775, mais de cinqüenta obras¹²⁶, sob nomes falsos ou anonimamente e cuja atribuição de autoria nem sempre é fácil. Uma delas, o ambicioso *Système de la nature*, é indubitavelmente dele: arauto da burguesia ascendente, proclama seus grandes princípios sob o lema *Liberté, propriété, sûrété* ("Liberdade, Propriedade, Segurança")¹²⁷, e professa ali um materialismo radical: um materialismo justificado pragmaticamente pelas grandiosas conquistas de uma ciência que não apreendia senão uma matéria tangível e mensurável, mas também um materialismo que, declarando guerra ao espiritualismo da Igreja, constituía-se dialeticamente em função deste e procurava substituí-lo por uma outra verdade imutável e absoluta.

É difícil (e alguns poderão achar muito discutível) estabelecer em que medida a nova filosofia, em seu passo imperialista, estava modelada sobre a teologia, ao mesmo tempo que ocupava um lugar oposto. O problema torna-se mais simples quando essa filosofia traz os mesmos juízos de valor que seu inimigo, contentando-se com renovar os argumentos. Não é fácil desembaraçar-se do universo mental antigo, e essa continuidade pode ser encontrada em muitos setores, especialmente no da moral¹²⁸; os judeus foram os primeiros a padecer disso. Nada testemunha melhor esse fato do que as obras propagadas por d'Holbach: pois, lançando mão de todos os meios, esse incansável propagandista mostrou ser muito eclético em sua escolha. De fato, seu registro vai desde *Israël vengé ou Exposition naturelle des prophéties que les chrétiens appliquent à Jésus, leur prétendu Messie* ("Israel vingado ou Exposição natural das profecias que os cristãos aplicam a Jesus, seu pretenso Messias") do talmudista Orobio de Castro¹²⁹, ao *L'Esprit du judaïsme*

---

125. Citado por PIERRE NAVILLE, *D'Holbach*, Paris, 1942, p. 49.

126. *Idem*; ver a bibliografia levantada por M. NAVILLE, pp. 405-420.

127. Cf. o Cap. IX do *Code de la nature* de d'HOLBACH.

128. Ver, por exemplo, a sociedade utópica que Diderot descreve em seu *Suplément au voyage de Bougainville*. Ali, os cruéis vínculos do casamento monogâmico são rompidos, ao mesmo tempo que são suprimidas as proibições do adultério e do incesto: homens e mulheres mudam de parceiro "todas as luas". Mas são excluídas dos prazeres do amor as mulheres estéreis (temporária ou definitivamente) e as que os homens disputam entre si são as "Vênus fecundas", aquelas que prometem "um aumento de fortuna para a cabana e de força para a nação"; ou seja, a finalidade do ato sexual permanece a mesma que a da Igreja. Pode-se citar muitos outros exemplos extraídos das utopias do século XVIII: em geral elas são caracterizadas por uma regulamentação que invade tudo, especialmente a vida sexual que reivindica uma natureza que legisla em lugar de Deus. Sobre esse assunto, cf. JEAN ERHARD, *L'idée de nature en France dans la première moitié du XVIIIᵉ siècle*, Paris, 1963, t. II, pp. 768 e ss.

129. O procedimento que consistia em atacar a Igreja com a ajuda dos argu-

ou examen raisonné de la loi de Moïse... ("Espírito do judaísmo ou exame racional da lei de Moisés"...) que atribuía ao deísta inglês Anthony Collins e cujo autor verdadeiro não se sabe quem foi. Nesta obra pode-se encontrar de novo os mesmos argumentos de Fréret:

> É evidente que o cristianismo não passa de um judaísmo reformado. A revelação feita a Moisés serve como fundamento àquela que, depois foi feita por Jesus Cristo: este declarou constantemente que não tinha vindo para destruir, mas para realizar a lei desse legislador dos hebreus. Todo o Novo Testamento está, portanto, baseado no Antigo. Numa palavra, está claro que a religião judaica é a verdadeira base da religião cristã...

Quanto ao povo judeu:

> Esse povo unicamente querido por um Deus imutável tornou-se muito fraco e muito miserável. Vítima em todos os tempos de seu fanatismo, de sua religião insociável, de sua lei insensata, agora está disperso por todas as nações, para as quais ele é um monumento duradouro dos efeitos terríveis da cegueira supersticiosa...

Pode-se reconhecer a grande idéia deísta do povo-testemunha do erro do cristianismo revelado. Em conclusão, nosso autor exorta seus contemporâneos a desviar os olhos desse miserável "monumento", desses "asiáticos covardes e degradados"...

> Ousa, então, enfim, Europa, sacudir o jugo insuportável dos preconceitos que te afligem! Deixa a hebreus estúpidos, a frenéticos imbecis, a asiáticos covardes

mentos dos judeus não era novo e, no século XVIII, o exemplo fora dado por John Toland; ver mais adiante, p. 140. Um tratado de ANACHARSIS CLOOTS, publicado em Londres em 1780, *La certitude des preuves du mahométisme*, retoma o processo sob a aparência de uma apologia do Islã.   Pode-se ler especialmente na longa nota das pp. 76-85:

"O povo de Deus tem todos os preconceitos sobre ele: uma lei pura e santa, emanada da confissão de seus adversários, do Todo-Poderoso, cuja vontade é imutável: livros inspirados pelo Ser Supremo, que não fazem nenhuma menção da futura destruição do mais antigo culto do universo; esses livros estão, pelo contrário, recheados com palavras elogiosas que lhes prometem duração eterna. Numa palavra, o judeu possui sozinho todas as vantagens da *Tradição*; as objeções dos cristãos e dos maometanos desfazem-se em pó quando o rabino toma as armas da fulminante *Tradição*. Todas as interpretações da Bíblia dos Doutores cristãos e muçulmanos, todos os milagres que elas atribuem a *Jesus* e a *Maomé*, as profecias que são aplicadas a eles, são quimeras, devaneios, contos absurdos, quando a *Tradição* da Igreja judaica se faz ouvir; é uma cadeia inquebrável, um tecido que nada pode romper. Pode-se bem imaginar que ela é ainda mais terrível contra os nazarenos do que contra os islamitas por causa do lugar onde a farsa pretensamente evangélica foi representada. Ao disputar contra essas duas seitas, um judeu que tenha apenas uma capacidade muito medíocre sai-se bem com facilidade. Lanço-me, diz ele, sobre nossa Tradição; sirvo-me dos mesmos argumentos e das mesmas armas de que se servem contra os adversários que têm dentro de suas próprias crenças. Eles não podem me recusar uma coisa da qual eles mesmos tiram tantas vantagens e à qual atribuem tanta autoridade! Assim eu me sirvo de nossa tradição como de uma fortaleza inexpugnável: oponho a autoridade dos Rabinos à dos Pontífices ou dos Muftis e o Talmud aos livros de seus primeiros Doutores..."

e degradados, essas superstições tão aviltantes quanto insensatas; elas não são feitas para os habitantes do teu clima... fecha para sempre os olhos a essas vãs quimeras, que há séculos não têm servido mais do que para retardar o progresso para a ciência verdadeira e para desviar-te do caminho da felicidade!

Outras entonações lembrarm ainda mais a propaganda anti-semita do século XX e, especificamente, a propaganda nazista de "alto nível":

> É preciso admitir, com efeito, que os judeus, mesmo perecendo com isso, vingaram-se bem dos romanos, seus conquistadores. Das ruínas de seu país saiu uma seita fanática que pouco a pouco infestou todo o Império...

Era assim o *L'esprit du judaïsme*[130]. É evidente que tal saraivada nem sempre era tão densa. Sua violência variava, em d'Holbach, segundo as obras. Assim, *La contagion sacrée*... ("O Contágio Sagrado..."), atribuído ao inglês Trenchard, limita-se às imprecações clássicas contra "o deus terrível dos hebreus (...), um Deus de sangue; é pelo sangue que ele quer ser apaziguado; é por rios de sangue que é preciso derramar seu furor; é pela crueldade que é precico testemunhar-lhe o zelo de cada um ...", etc. *Le christianisme dévoilé*... ("O Cristianismo Desvelado...") devido ao enciclopedista Nicolas Boulanger, põe em causa o povo desse Deus, "povo mais ignorante, mais estúpido, mais abjeto, cujo testemunho não tem qualquer peso para mim (...). Os judeus permanecem dispersos porque são insociáveis, intolerantes, cegamente apegados a suas superstições..." Mas saraivadas desse gênero são lançadas em quase todas as obras, sejam quais forem seus verdadeiros autores. Especialmente no famoso *Tableau des saints*... ("Quadro dos Santos..."), provavelmente devido ao próprio d'Holbach e onde ele copiava escrupulosamente os grandes tratados cristãos de polêmica antitalmúdica[131]:

> Quanto à verdadeira moral, ela é tão perfeitamente ignorada tanto pelos judeus modernos quanto pelos antigos. Não são nem mais honestos nem mais justos do que seus ancestrais em relação aos estrangeiros. Sempre acreditam que tudo é permitido contra os infiéis e os hereges... Doutores judeus disseram, sem rodeios, que, se um judeu ver um infiel prestes a perecer ou a se afogar, não deve salvá-lo ou retirá-lo da água, embora não lhe seja permitido matá-lo quando não estiver guerreando contra os israelitas... não é permitido tratar um infiel que estiver doente, nem mesmo por dinheiro, a menos que se tema que ele venha a fazer algum mal aos israelitas se se recusar...
>
> Em geral, parece, pelo comportamento dos judeus modernos, que, da mesma forma que seus antepassados, não acreditam estar obrigados a qualquer

---

130. *L'esprit du judaïsme ou Examen raisonné de la loi de Moïse et de son influence sur la religion chrétienne*, traduzido do inglês de Collins pelo Barão d'Holbach, Londres, 1770. Mas não é uma obra de Collins, que jamais publicou nada parecido. Talvez o verdadeiro autor seja o próprio d'Holbach? Para as citaçõos acima, ver as pp. 10, 167, 170 e 201.

131. Segundo *D'Holbach, textes choisis*, publicado por P. CHARBONNEL, Paris, 1957, t. I, pp. 108, 115, 172.

dever em relação àqueles que não são de sua santa nação. São célebres por suas fraudes e sua má fé no comércio, e há fundamentos para crer que, se fossem mais fortes, iriam renovar em muitas das ocasiões, as tragédias de que sua região outrora foi teatro contínuo...

Contudo, o otimista barão não duvida de que existam *bons* judeus, aqueles que espezinham a lei de Moisés:

Se, como não se pode duvidar, encontram-se entre eles pessoas honestas e virtuosas, é porque elas derrogam os princípios de uma lei visivelmente calculada para tornar os homens insociáveis e malfazejos, efeito que deveriam produzir a Bíblia e os santos que ela propõe como modelo. Ao considerar um livro desses como sendo inspirado divinamente e como contendo as regras de comportamento, não se pode fazer outra coisa senão tornar-se injusto, sem fé, sem honra, sem piedade, numa palavra, um homem completamente sem moral[132].

Portanto, se, para os ateus da escola holbáchica, o nome judeu é reprovado para todo o sempre, aos que levam esse nome resta o recurso de escapar de seu opróbrio abandonando sua fé. Os pregadores cristãos não diziam outra coisa, e, nesse campo, os cruzados da irreligião nada inovavam.

Pode-se ver que o barão não era "racista" no sentido contemporâneo do termo. Mas também se pode ver que, sem que o conceito esteja claramente elaborado, uma suspeita global era alimentada pelo pensamento da época em relação ao povo judeu, vítima dócil demais de suas superstições arcaicas. Também nesse ponto tal pensamento parece estar calcado no pensamento cristão: se o judeu individual é corrigível, é pelo efeito de uma espécie de graça filosófica (aquela que Voltaire almejava para Isaac Pinto).

Na mesma época, os primeiros fundamentos das futuras teorias racistas eram lançados por homens bem diferentes, por missionários da ciência e do progresso operando num campo bem diferente. Isso será visto no capítulo seguinte.

Hoje em dia, d'Holbach sai de seu anonimato e ascende à glória póstuma, graças principalmente às pesquisas de autores marxistas. Na União Soviética, suas principais publicações são reeditadas regularmente desde 1924. Seu editor francês mais recente louva seu "grande esforço de crítica racionalista [que] destruiu em sua fonte o direito divino dos feudais e de seu monarca, abalou a própria estrutura de sua sociedade feudal."[133]. A maioria de seus comentadores modernos silencia sobre a propaganda antijudia da "sinagoga"; outros a assinalam para dizer — como faz o editor mencionado acima — que "essa atitude na época foi progressista. Seria um grave erro confundi-la com o anti-semitismo e o racismo bárbaro dos fascistas do século XX"[134]. Mas não há bom

---

132 *Tableau des saints ou Examen de l'esprit, de la conduite, des maximes et du mérite des personnages que le christianisme révère et propose pour modèle* ("Quadro dos Santos ou Exame do espírito, do comportamento, das máximas e do mérito das personagens que o cristianismo venera e propõe como modelo"), Londres, 1770, pp. 90-92.

133. P. CHARBONNEL, em *D'Holbach, textes choisis, op. cit.*, p. 80.

134. *Idem*, p. 106, nota 1.

fundamento para crer que existe alguma relação entre uns e outros já que, desde o começo, a cruzada dos ateus tomou os judeus como seu alvo de eleição?

7. OS CONSTRUTORES DE SISTEMAS

> *Enfim, gostaria que as distinções que foram estabelecidas entre as diferentes espécies por um zelo louvável pela ciência não tivessem ultrapassado limites prudentes. Alguns, por exemplo, julgaram que era conveniente empregar o termo raça para designar quatro ou cinco divisões, cuja primeira idéia foi dada pela cor dos povos, sem que eu possa ver a razão dessa denominação...*
> (J.G. HERDER, *Idées sur la philosophie de l'histoire de l'humanité*, trad. Edgar Quinet, Paris, 1827, livro VII, Cap. 1.).

No século XX, o racismo tornou-se um problema político, um dos mais graves problemas mundiais de nosso tempo. No século anterior, ele era, acima de tudo, uma doutrina científica difundida por todo o Ocidente, professada nas universidades e tendo reflexos até no ensino primário; ele se tornava um fator histórico, na medida em que o são as crenças dogmatizadas. Mas de onde tira sua origem? *"Fecit cui prodest"*: hoje em dia, na maioria das vezes vê-se nele a arma ideológica da burguesia ocidental, destinada a justificar o tráfico de negros e as rapinas coloniais, e é certo que essa interpretação contém uma grande dose de verdade.

Mas, assim como os mercadores de canhões não criaram o patriotismo, o racismo repousava outrora em convicções sinceras, dando origem a uma doutrina que se constituiu ao mesmo tempo que as ciências humanas, das quais fazia parte integrante; se foi um sistema de fé, essa fé inicialmente foi dos cientistas. Hoje em dia, tal apadrinhamento não é quase confessado, e os historiadores das idéias e da ciência abandonam esse campo, no qual, mais do que em qualquer outro, a ciência do Século das Luzes foi a serva da filosofia, progredindo a golpes de postulados que repousavam em juízos de valor; um emaranhado assim não é fácil de desembaraçar, especialmente quando se quer traçar o limite entre o novo sentido da dignidade humana e o orgulho do homem branco do Ocidente. Para chegar a isso, em primeiro lugar é preciso tomar o cuidado de distinguir entre um sistema conceitual que procura constituir-se em ciência e sentimentos elementares tão velhos quanto a própria humanidade.

Parece que todas as sociedades históricas e todos os grupos humanos tiveram a tendência implícita de se julgarem "superiores" aos outros. É evidente que as raízes afetivas do racismo mergulham nesse orgulho tribal: muitas populações primitivas reservam só para seus membros o título de "homens" e designam seus vizinhos de outro modo. Há tantos deuses quantos grupos de homens; as religiões universais opuseram, a esse pensamento difuso, a concepção da igualdade dos homens perante um Deus único, e, nesse sentido, pode-se dizer que o anti-racismo dogmático precedeu de longe o racismo. Essa barreira de princípios jamais impediu que as pretensões pré-racistas se manifestassem de maneiras muito diversas em todos os lugares. No que se refere à Europa cristã, tratamos em outra obra[135] do fenômeno do racismo ibérico e dos estatutos da "pureza de sangue" que vieram enxertar-se nas pretensões nobiliárquicas a um "sangue" distintivo. Os reis espanhóis eram tidos como sendo de sangue gótico ou visigótico, e essa reminiscência das invasões bárbaras corresponde a um traço singular da história européia: a superestimação do sangue germânico desde os tempos mais remotos. A esse respeito, os primeiros turiferários da "germanidade" se referiam de bom grado a Tácito[136], e poder-se-ia mesmo perguntar se as descrições elogiosas da *Germânia* não exprimiam, à sua maneira, certos traços culturais de velhas tribos de além-Reno; seja como for, quanto a essa questão talvez insolúvel, a partir do século XVIII, os alemães, chamados "germanômanos", cujo número irá crescendo, procuraram conformar-se ao modelo etnográfico esboçado pelo grande historiador romano [137]. De resto, tais pretensões à superioridade biológica podiam alimentar-se das tradições históricas européias bem como da nomenclatura geográfica do Continente, da Lombardia à terra dos Anglos e da Ilha de Gotland à França[138]: foi assim que a aspiração da nobreza francesa a manter seus privilégios impeliu alguns de seus defensores a reivindicar, face à "vilania galo-romana", o nobre sangue dos francos.

---

135. *História do Anti-Semitismo*, vol. II (*De Maomé aos Marranos*).

136. Lembremos as passagens que Tácito dedicou à coragem e à fidelidade dos germanos: "No campo de batalha, é uma vergonha para o chefe ser superado em coragem; é uma vergonha para os companheiros não igualar a coragem do chefe. Mas um opróbrio cujo ferrete jamais se apaga é sobreviver ao chefe e voltar sem ele do combate: defendê-lo, protegê-lo, reportar a sua glória aquilo que a própria pessoa faz de belo é o essencial do juramento deles: os chefes combatem pela vitória, os companheiros pelo chefe..." (*Germânia*, Cap. XIV). Além do culto do chefe, Tácito atribuía aos germanos uma pureza racial sem misturas. "Quanto a mim, coloco-me do lado daqueles que pensam que as tribos germânicas jamais foram alteradas pelo cruzamento com outras nações; que são uma raça pura, sem mistura, e que só se parece consigo mesma. Daí esse exterior idêntico de todos os germanos, por mais numerosos que sejam: olhos ferozes e azuis; cabelos ruivos; corpos de estatura elevada e vigorosos..." (*Germânia*, Cap. IV).

137. Cf. J. RIDÉ, *La fortune singulière du mythe germanique en Allemagne* (*Études germaniques*, XXIV, 4, 1944), onde a popularidade de Tácito na Alemanha é explicada sob a luz das particularidades da história nacional a partir do século XVI.

138. O visionário Michelet fez a seguinte observação: como homem do século XIX, ele concluía que a Alemanha era uma raça, enquanto que a França era uma nação: "A Alemanha deu seus suevos à Suíça e à Suécia, à Espanha seus godos, seus lombardos à Lombardia, seus anglo-saxões à Inglaterra, seus francos à França. Ela nomeou e renovou todas as populações da Europa". (*Introduction à l'histoire universelle*, ed. L. Fèbvre, Paris, 1946, pp. 118-138.)

Mais de um século antes da Gobineau, o Conde Henri de Boulainvilliers pode ser incluído entre os verdadeiros ancestrais do racismo[139]. Essa curiosa personagem pode ser encontrada em muitas encruzilhadas: introdutor de Spinoza na França, figura igualmente entre os fundadores de uma "astrologia científica" negadora, também ela, do livre-arbítrio[140]. No que se refere às questões de raça, a nação francesa, a partir da crônica de Frégédaire, ou seja, a partir do século VIII, supostamente remontaria aos troianos através de Enéias e do Rei "Francion" (basta pensar em *La Franciade* de Ronsard): inovador também nesse ponto, procurou mostrar que ela descendia dos francos, ao mesmo tempo em que limitava tal genealogia à nobreza, com exclusão do Terceiro Estado. "Na origem", escrevia, "os franceses eram todos livres e perfeitamente iguais e independentes... eles só combateram tanto tempo contra os romanos e contra os bárbaros para garantir essa preciosa liberdade que consideravam como o mais caro dos bens (...); após a conquista dos gauleses, foram os únicos a serem reconhecidos como nobres, isto é, como amos e senhores..."[141].

Reconhece-se aí uma certa linguagem que como podemos ver remonta bem longe no tempo. Mais racional do que a genealogia "troiana", a tese de Boulainvilliers também se inscrevia na querela dos antigos e dos modernos, ao mesmo tempo em que refletia a fronda dos nobres contra a política do Rei Sol. Mas é um plebeu que já conhecemos, Nicolas Fréret (um protegido de Boulainvilliers), que a retoma. Numa extensa memória, desenvolvia essas idéias e procurava estabelecer uma espécie de título jurídico às pretensões dos portadores de sangue franco; afirmava especialmente que os gauleses aceitaram pacificamente, e até com alegria no coração, o jugo germânico. "A dominação dos francos," escrevia, "era desejada nas Gálias... a conquista da Gália e o estabelecimento dos francos fizeram-se sem qualquer violência e de um modo agradável aos povos..."[142]. Era o mesmo que dizer que os próprios gauleses tinham admitido sua inferioridade.

Uma tese dessas não deixou de provocar contraditas, e, a seguir, autores como Mably e Sieyès construíram, na mesma base genealógica, sistemas de signos contrários, glorificando o Terceiro Estado; o segundo chegou mesmo a propor, em seu célebre panfleto, mandar os aristo-

---

139. Cf. T. SIMAR, *Étude critique sur la formation de la doctrine des races au XVIIIe siècle et son expansion au XIXe*, Bruxelas, 1922, pp. 22-30; e R. ARON, *Les grandes étapes de la pensée sociologique*, Paris, 1967, pp. 72-73, nota 19.
140. Cf. JEAN EHRARD, *L'idée de la nature en France dans la première moitié du XVIIIe siècle*, Paris, 1963, t. I, pp. 42-44.
141. *Histoire de l'ancien gouvernement de la France...* , do finado Sr. CONDE DE BOULAINVILLIERS, Amsterdam, 1727, t. I, pp. 26 e 36.
142. "De l'origine des Français et de leur établissement dans la Gaule", 1714; *Ouvres complètes* de FRÉRET, Paris, ano VII, pp. 1-227 (p. 208), t. VI, e t. V, pp. 155-367.

cratas de volta "a suas florestas da Francônia"¹⁴³. Qualquer que tenha sido o juízo de valor, o conceito de uma plebe galo-romana opondo-se à nobreza franca, que foi objeto de novas discussões depois da Revolução, permitia indiferentemente escorar o esquema "luta de classes" ou o esquema "luta de raças", fornecer a chave da história universal segundo Marx ou segundo Gobineau — como de fato aconteceu.

Nem Boulainvilliers nem Fréret utilizam ainda o termo *raça*, embora ele já fosse de uso corrente há muito tempo. Os homens que o introduziram em seu sentido genérico atual não tinham alvos políticos e podem ser incluídos acertadamente entre os fundadores das ciências do homem. Contudo, a escolha do termo não deixa de ser significativa.

Como se sabe, a biologia distingue, no seio de uma *espécie*, diferentes *subespécies* ou *variedades*, termos que só são substituídos pelo de raça no caso do homem e dos animais domésticos que o circundam, aqueles aos quais está ligado por um vínculo afetivo; essa anomalia semântica foi salientada por muitos naturalistas e antropólogos[144]. De origem incerta, a palavra raça aparece na Europa desde o século XVI, especialmente no francês corrente, com o sentido de "geração" ou "descendência". Desde o começo, ela implica um juízo de valor: "nobreza de raça" opõe-se a "plebeidade de raça", e a boa raça à raça ruim.

> Race des dieux de France, honneur de l'univers,
> Mon prince, mon Seigneur, le support de mes vers*.
>   (P. DESPORTES, *Angélique*)
> Il fut des Juifs. Il fut une isolente race.
> Répandus sur la terre, ils en couvraient la face**
>   (RACINE, *Esther*, II, 2.)

"Bom cão, caça de raça." Parece que, em sua acepção genérica e erudita, o termo foi aplicado aos animais antes de ser aplicado aos homens. Na França, por volta de 1765, a *Enciclopédia* limita nesse sentido o uso do termo às "espécies particulares de alguns animais, especialmente cavalos"¹⁴⁵. Na Alemanha, por volta de 1785, o

---

143. *Qu'est-ce que le tiers état?* (1789).

144. A começar por Charles Darwin, que observa: "É bastante indiferente que se designe com o nome de raças as diversas variedades humanas ou que se empregue as expressões 'espécies' e 'subespécies', embora esta última expressão pareça ser a mais conveniente". Hoje em dia, certos antropólogos preconizam excluir o termo raça de linguagem científica.

* "Raça dos deuses da França, honra do universo,/Meu príncipe, meu Senhor, o suporte de meus versos." (N. do T.)

** "Houve judeus. Houve uma insolente raça./Espalhados pela terra, eles cobriam sua face." (N. do T.)

145. A *Enciclopédia* dava estas duas definições de *raça*:

Raça (geneal.): extração, extirpe, linhagem; o que se diz tanto dos ascendentes quanto dos descendentes de uma mesma família; quando ela é nobre, essa palavra é sinônimo de bom nascimento... Ver *Naissance*, *Noblesse*, etc.

Raça (Marech.): diz-se das espécies particulares de alguns animais, principalmente dos cavalos...

No verbete "negros", estes são chamados de *variedade* ou de *espécie*; a

filósofo Herder hesita em aplicar "essa palavra ignóbil" (*unedel*) à espécie humana[146]. Esses exemplos sugerem que, aplicada aos homens, a palavra *raça* tendia a revestir-se da mesma tonalidade pejorativa que as de *besta* ou *animal;* nuança de que sobra alguma coisa hoje em dia, conforme nos informam os dicionários[147].

Contudo, desde o começo do século XVIII, um curioso precursor do transformismo, Benoit de Maillet, fala de *raças* humanas, saídas, segundo ele, dos mares[148].

Outro adepto do "poligenismo" precoce, Voltaire marca fortemente a superioridade racial dos europeus, "homens que me parecem superiores aos negros, como esses negros o são em relação aos macacos e como os macacos o são em relação às ostras..."[149].

A seguir, pensadores de espírito mais metódico lançam as bases da futura antropologia, mas a rejeição da cosmogonia bíblica deixa-lhes campo livre para especulações que, na maioria das vezes, são pouco lisonjeiras em relação aos "selvagens". Os juízos de valor assim emitidos padecem da marca do jovem orgulho burguês, característico da sociedade esclarecida da época, e sem dúvida alguma é preciso levar em conta o pensamento materialista do Iluminismo, empenhado em arrancar ao corpo os segredos da alma. Essa continuará sendo a orientação geral da pesquisa antropológica: durante gerações, os cientistas irão esforçar-se para procurar as provas materiais e tangíveis, inscritas no corpo, da

---

palavra *raça* serve, nesse verbete, para designar o gênero humano todo, numa acepção que Maupertuis, em sua *Vénus physique,* dava-lhe já em 1745. No conjunto, a *Enciclopédia* faz um juízo severo dos negros, tanto físico quanto moral:

"Não só sua cor os diferencia, como também eles diferem dos outros homens por todos os traços de seu rosto, narizes largos e chatos, lábios grossos e lã em vez de cabelos, parecendo constituir uma nova espécie de homens. Afastando-nos do equador para o pólo antártico, o negro fica mais claro, mas a feiúra continua: também se pode encontrar esse povo vil que habita a ponta meridional da África..." (*Nègres, Hist. nat.*)

"*Características dos negros em geral.* Embora se encontrem, por acaso, pessoas honestas entre os negros da Guiné (a maioria está eivada de vícios), a maior parte tem tendências para a libertinagem, para a vingança, roubo e mentira. Sua teimosia é tal que jamais admitem seus erros, quaisquer que sejam os castigos que sofram; nem mesmo o medo da morte os comove..." (*Nègres considerès comme esclaves*").

146. Cf. *Ideen zur Philosophie der Geschichte der Menschheit,* IV,5: "Gingen wir wie Bär und Affe auf allen Vieren, so lasset uns nicht zweifeln, dass auch die Menschenrassen (wenn mir das unedle Wort erlaubt ist) ihr eingeschränkteres Vaterland haben und nie verlassen würden".

147. Ver *Littré,* "Race" (...) 5: "Diz-se algumas vezes de uma classe de homens que se assemelham quer pela profissão, quer pelos costumes, quer pelas inclinações; nesse sentido, o termo tem algo de irônico ou mesmo de insultante..." Da mesma forma, o *Dictionnaire de l'Académie française:* "Também se emprega *raça* quando se fala de uma classe de homens que exercem a mesma profissão ou que têm inclinações, costumes, que são comuns a todos; nesse sentido, o termo sempre é empregado negativamente..."

148. *Telliamed ou Entretien d'un philosophie indien avec un missionaire français...,* Amsterdam, 1748 ("Sexto dia").

149. *Traité de métaphysique* (1734); MOLAND, XII, 210. Cf. também *L'essai sur les moeurs,* Cap. CXLVI.

superioridade intelectual e moral do homem branco, não se resignando ao fato de que sua consignação biológica seja igual à do negro e semelhante à do macaco. A rápida difusão da palavra e do conceito de *raça* é muito esclarecedora sob todos esses aspectos.

Seu grande popularizador foi inicialmente Buffon, cuja autoridade universal, no Século das Luzes, só cedia lugar à de Voltaire[150]. Sabe-se que, para o autor da *Histoire naturelle*, a criação era uma pirâmide cujo topo era ocupado pelo homem:

> Tudo marca no homem [escrevia] mesmo no exterior, sua superioridade sobre todos os outros seres vivos; ele se mantém reto e erguido, sua atitude é de comando, sua cabeça olha para o céu e apresenta uma face augusta na qual está impresso o caráter de sua dignidade; a imagem da alma está aí pintada pela fisionomia, a excelência de sua natureza transparece através dos órgãos materiais e anima com um fogo divino os traços de seu rosto; seu porte majestoso, seu andar firme e ousado anunciam sua nobreza e sua categoria...[151]

Mas essa dignidade e essas prerrogativas só eram encontradas plenamente por Buffon no homem branco da Europa, o único a encarnar a pura natureza humana, de que todas as outras raças teriam *degenerado*. Essa concepção, cujo primeiro autor parece ter sido o matemático Maupertuis em sua *Vénus physique*[152], é desenvolvido por Buffon em seu discurso *De la dégénération des animaux*[153]. Partidário da unidade da espécie humana, ele supõe que, ao difundir-se através do globo, o homem sofreu "alterações" de caráter degenerescente:

> ...elas foram ligeiras nas regiões temperadas, que supomos serem vizinhas a seu lugar de origem; mas aumentaram à medida que se afastou desse lugar, e quando... ele quis povoar as areias do sul e os gelos do norte, a mudança tornou-se tão sensível que se poderia crer que o *negro*, o *lapão* e o *branco* formam espécies diferentes, embora só tenha havido um Homem criado...

Buffon chega mesmo a sugerir uma experiência *in vivo* a fim de estabelecer em quantas gerações negros transplantados para a Europa poderiam reintegrar-se na natureza do homem:

> Seria preciso enclausurar esses negros com suas fêmeas e conservar escrupulosamente sua raça sem permitir cruzamentos; esse meio é o único que se pode empregar para saber quanto tempo seria preciso para que eles se reintegrassem, sob

---

150. Em sua velhice, Goethe lembrava da seguinte maneira a influência exercida na Alemanha por Buffon: "No ano em que eu vim ao mundo, o Conde de Buffon publicava o primeiro volume de sua *Histoire naturelle*, que provocou vivo interesse entre os alemães, muito acessíveis naquela época à influência francesa. Os volumes se seguiam de ano em ano, e o interesse de uma sociedade esclarecida coincidia assim com meu crescimento..." (Crítica dos *Principes de philosophie zoologique* de Geoffroy de Saint-Hilaire, 1930).

151. *Histoire naturelle, générale et particulière avec la description du Cabinet du Roy*, t. II ("De l'âge viril", pp. 518-535).

152. "Segunda parte, contendo uma dissertação sobre a origem dos negros" (1745).

153. *Histoire naturelle...*, Paris, 1766, t. XIV, pp. 311-374.

esse aspecto, na natureza do homem, e pela mesma razão, quanto tempo foi preciso para mudar do branco para o preto...

Se a degeneração dos negros torna-os homens inferiores, é aos lapões que Buffon entrega a palma da sub-humanidade. Sua *Histoire naturelle de l'Homme* abre-se com a descrição desses "abortos".

> Não apenas esses povos assemelham-se pela feiúra, pelo tamanho pequeno, pela cor dos cabelos e dos olhos, como também quase todos eles têm as mesmas inclinações e os mesmos costumes, são todos igualmente grosseiros, supersticiosos, estúpidos (...), sem coragem, sem respeito próprio, sem pudor: esse povo abjeto só tem costumes suficientes para ser desprezado[154].

Para sustentar seu raciocínio, Buffon informa a seus leitores que os lapões levam a impudicícia a ponto de tomar banho todos nus, todos juntos, meninos e meninas, mães e filhos, irmãos e irmãs. A seguir dá a entender que a única marca de humanidade dos lapões é saber que são abjetos. De fato, eles têm o costume bizarro de oferecer suas mulheres aos estrangeiros, "o que pode provir do fato de que, conhecendo sua própria deformidade e a feiúra de suas mulheres, aparentemente julgam menos feias aquelas que os estrangeiros não desprezaram"[155]. Em Diderot pode-se encontrar essa relação entre os costumes sexuais dos "selvagens" e a consciência que eles têm de sua inferioridade: ao oferecer suas filhas e mulheres aos europeus, o taitiano comenta: "Mais robustos, mais sadios do que vós, nós percebemos que vós nos superais em inteligência e, de imediato, destinamos algumas de nossas mulheres e de nossas filhas mais velhas para recolher a semente de uma raça melhor do que a nossa"[156].

Essa concepção explica-se, de início, pelo estado das informações da época, e o juízo que Buffon faz dos lapões está de acordo com o que diziam Régnard e Maupertuis em seus relatos de viagem[157]; sobre os negros, que os europeus, como diz Herder, tinham tendências para tomar como o emblema do mal[158], outros viajantes relatavam lendas ainda mais horríveis[159]. Mas essas descrições também refletem, em seu

---

154. *Histoire naturelle...*, Paris, 1749, t. III, pp. 374-375.
155. *Idem*, p. 377.
156. *Supplément au voyage de Bougainville*.
157. *Voyage en Laponie* de J.F. RÉGNARD, ed. Lepage, Paris, 1875; *Relation d'un voyage dans la Laponie septentrionale...*, de MAUPERTUIS, in *Oeuvres de Monsieur de Maupertuis*.
158. *Ideen zur Philosophie der Geschichte...*, op. cit., VI, 4.
159. Também se conhece a voga de que gozava, no século XVIII, o mito do "bom selvagem", cujas virtudes eram propostas como modelo aos europeus. Mas se tratava principalmente de um procedimento de crítica social e as apologias dessa ordem não encontravam a adesão dos precursores e fundadores da antropologia. Pode-se crer que a necessária fé em sua ciência implicava num preconceito positivo em favor da sociedade no seio da qual essa ciência se desenvolvia. Seja

próprio princípio, o erro fundamental de método da antropologia, em seu início, isto é, o emparelhamento arbitrário entre a descrição física, a apreciação estética e um juízo moral repousando na certeza da existência de "leis" morais tão universais quanto as da Razão. De fato, a nova escatologia do progresso estruturava-se sobre a da Igreja. A ciência nascente não se desprendia do imperialismo da teologia, sua antecessora, e vivia sobre um cabedal de hábitos de pensamento nutridos pela moral cristã. Daí a crença em uma *lei natural* que regesse todos os setores da existência, e a confusão entre os fatos e o direito, entre a ciência explicativa e as disciplinas normativas (confusão mantida pela ambigüidade do termo "lei", aplicado indiferentemente aos fenômenos do mundo físico, aos preceitos da Revelação, à vontade do príncipe e às normas éticas: "as leis morais são as mesmas em todo lugar", escrevia Diderot na *Enciclopédia*)[160].

O falacioso emparelhamento entre os tangíveis "caracteres físicos" dos homens e seus inapreensíveis "caracteres mentais" e mesmo morais caracteriza igualmente a classificação de Lineu, o grande rival de Buffon, se bem que esse cristão pio tenha sido infinitamente menos exagerado do que o naturalista francês de religião incerta[161]. Em seu *Système de la nature,* Lineu postulava a existência, no seio da ordem dos primatas, que englobava os macacos, de quatro variedades da espécie *Homo sapiens (americanus, europaeus, asiaticus* e *asser),* diferindo entre si tanto pela cor da epiderme e da cabeleira quanto pelos costumes e pelo temperamento; mas, embora oponha, ao europeu "inventivo e engenhoso", o asiático "faustuoso, avaro" e principalmente o africano, o *Homo asser* servil, "manhoso, preguiçoso, negligente", ele encabeça a classificação com o americano, "teimoso, satisfeito consigo mesmo, amante da liberdade", fato onde se fica tentado a ver o efeito de uma certa humildade cristã. A propósito de sua ordem dos primatas, Lineu escrevia: "Não pude descobrir diferenças entre o homem e o troglodita [o macaco antropóide], embora toda a minha atenção tenha sido dirigida a esse ponto, a menos que tome características incertas..."[162]. Mas o próprio fato de "não descobrir alma nenhuma na ponta de seu bisturi" servia-lhe como prova para sustentar sua fé: "quando submetemos o corpo humano ao bisturi do anatomista", escrevia ainda, "a fim de encontrar, na estrutura de seus órgãos, alguma coisa que não se encontra *nos outros animais,* somos obrigados a reconhecer a vaidade de nossas pesquisas. Então, é preciso necessariamente reportar nossa prer-

---

como for, todos os escritos científicos ou pretensamente científicos da época caracterizam-se pela noção da superioridade, em sentido amplo, do homem europeu.

160. Verbete "Irréligieux".

161. Sobre a religião de Buffon, ver as opiniões discordantes de JEAN PIVETEAU, em sua edição das *Oeuvres philosophiques,* Paris, 1954 (Buffon, crente ou deísta) e de JACQUES ROGER, *Les sciences de la vie dans la pensée du XVIIIe siècle,* Paris, 1963, especialmente p. 558 (Buffon, ateu).

162. Nota à décima edição de *Systema Naturae* (1754).

rogativa a alguma coisa de absolutamente imaterial, que o Criador deu apenas ao homem, e que é a alma..."[163]

Seus êmulos franceses, que não dispunham desse recurso teleológico, clamavam indignados: para eles, a dignidade da natureza humana havia sido colocada em questão. Criticando o sistema de Lineu, no qual o cavalo e o asno faziam parte da mesma ordem (ou "família"), Buffon exclamava: "... pode-se dizer igualmente que o macaco é da família do homem, que é um homem degenerado; que o homem e o macaco têm uma origem comum.... Os naturalistas que estabelecem de modo tão ligeiro famílias nos animais e nos vegetais não parecem ter sentido toda a extensão dessas conseqüências"[164]. Discussões de método, evidentemente, mas também uma nova concepção do homem, especialmente do homem branco, e Buffon escrevia um pouco mais adiante: "Os homens diferem do branco ao preto pela cor, do simples ao dobrado pela altura, pela robustez, pela leveza, pela força etc., e do todo ao nada pelo espírito". Seu colaborador, Daubenton, também censurava Lineu por degradar a *natureza humana*:

> Fico sempre surpreso em encontrar um homem no primeiro gênero, imediatamente abaixo da denominação geral dos quadrúpedes, que forma o título da classe: estranho lugar para o homem! que injusta distribuição, que falso método situa o homem na categoria dos animais de quatro patas!... É certo que o homem, por natureza, não deve ser confundido com nenhuma espécie animal e que, por conseqüência, não deve ser encerrado em uma classe de quadrúpedes, nem compreendido na mesma ordem que os macacos e as preguiças...[165]

Pode-se perceber o *a priori* metafísico em ambos, e Lineu não fica embaraçado por não encontrar diferenças estruturais ali onde ele sabe que Deus colocou distinções de ordem bem diferente. Eis, para ilustrar o andamento contrário de um espírito forte, uma polêmica que opôs, na mesma época, o anatomista Johann Meckel, o Velho, cirurgião de Frederico II, a seu célebre colega holandês, Pierre Camper. Tendo dissecado alguns negros em 1757, Meckel descobriu que seu cérebro era mais escuro do que o dos europeus e que seu sangue era preto, "tão preto que, em vez de manchar os panos de vermelho, como faz o sangue normalmente, deixa-os pretos"; concluía daí que os negros formavam "quase que outra espécie de homens, em relação à estrutura interna"[166].

---

163. Prefácio à *Fauna Suecica* de LINEU (1746).
164. *Histoire naturelle*..., t. IV, p. 384 (1753). Nesse momento, Lineu, que reformulava sua classificação à medida que se sucediam as várias edições de seu *Systema*..., ainda não havia agrupado o homem, os macacos e os lêmures em "primatas"; por essa razão, Buffon o atacava indiretamente e, por dizer assim, antecipadamente.
165. LOUIS DAUBENTON, *Exposition des distributions méthodiques des animaux quadrupèdes*, em *Oeuvres complètes de Buffon*, ed. Lamouroux, Paris, 1824, t. XVI, p. 168.
166. *Nouvelles observations sur l'épiderme et le cerveau des Nègres*, de M. MECKEL, in *Mémoires de l'Académie royale des Sciences et Belles-Lettres de Berlin*, XIII (1757), p. 71.

A falta de hábito de ver negros [comentava Camper] sem dúvida alguma inspirara-lhe uma espécie de repugnância e de horror pela cor deles (...). Portanto, resolvi tratar dessa matéria interessante a fim de lançar, se for possível, alguma luz nesta verdade da religião cristã, que no começo do mundo Deus criou um único homem, que foi Adão, a quem devemos nossa origem, sejam quais forem os traços do rosto e a cor da pele que nos diferenciam...

Para apoiar essa tese, Camper invocava o caso dos judeus; há os que são escuros (os "portugueses") e claros (os "tudescos"); ora, todo o mundo sabe que eles são da mesma raiz. Apresentadas suas conclusões, exortava os europeus, no final de sua demonstração, a "estender uma mão fraternal aos negros e a reconhecê-los como descendentes do primeiro homem, que todos consideramos como nosso pai comum"[167]. Em vão: outro pioneiro da medicina experimental, o anatomista Soemmering, proclamava, em 1784, que, seja como for, os negros estão aparentados aos macacos de modo mais íntimo do que os europeus[168].

É preciso acrescentar que o "anti-racismo" cristão da época, por mais humanitário que fosse, baseava-se essencialmente na defesa da cosmogonia bíblica e não acarretava, senão acessória e incidentalmente, a defesa da dignidade humana dos povos exóticos. Em sua recente obra sobre *Les sciences de la vie dans la pensée française du XVIIIe siècle,* Jacques Roger dedica um capítulo às "Resistências à nova ciência", que foi a de Maupertuis e de Buffon; depreende daí que nenhuma crítica combateu suas opiniões sobre os negros e os lapões, e, se Buffon foi censurado pela Faculdade de Teologia de Paris, foi por ter contestado o relato da *Gênesis*[169]. Sabe-se também como os papéis se inverteram no século seguinte, quando, face ao evolucionismo darwinista, as Igrejas procuraram distanciar o homem do macaco, pois foi somente no homem que Deus insuflara uma alma (*Gênesis,* II, 7).

Assim, pois, é na medida mesmo em que o novo homem prometéico do Século das Luzes, o artesão da ciência e do progresso, tende a tomar, no topo da Criação, o lugar de Deus, que se alarga o distanciamento que o separa das outras criaturas, dos quadrúpedes, dos macacos e dos selvagens. A emancipação da ciência da tutela eclesiástica, o abandono da cosmogonia bíblica e dos valores cristãos deixavam o caminho livre para as especulações racistas; em certos cientistas de renome da época, elas já se revestiam de um caráter maniqueísta. Assim, no filósofo alemão Christoph Meiners, que acreditava ter descoberto a existência de duas raças humanas: a raça "clara e bela" e a raça "escura e feia", contrastando entre si como a virtude e o vício. Essa teoria, garantia, permitia desvendar o segredo dos "homens superiores", que só surgem entre os povos nobres:

167. *Oeuvres de Pierre Camper...*, Paris, 1903, t. II, pp. 449-476 ("De l'origine et de la couleur des Nègres").
168. Tendo dissecado vários negros, Soemmering concluía: "dass im allgemeinen, im Durchschnitt die afrikanischen Mohren doch in etwas näher and Affengeschlecht als die Europaer grenzen." (SAMUEL-THOMAS SOEMMERING, *Über die körperliche Verschiedenheit des Mohren vom Europaer,* Mainz, 1784, p. 32.)
169. M. J. ROGER, *op. cit.*, pp. 683-748.

Só os povos brancos, principalmente os povos celtas, possuem a verdadeira coragem, o amor pela liberdade e as outras paixões e virtudes das grandes almas... os povos pretos e feios diferem deles por uma deplorável ausência de virtudes e por vários vícios terríveis. A maioria das nações pretas e feias unem uma irritabilidade devida a sua fraqueza a uma insensibilidade revoltante em relação às alegrias e sofrimentos de outrem, mesmo quando se trata de parentes próximos; uma dureza implacável e uma falta quase total de impulsos e sentimentos simpáticos...

De Buffon, Meiners tomava emprestada a idéia da consciência que os povos inferiores têm de sua inferioridade:

É verdade que alguns selvagens imaginam que são superiores aos europeus; mas, no conjunto, admitem a preeminência dos povos nobres, e essa confissão é expressa da melhor forma pelo costume de oferecer aos homens superiores suas mulheres e suas filhas...[170]

Portanto, no quadro do esteticismo moralizador da filosofia prékantiana alemã, a raça branca parece opor-se, em Meiners, às outras raças, assim como a luz às trevas ou o bem ao mal. Um cientista francês de grande autoridade no começo do século XIX, Jean-Joseph Virey, retomou essa classificação, por volta de 1800, em sua *Histoire naturelle du genre humain*:

Descreveremos aqui os caracteres gerais de cada raça humana, que se pode dividir principalmente em belas e brancas, em feias ou morenas ou pretas (...). As linhagens célticas, e mesmo as sarmatas ou esclavonas, apresentam, de fato, uma face oval, agradável, muito simétrica... Enfim, formas nobres e orgulhosas, uma alma generosa, um caráter de atividade, de franqueza, a beleza, o valor, a inteligência, a perfeição e as virtudes sociais elevam essa raça de homens acima do rebanho servil dos outros mortais que rastejam, tristemente presos à terra em vil uniformidade. Sem os europeus, o que seria nosso mundo?

Da mesma forma, o europeu é chamado para reger o universo:

O europeu, chamado por seus destinos elevados ao império do mundo, que ele sabe iluminar com sua inteligência e domar com seu valor, é o homem por excelência e a cabeça do gênero humano; os outros, vil turba de bárbaros, não passam, por dizer assim do embrião...[171].

Mas nem por isso Virey, como bom filho da Revolução, deixou de deplorar a triste sorte dos escravos negros (ao mesmo tempo em que dava a entender que eles tinham culpa nisso)[172]; o que é ainda mais notável porque ele acha que o negro está mais próximo do orangotango do que do homem branco[173] e, conseqüentemente, se inclina para a hipótese do poligenismo; naqueles tempos, os cientistas tinham, sobre a

---

170. C. MEINERS, *Grundriss der Geschichte der Menschheit*, 2.ª ed., Lemgo, 1793, pp. 116, 123-124.

171. J.-J. VIREY, *Histoire naturelle du genre humain*, Paris, 1801, t. I, pp. 145-147.

172. *Idem*, t. II, pp. 119-120.

173. *Idem*, t. I, pp. 184, 413.

questão das origens humanas, luzes que não possuímos mais. Foi um outro filho da geração revolucionária, Saumarez, que em 1798 teve a idéia de medir a inteligência, comparando a capacidade craniana dos brancos e dos pretos[174]: desse modo ele contribuiu para enterrar a antropologia no lamaçal métrico onde ficará atolada por mais de um século.

Deve-se observar que todos esses cientistas, embora considerem que o homem branco seja superior ao homem de cor, em geral não fazem uma distinção da mesma ordem entre as várias populações européias; nesse sentido, continuavam sendo bons cosmopolitas do século XVIII (o que, afinal de contas, era vantajoso para os judeus; mesmo os sistemas de Meiners e de Virey situavam-nos implicitamente na "raça clara"). É graças às guerras napoleônicas e à explosão dos chauvinismos que irão surgir as novas distinções, retomando as especulações de Boulainvilliers, de Fréret e de seus homólogos alemães, chantres patrióticos de Armínio e da floresta teutônica. Também é nessa época que, a superstição craniológica ou fisiológica, legado da filosofia materialista francesa, irá somar-se a superstição filológica, engendrada pela filosofia espiritualista alemã, que irá produzir, por sua vez, o grande mito da "raça ariana". O que será visto mais adiante.

Contudo, outros homens, de espírito científico mais rigoroso, orientavam a antropologia nascente por caminhos melhores. Kant, que cobriu com sua autoridade o uso da malfadada palavra raça para designar as grandes subdivisões da humanidade, abstinha-se, na classificação que ele propunha (calcada na de Lineu), de todo juízo de valor; acima de tudo, se entregava a uma discussão epistemológica do conceito, até hoje importante[175]. É interessante o trecho onde critica a proposição de uma "seleção eugênica", a fim de melhorar a raça humana, que foi feita por Maupertuis, primeiro presidente da Academia de Ciências da Prússia[176].

---

174. Sobre SAUMAREZ, ver A. DE QUATREFAGES, *Rapports sur les progrès de l'anthropologie*, Paris, 1867, p. 306: "A idéia da capacidade craniana e das diferenças que ela apresenta de uma raça para outra não é nova na ciência. Saumarez comparou, com essa finalidade, o crânio de um negro aos de trinta e seis europeus e chegou à conclusão de que aquele continha menos água. Virey e Palissot de Beauvois repetiram a experiência... O resultado dessas primeiras experiências foi mostrar que o crânio de um negro é inferior em capacidade ao de um europeu..." etc.

175. *Von der verschiedenen Racen der Menschen* (1783); *Bestimung des Begriffs einer Menschenrace* (1785).

176. "A proposição do Sr. de Maupertuis de cultivar, numa província qualquer, uma variedade de homens de natureza nobre, entre os quais a inteligência, a energia e a honestidade fossem hereditárias, repousa na possibilidade de criar enfim uma tal variedade permanente, graças a uma seleção cuidadosa, permitindo eliminar os nascimentos degenerados. Uma seleção dessas, que, em minha opinião seria desejável em si, parece-me ser irrealizável em razão da sabedoria superior da natureza, pois é justamente a mistura do Bem e do Mal que constitui a grande mola que desperta as forças adormecidas da humanidade, obrigando-a a desenvolver seus talentos e a aproximar-se da perfeição à qual está destinada." (*Von der verschiedenen Racen der Menschen*, em *Der Philosoph für die Welt*, Carlsruhe, 1783, II, p. 105).

Blumenbach, seu contemporâneo e correspondente, que geralmente é considerado como o verdadeiro fundador da antropologia, propunha uma nova classificação das raças humanas, concebida num espírito autenticamente científico. Descritas com notável precisão, suas cinco raças não eram nem "boas" nem "más"; contudo, a prudência o abandonou no final de seu tratado, onde fazia o elogio do rosto dos povos brancos (ou povos "caucásicos"): de "esse rosto [que] faz com que ele seja considerado em geral como o mais belo e o mais agradável".

Dei a essa variedade [continuava] o nome do Monte Cáucaso porque é nas vizinhanças dele que se pode encontrar a mais bela raça de homens, a georgiana, e que, se é possível assinalar um berço para o gênero humano, todas as razões fisiológicas concorrem para situá-lo nesse lugar... Enfim, a pele dos georgianos é branca, e essa cor parece ainda pertencer primitivamente ao gênero humano, mas ela degenera facilmente para uma cor enegrecida...

Pode-se reconhecer a teoria de Maupertuis e de Buffon, que Blumenbach escora por meio de argumentos oriundos do domínio, da contemplação estética, de acordo com a sensibilidade alemã da época, e seu entusiasmo professoral desliza dos rostos para os crânios georgianos, "essa bela forma de crânio, da qual parece que as outras derivam, até chegar aos pontos mais distanciados, os crânios dos malaios e dos negros[177].

É a esse mesmo entusiasmo que se pode vincular outra observação craniológica reinvindicada por Blumenbach:

Sabe-se [escrevia] que o povo judeu está espalhado em toda a terra há longos séculos e, apesar disso, conservou um tipo puro e muito característico; esse fato singular preocupa há muito tempo os naturalistas e os fisiólogos. Mas, o que é ainda mais notável, apesar de ser pouco conhecido, é o fato de que esse tipo se manifesta claramente até mesmo nos crânios. Tive muitas ocasiões para me convencer disso, pois mesmo pessoas leigas conseguiram reconhecer os crânios judeus dentre os muitos crânios de meus armários[178].

Resta que esse sábio não fazia nenhum juízo de valor sobre os judeus, que classificava entre os povos e não entre as raças[179].

Mas, a tal povo, a opinião da época era unânime em atribuir uma origem comum, e o termo raça foi-lhe aplicado por literatos e polemistas, antes de sê-lo por cientistas profissionais. Não se pode evitar a impressão de que o pensamento destes deixou-se influenciar pela agitação daqueles e que imperceptivelmente estabeleceu-se um vaivém entre os

177. FRÉDÉRIC BLUMENBACH, *De l'unité du genre humain et de ses variétés*, Paris, 1804, pp. 285 e 299-300.
178. JO. FRIED. BLUMENBACH, *Decas quarta collectionis suae cranorum diversarum gentium illustrata*, Göttingen, 1790, p. 10. A pretensão ou a esperança de individualizar os crânios dos judeus persistiu até o III Reich, durante o qual os cientistas alemães empreenderam diversos estudos comparativos desse tipo.
179. *De l'unité du genre humain...*, p. 207.

preconceitos do vulgo e os laboratórios dos especialistas. Em todo caso, o emprego da palavra raça em sua acepção científica e a extensão de seu uso aos judeus difundiu-se no espaço de um ou dois decêndios, como se correspondesse a uma necessidade surda da sociedade do Iluminismo, especialmente na Alemanha, onde os sistemas raciais multiplicaram-se no alvorecer do século XIX (como veremos mais adiante). Um exemplo notável nos é oferecido pelo panfleto do advogado Grattenauer *Wider die Juden* (1803): vê-se aí o hesitante abandono do motivo religioso em favor do argumento escorado pelo prestígio da ciência, para justificar racionalmente a difamação dos judeus.

> Que os judeus são uma raça muito particular [escrevia Grattenauer] não pode ser contestado por nenhum historiador ou antropólogo. Mas a afirmação outrora universalmente válida, segundo a qual Deus castigou os judeus por um cheiro especial e por várias doenças hereditárias e enfermidades repelentes, pode tampouco ser seriamente demonstrada quanto completamente refutada sob todos os aspectos teleológicos...[180].

Na mesma época, na França, pode-se encontrar o termo "raça" aplicado aos judeus, em Napoleão, empregado indiferentemente no antigo sentido teológico ("raça coberta de reprovação") ou no novo sentido antropológico ("raça de sangue viciado")[181]; sob esse aspecto, as concepções do Imperador não eram mais claras do que as de gente como Grattenauer, mas tanto um quanto o outro expressavam a convicção comum.

*
* *

A substituição, pelos motivos raciais do anti-semitismo, dos antigos motivos religiosos teve conseqüências de peso para os judeus, cuja imagem ficou carregada de cores ainda mais sinistras. Sua abjeção, aos olhos de seus denigridores, tende a tornar-se irremediável, e a mentalidade da era científica fornece com o que escorar esse juízo; de fato, se eles são maus biologicamente, sua malícia confunde-se com sua essência judaica, suposta como material: a isso, nenhuma boa vontade, nenhuma submissão, nenhuma graça ou água batismal pode mudar nada. Além disso, um juízo como esse está conforme às novas concepções científicas a respeito dos seres vivos.

Nos termos da visão cristã ou judaico-cristã do mundo, o curso de todas as coisas era regido, em última análise, pelas misteriosas vontades de um Deus transcendente. Depois de ter feito surgir do nada os céus e os astros, o criador do universo formou as espécies animais, bem como a espécie humana, da qual ele assegura a *pró-criação* de geração em geração, cada ser humano recebendo dele sua alma imortal (o sopro da

---

180. *Grattenauers erster Nachtrag zu seiner Erklärung über seine Schrift Wider die Juden, op. cit.,* pp. 29-30.

181. Cf. mais adiante, p. 196.

vida, entre os judeus). Por conseguinte, o impulso motriz, ou animação, é dado *do exterior* aos seres vivos, e especialmente ao ser humano. Aplicado ao judeu, isso queria dizer que, entre outras coisas, se ele é mau, não é unicamente culpa dele, mas também de um certo arbítrio ou capricho de Deus, que permanece sempre livre, em sua onipotência, para rever seu julgamento. Daí, ao mesmo tempo uma esperança para o judeu e circunstâncias atenuantes.

Quando a ciência moderna, depois de ter desmontado as grandes engrenagens do mundo físico, empreendeu a exploração do mistério da vida, ela se chocou com dificuldades insuperáveis. De fato, nenhum modelo físico ou mecânico explicava de modo satisfatório o crescimento orgânico e principalmente a reprodução infinita, de geração em geração, através da cadeia de seres vivos. A teoria da "pré-existência" ou do "encaixamento" dos germes, germe dentro de germe, chocava-se com um impasse matemático. Portanto foi preciso admitir, à falta de um princípio de ação transcendental e externo (tal como o proposto pela cosmogonia bíblica fora de uso), um princípio de organização vital ou motor *interno,* imanente à natureza ("natural"). Essa grande tendência do Século das Luzes foi definida sugestivamente por E. Voegelin como a "interiorização da corporeidade" (*Verinnerlichung des Leibes*)[182].

Esse motor interno continuava a ser visto, por uns, sob a forma de uma alma imaterial, comum ao homem e ao animal e constitutiva do "animal em si", enquanto que outros, mais numerosos, relegavam-na à própria matéria, uma matéria que sente, que pensa e que organiza. Não faltaram as fórmulas propostas para designar o princípio de toda vida orgânica, forjadas *ad hoc* ou tomadas de empréstimo à terminologia medieval, força genética, ou plástica, ou vital, ou motriz, ou penetrante, molde interno ou impulso gerador, mas essa logomaquia disfarçava mal o recurso que se fazia de uma qualidade oculta; expulsa pela porta, a escolástica entrava de novo pela janela, e o ópio levava a dormir porque possuía uma força dormitiva.

O grande Blumenbach foi um daqueles que melhor perceberam a dificuldade:

> Chamo esta força [escrevia] de impulso gerador, para distingui-la dos outros atos do poder vital, das expressões insignificantes de força plástica e outras semelhantes, de que os antigos se serviam sem atribuir a elas sentido preciso. Não pretendo com isso designar uma causa, mas antes um efeito abstrato perpétuo sempre semelhante a si mesmo, pela constância e universalidade de seus fenômenos. É assim que empregamos as palavras *atração* e *gravidade* para designar certas forças cujas causas continuam imersas nas trevas mais profundas...[183]

Mas a posteridade científica na maioria das vezes irá perder de vista essa dificuldade. Para o universo mental europeu do século XIX, para o qual a atração newtoniana viera substituir o "primeiro motor"

---

182. ERICH VOEGELIN, *Die Rassenidee in der Geistesgeschichte von Ray bis Carus,* Berlim, 1933. Agradecemos a E. Voegelin por ter posto a nossa disposição essa obra, que hoje em dia não é mais encontrada.

183. *De l'unité du genre humain...cit*, p. 115.

de outrora, o impulso gerador torna-se, também ele, uma causa suficiente, denominada instinto (vital, racial) e que permite explicar tudo no domínio dos fenômenos da vida. Passou o tempo dos cientistas filósofos universais do Século das Luzes que, por mais temerários que tenham sido, encontravam lazer e tinham tendência para interrogar-se sobre os pressupostos metafísicos de sua ciência. A crescente especialização do trabalho científico, a própria acumulação de conhecimentos, irá fazer o resto. Especialistas e público em geral sucumbiam à magia do verbo e da fórmula: chegou o tempo da religião cientificista e do Sr. Homais.*

Quanto ao judeu, a nova mentalidade tem como efeito colocá-lo como mau "em si", porque ele é biologicamente o que é, sem que nenhum agente transcedente, Deus ou Diabo, possa mudar nisso qualquer coisa. Os progressos da biologia e as descobertas das leis genéticas só irão confirmar esse juízo. A responsabilidade do judeu torna-se total e inexorável; a nocividade inerente a sua raça e a seu sangue decorre de uma "necessidade" científica. Assim iria ser justificada metafisicamente, com grande antecedência, a sentença implacável proferida pelo III Reich alemão.

8. OS REGENERADORES

La vraie question de cette cause, c'est de savoir si les Juifs sont des homme**.
(PIERRE-LOUIS LACRETELLE)

Não sendo nem boa nem ruim em si, a ciência pode servir como caução a filosofias políticas de toda ordem, assim como pode sofrer a influência delas ao elaborar suas hipóteses de trabalho e ao estabelecer seus postulados. É preciso acrescentar que essa interpenetração foi singularmente íntima no Século das Luzes, a ponto de poder-se falar de uma fusão. Esse século otimista acreditava na infinita perfectibilidade dos homens; acreditava que reformas e leis razoáveis bastariam para garantir o desabrochamento e para fazer a felicidade de uma natureza humana que se supunha basicamente boa, e mesmo que, segundo a opinião dominante, essa bondade não fosse rigorosamente uniforme, pois tendia a variar segundo os costumes e a cor da pele, como vimos, todas as raças e todos os grupos eram considerados como perfectíveis ou corrigíveis, por mais distantes que pudessem estar da norma, isto é, em última análise, da imagem da sociedade do Iluminismo, tal como ela queria

---

* Personagem criada por Flaubert em *Madame Bovary;* farmacêutico, livre-pensador, personificação da estupidez burguesa carregada de pedantismo. (N. do T.).

** "A verdadeira questão dessa causa é saber se os judeus são homens." (N. do T.).

ver a si mesma. Testemunha disso é a hipótese de Buffon sobre as degenerações e as regenerações.

Em termos concretos, e especialmente num país católico como a França, convém distinguir, no que se refere à imagem dos grandes grupos aberrantes entre protestantes, judeus e negros.

É certo que, aos olhos da sociedade francesa esclarecida, os protestantes participavam plenamente da natureza humana. Uma movimentação sistemática em favor deles prosseguiu depois de meados do século XVIII, agitação que só podia ser estimulada pela obstinação da Igreja Católica em mantê-los sob o regime de exceção. Do ponto de vista do clero, de fato, eles continuavam sendo hereges perigosos; um polemista antiprotestante chegou mesmo a expressar-se da seguinte maneira a respeito deles:

> ... Outrora Deus amou perdidamente os judeus e não fez mais do que suspender por algum tempo sua ternura em relação a eles, enquanto não têm mais do que horror pelos hereges e não lhes promete senão castigos... os judeus, depois dos católicos, sem dúvida alguma são o povo mais ilustre e mais respeitável de todos, enquanto que os hereges são a vergonha do cristianismo e a perdição de todas as nações. Contudo, não quero com isso chegar à conclusão de que se deve tolerância aos judeus a título de justiça...[184].

Pode-se encontrar um eco dessa sensibilidade particular do clero no célebre escrito do Abade Henri Grégoire em favor da emancipação dos judeus. Propondo dar-lhes liberdade religiosa total, ele mesmo levantava a objeção: "Mas os protestantes, as pessoas irão dizer, reivindicarão os mesmos privilégios..." objeção que afastava de modo confuso e embaraçado[185].

Em compensação, um alto funcionáro aberto às idéias liberais fazia um paralelo bem diferente entre a posteridade de Calvino e a de Moisés:

> Não se pode [escrevia] situar na mesma classe os protestantes e os judeus; aqueles não puderam ser suprimidos de nossa sociedade a não ser para grande detrimento dela. Unidos a nós por todos os laços de sangue, por uma grande semelhança de costumes e de princípios, por todas as relações de interesse, eles não podem deixar de ser úteis e justamente reintegrados nos direitos do cidadão...

Os judeus, por outro lado,

> em todos os lugares, em todos os tempos, não tiveram senão um mesmo plano, um mesmo comportamento, que é considerar como inimigos a todos os

---

184. *Dissertation sur la tolérance des protestants, en réponse à deux ouvrages, dont l'un est intitulé l'Accord parfait et l'autre, Mémoire au sujet des mariages clandestins des protestants en France*, sem local, nem data (sem dúvida publicado por volta de 1760), pp. 22-23.

185. "Mas os protestantes, as pessoas irão dizer, reivindicarão os mesmos privilégios. Nós estabelecemos os princípios, e, embora em favor deles tiremos as mesmas conseqüências, deve-se reconhecer o católico fiel e o cidadão submisso no humilde escritor que apresenta suas idéias com uma circunspecção tímida e que jamais teve a orgulhosa pretensão de ditar leis à suprema autoridade." (*Essai sur la régénération physique, morale et politique des Juifs*, Metz, 1789, p. 132.)

povos da terra... Eles vêem, verão sempre em seus descendentes os dominadores das nações; e é despojando-nos de todos os metais (isto é, do ouro e da prata) que esperam acelerar sua conquista...

Por outro lado, nosso autor mostra ser um homem das Luzes ao declarar não ter "contra os indivíduos dessa nação, nem contra sua crença, qualquer prevenção"; em conclusão, pede que seu "governo esclarecido" repare um "duplo erro";

Os protestantes, nossos concidadãos e nossos irmãos, foram proscritos pelos mesmos reis que atribuíam aos judeus o direito de reinícolas. Não é mais de um governo tão esclarecido quanto o nosso que se pode temer o prolongamento desse duplo erro[186].

No que se refere aos negros, sem dúvida alguma sentia-se em relação a eles, em todas as classes da sociedade, um distanciamento ainda maior do que em relação aos judeus. A ironia mordaz de Montesquieu lembra-nos desse fato:

Aqueles de quem se trata são negros dos pés à cabeça; e eles têm o nariz achatado que é quase impossível lamentá-los. Não se pode pôr no espírito que Deus, que é um ser tão sábio, tenha posto uma alma, principalmente uma alma boa, num corpo todo preto[187].

Mas esses negros eram escravos, e a espetacular e quase metafísica antítese liberdade-escravidão garantia-lhes, no terceiro quarto do século XVIII, advogados de peso (Turgot, o Abade Raynal, Bernardin de Saint-Pierre), bem como um público antecipadamente favorável. No plano dos argumentos polêmicos, sua causa era irrepreensível, devido ao próprio fato de seu estado servil: nenhum objetivo corruptor ou projeto de dominação universal podia ser-lhes emprestado, nem mesmo aflorar aos espíritos.

No que se refere aos judeus, os meios esclarecidos começam a interessar-se por sua condição por volta de 1775-1780. Esse interesse coincide com a difusão de uma sensibilidade humanitária que vibra perante a sorte de todos os deserdados, especialmente os prisioneiros e os loucos. Não é que a nova opinião pública burguesa tenha revisto sensivelmente seu juízo sobre o judaísmo, nem mesmo sobre os judeus; esse juízo continua maldoso em seu conjunto, e trata-se mais de um encarregar-se de responsabilidades, de uma volta da sociedade das Luzes sobre si mesma: se a nação perseguida apresenta múltiplas taras, a culpa recairá sobre nós, que fomos primeiro perseguidores? E não lhes devemos alguma reparação?

186. *Rapport sur la réclamation des Juifs portugais* (que reinvidicavam o direito de estabelecer-se nas colônias francesas) apresentado a M. de Sartine, ministro da Marinha, em julho de 1776; cf. *Collection de mémoires et correspondances officielles sur l'administration des colonies...* de V. P. MALOUET, ex-administrador das Colônias e da Marinha, Paris, 1802, t. I, pp. 120-127.
187. *Esprit des lois*, XV, 5 ("De l'esclavage des Nègres").

A partir de 1775, este ponto de vista é manifestado violentamente pelo advogado Pierre-Louis Lacretelle, o Moço, numa defesa que depois foi publicada às custas de seus clientes. Ela não era elogiosa para *esse povo, que parece nascido para a vileza, a desgraça e a malícia (. . .). Eles são, se se quiser, uma nação à parte, uma nação degenerada, para a qual a glória, nem a honra, nem nada daquilo que enche o coração do homem pode pertencer. . . Mas será erro do homem? Será somente o de sua situação?*

Lacretelle pedia que o tribunal fizesse uma revisão das *leis insensatas* em favor de seus clientes e que pronunciasse seu *arresto de regeneração. Que essa baixa avidez do lucro, essa insensibilidade covarde, esse desafio cruel, esse negro hábito de artimanha e da usura saiam de seus corações!* Não duvidava que tal voto pudesse ser cumprido depois que a sociedade tivesse feito justiça aos judeus.

Não é perante vós, senhores, que é preciso refutar essa opinião bárbara e insensata, que faz com que certos espíritos, que se comprazem na suspeita do mal, acreditem que os vícios que acabamos de mencionar se devem à própria natureza dos judeus; que eles são inseparáveis de seus costumes, de suas idéias, até mesmo de sua religião...[188]

As novas campanhas em favor dos judeus não eram inteiramente espontâneas. Os judeus ricos estimulavam-nas de maneiras diversas, fornecendo argumentos a seus defensores, mandando imprimir ou traduzir as obras, fazendo o cerco a personalidades influentes ou poderosas e, em primeiro lugar, aos meios da corte. (Um fornecedor do exército, Hertz Cerfberr, multiplicou, em 1780-1790, as intervenções dessa ordem[188].) Por outro lado, trata-se de uma campanha eminentemente internacional, cuja sede principal se encontra nos países germânicos, onde a questão foi posta há tempos na ordem do dia e onde, em Berlim, Moses Mendelssohn oferece ao mundo espantado o espetáculo de um judeu filósofo, de uma regeneração encarnada. A parte essencial que desempenharam os judeus alemães em sua emancipação será vista no capítulo seguinte; no que diz respeito à França, é interessante constatar que as principais obras oferecidas ao público são traduzidas do alemão, tais como *Les Juifs* de Lessing (1781) ou *De la réforme politique des Juifs* de Dohm (1782), traduzida pelo matemático Jean Bernouilli, membro da Academia de Ciências de Berlim, às custas de Cerfberr, bem como o *Traité de droit mosaique* de J.D. Michaelis e *L'instruction salutaire...* de Hartwig Wessely[190]. Em 1787, Mirabeau, que freqüen-

---

188. *Plaidoyers*, Bruxelas, 1775; *Plaidoyer pous Moise May, Godechaux et Abraham Levy, Juifs de Metz, contre l'hôtel de ville de Thionville et le corps des marchands de cette ville*. Os judeus reinvindicavam a admissão no corpo dos comerciantes; perderam o processo, mas resolveram publicar a defesa de seu advogado. Anteriormente, escritos pró-judeus, devidos a Isaac Pinto e a Israel Valabrègue, vieram à luz em 1760-1770, mas a publicação dessa defesa é a primeira manifestação das campanhas em favor dos judeus "tudescos" (alsacianos e lorenos).

189. Sobre Cerfberr, ver *Notes et documents concernant la famille Cerfberr*, de ROGER LEVYLIER, Paris, 1902, t. I.

190. *L'esprit des lois mosaiques*, de M. SENGER, Bordeaux, 1785; sendo

tara os salões judeus de Berlim, publicava seu livro *Sur Moses Mendelssohn* ou *De la réforme politique des Juifs.* "Um homem lançado pela natureza no seio de uma horda vil...", assim começava, de uma maneira bem característica para a época, sua obra; na véspera da Revolução, ele preparava um segundo volume sobre "esse objeto infinitamente digno de interesse"[191].

Essa agitação não deixou de levantar inquietações, cujo reflexo pode ser encontrado em algumas publicações da moda (*L'évangile du jour, La défense de mon oncle, La philosophie de l'Histoire*) que tomavam o mais claro de seus argumentos do arsenal de Voltaire. Um autor bastante conhecido, Louis-Sébastien Mercier, publicou em 1770 um romance de antecipação, *L'an 2440, rêve s'il en fut jamais;* em 1786, acrescentou um capítulo em que seu sonho se enriquecia com uma visão que prefigurava ao mesmo tempo os *Protocolos dos Sábios de Sião* e o genocídio hitlerista:

> Os judeus [constatava o narrador de 2440] tiveram um crescimento quase sobrenatural, sob o desprezo das nações, que se tornaram tão tolerantes em relação a eles que estes começaram enfim a crer que era tempo de ressuscitar a lei mosaica e anunciá-la ao universo por todos os meios que lhes dava uma grande opulência... considerando-se como um povo anterior aos cristãos e criados para subjugá-los (eles) se reuniram sob um chefe ao qual atribuíram todas as maravilhas feitas para abalar a imaginação e dispô-la às revoluções maiores e mais extraordinárias... O título de *Rei dos Judeus* dado a um ambicioso ocasionou uma tempestade política cujos abalos não deixaram de inquietar-nos. Não queríamos derramar muito sangue, e esse povo, por seu lado, estava disposto a renovar todos os horrores que são oferecidos por sua história e dos quais ele foi agente ou vítima. Vós deixastes dormir esse fermento, que penetrava em silêncio todos os países da Europa (...). Seu furor espantou-nos, pois poder-se-ia dizer que ele não queria deixar subsistir sobre o globo outros homens que não fossem os crentes vinculados à lei de Moisés (...). Foi preciso usar um meio decisivo para reprimir a superstição feroz...[192].

Mercier, autor de *Tableaux de Paris,* pode ser considerado como o porta-voz das corporações.

Por outro lado, os méritos ou deméritos dos judeus continuavam a ser postos em questão indiretamente no processo movido contra Deus. O que empreendeu, em 1783, em Paris, o barão alemão Anacharsis Cloots repousava na negação do caráter miraculoso da sobrevivência do

---

essa obra — conforme Senger indicava num prefácio — nada mais do que um resumo do tratado do orientalista alemão; e *Instruction salutaire adressée aux communautés de l'Empire par le célèbre Harwic Wesely, Juif de Berlin, traduit en français en l'an 1782* (nova edição em 1790).
191. Cf. MIRABEAU, *De la monarchie prussienne...,* Londres, 1788, t. VI, p. 46, nota 1.
192. L.-S. MERCIER, *L'an deux mille quatre cent quarante, rêve s'il en fût jamais,* ed. de 1786, Cap. LXXIX ("Juifs"). Parece-nos que essa utopia foi a primeira do gênero em que o regime ideal é projetado no tempo (e não no espaço), antecipando a ficção-científica contemporânea. É interessante acrescentar que, numa nota ao capítulo "Judeus", Mercier manifestava sua admiração pela Lei de Moisés e espantava-se por vê-la sendo praticada, paradoxalmente, pelo povo mais vil da terra.

judaísmo, e sua argumentação, por vezes, não deixava de assemelhar-se à de John Toland. O porta-voz dos protestantes parisienses, Court de Gébélin, tomou a defesa da crença tradicional, e a disputa prosseguiu sobre as costas dos judeus:

> Como pudestes dizer [exclamava Court de Gébélin] que, se Constantino tivesse judaizado, todo o mundo ter-se-ia tornado Judeu? Considerando esse imperador apenas como político, ele era hábil demais para colocar contra si todos os pagãos e todos os cristãos em defesa dos circuncidados, vis, desprezíveis, usurários além de todos os limites, de uma ignorância crassa, e cuja religião local de modo algum poderia servir para reunir os homens. Quanto ao fundo de vossa dissertação, que ignora que todo povo que não tem fundos só subsiste por suas artimanhas e sua agiotagem, pois o judeu é mais agiota do que comerciante, mais usurário do que traficante...
>
> "Tudo o que M. de Gébélin diz de Constantino e dos judeus provoca piedade!" replicava Cloots. "A religião judaica tinha feito progressos incríveis no Império Romano..." Ele passava depois aos carolíngios, "que tiveram tanta consideração para com os judeus" e estendia-se "sobre sua atitude para o desenvolvimento do comércio". "A França faria um mal muito grande à Inglaterra ao chamá-los em todos os seus portos..." (Estava-se no momento da guerra de Independência americana.)
>
> "Quanto à ignorância crassa com que M. de Gébélin taxa os judeus, eu a vejo nalgum lugar, mas não é entre os circuncidados..." Como prova, Cloots enumerava os rabinos de Amsterdam, "cujos meros nomes fazem tremer a teologia cristã" e, evidentemente, não se esquecia de citar Moses Mendelssohn[193].

Do ponto de vista político, uma reforma radical do estatuto dos judeus franceses estava agora inscrita na ordem do dia. Déspota esclarecido, José II da Áustria havia dado o exemplo, promulgando sucessivamente "editos de tolerância" para os protestantes (1781) e para os judeus (1783). Seu cunhado, Luís XVI, fazia com que Malesherbes resolvesse a questão dos protestantes em 1787, e depois confiava-lhe o estudo do problema dos judeus. Esse grande servidor da coroa rodeou-se dos conselhos de peritos como Lacretelle e Roederer, bem como de Cerfberr e Gradis (representante dos judeus portugueses); ele também multiplicou as leituras históricas e concluiu que uma reforma dos judeus era tão indispensável quanto árdua. Em sua opinião, os judeus formavam, não um Estado dentro do Estado, mas um Estado dentro dos Estados (*imperium in imperiis*). Sob esse ponto de vista, comparavam-nos aos jesuítas: assim como nestes, "os chefes dessa nação vêm em socorro dos particulares tanto quanto é preciso para que o desespero não os leve a deixar essa religião, mas jamais além do que é preciso para essa finalidade". Ele fazia remontar ao Profeta Jeremias e ao cativeiro babilônico uma política que consistia em "ceder à tempestade, esperando que se realize o grande sonho da volta à Terra Prometida e vivendo no meio da nação conquistadora sem misturar-se com ela, permanecendo sempre uma nação estrangeira". Mas, para ele, não se tratava de fazer com que as tropas judias expiassem os erros de seus chefes:

---

193. *Lettre sur les Juifs à un ecclésiastique de mes amis, lue dans la séance publique du musée de Paris, le 21 novembre 1782*, de M(onsieur) le B(aron) C(loots) du V(al) de G(râce), Berlim, 1783, p. 37. (Resposta de Court de Gébélin), pp. 50 e ss. (Segunda carta do autor à Court de Gébélin.)

Esses desgraçados, que apesar de tudo são homens, não encontrariam asilo em parte alguma, e a expulsão seria uma barbaridade quase igual àquela que consistiu na expulsão dos mouriscos da Espanha em 1610[194].

Malesherbes retirou-se dos negócios em 1788, antes de ter apresentado seu projeto de reforma, e a Revolução ocorreu logo depois. A que ponto a emancipação dos judeus parecia iminente, ressalta do tom imperceptivelmente insolente de uma carta que Verfberr dirigia ao rei:

> Quaisquer que possam ser as opiniões de Vossa Majestade; quer que, por um resto de piedade para com velhos preconceitos, Ela não queira elevar os judeus senão por etapas à categoria de cidadãos, quer que sua mão poderosa se prepare para romper de um só golpe os vínculos que mantêm na infelicidade esse povo desgraçado...[195].

Estando assim a emancipação inscrita na ordem do dia, em 1785, a academia de Metz instituiu um concurso com o tema: *Haverá meio para tornar os judeus mais felizes e mais úteis à França?*, enunciado que postulava que eles não eram nem felizes nem úteis. As dez respostas recebidas refletem quase todas o espírito do Iluminismo, um espírito que acreditava poder resolver todos os problemas editando boas leis e que era uma antecipação do esforço centralizador e nivelador da Revolução: foi assim que o Abade Grégoire, depois de manifestar a esperança de que se "chegará algum dia a extirpar essa espécie de gíria, esse jargão tudesco-hebraico-rabínico que é usado pelos judeus alemães, que só serve para tornar mais espessa a ignorância ou para disfarçar a malícia", formulava votos gerais no sentido da *"aniquilação dos jargões,* em nome da tranqüilidade política e da *expansão das luzes"* [196]. Porém, para compreender melhor esse espírito, é preciso que nos detenhamos um pouco no concurso aberto pela academia de Metz.

Esta não achou nenhuma das dez memórias satisfatórias. Ela os criticava por não terem levado em conta todos os "embaraços" que eram apresentados pela regeneração dos judeus; entre outros, "o temor de ver os judeus, cuja população aumenta com rapidez prodigiosa, formar, no seio do reino, uma nação que continua estrangeira e que, depois de aproveitar a liberdade das artes e do comércio para aumentar seus

---

194. Resumido segundo a exposição de PIERRE GROSCLAUDE, *Malesherbes, témoin et interprète de son temps*, Paris, 1961, t. II, Cap. X; *La question juive* (1788), pp. 631-649.

195. Documento citado por R. LEVYLIER, *op. cit.*, p. 21.

196. "A França tem em seu seio talvez oito milhões de súditos, dos quais alguns apenas conseguem balbuciar algumas palavras estropiadas ou algumas frases deslocadas de nosso idioma; os outros o ignoram completamente. Sabe-se que na Baixa Bretanha e além do Loire, em muitos lugares, o clero ainda está obrigado a pregar em dialeto local, sob pena de não ser compreendido se falasse francês. Os governos ignoram ou não sentem o suficiente como o aniquilamento dos jargões importa para a expansão das luzes, para o conhecimento depurado da religião, para a execução fácil das leis, para a felicidade nacional e para a tranqüilidade política". (*Essai...,op. cit.*, pp. 160-161.)

capitais e a liberdade de comprar bens imóveis, acabaria por invadir quase todas as propriedades territoriais..." Não era com menor satisfação que constatava:

> Em geral, todas as memórias que recebemos, com exceção de uma ou duas[197], acusam nossos preconceitos contra os judeus de serem a causa primeira de seus vícios e especialmente daquele que mais nos revolta. Nós os reduzimos à impossibilidade de serem honestos; como queremos que o sejam? Sejamos justos em relação a eles para que se tornem justos em relação a nós, são os votos da humanidade e de todas as pessoas razoáveis: tudo leva a crer que o governo acolheu essa opinião e não irá demorar em realizá-la[198].

Como resultado, a academia dividiu o prêmio entre três memórias que foram impressas: a de Zalkind-Hourwitz, a do Abade Grégoire e a do advogado Thiery, de Nancy.

Hourwitz era um talmudista polonês que exerceu em Paris o ofício de belchior, para tornar-se depois o conservador do departamento oriental da Biblioteca do Rei. Tendo-se assim emancipado a si mesmo, esse judeu estava desligado de sua comunidade: "Todos os que me conhecem", escrevia, "sabem que estou absolutamente isolado na França e sem condições de aproveitar as vantagens que poderiam ser dadas a minha nação". Contudo, tomou a peito sua defesa e foi mesmo o único concorrente a argumentar que seus irmãos, tais como eram, nada ficavam a dever aos cristãos em virtude:

> Os judeus [escrevia] são os mais pacíficos, os mais sóbrios e os mais industriosos de todos os povos; os crimes capitais são quase desconhecidos entre eles, e os únicos vícios que lhes são comuns, a eles e às outras nações, são a usura e a fraude, e são em grande parte efeito da necessidade, da vingança e do preconceito... Desafio todos os estóicos do mundo a serem, no lugar dos judeus, mais pacientes e mais honestos do que eles.

Citando maliciosamente os versos de Voltaire, *"mes crimes sont les vôtres, et vous m'en punissez"* ("meus crimes são os vossos e vós me punis por isso"), Hourwitz aplicava-os aos polemistas antijudeus: "Eles exageram o menor pecadilho de um judeu e responsabilizam a nação inteira; os judeus, dizem, merecem ser oprimidos porque são usurários e velhacos; em vez de dizer que eles são usurários e velhacos porque são oprimidos e que todas as profissões legítimas lhes estão proibidas". Dos judeus, ele passava para sua doutrina, distinguindo entre sua "filan-

---

197. Um procurador do parlamento de Metz dirigiu uma carta à academia, onde propunha deportar todos os judeus para a Guiana. Por outro lado, numa longa memória, um beneditino lembrava a utilidade de mantê-los rebaixados para a Igreja cristã e sugeria que fossem obrigados a fazer a colheita do mel e da cera "dado seu gosto decidido por essas substâncias". Os autores de todas as outras memórias, três dos quais eclesiásticos, mostravam-se partidários da emancipação dos judeus. (Cf. A. CAHEN, "L'émancipation des juifs...", et M. Roederer", *R. E. J.*, I (1880), pp. 63-104.

198. *Idem*, pp. 102-104.

tropia" e as conclusões pouco escrupulosas que dela tiravam, "por vingança e desespero", rabinos pouco esclarecidos; ele mesmo, sendo filho de rabino, falava do *Talmud* com conhecimento de causa. Ao fazer isso, lançava uma advertência ao governo do rei cristianíssimo:

> As mentiras debitadas na conta dos judeus [constatava] fornecem armas vitoriosas ao pirronismo e à irreligião; de fato, que fé merece a História em geral, e particularmente a da Bíblia, que é a dos antigos judeus, se o governo autoriza tantas calúnias contra essa Bíblia e tantas fábulas absurdas a respeito dos próprios judeus modernos, se ele encoraja a impudência até o ponto de representá-los como um povo de pigmeus, que têm os olhos vesgos e o espírito acanhado...

Esse apologista empenhava-se também em mostrar que o "ponto de honra" era cultivado atrás do muro dos guetos, assim como dentro dos salões parisienses:

> Resta-me responder à terceira censura que é feita aos judeus: não ter ambição e ser absolutamente insensível à honra e ao desprezo. Essa crítica é inteiramente gratuita; as pessoas de mérito são estimadas, os desonestos e ignorantes são desprezados entre os judeus como entre as demais nações; eles também têm suas disputas nos degraus da sinagoga; seus doutores, sem usar barretes, nem por isso são menos vaidosos; existem os que suportam mal o fato de ocuparem o segundo lugar em sua comunidade, assim como César em Roma. Se essa ambição não os leva à verdadeira glória, é que a opressão lhes fecha o caminho...

Pode-se ver que nosso homem não pára de comparar entre si as duas sociedades que ele conhece, a das judiarias de que saiu e a que freqüenta em Paris, e é essa dupla cultura que talvez tenha aguçado seu olhar e feito dele um precursor dos sociólogos judeus das gerações vindouras. A academia de Metz não se teria saído tão mal se lhe tivesse atribuído o primeiro prêmio, tanto mais que, ao mesmo tempo em que se desculpava por seu "estilo sarmático-francês", esse hábil dialético mostrava ser um estilista rematado[199].

As outras duas memórias recompensadas pela academia[200] ofereciam vários traços comuns. O advogado e o padre mostravam-se bem mais duros para com os judeus que o belchior, descrevendo suas depravações sob cores igualmente sombrias. "Timidez imbecil... eles se apresentam a nós com uma fronte coberta de opróbrio e uma alma amiúde fenescida pelo vício; vejamos se se pode esperar aí desenvolver o germe das virtudes sociais..." (Thiery). "São plantas parasitas que roem a substância da árvore em que se prendem... Se os judeus não fossem mais do que selvagens, seria mais fácil regenerá-

---

199. *Apologie des Juifs en réponse à la question: Est-il des moyens de rendre les Juifs plus heureux et plus utiles en France?*, de M. ZALKIND-HOURWITZ, judeu polonês, Paris, 1789.
200. *Essai sur la régénération physique, morale et politique des Juifs*, de M. GRÉGOIRE, cura da diocese de Metz, Metz, 1789; *Dissertation sur cette question: Est-il des moyens de rendre les Juifs plus heureux et plus utiles en France?*, de M. THIERY, advogado no parlamento de Nancy, Paris, 1788.

los..." (Grégoire). Num capítulo dedicado à constituição física dos judeus, o abade interrogava-se sobre as causas de sua degenerescência, que, baseado na autoridade de Buffon, atribuía, entre outras razões, à alimentação, especialmente ao consumo da carne abatida ritualmente[201].

As únicas virtudes que nossos dois autores concedem aos filhos de Israel são as virtudes familiais, "quase universais entre eles: uma ternura efetiva para seus irmãos indigentes, um respeito profundo pelos autores de seus dias; ficariam desolados em morrer sem receber a bênção de seus pais, sem dá-la a seus filhos" (Grégoire); "é entre esse povo que os esposos ainda são fiéis, os pais ternos e sensíveis, os filhos sempre respeitosos" (Thiery).

Nenhum deles ousa negar a censura teológica do deicídio. "É verdade que essa religião nos ensina que os judeus, culpados do maior dos crimes, mereceram a cólera da Divindade..." (Thiery); "o sangue de Jesus Cristo recaiu sobre os judeus como eles o quiseram..." (Grégoire). Porém, perguntam ambos, com que direito os homens se puseram no lugar de Deus para castigar os judeus? "Será a nós que cabe interpretar essa ordem da Divindade? Será a nós que é confiada sua execução e teríamos nós chegado ao ponto de acreditar que somos os intrumentos de sua vingança?" (Thiery), e Grégoire vai longe para demonstrar a inconveniência desses raciocínios:

> Não tentemos, portanto, tornar a religião cúmplice de uma dureza que ela reprova; ao predizer as desgraças da nação judaica, o Eterno não pretendeu justificar as barbaridades das outras; e se, na qualidade de instrumentos de sua vingança, para realizar as profecias, nós pretendemos que somos inocentes, ter-se-ia logo justificado a traição de Judas...

Estando assim descartada a questão do crime sacro e por mais graves que sejam os crimes profanos dos judeus, nossos dois reformadores endossam corajosamente a responsabilidade por seu aviltamento; pode-se até perguntar se não é com uma intenção meramente retórica que eles haviam pintado o quadro tão negro.

> É a nós que é preciso acusar desses crimes criticados tão justamente nos judeus; somos nós que os forçamos a isso... é a conduta bárbara de nossos pais em relação a eles, é a nossa própria injustiça que devemos atribuí-lo... (Thiery).
> Se encarais novamente os crimes passados dos judeus e sua atual corrupção, que seja para deplorar nossa obra; autores de seus vícios, sede autores de suas virtudes; saldai vossa dívida e a de vossos avoengos... (Grégoire).

---

201. "3º O uso de alimentos mal escolhidos, mal preparados. Está comprovado que essa causa faz com que a espécie humana degenere depressa e a autoridade de M. Buffon dá a essa afirmação um novo peso; ora, é certo que, por medo de comer sangue, os judeus o espremem quase inteiramente das carnes e assim lhes tiram muito do suco nutritivo. Alguns garantem que, em certos países, eles usam pouco sal; seus alimentos devem então ter uma qualidade malsã e tornar a digestão laboriosa..." (*Essai... op. cit.*, p. 49).

Mas os regeneradores já sabem que têm de combater em duas frentes: o mesmo espírito do tempo que lhes permite contestar o ensinamento tradicional da Igreja difundiu a suspeita de que os judeus são maus "absolutamente", isto é, que tal é o veredicto inapelável da natureza. É o que nega decididamente o Abade Grégoire:

> Mas os judeus, dizem, são incapazes de serem regenerados porque são absolutamente perversos... essa perversidade... crer-se-á que ela é inata? Alguns filósofos pessimistas pretenderam que o homem nascia perverso... Retifiquemos sua educação, para retificar seus corações; há tempo que se repete que eles são homens como nós; são homens antes de serem judeus (...). O judeu nasce com as mesmas predisposições do que nós...

Da mesma forma, Thiery estigmatiza os "insensatos (que) acusaram a própria Natureza: ela se enganou, dizem eles ao formar os judeus, ela os amassou de um limo imundo..."; invocar um erro desses, é *blasfemar contra a Natureza*, exclama. Além disso, a possibilidade de uma regeneração dos judeus também pode ser demonstrada por meio de argumentos positivos; pode ser tomada como um fato consumado, "pois em Berlim... viu-se um Moses Mendelssohn ser considerado, a justo título, como um dos grandes filósofos e um dos melhores escritores desse século". O Abade Grégoire extrai da celebridade do autor de *Phédon* um efeito ainda mais espetacular: "A nação acaba enfim de possuir um homem de gênio cujo lugar não está vago, mas desde o historiador José foram precisos dezessete séculos para produzir Mendelssohn". Tal é o argumento favorito, cuja freqüência permite compreender melhor o zelo que os judeus do século XIX irão despender para provar sua regeneração, distinguindo-se em todos os setores da existência.

Embora o padre e o homem da lei apresentem um mesmo diagnóstico, os remédios que propõem diferem num ponto. Thiery pensa que basta emancipar civilmente os judeus, sem se preocupar com sua religião: ele prefere mesmo vê-los praticando a Lei de Moisés em vez de tornarem-se homens sem fé nem lei, "nem judeus nem cristãos". Em compensação, o Abade Grégoire, que qualifica o *Talmud* de "vasto reservatório, quase disse de cloaca, onde se acumularam os delírios do espírito humano", quer conduzi-los suavemente para a religião cristã e, para isso, chega mesmo a propor o restabelecimento da prática dos sermões obrigatórios, outrora instituídos pelo Papa Gregório XIII[202].

---

202. "A completa liberdade religiosa dada aos judeus será um passo à frente para reformá-los, e ouço dizer, para convertê-los; pois a verdade só é persuasiva enquanto é suave (...); em 1584, Gregório XIII ordenou instruções hebdomadárias aos judeus. Vários soberanos estatuíram o mesmo; esse uso de pregar para eles, que cessou em Hesse, no principado de Colemberg e em Metz, é mantido na Itália. Sabe-se com que sucesso o Padre Marin pregava a controvérsia aos hebreus de Avignon. Obrigar os judeus a instruir-se não é forçá-los a converter-se, e estou inclinado a crer que submetê-los à audição de alguns discursos não é contrariar os direitos da humanidade; ou então que me provem que o Estado não pode obrigar seus súditos a adquirirem luzes..." (*Essai...*, pp. 132, 152).

Mas, afinal de contas, a diferença é pequena e, dada a semelhança de premissas, nosso apóstolo talvez não fizesse mais do que extrair suas últimas conseqüências: as mesmas a que chegarão em seguida gerações inteiras de judeus europeus, ao submeter-se à cerimônia do batismo a fim de pagar *seu preço de entrada na cultura européia* (Heine). De fato, é significativo que essa cultura adotasse, para manifestar sua esperança no emendamento dos judeus, o termo *regeneração,* que a ciência de Descartes e de Buffon tomou emprestado da linguagem da Igreja e cujo primeiro sentido foi, de fato, o dos efeitos do batismo ("regeneração em Jesus Cristo").

6. A Alemanha

1. A BOA ALEMANHA

Já lembramos a tendência dos europeus dos séculos passados para superestimar o sangue germânico, em virtude de obscuras reminiscências que remontavam aos tempos das invasões bárbaras. O fato de que autores franceses ou espanhóis tenham reconhecido a pré-excelência da raça franca ou visigótica, eis o que dá ao fenômeno sua plena significação, e, assim, a intermitente megalomania alemã pode ser compreendida melhor. É evidente que, a leste do Reno, estes turiferários foram ainda mais numerosos, sendo que seus objetivos e sonhos se inseriam na Idade Média, num rico contexto de heresias maniqueístas, de devaneios de cruzadas, de aspirações à dominação universal e de incitamento aos massacres e aos *pogroms*[1]. Esses sonhos jamais cessaram de agitar a vida alemã; o autor mais popular do século XVII, Grimmelshausen, dedicou-lhes um capítulo inteiro em *Simplicius Simplicissimus*[2]. Mas, embora eles

---

1. Sobre esse assunto, ver a obra de NORMAN COHN, *Les fanatiques de l'Apocalypse*, Paris, 1963, especialmente o capítulo V ("Manifestes pour l'avènement d'un nouveau Frédéric" e "Le livre aux cent chapitres").
2. Cap. IV, *Júpiter fala diante de Simplex sobre o herói alemão que irá inspirar a paz ao mundo:*
"... Renunciarei ao grego, para falar só alemão. E, para cumular meus favores, darei aos alemães, como outrora aos romanos, o império do mundo (...). Criarei um herói alemão que realizará sua obra com o fio da espada...
"Perguntei então a meu Júpiter o que fariam então os reis cristãos e que papel eles iriam desempenhar nesse vasto projeto. Ele me respondeu:
"Os da Inglaterra, da Suécia e da Dinamarca, que são de origem e de sangue alemães; os da França, da Espanha e de Portugal, cujos países foram outrora

assim se perpetuem, nos "recônditos da alma popular", isto é, nas regiões vitais da sensibilidade onde o olhar do historiador tem infinitas dificuldades para penetrar (como se se tratasse de um inconsciente coletivo), escapam de nossa vista naquilo que foi, no começo da *Aufklärung* ou Iluminismo alemão, a pacífica Germânia de Bach. É em vão que se iria procurar suas manifestações literárias ou seus prolongamentos políticos junto a uma das trezentas cortes alemãs da época, servilmente submetidas ao gosto francês. Esse país de história ciclotímica parece atravessar sua fase depressiva logo após a Guerra dos Trinta Anos.

Nessa época, a caótica Alemanha, "sem capital e sem capitais" (R. Minder), é um país atrasado; em geral, admite-se que, ao mesmo tempo que sua fragmentação, é esse atraso social e econômico que se encontra na origem da atonia do sentimento nacional. Porém, em relação à Inglaterra, aos Países Baixos e à França, todos os países europeus estão em atraso e a Itália passa por uma não menor fragmentação: na época em que estamos, os déspotas esclarecidos resolvem superar esse atraso, às vezes não sem entrar em conflito com os guardiães da antiga ordem de coisas. Esses conflitos foram poupados à Alemanha; em compensação, sua civilização, depois de passar a encabeçar o progresso europeu no século XIX, irá explodir no século XX. Se a tragédia alemã é passível de uma explicação coerente, é ao espírito do luteranismo que convém voltar-se, em primeiro lugar.

Para o partido filosófico das Luzes, esse espírito é efetivamente sinônimo de progresso. Nada de mais característico a esse respeito do que uma reflexão de Mirabeau, quando correu o rumor de que o rei da Prússia queria converter-se ao catolicismo. "Que o Céu preserve a humanidade dessa desgraça horrível!" exclama ele. "O único chefe dos protestantes, isto é, do partido das Luzes e da liberdade na Alemanha, logo se tornaria presa do partido contrário!"[3] Esse partido contrário, bem entendido, é a Igreja de Roma, estratificada na imobilidade de sua tradição; a Igreja luterana, em compensação, abre-se amplamente ao espírito da época, pois está livre, dentro do contexto de sua reforma permanente, para evoluir, para filosofar e ir adiante, livre também para se constituir em serva obediente do Estado, notadamente da Prússia. Os pastores alemães são os primeiros a propagar as novas idéias de ciência e de progresso e a inculcá-las em suas ovelhas, ao mesmo tempo que eles mesmos fazem uma revisão de sua teologia e inauguram a alta crítica bíblica. Aquilo que, na França e na Inglaterra, é arrancado a duras penas por uma burguesia audaciosa, é professado na Alemanha, do alto dos púlpitos, sob ordens do príncipe.

---

conquistados e governados pelos antigos alemães, receberão sua coroa, seu reino e os territórios que foram anexados a eles, da nação alemã, a título de feudos. Então reinará entre todos os povos do mundo uma paz eterna e inalterável." (*Les aventures de Simplicius Simplicissimus*, trad. de M. Colleville, Paris, 1951, pp. 190-193).

3. CONDE DE MIRABEAU, *De la monarchie prussienne...*, Londres, 1788, t. V (6), p. 11.

Mas, exatamente por isso, a revolução dos espíritos se desenrola na Alemanha com sábia cautela: as Luzes modernas permanecem aí devidamente controladas, as tendências radicais são quase inexistentes, só os príncipes ousam praticar o ateísmo, o país se mantém maciçamente cristão. Dos déspotas aos pastores (esses pastores de família numerosa, que fornecem os quadros da vida administrativa, literária e científica[4]) e dos pastores às ovelhas, a transmissão é feita sem choques: de Lutero em diante, a obediência é a virtude nacional. Sobre esse assunto, dispomos de testemunhos surpreendentes. Eis o de Kant:

> O alemão é, dentre todos os povos civilizados, aquele que é mais fácil e mais constantemente governável; ele é inimigo das novidades e da resistência à ordem estabelecida. Seu caráter é de fleugma misturada com inteligência, sem ser levado a raciocinar sobre uma ordem atual das coisas e sem procurar outra; o que faz precisamente o homem de todos os países e de todos os climas. Assim, ele se expatria facilmente e não tem um vínculo cheio de paixão com seu país...[5]

Eis o de Madame de Stael, que, por mais pró-alemã que tenha sido, nem por isso deixava de ver o outro lado da medalha:

> É preciso confessar que os alemães de hoje em dia não têm o que se pode chamar de caráter. São virtuosos, íntegros, como homens particulares, como pais de família, como administradores, mas seu zelo gracioso e complacente para com o poder dá pena, principalmente quando se ama a eles... [eles] são lisonjeiros com energia e vigorosamente submissos. Eles acentuam duramente suas palavras, a fim de ocultar a moleza dos sentimentos e servem-se de raciocínios filosóficos para explicar o que há de menos filosófico no mundo: o respeito pela força e o enternecimento do medo, que transforma esse respeito em admiração...[6]

"O enternecimento do medo, que transforma o respeito em admiração" é um belo achado, e pode-se ver que não faltava espírito de *finesse* a Mme de Stael. Mas a hipocrisia assim diagnosticada mascarava, por sua vez, as tensões e os conflitos devidos às exigências asfixiantes da *Pflicht* (dever) e da *Sittlichkeit* (moralidade), noções específicas que nenhuma tradução para língua nenhuma conseguiria reproduzir com suficiente fidelidade.

Aqui, não remontaremos, na história alemã, além da Reforma; além disso, no tecido infinitamente rico da História, pode acontecer que um homem consiga impor seu timbre, durante séculos, a um povo, principalmente quando esse homem o dota de sua língua comum, como foi o caso de Lutero. Em troca das beatitudes da vida espiritual e do reino interior de Deus, o Reformador pregava a seus alemães a obediência

---

4. "... fervilhantes famílias de pastores, de mestres-escola, de organistas, de professores, de médicos, de juízes, de intelectuais de toda ordem. Ao menos dois terços dos escritores da literatura clássica alemã foram filhos, netos, sobrinhos ou descendentes de pastores, freqüentemente eles mesmos pastores" (ROBERT MINDER, *Allemagnes et Allemands*, Paris, 1948, p. 94).

5. E. KANT, *Anthropologie*, trad. Tissot, Paris, 1863, p. 316.

6. MME DE STAEL, *De l'Allemagne*, citado por L. LÉVY-BRUHL, *L'Allemagne depuis Leibnitz*, Paris, 1907, pp. 253-254.

incondicional a César e à doutrina do "servo arbítrio", a partir da qual se desenvolveram os imperativos da perfeição absoluta, cara a Leibnitz e a Kant. Daí notadamente a concepção dos três estados da moral: aquele onde a virtude espera sua recompensa aqui embaixo ("moral judaica"); aquele em que, chegando com o cristianismo à noção de imortalidade da alma, ela a espera no além, e aquele em que ela a encontra em si mesma, em nome da *Pflicht* devidamente realizada. Moral heróica, moral desumana, e que Lutero já ilustrava com o apólogo do cristão prisioneiro dos turcos, cujo dever é obedecer cegamente a seus novos senhores, mesmo quando eles lhe ordenam que faça guerra aos cristãos. Uma moral dessas permite desculpar, sob a capa do heroísmo, as piores covardias. A de Kant não tem outro sentido, quando, em sua *Metafísica dos Costumes,* constitui em dever absoluto a submissão à tirania[7], um dever que o regime hitlerista virá pôr a prova. Ainda voltaremos a tais questões fundamentais.

Poderiam ser essas as fontes ideológicas da irresponsabilidade política alemã; no plano psicológico, essas doutrinas austeras refletiam as contradições, de tipo sadomasoquista, do caráter nacional, serviam como sua justificação e as exacerbavam. Círculo vicioso, como os que escurecem tragicamente muitas existências, tema imenso, de variações infinitas, e comparação talvez discutíveis entre a tragédia individual e a tragédia coletiva, mas que é a única a introduzir um pouco de clareza na interpretação do psiquismo coletivo e, portanto, do devir histórico. De resto, a história alemã amiúde encarrega-se, ela mesma, de ilustrar o tema e justificar a comparação.

Assim, no que se refere à promoção progressiva de Frederico II da Prússia à categoria de primeiro herói nacional. Jamais se viu um monarca manifestar tal aversão por seu povo, por sua cultura e por sua língua. "Esta nação é grosseira, preguiçosa e incapaz de instruir-se", escrevia em seu testamento; as obras de Goethe e de outros poetas eram chamadas por ele de "banalidades asquerosas". Tendo Voltaire sido a grande ligação de sua vida, ele povoou a academia de Berlim com franceses e só escrevia nessa língua. A posteridade alemã pagou com amor indefectível esse ódio, chegando até a sagrá-lo como grande pensador, "que infelizmente escrevia em francês". Por trás dessa personagem perversa e complexa, contudo, perfila-se qual seu duplo grotesco, seu progenitor, o Rei-caporal, o Pai açoitador, esse sargento estatuado "de

---

7. "Portanto, não existe resistência legítima do povo contra o chefe de Estado; pois uma situação ordenada não é possível senão graças à submissão a sua vontade legisladora, portanto, não existe direito à insurreição (*seditio*), ainda menos à revolta (*rebellio*) e ainda menos ao atentado contra sua pessoa ou até sua vida, sob o pretexto do abuso, por parte dele, de seu poder (*monarchomachismus sub specie tyrannis*). A menor tentativa desse gênero é ato de alta traição, e um traidor desses, que tentou assassinar sua pátria (parricida), só pode ser punido com a pena de morte. O dever do povo de suportar o abuso de poder, mesmo quando este chega a ser intolerável, tem sua causa no fato de que sua resistência contra o poder legislativo supremo não pode ser pensada senão como ilegal e destruidora de toda constituição legal..." (KANT, *Metaphysik der Sitten,* I, "Rechtslehre", ed. Leipzig, 1838, pp. 153-154).

quem os manuais escolares falam com uma simpatia divertida, enternecida, respeitosa..."⁸

No século XVIII, não se chegou a isso, e, antes de que um príncipe violentamente germanófobo desperte, com suas guerras e suas vitórias, o sentimento nacional germânico — sentimento que a ocupação napoleônica exacerbou da maneira que se conhece —, a *Aufklärung* alemã se distingue por seu cosmopolitismo integral e quase sacrificial. Para Lessing, bem como para o jovem Goethe, o patriotismo é um engodo, uma aberração do espírito, para outros autores, ele deve ampliar-se até as dimensões do planeta, como é expressamente proclamado por um jornal que se intitula *O Patriota*⁹. Com infinita boa vontade, os alemães, durante essa fase depressiva da história nacional, querem amar com o mesmo amor todos os homens que povoam a terra. Mas os judeus são homens? Eles o são por excelência, como veremos, para Lessing, enquanto que o cosmopolitismo de Goethe, mais restritivo, limita-se à Europa *cristã*; depois disso, em *Wilhelm Meister,* irá excluir expressamente os judeus de sua cidade ideal, aberta aos homens de todos os países: "Não toleramos nenhum judeu entre nós, pois como podemos dar a eles uma parte da cultura superior da qual negam a origem e os costumes?"¹⁰ Schiller, em compensação, que se tornará o poeta favorito dos guetos polono-russos, não parece ter partilhado desse exclusivismo de seu grande amigo¹¹.

Pelo fim do século XVIII, também se poderia citar Herder, ele também humanista, mas que, de vontade própria, lançou ao mundo esta advertência:

> O historiador da humanidade deve evitar adotar de preferência uma raça exclusiva para sacrificar a ela aqueles a quem seu estado recusou o mesmo grau de glória ou de felicidade... Livremo-nos de nos rejubilarmos de que o mundo romano tenha sido regenerado por uma raça como a dos germanos, forte, bela, nobre em sua cultura, casta em seus costumes, cheia de honra, de generosidade e de lealdade. Para isso, iríamos tomá-la como o povo eleito da Europa, e isso não seria o orgulho vil de um bárbaro?¹²

8. R. MINDER, *op. cit.,* p. 134. Para a germanofobia de Frederico II, ver PIERRE GAXOTTE, *Frédéric II*, e principalmente a obra que provocou um escândalo na época, de WERNER HEGEMANN, *Fredericus oder das Königsopfer*, Berlim, 1924.

9. Lessing: "A reputação de patriota é a última que ambicionaria, se o patriotismo devesse me ensinar a esquecer que devo ser um cidadão do mundo... no máximo, vejo nisso uma fraqueza heróica, que dispenso perfeitamente".

Goethe: "De que adiantam esses esforços vãos para fazer renascer um sentimento que não podemos mais sentir, que só existiu, que só existe entre certos povos, em momentos determinados da história... O patriotismo como entre os romanos, que Deus nos livre!" *O Patriota* proclamava desde seu primeiro número: "... considero o mundo inteiro como minha pátria, sim, como uma cidade única, e me considero como parente e o concidadão de todos os homens". (Citado por L.LÉVY-BRUHL, *L'Allemagne depouis Leibnitz*, Paris, 1907, pp. 147, 245, 248).

10. *Wilhelm Meisters Wanderjahre*, livro III, Cap. XI (o discurso de Frederico).

11. Cf. LUDWIG GEIGER, *Die deutsche Literatur und die Juden*, Berlim, 1910, pp. 125 e ss.

12. *Idées sur la philosophie de l'histoire de l'humanité*, trad. E. Quinet, Paris, 1827, livro XVI, Cap. XII.

Herder foi o grande chantre da *Treue* alemã, dessa fixação apaixonada na pessoa do *chefe*, dessa *Hörigkeit* ou dependência, cujos vínculos são reforçados por uma homossexualidade quer aberta, quer latente. A descrição que fazia dos judeus (cuja assimilação, ao contrário de Goethe, ele desejava, apesar de tudo) também é uma antecipação das declarações dos racistas das gerações futuras:

> Faz milhares de anos, e mesmo a partir de sua origem, o povo de Deus, obtendo sua pátria do próprio Céu, vai vegetando como uma planta parasita no tronco vivo das nações estrangeiras; raça astuciosa e sórdida, para quem o mundo inteiro mal basta, jamais foi comovido por uma paixão ardente para sustentar ou recobrar sua honra, e a opressão mais obstinada não conseguiu armá-la para garantir um refúgio e uma pátria independente...[13].

Assim, o desterro dos filhos de Israel parece andar ao lado, na Alemanha do Iluminismo, do despertar das paixões nacionais. Mas, na primeira metade do século XVIII, uma Alemanha que ainda se ressente de suas guerras religiosas e da Guerra dos Trinta Anos, uma Alemanha cansada, humilde e amável, aspira, poder-se-ia dizer, através de seus romancistas e dramaturgos, a amar com o mesmo amor a todos os homens, inclusive os judeus.

2. O BOM JUDEU

Se, de um modo geral, o pensamento da *Aufklärung* alemã foi tributário de seus vizinhos ocidentais, no caso especial dos judeus, em compensação, os autores alemães foram os primeiros a defender sistematicamente sua causa. Essa prioridade histórica corresponde às nuanças particulares do cosmopolitismo alemão, mas é certo que o contato vivo com os filhos de Israel contribuiu grandemente para isso. De fato, os rebentos dos judeus da corte faziam louváveis esforços para promovê-lo. Foi assim que, em 1745, o jovem Aron Salomon Gumpertz, da dinastia berlinense dos Gumpertz, pediu ao escritor Gottsched autorização para "vir pastar sob vossas asas, para sugar o doce leite das ciências", "pois é a vós que nós, os outros alemães, devemos tantos escritos espirituais e profundos"[14]. Sinal dos tempos esse judeu que se declara alemão e que aspira à cultura do século. Por seu lado, os autores alemães, defendendo o contrário das antigas convenções ou hábitos de pensamento medievais, procuravam o *homem* sob o judeu.

Dentre os documentos literários dessa ordem, é numa interminável "robinsoníada" de Schnabel que se pode encontrar, já em 1731, os primeiros judeus benévolos, que salvam os heróis cristãos das garras

---

13. *Idem*, livro XII, Cap. III ("Les Hébreux").
14. A carta enfática do jovem Gumpertz foi publicada por M. KAYSERLING, *Moses Mendelssohn, sein Leben und sein Wirken*, Leipzig, 1888. pp.15-18.

impiedosas dos mouros[15]; porém, por mais bravos que sejam, eles querem que seus esforços sejam remunerados. Em 1747, o poeta Christian Gellert, na época chamado de *praeceptor Germaniae*, pôs em cena, em sua *Condessa Sueca,* um grupo de judeus ricos[16], de um desinteresse total. Um deles, cujos vastos negócios estendem-se da Sibéria à Holanda, serve como Providência especial ao marido da condessa, prisioneiro dos russos; ele lhe provou "que também existem corações generosos nesse povo, que parece ter poucos". E esta é a moral: "É possível que muitas pessoas que fazem parte desse povo tivessem melhor coração se não os forçássemos, com nosso comportamento, a odiar nossa religião". Era assim que os primeiros *Aufklärer* endossavam sua responsabilidade pelo aviltamento dos judeus.

A seguir, a maioria dos homens de letras alemães retomou esse tema, ainda que ocasionalmente, erguendo-se contra uma condição consagrada por *leis bárbaras*. O *Mercúrio Alemão* do francófilo Wieland fez uma campanha contra a peagem corporal, "e isso a algumas léguas de Berlim, onde só se fala dos direitos do homem! Na França, escreve-se menos em favor dos judeus, mas age-se mais..." (1785)[17]. Klopstock, o grande adversário de Wieland e o primeiro chantre das antigüidades germânicas, dedicou uma ode pomposa ao Imperador José II, por ocasião da publicação do *Edito de Tolerância* (1782)[18]. Mas era principalmente nos tablados dos teatros alemães que se desenvolvia o debate.

Já em 1749, Lessing, com apenas vinte anos, entrava na liça. Na época em que, em Berlim, servira como secretário de Voltaire, Aron Gumpertz exercia as mesmas funções junto a Maupertuis. Daí se seguiu uma amizade entre os dois, que parece estar na origem da peça *Os Judeus,* o primeiro drama social em língua alemã.

O argumento de *Os Judeus* é bastante simples. O *Barão* e sua filha a *Fräulein,* são atacados por bandidos; um nobre *Viajante* salva-os, arriscando sua própria vida. Não sabendo como manifestar seu reconhecimento, o Barão oferece-lhe a mão de sua filha, mas o Viajante que até então havia ocultado suas origens, hesita; e este é o desenlace:

O Viajante: (...) eu sou... eu sou judeu.
O Barão: Ele é judeu! Contratempo fatal!
Lisette: Ele é judeu!
A Fräulein: Eh! o que tem isso?

15. LUDWIG SCHNABEL, *Die Insel Felsenburg*, 4 vols., 1731-1743.
16. CHRISTIAN GELLERT, *Das Leben der schwedischen Gräfin von G...*, 1747.
17. *Der Teutsche Merkur,* de WIELAND, 1785, t. I, p. 285 (citado por HENRI BRUNSCHWIG em sua tese: *La lutte pour l'émancipation des Juifs de Prusse,* Paris, 1946).
18. "Wen fasst des Mitleids Schauer nicht, wenn er sieht, Wie unser Pöbel Kanaans Volk entmenscht! Und thut der's nicht, weil unsre Fürsten, Sie in eiserne Fesseln Schmieden? Du lösest ihnen, Retter, die rostige, Engangelegte Fessel von wunden Arm, Sie fühlen's, glauben's kaum. So lange, hat's um die Elenden hergeklirret..." (cit. por G. LIEBE, *Das Judentum in der deutschen Vergangenheit*, Leipzig, 1903, p. 120).

Lisette: Quieta, Fräulein, Quieta! Logo vão lhe dizer o que tem isso.
O Barão: Existem então casos em que o próprio Céu nos impede de ser agradecidos!
O Viajante. Vós o sois bastante, justamente porque temeis não sê-lo o suficiente.
O Barão: Ao menos quero fazer tanto quanto a sorte me permite. Aceitai minha fortuna, prefiro ser pobre e agradecido, do que viver rico e ingrato.
O Viajante: Essa oferta é supérflua, porque o Deus de meus pais deu-me mais do que preciso. Como toda recompensa, não quero outra coisa de vós, senhor, a não ser que, a partir de agora, faleis de minha nação em termos mais comedidos. Eu não me ocultei de vós por causa de minha religião; mas, percebendo que tínheis tanta inclinação por mim em particular, quanto tínheis de aversão para com meus semelhantes, achei que era digno de vós e de mim servir-me da amizade que tive a felicidade de vos inspirar, para destruir no espírito de um homem como vós preconceitos tão injustamente estabelecidos contra minha nação.
O Barão: Coro por meu procedimento (...). Tudo o que vejo de vós, senhor, enche-me de admiração. Vinde, tomaremos medidas para que os culpados sejam punidos. Oh! Como os judeus seriam estimáveis se todos fossem parecidos convosco!
O Viajante: E como o seriam os cristãos, se todos eles fossem tão justos e generosos quanto vós, senhor! (Pano)[19].

Pode-se ver como os sentimentos de todas as personagens são elevados e delicados. Contudo, poderíamos ficar espantados com a obstinada dissimulação do "Viajante"; mas talvez ela estivesse de acordo com o *savoir-vivre* da época (num jornal alemão, encontra-se a descrição, numa cidade balneária, de um "judeu que na verdade se fazia passar por cristão; ele adotara outro nome, mas todos sabiam que era judeu. Mas ninguém demonstrava que sabia, todos o tratavam com polidez, e até com amizade, pois o judeu era um homem amável e que sabia viver..."[20]). Em todo caso, esse detalhe mostra que, para Lessing, se tratava menos de defender a causa do grupo social formado pelo judaísmo, do que de lutar contra o preconceito segundo o qual todos os judeus são necessariamente maus. Além disso, seu "Viajante" é rico, assim como eram seus predecessores em Schnabel e Gellert: o dinheiro valia aos filhos de Israel a consideração não só dos príncipes e dos funcionários públicos, como também a dos moralistas.

Trinta anos mais tarde, Lessing abordou novamente o tema dos judeus em seu célebre drama *Nathan, o Sábio*, onde amiúde deseja-se reconhecer o retrato de seu amigo Moses Mendelssohn. Defesa da tolerância, essa peça clássica também reflete a evolução espiritual de um generoso não-conformista, que, no final da vida, tornou-se um "spinozista", um ateu secreto. Em seu leito de morte, aspirava partir para uma região onde "não houvesse nem cristãos, nem judeus".

Na segunda metade do século XVIII, a maioria dos dramaturgos alemães em voga — Iffland, Kotzebue, os dois Stephanie — põe em cena os *bons judeus,* enquanto que os tradutores de muitas peças estrangeiras

---

19. Segundo a tradução francesa contemporânea (*Les Juifs,* peça em um ato, de LESSING, 1781).
20. *Deutsches Museum,* Leipzig, 1782, I, 337 (citado por H. BRUNSCHWIG em sua tese cit.).

os inserem, para adaptar a versão original ao gosto do dia[21]. Nos países alemães, o judeu torna-se o grande símbolo da luta contra os preconceitos; no final da ação, uma personagem é encarregada de extrair a moral:

> Infelizes aqueles que tornam dever do homem odiar os homens e que ocultam de seus semelhantes as qualidades do judeu que o tornam capaz de todas as virtudes e felicidades humanas.
> (BISCHOFF, *Judenfeind*, 1780.)

> Talvez todos os judeus fossem honestos, ou a maioria o seria, se leis implacáveis não os tratassem como gado e não os excluíssem de todos os ofícios, não lhes deixando senão a usura como meio de subsistência. Esse judeu, Isaac, prova que também os judeus podem ser honestos.
> (VON NESSELRODE, *Der adelige Tagelöhner*, 1774).

Mais sutil do que essas censuras convencionais é a réplica colocada nos lábios de um generoso judeu, que livra um pobre sapateiro da prisão por dívidas. O credor alemão exorta-o a ter um coração cristão.

> Coração cristão? responde o judeu, não, tenho coração judeu, mas eu pago, que o senhor queira aceitar esta nota de cinco *gulden*...
> (HENSLER, *Judenmädchen von Prag*, 1792.)

À despeito de si mesmo, pode-se crê-lo nosso autor punha, assim, em evidência as ambigüidades semânticas a que algumas vezes sucumbe o linguajar familiar dos próprios judeus.

Por conseguinte, o tema principal do debate é a questão de saber se os judeus são maus por natureza ou se a responsabilidade por seu estado cabe à sociedade cristã. "Fazei-nos boas leis, vós vos faremos bons judeus", parecem dizer esses autores; não faltaram críticas para retorquir que a culpa caía inteiramente sobre os filhos de Israel. Nesse sentido, a discussão já é uma antecipação das polêmicas dos séculos seguintes.

Tal discussão, que surgiu a partir de *Os Judeus* de Lessing, inicialmente opôs um professor de universidade já ilustre a um jovem judeu desconhecido; este acabará encarnando o "bom judeu" para o conjunto da opinião pública européia, uma vez que é verdade que a natureza imita a arte. Também o professor deixou sua marca na história, como veremos mais adiante.

---

21. Foi especialmente o caso do *Mercure galant* (ou *La comédie sans titre* de BOURSAULT, que se tornou *Die Heirat durch das Wochenblatt*, 1788) e do *Joueur* de REGNARD (transformado em *Das Spielerglück*, 1790). Da mesma forma, a adaptação alemã de *The Jew* de CUMBERLAND (*Der Jude*,, 1798) enriquece com uma tirada contra as leis da exceção que pesam sobre os judeus, que não existia no original. (Sobre esse assunto, ver HERBERT CARRINGTON, *Die Figur des Juden in der dramatischen Literatur des XVIII. Jahrhunderts*, tese de Heidelberg, 1897).

Johann David Michaelis (1717-1791), um teólogo de imensa erudição, afirmou no *Diário de Goettingen* que um judeu como o "Viajante" não podia existir. Mesmo a virtude medíocre, explicava, era excepcional num povo onde os princípios e o gênero de vida eram deliberadamente imorais. Lessing replicou que judeus como esse existiam na realidade e que ele podia fornecer provas: não acabara de receber, de um jovem judeu, uma carta transpirando os sentimentos mais elevados? Portanto ele publicou a carta que lhe fora entregue por seu amigo Gumpertz. Foi assim que Moses Mendelssohn fez sua entrada na cena literária alemã.

> O veredicto cruel do Sr. Michaelis tem fundamento? exclamava na carta. Que vergonha para o gênero humano! Não tem fundamento? Então que vergonha para o autor!
> Não nos basta sofrer os assaltos do ódio cruel que têm os cristãos por nós e esta injustiça deve ser justificada por meio de calúnias?
> Que continuem nos oprimindo, que nos deixem viver em sujeição entre cidadãos livres e felizes, que nos exponham às zombarias e ao desprezo de todo o mundo; mas que não procurem contestar nosssa virtude, o único consolo de almas desgraçadas, o único recurso dos abandonados...
> (...) Em geral, certas virtudes humanas são achadas mais comumente entre os judeus do que entre os cristãos. Pense-se no horror indizível que eles professam pelo homicídio. Não se pode citar o exemplo de um único judeu (com exceção dos bandidos profissionais) que tenha assassinado um homem. Com que facilidade muito bravo cristão não mata um homem por causa de uma simples injúria! Diz-se que, entre os judeus, trata-se de baixeza. Que seja! se a baixeza poupa o sangue humano é que a baixeza é uma virtude!

Dessa virtude, Mendelssohn não cessou de dar provas aos olhos do mundo durante toda a vida. Personagem exemplar sob todos os aspectos, esse frágil autodidata corcunda tornou-se o chefe do "partido filosófico" alemão, ao mesmo tempo em que continuava trabalhando numa loja de sedas de Berlim, onde os estrangeiros de passagem vinham beber a sabedoria dos lábios de um judeu pio. Já se disse, e pode ser verdade, que os favores da Europa esclarecida iam, ao mesmo tempo que a seus escritos, a esse estado paradoxal; estado que, segundo Heinrich Heine, a Providência proporcionara, à sua maneira, gratificando-o com uma corcunda a fim de fazer com que ele suportasse melhor sua condição de judeu. Seu físico era tal que, no dizer de um de seus visitantes, o coração mais empedernido não podia impedir-se de sentir pena. Mas, na moral era dotado de um temperamento solidamente filosófico; nesse ponto, pode-se dar crédito a seu auto-retrato:

> Em geral, meu coração é pouco acessível à cólera, ao despeito, ao remorso e às outras afecções desagradáveis desse gênero. Sou sensível apenas à ternura e à amizade, e também nisso em grau tão moderado que muitas vezes meus amigos me acusam de falta de fervor. Porém não posso aspirar sentimentos que não sinto e sou incapaz de mentir e fingir, mesmo quando os caprichos da moda o exigem...

Deve-se acrescentar que, ao contrário da maioria dos filósofos cujos nomes foram retidos pela posteridade, Mendelssohn casou-se, teve filhos e conseguiu fundar um lar feliz.

Depois de ter batido, na carta para Lessing, em prol de seus correligionários, nosso homem pareceu desinteressar-se do judaísmo. Sua primeira obra, *As Conversas Filosóficas*, também publicada por Lessing, continha um diálogo em defesa da cultura alemã, ridicularizado por Frederico II e seu círculo; chegou até a ter a ousadia, ele, o *Schutzjude*, o "judeu tolerado", a todo momento podendo ser expulso, de censurar o rei por aversão pela língua alemã. Já então esse judeu mostrava-se mais alemão do que muitos alemães.

Depois disso, desenvolveu, com grande arte da forma, as provas, tão apreciadas pelo Século das Luzes, em favor da tolerância religiosa, da imortalidade da alma, da existência de Deus e de uma religião natural que permitisse a salvação a cada um. Seu *Phedon,* que teve dezessete edições em alemão e foi traduzido para uma dezena de outras línguas, inaugurou sua glória. Mas, em 1769, foi tirado de sua tranqüilidade filosófica pelo pastor suíço Lavater que, tendo decidido convertê-lo, lembrou-lhe por uma provocação pública que, mesmo no plano do comércio de idéias, ele continuava sendo judeu.

Numa carta aberta, Lavater intimava-o ou a refutar as provas do cristianismo, ou, se não pudesse, a aceitar o batismo, "como Sócrates teria feito". Os amigos filosóficos de Mendelssohn incitaram-no a responder logo, e Lessing exortou-o a explorar a fundo a situação para "esmagar o Infame"[22]. Mas os rabinos pediram que ficasse em silêncio. Ele escolheu o meio-termo e respondeu a Lavater que jamais cessara de acreditar na verdade do judaísmo, como sua vida testemunhava; quanto ao erro do cristianismo, seu estado de judeu impedia-o de falar disso em público.

> Minha religião, minha filosofia e minha condição jurídica para mim são razões imperiosas para evitar toda discussão religiosa e para só falar em meus escritos das verdades comuns a todas as religiões. Não é por meio de polêmicas, mas pelo exercício da virtude que desejo poder refutar a opinião depreciativa que se tem dos judeus[23].

A um de seus correspondentes bem situados, o Duque de Brunswick, Mendelssohn expôs, numa carta confidencial, o fundo de seu pensamento. Sua razão, escrevia, insurgia-se perante os mistérios do cristianismo e impedia-o de acreditar no pecado original; que um inocente possa assumir a culpa de um culpado era contrário à justiça divina. Além disso, tendo lido com atenção os Evangelhos, em parte alguma encontrara que Jesus tivesse dispensado os judeus da observância da Lei; mas reconhecia nele um profeta, encarregado de difundir

---

22. "... Se respondeis, peço-vos que o façais com toda a liberdade e com o maior vigor. Vós sois o único que podeis fazê-lo nessa questão; e portanto vós sois infinitamente mais feliz do que o resto das pessoas de bem, que não podem contribuir para derrubar o infame e absurdo edifício senão com o pretexto de consolidar seus fundamentos..." (carta de Lessing a Mendelssohn, de 9 de janeiro de 1771).

23. Primeira resposta de Mendelssohn a Lavater, 12 de dezembro de 1769.

a palavra divina através do gênero humano. Eram opiniões semelhantes àquelas que outrora tinham sido desenvolvidas por John Toland[24]. Mendelssohn esboçava assim sua doutrina de uma religião universal e natural, dada por Deus a todos os homens e da qual os judeus seriam o povo-sacerdote; daí, os mandamentos editados para eles.

Contudo, a discussão Lavater-Mendelssohn, na qual vários outros filósofos e teólogos apressaram-se em intervir, apaixonava a Europa esclarecida. Uma tradução para o francês foi feita:

> As cartas judias e antijudias fizeram tanto barulho que achamos que sua tradução dará prazer aos leitores franceses, que terão a satisfação de ver o triunfo da filosofia cristã sobre Mendelssohn, esse sábio judeu de Berlim...[25].

Desse modo, esse frágil atleta foi promovido a campeão reconhecido do judaísmo. Conseguiu lutar com vigor pelos direitos de seus correligionários, servindo-se de seu prestígio filosófico para intervir em favor dos judeus na Suíça, ameaçados de expulsão, em favor dos da Saxônia e da Alsácia. Este último caso esteve na origem do célebre escrito *Da Reforma Política dos Judeus,* que inicialmente ele mesmo pensava escrever, mas cuja redação foi depois confiada por ele a seu amigo Dohm. Na obra, a emancipação dos judeus era defendida do ponto de vista político e jurídico; de seu lado, Mendelssohn decidiu defendê-la num plano mais elevado. Assim nasceu sua *Jerusalém ou o Judaísmo e o Poder Religioso,* na qual o judeu filósofo tornava-se um filósofo judeu. Esse tratado conserva seu lugar na história da filosofia política enquanto defesa da separação da Igreja e do Estado; ele também dava, ao nosso filósofo, oportunidade para desenvolver sua doutrina religiosa.

Seu principal objetivo era, evidentemente, a outorga dos direitos cívicos a seus irmãos. Para este fim preconizava, ousadamente, um Estado leigo e, portanto, a supressão dos direitos políticos e jurisdicionais das Igrejas. Ele se via naturalmente obrigado a estender esse princípio à "Igreja" judaica, isto é, a reivindicar, em nome da Razão, a abolição da autonomia judiciária das comunidades judaicas e de seu temível meio de ação, e excomunhão rabínica.

Dava esse passo não sem um esforço doloroso, já que com isso contradizia a tradição talmúdica e parecia infringir a própria lei de Moisés. Ademais, dava oportunidade para que seus adversários cristãos dissessem que esse primeiro passo iria acarretar outros e, o que dava no mesmo, iria diretamente às pias batismais. Voltando-se contra eles, contra-atacou então da seguinte maneira:

> ... devo dar esse passo, sem refletir previamente se ele irá tirar-me da confusão em que me encontro, segundo vossa opinião? Se é verdade que as fundações de minha casa ameaçam ruir e que ela corre o risco de desabar, será uma boa inspiração refugiar-me com meus bens no andar inferior ao andar superior? Ali

---

24. Ver supra, p. 56.
25. *Lettres juives du célèbre Mendelssohn, philosophe de Berlin, avec les remarques et réponses de Monsieur le docteur Kolbele et autres savants hommes...,* Frankfurt e Haia, 1771.

estaria em maior segurança? Ora, o cristianismo está erigido sobre o judaísmo, como bem sabeis: se este desmorona, aquele deve necessariamente desmoronar com ele. Dizeis que minhas conclusões minam os fundamentos do judaísmo e me ofereceis a segurança de vosso andar superior; não devo pensar que estais zombando de mim?[26]

É interessante ver alguém como Mendelssohn seguir aqui o mesmo raciocínio que um Fréret; mas ali onde o ateu militante propunha um plano de ataque ("bastará destruir a primeira seita para ser dispensável falar desta"[27]), o filósofo judeu convida seus adversários cristãos para defender em comum a religião ameaçada:

> No caso de uma contradição aparente entre verdade e verdade, entre Escritura e Razão, o cristão que procura seriamente a verdade não desafiará o judeu: junto com este, aquele se esforçará para descobrir as origens da contradição. Trata-se de sua causa comum. O que eles têm para acertar entre si pode ser adiado para outro dia. Eles devem, inicialmente, unir suas forças para enfrentar o perigo, quer descobrindo a falha da Razão, quer mostrando que a contradição é apenas aparente...

Pode-se ver que nosso filósofo estava disposto a admitir falhas na Razão. Também em outros pontos, ele se distanciava do otimismo filosófico do Iluminismo. Assim, quando contestava as certezas de um progresso linear e de uma perfectibilidade infinita da humanidade:

> Não se pode achar, no que se refere ao gênero humano em seu conjunto, um progresso constante da educação, que o aproxime progressivamente da perfeição. Constatamos, pelo contrário, oscilações: a humanidade jamais dá alguns passos para a frente sem voltar rapidamente a seu estado primeiro. A maioria das nações da terra viveram durante séculos no mesmo nível cultural, na mesma penumbra. Por vezes, um ponto ilumina-se na massa, torna-se uma constelação resplendente e percorre uma trajetória que o leva, mais cedo ou mais tarde, quase de volta ao mesmo lugar... Em todas as épocas, o gênero humano, do ponto de vista moral, fica no mesmo nível, conserva a mesma medida de religião e irreligião, de virtude e vício, de felicidade e infelicidade...

Parece que a sabedoria rabínica, a do Eclesiastes, passou por ali. Poder-se-ia acrescentar que, a partir de certas especulações talmúdicas, Mendelssohn esboçava, sobre o tema "por que o homem perdeu seu valor para o homem", uma teoria da alienação humana, devida à intrusão da técnica e à multiplicação dos signos ou símbolos que formam um anteparo entre os homens, teoria que parece ser uma antecipação das conclusões de certos sociólogos atuais sobre os modernos meios de informação[28].

---

26. "Jerusalem, oder über religiöse Macht und Judentum", em *Moses Mendelssohn's gesammelte Schriften*, Leipzig, 1843, t. III, pp. 308-309.

27. Ver, p. 105.

28. "No começo, era expressamente proibido consignar por escrito coisas que não fossem sobre as leis, sobre o que Deus havia feito Moisés escrever. 'Não é permitido que anotes por escrito aquilo que te foi transmitido oralmente', diziam os rabinos. Foi só com muita repugnância que, depois, os chefes da Sinagoga

Essas digressões serviam-lhe para ilustrar sua tese principal: embora declarasse que estava abolida, desde a Destruição do Templo, a teocracia judia, da qual o poder rabínico não passava, para ele, de um vestígio fora de uso, ele não cessava de insistir com todas as energias na manutenção das observâncias e das leis cerimoniais ("lei revelada", especificava, e não "religião revelada") prescritas por Deus a seu povo de sacerdotes ou de "teístas", como dizia.

Enquanto o politeísmo, o antropomorfismo e a usurpação religiosa reinarem sobre a terra [explicava a um de seus correspondentes] os verdadeiros teístas, para não se deixarem submergir, devem manter uma união estreita. No que pode consistir essa união? Em dogmas e opiniões? Os artigos de fé, os dogmas e as fórmulas não passam de cadeias para a Razão. Portanto, deve-se tratar de atos e atos significativos, isto é, de ritos e cerimônias...[29].

Além do mais, Mendelssohn achava que nem mesmo o batismo cristão desligava qualquer judeu:

Mesmo aquele dentre nós que adota a religião cristã, não compreendo como isso pode liberá-lo, em sã consciência, do jugo da Lei. Jesus de Nazaré jamais deu a entender que viera para desligar da Lei a casa de Jacó. Ele disse muito explicitamente o contrário e, o que é mais, ele mesmo fez o contrário. Jesus de Nazaré observou não só a lei de Moisés, mas também os decretos dos rabinos... Todo o seu comportamento, bem como o de seus primeiros apóstolos, ilustra o princípio rabínico: *Aquele que não nasceu sob a Lei, não está ligado pela Lei: mas aquele que nasceu sob a Lei, deve viver sob a Lei e morrer sob a Lei...*[30].

serviram-se da permissão, tornada indispensável, de comentar, a Lei por escrito. Eles chamavam essa permissão de destruição da Lei e diziam, com o Salmista: 'Existe um tempo em que, em nome de Deus, é *preciso* destruir a Lei'. De acordo com a primeira constituição, isso não devia ser assim. Pois as próprias leis cerimoniais não passam de uma espécie de escritura, que desperta o espírito e o coração, que é significativa e que faz refletir sem parar...

"A difusão dos escritos e livros, que hoje em dia se multiplicaram infinitamente graças à invenção da imprensa, transformou inteiramente o homem. A reviravolta que ela acarretou nos conhecimentos e opiniões dos homens por um lado teve conseqüências benéficas para a educação da humanidade, e jamais poderemos ficar bastante gratos à Providência por isso; porém, assim como as demais coisas boas que podem acontecer ao homem aqui embaixo, ela também produz males, que podem ser atribuídos parcialmente aos abusos que se fazem com ela, mas que se devem, por outro lado, à primeira condição humana. Aprendemos e ensinamos unicamente por escrito; só conhecemos a natureza e os homens através de escritos; é assim que trabalhamos e descansamos, que nos divertimos e instruímos; é assim que o pregador conversa com sua comunidade. O professor em sua cátedra lê seus cadernos. Tudo é letra morta; o espírito da conversa viva desapareceu. Amamo-nos e detestamo-nos por escrito, brigamos e reconciliamo-nos por escrito, nosso comércio é uma troca de correspondência e, quando estamos juntos com outros, não temos outro divertimento que não seja jogar ou *ler*. Foi assim que se chegou ao ponto em que o homem quase perdeu seu valor para o homem. Não procuramos mais a companhia do sábio, pois encontramos sua sabedoria nos escritos... Numa palavra, somos *literati, homens de letras*. É das letras que depende toda a nossa existência e não concebemos como um filho da terra pode formar-se e aperfeiçoar-se de outro modo que não seja com o auxílio dos livros..." (*Jerusalem... op. cit.*, pp. 324-326).

29. Carta a Herz Homberg, 23 de setembro de 1783.
30. *Jerusalem... op. cit.*, pp. 356-357.

À posição original de conciliação de Mendelssohn corresponde sua opinião sobre os judeus de seu tempo. Embora ele já tenha tendências para medi-los na escala dos valores cristãos, seu olhar continua indulgente e compreensivo:

> A pressão sob a qual vivemos há tantos séculos tirou todo o vigor de nossas almas. Não é culpa nossa; mas não podemos negar que a aspiração natural à liberdade não se manifesta mais entre nós. Ela se transformou numa virtude monacal e só se expressa através de preces e sofrimentos, não por meio de atos...[31].

Em outro escrito, exortava seus correligionários:

> Ó irmãos meus! Vocês já sofreram muito até agora sob o jugo da intolerância e talvez vocês tenham pensado sentir alguma espécie de satisfação ao fazer com que sofressem esse mesmo jugo aqueles dentre vocês que eram seus subordinados. A vingança procura seu objeto e, se não pode ser exercida em outro lugar, ela rói sua própria carne... Ó irmãos meus, sigam o exemplo do amor, como até agora vocês têm seguido o exemplo do ódio! Imitem as virtudes das outras nações, como até agora vocês achavam que deviam imitar seus vícios! Se querem ser poupados, tolerados e bem tratados, poupem-se, tolerem-se e tratem-se bem: amem e serão amados![32]

Desnecessário acrescentar que esses votos, ou essas ilusões do Iluminismo, não foram acolhidos. O "jugo da intolerância" foi abolido, sem que isso os judeus fossem mais amados, e eles não se amaram uns aos outros. A posteridade imediata a Mendelssohn, seus primeiros filhos converteram-se sem pensar um único instante, evidentemente, em perpetuar as antigas observâncias e, pelo contrário, esforçando-se por todos os meios para abolir até mesmo as lembranças delas. Daí esses juízos implacáveis que tais judeus ou ex-judeus ricos e esclarecidos faziam de seus irmãos deserdados; mas isso será tratado mais adiante.

3. A FILOSOFIA ALEMÃ E OS JUDEUS

Moses Mendelssohn fechou a era da filosofia alemã pré-kantiana. Com sua morte, em 1786, toda uma época parece estar terminada. Livre das influências estrangeiras, fervilhando de uma atividade intelectual prodigiosa e dando provas de originalidade em todos os campos, a Alemanha, tendo recuperado a confiança em si mesma, passou então a vangloriar-se de ser "o país dos poetas e dos pensadores". Mas a época não é mais a mesma em que alguém como Lessing defendia a causa dos judeus. Tudo se passa como se a nova tomada de consciência, ao mesmo tempo em que virificava o sentimento nacional, suscitasse uma hostilidade crescente em relação a eles. Mais ainda do que os poetas, do que

---

31. Carta a um correspondente nobre desconhecido, de 26 de janeiro de 1770.
32. Prefácio de Mendelssohn para a tradução alemã de *Vindiciae Jundaeorum* de MANASSÉ BEN ISRAEL (*Gesammelte Schriften...*, op. cit., p. 202).

um Herder ou um Goethe, os grandes filósofos perseguem sem trégua o "Povo eleito", atacando com todos os meios a seu alcance, inclusive com os próprios escritos de Mendelssohn[33].

Talvez não seja difícil compreender por quê. Em muitos pontos, a filosofia clássica alemã saiu da teologia luterana, da qual ela foi uma espécie de laicização progressiva, e já vimos como um processo desses prepara o terreno para a propaganda antijudaica; ao que vinham acrescentar-se influências diretas da teologia de além-Mancha sobre o pensamento religioso alemão. Some-se a isso o efeito de uma tradição anti-semita específica, cultivada especialmente nas universidades almãs (tradição que chamamos, em nosso volume I, de "anti-semitismo ativado"[34]), e que era conjugada, corremos o risco de dizer, com as conseqüências tiradas logicamente da doutrina de Lutero, e se compreenderá por que os edifícios conceituais de Kant ou de um Hegel foram maculados em alguns lugares por uma prodigiosa irritação antijudaica.

Porém, antes de abordar esses gigantes do espírito, voltaremos a Johann David Michaelis, pois, no capítulo presente, e talvez em outros, ele preparou o caminho para aqueles. É preciso dizer que esse grande hebraizante foi um dos últimos sábios universais à moda dos séculos XVII e XVIII. Ele se interessava tanto pelo funcionamento da memória, quanto pelo mecanismo das lentes de aumentos e pela invenção do fogo. No que se refere à ética, parece que foi o primeiro a colocar o princípio, retomado e desenvolvido depois por Kant, segundo o qual a mentira é um crime em todas as circunstâncias, mesmo quando se trata de uma questão de vida ou morte, por exemplo, o caso de um assassino que nos pergunta onde está a vítima que ele está perseguindo. "Mesmo nesse caso, é preciso dizer a verdade e a mentira continua sendo um crime"[35].

Assim, está-se novamente em presença do culto nacional da obediência, pois uma irresponsabilidade infantil pode esconder-se por trás do imperativo categórico da verdade absoluta; da mesma forma, talvez apenas o sentimento confuso de uma mentira grandiosa possa levar a uma tão lancinante nostalgia pela verdade. (Ironizando sobre essa obsessão nacional, Goethe fazia com que o bacharel do *Fausto* dissesse: "Em alemão, mente-se quando se é bem educado!"[36])

Michaelis também foi o primeiro dos teólogos "racionalistas" luteranos que submeteu a Escritura ao controle da Razão, a exemplo dos ingleses (junto a quem foi estudar), e que proclamou que algumas

---

33. A maneira como Kant e, depois dele, Hegel apoiavam-se no *Jerusalem...* de MENDELSSOHN para negar ao judaísmo a dignidade de uma religião, foi bem evidenciada por NATHAN ROTENSTREICH, *The Recurring Pattern, Studies in Anti-Judaism in Modern Thought*, Londres, 1963, pp. 45 e 52-53.

34. Cf. *De Cristo aos Judeus da Corte*, pp. 181-208.

35. Kant desenvolveu suas opiniões sobre a verdade e a mentira em *Metaphysik der Sitten* (II, Sittenlehere), mas ver principalmente seu escrito de 1797, *Über ein vermeintes Recht, aus Menschenliebe zu lügen*, onde ele raciocina sobre o exemplo acima, reconhece a prioridade de Michaelis e une-se a ele.

36. "Im Deutschen lügt man, wenn man höflich ist" (*Fausto*, verso 6771).

de suas partes mereciam menos fé do que outras. Seu *Manual de Dogmática* teve força de autoridade; mas foram principalmente seus *Suplementos à Língua Hebraica* e seu grande tratado de direito mosaico que fundaram sua reputação internacional.

A esse título, passava, é evidente, por perito em costumes e usos dos judeus. Sua opinião a respeito deles era, como vimos, bem pouco favorável; além disso, parece que, na época, a Universidade de Göttingen, a mais célebre da Alemanha, servia como verdadeira estufa da propaganda antijudia, conforme atestam os nomes (hoje inteiramente esquecidos) de Tychsen e Hissmann. Tanto um quanto outro poderiam ter feito parte daqueles "profanos" a quem Blumenbach fazia admirar as singularidades dos crânios judeus...[37].

Foi principalmente na crítica de *A Reforma Política dos Judeus* de Dohm que Michaelis desenvolveu sistematicamente suas opiniões, as de adversário decidido da emancipação dos judeus. Segundo ele, os judeus eram incorrigíveis e impossíveis de "regenerar", tanto por causa dos costumes, quanto pela religião. Em essência, apresentava quatro ordens de queixas: 1) eles eram viciados e desonestos (ele chegava mesmo a calcular que eles o eram exatamente vinte e cinco vezes mais do que os cristãos); 2) não tinham honra, e o fato de que alguns deles não seguiam mais a lei de Moisés agravava essa censura: "... quando vejo um judeu afrontar sua religião comendo porco, como posso acreditar em seu juramento?"; 3) não valiam nada como soldados, por causa de sua pequena estatura e também porque se recusavam a combater no *schabat;* essa preocupação com o valor militar já é característica da Alemanha e, achamos, só dela; enfim, 4) não tinham religião propriamente dita, pois a lei de Moisés prescreve fazer e não acreditar; é a idéia luterana do *jüdischer Glauben*, de uma crença errada que procura justificar-se por suas obras, e não pela fé, que assim se manifestava.

Deve-se observar que a queixa nº 4 contém o germe das três primeiras: homens que não têm uma religião verdadeira e que, o que dá na mesma, não acreditam no além, facilmente são desonestos e amam sua vida mais do que todas as coisas, mais do que a honra ou a pátria[38]. Deduzidas a partir da teologia luterana, essas opiniões fizeram escola e inspiraram as gerações seguintes, a tal ponto que seu reflexo pode ser encontrado nas diatribes de *Mein Kampf*[39].

---

37. Cf. supra, p. 123.
38. NEUNZEHNTER TEIL, "Orientalische und exegetische Bibliothek", Frankfurt, 1782.
39. "...Pois também aqui tudo é copiado ou, melhor dizendo, roubado; por natureza, o judeu não pode ter uma organização religiosa, pois não conhece nenhuma forma de idealismo e, como conseqüência, a fé no além é-lhe completamente estranha. Mas, segundo as concepções arianas, não se pode imaginar uma religião na qual faltaria, sob uma forma qualquer, a convicção de que a existência do homem continua depois de sua morte. De fato, o *Talmud* não é um livro que prepara para a vida no além; ele ensina apenas a levar, aqui embaixo, uma vida prática e suportável..." (ADOLF HITLER, *Mein Kampf*, trad. francesa *Mon Combat*, Paris, ed. Nouvelles Éditions Latines, 1934, p. 306).

Vejamos agora metafísicos mais ilustres. Também neles, a semente da especulação filosófica estava sufocada, quando se tratava dos judeus, pelo joio das idéias recebidas e pelo transbordamento afetivo.

Também para Emmanuel Kant, o judaísmo não é uma religião propriamente dita, não passando a lei de Moisés de uma constituição civil:

> O Judaísmo não é propriamente uma religião, mas simplesmente uma associação de um certo número de homens que, frutos de uma mesma origem particular, formaram uma república sob puras leis políticas e não, conseqüentemente, uma Igreja... A prova de que não consegue ser uma constituição religiosa é muito clara. *Primeiro,* todos os seus preceitos são de tal natureza que podem formar a base de uma constituição política e ser impostos como leis de coação, exclusivamente relativos que são às ações externas; e os próprios dez mandamentos, que, sem poderem ser universais, já possuem um valor moral aos olhos da razão, não são acompanhados, nessa legislação, do *sentimento* moral do cumprimento... *Segundo,* todas as conseqüências do cumprimento ou transgressão desses mandamentos, todas as recompensas ou punições estão restritas dentro de tais limites que cada um recebe aqui embaixo o prêmio por suas obras... Além disso, sem uma crença na vida futura, nenhuma religião pode ser imaginada; ora, o judaísmo como tal, tomado em sua pureza, não contém absolutamente nenhuma crença religiosa... *Terceiro,* o judaísmo esteve bem longe de constituir uma época de *Igreja universal,* uma Igreja universal mesmo para seu tempo; em vez disso, pode-se dizer que excluiu o gênero humano todo de sua comunhão; ele se considerava como o povo eleito de Jeová, o que provocava a inimizade de todos os povos e excitava a inimizade destes para com eles...[40]

Gerações inteiras de kantianos judeus criticaram e glosaram esse texto: para desculpar um pouco seu ídolo, procuraram vinculá-lo ou à tradição luterana interna (Lutero e os teólogos racionalistas do Iluminismo alemão), ou a fontes externas (Spinoza, através dos deístas ingleses que Kant freqüentava, ou a *Jerusalem* de Mendelssohn[41]). Porém leituras e fontes, qualquer que tenha sido sua importância, talvez tenham contado menos do que a hostilidade visceral de um pensador que, em vários escritos e em vários lugares, preconizava a *eutanásia* para o *judaísmo* de uma maneira que poderia não passar do modo metafísico de clamar: "Morte aos judeus!"[42] Chamando-os de "palestinos", vituperava contra eles com vigorosa irritação em sua *Antropologia:*

> Os palestinos que vivem entre nós têm uma reputação bem justificada de serem escroques, por causa do espírito de usura que reina entre a maioria deles. É verdade que é estranho imaginar uma nação de escroques; mas é legalmente

---

40. E. KANT, *La religion dans les limites de la raison,* ed. Paris, 1841, pp. 217-220.

41. Cf., por exemplo, HERMANN COHEN, *Innere Beziehungen der Kantischen Philosophie zum Judentum, Judische Schriften,* vol. I, Berlim, 1924; JULIUS GUTTMANN, *Kant und das Judentum,* Berlim, sem data; A. LEWKOWITZ, *Das Judentum und die geistigen Strömungen des 19. Jahrhunderts,* Breslau, 1935.

42. Kant fala de eutanásia do judaísmo quer a propósito do nascimento do cristianismo (portanto o judaísmo está morto há dezoito séculos), quer a propósito da reforma do judaísmo de sua época (portanto, ele deverá morrer em breve). Sobre esse assunto, ver NATHAN ROTENSTREICH, *The Recurring Pattern, Studies in Anti-Judaism in Modern Thought, op. cit.,* pp. 38-40.

estranho imaginar uma nação de comerciantes, cuja parcela mais importante, ligada por uma antiga superstição, reconhecida pelo Estado onde eles vivem, não procura a honra burguesa e quer compensar essa falta pela vantagem de enganar o povo que lhe dá sua proteção ou mesmo pela de enganar uns aos outros. Mas uma nação que seja composta apenas por comerciantes, isto é, por membros não-produtivos da sociedade (por exemplo, os judeus na Polônia), não pode ser senão isso; de modo que sua antiga constituição, reconhecida por nós (que temos em comum com eles certos livros sagrados), mesmo que o princípio supremo de sua moral, no comércio conosco, seja "comprador, abre bem os olhos!" pode ser abolida sem reflexão[43].

O filósofo vienense Otto Weininger (morto em 1904), que era perito em matéria de anti-semitismo metafísico, achava que esse trecho era o texto mais anti-semita da literatura mundial. Embora essa afirmação seja contestável, nem que seja porque a literatura mundial é muito rica em textos desse gênero, é certo que Kant, seguindo o exemplo de tantos outros anti-semitas, teve judeus como seus melhores amigos. Foi seu fiel aluno e correspondente, Marcus Herz, que tornou sua filosofia conhecida em Berlim; Lazarus Bendavid esforçou-se para fazer outro tanto em Viena; Salomon Maimon foi, segundo o próprio Kant, o homem que melhor o compreendeu; Mendelssohn era, para ele, "o homem mais importante", e desejava "manter um intercâmbio permanente e íntimo com um homem desses, de natureza tão suave, tão alegre e de cabeça tão lúcida..."[44] Convém acrescentar que, como bom filho da *Aufklärung* que terminava, Kant continuava otimista e achava que, uma vez desembaraçados de seu nefasto "espírito judaico", os judeus iriam emendar-se. Portanto sua concepção era mais "cristã" do que "racista"; para esse efeito, chegava mesmo a preconizar, seguindo uma sugestão de seu aluno Bendavid, a constituição de uma seita judaico-cristã, fundada ao mesmo tempo na *Torá* e nos Evangelhos, o essencial continuando a ser uma *eutanásia do judaísmo* que, aos olhos dele, anunciaria *o fim do grande drama da evolução religiosa* e o advento de uma era de felicidade para toda a humanidade...[45]. Não

43. Cf. *Vermischte Schriften,* herausgegeben VON FELIX CROSS, Leipzig, 1921, pp. 389-390.
44. Carta de Kant a seu aluno Marcus Herz, de 20 de agosto de 177; Cf. *Gesammelte Schriften, Akademieausgabe*, vol. X, p. 211. Cf. também as cartas de Kant e Mendelssohn (vol. X, pp. 70, 346), bem como o escrito de Kant sobre ele, redigido pouco depois de sua morte, *Qu'est-ce que s'orienter dans la pensée?*, Paris, ed. A. Philonenko, pp. 60, 82.
45. "... pode-se considerar como muito feliz a idéia de um excelente espírito dessa nação, a saber, Bendavid, de aceitar publicamente a religião de Jesus (provavelmente com seu veículo, o Evangelho) (...), mas decerto seria preciso então deixar-lhe liberdade de interpretação (da *Torá* e do Evangelho) para distinguir a maneira como Jesus falava aos judeus daquela como ele falava em geral aos homens, como mestre de moral. A eutanásia do judaísmo é a pura religião moral com o abandono de todos os velhos dogmas, dos quais alguns ainda devem ser conservados no cristianismo (como fé messiânica); diferença sectária que, contudo, deve afinal desaparecer, levando, ao menos em espírito, àquilo que se chama o termo do grande drama da evolução religiosa na terra (o retorno de todas as coisas), quando não haverá mais do que um único pastor e um único rebanho." (E. KANT, *Le conflit des facultés* (1789), trad. Gibelin, Paris, 1935, pp. 60-62).

é singular encontrar, no grande renovador da filosofia moderna, uma visão escatológica dessas, em que ele se inspira visivelmente em São Paulo e Santo Agostinho?

Para seu discípulo Fichte, em compensação, o problema dos judeus só poderia ser resolvido com sua expulsão das terras alemãs. "Para proteger-se deles, só vejo um único meio: conquistar para eles a terra prometida e mandá-los todos para lá", escrevia em sua primeira obra importante[46]. Afirmava, com todas as energias, que o caso deles não tinha esperanças: "... dar-lhe direitos cívicos só é possível com uma condição: cortar a cabeça de todos na mesma noite e dar-lhes uma nova que não contenha mais uma única idéia judia". Deve-se notar que essas linhas datam da época (1793) em que Fichte se proclamava revolucionário e até mesmo jacobino; lembrava, portanto, a imagem de uma decapitação coletiva dos judeus, antes mesmo de pregar a cruzada antifrancesa e de promover misticamente os alemães à categoria de único povo autêntico (*Urvolk*), chamado a regenerar o universo. Em outro escrito, posterior (*Os Traços Fundamentais do Século Atual*, 1804), Fichte levava às últimas conseqüências as opiniões dos deístas ingleses mais combativos, tais como Tindal e Morgan[46b]. Identificando o verdadeiro cristianismo com a "religião natural", ele só o encontrava em estado puro em São João, que lhe parece duvidar das origens judias

---

46. J. G. FICHTE, *Beiträge zur Berichtigung der Urteile über die französiche Revolution* (1793). (Cf. C. ANDLER, *Le pangermanisme philosophique*, Paris, 1917, pp. 8-11). Fichte, baseando-se principalmente na idéia do contrato social, defendia o direito dos franceses modificarem sua constituição e chegava, assim, a defender o direito dos cidadãos de um país de iniciarem uma secessão, o que lhe fornecia oportunidade para erguer-se contra "o Estado dentro do Estado" que, segundo ele, era formado pelos judeus. Especificava que não queria mal à crença deles, mas sim a seu "ódio pelo gênero humano":

"Através de quase todos os países da Europa, vive espalhada uma nação poderosa e hostil, em guerra perpétua contra todas as outras e que, em certos Estados, oprime durante os outros cidadãos; é a nação judia. Não acredito, e espero demonstrá-lo, que essa nação seja temível pelo fato de que forma um Estado isolado e fortemente unido, mas sim pelo fato de que esse Estado está fundado no ódio por todo o gênero humano (...). Num Estado em que o monarca absoluto não tem o direito de tomar minha choça paterna e onde posso fazer valer meu direito contra um ministro todo-poderoso, o primeiro judeu que aparecer está livre para pilhar-me impunemente, se ele quiser. Vós todos sois testemunhas disso, não podeis negá-lo e pronunciais as palavras açucaradas de tolerância, de direitos do homem e do cidadão, enquanto lesais em nós os direitos primordiais do homem; não sabeis como dar provas suficientes de caridade e apoio em relação àqueles que não acreditam em Jesus Cristo e que vós cumulais de títulos, dignidades e honras, enquanto que aqueles cujo único crime é acreditar em Jesus Cristo de modo diferente do vosso, são injuriados publicamente por vós e vós lhes arrancais, junto com suas dignidades civis, o pão que ganharam honestamente. Não vos lembrais do que é 'o Estado dentro do Estado'? E não vos vem a idéia perfeitamente natural de que os judeus, já membros de um Estado mais sólido e mais poderoso do que todos os vossos, se lhes dais além de tudo o direito de cidadania entre vós, viriam esmagar completamente todos os vossos demais concidadãos?..."

Essa filípica era seguida da sugestão de se conquistar a Palestina por conta dos judeus, sugestão que citamos no texto.

46b Cf. supra, pp. 59-60.

de Jesus[47]; pela primeira vez na história do pensamento europeu, vê-se assim despontar a idéia de um "Cristo ariano". Além disso, não contente por vituperar, como seus predecessores, o *Antigo Testamento*, criticava severamente a maior parte do *Novo*, notadamente as epístolas de São Paulo. "Tornando-se cristão", escrevia, "Paulo não queria, apesar disso, ter sido erradamente um judeu; portanto, os dois sistemas deviam ser reunidos e adaptados um ao outro." O que quer dizer que, para Fichte, o cristianismo original foi corrompido por seu apóstolo judeu. Aos protestantes como aos católicos, criticava por se prenderem "aos fundamentos falaciosos da teoria pauliniana, que, para conservar a validade do judaísmo por algum tempo, devia partir de um Deus que agisse arbitrariamente: os dois partidos, completamente de acordo quanto à verdade de uma teoria como essa, não nutrem a menor dúvida a seu respeito e só discutem sobre os melhores meios de manter em vigor a teoria pauliniana"[48].

Pouco depois, em seus célebres *Discursos à Nação Alemã* (1808), que se tornaram a carta do pan-germanismo nascente, Fichte exclamava: "Originário da Ásia e tornado inteiramente asiático em conseqüência de sua corrupção, o cristianismo, que pregava a submissão muda e a fé cega, já era para os romanos algo de exótico e estranho..." Só os alemães estavam aptos, segundo ele, a recolher "o grão de verdade e de vida do cristianismo original"[49]. Seus exegetas nazistas não tiveram necessidade de forçar demais os textos para demonstrar que ele foi o primeiro profeta da *Gottgläubigkeit* nazista e da "fé ariana" — pilares da brumosa metafísica hitlerista..."[50]. Do ponto de vista psicológico, esse iluminado, de quem alguns escritos e manifestações dão a entender que se achava destinado a desempenhar uma missão messiânica, a ser não só um cristão, mas um Cristo[51], poderia ser colocado na família dos reformadores que lutavam pelo papel de Messias e cujo furor se volta contra os filhos de Israel, que usurparam essa sublime missão; por seu lado, remontava até as raízes e São Paulo tornava-se o grandioso protótipo do judeu corruptor. Sabe-se também como a exaltação, feita por Fichte, da superioridade germânica fazia com que ele preparasse o terreno para as fatalidades do chamado racismo científico, já presente nos escritos de seus

---

47. "Es gibt nach unserem Erachten zwei höchst verschiedene Gestalten des Christentums: die im Evangelium Johannis, und die beim Apostel Paulus... Was das Historische anbelangt, ist ihm [Johannes] seine Lehre so alt, als die Welt und die erste ursprüngliche Religion; das Judentum aber, als eine spätere Ausartung verwirft er unbedingt, und ohne alle Milderung... Es bleibt auch bei diesem Evangelisten immer zweifelhaft, ob Jesus aus jüdischen Stamme kam, oder falls er es doch etwa wäre, wie es mit seiner Abstammung sich eigentlich verhnalte... Paulus, ein Christ geworden, wollte dennoch nicht unrecht haben, ein Jude gewesen zu sein; beide Systeme mussten daher vereinigt werden und sich in einander fügen..." (*Grundzüge des gegenwärtigen Zeitalters*, ed. de 1946, pp. 98-99 [209-211].)
48. *Idem*, p. 104 (223).
49. *Reden an die deutsche Nation* (Sechste Rede).
50. Cf. LUDWIG ROSELIUS, *Fichte für heute*, Berlim, 1938.
51. Cf. A. PHILONENKO, *La liberté humaine dans la philosophie de Fichte*, Paris, 1966, p. 15.

contemporâneos Arndt e Jahn[52]. Mas não nos demoraremos no caso psicológico desse filho de tecelão, que se tornou o primeiro grande profeta metafísico do nacionalismo alemão; interpretações como essa são sempre trabalhosas e aleatórias e, no caso, não se vê qual seria sua utilidade, pois as inprecações ou heresias de Fichte, seja qual for sua entonação muito pessoal, inserem-se na grande corrente do pensamento teológico-filosófico luterano no capítulo dos judeus.

Também no jovem Hegel pode-se encontrar, num registro mais clássico, a mesma violência. Devemos adiantar que ele se moderou em suas obras da maturidade, nas quais se abstinha de invectivar contra os filhos de Israel, mas sem abandonar a concepção de uma "consciência judia" específica, desgraçada e servil[53]. Essa concepção datava de seus escritos teológicos da juventude (anteriores a 1800), nos quais a desenvolvia com vigor a prolixidade, no quadro de um pensamento cuja obscuridade não pode deixar de desviar os melhores exegetas hegelianos. Talvez não se cometa um engano, porém, escrevendo que se trata simplesmente de uma laicização do tema patrístico sobre a culpa e a perpétua escravidão dos judeus e vinculando, sob esse ponto de vista, também Hegel à grande linhagem dos deístas. Tratando do "espírito do judaísmo", ele contrapunha os judeus aos não-judeus e a conclusão a que chegava é "que uma hostilidade geral não permite mais do que uma dependência física, uma existência animal, que não pode ser garantida senão às custas de outrem e que os judeus receberam como partilha". É evidente que esse parasitismo, para Hegel, era um fenômeno permanente que caracterizava os judeus da Antiguidade, bem como os do presente:

52. Ver mais adiante, p. 323-332.
53. Hegel tratou do judaísmo em *Lições sobre a Filosofia da Religião*, em *A Fenomenologia do Espírito* e em *Lições sobre a Filosofia da História*, especialmente nos seguintes passagens:
1) "Como a consciência servil funda-se teimosamente em sua individualidade, porque ela é recolhida de modo imediato na unidade, é exclusiva e Deus é o senhor exclusivo do povo judeu. Não nos espantemos que uma nação oriental limite a si mesma a religião, que parece inteiramente ligada à nacionalidade; de fato, isso pode ser constatado entre os levantinos em geral (...). Contudo, esse exclusivismo surpreende mais entre os judeus, pois o fato de estarem vinculados à nacionalidade contradiz absolutamente com à idéia de que Deus só pode ser concebido de uma maneira geral e não determinado de uma maneira particular. O Deus judeu existe apenas para o pensamento, o que contrasta com a limitação à nação. A consciência do povo judeu eleva-se sem dúvida à generalidade, como está expresso em alguns salmos (...). Agora vemos que a limitação se explica pela natureza e pela consciência de si servil e que essa particularidade também tem sua fonte na subjetividade..." (*Leçons sur la Philosophie de la religion*, trad. Gibelin, Paris, 1959, t. II, pp. 79 e ss.).
2) "Paralelamente, pode-se dizer que o povo judeu é e foi o mais censurado e o mais abandonado, porque se encontra imediatamente diante da porta da salvação; aquilo que ele deveria ser em si e para si, essa essência toda, não tem consciência de si e, por sua vez, não situa-se além de si mesmo; através dessa renúncia, torna possível para-si uma existência mais elevada, aquela em que restauraria em si mesmo seu próprio objeto, uma existência mais elevada do que se tivesse ficado imóvel no seio da imediatidade do ser; de fato, o espírito é tanto maior quanto

Todos os estados do povo judeu, inclusive o estado miserável, piolhento e infame em que ainda se encontra hoje, nada mais são do que conseqüências e desenvolvimento do destino original – um poder infinito que ele procurava desesperadamente superar –, destino que o maltratou e não deixará de maltratar até que esse povo se concilie com ele através do espírito da beleza, abolindo-o graças a essa conciliação.

Tragédia grega? É justamente o que o destino dos judeus não era para Hegel: essa condição de Sísifo que ele descreve, esse sofrimento, esse esforço desesperado e essa culpa, eram para ele a condição específica dos filhos de Israel, antitética à do resto da humanidade. Por outro lado, o trecho poderia dar a entender que os judeus são "regeneráveis", que eles conservam uma esperança de salvação. Mas essa esperança será baldada enquanto se aferrarem à lei de Moisés (assim volta-se a encontrar a tese-mestra dos Padres da Igreja); dirigidas contra essa lei, nossa filosofia multiplica suas censuras. A de ter instituído a ociosidade do *schabat* não é a menos característica para esse grande trabalhador:

> As três grandes festas anuais, celebradas em sua maioria por repastos e danças, são o que existe de mais humano na constituição de Moisés: mas é sintomática a festa de cada sétimo dia. Esse repouso não pode deixar de ser bem recebido por escravos, depois de seis dias de trabalhos penosos; mas reservar um dia de ociosidade para homens livres e vivos, mantê-los durante esse dia na inatividade espiritual, fazer do tempo dedicado a Deus um tempo vazio e tornar esse vazio tão freqüente não poderia ocorrer ao espírito de outro legislador que não fosse o de um povo para o qual a triste e morna unidade "é" o bem supremo... (...dem die traurige, ungefühlte Einheit des Höchste "ist").

Os judeus, portanto, são escravos, e sua lei é uma lei de escravos; não merecem piedade:

maior for a oposição a partir da qual ele retorna para si mesmo; o espírito constrói essa oposição para si mesmo pelo fato de suprimir sua unidade imediata e de alienar seu próprio ser-para-si. Mas se tal consciência não se reflete em si mesma, a região média em que ela se situa é o vazio desolado e sem salvação, pois o que deveria dar-lhe sua plenitude transformou-se num extremo solidificado. Assim esse último estágio da razão observante é seu pior estágio, mas justamente por causa disso sua conversão é necessária". (*Phénoménologie de l'Esprit,* trad. Hyppolite, Paris, 1939-1941, t. I, pp. 281-282).

3) "...Os judeus possuem o que eles são pelo Um; assim, o sujeito por si mesmo não tem liberdade. Spinoza considera o código de Moisés como se Deus o tivesse dado aos judeus como castigo, a título de férula. O sujeito jamais alcança a consciência de sua autonomia; é por isso que não se encontra entre os judeus a crença na imortalidade da alma, pois o sujeito não existe nem em si nem para si. Mas, embora, no judaísmo, o sujeito não tenha valor, em compensação a família é autônoma, pois o serviço de Jeová está ligado à família; portanto ela é substancial. Mas o Estado não convém ao princípio judeu e permanece estranho à legislação mosaica. Na concepção judia, Jeová é o Deus de Abraão, de Isaac e de Jacó, aquele que lhes ordenou que saíssem do Egito e lhes deu o país de Canaã. Os relatos dos patriarcas têm atrativos para nós. Nós vemos nessa história a passagem do estado patriarcal nômade à agricultura. De um modo geral, a história judaica tem grandeza; só é estragada pela exclusão, considerada sagrada, dos outros povos (a exterminação dos habitantes de Canaã chega mesmo a ser ordenada), pela falta de cultura em geral e pela superstição acarretada pela idéia do elevado valor do caráter particular da nação..." (*Leçons sur la Philosophie de la Histoire,* trad. Gibelin, Paris, 1963, pp. 151-152).

A grande tragédia do povo judeu não é uma tragédia grega, ela não pode provocar nem temor nem piedade, pois ambos resultam do destino do erro necessário de um ser belo; ela não pode provocar senão horror. O destino do povo judeu é o destino de Macbeth...⁵⁵.

Tratando, em outro lugar, da "fé no divino", o jovem Hegel achava fórmulas ainda mais cruéis:

> O espírito só reconhece o espírito: eles [os judeus] viam em Jesus apenas o homem, o Nazareno, o filho de carpinteiro, cujos irmãos e parentes viviam entre eles; ele não era mais do que isso, não podia ser mais, não passava de alguém semelhante a eles e eles sentiam que eles mesmos eram o nada. A tentativa de Jesus de dar ao bando dos judeus a consciência do divino não podia deixar de fracassar, pois a fé no divino não pode resistir na lama. O leão nada cabe dentro de uma noz; o espírito infinito não cabe dentro do calabouço de uma alma judia...⁵⁶.

Sabe-se que, para Hegel, o espírito infinito, depois de roçar Napoleão com suas asas, escolhera a Alemanha como seu lugar preferido e especialmente a Prússia.

Hegel é um filósofo difícil; segundo a opinião geral, é mesmo o mais difícil dos grandes filósofos, e, entre outros pontos controvertidos, os exegetas não cessam de debater a questão de saber se ele era crente ou ateu. Mas, para nosso assunto, esse ponto não tem grande importância, pois de um modo ainda mais acentuado, se é possível, do que na Inglaterra ou na França, os pensadores religiosos, assim como os pensadores anti-religiosos, tiveram tendência, na Alemanha, a tomar os judeus como alvo preferido.

No que se refere àqueles, o procedimento pode ser ilustrado melhor pelo exemplo do teólogo Semler (1725-1791) e de Schleiermacher (1768-1834), seu ilustre aluno.

Semler, que é considerado como o fundador da crítica bíblica histórica, erguia-se contra a fé dogmática dedicada pela teologia tradicional aos livros santos dos judeus "... porque os judeus consideram esses livros como divinos e sagrados, será justo concluir que também os outros povos devam considerá-los divinos, de uma dignidade superior a suas próprias histórias e anais?" Isto tanto mais quanto esses livros relatam histórias abomináveis, cheias de ameaças e maldições para os outros povos, que Deus, que ama todos os homens, jamais poderia ter inspirado. Semler estava igualmente chocado pela pretensão à eleição de um povo grosseiro, entre todos os outros, e perguntava, de modo característico para a teologia progressista da *Aufklärung*: "... serão, pois, eternamente necessários esses fundamentos, que os judeus incapazes e incultos que conhecemos e que nem podem ser comparados a muitos gregos e romanos honestos, adotaram sob o nome de Escritura santa como veneráveis crônicas de seu povo?" A esse respeito, ele também tirava argumentos do fato de que os próprios judeus afirmam que esses livros foram escritos apenas para eles: "...que o *Antigo Testamento* tenha sido

---

55. *Hegels theologische Jugendschriften,* Tübigen, ed. Nohl, 1907, pp. 250, 252, 256, 260.
56. *Idem,* p. 312.

destinado a toda a humanidade, nem mesmo os judeus afirmam; querem conservar esses livros só para eles mesmos, para distinguir-se desse modo dos *goim*, que não teriam sido julgados por Deus como dignos da felicidade". Daí essa conclusão em que o raciocínio de Semler assume um giro gnóstico:"Para nós, para os cristãos enquanto cristãos, importa ver se o espírito de Jesus Cristo reside nesses livros antes de considerá-los como fazendo parte dos ensinamentos cristãos". Esse espírito, segundo ele, estava ausente notadamente dos livros de Esdras e de Neemias: "Os cristãos deveriam interessar-se tão pouco pela edificação do templo em Jerusalém e pela obra de um Neemias quanto pelo que os samaritanos contam a respeito de seu templo no monte Garizim"[57].

Esses argumentos de um teólogo racionalista parecem de uma lógica impecável, e a única objeção que se poderia levantar é de que não cabe lógica no âmago do pensamento religioso. Por outro lado, em tudo isso não há qualquer animosidade contra os judeus. Mas o questionamento da validade canônica do *Antigo Testamento* estava pejado de conseqüências polêmicas. Ele preparava o caminho, por exemplo, aos sarcasmos de Schopenhauer: "Os judeus são o povo eleito de *seu* Deus, que é o Deus eleito por *seu* povo, e isso não diz respeito a mais ninguém que não sejam eles e ele". Mais próximo de Semler, eis as conseqüências a que chegava seu aluno Schleiermacher, pregador romântico e mundano, hóspede assíduo dos salões judeus de Berlim:

Há muito tempo que o judaísmo é uma religião morta, e aqueles que ainda usam suas cores se lamentam junto a uma múmia imputrescível, chorando seu falecimento e seu triste abandono. Não falo dele porque seria o precursor do cristianismo; em matéria de religião, detesto esse tipo de aproximações históricas (. . .). Qual a idéia de universo que transparece através dele? Nenhuma outra além de um sistema de represálias diretas e gerais, de uma reação própria do infinito contra o individual e o finito, que provém de seu arbítrio (. . .). Seu último fruto, produzido a duras penas, foi a crença no Messias. . . Ela se manteve por muito tempo como amiúde acontece com um fruto isolado que fica suspenso, até meados da estação ruim, a um pecíolo murcho e ali seca quando toda força vital desertou o tronco. Por causa de sua estreiteza, essa religião teve vida curta. Ela morreu quando foram fechados os livros santos. Então o diálogo entre Jeová e seu povo foi considerado terminado[58].

De modo pouco característico, a única voz que destoou desse concerto teológico foi a de um pensador violentamente anti-racionalista, Johann Georg Hamann (1730-1788), amigo e adversário filosófico de Kant. Seus escritos contêm, segundo os especialistas, intuições singulares sobre o simbolismo do pensamento e da linguagem, numa antecipação da semântica moderna[59]. "Todos os discursos ocos

---

57. J. S. SEMLER, *Abhandlungen von freier Untersuchung des Canon*, Halle, 1776, Erster Teil, pp. 32, 89, 102,103.
58. FRIEDRICH SCHLEIERMACHER, *Über die Religion* (1799), Fünfte Rede, ed. Götingen, 1913, pp. 144-146.
59. Cf. ISAIAH BERLIN, *The Age of Enlightment*, New York, 1956, pp. 271-275. O filósofo inglês escreve: "One need not accept Hamann's theological beliefs or his antiscientific bias to realize the depth and originality of his ideas about the relations of thought, reason, semi-inarticulate emotional (and spiritual) life, the cultural institutions in which this last is embodied, and the languages and symbolisms of mankind (...). Hamann deserves an act of belated homage in the twentieth century, whose most revolutionary philosophical innovations he did something to anticipate".

sobre a razão", exclamava, "não passam de vento: é a linguagem que é seu órgão e seu critério". Tais palavras não podiam deixar de chocar seu século; assim sua obra logo caiu no esquecimento. Esse pensador solitário, para quem a fé era a única fonte da verdade, percebia nos judeus os "verdadeiros aristocratas originais de todo o gênero humano, cujas pretensões e títulos de nobreza têm melhores bases do que todos os títulos heráldicos de nosso ridículo estilo de chancelaria"[60]. Não que ele tenha atribuído aos filhos de Israel uma preeminência moral ou intelectual em relação aos outros povos: era só em nome da revelação judaico-cristã que exclamava:

> Por que Deus escolheu esse povo? Não por causa de sua excelência. Os espíritos fortes podem ilustrar tanto quanto quiserem sua tolice e malignidade em relação aos outros povos: Deus também não fez propagar os Evangelhos por instrumentos ignaros e mesquinhos? Quem pode sondar nisso seu conselho?[61]
>
> Cada judeu [escrevia ainda] para mim é o milagre dos milagres da Providência e do governo divinos, mais do que a arca de Noé, a mulher de Lot ou a sarça ardente de Moisés. É preciso mondar e rastelar o vasto campo das blasfêmias que nossos ignaros Hefaístos proferem contra o judaísmo[62].

Resta-nos dizer algumas palavras sobre os argumentos antijudaicos apresentados no campo do anticristianismo militante, um campo que, na Alemanha, se constitui com atraso e cuja ação permaneceu apagada; na maioria das vezes, seus protagonistas se contentavam em plagiar os autores ingleses e franceses. O filósofo mais conhecido sob esse aspecto, Hermann Reimarus, cujos escritos foram publicados a título póstumo e anonimamente por Lessing, adotou uma posição orignal no sentido de que suas críticas e sarcasmos eram dirigidos imparcialmente tanto contra os patriarcas judeus, quanto contra os apóstolos cristãos, e não se detinham nem perante o próprio Jesus. Portanto, em sua pessoa parecem estar reconciliadas as duas grandes escolas do deísmo inglês (tais como foram descritas mais acima). À primeira vista, parecia acontecer o mesmo com o juiz Ludwig Christian Paalzow, que, em seu *Hierokles* . . . (também publicado por ele sob o manto do anonimato), fazia com que a religião cristã fosse examinada por quatro personagens: o teólogo ortodoxo Less, os teólogos racionalistas Michaelis e Semler e Nicolas Fréret, escolhido como arauto do livre-pensamento. Mais prolixo do que seus três adversários juntos, Fréret acaba vencendo no final de quatrocentas páginas de uma discussão durante a qual não cessa de demonstrar o absurdo, a intolerância e a crueldade dos dois *Testamentos,* mas principalmente do *Antigo.* Nem por isso o *Novo* é poupado: ". . . já que certos teólogos afirmam", diz Fréret, "que a religião cristã está fundada unicamente no *Novo Testamento* e que não se tem muita necessidade de preocupar-se

---

60. "Golgotha und Scheblimini", *Werke*, herausgegeben VON J. NADLER, vol. III, p. 309. Agradecemos ao Prof. Helmut Gollwitzer, da Universidade de Berlim, que nos comunicou esta citação, bem como as seguintes.
61. "Biblische Betrachtungen", ed. Nadler, I, 11.
62. *Briefwechsel IV*, ed. Hensel, p. 147.

com a divindade do *Antigo*, é preciso que eu empreenda o exame desse escrito . . ." Como resultado, demonstra que o Deus dos cristãos, ciumento e moroso, não vale muito mais do que o dos judeus, vingativo e cruel: "Minha razão está horrorizada e proíbo a mim mesmo de utilizá-la. Vivei na inquietude e no pavor e nutri-vos de terror, pois não sabeis quando o Senhor virá . . ."[63]

Mas, depois, o mesmo Paalzow publicou, desta vez com seu nome, uma obra em latim (*De Civitate Judaeorum*), dirigida contra a emancipação dos judeus, na qual incluiu longos extratos traduzidos de J.-B. Mirabaud, notadamente os trechos em que o secretário permanente da Academia Francesa procurava provar que os judeus eram vis congenitamente e não apenas há dezoito séculos, e que, conseqüentemente, eles foram desprezados em todos os tempos. Assim, se baseava em Kant para dizer que as leis de Moisés eram políticas e não religiosas e concluía daí que de modo algum se podia pensar em recebê-los no Estado[64].

As idéias de Paalzow foram popularizadas, num estilo vivo e picante, pelo advogado Grattenauer, em várias brochuras que, por volta de 1800, alcançaram grande sucesso na Alemanha. Para Grattenauer, falar da emancipação dos judeus é "jacobinismo" e *"sans-culottisme";* não se pode dar a eles os direitos civis a menos que se corte suas cabeças numa noite, substituindo-as por cabeças não-judias, como preconizara de modo muito sábio e Prof. Fichte (pode-se ver como o anti-semitismo dos metafísicos espalhava-se pelo público; isso se aplica principalmente a Fichte, cuja difusão junto à juventude foi vasta e rápida). Quanto ao resto, nosso panfletário justapunha curiosamente as críticas que a teologia, a fislosofia e as ciências naturais de seu tempo dirigiam contra os judeus. Sua religião está "acabada" e, portanto, é uma superstição (enquanto que a religião dos cristãos impõe a fé no incompreensível e no infinito e é, portanto, divina). Eles são sujos porque jamais se lavam; enriquecem com a usura; são pretensiosos e importunos. Merecem o mesmo tratamento que os ciganos; acima de tudo, fedem, tema a que Grattenauer volta sem cessar, indicando mesmo a natureza do gás (*Ammonium pyro-oleosum*) que emana da raça deles. De fato, conclui, uma guerra implacável, uma "luta de morte", contrapõe os alemães aos judeus[65].

O sucesso dos panfletos de Grattenauer valeu-lhe imitadores e rivais; os judeus responderam com contrapanfletos e a guerra foi-se envenenando até que o governo prussiano pôs-lhe um ponto final em setembro de 1803, proibindo a publicação desse tipo de escrito, quer

---

63. *Hierokles oder Prüfung und Verteidigung der christlichen Religion, angestellt von den Herren Michaelis, Semler, Less un Fréret*, Halle, 1785, pp. 258, 311.

64. Após a tese inédita de M. H. BRUNSCHWIG (*La lutte pour l'émancipation des Juifs en Prusse*, Paris, 1946), *De civitate Judaeorum* seria a edição ampliada do panfleto *Von den Juden* que PAALZOW teria publicado em 1799 (e que não pudemos consultar).

65. *Wider die Juden, Ein Wort der Warnung an unsere christliche Mitbürger* (5. ed., Berlim, 1803); *Erklärung an das Publikum über meine Schrift: Wider die Juden* (4. ed., 1803); *C. W. Fr. Grattenauers erster Nachtrag zu seiner Erklärung über seine Schrift: Wider die Juden* (5. ed., Berlim, 1803).

fosse pró ou antijudaicos. Paalzow e Grattenauer continuam sendo personagens bastante obscuras, sobre quem se sabe pouco, mesmo que este tenha feito correr muita tinta em Berlim durante alguns anos. Segundo alguns rumores, teria acabado caindo na miséria e teria recebido ajuda da comunidade judia; segundo outros, ainda mais característicos, ele próprio teria sido de origem judia[66].

4. OS SALÕES JUDEUS DE BERLIM

A colônia judia de Berlim contava com mil oitocentos e cinqüenta membros de 1743 e com quatro mil duzentos e quarenta e cinco, ou seja, quase 5% da população da capital, em 1777[67]. Ao mesmo tempo em que aumentava em número, seus líderes, graças às guerras de Frederico II e ao desenvolvimento econômico da Prússia, enriqueciam e se lançavam em empreendimentos comerciais e industriais de toda ordem. Eles superavam os empresários cristãos tanto em espírito de iniciativa quanto em riqueza: no dizer de Mirabeau, os únicos milionários de Berlim seriam os judeus[68]. Enquanto a massa, excluída das corporações e dos ofícios, reduzida aos pequenos comércios e usuras, vegetava em devota miséria, esses milionários – os Levy, os Markus, os Ephraim, os Itzig – mandavam construir faustuosas moradias e travavam elevados relacionamentos: altos funcionários e membros da nobreza prussiana acorriam a suas recepções. O governo concedia-lhes um "privilégio geral" que comportava a outorga de todos os direitos que se beneficiavam os comerciantes cristãos[69].

Assim, encontrava-se juridicamente concretizado um estado de fato que pode ser verificado em todos os tempos: uma casta desprezada compensava sua degradação graças ao poder do dinheiro. Falamos desse fenômeno mais acima, quando tratamos dos judeus da corte, e mencionamo-lo a propósito dos judeus "livres" da Espanha medieval[70]. Freqüentar as altas esferas fazia com que tanto uns quanto outros multiplicassem as deturpações da lei de Moisés, e alguns desprendiam-se dela completamente. Porém, mesmo nesse caso, eles permaneciam socialmente, a menos que se convertessem, judeus puros, pois não existia nenhuma sociedade "liberta" à qual pudessem integrar-se. O grande fato novo do Século das Luzes é que, a partir de então, alguns cristãos não só abandonam sua religião, como também a colocam abertamente em questão. Assim forma-se uma camada social, que no início não passa de uma tênue película, à qual os judeus que romperam com o judaísmo podem *assimilar-se* sem se tornarem cristãos, sem renegarem brutalmente a fé de seus ancestrais, sem confessarem o credo e o Deus em

66. Cf. a tese precitada de H. BRUNSCHWIG, e o dicionário anti-semita *Sigilla Veri* ("Semi-Kürschner"), Erfurt, 1929, vol. II, p. 809.
67. H. SCHNEE, *Die Hoffinanz und der moderne Staat, op. cit.,* vol. I, p. 190.
68. CONDE DE MIRABEAU, *De la monarchie prussienne sous Frédéric le Grand, op. cit.,* t. V (6), p. 42.
69. H. SCHNEE, vol. I, p. 186.
70. *De Maomé aos Marranos*, pp. 109-110.

nome de quem são humilhados e perseguidos. Por outro lado, nessa sociedade, seu dinheiro ou seus talentos, que eles não deixam de exibir, permitem-lhes desempenhar um papel de primeira linha. Isso se aplica principalmente a Berlim, cidade nova, cidade semicolonial, cuja vida social e cultural é pobre em recursos.

Essa sociedade esclarecida, essa película filosofante e cosmopolita abandonou a fé tradicional em favor de um culto novo, o da Razão; culto que, na maioria das vezes, também ele implica, como vimos, num juízo bem severo em relação ao povo de Israel. Também vimos que a *Aufklärung* luterana, pela voz de seus teólogos e grandes filósofos, tende a tornar o seu juízo particularmente implacável. (Obviamente ela ainda faz distinção entre os *judeus*, que lhe parecem regeneráveis, e um *judaísmo*, para o qual Kant desejava a *eutanásia*. Mas essa distinção, tão evidente na teoria, embaralha-se facilmente na prática, como já sugere a ambigüidade do termo "judaísmo", designando ao mesmo tempo uma tradição religiosa e uma sociedade, um agregado de homens.) Ora, os judeus iniciados na cultura ocidental que freqüentam os meios esclarecidos de Berlim apressam-se a adotar seus ideais e opiniões; portanto, eles tendem a julgar o judaísmo através das lentes da *Aufklärung*; alienação perfeita, voltam sobre si mesmos o olhar de outrem. Além disso, assumem uma posição violenta contra os ortodoxos, isto é, contra a massa dos judeus, que pretendem reformar e iniciar nas Luzes. Eles se empenham nisso de modo tanto mais forte quanto a solidariedade judaica ainda guarda suas formas fortes, isto é, institucionais: a comunidade e, através dela, cada judeu, é responsável pelos delitos e pelos atos de seus membros, não só moral, como também juridicamente. Para os defensores da fé ancestral, os judeus esclarecidos são renegados e os rabinos os cumulam de invectivas e excomunhões. A *Aufklärung* judia ou *Haskalá*, que é chamada de "berlinismo" pelos judeus ortodoxos (especialmente na Polônia), torna-se, para eles, a pior das heresias. As tentativas feitas por Moses Mendelssohn para achar um ponto de equilíbrio ou um compromisso entre as Luzes e a tradição do Sinai são rapidamente superadas; pela força das coisas, seus êmulos e sua posteridade testemunham, por sua vez, contra o judaísmo, isto é, definitivamente contra si mesmos.

Fazem-no de várias maneiras: aliás, tudo o que dizem ou escrevem corre o risco de ser voltado contra eles mesmos. Vejamos primeiro a maneira dos pensadores e ideólogos.

Uma das figuras mais extraordinárias do cenário filosófico alemão em fins do século XVIII foi o judeu polonês Salomon Maimon. Esse filho do gueto, depois de dominar, desde tenra idade, todos os arcanos do pensamento talmúdico, procurou iniciar-se na "ciência grega", sobre a qual a leitura de Maimônides (daí seu apelido) tinha-lhe aberto alguns horizontes. Abandonando mulher e filhos, foi filosofar na Alemanha, onde, até o final de seus dias, levou uma vida de vadiagem e pouco edificante. Sua produção filosófica, por mais considerável que seja, e sua crítica de Kant não nos interessam aqui; acontece o contrário com a *Autobiografia*, seu livro mais lido. Sob mais de um aspecto esta obra faz pensar nas *Confissões* de Rousseau, mas, se a intenção do cidadão de Genebra foi pintar a si mesmo com toda a sinceridade, o mesmo projeto, num filosófo cínico judeu, tornava-se um depoimento sobre o judaísmo em sua totalidade, tanto mais que, ao evocar sua juventude, Maimon multiplicava as descrições de superstições pitorescas e da sordidez em que chafurdavam os guetos poloneses. A esse propósito, se lamentava de sua juventude perdida:

> Minha vida na Polônia, desde meu casamento até minha emigração, isto é, na flor de minha idade, foi uma série de misérias sem fim. À falta de meios para favorecer meu desenvolvimento, gastava minhas forças intelectuais a torto e a direito, de uma maneira cuja descrição faz com que a pena caia de minhas mãos e cuja lembrança dolorosa esforço-me para sufocar. A constituição desse país e o estado de nossa nação, tal como um pobre asno, estavam esmagados por duas cargas: sua própria ignorância e os preconceitos religiosos decorrentes dela, e a ignorância e os preconceitos da nação dominante, as desgraças de minha família, enfim, tudo contribuía para frear meu desenvolvimento e para impedir o surto de minhas capacidades naturais...[71]

A autobiografia de Maimon causou sensação na Alemanha. Schiller e Goethe leram-na com o mesmo arrebatamento e diz-se que este procurou conhecê-lo pessoalmente[72].

Julgando como filósofo, Maimom dava mostras, contudo, de ser favorável à moral rabínica, que ele comparava ao verdadeiro estoicismo. Sobre os grandes pensadores alemães, tinha a vantagem evidente de saber do que estava falando, e seu juízo merece ser apresentado:

> No que se refere à moral rabínica, na verdade não sei o que pode ser criticado nela, a não ser alguns exageros em determinados casos. Ela é o verdadeiro estoicismo, mas nem por isso exclui certos outros princípios úteis (o da perfeição, o da benevolência geral e assim por diante). Sua santidade estende-se até aos pensamentos. À maneira talmúdica, isso é relacionado ao versículo do salmista: "Não deves ter em ti um Deus estrangeiro" ao dizer: "Qual Deus estrangeiro pode habitar no coração do homem, senão aquele das más inclinações?" Os rabinos proíbem que se engane um pagão, quer por atos ou palavras, eles chegam até a proscrever, por exemplo, o emprego da fórmula de boa educação "Estou feliz em vê-lo" que não corresponda às verdadeiras disposições do coração (...). Deveria escrever um livro inteiro se quisesse enumerar todos os excelentes preceitos da moral rabínica. A ação de ensinamentos como esses na vida prática é certa. Os judeus poloneses, a quem sempre foi permitido exercer todos os ofícios e que não estão reduzidos, como é o caso em outros Estados, aos pequenos comércios e à usura, raramente são criticados como sendo escroques. Eles continuam fiéis ao país onde moram e se alimentam de maneira honesta...[73]

Porém, por parte de um judeu esclarecido do século XVIII, um juízo desses sobre o *Talmud* e seus adeptos é bastante excepcional. São mais característicos os escritos de um outro filósofo, o kantiano Bendavid, que condenava indiferentemente os ritos e os costumes dos judeus:

---

71. *Salomon Maimons Lebensgeschichte*, Munique, ed. J. Fromer, 1911, p. 139.

72. H. GRÄTZ, *Ceschichte der Juden*, Leipzig, 1870, vol. XI, p. 151.

73. "Breve Exposição da Religião Judaica", em *Salomon Maimons Lebensgeschichte*, Anhang, I, pp. 349-350.

"Quanto tempo ainda irão durar os excessos da insensata e vergonhosa lei cerimonial, quanto tempo o judeu irá continuar a acreditar que o Pai celeste o recompensará por sua prática com uma coroa particular?", perguntava-se o reformador. Por outro lado, ele tornara sua a tese dos enciclopedistas, segundo a qual essa lei não passava de uma superstição egípcia, que os judeus haviam tomado de empréstimo a seus senhores durante o cativeiro. Desde então, ela não teria cessado de exercer, durante três mil anos, uma influência desastrosa no caráter deles: no Século das Luzes, ela os impede de ser cidadãos benfazejos e úteis e seu egoísmo tornou-se tal que, mesmo entre eles, transformaram-se uns em lobos dos outros. "A esfera de ação do amor ao próximo restringia-se cada vez mais, limitando-se aos parentes e associados e, finalmente, a si mesmo. O judeu tornou-se uma *egoísta* e, como o cristão o rejeitasse, enquanto que seus irmãos não sentiam nenhuma atração por ele, ele se tornou — o que é mais grave do que ser odiado — inimigo da humanidade, ou melhor dizendo, desprezador da humanidade." Qual é a saída para uma situação tão deplorável? A conversão ao cristianismo não iria resolver de modo algum as coisas: "Transformado em desdenhador de duas religiões, o judeu sai do batismo num estado pior do que veio". Bendavid só vê salvação numa reeducação dos judeus, de acordo com os dogmas da Razão; uma vez devidamente iniciados nas Luzes, eles irão perceber o absurdo de suas superstições e irão rejeitá-las espontaneamente. A ele mesmo e aos outros judeus já esclarecidos incumbe o papel de instrutores e guias nesse empreendimento ingrato: esses apóstolos da Razão, para melhor testemunhar em seu favor entre a massa dos judeus, devem, também eles, renunciar às vantagens da conversão, mesmo que esse testemunho corra o risco de tornar-se para eles um autêntico martírio[74].

Servindo de exemplo, o próprio Bendavid, até o fim da vida, dirigiu uma escola para judeus, na qual não só o ensino como também o culto divino era feito em alemão, e as tentativas de reforma desse gênero, umas mais radicais, outras mais moderadas, multiplicaram-se.

O programa de Bendavid é um sinal dos tempos. Seu radicalismo exagerado reflete do melhor modo possível a situação ambígua do judeu esclarecido, que procura fazer com que seus irmãos ortodoxos abandonem o estado de judeus, a fim de escapar melhor, ele mesmo, desse estado. Mas nessa situação que se tornou abjeta a seus olhos, aqueles se comprazem nela e a julgam gloriosa, assim, eles comprometem e contêm esse judeu esclarecido que se sente refém deles. Situação carregada de tensões psíquicas e esfacelamentos (nesse sentido, Bendavid não estava errado ao falar de martírio), que irá marcar, a partir de então, à medida que progride a assimilação, a existência dos judeus ocidentais. Por outro lado, prodigando os esforços para despojar-se, de uma maneira ou de outra, dessa túnica de Nessus, eles darão provas de uma fertilidade e de um dinamismo sem igual em todos os

---

74. Sobre as idéias de Bendavid, cf. A. LEWKOWITZ, *Das Judentum und die geistigen Strömungen des 19. Jahrhunderts*, Breslau, 1935, pp. 66-71.

setores da existência, o que novamente irá contribuir para singularizá-los como "judeus" e para estimular o anti-semitismo.

No espaço de uma geração — a que separa a morte de Moses Mendelssohn da ocupação napoleônica —, os judeus de Berlim, ao mesmo tempo em que conservam seu estatuto de infâmia jurídica, que fazia com que as conversões e multiplicassem, haviam se tornado os reis não só da vida financeira, como também da vida intelectual e artística da capital. Portanto, eles eram poupados: quando, em 1788, *O Mercador de Veneza* de Shakespeare foi representada em Berlim, a peça foi precedida de um prólogo em que o ator que desempenhava Shylock garantia aos judeus que eles gozavam da estima de todos e pedia-lhes que não ficassem chocados com os diálogos que seu papel o obrigava a dizer[75]. Costumes como esses estendiam-se à província, onde alguns judeus acreditavam que a idade do ouro tinha chegado. Em 1792, um literato judeu de Breslau, Moses Herschel, exclamava:

> Graças a nosso século filosófico, os tempos bárbaros terminaram, tempos em que se devia esperar uma careta de desprezo quando a palavra "judeu" era pronunciada. A tocha da filosofia ilumina também com sua luz benfazeja nossa Silésia, e a divina tolerância ali escolheu residir. O homem capaz e honesto pode pretender, a partir de agora, sejam quais forem sua fé e suas opiniões religiosas, receber a afeição e o respeito daqueles que pensam de modo diferente; é certo que ele se beneficiará disso. O cristão e o judeu podem amar-se fraternalmente, estimar-se e honrar-se...[76]

Para dizer a verdade, a opinião dos cristãos instruídos, julgando-se pela imprensa da época, estava dividida. Certos memorialistas saudavam a contribuição judaica à *Aufklärgung*[77], enquanto outros já se queixavam de estar sendo invadidos por "essa semente de Abraão, inúmera como a areia à beira-mar[78].

---

75. "Os homens inteligentes de Berlim começam a estimar mais os correligionários de Mendelssohn; vemos, hoje, que esse povo (de quem honramos os profetas e as primeiras leis) é capaz de produzir grandes homens, tanto nas ciências como nas artes. Como podemos querer afligir um povo como esse com nossas zombarias? Não, não podemos querer isso. Representamos também cristãos velhacos. Criticamos a opressão e as crueldades que reinam nos conventos. Em *Nathan, o Sábio*, é aos cristãos que cabe o papel mais desagradável. No *Mercador de Veneza*, esse papel cabe aos judeus..." *(Apud* S. DUBNOV, *Histoire moderne du peuple Juif*, Paris, 1933, t.I, p. 29).

76. Cit. por MAX BROD, *Heinrich Heine*, Amsterdam, 1935, p. 162.

77. "Chegou-se ao ponto", exclamava K. Boettiger em 1797, "que os cristãos, principalmente no que diz respeito ao bom gosto e à filosofia reinante, alimentam suas lamparinas com o óleo dos corretores judeus. Outrora, as belas judias só eram capazes de dar a palavra de ordem quanto aos penteados e à moda em Berlim; porém, faz algum tempo, elas também tomaram a iniciativa de julgar o silogismo mais correto, a comédia mais espirituosa e a melhor poesia..." (K. BOETTIGER, *Literarische Zustände und Zeitgenossen*, Leipzig, 1838, II, p. 102 e ss.).

78. "Os elegantes de Berlim e os jovens eruditos, que não têm ou não procuram ter acesso às pessoas de distinção, dirigem-se às ricas casas judias. As pessoas cultas dessa nação formam uma classe especial e atualmente gozam de

Em Berlim, esta dominação dos judeus desjudaizados era a de grupos mundanos; para fazer nome aí, nada valia mais do que o apoio de um salão judeu. Até mesmo o intransigente Fichte procurou beneficiar-se de uma proteção dessas: sua primeira conferência berlinense sobre a "Wissenschaftslehre" foi proferida por ele em 1800 no salão da Mme Samuel-Salomon Lévy[79]. Ele fora introduzido nos meios judeus por Dorotéia Mendelssohn, a filha mais velha do filósofo, a propósito de quem escrevia a sua mulher: "O elogio de uma judia pode parecer estranho em minha boca, mas essa mulher destruiu a convicção que eu tinha de que nada de bom poderia vir dessa nação"[80].

O caso da família Mendelssohn fornece-nos um primeiro exemplo dos moventes destinos dos judeus esclarecidos e desjudaizados e de seus problemas, entre os quais ressaltava o do batismo. Os seis filhos do sábio parecem ter herdado seu caráter: permaneceram unidos através de suas hesitações e renegações sucessivas e nenhum deles veio reforçar a tropa crescente de judeus anti-semitas. Os prós e contras da conversão, naquele tempo, encontram-se descritos com total franqueza numa carta que uma nora de Mendelssohn dirigia, em 1799, a um amigo cristão:

> Por sua má ou caprichosa conduta, a maioria dos convertidos lançaram sobre esse ato uma espécie de desprezo, cuja ignomínia estende-se aos melhores. Se apenas um deles desse o exemplo digno de imitação de um caráter irrepreensível, de fidelidade aos princípios e de uma conduta ponderada (infelizmente, a maioria dos juízos são feitos segundo este critério), essa prevenção, que tem muito fundamento, iria dissipar-se grandemente. Teria sido bom poder dispensar essa hipocrisia, mas a aspiração a atividades mais elevadas do que as de um comerciante, e as mil relações delicadas que o intercâmbio social faz com que os jovens espíritos travem, de fato não deixam outra saída. Creio que jamais soube sua opinião a esse respeito, e gostaria de conhecê-la...[81]

No que se refere à descendência direta do filósofo, seu filho mais novo, Nathan, converteu-se ao protestantismo e tornou-se funcionário público, enquanto que os dois mais velhos, Joseph e Abraham, continuaram judeus e fundaram uma casa bancária; mas este, pai do compositor Mendelssohn-Bartholdy, converteu seus filhos, "porque o cristia-

uma influência maior do que a que seus concidadãos batizados estariam dispostos a conceder-lhes. Embora algumas boas cabeças especulativas tenham saído dessa semente de Abraão, inúmera como a areia à beira-mar, isso representa muito pouco na imensa multidão, e eles tiram daí uma vaidade indizível. Jamais esquecerão, até o final dos tempos, que tiveram um Moses Mendelssohn! Judeus e amigos dos judeus não cessam de fazer sua genuflexão perante essa luz, enquanto que centenas de eruditos de valor, mas que não são raridades como essa, são esquecidos..." (UNGER, *Jahrbücher der preussischen Monarchie unter der Regierung Friedrich Wilhelm des Dritten*, Berlim, 1799, I, pp. 126-128).

79. H. SCHNEE, *op. cit.*, I, p. 220.

80. Cf. B. HAGANI, *L'émancipation des Juifs*, Paris, 1928, p. 138.

81. S. HENSEL, *Die Familie Mendelssohn, 1729 bis 1847*, Berlim, 1911, p. 95.

nismo é a religião da maioria dos homens civilizados"[82], escreveu ele a sua filha. Seu cunhado convertido, Bartholdy, para apaziguar sua consciência, fazia-lhe o seguinte raciocínio:

> ... Você crê ter cometido uma má ação ao dar a seus filhos a religião que você pensa ser a melhor? É uma verdadeira homenagem que você e todos nós prestamos aos esforços de seu pai para instaurar a *Aufklärung*, e ele teria agido como você... Pode-se continuar fiel a uma religião oprimida e perseguida, pode-se impô-la aos filhos, na qualidade de coroa de um martírio que irá durar a vida, enquanto só ela é considerada verdadeira. Mas, se não se acredita mais, isso torna-se um ato de pura barbárie...[83]

Quanto às filhas de Mendelssohn, uma delas, Recha, de quem pouco se sabe, parece ter continuado judia, enquanto as duas outras voltaram-se definitivamente para o catolicismo. A mais velha, Henriette, abriu um pensionato para moças da alta sociedade em Paris, onde mantinha um salão freqüentado por Mme de Stael, por Benjamin Constant e pelo compositor Spontini. Distinguindo-se por sua piedade exemplar, depois ela foi a educadora de Fanny Sebastiani, futura Duquesa de Praslin. Muito mais aventurosa foi a existência de Dorotéia, a irmã mais velha. Casada com o banqueiro Simon Veit, de quem teve dois filhos, ela o abandonou por volta de 1795 para se lançar nos braços do efervescente romântico Friedrich Schlegel. Durante alguns anos, o casal escandalizou Berlim ao exibir sua união livre, da qual extraiu a matéria para dois romances de vanguarda, dedicados aos respectivos pares: *Lucinda* de Schlegel (1799) e *Florentino* de Dorotéia (1801). Depois do que, esta mergulhou na leitura da *Bíblia*, "a título de antídoto", escrevia ela a Schleiermacher em novembro de 1802.

> Estou lendo os dois testamentos, e sinto que o protestantismo é bem mais puro do que o catolicismo e deve ser preferido a este. Este, para mim, tem muitas semelhanças com o antigo judaísmo, que abomino grandemente, enquanto que o protestantismo me parece ser a verdadeira religião de Jesus e a religião das pessoas cultas...[84]

Em 1804, Dorotéia converteu-se ao protestantismo, o que permitiu regularizar sua união com Schlegel; a seguir, o casal instalou-se em Viena, seguiu-se uma conversão ao catolicismo, falicitando a carreira diplomática do marido, a serviço do governo austríaco.

Dorotéia e Friedrich haviam se conhecido no primeiro salão judeu de Berlim, o de Henriette Herz, mulher do Dr. Herz, amigo e discípulo de Kant. Célebre por sua beleza escultural, ela virou muitas cabeças. Schleiermacher, em especial, tinha-na escolhido como alma-gêmea, garantindo que ela era "a substância mais próxima da sua"; platônicas ou não, suas relações faziam a alegria dos caricaturistas berlinenses, por

---

82. *Idem*, p. 112.

83. *Idem*, p. 105.

84. Cf. FRANZ KOBLER, *Juden und Judentum in deutschen Briefen aus drei Jahrhunderten*, Viena, 1935, p. 134.

causa da diferença de tamanho entre a exuberante Juno judia e o mirrado pregador luterano. Ela também se converteu, na velhice, e redigiu memórias onde descreve, não sem perspicácia, as razões da atração que os salões judeus exerciam sobre a juventude alemã da época:

> Esses meios estavam desprovidos de uma tradição que, transmitida de geração em geração, tê-los-ia adaptado progressivamente à evolução das idéias e dos costumes. Daí, uma ausência total de preconceitos. Também daí, uma verve original que jorrava de todo de uma fonte primeira, um espírito independente e paradoxal que, de pronto, os punha acima das convenções, uma atração da novidade muito picante que em nada excluía uma certa profundidade de pensamento...Como por milagre, todos os jovens de alguma significação que moravam ou visitavam Berlim eram atraídos para esses meios...[85]

O salão de Henriette Herz tornou-se a sede principal da "Liga da Virtude" *(Tugendbund)*, como se chamava, por antífrase, o movimento dos jovens românticos de Berlim. Para esses jovens, a liberdade dos costumes ia lado a lado com o combate contra a moral austera personificada pelo velho Deus de Israel, combate em que a jovem geração dos judeus esclarecidos participava com vigor crescente.

Sobre as molas profundas dessa luta, sobre a fascinação horrorizada que seu passado histórico exerce sobre esses trânsfugas do gueto, dispomos do testemunho de uma mulher de calibre bem diferente do de Dorotéia Mendelssohn ou Henriette Herz. Feia e pouco graciosa, mas dotada, no dizer de todos os contemporâneos, de um estranho encanto e de uma inteligência genial, Rachel Levine (1771-1832), filha de um joalheiro, também mantinha um salão no andar superior da casa onde morava sua família. Seu quarto na mansarda tornou-se a sede da vida literária na Alemanha; ela era freqüentada por príncipes, poetas e pelos estrangeiros de distinção que estavam de passagem; foi lá que nasceu o culto de Goethe e que os jovens românticos emitiram a sentença de morte definitiva contra o culto da Razão; o príncipe Luís Fernando da Prússia, o diplomata Gentz, os irmãos Humboldt, Heinrich von Kleist, Adalbert von Chamisso, Clemens von Brentano, os irmãos Tieck contavam-se entre os amigos e admiradores de Rahel. Se Henriette Herz foi a Mme Du Deffand da Berlim filosófica e literária, Rachel Levine foi a Mlle de Lespinasse; comparação tanto mais justificada quanto os salões freqüentados pelas pessoas de espírito e de boa companhia, a exemplo dos de Paris, foram uma instituição principalmente judaica na Prússia dos últimos anos do século XVIII.

Como escreve o mais recente biógrafo dessa grande parteira dos espíritos alemães, "a aspiração central de sua vida era desembaraçar-se do judaísmo"[85]. Sua vasta correspondência dá freqüentes provas dessa

---

85. J. FURST, *Henriette Herz, ihr Leben und ihre Erinnerungen*, Berlim, 1850, segundo a tradução feita por J. E. Spenlé, *Rahel (Mme Varnhagen von Ense)*, Paris, 1910, p. 64.

86. HANNAH ARENDT, *Rahel Varnhagen, Lebensgeschichte einer deutschen Jüdin aus der Romantik*, Munique, 1959, p. 201.

obsessão, e certas formulações são impressionantes. A seu amigo de infância, David Veit, ela escrevia:

> Brinco com uma estranha fantasia: imagino que, quando fui projetada neste mundo, um ser supraterrestre gravou com um punhal as seguintes palavras em meu coração: "Você terá uma sensibilidade viva, perceberá coisas que os outros não vêem, será nobre e generosa e não posso privá-la de pensamentos eternos. Mas ia esquecendo uma coisa: você será judia!", e, por isso, toda a minha vida não passa de uma lenta agonia. Posso vegetar se ficar imóvel, mas todo esforço para viver me provoca uma dor mortal e a imobilidade só é possível na morte... é *daí* que decorrem todos os males, todas as decepções e todos os desastres...[87].

A mesma veemência pode ser encontrada também numa carta endereçada a seu irmão:

> ... jamais, em momento algum, esqueço essa infâmia. Eu a bebo na água, a bebo no vinho, a bebo com o ar, a cada respiração. O judeu tem de ser exterminado dentro de nós mesmo às custas de nossas vidas, é a santa verdade[88].

Depois de várias decepções amorosas (o Conde de Finckenstein, o Marquês de Urquijo, Alexander von der Marwitz), Rachel Levine converteu-se em 1814 e casou com o diplomata e homem de letras prussiano August Varnhagen von Ense, quatorze anos mais moço do que ela. O casamento foi feliz. Em seu leito de morte, ela enfim se perdoou por ser o que era e suas últimas palavras ficaram célebres:

> Que história! [extasiava-se] Refugiada do Egito e da Palestina, eis-me aqui, onde encontro ajuda, amor e solicitude. Deus enviou-me a você, caro August, e você a mim! Penso com arrebatamento em minha origem e em meu destino, que une as lembranças mais antigas do gênero humano ao mundo moderno. Daquilo que, contudo, por tanto tempo, foi para mim a pior afronta e a desgraça mais amarga – ser judia – a preço nenhum gostaria agora de ter sido privada. Não acontece o mesmo com minha presente provação? Se algum dia eu deixar este leito de sofrimento, não irei querer, a preço nenhum, não ter passado por isso? Ô, caro August, que visão reconfortante, que alegoria edificante...[89]

Era assim que o judaísmo, a consolação dos ancestrais, tornava-se, para a geração de Rachel, o próprio símbolo da doença e do tormento. Seu irmão, o poeta menor Ludwig Robert, também ele convertido, esboçava num soneto uma variação mais teológica sobre esse tema:

> Se é judeu quem desde o seio materno,
> Está condenado à condição de escravo,
> Ao regime da infâmia, em sua pátria,
> Aos apupos e gracejos da plebe,
>
> Quem não tem saída, seja lá o que fizer,
> Quem bebe sua taça até a borra,

---

87. *Idem*, p. 18.
88. *Idem*, p. 117.
89. Citado por BROD, *Heinrich Heine, op. cit.*

Desprezado e coberto de escarros,
Então eu sou judeu, e continuarei sendo.

Se é cristão quem se esforça humildemente
Para levar sua cruz nesta terra
E para amar aqueles que o odeiam,

Convencido do que aquilo que dilacera o coração
Foi-lhe enviado, para pô-lo à prova, pelo Senhor.
Então eu sou cristão! Altamente, posso dizer[90].

Embora tais esfacelamentos fossem o quinhão das almas frementes e sensíveis, naturezas mais robustas procuravam escapar ao sofrimento de ser judeu abolindo o judaísmo por conta própria: empreendimento realizável com a condição de se dispor de pele grossa e principalmente de meios materiais suficientes. Conversões, enobrecimentos casamentos aristocráticos, instalações em Viena, em Paris ou em Londres, onde era mais fácil fazer-se esquecer: a posteridade dos judeus enriquecidos da época dissolveu-se inteira (com algumas raras exceções, entre as quais figuram os Rothschild) no seio da massa e principalmente da aristocracia cristã[91]. Ao olhar do historiador, a conclusão que daí se depreende é que, ao inverso da opinião comum, o judaísmo, nos tempos modernos, foi o contrário de uma religião de ricos!

A esse respeito, seria preciso dizer algumas palavras sobre os dois grandes salões de Viena, mantidos por duas judias de Berlim, as irmãs Fanny e Cecília Itzig, que haviam se casado respectivamente com os banqueiros vienenses Nathan von Arnstein ou Arnsteiner e Bernhard von Eskeles. Principalmente o salão Arnstein tornou-se, por ocasião do Congresso de Viena, o centro de todas as atividades mundanas, e algumas de suas recepções teriam superado em esplendor às do Imperador[92]: todos os diplomatas da Europa, inclusive núncios e cardeais, encontravam-se ali, e, segundo um memorialista, o Tzar Alexandre I não teria desdenhado aparecer por ali[93]. Por seu lado, Fanny von Arnstein dava provas de um nacionalismo prussiano exaltado, a ponto de que, quando as relações entre Prússia e Áustria azedaram, o conflito repercutiu nas relações matrimoniais, e o marido tinha de fazer suas refeições numa mesa separada: de fato, ela perdia a compostura e dizia grosserias quando se criticava seu país natal, de modo que também os diplomatas prussianos sentiam-se incomodados com seu patriotismo[94].

---

90. Citado *apud* A. ELOESSER, *Vom Ghetto nach Europa*, Berlim, 1936, p. 82.

91. Ver as conclusões grandemente documentadas do trabalho de H. SCHNEE, *op. cit.*, vol. III, pp. 220 e 266.

92. Cf. S. W. BARON, *Die Judenfrage auf dem Wiener Kongress*, Viena, 1920, p. 127, citando um relatório da polícia vienense.

93. Em sua obra cit. supra, à p. 125, S. W. Baron, baseando-se em relatórios da polícia vienense, contesta o fato, afirmado pela primeira vez por M. BERMANN, *Konzert bei der Baronin Fanny von Arnstein*, Viena, 1855.

94. O conselheiro prussiano Friedrich-August Stägemann escrevia: "Fre-

Foi ainda ela que teria introduzido, na sociedade vienense, o costume da festa de Natal, à moda luterana[95]. Embora deixassem de converter-se, os Arnstein e os Eskeles tinham-se desvinculado inteiramente do judaísmo. Não obstante, os maridos intervieram em uma ocasião pela emancipação geral dos judeus, e principalmente, por mais desjudaizadas que essas famílias tenham sido, continuavam sendo bem judias aos olhos de seus convivas. O Chanceler Nesselrode, que iria dirigir a política estrangeira russa durante quarenta anos, expressava-se da seguinte maneira a respeito deles: "A amabilidade da Sra. e da Srta. Arnstein fizeram nascer em mim o desejo de freqüentar os judeus; se existem muitos parecidos com elas, sua companhia vale a pena de ser cultivada"[96]. Pode-se ver como pessoas, que de judeu só tinham conservado o nome, podiam fazer uma publicidade excelente a seu favor. Se o autocrata de todas as Rússias, na mesma época em que criava a Santa Aliança, começava a dar provas de um favor insólito aos filhos dos guetos, suas impressões vienenses bem podem ter influído nesse sentido[97].

Como se desembaraçava alguém do estado de judeu? Detenhamo-nos novamente no caso do banqueiro Salomon-Moisés Lévy, sobrinho da Sra. Samuel-Salomon Lévy, que tentou lançar Fichte em Berlim. Por volta de 1805, ele se converteu e adotou o nome de Delmar, numa alusão ao prenome paterno (Moisés = tirado das águas). Sob a ocupação francesa, procurou receber um título de nobreza, alegando os serviços por ele prestados ao Estado. Os funcionários prussianos encarregados da investigação faziam dele um retrato pouco lisonjeiro e que se pode tomar como verossímil:

> O senhor Delmar dá provas da indiscrição descarada própria a esse tipo de gente, no relacionamento com pessoas que lhe parecem de qualidade e categoria elevada. Ele possui uma camada superficial de instrução e disposições inatas para o ofício de banqueiro, bem como os conhecimentos e a habilidade necessários. Mas seus pretensos méritos desaparecem inteiramente depois de um exame mais atento...[98]

Delmar então fez com que as autoridades ocupantes interviessem. O embaixador francês, Saint-Marsan, entregou-lhe um diploma de bom prussiano:

qüentemente diz-se que os judeus não têm pátria. Mas a Sra. Eskeles entra em transe quando se fala contra a Prússia e a Sra. Arnstein diz grosserias às pessoas e perde toda a compostura. Humboldt diz que ela nos compromete com seu patriotismo" (cit. por S. W. BARON, *op. cit.*, t. I, p. 137).

95. S. W. BARON, p. 127, citando uma carta do Príncipe Radziwill.

96. *Lettres et papiers du chancelier comte de Nesselrode*, t. II, p. 153.

97. Sobre o filo-semitismo de Alexandre I, ver mais adiante, p. 214 e ss. Em Viena, todo o seu círculo freqüentava o salão Arnstein; cf. S. W. BARON, p. 125.

98. Cf. H. SCHNEE, *op. cit.*, t. I, p. 236.

Conheço-o particularmente porque realizou negócios para as administrações francesas e é precisamente porque devo reconhecer que ele sempre agiu, de um lado, com a maior probidade e, do outro, com os sentimentos de um bom prussiano, fiel súdito de Sua Majestade, que ouso tomar a liberdade de recomendá-lo com justiça...[99]

O apoio francês provou ser eficaz; em setembro de 1810, nosso homem recebia o diploma de barão *(Freiherr)* Friedrich von Delmar. Em sinal de reconhecimento ou por política, mandou fazer para suas armas uma coroa francesa de barão. A seguir, seu irmão mais moço, Karl-August, tomou parte das fileiras do exército prussiano, nas campanhas de 1813-1814, e foi promovido a tenente. Voltando a paz, Friedrich von Delmar deixou de lado os negócios para tentar desempenhar um papel político. Foi visto, em 1818, no Congresso de Aix-la-Chapelle, onde recepcionava os diplomatas em sua mesa. Porém, sem dúvida alguma, suas ambições não foram satisfeitas na Prússia; pouco depois, instalou-se em Paris, onde casou com uma jovem inglesa, Miss Rumbold, e resolveu forçar as portas do *faubourg* Saint-Germain. O fasto de suas recepções e a envergadura de suas liberalidades (exceto quando se tratava de judeus) eram tais que "mesmo as viúvas ricas mais altivas e as senhoritas mais estouvadas", escrevia Heinrich Heine, "deixaram de ridicularizá-lo em voz alta"[100]. Morreu sem deixar descendentes; o dito de Heine perpetuou a lembrança dessa personagem esquecida, que poderia ter servido como modelo de Balzac.

Eram principalmente novos-ricos como ele que, no tempo em que a Europa entrava na era do "enriquecei-vos", provocavam o furor dos prussianos de velha estirpe, e, embora os burgueses cristãos que dispunham dos talentos necessários não deixassem de fazer o mesmo que esses judeus, sua ascensão parecia menos espetacular e chocava menos, sem dúvida porque possuíam menos coisas a se fazer perdoar. Antecipando os capítulos seguintes, citemos aqui uma carta que, em julho de 1818, o Marechal Gneisenau dirigia ao Marechal Blücher:

Estou inteiramente de acordo com o que Vossa Excelência me diz em sua honrada carta datada de 10 de julho, sobre os judeus e os novos projetos. É uma doença, um verdadeiro furor do século, de abolir os usos antigos e introduzir novas leis. Por isso, com o decorrer do tempo, a nobreza ficará arruinada, os judeus e os fornecedores tomarão o lugar dela e a seguir tornar-se-ão os pares de

---

99. *Idem*, p. 237 (em francês no texto).

100. *Idem*, p. 239: "Um antigo fornecedor prussiano, que, brincando com seu nome hebraico de Moisés (Moisés quer dizer "tirado das águas", em italiano *del mar)*, adotou o nome mais sonoro de Barão Delmar, fundou aqui faz algum tempo um estabelecimento de ensino para jovens nobres empobrecidos, para o qual destinou mais de um milhão e meio de francos; esse ato generoso foi tão apreciado pelo *faubourg* Saint-Germain que mesmo as viúvas ricas mais altivas e as senhoritas mais estouvadas deixaram de ridicularizá-lo em voz alta. Esse gentil-homem da tribo de Davi contribuiu com um só centavo para a coleta feita no interesse dos judeus?" (Heine estava aludindo à coleta feita por ocasião do caso de Damasco (1840) que será visto mais adiante.)

nosso reino. Esse escândalo judeu me abala o coração, assim como os maus costumes deste século, que só respeita aquele que joga poeira nos olhos dos outros e pode dar grandes jantares aos quais se comparece mesmo que o anfitrião seja corrupto até a medula dos ossos...[101]

Nada mais característico do que a distinção feita pelo velho soldado entre os "judeus" mencionados claramente e os anônimos "fornecedores" cristãos, ambos fomentadores do "escândalo judeu" da revolução industrial que começava.

*
* *

Voltemos ao período pré-napoleônico. Enquanto os judeus ricos emancipavam-se sozinhos em número cada vez maior, as comunidades judias começavam a luta pela outorga coletiva dos direitos civis. Enquanto Frederico II estivesse vivo, toda esperança nesse sentido era vã, de modo que a agitação em favor da emancipação limitava-se às questões de princípio. Mas, a partir da subida ao trono, em 1786, de seu sucessor, Frederico Guilherme II, a comunidade de Berlim multiplicou os esforços para fazer reformar um regime ultrapassado e odioso. Formou-se um comitê cujo elemento motor foi um rico seguidor de Mendelssohn, David Friedländer. O espírito da época era favorável, as idéias de Mendelssohn e de Dohm haviam germinado, na Áustria e na França José II e Luís XVI começavam a dar o exemplo e os ouvidos do novo monarca pareciam predispostos. Uma comissão governamental foi designada e começaram as negociações para uma reforma progressiva do estatuto dos judeus. Uma liberação imediata estava fora de questão; a comissão governamental achava até que seriam necessárias duas a três gerações, ou seja, sessenta a setenta anos, para que os judeus pudessem aceder à completa igualdade de direitos[102].

As negociações entre a comissão governamental e a comunidade de Berlim, que duraram dez anos, não levaram a nenhum resultado positivo. O governo era da opinião que os judeus deviam fazer o primeiro movimento, dando provas de serem súditos honestos e úteis; os delegados judeus objetavam que, para isso, era preciso primeiro abolir as inúmeras incapacidades, servidões e trotes que tornavam negra a existência dos filhos de Israel. Em 1798, a comissão comunicou aos delegados sua decisão definitiva, na qual, ao mesmo tempo em que prestava homenagem aos grandes princípios da *Aufklärung,* chegava a conclusões de uma severidade bem prussiana. De fato, ela admitia que as leis de exceção que regiam a vida dos judeus eram duras e os prejudicavam em relação aos outros súditos do Estado; acrescentava que sua derrogação seria uma honra para a humanidade e serviria para o bem da sociedade burguesa. Contudo, "visto o caráter particular dessa nação", ela estatuía sua manutenção integral:

101. Cf. F. KOBLER, *Juden und Judenteum in deutschen Briefen aus drei Jahrhunderten, op. cit.,* pp. 209-210.

102. ISMAR FREUND, *Die Emanzipation der Juden in Preussen,* Berlim, 1912, vol. I, p. 49.

Enquanto a nação judaica continuar a diferenciar-se, não só por sua opinião religiosa especulativa, como também por seus costumes, usos e estatutos, dos outros habitantes do Estado e continuar nutrindo um certo ódio nacional contra eles; enquanto, em virtude de sua constituição e hierarquia internas, formar uma espécie de Estado dentro do Estado; enquanto a educação da grande massa prosseguir de uma maneira absurda, contrária aos interesses do Estado; enquanto não se manifestar uma melhoria radical e geral, que não pode ser produzida a não ser por essa mesma nação; enquanto, por conseqüência, subsistirem as razões que motivaram, para a segurança dos outros cidadãos do Estado, as leis que são objeto das queixas dessa nação, uma derrogação das referidas leis não pode ser contemplada, ainda menos quando, de um lado, a experiência não demonstrou que as conseqüências desvantajosas para os membros inocentes da nação (como as apresentam os autores da queixa) são devidas a essas leis; e porque, de outro lado, sua manutenção constitui um motivo suplementar para que os judeus aspirem seriamente a reformar-se, tendo em vista sua qualificação para uma completa igualdade de direitos com os outros cidadãos do Estado[103].

Em suma, essa decisão estava de acordo com a filosofia de gente como Bendavid e os demais reformadores radicais.

Restava o caminho das conversões individuais, cuja ameaça, durante as negociações, certos delegados não deixaram de brandir:

Incapazes de suportar sua situação por mais tempo, os judeus, por leviandade ou desespero, vão deixar a religião de seus pais para penetrar com princípios hipócritas e prejudiciais, com o coração desfeito, na sociedade religiosa dominante. O partido dominante nada irá ganhar com a aquisição desses confessores, mas os trânsfugas, a custo do sacrifício de seu caráter moral, terão atingido seu objetivo[104].

De fato, constatando que todos os seus esforços para serem admitidos pelo Estado eram em vão, Friedländer e seus amigos esclarecidos tentaram em 1799, bater na porta da Igreja luterana, a fim de obter a igualdade de direitos através de uma conversão coletiva. Para tanto, lançaram um apelo assinado por um grupo de "pais de família judeus". Apesar de tudo, esses homens notáveis tinham princípios; conscientes de suas responsabilidades, não queriam trapacear com suas convicções. (Nesse campo, um maior rigor de princípios era imposto ao judeu do que ao cristão: este podia fazer o que queria com a religião, sem ser malvisto socialmente, enquanto o judeu convertido era presumido insincero, a menos que desse provas gritantes do contrário: injustiça original que, depois da emancipação, estendeu-se a outros setores.) Ora, foi com toda a sinceridade que esses "pais de família" esclarecidos garantiam que haviam abandonado o *Talmud* e o ritualismo, que acreditavam na imortalidade da alma e na infinita perfectibilidade individual e que era no protestantismo que eles achavam melhor expressas as verdades eternas. Restavam, contudo, os mistérios e os dogmas, em primeiro lugar o da divindade de Cristo.

Em sã consciência, não podiam franquear esse obstáculo, como tantos outros judeus do século novo ou dos séculos passados, que (para retomar a fórmula hegeliana) "não viram em Jesus senão o homem,

103. *Idem*, p. 75.
104. *Idem*, p. 65.

o Nazareno, o filho de carpinteiro, cujos irmãos e parentes viviam entre eles; ele não era mais do que isso, não podia ser mais, não passava de alguém semelhante..." Era por isso que os "pais de família" sugeriam, de acordo com os votos de Kant e de seu aluno Bendavid, a formação de uma nova seita judaico-cristã, que, no espírito deles, deveria ocupar um lugar, ao lado dos socinianos ou dos unitários, entre as várias seitas do protestantismo. Eles declaravam estar prontos a submeter-se ao batismo:

> Se a religião protestante [concluíam no apelo] prescreve certas cerimônias, nós podemos conformar-nos a elas como a simples formalidades necessárias para nossa entrada na sociedade. É óbvio que nós só as aceitaremos como atos e costumes significantes de que aquele que é admitido em sua sociedade reconhece as *verdades eternas*, com os deveres que elas comportam para o homem e o cidadão, mas não significando que ele acredita nos dogmas religiosos de sua sociedade...[105]

O apelo era dirigido nominalmente a um dos dirigentes do consistório luterano de Berlim, o pastor Wilhelm Teller, um *Aufklärer* de idéias avançadas, que, em seus sermões e escritos, não hesitava em negar a transcedência da revelação de Deus em Cristo. Contudo, a resposta do teólogo ultra-racionalista foi pouco encorajadora: dir-se-ia que, face aos judeus, ele encontrava novamente um maior rigor cristão. Ao mesmo tempo em que se rejubilava por ver os "pais de família" abandonar a ultrapassada lei de Moisés e em que manifestava a esperança de que encontrariam muitos imitadores entre seus correligionários, perguntava-lhes insidiosamente: "Vós, que já estais penetrados pelo espírito de Cristo, por que vos atendes a beneficiar também do renome eclesiástico daqueles que são batizados em Seu nome? Esse espírito não vos dá uma dignidade suficiente aos olhos de todos os cristãos de sentimentos elevados?"[106] Não seria melhor, acrescentava, que continuassem sendo o que eram e que se consagrassem à regeneração dos outros judeus? Dito isso, dizia estar disposto, por seu lado, a lhes dar o batismo; mas impunha condições e formulava reservas de ordem prática:

> Para ser cristão, vós deveis ao menos aceitar os sacramentos do batismo e da comunhão e reconhecer a verdade histórica de que Cristo é o fundador da mais sublime religião moral. Podemos dar-vos liberdade no que se refere às opiniões religiosas, que, aliás, diferem no seio da própria Igreja, mas não no que se refere aos dogmas... Não posso nem mesmo vos dizer de antemão se e quais direitos civis o Estado irá achar que deve vos dar depois de vossa declaração: trata-se de uma instância completamente diferente. O protestantismo subordina a Igreja ao Estado e este é livre para recusar os direitos civis a esta ou aquela seita, mesmo protestante[107].

---

105. *Apud* S. DUBNOV, *Histoire moderne du peuple juif, op. cit.*, t. I, p. 206. Não pudemos consultar, na França, o texto original do apelo de Friedländer.

106. *Beantwortung des Sendschreibens einiger Hausväter jüdischer Religion an mich den Probst Teller*, Berlim, 1799, p. 21.

107. *Ibid.*

Por outro lado, tendo os pais de família tornado público seu apelo, de todos os lados elevaram-se vozes para repô-los em seu lugar. Schleiermacher taxava-os de hipócritas, criticando-os por serem guiados por motivos puramente materiais e manifestava a apreeensão de ver a Igreja luterana invadida por uma espécie de "cristianismo judaizante"[108].

Um sábio cristão de renome, o físico suíço Jean-André de Luc, líder, por volta de 1800, dos partidários da cosmogonia bíblica, intervinha no debate para manifestar apreensões de outro tipo: ao abandonar a lei de Moisés, os judeus não estariam ameaçando derrubar a religião cristã junto com a sua?

> Os privilégios que os judeus gozam na sociedade cristã têm como motivo sua declaração de que reconhecem as leis divinas no *Antigo Testamento*... o que de importante deve ser observado em relação aos judeus é que, a partir do momento em que a cadeia de Revelações é rompida, a partir do momento, enfim, em que eles abandonam aquilo que é evidente que o próprio Deus estabeleceu, não pode sobrar nada do cristianismo senão um nome vão...[109]

Portanto, era preciso que os judeus continuassem integralmente judeus e isso ainda mais quando havia ímpios demais entre os cristãos que *"nasceram* dentro da Igreja; eles não podem ser expulsos sem escândalo; e essa é uma razão a mais para não admitir aqueles que declaram formalmente contar-se entre eles – *turpius est ejicere, quam non admittere hostem"* (o que era outra maneira de dizer que há dois pesos e duas medidas segundo se trate de cristãos ou de judeus).

Campeão da irreligião, Ludwig Christian Paalzow juntava sua voz ao concerto, publicando, sob o título *Von den Juden,* uma resposta ao apelo de Friedländer, que servia de prelúdio para seu tratado *De Civitate Judaeorum*[110]. Formou-se um consenso para rejeitar a proposta dos "pais de família"; na época, parece que só Emmanuel Kant a aprovou[111].

A conversão coletiva não ocorreu, a nova seita protestante não foi formada. De novo, a sombra do homem-deus judeu se interpunha entre cristãos e judeus.

---

108. S. DUBNOV, *loc. cit.* (não pudemos consultar o texto do panfleto de Schleiermacher).

109. J.-A. DE LUC, *Lettres sur le christianisme...*, p. 122 (Berlim, 1801), e *Correspondance entre M. le Dr. Teller et J. A. de Luc* (Hanover, 1803). DE LUC também publicou uma *Carta aos Autores Judeus de uma Memória Dirigida ao Sr. Teller* (Berlim, 1799) que não pudemos consultar.

110. Cf. a tese inédita de HENRI BRUNSCHWIG, *La lutte pour l'émancipation des Juifs en Prusse, op. cit.*, p. 83. Não pudemos consultar essa brochura de Paalzow.

111. Cf. N. ROTENSTREICH, *The Recurring Pattern . . . op. cit.*, p. 40, referindo-se à interpretação de HERMANN COHEN, *Kants Begründung der Ethik,* Berlim, 1910, p. 196.

Livro II: A EMANCIPAÇÃO

7. A Emancipação

Na medida em que uma sociedade burguesa, industrial e laica, de estatuto jurídico uniforme, vinha substituir na Europa a sociedade feudal hierarquizada da Idade Média, a emancipação dos judeus tornava-se inevitável: era impensável que uma categoria de homens, desempenhando um papel de primeiro plano nas trocas e na produção, ficasse submetida a um regime de exceção e a leis particulares. Nas vésperas da Revolução Francesa, essa emancipação está sendo preparada em todos os países da Europa Ocidental, na esteira das idéias humanistas da época, e até no Império Tzarista, Alexandre I irá procurar melhorar a condição do povo dispersado, chegando mesmo a pensar em erigir-se como seu protetor universal. Mas é à França revolucionária que cabe oferecer ao mundo o espetáculo de uma emancipação completa, conforme à Declaração de Direitos do Homem, e esse exemplo é seguido pela maioria dos outros países na época em que se encontram sob a dominação napoleônica. Por essa razão, à ideologia revolucionária francesa é atribuído todo o mérito pela emancipação dos judeus. Uma conjunção dessas sem dúvida alguma contribui para empurrar os judeus, na medida em que se emancipam, para o campo chamado de esquerda; acima de tudo, ela atiça contra eles, de geração em geração e de guerra em guerra, o sentimento nacional alemão, agravando a intolerância especificamente germânica.

Por outro lado, em todos os países europeus, o espetáculo da liberação e da ascensão dos judeus pertuba profundamente inúmeros espíritos, e o sentimento de uma nova e obscura ameaça reativa as lendas medievais tecidas em torno do "povo deicida": adaptadas ao gosto da época, isto é, laicizadas e politizadas, se chamarão, em sua versão final, *Os Protocolos dos Sábios de Sião*. Essa parece ser a raiz específica do anti-semitismo moderno, sobre o pano de fundo de seus fatores de ordem mais geral, tais como a inveja econômica e as rivalidades profissionais. Estas serão vistas mais adiante neste trabalho; em primeiro lugar, é preciso ver como prossegue a emancipação dos judeus nas grandes divisões territoriais do continente europeu e quais reações ela provocou.

1. A EMANCIPAÇÃO NA FRANÇA

Já falamos dos trabalhos de Comissão Malesherbes, encarregada por Luís XVI de melhorar a condição dos judeus depois de ter reformado a dos protestantes: "Senhor de Malesherbes, vós vos fizestes protestante e eu vos faço judeu!", teria dito o rei a ele segundo a lenda. Anteriormente, em 1782, o último vestígio da legislação judaica medieval, a peagem corporal (que subsistia na Alsácia), fora suprimida; o edito de Luís XVI especificava ". . . que repugna aos sentimentos que estendemos sobre todos os nossos súditos deixar subsistir, em relação a alguns deles, uma imposição que parece aviltar a humanidade"[1]. Esse edito humanitário levantou apenas uma oposição digna de nota, a do Parlamento de Paris, que recusou registrá-lo, achando que era "infinitamente perigoso por suas conseqüências, porque comportaria o reconhecimento público de que os judeus têm direito de habitar no reino"[2]. Sem dúvida alguma, deve-se perceber nisso um sinal da judeofobia específica da burguesia, notadamente da burguesia parisiense, da qual já falamos em várias ocasiões.

Veio a convocação dos Estados Gerais, que nos deixou a imensa documentação sobre o estado da opinião pública na França nas vésperas da Revolução, documentação essa constituída pelos *Cadernos de Queixas*. Nas províncias onde existia uma população judia, esses cadernos abundavam em queixas contra eles, notadamente na Alsácia e na Lorena, onde os três Estados pareciam unânimes, diz um historiador: ". . . só o tom muda: o clero faz sermões, a nobreza é incisiva, os homens de lei são burocratas. No fundo, todos estão de acordo. Os judeus multiplicaram-se excessivamente e suas usuras arruínam a população dos campos . . ."[3]. Mas não eram só as usuras; por exemplo, segundo o caderno do clero de Colmar, o mal era infinitamente mais profundo:

1. Cf. DAVID FEUERWERKER, "L'abolition du péage corporel en France", *Annales*, XVII (1962), p. 867.

2. *Idem*, p. 870.

3. MAURICE LIBER, "Les Juifs et la convocation des états généraux (1789)", *R.E.J.*, LXIII-LXIV (1912-1913); LXIII, p. 194".

Os judeus, por suas vexações, seus roubos, a duplicidade cúpida de que diariamente oferecem exemplos tão perniciosos, sendo a causa principal e primeira da miséria do povo, da perda de todo sentimento de energia, da depravação moral numa classe outrora renomada por essa fé germânica tão louvada ... [por todos esses motivos] que não seja mais permitido contrair matrimônio senão ao filho mais velho de cada família judia[4].

Os cadernos da nobreza, com mais freqüência do que os do clero ou do Terceiro Estado, propunham remédios mais revolucionários e mais esclarecidos: tais são os de Toul e os de Metz, constatando que "todo meio honesto de subsistência está proibido aos judeus" e pedindo "que lhes seja permitido exercer as artes liberais e mecânicas, como aos demais súditos de Sua Majestade"[5], e parece que a nobreza de Paris não tinha outra coisa em vista quando propôs em seu caderno "levar em consideração a sorte dos judeus"[6].

Às tomadas de posição, em sua maioria hostis, dos três Estados, pode-se acrescentar aquelas, inarticuladas, das "classes silenciosas", do "Quarto Estado", isto é, das massas do proletariado rural, "cujas necessidades jamais são conhecidas porque ele não é consultado"[7]. Na Alsácia, elas manifestaram sua opinião, sobre o pano de fundo do Grande Medo de julho de 1789, por uma vaga de pilhagem e *pogroms*, de modo que os judeus, aos milhares, tiveram de procurar refúgio na Suíça vizinha.

Por outro lado, os judeus não permaneciam inativos, e eles próprios formulavam suas queixas. Mas, já nessa época, a França contava com vários tipos de judeus, que, do ponto de vista cultural e social, não tinham em comum senão o fato de responder a esse nome. Já se falou do fosso que separava os "asquenazitas" do Leste (o grupo mais numeroso) dos "sefarditas" do Sudoeste, dos quais se aproximavam os judeus de Avignon, chamados "judeus do papa"; ademais, Paris, nessa época, contava com várias centenas de judeus semiclandestinos, parcialmente já conquistados pelas novas idéias da época. Os judeus alemães do Leste enviavam delegações a Paris, na preocupação de ficar com a faca e o queijo na mão, isto é, de obter a supressão das leis restritivas, ao mesmo tempo em que conservavam sua autonomia comunitária, sua legislação interna e suas tradições ortodoxas; os "portugueses" procuravam distanciar-se de seus correligionários comprometedores, expressamente dessolidarizando-se com suas tentativas; no final das contas, e à medida que a Revolução progredia, foi a ação do pequeno grupo dos judeus parisienses que venceu as reticências da Constituinte e conseguiu arrancar-lhe a grande decisão de princípio.

Essas ambigüidades e contradições estavam na mesma escala do macrosmo francês. Se a burguesia, encarniçada em destruir os privilégios da nobreza, falava e agia em nome do povo, os protestantes fran-

---

4. Citado por P. GOUBERT e M. DENIS, *1789, les Français ont la parole, cahiers des états généraux*, Paris, 1964, pp. 195-196.

5. M. LIBER, *op. cit.*, pp. 196 e 199.

6. *Idem*, p. 209.

7. P. GOUBERT e M. DENIS, *op. cit.*, p. 226.

ceses, oprimidos pela Igreja, serviram como ponta de lança para a emancipação dos judeus. Já na discussão sobre a Declaração dos Direitos do Homem, o porta-voz protestante, Rabaut de Saint-Étienne, defendendo a causa de seus correligionários, também interveio em favor do "povo arrancado da Ásia":

> ... Peço, então, senhores, pelos protestantes franceses, por todos os não-católicos do Reino, o que pedis para vós, a liberdade, a igualdade de direitos; peço-as para esse povo arrancado da Ásia, sempre errante, sempre proscrito, sempre perseguido há mais de dezoito séculos, que tomaria nossos costumes e nossos usos, se, por nossas leis, ele fosse incorporado a nós e a quem não devemos criticar sua moral, porque ela é fruto de nossa própria barbárie e da humilhação à qual nós o condenamos injustamente![8]

Pode-se reconhecer, incidentalmente, as teses do Abade Grégoire e de outros "regeneradores" dos judeus.

Entre 21 e 23 de dezembro de 1789, a Constituinte chegou às decisões concretas. A liberação total dos protestantes foi adotada sem dificuldades e, na mesma ocasião, os direitos cívicos foram dados aos comediantes e até mesmo aos carrascos; só aos judeus foram negados, face à oposição dos representantes do clero das províncias do Leste. Por outro lado, os advogados de sua emancipação, como o Abade Grégoire ou Mirabeau, admitiam que os judeus formavam uma nação decaída, regida por leis bárbaras, mas, na grande tradição do Iluminismo, queriam reformá-los e regenerá-los, enquanto seus adversários aspiravam mantê-los em seu antigo estado. A concepção "filosófica" foi bem resumida nessa sessão por esta apóstrofe de Robespierre: "Os vícios dos judeus nascem do aviltamento em que vós os mergulhastes; eles serão bons quando puderem achar alguma vantagem em sê-lo!"[9] E ainda melhor pela célebre fórmula de Clermont-Tonnerre: "Tudo aos judeus como cidadãos, nada como nação!"[10] De fato, o problema de uma conciliação entre a tradição talmúdica da dispersão e as concepções emancipadoras das Luzes era difícil, senão insolúvel: já vimos os tormentos que ele causava ao "bom judeu", Moses Mendelssohn.

No campo contrário, La Fare, Bispo de Nancy, o Abade Maury, grande defensor de Luís XVI, e principalmente o futuro "montanhês" e membro do Diretório, Rewbell, deputado da Alsácia, acumulavam argumentos para demonstrar que os judeus eram incorrigíveis e que, sob pena de graves riscos (perigo de uma dominação judia ou perigo de uma explosão popular), era importante não mudar nada em sua condi-

---

8. *Apud* LÉON KAHN, *Les Juifs de Paris pendant la Révolution*, Paris, 1899, p. 17.

9. Discurso de Robespierre na Assembléia Nacional, Sessão de 23 de dezembro de 1789, *Moniteur* de 23-25 de dezembro de 1789.

10. Na realidade, Clermont-Tonnerre, durante sua intervenção, expressou-se da seguinte maneira: "É preciso recusar tudo aos judeus como nação e tudo lhes dar como indivíduos; é preciso que eles não façam dentro do Estado nem um corpo político, nem uma ordem: é necessário que eles sejam individualmente cidadãos".

ção¹¹. Em suma, uns queriam promover os judeus e suprimir o judaísmo tradicional; outros, rebaixar aqueles e manter este; essas duas grandes opções poderão ser encontradas com muita freqüência em outros países e outras épocas. No fim de contas, os constituintes votaram, por quatrocentos e oito votos contra quatrocentos e três, a seguinte moção: "A Assembléia Nacional reconhece os não-católicos como sendo capazes de preencher todos os empregos civis e militares, salvo os judeus, sobre os quais ela se reserva o direito de se pronunciar".

Contudo, judeus e judaísmo, nunca é demais repetir, não passavam de palavras recobrindo realidades muito diversas, e cujo estado de não-cristãos no seio da civilização ocidental poderia ter sido o único denominador comum. Bem integrados na burguesia bordelesa, os "portugueses" manobraram separadamente e conseguiram a igualdade de direitos um mês mais tarde, em 28 de janeiro de 1790; isso não foi fácil, e essa seção, que durou onze horas ininterruptas, foi a mais tempestuosa que a Constituinte conheceu: de um modo característico, o órgão de Mirabeau escrevia, a propósito da obstrução enraivecida dos representantes do clero: "O próprio partido antijudaico retraçou a imagem da sinagoga"¹². De fato, a emancipação dos sefarditas foi apoiada, de maneira sem dúvida alguma decisiva, pelo girondino de Sèze, em nome da cidade de Bordeaux, enquanto os municípios alsacianos, especialmente os de Strasbourg e Colmar, opunham-se com todas as energias à dos asquenazes¹³. Rewbell, por seu lado, clamava com todas as forças de seus pulmões, em meio ao barulho: "Está sendo proposto, senhores, que declareis que os judeus de Bordeaux não são judeus!"¹⁴ Nas polêmicas da época, pode-se achar argumentos ainda mais sintomáticos da sensibilidade cristã. Comentando a sessão de 24 de dezembro (durante a qual a emancipação geral fora adiada), a *Gazette de Paris* exclamava: "Já não se esqueceu bastante vezes que o rei da França também era o rei cristianíssimo? Ele não pode ser rei dos

---

11. Pode-se encontrar a análise das intervenções dos adversários da emancipação em L. KAHN, *op. cit.*, pp. 30-45. Ver também a argumentação do cura Thiébault, constituinte de Metz, que publicou em outubro de 1789 uma memória destinada a refutar as queixas dos judeus do Leste:"Então como podeis pedir para viver e habitar entre nós, vós a quem vossa lei proíbe viver em meio aos idólatras? Então como podeis pensar em fixar-vos em meio a nós comprando propriedades? Vosso pedido não é uma infração formal à letra de vossa lei, não é uma resistência culposa a seu espírito?"

Rewbell, em compensação, ao escrever a Camille Desmoulins, lançava mão de argumentos "progressitas": "Duvido que, em toda a Assembléia, exista alguém mais tolerante do que eu . . . O que pensais de indivíduos que querem tornar-se franceses e, contudo, conservar administradores judeus, notários judeus, tudo isso exclusicamente; que querem ter leis diferentes de sucessão, de casamento, de tutela, de maioridade, etc. das dos cidadãos franceses vizinhos deles . . . Podeis ver que não sou em quem exclui os judeus; eles se excluem a si mesmos . . ." (cf. C. HOFFMANN, *L'Alsace au XVIIIᵉ siècle*, IV, 517-519.)

12. *Le Courrier de Provence*, nº 99 (cf. L. KAHN, *op. cit.*, p. 74).

13. Cf. S. DUBNOV, *Histoire moderne du peuple juif* ..., t. I, pp. 118-119.

14. L. KAHN, p. 70.

franceses sem ser rei dos judeus?"[15] Depois da emancipação dos "portugueses", esse jornal voltava à carga: "O rei dos franceses não deve ser o rei dos judeus!" No Palais-Royal, vendia-se clandestinamente, nesses dias, um curioso panfleto intitulado: *Morte e Paixão de Luís XVI, Rei dos Judeus e dos Franceses*[16]. Os delegados dos asquenazitas e os judeus militantes de Paris continuando, cada um por seu lado, a agitação e as negociações, outro órgão moderado, *Le Journal de la Cour et de la Ville*, escrevia na véspera da Páscoa de 1790: "Seus agentes deveriam suspender as tratativas durante a semana em que vamos entrar; eles não devem ocultar que ela está cheia de lembranças que lhes são desfavoráveis"[17].

O excelente cronista Léon Kahn, cujo trabalho sobre *Os Judeus de Paris durante a Revolução* continua sendo uma fonte de informações de primeira ordem, achava que podia observar que a emancipação global só se tornou possível depois que o rei tentou fugir para o estrangeiro[18]. Essa observação tem grande alcance. Efetivamente, apesar do precioso apoio da Comuna de Paris e apesar das provas de um espírito totalmente esclarecido que não cessavam de prodigar os judeus da capital[19] a Constituinte, durante dez meses, recusou-se a fazer um reexame da questão. Ocorreu o contrário depois do célebre caso de Varennes, o incidente histórico que destruiu a *aura* sagrada que envolvia o rei cristianíssimo dos franceses e sem o qual mal se pode imaginar seu processo e sua execução, isto é, um perfil essencial da Revolução Francesa. Em 27 de setembro de 1791, a Constituinte, antes de separar-se, dispôs, quase por unanimidade e sem que os raros opositores levantassem objeções sérias, a total emancipação dos judeus. Regnault de Saint-Jean d'Angély, que presidia, havia avisado: "Peço que se chame à ordem todos aqueles que irão falar contra esta proposta, porque é a própria Constituição que irão combater"[20]. A ameaça não estava nem um pouco disfarçada. Os tempos haviam mudado, um espírito novo reinava em Paris, espírito que irá conduzir ao processo de Luís XVI e às campanhas de descristianização: tudo se passava como se o processo que levará ao

15. *Idem*, pp. 44 e 80.
16. *Idem*, p. 64.
17. *Idem*, p. 94.
18. *Idem*, p. 110.
19. Ver as obras clássicas de história judaica. Em particular, dezenas de judeus parisienses alistaram-se na Guarda Nacional. Os jornais da época falavam elogiosamente de seu civismo e de sua "desjudaização". Assim, *Le Journal Géneral de France*, em 2 de abril de 1790: "Eles não são mais aqueles homens de cabeça dura, *dura cervice;* não têm mais aquela obstinação e tenacidade em suas opiniões religiosas que os caracterizava; dispensam sem escrúpulos essas práticas que nós considerámos como minuciosas e ridículas e que eles consideravam como sagradas e muito obrigatórias para sua consciência". Ou *La feuille de Paris* de 24 Brumário, ano II: "Será possível? Também os judeus tornaram-se razoáveis. O povo circuncidado, esse povo duro que, diziam nossos padres, fora atingido por uma cegueira eterna, essa nação, separada de todas as nações, se esclarece e se reconcilia conosco por sua sabedoria e sua generosidade".
20. L. KAHN, p. 110.

regicídio contribuísse desde logo para desculpar o povo *deicida*. A esse respeito, deve-se assinalar um panfleto anti-revolucionário de 1794, com o título sugestivo de *Paralelo entre os Judeus que Crucificaram Jesus Cristo, seu Messias, e os Franceses que Guilhotinaram Luís XVI, seu Rei*[21].

Se uma interpretação como essa parece arriscada (fazendo intervir fatores psico-históricos que, embora difíceis de esclarecer, nem por isso são menos significativos), que se pense na clivagem da sociedade francesa no século XIX e no filo-semitismo tradicional de uma "esquerda" que não é senão a descendência dos regicidas: ter matado, com um grande espetáculo e extrema solenidade, o ungido por Deus e seu representante na terra não afastava uma barreira psíquica essencial, não incitava essa descendência a identificar-se com a dos assassinos de Deus, ou a sentir-se cúmplices deles e desposar sua causa? Os "bempensantes" apenas deploravam com tanto mais vigor a emancipação dos judeus: comemorando 1789, o Abade Joseph Lémann, judeu convertido, escrevia um século mais tarde:

O dia de 23 de dezembro de 1789 foi profundamente humilhante para nossa raça, mas foi de uma justiça sublime! Sim, o carrasco merecia ser reabilitado antes de nós; pois o carrasco só fez morrer os homens, os culpados, e nós, nós fizemos morrer o Filho de Deus, o inocente![22]

É óbvio que esse aspecto psico-histórico da emancipação dos judeus, por mais característico que possa ser, não foi o único a determinar seu curso. Pode-se comparar o caso dos judeus com o das pessoas de cor, a que, durante esse mesmo mês de setembro, foram recusados os direitos de cidadão; e embora, logo após à emancipação dos judeus, a Constituinte votasse, em 28 de setembro, a abolição da escravatura, esta, sob a pressão dos grandes plantadores, foi mantida nas colônias. No caso, o preconceito ou a "repugnância física" combinava-se com a ação de interesses poderosos; no que se refere aos judeus, nenhum interesse organizado, de grande envergadura, estava em causa, dado seu número pequeno, sua heterogeneidade e sua dispersão. Nessas condições, a emancipação pôde ser decretada em virtude de considerações puramente ideológicas, em nome da afirmação de um princípio e, num certo sentido, é isso que faz sua grandeza.

Os judeus, notadamente os de Paris, haviam despendido grandes esforços nessa questão vital para eles; mas, por outro lado, praticamente não desempenharam nenhum papel na Revolução Francesa, e parece que os do Leste permaneceram em sua maioria, espectadores não apenas passivos, como também indiferentes, ou pelo menos reser-

---

21. Cf. A.PICHAULT, "Une exécution révolutionnaire en 1794 à Mons", *Messager des Sciences historiques de Belgique*, 1842, pp. 10 e ss. O autor, Charles-Louis Richard, foi guilhotinado em Mons em 1794.

22. ABADE JOSEPH LÉMANN, *La prépondérance juive*, Paris, 1889, p. 131.

vados, aos debates que eram travados sobre seu destino. A esse respeito, é interessante observar que, em nenhum momento, o desabamento da monarquia ou as perseguições da Igreja foram imputados, pelos contemporâneos, a um complô dos judeus; foi só depois, como veremos, que surgiram essas interpretações. É verdade que os espíritos em busca de uma explicação simples e maniqueísta, fazendo intervir uma potência oculta que age nas sombras, podiam referir-se aos protestantes, mais numerosos e poderosos: já em 1790 ouviam-se vozes nesse sentido, que depois irão multiplicar-se[23].

Portanto, com raras exceções[24], os judeus não figuraram nem entre os atores ativos, nem entre os atores passivos do Terror. Mas as campanhas de descristianização tiveram naturalmente como corolário campanhas de desjudaização, e foi assim que se viu *La Feuille du Salut public* trovejar contra a circuncisão:

> ... antes que o erro seja dissipado, quantas crianças podem perecer vítimas dessa observância judaica? Esse objeto, que interessa à sociedade, ainda não chamou a atenção de nossos legisladores. É preciso uma lei específica que proíba aos *descendentes de Abraão* de circuncidar os filhos do sexo masculino...[25]

Também houve rabinos fazendo ostentação de seu civismo, a exemplo dos curas e dos pastores, tais como Salomon Hesse, "sacerdote judeu em Paris", que, em 20 Brumário, ano II, declarou "não ter outro deus senão o da liberdade, e outra crença senão a da igualdade" e oferecia à pátria "os galões tecidos de prata de seus ornamentos e bugigangas judaicas"[26]. Embora em Paris, como na província, o culto judeu fosse perseguido da mesma forma que os demais cultos, pode-se crer que uma secular prática da semiclandestinidade permitia que seus fiéis escapassem com maior facilidade dos raios jacobinos. Contudo, tem-se uma impressão muito nítida de que, em relação a eles, o sectarismo de culto da Razão redobrava de virulência, notadamente nos Departamentos do Leste, alimentando-se no sentimento antijudaico tradicional. A esse respeito é sintomática uma brochura popular para glória de Marat, comparando-o a Jesus, "também ali caído sob os golpes do fanatismo, enquanto trabalhava com todas as forças para operar a salvação do gênero humano"[27]. Nos Departamentos do Leste prosseguia uma propaganda antijudaica às claras. O convencional Baudot, comissário dos exércitos do Reno e do Moselle, chegou mesmo a propor um novo gênero de regeneração dos judeus, a *regeneração guilhotineira*:

23. Cf. os documentos e panfletos citados por L. KAHN, pp. 48-49.

24. Jacob Pereyra, os irmãos Frey, a família Calmer (cf. L. KAHN, pp. 236-293.)

25. *Idem*, p. 191.

26. *Idem*, p. 190.

27. Citado por JEAN BRUHAT, "Divinités de la Raison", em *La Naissance des dieux*, Paris, 1966, p. 219.

... em todo lugar, eles põem a cupidez em lugar do amor pela pátria e suas ridículas superstições no lugar da razão. Sei que alguns deles servem em nossos exércitos, mas, ao excluí-los da discussão a ser travada sobre sua conduta, não seria conveniente ocupar-se de uma regeneração guilhotineira em relação a eles?[28]

Na mesma época (Brumário, ano II), todas as municipalidades do Baixo Reno recebiam a ordem "de reunir imediatamente todos os livros hebraicos, notadamente o *Talmud,* bem como todos os sinais de seu culto, a fim de que se faça um auto-de-fé para a Verdade no décimo dia da segunda década, de todos esses livros e signos do culto de Moisés". Parece que essa ordem não foi levada a efeito, pois em Pluvioso, isto é, três meses depois, uma outra circular proibia "os cidadãos que ousam macular o belo nome de cidadão e amalgamá-lo com o de judeu, de reunir-se em suas sinagogas e ali celebrar suas antigas palhaçadas, numa língua desconhecida, com a qual facilmente se poderia perturbar a segurança geral". Enfim, em II Termidor, não é mais sua superstição mas sua agiotagem que era censurada nos judeus alsacianos, e dava-se ordem às prefeituras do distrito "de ter incessantemente os olhos fixados nesses seres perigosos que são as sanguessugas devoradoras dos cidadãos".

Todas essas ordens sucessivas levam a mesma assinatura, a de Mainoni, o agente nacional do distrito de Strasbourg, mas por certo refletem um estado de espírito generalizado nos Departamentos renanos. No mês de Brumário, ano II, os jacobinos de Nancy submetiam aos de Paris um decreto de expulsão de todos os judeus que residiam na França. O grande clube parisiense rejeitava com indignação a sugestão, "contrária à justiça, à humanidade, ao próprio interesse do país", dizia Léonard Bourdon (presidente do comitê de correspondência dos jacobinos), "porque neste momento existem ao menos dois mil judeus em nossos exércitos, que se conduzem com honra e patriotismo"[29]. Isso não impediu que prosseguisse a agitação em favor de uma expulsão em massa. No mês de Termidor, o convencional André Foussedoire, em missão na Alsácia, espantava-se de "que se chegou até a dizer, nas sessões das sociedades populares, que todos os judeus eram velhacos, celerados; que em poucos dias, mediante decreto da Convenção Nacional, eles seriam expulsos da República e que seus devedores estavam dispensados de manter qualquer compromisso em relação a eles..."[30] Assim, pode-se reencontrar as queixas conjuntas de superstição e usura da imemorial tradição antijudaica. No que se refere à segunda queixa, a aquisição dos bens nacionais multiplicava, no Leste da França, o recurso aos prestamistas judeus; nessas condições, uma expulsão

---

28. Cf. MOISE e ERNEST GINSBURGUER, "Contributions à l'histoire des Juifs pendant la Terreur", *R.E.J.,* XLVII (1903), pp. 283-299. (*Idem* para as citações seguintes.)

29. L. KAHN, p. 168.

30. "Pétition à la Convention pour les citoyens ci-devant juifs de Strasbourg" de FOUSSEDOIRE, publicada por M. e E. GINSBURGER, *art. cit.,* pp. 296-297.

coletiva serviria otimamente aos interesses dos burgueses e dos camponeses enriquecidos.

Na outra extremidade da França, os judeus portugueses não provocavam as mesmas recriminações; porém seu entusiasmo revolucionário parece ter sido igualmente morno. Vários grandes comerciantes e banqueiros de Bordeaux foram multados e coagidos a prover as necessidades dos *sans-culottes*: a maior penalidade, um milhão e duzentos mil libras, foi imposta ao banqueiro Charles Peixotto, acusado "de ter forçado sua aristocracia, mesmo sob o Antigo Regime, a ponto de pretender descender da família de Levi e que, por isso mesmo, era o primeiro nobre do reino..."[31]. Pode-se reconhecer as pretensões genealógicas dos judeus ibéricos: além Pirineus, a família Halevi, aliás Santa Maria, conseguiu reivindicar uma filiação ainda mais augusta[32]. Segundo o cronista bordelês Detcheverry, "a multa teria sido bem maior se a Comissão se tivesse lembrado, a propósito, de que Peixotto havia mostrado a maior pressa em comprar os bens nacionais"[33]. Os judeus alsacianos abstinham-se de comprar, eles mesmos, os bens nacionais, primeiro, por tradição e, depois, pode-se acreditar, por ceticismo em relação ao futuro da Revolução.

Esse ceticismo parece ter sido partilhado pelos grandes judeus portugueses a julgar pelas negociações que mantiveram, em 1791-1793, com o partido do rei, em Paris e Londres, para fins de constituir, na região de Landes, uma espécie de feudo autônomo judeu, sob a suserania da coroa da França. O caso, que só é conhecido graças a um relatório de Joseph Fouché[34], pode ter correspondido a um projeto bem antigo, pois já era mencionado numa nota de Montesquieu sobre uma

---

31. Citado por L. KAHN, p. 234.

32. Cf. *De Maomé aos Marranos*, pp. 105-106 e 189. A família Santa Maria, que era descendente do rabino convertido Samuel Halevi, foi admitida, no século XVI, ao benefício do "sangue puro" cristão porque supunha-se que ela era da mesma família da Santa Virgem.

33. A. DETCHEVERRY, *Histoire des Israélites de Bordeaux*, Bordeaux, 1850, p. 101.

34. Esse relatório de Fouché não deixa de ter interesse para a história das aspirações e projetos pré-sionistas. Está datado de 11 de fevereiro de 1807. Eis, os trechos essenciais: "Embora o seguinte fato seja de data pouco recente, como os detalhes são certos, pode ser útil consigná-lo ou lembrá-lo aqui. Em fevereiro de 1793, o Conselho do Conde de Lille, que então se dizia regente do reino, discutiu um projeto de convenção oferecido pelos judeus. Tratava-se de ceder a eles a Baía de Arcachon e todos os pântanos desse território, entre Bordeaux e Bayonne, para serem mantidos como propriedade deles, sob a suserania da coroa (. . .). Os judeus ofereciam vinte e cinco milhões, dos quais cinco em moeda corrente no momento da adoção do projeto; outros cinco milhões em letras pagáveis em um ano e fornecidas sob a garantia das sinagogas holandesas e portuguesas; os quinze milhões restantes sendo pagáveis quando da tomada de posse (. . .). Esse projeto, depois de deliberações bastante longas no Conselho do Conde de Lille, foi rejeitado devido à oposição do Bispo de Arras, baseada em motivos religiosos e no fato de que uma infração dessas às leis do reino referentes aos judeus não podia ser cometida em tempo de regência" (cf. E. D'HAUTERIVE, *La police secrète du Premier Empire. Bulletins quotidiens adressés par Fouché à l'Empereur*, Paris, 1922, t.III, p.152).

"cidade judia" a ser criada perto de Bayonne[35]. Ele revela um sentido e aspirações políticas entre os judeus sefarditas totalmente estranhos ao judaísmo asquenazita da época.

Em suma, os judeus da França, que, durante a Revolução, tiveram alguns motivos particulares de inquietação, em sua maioria não deram provas de um entusiasmo transbordante por ela. A emancipação, que, a partir da era napoleônica, veio revolucionar a existência de todos os judeus a oeste do Vístula, inicialmente não trouxe grandes mudanças a não ser para aqueles que haviam começado por emancipar-se a si mesmos.

Parece ter ocorrido o mesmo nos países limítrofes, à medida que os exércitos da República levavam para lá as mensagens revolucionárias. Já em novembro de 1792, o General Custine prometia, aos judeus das regiões renanas, pôr fim a sua *vil servidão*: ". . . em breve, em toda parte onde flutuarem os estandartes sacros da liberdade, ninguém mais irá chorar senão os escravos e os tiranos! [36] Em 1795, a nova "República Batava" concedia direitos civis a todos os cidadãos, inclusive aos judeus. Bonaparte, durante suas campanhas, liberava a maior parte deles na Itália, notadamente os do Estado da Igreja. Mas não se pode dizer que todos os filhos de Israel foram unânimes em se rejubilar. Os altivos sefarditas de Amsterdam, em particular, perfeitamente satisfeitos com seu estatuto particular, não iriam beneficiar-se em nada com os direitos civis, conforme comprovam as lutas intestinas e os cismas comunitários que se seguiram. Os judeus humilhados da Renânia, bem como os da Itália, foram mais fáceis de convencer e, a partir de então, destacaram-se por sua francofilia. Nos outros países germânicos, a emancipação total ou parcial dos judeus, igualmente devida à influência francesa, foi decretada pelos governos locais, e dela falaremos mais adiante. O novo Evangelho francês exerceu seus efeitos até no longínquo Portugal, onde vários milhares (duzentos mil, segundo Adolphe Thiers[37]) de marranos ou pseudomarranos ainda estavam submetidos aos antigos estatutos da "pureza de sangue"; em 1809, por ocasião da ocupação francesa, eles se tornaram os principais promotores do partido pró-francês, que (sempre segundo Thiers) procurava oferecer a coroa do país ao Marechal Junot.

Era assim que a França se erigia em protetora e emancipadora dos judeus através da maior parte da Europa. Mas, a partir de 1800, a França é Napoleão, no qual ela se reconhece misticamente e que "quer a mesma coisa que o último de seus granadeiros, mas o quer mil vezes mais fortemente", o que coloca, para nosso estudo, um problema de psicologia individual.

---

35. Cf. supra, p. 75.

36. L. KAHN, p. 319.

37. A. THIERS, *Histoire du Consulat et de l'Empire,* Paris, 1851, t.XI, pp. 69-72. Esse número pode ter sido exagerado. Ainda falta escrever uma história dos marranos de Portugal.

À primeira vista, parece que, no capítulo dos judeus mais do que em qualquer outro Napoleão foi filho fiel da Revolução e, mais especialmente, da Montanha. Procurou *regenerar* os judeus, isto é, desjudaizá-los, e o conseguiu parcialmente. Seus juízos sobre os filhos de Israel, inspirados principalmente pelo pensamento deísta de seu tempo, não eram ternos, e esse inimigo dos "ideólogos" pouco se preocupava com o problema da responsabilidade apresentado por sua condição de avil-tamento, de modo que, postos uns ao lado dos outros, esses juízos poderiam fornecer material para um pequeno catecismo anti-semita. Elas combinavam o antigo preconceito teológico com a nascente superstição cientificista: "Os judeus são um povo vilão, poltrão e cruel"[38]. "São lagartas, gafanhotos que devastam os campos"[39]. "O mal provém principalmente dessa compilação indigesta chamada *Talmud,* onde se encontra, ao lado de suas verdadeiras tradições bíblicas, a moral mais corrompida, a partir do momento em que se trata de suas relações com os cristãos"[40]. Nem por isso os judeus deixam de formar, para ele, uma *raça* e uma raça *maldita*: "Não pretendo subtrair à maldição com que foi fulminada essa raça que parece ter sido a única a ser excetuada da redenção, mas gostaria de deixá-la sem condições para propagar o mal..."[41]

O remédio, a seus olhos, consiste na supressão da raça, que deve dissolver-se na dos cristãos. A tarefa é árdua: "... o bem é feito lentamente, e uma massa de sangue viciado só melhora com o tempo"[42]. "Quando, de cada três casamentos, houver um entre judeu e francês, o sangue dos judeus deixará de ter um caráter particular"[43].

Em termos concretos, Napoleão governou os judeus com mão firme e eficiente; contudo, suas intenções políticas e administrativas abriam caminho para sonhos visionários e também, talvez, para um temor supersticioso.

Já por ocasião da expedição ao Egito, lançou uma proclamação aos judeus, propondo que se alistassem sob suas bandeiras para reconquistar a Terra Prometida[44]. Mas estes permaneceram surdos ao apelo. O projeto pode ser incluído entre suas "miragens orientais", quando ele se via como "fundador de uma nova religião, montado num elefante, coroado por um turbante e levando um novo *Corão* que encerraria sua própria mensagem"[45]. A atração exercida pelo Oriente fabuloso no jovem Bo-

---

38. Cf. ROBERT ANCHEL, *Napoléon et les Juifs,* Paris, 1928, p. 63, nota 5.

39. Cf. FRANÇOIS PIÉTRI, *Napoléon et les Israélites,* Paris, 1965, p. 54.

40. R. ANCHEL, *op. cit.,* p. 93.

41. *Idem, ibidem.*

42. *Idem,* p. 241.

43. Cf. P. SAGNAC, "Les Juifs et Napoléon (1806-1808)", *Revue d'histoire moderne et contemporaine,* II (1900-1901), p. 613.

44. Sobre a gênese desse projeto, ver A.S.YAHUDA, "Conception d'un État juif par Napoléon," *Évidences,* maio-junho de 1951, pp. 3-8.

45. *Idem,* p. 3.

naparte intrigou muitos de seus biógrafos. Essa "obsessão egípcia" poderia ter uma de suas origens, como pensava Sigmund Freud, num "complexo de irmão mais velho" em relação a José Bonaparte, complexo que o teria impelido em direção às plagas onde o patriarca José fez fortuna?[46]

Durante três ou quatro anos em seguida, depois de nomeado Primeiro Cônsul, Bonaparte pôs a regular as questões religiosas. Mas a lei de 18 Germinal, ano X, sobre a organização dos cultos católico e protestante deixava de lado o judaísmo: "... quanto aos judeus", teria dito, "são uma nação à parte, cuja seita não se mistura com qualquer outra; portanto teremos tempo de ocupar-nos deles mais tarde"[47]. Esse tempo veio sob o Império, na primavera de 1806, e parece que sua intenção primeira foi a de privá-los dos direitos civis[48]. Mas o Conselho de Estado, formado por antigos juristas da Revolução (Regnault de Saint-Jean d'Angély, Beugnot, Berlier), conseguiu exercer, sobre ele, uma influência moderadora. No fim de contas, ele decidiu primeiro sondar o lombo e o coração dos judeus, cujos representantes foram reunidos em Paris numa "Assembléia Geral".

Insistiriam eles em ser franceses? Estavam dispostos a jogar fora, se necessário, a lei de Moisés? Às doze perguntas embaraçosas que lhes foram feitas, os delegados responderam da maneira mais satisfatória possível. "Os judeus... consideram a França como sua pátria e acham que estão obrigados a defendê-la?" (terceira questão). "Sim, até a morte!", exclamou unanimemente a Assembléia. Mas os novos patriotas voltaram a ser o povo de cabeça dura quando se tratou dos casamentos mistos, que o Imperador desejava que fossem expressamente recomendados pelos rabinos (sexta questão): sem chocar-se de frente com o autocrata, a Assembléia conseguiu habilmente esquivar-se da resposta[49]. Em termos de conjunto, ela passou com êxito pelo exame e produziu uma impressão favorável nos comissários (Pasquier, Portalis) designados pelo Imperador. Ainda era preciso encontrar um meio para vincular a população judia variegada do Império, desde os

---

46. Essa interpretação foi desenvolvida longamente por Freud, principalmente em suas cartas a Arnold Zweig e a Thomas Mann; cf. E. JONES, *Sigmund Freud...*, vol. III, Londres, 1957, pp. 203-204, 492-493.

47. R. ANCHEL, p. 42, nota 2.

48. Era a opinião de P. SAGNAC, no estudo mencionado, pp. 474-475. Ver também o terceiro item de uma nota ditada por Napoleão em março de 1806: "... a partir de 1º janeiro de 1807, os judeus que não possuírem propriedades estarão sujeitos a uma patente e não gozarão do direito de cidadão..." (R. ANCHEL, p. 78).

49. Ela respondeu "que a lei religiosa só proibia absolutamente o casamento com as sete nações cananéias, Amon e Moab (no passado) e as idólatras (no presente); que as nações modernas não são idólatras, pois adoram um Deus único; que vários casamentos mistos tinham sido realizados, em diferentes épocas, entre judeus e cristãos, na França, Espanha e Alemanha; mas que os rabinos não estariam mais dispostos a abençoar o casamento de uma cristã com um judeu ou de uma judia com um cristão do que os padres católicos consentiriam em abençoar semelhantes uniões".

Países Baixos até a Itália, às decisões adotadas pela Assembléia: os comissários ficaram muito surpresos ao saber que não existia nenhuma autoridade organizada, nenhum governo central, ao qual todos os fiéis de Moisés jurassem fidelidade (espanto que ainda hoje algumas vezes é compartilhado). Foi nessas condições que nasceu a idéia (cuja autoria exata é ignorada)[50] de reunir em Paris um *Grande Sanedrim* que, depois de dezoito séculos, iria retomar a tradição de um governo de Israel.

A idéia logo inflamou a imaginação de Napoleão; além de um instrumento de regeneração e de policiamento dos judeus, o genial oportunista pensou poder utilizar um órgão desses para as necessidades de sua grande política. O projeto foi acertado por ele durante os últimos meses do ano de 1806, ao mesmo tempo que o do bloqueio continental; sem dúvida alguma, contava com a pia fidelidade dos homens de negócios judeus para melhor esfomear a Inglaterra. O novo governo de Israel iria ser uma fiel réplica do antigo e contar com o mesmo número de membros (setenta e um), revestidos dos mesmos títulos; mandaram-se convites, além das fronteiras do Império, a todas as judiarias da Europa. A abertura foi feita em 9 de fevereiro de 1807, com grande pompa, na antiga capela de São João, na Rue des Piliers, que foi rebatizada como Rua do Grande Sanedrim[51].

Porém uma tal forma de regeneração dos judeus estava carregada de associações perturbadoras, ou mesmo provocadoras, para a sensibilidade cristã. O Sanedrim não era o tribunal judeu que aceitara a oferta de Judas e lhe pagara as trinta peças de prata? Não fora lá que "se passou aquela cena de ultrajes sem nome em que o Filho de Deus foi flagelado,

---

50. ROBERT ANCHEL, cuja tese *Napoléon et les Juifs* continua sendo o trabalho mais consultado sobre a questão, parece atribuir (pp. 187-188) a idéia do Grande Sanedrim ao próprio Napoleão. Segundo Georges Wormser, um dos dirigentes do Consistório Central Israelita, ela teria sido sugerida a ele por Abraham Furtado, o líder dos judeus "esclarecidos" da *Assembléia Geral* (cf. G. WORMSER, *Français israélites* ... Paris, 1963, p. 23). Mas talvez a paternidade deva ser atribuída a Israel Jacobson, o "judeu da corte" do Rei Jerônimo da Vestfália, que, em agosto de 1806, endereçou uma carta a Napoleão, cujos trechos essenciais são os seguintes:

". . . Dignai-vos, Senhor, estender vossas vistas benfazejas sobre os judeus que habitam as regiões vizinhas ao vasto império. Se V.M. limitar os benefícios aos irmãos meus que são seus súditos, quanto não teriam eles a desejar? (. . .) O judeu alemão ficaria feliz se lhe fosse permitido ganhar honestamente sua vida, gozar os direitos de cidadão e se se desse a seu culto uma forma e um andamento que, sem afastá-lo de sua lei, concordassem com o exercício de todos os deveres do cidadão. Mas, para chegar a esse objetivo, seria preciso: 1º.) estabelecer um conselho soberano judeu, presidido por um patriarca, com sede na França; 2º) dividir toda a comunidade em distritos, sendo que cada um teria seu sínodo particular, que, sob a vigilância do governo francês e do conselho soberano judeu, decidiriam todas as questões relativas ao culto e nomeariam os rabinos..." (citado por H. SCHNEE, *op. cit.*, t. II, pp. 130-132).

51. Para tudo o que se refere ao Sanedrim, ver principalmente a tese de R. Anchel; a mudança de nome da Rue des Piliers é assinalada pelo CONDE THIBAUDAU, *Le Consulat et l'Empire* ... (*Empire*, terceiro tomo), Paris, 1835, p. 203.

coberto de escarradas e de insultos?"⁵² Não foi, numa palavra, o próprio órgão do deicídio? Por conseguinte, as imaginações tiveram rédia solta. A propaganda antinapoleônica no estrangeiro explorou vigorosa e longamente esse tema, que veio completar o de Napoleão, o anticristo, conforme veremos mais adiante. Na própria França, os católicos que a ela aderiram não deixaram de fazer alusões a isso. "Para o cristianismo, o estado desgraçado dos judeus é uma prova que se gostaria, *antes do tempo,* de fazer desaparecer..." protestava De Bonald, comparando o *Sanedrim* dos judeus à *Convenção* dos filósofos⁵³. Um panfleto anônimo, que foi apreendido pela polícia, apresentava Napoleão como "o ungido pelo Senhor, que irá salvar Israel"⁵⁴. Mas esse novo messias dos judeus não será ele mesmo de origem judaica? Foi o que *L'Ambigu*, órgão dos emigrados franceses em Londres, apressou-se em afirmar, e também essa imputação deixou uma marca na memória dos homens⁵⁵.

A rápida dissolução do Sanedrim pode fazer crer que tais campanhas impressionaram Napoleão, a ponto de provocar nele uma espécie de temor supersticioso. De fato, aquela assembléia de nome milenar teve apenas algumas sessões, durante as quais foram ratificadas as decisões tomadas anteriormente pela "Assembléia Geral"; em 9 de março de 1807, um mês depois da solenidade de sua abertura, foi dissolvida e jamais se falou em reuni-la novamente.

Sobre os motivos dessa dissolução precipitada, dispomos do relato do antigo ministro do Interior, o Conde Chaptal, que conta, em seus *Souvenirs,* que um dia estava assistindo ao jantar de Napoleão e de repente viu entrar o Cardeal Fesch, "com um ar muito preocupado que impressionou o Imperador":

– O que tendes? disse ele.
– O que tenho é fácil de compreender. Como! Quereis o fim do mundo?
– E por que? retorquiu o Imperador.
– Não sabeis, continuou o cardeal, que a Escritura anuncia o fim do mundo a partir do momento em que os judeus forem reconhecidos como corpo de nação?

Qualquer outro teria rido dessa tirada do cardeal. Mas o Imperador mudou de tom, pareceu preocupado, levantou-se da mesa, foi para seu gabinete com o cardeal, saiu dele depois de uma hora. E, no dia seguinte, o Sanedrim foi dissolvido⁵⁶.

A veracidade desse relato tem sido questionada, notadamente por R. Anchel, em seu trabalho sobre *Napoléon et les Juifs*⁵⁷. O que é certo

52. ABADE JOSEPH LÉMANN, *Napoléon Ier et les Israélites. La prépondérance juive* ... Paris, 1894, pp. 110-113.

53. L. DE BONALD, "Sur les Juifs", *Mercure de France,* t.XXIII (1806) pp. 249-267.

54. E. D'HAUTERIVE, *La police secrète . . ., op. cit.,* t. III, p. 142.

55. Ver mais adiante, p. 237, 239, 240, 279 e ss.

56. Cf. *R.E.J.,* t. XXVI (1892), p.316.

57. Cf. R. ANCHEL, p. 217, observando principalmente que, nesse dia, Napoleão estava na Prússia Oriental.

é que, de vários lados, procurava-se desviar o Imperador de seu projeto e provocar nele o estado de espírito descrito por Chaptal. Um jesuíta assim posicionado, o Abade Augustin Barruel, escritor prolífico que, desde os tempos do Diretório, havia se especializado na propagação de mitos demonológicos, garante ter comunicado ao Cardeal Fesch, bem como a outros altos dignitários, documentos sobre uma conspiração mundial dos judeus[58]. Joseph Fouché, por seu lado, punha sob os olhos de Napoleão, no dia seguinte à abertura do Sanedrim, uma nota referente às negociações de 1791-1793 entre o partido do rei e os judeus portugueses, provavelmente a fim de levá-lo a duvidar da lealdade deles.

Aliás, não só os judeus dos países estrangeiros, como também os do Império, não manifestavam um entusiasmo excessivo pela instituição destinada a regê-los sob a vigilância imperial. Como resultado, e quaisquer que tenham sido os motivos da nova reviravolta, Napoleão renunciou definitivamente a seu grande plano político-messiânico. Nalgum momento ele pensou em restabelecer o regime dos guetos? Outra nota de Fouché, mencionando a inquietação dos judeus de Paris, pode dar a entender isso[59]. Mas, em termos definitivos, contentou-se em submeter os judeus, pelo chamado decreto "infame" de 17 de março de 1808, a medidas de exceção parciais, Departamento por Departamento: os do Sena e os Departamentos do Sudoeste (aos quais depois vieram juntar-se outros) guardaram a plenitude de seus direitos; os dos outros Departamentos foram submetidos a medidas discriminatórias que entravavam seus deslocamentos e o exercício, por eles, do comércio. O decreto de 17 de março, que arruinou um bom número de famílias judias, era motivado pela luta contra a usura, mas as laboriosas investigações sobre os "abusos dos judeus" prescritas nessa ocasião aos prefeitos mostram, mais uma vez, como sua má reputação estava ligada a sua qualidade de judeu.

Assim, o prefeito de Vaucluse, embora constatando que nenhum dos seiscentos e trinta e um judeus de seu Departamento merecesse a qualificação de usurário, escrevia: "Presumo que a espécie de abuso de que me falais... é o crime cuja idéia é lembrada com a mera menção do nome desse povo e que, em todos os tempos, torna-os odiosos, isto é, a usura"[60]. De modo mais lapidar, o prefeito de Mont-Tonnerre afirmava "... que não há judeus piores, em Mayence, do que certos cristãos"[61]. Deve-se também citar o longo relatório do prefeito do Sena, Frochot, fazendo uma distinção entre os *judeus de origem* e os *novos judeus,* que seriam os únicos a entregar-se às *combinações judias:*

... dentre essa multidão de indivíduos que estabeleceram essas escandalosas casas de empréstimo que a sabedoria do governo acaba de destruir e cujas

---

58. Ver mais adiante, p. 240-241.
59. E. D'HAUTERIVE, *op. cit.,* t.III, p.284.
60. Arquivos nacionais, F°. 19-11010 (Vaucluse).
61. Cf. F. PIÉTRI, *op. cit.,* p.136.

operações revelavam as combinações mais excessivamente *judias*, não se encontra um único judeu de origem. Assim, nessa coalizão conhecida em Paris com o nome de *bando negro* — que enchia, no Departamento do Sena e junto aos tribunais, as salas de venda, afastava os adquirentes de boa fé e açambarcava todos os domínios postos em leilão para revendê-los depois a preços mais altos, enganando assim o governo e extorquindo os particulares — não se encontra um único judeu de origem. Vários destes compraram, como os outros cidadãos, domínios nacionais, para usufruí-los eles mesmos; mas não se conhece nenhum que tenha comprado como especulação. E, o que é muito mais certo, é que, em relação às aquisições que fizeram, foram obrigados, como os outros adquirentes honestos, a pagar o tributo aos novos *judeus* do bando negro[62].

Assim, encontra-se, sob a pena do alto funcionário imperial, a distinção, tão cara à Idade Média, entre "judeus" e "cristãos judaizantes" ou "judeus cristãos".

No lugar em que os judeus continuavam efetivamente numerosos em exercer o ofício de *judeus*, como era o caso nos Departamentos renanos, eles normalmente serviam como testa-de-ferro para cristãos que não ousavam *judaizar* abertamente. Os relatórios dos prefeitos assinalam múltiplas vezes esse estado de coisas, que o prefeito de Metz descrevia da seguinte maneira:

Os adquirentes e licitantes dos bens nacionais procuraram e encontraram dinheiro junto aos judeus. Eles o conseguiram a preço muito alto, porque os judeus, tendo pouco, para essas operações serviram como corretores de particulares não-judeus que quiseram obter grandes lucros, conservando as aparências honestas sob as quais eram conhecidos na sociedade. Assim, o aspecto odioso cabia aos judeus e o lucro cabia a outros. A liberdade do comércio de dinheiro favorecia, aliás, à usura; em Metz, viu-se usurários em todas as classes da sociedade...[63].

Contudo, os comissários do Imperador lançavam a culpa apenas nos judeus:

Chegou-se a dizer que [os judeus] ensinavam, àqueles a quem despojavam, a ociosidade e a corrupção, enquanto tiravam a moral daqueles a quem não despojavam. Notários públicos, seduzidos por eles, empregavam seu ministério para ocultar seus intercâmbios vergonhosos, e empregados domésticos, diaristas, traziam para eles o preço de seus serviços ou de seus dias de trabalho a fim de que os fizessem valer como renda própria. Dessa maneira, as profissões úteis eram abandonadas por um certo número de franceses, que se acostumavam a viver sem trabalhar com os lucros da usura...[64].

Nalgumas dessas "profissões úteis" de que falavam os comissários imperiais: ciências e artes, mas principalmente no ofício das armas, já a geração ascendente dos judeus destacava-se nelas em número crescente, como veremos mais adiante. Contudo, o regime de exceção dos judeus subsistiu até o final do Império. Coube ao governo de Luís XVIII

---

62. R. ANCHEL, pp. 361-362.

63. Cf. R. ANCHEL, p.401, onde pode-se encontrar muitas outras citações do mesmo gênero.

64. Arquivos nacionais, subsérie AF IV (Secretaria do Estado), 300, doc. 2150.

rematar a emancipação dos judeus franceses, ao se abster de prorrogar, em 1818, o "decreto infame" de 17 de março de 1808[65].

2. A EMANCIPAÇÃO NA ALEMANHA

Nos vários países alemães, uma emancipação incompleta dos judeus ocorreu na época da hegemonia napoleônica. Nos lugares em que ela havia sido diretamente decretada pelas autoridades francesas de ocupação, como o caso da Renânia, foi decidida sob sua influência ou exemplo, chocando o patriotismo de muitos alemães da geração contemporânea e das gerações futuras, para quem ela continuou sendo uma medida imposta pela "tirania estrangeira". Até a era nazista, o anti-semitismo alemão encontrará pasto nesse argumento. Outro traço distintivo dessa emancipação é o papel, por vezes determinante, que foi desempenhado por certos "judeus da corte", cujas riquezas e influência aumentaram naquele período conturbado (pois o dinheiro é o nervo da guerra), mas que não podiam esperar apagar o opróbrio vinculado a sua condição de judeus senão com a condição de limpar, dele, as judiarias em seu conjunto. Porém, se deste modo os judeus mais poderosos continuavam sendo os reféns mais miseráveis de seus congêneres, os esforços empreendidos para desembaraçá-los de seus entraves também repousavam na relação particular existente entre os chefes plutocráticos das comunidades e a massa dos judeus, relação de monarcas e súditos, de monarcas cujo senso de responsabilidade estava desenvolvido ao extremo, na mesma medida em que eles eram monarcas irrisórios aos olhos do mundo exterior cristão. Vaidade de novos-ricos e solidariedade tradicional dos filhos de Israel: eram esses os dois motivos contrastantes dos emancipadores judeus.

O mais atuante deles foi Israel Jacobson, que Goethe, adversário da emancipação, chamava de "messias judeu de Brunswick" e também, jogando duplamente com as palavras, de *jacobinischer Israelsohn* (filho jacobino de Israel). Originário de Halberstadt, na Prússia, Jacobson instalou-se no ducado de Brunswick em fins do século XVIII e ali tornou-se o principal agente financeiro e banqueiro, em suma, o "judeu da corte" do Duque Carlos Guilherme; desenvolvendo seus negócios, logo desempenhou o mesmo papel junto a vários príncipes da vizinhança. Como bom filho da geração mendelssohniana, procurou, a partir do momento em que teve meios, propagar o iluminismo europeu entre os filhos do gueto: 1801, fundou uma escola-modelo em Seesen, na qual jovens judeus e jovens cristãos pobres eram educados lado a lado, que foi dotada por ele com um capital de cem mil *thalers* e que subsistiu até a época hitlerista. Essa tentativa de aproximação interconfessional, odiosa aos olhos dos judeus ortodoxos, também indignava muitos padres cristãos; um abade percebia nisso o sinal

---

65. Cf. F. DE FONTETTE, "L'article 4 du décret infâme de 1808", *Mélanges René Savatier*, Paris, 1965, pp. 277-290.

de que "passou o tempo em que se amava ciosamente sua própria religião; hoje em dia, a fé parece uma velha esposa abandonada, que não inspira mais nenhum ciúme"[66]. Mas os partidários da tolerância, na alta sociedade, encorajaram a iniciativa de Jacobson, cuja escola foi honrada com numerosas visitas de príncipes; em 1807, a Universidade de Helmstedt conferiu-lhe o título de doutor *honoris causa*, e, sinal dos tempos, a irmã do duque lhe fez a surpresa de condecorá-lo com uma coroa de louros que ela havia trançado com as próprias mãos.

Já em 1803 Jacobson obtivera a supressão do pedágio corporal dos judeus no ducado de Brunswick e, no ano seguinte, conseguiu arrancar a mesma medida do margrave de Bade. Mas é sob a dominação francesa, a partir de 1806, que ele pode dar toda a sua medida como emancipador e financista. Na época, Napoleão havia imposto uma contribuição de mais de cinco milhões de francos ao ducado de Brunswick, que os banqueiros cristãos não conseguiram reunir; então, foi preciso ir até o judeu. O presidente do colégio dos ministros, Henneberg, que considerava suas condições exorbitantes, escrevia a seus colegas: "Já que o caminho que toma o assunto está destinado a nos colocar, bem como todo o país, entre as mãos de Israel, e que toda voz contrária permanecerá como uma voz que clama no deserto, não nos resta senão aceitar suas condições pura e simplesmente..."[67] É verdade que Jacobson parecia encarar as coisas de outra maneira. Depois de uma discussão com Daru, o administrador francês, durante a qual conseguiu fazer com que este desistisse da emissão de um empréstimo forçado, ele escreveu ao mesmo Henneberg:

... estou feliz por me desembaraçar de um assunto que me causava a maior inquietação e noites de insônia; não sei se teria ganhado ou perdido, mas, em todo caso, eu teria feito com que me chamassem de usurário, de pessoa que procura tirar enormes lucros do constrangimento passageiro em que se encontra o país. Graças sejam dadas à Providência de que as coisas tenham acabado de outro modo...[68]

Esse protesto do judeu merece ser meditado, pois resume o círculo vicioso de uma emancipação obtida graças a uma influência financeira que revoltava a maioria dos cristãos e, portanto, constantemente recolocada em questão na Alemanha. Uma vez criado o reino da Vestfália (1807), Jacobson tornou-se banqueiro e amigo íntimo do Rei Jerônimo, como fora do Duque Carlos Guilherme, e seus meios de ação aumentaram. Tendo o novo reino sido organizado à francesa, ele não teve nenhum trabalho em fazer com que fosse instituído, para os judeus, um regime imitando o que acabava de ser estabelecido em Paris: emancipação de um lado (mas sem as restrições impostas na França por Napoleão), regime "consistorial" do outro, isto é, organização

---

66. H.SCHNEE, *op.cit.*, t.II, p.118. Cf. o capítulo "Der Geheime Finanzrat Israel Jacobson, der Vorkampfer der Judenemanzipation", do qual tomamos emprestado os principais detalhes da biografia de Jacobson (t.II, pp. 109-154).
67. *Idem*, p. 128.
68. *Idem*, p. 130.

do culto judeu segundo o modelo dos cultos cristãos. Tendo conseguido ser nomeado presidente do consistório, organizou seus correligionários segundo um modo bem tirânico, modernizando conforme sua vontade seus ritos e costumes religiosos. Ao mesmo tempo, multiplicou as iniciativas para apressar a emancipação dos judeus dos outros países (foram suas negociações em Frankfurt que provocaram o epigrama de Goethe), chegando até a intervir junto ao Tzar Alexandre I. Vimos anteriormente que ele podia ser considerado como o primeiro autor da idéia do Grande Sanedrim. "Aproximo-me do trono de Vossa Majestade com a confiança inspirada pelas grandes ações com que fizestes repercutir o mundo espantado", escrevia a Napoleão; ". . . dignai-vos, Senhor, estender vossas vistas benfazejas sobre os judeus que habitam as regiões vizinhas do vasto império. . ."[69] O fato de que ele tenha jogado até o fim a cartada francesa não era mais do que muito natural, e, com exaltação dos sentimentos nacionalistas alemães, a partir de 1810-1812, os patriotas teutômanos nutrirão os rancores previsíveis contra esse "filho jacobino de Israel"; mas a Nêmesis da emancipação dos judeus alemães quis também que, procurando prestar serviços a Jerônimo, que o cumulava de favores, tivesse de adquirir bens que esse rei mandava vender em hasta pública, especialmente seis conventos, que foram fechados e cujos pensionistas amaldiçoaram o filho da raça deicida. . .[70] Cumpre ler, no livro de Schnee, a descrição da cólera que se apossou da nobreza de Mecklemburg quando, a seguir, em 1816, Jacobson pretendeu comprar ali uma propriedade para si mesmo. Apesar de tudo, morreu pacificamente, coberto de honrarias e dinheiro, em Berlim em 1828; todos os seus descendentes converteram-se ao cristianismo.

O mesmo ocorreu com Wolf Breidenbach, outro dinâmico emancipador, cujo campo de ação compreendia os pequenos principados do sudoeste da Alemanha. Ao contrário de Jacobson, Breidenbach continuou um judeu ortodoxo; pois procurava apenas melhorar a situação legal dos judeus, sem tocar em seus ritos e costumes.

Deve-se acrescentar que, se emancipadores como Jacobson ou Breidenbach foram, primeiro, grandes argentários, alguns outros plutocratas judeus parecem ter-se preocupado muito pouco com a emancipação de seus irmãos. Assim, Meyer-Amschel Rothschild, na época em que lançava em Frankfurt as bases da prodigiosa fortuna familial, não parece ter tomado grande parte nas lutas desenvolvidas pela judiaria da cidade contra sua burguesia, lutas que terminaram com a supressão do gueto em fins do ano de 1811.

Não nos demoraremos na evolução do regime dos judeus nas outras regiões alemãs, das quais algumas (por exemplo, Saxônia) abstiveram-se, aliás, de toda reforma[71], para nos deter no caso da Prússia,

---

69. *Idem*, p. 131.

70. *Idem*, pp. 137-139.

71. Pode-se achar uma excelente exposição das variações no estatuto dos judeus nos vários países alemães, em 1800-1815, em S.W. BARON, *Die Judenfrage auf dem Wiener Congress*, Viena, 1920, pp. 9-23.

que faz ressaltar com particular nitidez a dialética da emancipação, em sua perspectiva política cristã: a saber, uma tentativa de supressão de um judaísmo universalmente condenado, estando entendido que não seria possível desembaraçar-se dos judeus (nas duas acepções, financeira e "etno-religiosa" da palavra) de nenhum outro modo.

Por outro lado, é evidente que tal emancipação estava na natureza das coisas, já que chegara o tempo do desmoronamento da antiga ordem feudal. Em 1807, após a grande derrota da Prússia, o rei e seu governo, refugiados em Königsberg, empreendiam um vasto programa de reformas, as quais permanecem vinculados os nomes dos ministros Von Stein e Von Hardenberg. Abolição da servidão, supressão das antigas castas (nobreza, burguesia, camponeses), mesmos direitos e mesmos deveres para todos os habitantes, os *Staatsbürger,* do reino; por isso, a manutenção de um regime de exceção para os judeus e sua existência enquanto casta separada de párias tornava-se, a longo prazo, impossível: eles deveriam ou desaparecer, ou tornar-se também *Staatsbürger,* "cidadãos do Estado". Na época, como, aliás, em todas as épocas da história, a solução de um banimento integral não deixava de ter partidários, dos quais parece ter feito parte o próprio Barão Von Stein, que teria proposto mandar colonizar a África com essas "plantas parasitárias"[72]. Mas é evidente que um projeto desses era utópico, principalmente num tempo em que as contribuições de guerra napoleônicas (cento e quarenta milhões de francos para a Prússia) traziam problemas de tesouraria sem dúvida alguma impossíveis de resolver sem o auxílio dos judeus, dos quais alguns, ademais, serviam como os principais fornecedores do exército francês em campanha. Por este fato, não apenas a conjuntura geral, bem como o exemplo francês, mas também uma pressão de Saint-Marsan, embaixador da França em Berlim[73], provocada, não se pode duvidar, por judeus operando nos bastidores, não deixavam outra solução senão a emancipação e concorriam para apressá-la.

Por outro lado, as três grandes comunidades de Berlim, de Königsberg e de Breslau não cessavam de dar impulso direto ao processo, multiplicando as tratativas, bombardeando de súplicas os ministros e o próprio rei. No verão de 1808, Frederico Guilherme III encarregava o Ministro Von Schroetter, braço direito de Von Stein, de apresentar-lhe um projeto de reforma. Este, que compartilhava do ponto de vista de seu chefe sobre os judeus, por sua vez encarregou disso o conselheiro criminal Brand. Deve-se ler, nas memórias desse funcionário prussiano, a descrição dessa conversa. Um incidente menor: a outorga, a um judeu, contrariando os regulamentos, do direito de residência em Königsberg acarretara uma advertência real:

---

72. Sobre a atitude do Barão Stein, ver BARON, *op. cit.,* citando especialmente uma carta irônica de Humboldt a sua mulher (que não compartilhava nem um pouco de suas opiniões emancipadoras): "Tua tirada contra os judeus, minha cara alma, é divina; tenho vontade de comunicá-la a Stein, que compartilha inteiramente de tuas opiniões, mas que propõe um remédio bem mais heróico, pois quer fazer com que eles povoem as costas setentrionais da África" (p. 33).

73. Cf. ISMAR FREUND, *Die Emanzipation der Juden in Preussen,* Berlim, 1912, t.I, p. 198.

Von Schroetter recebeu uma repreensão bem como a ordem de rever as antigas leis judaicas e de propor uma nova constituição. Ele me convocou, censurou-me por ser o verdadeiro faltoso, fez com que eu lesse a ordem do rei e me perguntou se não dispunha, já que conhecia tão bem os judeus, de um meio para matá-los todos de uma vez, sem efusão de sangue. Respondi que conhecia um meio eficaz para matar, não os judeus, mas o judaísmo, e ofereci-me para lhe propor nesse mesmo dia um projeto da lei desejada pela chefia. Ele recebeu esse projeto em 29 de outubro (de 1808)...[74]

O projeto elaborado por Brand previa uma emancipação gradual e mantinha, em pontos essenciais (exclusão do serviço do Estado, estrita limitação do número de comerciantes judeus etc.), um regime de exceção. Mesmo sob essa forma, foi criticado, como demasiado liberal, pela maioria dos ministros aos quais foi submetido para opinarem. Só os velhos *Aufklärer* que povoavam o Ministério da Instrução Pública preconizavam uma emancipação imediata e total. Eles punham a tônica nos preconceitos populares contra os judeus, devidos, em sua opinião, ao regime de exceção, e riam dos temores, indignos dos cristãos, de uma dominação judia. O próprio ministro, o grande filólogo Wilhelm von Humboldt, achou útil mostrar que o destino dos judeus não encobria nenhum mistério:

... O caráter nacional dos judeus, cujos traços marcantes são a fidelidade à tradição primitiva e uma notável força de resistência passiva, está ligado às idéias cristãs segundo as quais judaísmo e cristianismo de um lado pertencem à mesma classe, mas, do outro, devem ser considerados como tendo-se dividido em duas classes opostas, o que levou a atribuir uma importância desproporcional ao pequeno povo judeu. Foram essas idéias que fizeram dos judeus o que eles são hoje. A situação deles, portanto, resulta de um aspecto religioso da história universal, aspecto tão curioso que muitos espíritos excelentes se perguntaram se era possível explicá-la de maneira natural...[75]

Só citamos essa opinião brilhante como lembrança, pois, na prática, o primeiro projeto de reforma, levando em conta a hostilidade dos outros ministros e a falta de pressa dos burocratas, atolou nas areias administrativas. Aliás, é a justo título que unanimemente se vê no Príncipe Karl August von Hardenberg o verdadeiro autor da emancipação prussiana dos judeus.

Esse aristocrata, que havia viajado muito, talvez devesse à sua formação cosmopolita seu juízo benevolente sobre os filhos de Israel. Também aconteceu que, num momento difícil de sua vida, um judeu o tirara de embaraços financeiros; o prestamista desinteressado, que não era outro senão Israel Jacobson, estava longe de imaginar que, em 1810, seu favorecido tornar-se-ia ministro todo-poderoso da Prússia, e que ele poderia lembrar-lhe discretamente "que eles se conheciam há vinte e cinco anos..."[76] Uma vez no poder, Hardenberg não cessou de traba-

74. *Idem*, pp. 126-127.
75. *Idem*, t.II (*Urkunden*), pp. 269-270.
76. *Idem*, t.I, pp.428-430 (carta de Jacobson a Hardenberg, de 14 de fevereiro de 1811).

lhar no sentido de uma emancipação completa dos judeus, conforme ao princípio "mesmos direitos, mesmas liberdades, mesmos deveres" e às concepções emprestadas de Adam Smith sobre a reorganização do comércio e das finanças prussianas. Ele conseguiu superar as inúmeras objeções da administração e do próprio rei; no fim de contas, o edito de emancipação, promulgado em 11 de março de 1812, comportava apenas uma reserva, a do § 9, relativa à admissão de judeus ao serviço do Estado.

Dentre as objeções que foram progressivamente varridas por Hardenberg, algumas merecem um estudo mais aprofundado. Para desjudaizar mais rapidamente os judeus, certos ministros propunham proibir que usassem barba; outros reclamavam a supressão de todos os costumes e de todos os ritos religiosos incompatíveis com os costumes cristãos, isto é, praticamente, a supressão legislativa do judaísmo. Por outro lado, sugeria-se manter em vigor certas disposições do antigo regulamento dos judeus, notadamente as penas especialmente duras para os delitos de receptação, contrabando e falência, bem como o princípio da não-admissibilidade de seu depoimento na justiça. David Friedländer, porta-voz da comunidade judia de Berlim, soube expressar com felicidade a iniqüidade desta última proposição:

... No cível e no criminal, o juramento de um judeu deve ter o mesmo valor do que o de qualquer outro homem. O judeu é um homem e um cidadão como qualquer outro e nada em sua religião o torna menos digno de fé do que um cristão. São freqüentes os casos criminais durante os quais os cristãos declaram, na justiça, que não pensavam estar cometendo um pecado ao matar um judeu. O que isso prova contra a moral dos cristãos? Não existe senão um meio para fazer desaparecer, em todos os espíritos, esses preconceitos, tão prejudiciais quanto vergonhosos: igualdade perante a lei, mesma confiança concedida a todos, mesmas penas em caso de perjúrio...[77]

Enfim, Sack, o ministro da Polícia, esperava muito da supressão do próprio termo "judeu", "que se tornou muito aviltante... para inculcar-lhes um senso de honra que os tornaria semelhantes aos outros cidadãos e os elevaria em sua própria estima..."[72]; ele invocava, como corroboração, o caso da França e da Vestfália, onde essa reforma da linguagem teria contribuído para aproximar os judeus dos cristãos, notadamente no exército. Mas sua opinião não foi levada em consideração.

Restava a ressalva do § 9, que fora formulada da seguinte maneira: "No que se refere à questão de saber em que medida os judeus podem ser admitidos às funções públicas e ao serviço do Estado, reservamo-nos o direito de resolvê-la a seguir por via legislativa". Uma vez chegado o tempo da reação, depois de 1815, esse artigo permitiu tomar, em relação aos judeus, diversas medidas discriminatórias, de modo que eles continuaram sempre sendo cidadãos de segunda classe na Alemanha, mesmo no sentido estritamente legislativo.

77. *Idem*, t.I, pp.189, 195.
78. *Idem*, t.I, p.182.

A questão se colocou em primeiro lugar em relação aos voluntários e antigos combatentes judeus que aspiravam a entrar para o serviço estatal. Os ministros prussianos foram unânimes em recusar-lhes esse direito. No entanto, um deles, Bulow, ministro das Finanças, sugeriu uma exceção em favor dos portadores da cruz de ferro, achando que "os voluntários de religião judaica recompensados com essa distinção podem ser considerados sob o aspecto de sua moral como melhores do que habitualmente". Mas o Conselho dos Ministros foi da opinião que a coragem manifestada no campo de batalha não constituía, no caso dos judeus, uma prova de moralidade[79]. Por outro lado, a partir de 1815-1816, tratou-se de rever o edito de 11 de março de 1812: certos ministros propuseram dividir os judeus em três classes, segundo seus ofícios e grau de utilidade, só deixando que se beneficiassem plenamente do edito os da primeira classe[80]. Mas essa proposta não foi aceita: de fato, o § 9 bastava para restringir fortemente os direitos recém-adquiridos dos judeus. Uma interpretação bem ampla foi dada à noção de "funções públicas e serviço do Estado": ela foi estendida aos cargos honoríficos, aos cargos comunais, às várias formas de ensino e acabou por englobar empregos como agrimensor comunal e até mesmo carrasco. O espírito reinante é refletido melhor ainda numa lei prussiana promulgada em 1836, proibindo que os judeus não-convertidos dessem a seus filhos prenomes comuns cristãos. A ideologia da emancipação pretendia tornar os judeus, deixando-se de lado a questão confessional, iguais aos cristãos; a do "Estado cristão" levou a particularizá-los, a ponto de se pensar, com Frederico Guilherme IV, no restabelecimento do gueto. Criticando as novas tendências, um dos membros da antiga equipe de Hardenberg, Stagemann, escrevia a um amigo em 1819. "Meus sentimentos evangélicos cristãos não me permitem fazer com que os judeus sofram, e, por outro lado, estou basicamente convencido de que só uma completa igualdade de direitos irá transformá-los em cristãos. Quanto mais fortes a pressão e o desprezo, mais eles se isolam ao mesmo tempo em que se apossam de nosso dinheiro". Em outra carta, expressava de modo um pouco diferente o mesmo pensamento: "Se não tivesse havido as malditas cidades livres, não iríamos mais ter, no espaço de cinqüenta anos (excetuando-se os da Polônia), nenhum judeu na Alemanha"[81].

As quatro "cidades livres" (Frankfurt, Hamburgo, Bremen e Lübeck), dominadas pela burguesia, de fato haviam se tornado o foco principal da reação antiemancipadora. A nostalgia cristã pelo gueto ali tinha livre curso: sob a pressão das corporações, o antigo regime de exceção ali foi integral ou parcialmente restabelecido. As regiões atribuídas por Napoleão ao efêmero reino da Vestfália (Hanover, Brunswick) também levaram a peito voltar à antiga situação. Em 1815, a emancipação parecia estar comprometida no conjunto dos países

79. *Idem*, t.I, p.232.
80. *Idem*, t.I, pp. 236-238.
81. Cf. S. W. BARON, *op. cit.*, pp. 89-90, nota 56.

germânicos. Procurando salvaguardar as posições adquiridas, os grandes argentários judeus fizeram o cerco aos diplomatas reunidos no Congresso de Viena. Os representantes das cidades livres, por seu lado, não ficaram inativos, e os argumentos em moeda corrente, de regra nessa época, foram largamente utilizados por ambos os lados (Gentz chegava mesmo a estipular em contrato a remuneração de seus bons ofícios[82]). No final das contas, a balança inclinou-se em favor dos judeus, cuja causa foi abraçada pelos represetantes das grandes potências: a Europa entrava assim na era dos Rothschild, a da aliança entre o "concerto das potências" e o grande banco. Dirigindo repreensões ao senado de Frankfurt, gente como Hardenberg podia escrever cruamente que "levando em conta a influência que as casas judias exercem no crédito e no comércio dos vários Estados alemães, a questão não escapará à atenção do Congresso"[83].

De fato, o projeto da confederação dos Estados germânicos foi completado com um artigo em cujos termos os direitos concedidos aos judeus *em* certos países que faziam parte da confederação continuariam a pertencer-lhes. Mas, no último momento, o partido antiemancipador conseguiu substituir a preposição *em* pela preposição *por* no texto do artigo, o que, a seguir, serviu como fundamento jurídico às cidades livres e a outros países, para ab-rogar uma emancipação promulgada não *pelas* antigas autoridades restauradas, mas *pelo* governo francês. Assim estamos de volta às condições muito particulares da emancipação dos judeus alemães, que coincidiu com a exaltação patriótica antifrancesa das "guerras de libertação" e com a agitação "germanômana" (*Teutschthümelei*).

Já nessa época, houve espíritos capazes prever o que podia significar tal conjunção. Assim, o filósofo Friedrich Schlegel, que então estava a serviço do governo austríaco, observava, já em 1815, que uma emancipação geral dos judeus de todos os países alemães era indispensável e urgente, precisamente porque ela começara sob a opressão francesa. Ele raciocinava da seguinte maneira: se os Estados e as cidades ab-rogassem a emancipação porque ela fora decretada pelo tirano estrangeiro, isso poderia acarretar graves conseqüências, pois "significaria reformar um partido favorável ao inimigo que acaba de ser felizmente abatido"; partido, acrescentava, não desprezível, pois contava com quinhentos mil homens ambiciosos e ativos. "Adotar o princípio geral de ab-rogação, não seria o mesmo que mandar destruir a passagem de Simplon só porque ela foi construída sob Napoleão?", perguntava como conclusão[84].

---

82. *Idem*, pp. 173-175, citando uma carta de W. von Humboldt, na qual este descrevia à sua mulher os vários processos de corrupção no Congresso de Viena.

83. *Idem*, p. 87.

84. Cf. PAUL BUSCH, *Friedrich Schlegel und das Judentum*, München, 1939. Anexo I (artigo de FRIEDRICH SCHLEGEL no *Oesterreichischer Beobachter* de 2 de março de 1815).

3. VELEIDADES EMANCIPATIVAS NO IMPÉRIO RUSSO

Como se sabe, na Rússia, o regime de exceção dos judeus subsistiu até a Revolução de 1917. Contudo, no começo do século XIX, foram encarados diversos projetos de reforma, e o Tzar Alexandre I chegou mesmo a brincar por algum tempo com a idéia de uma libertação universal dos filhos do gueto, na mesma época em que ele se tornara o campeão da Santa Aliança e da reação pan-européia: é bem verdade que obscurantismo ou clericalismo não excluem necessariamente o filo-semitismo. Por outro lado, a maneira como a autocracia russa abordava, através das mudanças sucessivas de suas opiniões políticas, um problema aparentemente insolúvel, não deixa de ter interesse para nosso assunto.

Já vimos, em *De Cristo aos Judeus da Corte,* em quais condições a entrada na Moscóvia foi proibida aos judeus no século XVI e como o tzar reformador Pedro, o Grande, bem como seus sucessores, foram levados a respeitar essa tradição. Mas as conquistas e anexações de territórios a leste do Império transferiram, para a dominação tzarista, uma população judia cada vez mais numerosa: depois da partilha da Polônia, mais da metade dos filhos de Israel de todo o globo tinham-se tornado súditos russos. Lembremos que, especialmente na Polônia, eles formavam não só a maioria da burguesia do país, como também uma parte do proletariado urbano e também povoavam os campos. A antiga proibição foi mantida em relação a eles por Catarina, a Grande, preocupada em não melindrar os sentimentos da população pravoslava, embora em seu foro íntimo escarnecesse do preconceito antijudeu. "A entrada dos judeus na Rússia", escrevia a Diderot, "poderia causar grandes perdas aos nossos pequenos comerciantes, pois essa gente tira tudo deles; pode ser que sua volta ocasionasse mais recriminações do que proveitos"[84].

Assim estavam lançadas as bases de uma fixação territorial que, enquanto durar o regime tzarista, confinará os judeus em sua "zona de residência" a leste do país. Logo a inveja e a desconfiança inspiraram outras medidas, especialmente o projeto de livrar deles as cidades. De fato, criticava-se os estalajadeiros judeus do campo de difundir bebedice entre os camponeses e de serem, portanto, os principais responsáveis pela miséria destes. Efetivamente, eles serviam como intendentes ("factores") ou rendeiros dos proprietários de terras, mas constituíam cômodos bodes expiatórios da exploração feudal. (É interessante constatar que, a leste do Vístula, a censura de usura desaparecia para dar lugar à de propagadores do alcoolismo; era preciso que os cristãos censurassem alguma coisa nos filhos da raça deicida).

Em 1799, a fome tendo devastado a Rússia Branca, Paulo I ordenou que se procurasse as causas. O investigador designado pelo Tzar não era outro senão Gavrila Derjavin, o maior poeta russo antes de

---

84. Cf. J. HESSEN, *A Lei e a Vida. História das Leis Restritivas Regulamentando a Vida dos Judeus na Rússia* (em russo), São Petersburgo, 1911, pp. 18 e 181, nota 7.

Púchkin, nomeado pouco depois ministro das Finanças. As conclusões dú Derjavin, desenvolvidas num relatório de mais de cem páginas, serviram como fonte de informação sobre os judeus para gerações inteiras de burocratas russos e ainda eram utilizadas no começo do século XX[85].

O relatório começava com um retrato, à moda de La Bruyère, dos filhos de Israel, vistos através dos óculos de um culto senhor russo.

> Os *Jids*[86] são inteligentes, perspicazes, vivos de espírito, ágeis, diferentes, serviçais, sóbrios, modestos, contentam-se com pouco, e asssim por diante; mas, por outro lado, são sujos, malcheirosos, ociosos, preguiçosos, ardilosos, cúpidos, insinuantes, pérfidos, malvados e assim por diante (. . .). São muitos a levar os mesmos nomes, todos esses Moisés, Abraão, Leiba, Lazarovitch, Chaimovitch e outros; todos se vestem igualmente de preto, semeiam a confusão e fazem perder a memória quando se trata de recenseá-los ou diferençá-los, principalmente em assuntos criminais e civis. É difícil achar o culpado: todos se apresentam e nenhum deles é o certo. Isso pode servir como exemplo de sua astúcia. . .[87].

Derjavin não deixava de descrever, à sua maneira, a piedade dos judeus:

> Para poder estudar seus *Talmuds,* pagam caro, não recuando perante nenhum sacrifício. Vi com meus próprios olhos velhos e jovens caretear e contorcer-se ululando, desde que o sol nasce até que se põe, em cima desses livros (. . .). Eles acreditam que são superiores a todos os outros [povos] e é por isso, para não manifestar seu rebaixamento, que não erguem perante ninguém os solidéus que levam sobre a cabeça[88].

Entonações bem voltairianas, como se vê; e Derjavin mostra-se novamente um homem do Iluminismo quando põe em dúvida a lenda do assassinato ritual ou quando parece atribuir os defeitos dos judeus não à sua natureza, mas ao regime de opressão plutocrática das comunidades ou *Kahals*:

> A plebe judia, isto é, a maior parte, encontra-se numa miséria e privação extremas. Seu aspecto é abjeto. Em compensação, os chefes dos *Kahals* são ricos e vivem na abundância; dispondo da dupla força ao mesmo tempo civil e religiosa posta em suas mãos, eles exercem um grande império sobre seu povo[89].

Concluindo, estatui implacavelmente:

> Levando em conta as observações antigas e recentes feitas sobre os *jids*, minha opinião é a seguinte: as sinagogas não passam de ninhos de superstições

---

85. *Idem*, p. 45.

86. Derjavin emprega o termo pejorativo *jid*, embora o governo de Catarina, a Grande, tenha preconizado substituí-lo por *iévrei* (cf. S.DUBNOV, t.I, p.356).

87. *Obras* de DERJAVIN, São Peterburgo, 1878, t.VII (*Sobre os Judeus*), p.280 e 288.

88. *Idem*, p.280.

89. *Idem*, p.283.

e de ódio anticristão; os *herems* (excomunhões) servem como véu impenetrável e sacrílego aos piores atos, para maior mal da sociedade e dos indivíduos; os *Kahals* constituem um perigoso Estado dentro do Estado, que um corpo político organizado de modo sadio não deve tolerar; os arrendamentos, as "factoragens", o comércio, as hospedarias e todas as instituições e atividades dos *jids* não passam de sutis estratagemas, destinados a apossar-se, sob o pretesto de ganha-pão e de serviços prestados aos próximos, dos bens e fortuna destes[90].

Por outro lado, Derjavin constatava que, com exceção de Nota Chaimovitch, rico fornecedor dos exércitos e partidário judeu das Luzes, todos os filhos de Israel que consultara mostraram-se hostis à modificação da situação estabelecida. Então ele propôs, de um modo característico para a época dos déspotas esclarecidos, "submetê-los à administração exclusiva do poder autocrata e, com isso, temperar seu fanatismo, aproximando-os insensivelmente da verdadeira instrução, mas sem infringir, em nada, o princípio da tolerância das diferentes confissões"[91].

Concluindo, traçava um programa de reforma, prevendo a introdução de um estado civil dos judeus, o abandono, por parte deles, de seus costumes tradicionais, a supressão da autonomia dos *Kahals*, a conversão dos "factores" e dos estalajadeiros em artesãos e agricultores, e a transferência de parte deles para as estepes da "Nova Rússia", com exclusão das províncias propriamente russas, "a fim de que não pervertam os habitantes". Mas era a difusão da instrução ocidental que, a seus olhos, continuava sendo a condição essencial para uma melhoria dos judeus. A experiência dos séculos passados mostrou, escrevia ele, que nem os favores e as graças, nem o desprezo e a opressão puderam abrir, aos príncipes cristãos, a alma do povo judeu. Mas recentemente o judeu Mendelssohn, "célebre em terras alemãs por sua ciência", tomara outro caminho.

> Para denunciar as superstições dos zeladores desviados de sua fé, isto é, dos enganadores enganados, ele ensinou a alguns de seus irmãos a língua judaica pura[92], e, traduzindo as Escrituras para alemão vulgar, fez com elas fossem lidas pela gente comum. Elas foram compreendidas, o véu caiu e o reino dos *Talmuds* teve fim. A partir de então, judeus sábios, que nada ficam a dever aos homens mais eruditos da Europa, multiplicaram-se nas terras alemãs...[93]

Derjavin tratava, pois, de esboçar um programa de instrução: preconizava não deixar as crianças estudar em escolas religiosas (*heders*) senão até doze anos de idade e tornar obrigatória, acima dessa idade, a freqüência de estabelecimentos onde a instrução européia lhes seria dispensada por professores judeus formados na Alemanha.

90. *Idem*, p. 290.

91. *Idem*, p. 291.

92. Sem dúvida alguma, aqui é preciso admitir que houve um erro de impressão ou de transcrição e ler "língua alemã pura".

93. *Idem*, p. 327.

Paulo I foi assassinado em 1801, antes de ter podido submeter a estudo essas propostas, mas seu sucessor, Alexandre I, dentro do vasto projeto de reformas liberais empreendidas por ele no começo de seu reinado, instituiu um "Comitê para a Reorganização da Vida Judaica", do qual fez parte Derjavin e que, em linhas gerais, seguiu o programa deste. Uma lei de 1804 restringiu consideravelmente a autonomia dos *Kahals*, abriu aos jovens judeus o acesso aos liceus e universidades e tornou obrigatório o ensino de línguas européias nas escolas judias. Por outro lado, os judeus receberam o direito de instalar-se nas províncias da "Nova Rússia"; em compensação, na própria "zona de residência", a lei decretava sua expulsão dos campos. Esse desenraizamento, que afetava aproximadamente um terço dos judeus polono-russos, trouxe muitas conseqüências econômicas e sociais para eles.

A entrada em vigor da medida foi fixada nos anos de 1807 e 1808. Este prazo coincidiu com a guerra de 1807, marcada pelas batalhas de Eylau e de Friedland, bem como com a abertura, em Paris, do "Grande Sanedrin". Ora, essa iniciativa do "anti-Cristo Napoleão" provocou, em todo o mundo e notadamente na Rússia, reações muito complexas, que serão vistas mais adiante; entre outras apreensões, o governo russo inquietou-se ao ver os judeus reunir-se em massa no campo inimigo. O tzar reuniu um comitê interministerial a fim de estudar a nova situação. O comitê foi da opinião que era preciso suspender as expulsões e acautelar os judeus contra as intenções do governo francês. Então foram enviadas instruções aos governadores da "zona de residência", recomendando-lhes que espalhassem a idéia de que Napoleão e seu círculo de emancipadores judeus trabalhavam pela destruição da fé ancestral[94].

Em tal conjuntura, a ortodoxia rabínica e o poder dos *Kahals*, que a autocracia russa procurava abater, tornavam-se seus melhores aliados. Os talmudistas e os cabalistas, empenhados em escrutar a significação da luta apocalíptica entre os imperadores dos *goim*, "entre Gog e Magog", oravam em sua maioria pela vitória de Alexandre, mais propícia, achavam, para apressar a vinda do Messias. Mais adiante serão vistos seus cálculos e suas opiniões místicas; no plano político, o ilustre *tzadik* Schneer-Salman raciocinava da seguinte maneira:

> Se a vitória couber a Bonaparte, a riqueza dos judeus aumentará e sua situação melhorará, mas, em compensação, seu coração se afastará de seu Pai celeste; mas se for nosso Tzar Alexandre o vencedor, o coração dos judeus se aproximará de nosso Pai celeste, mas, em compensação, a pobreza de Israel se agravará e sua desgraça aqui embaixo se acentuará[95].

(Não se poderia dizer que a História tenha desmentido esse prognóstico.)

Por patriotismo elementar, temores e esperanças supersticiosos ou cálculo, os judeus polono-russos, estabelecidos nas vias de passagem do Grande Exército, mostraram-se, em 1812, auxiliares devotos e úteis

---

94. J. HESSEN, *op.cit.*, p.47; S. DUBNOV, *op.cit.*, t.I, p.375.
95. S. DUBNOV, t.I, p. 382.

das forças tzaristas, espionando os franceses e reabastecendo os guerrilheiros russos. O tzar de todas as Rússias deu prova de benevolência para com eles, louvou sua fidelidade e prometeu, a uma delegação dos *Kahals*, que iria melhorar sua sorte depois do fim das hostilidades[96].

A partir de então, ele entrou em seu período pietista e reacionário, no qual sonhava ser o regenerador de um cristianismo unificado e depurado. Para a Europa, lançava a mensagem da Santa Aliança, em nome de uma fraternidade universal dos reis e dos povos. Ao mesmo tempo, procurava unir todos os súditos de seu império numa espécie de ecumenismo evangélico. Indo procurar conselhos agora junto aos místicos alemães (Mme Krüdener, Jung-Stilling, Baader), foi possuído, segundo a opinião de Joseph de Maistre, pela "quimera do cristianismo universal e da indiferença de todas as comunhões cristãs, consideradas, todas, como sendo igualmente boas"[97]. Ele nomeou seu amigo de infância, o Príncipe Alexander Golitzin, voltairiano arrependido, ministro da Instrução Pública e dos Cultos, encarregando-o de trabalhar pelo bem-estar não só dos cristãos das várias confissões, como também dos infiéis. As atribuições concentradas nas mãos de Golitzin eram sem precedentes: ". . . num certo sentido", escreve um historiador recente, "ele era patriarca, papa, superintendente, grande rabino e múfti numa única pessoa"[98]. Parecia que havia chegado a idade do ouro para todos os não-pravoslavos da Santa Rússia; e talvez os judeus tenham-se beneficiado com isso mais do que os outros. Os antigos projetos de reforma foram abandonados, e não se tratou mais de se lhes inculcar as luzes ocidentais. De fato, nesses anos, a filosofia tornara-se o grande inimigo: a censura perseguia todos os livros que "contradiziam o cristianismo" e, junto com a metafísica e a economia política, a geologia foi proscrita dos programas universitários, "porque contrária às Santas Escrituras"[99]. (Deve-se observar, incidentalmente, que, nos guetos, as autoridades rabínicas com muita freqüência praticaram esse tipo de perseguição.)

O grande assunto da época foi a propagação da *Bíblia*, pelos cuidados de uma "Sociedade Bíblica" constituída segundo o modelo inglês, da qual fez parte o tzar, e à qual fez grandes doações. Em tudo

---

96. Declaração de Alexandre I em 29 de junho de 1814; texto em J. HESSEN, pp. 56-57. O tzar teria manifestado intenções análogas ao missionário inglês John Patterson; segundo este, "o Imperador Alexander tem estado particularmente interessado em seu favor [dos judeus] por sua fidelidade a ele no tempo da invasão francesa". (Citado por MAX KOHLER, "Jewish Rights at the Congresses of Vienna and Aix-la-Chapelle", *Publications of the American Jewish Hstorical Society*, XXVI (1918), p.123).

97. *Correspondance diplomatique de Joseph de Maistre*, Paris, 1880, t.II, p. 311.

98. E. BENZ, *Die abendländische Sendung der östlich-orthodoxen Kirche*, Wiesbaden, 1950, p. 5.

99. Cf. A. KOYRÉ, "Un chapitre de l'histoire intellectuelle de la Russie: la persécution des philosophes sous Alexandre Ier", *Le Monde slave*, 1926 (IV), pp. 90-117.

isso, os defensores da ordem estabelecida entreviam perigosos germes de anarquia: "... essa sociedade bíblica", escrevia o embaixador francês La Ferronays, "que só tende a universalizar o protestantismo, deve fazer nascer idéias de liberdade entre homens acostumados a ver, em seu imperador, o chefe supremo de uma religião que só lhes ensina submissão e respeito; e, contudo, é esse poderoso veículo, esse salutar prestígio que se quer destruir"[100]. Ainda mais vivo foi o espanto do clero ortodoxo: "... os inimigos da Rússia", afirmava um panfleto clandestino, "convenceram Alexandre de que ele, o salvador da Europa, foi chamado a suprimir as diferenças das várias religiões a fim de que haja apenas um único pastor e um único rebanho..."[101] Joseph de Maistre, para citá-lo novamente, partilhava dessa opinião: "... parece evidente", dizia, "que a Sociedade Bíblica não passa de uma máquina sociniana, estabelecida para derrubar toda a sociedade eclesiástica"[102].

Assim, o obscurantismo mais desenfreado casava-se, no tzar, com a tendência a tomar ao pé da letra a mensagem evangélica. Os judeus gozaram, durante a segunda metade de seu reinado, de um regime de favor: um esboço de representação eleita, a "deputação do povo judeu", chegou até a ser instituída para eles em São Petersburgo. O que é ainda mais notável, Alexandre quis estender sua solicitude aos judeus dos outros países. Em 1816, ele tomava a defesa dos de Lübeck, que o senado da cidade acabava de expulsar: também interveio em favor dos de Frankfurt[103]. A seguir, pensou em melhorar a condição de todos os judeus europeus por meio de uma emancipação internacional, que tentou fazer decretar pelo concerto das grandes potências.

Essa idéia foi sugerida a ele por um missionário inglês, Lewis Way, que havia dedicado sua vida à libertação do povo da Bíblia tendo em vista sua ulterior conversão[104]. Way veio para a Rússia em 1817 e manteve vários encontros com o tzar, dos quais deixou uma descrição entusiasmada:

> Não foram audiências dadas por um Imperador a um particular, foram mais amigáveis trocas de idéias entre dois cristãos. Que condescendência afetuosa, que sorriso amável, que coração aberto, que intenções elevadas e que amor: quase, ou para dizer tudo, completamente o amor divino! Era o espírito de Deus que se manifestava durante esses encontros memoráveis...[105]

---

100. Citado por MAURICE PALÉOLOGUE, *Alexandre Ier, un tzar énigmatique*, Paris, 1937, p.266.

101. Cf. PETER VON GOETZE, *Fürst Alexander Nikolajewitsch Galitzin und seine Zeit*, Leipzig, 1882, p.109.

102. *Correspondance diplomatique de Joseph de Maistre*, op. cit., t.II, p.118.

103. Cf. S.W.BARON, *op.cit.*, pp. 190 e 197.

104. Sobre Lewis Way, ver JAMES PARKES, "Lewis Way and His Times", *Trasactions of the Jewish Historical Society of England*, XX (1964), pp. 189-201.

105. Citado por MAX KOHLER, *op. cit.*, p.120.

Como resultado, o tzar pediu que Way elaborasse o projeto de uma emancipação dos judeus pelas grandes potências, projeto que foi apresentado pela delegação russa ao Congresso de Aix-la-Chapelle (1818). Way encarava uma emancipação imediata e geral: "... é em vão que eles são convidados a tornar-se cristãos", argumentava, "sem que sejam tratados como homens e como irmãos (...). Existência civil e política; reintegração livre; retorno ao seio da grande família social, eis o que parece constituir o preâmbulo essencial para a regeneração completa dos israelistas e para sua recepção no rebanho de Jesus Cristo, para sua reunião com a casa de Deus..."[106] É interessante ver como a emancipação ou *regeneração* dos judeus estava diretamente relacionada, para Way, com sua conversão, isto é, com o desaparecimento do judaísmo: já observamos que foi esse, em última análise, o objetivo, admitido ou não, de quase todos os emancipadores, e julga-se poder afirmar que o modo cristão apresentava, sobre os vários modos "filosóficos", a vantagem da franqueza e da clareza, sem falar da lógica. Mas nem por isso estes deixaram de ser calcados naquele, como já foi dito[107]: a ponto de Capodistrias, o delegado russo encarregado de defender o projeto no Congresso, chegar a confundir Way com Christian Dohm, o velho apóstolo da emancipação laica.

A questão esteve na ordem do dia em 21 de novembro de 1818, na véspera do fechamento do Congresso. As atas apresentam laconicamente a intervenção de Capodistriais, que:

... submeteu ao exame do Congresso um relatório detalhado referente à situação dos judeus, que tinha sido remetido ao Imperador Alexandre por Dohm, "ministro do Evangelho". O autor aplicou-se em defender calorosamente a paridade de direitos dos israelitas com os cristãos e propôs que o Congresso proclamasse os seguintes princípios:

1º. Israelistas e cristãos devem gozar exatamente das mesmas imunidades civis e laicas, e

2º. Os governos devem recomendar ao clero, e mais particularmente aos bispos, que preguem a tolerância mais ampla em relação aos judeus[108].

Este ponto não deixa de ser significativo. Mas o projeto de Way não teve melhor sorte do que os outros planos grandiosos patrocinados pelo tzar (federação européia, pacto de segurança coletiva sob a garantia das grandes potências) que são descartados pelo Congresso por temor da hegemonia russa da Europa[109]. Nesse mesmo dia, um protocolo assinado pelos representantes das cinco potências anunciava:

Os senhores da Rússia comunicaram o impresso anexo relativo a uma reforma na legislação civil e política no que se refere à nação judia. A conferência,

---

106. Cf. JAMES PARKES, estudo *cit.*, p. 197.

107. Cf. supra, p. 126 -137.

108. F. DE MARTENS, *Recueil des traités et conventions conclues par la Russie avec les puissances étrangères*, São Petersburgo, 1885, t.VII, p.298.

109. Cf. MAURICE BOURQUIN, *Histoire de la Sainte-Alliance*, Genebra, 1954, pp. 219-237.

sem entrar absolutamente em todos os pontos de vista do autor dessa peça, fez justiça à tendência geral e ao objetivo louvável de suas propostas. Os senhores representantes da Áustria e da Prússia declararam-se dispostos a dar, sobre o estado da questão nas duas monarquias, todos os esclarecimentos que pudessem servir para a solução de um problema que deve ocupar igualmente o homem de Estado e o amigo da humanidade[110].

Foi essa a ata diplomática de morte de um projeto que, visto retrospectivamente, parece bem menos utópico do que os outros devaneios do pio autocrata. Pode-se pensar, de fato, que um estatuto internacional dos judeus não era mais irreal do que os acordos relativos à supressão do tráfico de escravos ou da pirataria, adotados na mesma época.

Alexandre ainda brincou algum tempo com a idéia de uma regeneração cristã do povo da *Bíblia*. "O Imperador faz muito para acariciar os judeus", dizia La Ferronays em abril de 1820; "o príncipe Golitzin cuida particularmente de um certo rabino bíblico que trabalha provavelmente na grande obra"[111]. Mas os judeus assim mimados não mostravam nenhuma propensão para deixar-se converter. Uma sociedade de *israelitas cristãos* (segundo Maistre, um sinônimo de *círculo quadrado*[112]) recrutou apenas umas dezenas de membros. Em compensação, uma nova seita judaizante, os *subotniki*, que pretendia ser da fé de Moisés, na época multiplicava seus adeptos entre os camponeses russos. As autoridades religiosas atribuíram seus progressos ao proselitismo judeu e usaram de extremo rigor contra essa "seita dos *jids*"[113]. Sem dúvida alguma, esse caso contribuiu para uma reviravolta de Alexandre I, sendo que o essencial foi a perda de suas pias ilusões e o ensombramento de seu humor no fim da vida. No Congresso de Verona de 1822, despediu polidamente Lewis Way, que veio lembrá-lo de suas promessas[114]. No mesmo ano, o Príncipe Golitzin caiu em desgraça e foi substituído por uma criatura do célebre Araktcheiev. O antigo projeto relativo à expulsão dos judeus dos campos foi desencaixotado; sua entrada em vigor começou em 1824, como prelúdio da política judeófoba que marcou o reinado de Nicolau I e seus sucessores. O paradoxo de um Romanov acariciando os filhos de Israel durara apenas alguns anos.

---

110. JAMES PARKES, estudo *cit.*, p.199.
111. Citado por CONSTANTIN DE GRUNWALD, *Alexandre Ier, le tsar mystique*, Paris, 1955, p. 282.
112. *Correspondance diplomatique de Joseph de Maistre, op. cit.*, t.II, p.362.
113. Cf. S. DUBNOV, *Histoire moderne du peuple juif, op. cit.*, t.I, p. 594-597. Sobre a ligação entre as heresias judaizantes dos séculos XV-XVI e a tradição antijudaica russa, ver nosso primeiro volume (*De Cristo aos Judeus da Corte*), p.233-240.
114. Cf. MAX KOHLER, *op.cit.*, p.120, nota 10, citando as lembranças de Miss Drusilla Way.

8. Efeitos da Emancipação

1. O CASO DOS JUDEUS

Hoje em dia, a imensa maioria dos judeus tem horror da reclusão do gueto; só alguns grupúsculos chamados de anacrônicos (dos quais o dos *Mea Schearim* em Jerusalém é o mais conhecido) guardam a nostalgia dessa claustração, segundo eles conforme à missão de Israel. Esse horror é facilmente projetado sobre o passado, de modo que geralmente se tende a crer que os judeus saudaram a emancipação com entusiasmo. Aliás, são numerosos os documentos que parecem justificar uma opinião como essa: de fato, pode-se dizer que os partidários judeus da emancipação, que faziam campanha na imprensa e multiplicavam as petições, abafaram retrospectivamente a voz de seus adversários.

A verdade foi singularmente mais cheia de nuanças, ao mesmo tempo em que variava, como já observamos, segundo o país e segundo a judiaria. Na França, embora os judeus portugueses, já fortemente assimilados de fato, tenham sido quase unânimes em se rejubilar com sua emancipação, os do Condado Venessino mostraram-se mais reticentes: chegou mesmo a haver quem não quisesse abandonar seu antigo sinal de infâmia, o "chapéu amarelo"[1]. Também foi dito que os judeus de Paris já estavam relativamente liberados: contudo, houve quem pranteasse a antiga ordem de coisas, principalmente entre os da "classe baixa", como dá a entender um relatório da polícia de 1809: "... o que irá parecer mais estranho, embora seja a mais exata verdade, é que essa miserável

---

1. Cf. J. BAUER, "Le chapeau jaune chez les Juifs comtadins", *R.E.J.*, XXXVI (1898), pp. 53-64.

horda é precisamente aquela cujos indivíduos estão mais escrupulosamente vinculados aos ritos e às práticas de sua religião..."[2] Eram, portanto, os mais pobres, e pode-se tirar a mesma observação dum relatório sobre o estado de espírito dos judeus alsacianos, dirigido por Laumond, prefeito do Baixo Reno, a Paris, em 1800. Constatando que a Revolução deslizara sobre as massas sem modificar sua mentalidade e que os preconceitos ancestrias continuavam tão vivos do lado judeu quanto do lado cristão, ele escrevia: "Faço uma exceção, porém, para a classe abastada, que em quase todos os países abjura os preconceitos do populacho"[3]. Quanto à "multidão hebraica", prosseguia, "ela continua atolada na mesma ignorância e na mesma baixeza de outrora. Seus princípios religiosos, que os separam de algum modo do resto das nações e que até agora nada conseguiu desenraizar, são um obstáculo quase invencível à aproximação que seria exigida pelo bem público". Coisa curiosa, ele achava que a culpa não cabia aos rabinos, que eram "em geral, homens bastante esclarecidos e bem intencionados, de quem só posso fazer elogios", mas sim a "suas ovelhas fanáticas", decididas a fazer com que os talmudistas pagassem caro o "menor desvio". Em suma, os judeus da Alsácia "não podem abandonar a idéia de julgar-se estrangeiros em toda parte e esse antigo preconceito ainda por muito tempo irá impedi-los de pensar em formar estabelecimentos fixos. As exceções a essa disposição geral do povo judeu são raras. Talvez sejam preciso séculos antes que possam francamente resolver considerar-se como parte real da grande família". Porém Laumond continuava otimista: "... pode-se garantir que, com o tempo, seus miseráveis preconceitos serão apagados; e que, menos perseguidos, pelo desprezo público, se ligarão ao solo que os alimenta: mas eles ainda estão bem longe dessa feliz conversão". Deve-se observar que esse excelente administrador republicano, em vez do termo geralmente empregado de *regeneração*, servia-se do termo, ainda mais expressivo, de *conversão*.

Também nos países alemães o quadro é variado e algumas vezes contraditório. Na Renânia, onde a emancipação foi decretada diretamente pelos franceses, só uma parte dos judeus votou pela anexação à França: o fato é que os francófilos judeus foram proporcionalmente mais numerosos que os francófilos cristãos. O partido emancipador, ou, o que dá quase no mesmo, o partido francófilo, parece ter reunido a maior parte dos sufrágios em Frankfurt e em Hamburgo, o que não é de espantar, já que se tratava de duas judiarias ricas, estabelecidas em cidades dominadas pela burguesia cristã. Também na Prússia, os judeus "esclarecidos", desde os tempos de Moses Mendelssohn, estavam por cima[4]. Mas a seus adversários, a julgar por certos escritos, não fal-

2. R. ANCHEL, *op. cit.*, p.360.

3. *Statistique du département du Bas-Rhin* pelo cidadão LAUMOND, prefeito. Paris, ano X, pp. 198-206.

4. A. KOBER, "The French Revolution and the Jews in Germany", *Jewish Social Studies*, VII/4 (1945), pp. 291-321.

tavam argumentos. Assim, em seu escrito *K'tav Yocher*, o rabino reformista Saul Lewin punha em cena um *melamed* ortodoxo, inimigo das inovações que ameaçavam fazer com que ele perdesse seu ganha-pão. Também ele deseja que as perseguições aos judeus redobrem de intensidade e põe esperanças no ódio das nações, o único que pode aumentar os méritos e a santidade do povo eleito . . .[5]

Para o império austríaco, dispomos de uma série de relatórios governamentais, que soam do mesmo modo que o do Prefeito Laumond. Quando foi anunciada a convocação do Grande Sanedrim, a inquietação apoderou-se do gabinete de Viena e os governadores foram convidados a informar-se sobre o estado de espírito dos judeus. Os resultados das investigações foram satisfatórios em seu conjunto, e o Imperador Francisco pôde concluir que "por parte dos talmudistas zelosos, não havia absolutamente nada a temer e que o Congresso de Paris (*sic*) só podia ter influência naqueles que pertenciam à classe elegante ou que queriam passar por esclarecidos". Ora, só uma minoria dos judeus de Viena e de Trieste fazia parte da classe "elegante" e queria fazer-se passar por esclarecida. Os da Boêmia, da Morávia e da Hungria deram toda satisfação às autoridades. Os da Galícia pareciam ainda mais fiéis: segundo o Governador Von Urményi, "eles eram, todos, absolutamente estúpidos e presos à *Torá* e ao *Talmud*" e viam, no Sanedrim, "o túmulo do judaísmo"[6].

Já vimos que essa também era a atitude dos judeus da Polônia e da Rússia, embora nestes casos talvez seja preciso tornar o juízo mais flexível: de fato, certos talmudistas poloneses, leais até o fim para com seu país, punham suas esperanças em sua ressurreição definitiva e, portanto, na vitória de Napoleão. Dentre os vários fatores que determinavam as opiniões políticas dos judeus, com certeza desempenhavam um papel os vínculos com o país onde tinham suas raízes.

O importante agora é ver o que a emancipação significava na realidade para a massa dos judeus. Talvez seja pelo viés da reviravolta em sua condição político-jurídica que se possa esclarecer melhor o problema.

Sob esse ponto de vista, não estavam enganados os polemistas antijudeus ou os emancipadores que clamavam que as comunidades judias constituíam um Estado dentro do Estado. No interior dos guetos, os judeus toda a vida tinham lidado com autoridades judias, que para eles encarnavam o poder ao mesmo tempo coercitivo e protetor de um Estado. Separados das autoridades cristãs pelo anteparo dos oligarcas comunitários (personagens geralmente *avant la lettre* emancipadas), tendiam efetivamente a ver nelas um poder estrangeiro e um poder hostil. Por isso, a massa dos filhos de Israel constituía realmente uma nação *sui generis*, nação bem integrada e definindo-se, enquanto tal,

---

5. Citado por J. MEISL, *Haskalah, Geschichte der Aufklärungsbewegung unter den Juden in Russland*, Berlim, 1919, pp. 21-22 e 206.

6. Cf. N.M. GELBER, "La police autrichienne et le Sanhédrin de Napoléon", *R.E.J.*, LXXXIII (1927), pp. 1-27, 113-135.

em relação às demais nações da terra. Humilhados e perseguidos, os judeus do gueto sabiam claramente o que eram.

A pedra angular do projeto dos emancipadores: a supressão da autonomia comunitária, levando, nesse ponto, a uma mudança radical. Criança, o judeu tem de freqüentar a escola pública; jovem, ele tem de prestar serviço no exército; adulto, não pode mais ser subordinado a um tribunal rabínico, não tem mais de temer os raios excomungadores e assim por diante. De um lado, está efetivamente "emancipado", já que subtraído ao poder paternalista dos rabinos e dos plutocratas, ao mesmo tempo em que desembaraçado de suas incapacidades. Mas, do outro lado, tem agora de enfrentar diretamente, durante toda a vida, as autoridades cristãs, autoridades supostamente inimigas. Daí, pode-se pensar, o temor provocado inicialmente pela nova ordem das coisas e a hostilidade generalizada à emancipação.

É verdade que suas vantagens, principalmente no campo da luta quotidiana pela existência, as múltiplas possibilidades que ela oferecia para enriquecer ou fazer carreira, determinaram muito rapidamente uma reviravolta. Onde os pais continuavam hostis ou céticos, foram os filhos que se tornaram partidários da emancipação; a rebelião contra a autoridade paterna precipitava a insurreição contra o governo rabínico. No espaço de uma ou duas gerações, quase todos os judeus, dos dois lados do Reno, aliaram-se às novas idéias, e a seguir o processo repetiu-se a Leste da Europa. Mas permanece o fato de que o sistema de valores da sociedade ocidental comportava, no capítulo sobre os judeus, uma condenação implacável. Ao filho do gueto aqui presente, garante-se que agora é um cidadão como os outros, "de confissão israelita", um homem e não um judeu, mas ele sente que as coisas não são tão simples, que não se consegue deixar de ser judeu enquanto se é judeu, e, dentre as várias observações ou experiências de toda ordem que o reforçam nesse sentimento, a escalada do anti-semitismo — voltaremos a isso mais adiante — desempenha um papel preponderante.

Daí, o despedaçamento do judeu emancipado, que tende, doravante, a voltar sobre si mesmo o juízo da sociedade majoritária cristã, a ver-se tal como os outros o vêem. Embora algumas vezes se superestime, na maioria das vezes se acusa, e as duas atitudes facilmente vão lado a lado. "O patriotismo dos judeus consiste no ódio a si mesmo", constatava o filósofo judeu Theodor Lessing; a fórmula completa, sem contradizê-la, é a do filósofo anti-semita Schopenhauer: ". . . a pátria do judeu são os outros judeus". É inútil acrescentar que toda generalização é abusiva, que tais despedaçamentos já eram visíveis no seio dos guetos e que foram poupados a inúmeros judeus dos tempos modernos, que não fizeram com que se falasse deles e cujas vidas simples e uniformes não deixaram qualquer traço nos documentos. Falando claramente, nossos meios de investigação são bem insuficientes para esclarecer um processo psico-histórico de extrema complexidade, com constantes interações entre a psicologia individual profunda e os fenômenos de psicologia coletiva ou sociais. O fato permanece que as principais figuras de proa judias das primeiras gerações pós-emancipação comprazian-se com muita freqüência em rivalizar com o anti-semitismo, quer se gabassem da religião cristã (como Friedrich Stahl), quer da irreligião (como Karl Marx). A sensibilidade de certos poetas conseguiu encontrar réplicas menos convencionais da situação e fixar para a posteridade seus verdadeiros aspectos.

Na época em que estamos, ninguém o fez melhor do que Heinrich Heine (1799-1856). Sua ironia não poupava nem o judaísmo, "essa desgraça, essa doença de família dos judeus alemães", nem seus infiéis servidores, como o Marquês Gumpelino, "desertor dos guarda-costas de Jeová" e seu criado Jacinto, *familionário* dos Rothschild". Na hora da morte, ele mudou de tom: "Agora vejo que os gregos não passaram de belos adolescentes; os judeus, em compensação, sempre foram homens inflexíveis e fortes, não apenas outrora, mas até nossos dias, apesar de dezoito séculos de perseguições e de miséria... de mártires, que deram ao mundo um Deus e uma moral, e que lutaram e sofreram em todos os campos de batalha do pensamento"[7]. Mais rude, seu rival Ludwig Börne (1786-1837), embora arremessasse as flechas usuais contra o *Talmud*, glorificava seus adeptos ou ex-adeptos: "Sois trinta milhões de alemães e não valeis por trinta. Que existam trinta milhões de judeus, e o mundo será deles!"[8]. A inconseqüência consistia em rebaixar o judaísmo ao mesmo tempo em que se elogiava os judeus, isto é, criticar uma cultura enquanto se louva os produtos dessa cultura, foi levada ao máximo por outro literato saído do gueto de Frankfurt, o alsaciano Alexandre Weill (1811-1899). Seu ódio obstinado pelo *Talmud* e pelo governo rabínico não impedia que declarasse "que se gastava mais malícia, mais espírito num só dia na rua dos judeus em Frankfurt do que em todo o resto da Alemanha em um ano... durante séculos, essa rua representou, em plena barbárie, uma vida civilizada, onde, numa sociedade oprimida, reinavam a fé, a caridade e a justiça..."[9] Seria fácil continuar com essa lista de inconseqüências e contradições no seio da geração pós-emancipação; a atitude reservada e digna que conseguiu ser observada por gente como Adolphe Crémieux na França ou como Gabriel Riesser na Alemanha foi própria de uma minoria.

Mais perto de nós, outras judiarias em vias de mudar produziram memorialistas que evocaram o conflito de um modo ainda mais sugestivo. Para o judeu mediterrânico Albert Cohen, o judaísmo é uma masmorra misteriosa, um obscuro subsolo, que seu herói, "Solal", freqüenta e ama às ocultas. A imagem é a mesma, mas o signo de valor se inverte com o judeu russo Óssip Mandesltam:

> Todas as elegantes miragens de São Petersburgo não passavam de um sonho, de um brilhante manto lançado sobre o abismo em que fervilhava o caos do judaísmo: não uma pátria maternal, nem uma casa, nem um lar, mas precisamente um caos, o mundo uterino desconhecido de onde havia saído, que eu temia, sobre o qual fazia vagas conjeturas e do qual sempre fugia...

---

7. "Geständnisse" (1854).

8. *Pensées* de BÖRNE, traduzido por ALEXANDRE WEILL, *Ludovic Börne*, Paris, 1878, p. 65.

9. A. WEILL, *Ma jeunesse*, Paris, 1870, vol. III, pp. 7-8.

Desenrolando o fio das lembranças de sua juventude, Mandelstam evocava, mais adiante, seu preceptor judeu:

> O que me impressionava nele, embora o achasse artificial, era seu sentimento de orgulho nacional judeu. Ele falava dos judeus como minha governanta francesa falava de Victor Hugo ou de Napoleão. Mas eu sabia que ele ocultava seu orgulho quando saía na rua, e é por isso que eu não acreditava nele...[10]

Outra imagem, forjada pelo escritor David Scheinert, é a do "pequeno locatário judeu", instalado permanentemente em casa de judeus inteiramente desligados da tradição ancestral ou da vida comunitária. Mas o grande nome de Kafka nos lembra que conflitos desse gênero adquiriram, hoje em dia, uma ressonância universal: quer dizer que a alienação do judeu poderia não ser mais do que o caso extremo das tensões engendradas pela civilização técnica e que se deveria poder encontrar seu correspondente em outros grupos humanos.

Algumas vezes o caso dos filhos de Israel foi comparado com o dos negros na América, sobre quem outrora Alexis de Tocqueville escrevia: "Desde que nasceu lhe dizem que sua raça é naturalmente inferior à dos brancos e ele não está longe de acreditar nisso; portanto, tem vergonha de si mesmo. Em cada um de seus traços, descobre um traço de escravidão e, se pudesse, consentiria com alegria em se repudiar por inteiro..."[11] Hoje em dia, segundo um de seus porta-vozes, esses próprios negros não sabem muito bem o que são: "Estou disposto a apostar que mais da metade da população negra se encontraria frente a profundos problemas psicológicos para responder a esta questão aparentemente simples: 'Quem sou eu e o que sou eu?'"[12]

A passagem da sociedade hierarquizada para a sociedade democrática (tolerante e niveladora) traz graves problemas psicológicos a todos os seus membros. É evidente que os grupos recém-liberados, e portanto mal-acolhidos, vivem esses problemas com uma acuidade especial.

Uma situação dessas exacerba a sede de prestígio, o desejo de ser aceito (estimado e amado) pela nova sociedade. Esses objetivos podem ser procurados por vias diferentes, segundo o temperamento de cada um, sua condição social e as circunstâncias, mas seja qual for o caminho escolhido, o dinheiro abre todas as portas se é que não abre todos os corações. Ele "responde a tudo" (como já observava o *Eclesiastes*) e serve como denominador comum a tudo; no seio da sociedade burguesa, notadamente, é o signo universal do sucesso. Tendo, em todos os tempos, sido hábeis na busca da riqueza, os judeus emancipados aplicaram-se a ela com redobrado ardor, e as transformações políticas e econômicas da época facilitaram muita ascensão espetacular. Porém, enriquecendo, se comportavam, do ponto de vista dos cristãos, de ma-

---

10. ÓSSIP MANDELSTAM, "Le bruit du tempos"; cf. *Commentary*, New York, outubro de 1965, pp. 37-41.

11. ALEXIS DE TOCQUEVILLE, *De la démocratie en Amérique*, ed. J.-P. Peter, Paris, 1963, p.181.

12. LOUIS E. LOMAX, *La révolte noire*, Paris, 1963, p.13.

neira *judia*; para serem bem-vistos era preciso, parece, que se livrassem de seu antigo ser e passassem no exame de outro modo. Na França, Napoleão decidiu submetê-los a um período probatório antes de lhes conceder completa igualdade de direitos.

Foram enviados questionários aos prefeitos: os judeus desempenham de modo conveniente seus deveres miltares? Exercem artes e ofícios úteis? Fazem com que seus filhos freqüentem as escolas públicas? Como se comportam, em geral? As respostas dos prefeitos nos dão a conhecer os esforços despendidos pelos filhos de Israel para serem bem-vistos pelas autoridades e pela opinião pública. O prefeito do Ródano fazia ironia sobre o assunto: "...deve-se acreditar", escrevia, "que eles se ressentem do ar que respiram, quero dizer que participam dos sentimentos de probidade que distinguem, na Europa, a praça de Lyon"[13]. O prefeito do Sena traçava um quadro entusiástico de seus rápidos progressos:

> É notório em toda Paris [escrevia] que os judeus desta capital, livres dos entraves que os estorvavam há tanto tempo no exercício de sua indústria, lisonjeados com a esperança de serem elevados à categoria dos outros cidadãos, só aproveitaram os primeiros momentos de sua liberação para provar que eram dignos dela... Assim, eles são vistos alistando-se nos exércitos, cultivando as ciências e as artes, abraçando ofícios, formando estabelecimentos úteis e entregando-se a especulações admitidas pela honra e pela probidade...
>
> Entre os judeus de Paris, não se conhece nenhum desertor ou nenhum insubmisso, e alguns pais de família dessa nação até se orgulham por ter dois ou mesmo três filhos alistados. Aproximadamente duzentos meninos judeus atualmente são aprendizes de diversos artesãos. Sabe-se que há os que se dedicam à medicina, à jurisprudência, à pintura, à gravura em metal, à litografia e à relojoaria, e alguns tiveram sucesso nessas profissões e são tidos em alta conta. Nos vários liceus de Paris, no de Versalhes, na Escola Politécnica e em vários internatos pode-se encontrar jovens judeus de Paris dedicando-se ao estudo das várias ciências que os podem preparar para profissões úteis, honradas e em cujo exercício eles não estarão mais expostos nem às censuras de seus concidadãos, nem à censura do governo...[14]

Conseqüentemente, em junho de 1808, os judeus de Paris foram excetuados da aplicação do "decreto infame". Mas ele permaneceu em vigor na maioria dos Departamentos. No interior, e especialmente na Alsácia, os judeus solicitaram derrogações a título individual, baseados em atestados que certificavam que, longe de serem usurários, "vampiros abusando da desgraça de seus concidadãos"[15], eles eram, pública e

---

13. Citado por R. ANCHEL, *op. cit.*, p. 386.
14. Arquivos Nacionais, F°. 19-11 010.
15. Cf. o dossiê de Jacques Javal (A.N., F.12-1565 (10). Solicitando do Imperador uma derrogação individual, Javal anexava a seu pedido nove atestados fornecidos pelos funcionários dos Departamentos do Vosges e do Alto Reno.

O procurador do tribunal de Épinal atestava que "o Sr. Javal... tem a reputação de um homem honrado e probo; que ele é conhecido particular do abaixo-assinado, que, longe de ser um desses vampiros que abusam da desgraça de seus concidadãos, amiúde se destacou por atos de generosidade e benevolência..."

O burgo-mestre de Rambervilliers atestava "que ele fez, sem distinção de reli-

notoriamente, homens caritativos e generosos. Também o Consistório Central multiplicava os relatórios ao governo, nos quais ressaltava o valor dos filhos de Israel como soldados e escritores, artesãos e dançarinos da Ópera[16].

Em suma, a qualidade tanto humana, quanto nacional (bom francês, bom alemão etc.), que se presumia natural e inata entre os cristãos, tinha de ser demonstrada pelos judeus, fazendo mais e melhor do que os outros; era preciso que eles se redimissem da presunção oposta: e são as necessidades dessa demonstração, ou dessa redenção, que aguilhoam a partir de então os mais dotados dentre eles no sentido de seus sucessos espetaculares. Daí, a seguir, um novo concerto de críticas, escritores e bailarinas irritando a fibra anti-semita tanto quanto usurários e vendedores de quinquilharias; mas a primeira geração dos judeus emancipados estava longe de suspeitar desse círculo vicioso.

Para entrar na grande sociedade, primeiro tinham de passar pela escola pública. *Via crucis* para muitas crianças judias, marcando-as pelo resto da vida. Chegando ao auge das honras, Adolphe Crémieux evocava esse passado[17]: "... eu não podia atravessar as ruas de minha cidade natal sem receber algumas injúrias. Quantas lutas não sustentei com meus punhos!" (Para corrigir os efeitos dessa lembrança, o homem de Estado logo acrescentava: "Pois bem, em poucos anos eu fazia meus estudos em Paris e quando voltei a Nîmes, em 1817, tomei meu lugar na barra do tribunal e não fui mais judeu para ninguém!" Portanto a sociedade de Nîmes teve o tato de não ver o judeu em Crémieux; talvez seja esse o segredo da tolerância francesa...) Com certeza, baseado em suas lembranças de infância, Frédéric Mistral evocava, em *Nerto*, essas guerras infantis, de cinqüenta contra um: "Lou *pecihoun*! Lou *capeu jaune*! A la jutarié! que s'encaune! Cinquanto enfant ié soun darrié; E d'un pouceu, per trufarié. Simulant éli l'auriheto, Em'un gueiroun de sa braieto, Ié crido lou vou d'esparpai: 'Vaqui l'auriho de toun pai!'"[18]

Tudo leva a crer que, no Leste da França, os trotes, de ritos semelhantes, eram igualmente correntes. O rabino de Metz, J. B. Drach, descrevia a infância de seu irmão:

gião, muitas caridades aos necessitados da comuna e dos arredores, que não se entregou à agiotagem, que chegou mesmo a ajudar seus amigos com seu próprio dinheiro e liberalmente, que não chegou até nós nenhuma queixa de empréstimo a usura. Que ele sempre foi bom cidadão, que mereceu a estima e até a consideração de todas as pessoas de bem, que foi com pesar que se viu sua saída desta cidade para fixar residência em Colmar..."

16. A ficha onde anotei esses relatórios do Consistório Central não dá indicações do número do dossiê dos Arquivos Nacionais onde os encontrara.

17. Discurso de Crémieux na Assembléia Geral da Aliança Israelita Universal; *Archives israélites*, t.XXVIII (1867), p.13.

18. "Esfarrapado! Chapéu amarelo! Para a judiaria! que ele se esconda! Cinqüenta crianças estão atrás dele; E de um porco, por zombaria, Fingindo uma orelha com um canto da braguilha, O bando de estouvados lhe grita: 'Esta aqui é a orelha de teu pai!'"

... que seus colegas de escola... perseguiam na saída da aula, cobrindo de injúrias, de pedradas e, o que é pior, esfregando toucinho em seus lábios. Apesar dos diretores da escola, que mais de uma vez interpuseram sua autoridade, essas perseguições continuaram até que meu irmão se distinguiu por seus progressos e pelos prêmios que ganhava no fim de cada ano; agora ele é um dos melhores miniaturistas de sua província[19].

Por seu lado, o Rabino Drach, chegando à maturidade, procurou completar sua regeneração convertendo-se ao catolicismo. Mas, como regra geral, as conversões (sobre as quais as estatísticas são falhas) parecem ter sido relativamente raras na França; em todo caso, elas jamais adquiriram um caráter de epidemia, e foi mais em conseqüência de deserções individuais, somando-se ao longo das gerações, que os judeus originários do Condado Venessino, por exemplo, que eram perto de três mil no tempo de sua emancipação, hoje em dia não passam de um milhar no máximo[20].

Pode-se dizer que os sucessivos governos da França, senão a sociedade francesa em seu conjunto, foram os únicos, na Europa, a tomar a emancipação inteiramente a sério: a partir da Restauração, todas as discriminações legais em relação aos judeus desapareceram de fato.

Na Alemanha, em compensação, onde as funções de autoridade e comando mais prestigiosas, conseqüentemente as menos "judias" e portanto as mais ardentemente cobiçadas por muitos filhos de Israel, permaneceram sempre barradas aos "cidadãos de confissão mosaica". Daí, no começo do século XIX, uma epidemia de conversões, cujo pretexto imediato podia ser o exercício de uma profissão liberal ou a entrada para o serviço do Estado; mas o nome que ela recebeu, *Gefallsucht* (preocupação de agradar), sugere que a sede do amor e da estima cristã foi sua causa geral e profunda.

De fato, essas conversões eram motivadas de maneiras muito variadas. David Mendel, sobrinho-neto de Moses Mendelssohn, que se tornou, com o nome de Johann Neander (1789-1850), o príncipe dos historiadores protestantes da Igreja, foi tocado pela graça aos dezessete anos. Parece que uma convicção sincera também presidiu o batismo de Julius Jolson (1802-1861), infinitamente mais conhecido pelo nome de Friedrich Julius Stahl, com o qual se tornou o grande mestre intelectual do conservadorismo prussiano. Já vimos que, ao mandar batizar seus filhos, o pai de Félix Mendelssohn-Bartholdy, pretendia prestar homenagens à civilização cristã; isso já era tomar a religião bem menos a sério.

Conhece-se o caso de Heinrich Heine: um de seus amigos, Eduard Gans (1798-1839) que militava com ele num círculo de renovação da cultura judaica, converteu-se subitamente para obter uma cátedra de filosofia na Universidade de Berlim (amigo de Hegel, Gans foi o mestre de Karl Marx (1818-1883), o qual, por sua vez, foi batizado

---

19. *De l'harmonie entre l'Église et la Synagogue* . . ., pelo cavaleiro J. B. DRACH, Paris, 1844, t.I, p.36.

20. Cf. M.ROBLIN, *Les Juifs de Paris*, Paris, 1952, pp. 61 e 89.

segundo o desejo de seu pai, quando tinha sete anos). Heine lançou contra Gans um dístico irritado:

> *Und du bist zum Kreuz gekrochen,*
> *Zu dem Kreuz, dass du verachtest* ...[21]

e pouco depois seguiu seu exemplo para poder inscrever-se na barra do tribunal de Hamburgo, onde jamais chegou a advogar. "Bilhete de entrada para a cultura européia", ironizava e também: "... se as leis autorizassem o roubo de colheres de prata, eu não me teria convertido!" Seu rival, Ludwig Börne, que se converteu para poder dirigir um jornal, manifestava-se sobre o sacramento do bastismo de um modo não menos cavalheiresco: "As três gotas de água que me ministraram não valem nem mesmo o pouco dinheiro que me custaram".

Rachel Varnhagen-Levine garantia que, em 1823, a metade dos membros da comunidade judia de Berlim já havia se convertido[22]. Nem por isso, a história alemã, tão profundamente marcada pelos nomes que acabamos de citar, deixou de registrá-los como judeus. Dentre os homens ilustres dessa geração, só Giacomo Meyerbeer não se converteu, talvez pela ligação com sua velha mãe[23], e talvez também porque "à felicidade de ter talento, ele unia o talento de ter felicidade", como dizia Berlioz desse milionário[24]. A personagem, contudo, era bastante complexa, como revela seu mais recente biógrafo, e sua riqueza multiplicava as invejas que o faziam sofrer; em todo caso, do ponto de vista que nos interessa, esse "músico difamado" continua sendo uma exceção[25].

Sinceros à sua maneira, alguns nem mesmo fingiam a sinceridade das convicções; outros, embora tornando-se cristãos praticantes e até cristãos convictos, conservavam seu "pequeno locatário judeu" no fundo do coração. Sua presença pode ser ilustrada pelo caso de um dos filhos do emancipador Breidenbach, que depois do batismo se tornou diretor do Departamento de Instrução Pública de Hesse. Um professor judeu, vindo pedir uma transferência, relata que inicialmente chocou-se com uma acolhida hostil por parte dele: "Vocês, judeus, nos dão muito trabalho", disse seu ex-correligionário; mas ele o teria autorizado a voltar dentro de um mês. Na data indicada, Breidenbach não estava no escritório. O requerente foi tentar a sorte na casa dele. Desta vez, foi recebido com amabilidade: o dono da casa o levou para um quarto onde estavam acesas duas velas e disse: "Hoje é o aniversário da morte de meu pai. Aqui está uma quantia em dinheiro para mandar rezar

---

21. *E você rastejou até o crucifixo.*
    O crucifixo que você desprezava ...

22. CARL COHEN, "The Road to Conversion", *Leo Baeck Yearbook*, VI (1961), p.264.

23. Cf. HERMANN MENDEL, *Giacomo Meyerbeer, eine Biographie*, Berlim, 1868, p.5.

24. Citado por LIONEL DAURIAC, *Meyerbeer*, Paris, 1913, p.49.

25. Cf. HEINZ BECKER, *Giacomo Meyerbeer, Briefwechsel und Tagebücher*, Berlim, 1960-1967 (2 vols.) e *Der Fall Heine-Meyerbeer*, Berlim, 1958.

o *Kadish* (oração dos mortos) para ele. E aqui está seu decreto de transferência". A história não diz, e nem pode dizer, quais eram as verdadeiras relações do filho dos Breidenbach com o Deus do *Novo Testamento*; em todo caso, a forma com que se revestia sua piedade filial era de molde a chocar, na época, tanto os rabinos quanto os padres[26].

A massa dos judeus alemães, embora não chegando às pias batismais, não podia deixar de ficar impressionada com a conversão de tantas personalidades ricas e brilhantes, algumas das quais rematavam, por outro lado, sua desjudaização mudando de nome, como já vimos. Tais exemplos vinham reforçar os efeitos da abolição do governo rabínico, e o judaísmo alemão se desfazia rapidamente entre os convertidos de toda obediência, os indiferentes que abandonaram completamente as observâncias ancestrais, os partidários de um mosaísmo reformado e o último reduto dos fiéis do *Talmud*. Já a maior parte deles queria ser, em primeiro lugar, alemães: "Em geral, o que pedem com insistência os judeus da Prússia é ser prussianos e nada mais", observava em 1844 Alexandre Weill[27]. Mesmo os que se ufanavam de sua fidelidade à tradição judaica tinham em vista uma melhor germanização dos judeus: é característico que o fundador da "ciência do judaísmo", Leopold Zunz, tenha sido impelido para suas pesquisas históricas pelo desejo de provar que os judeus medievais normalmente possuíam prenomes cristãos e utilizavam os idiomas locais para seu culto[28]. "O judeu alemão pensa essencialmente de uma maneira alemã", constatava em 1857 o célebre teólogo católico Ignaz Döllinger; "e como nossa cultura e nossa civilização são fruto do cristianismo e têm cores cristãs, ele não pode, por mais reticente que possa ser, por outro lado, em relação ao cristianismo, deixar de pensar em termos cristãos sobre muitos assuntos, consciente ou inconscientemente, e conseqüentemente agir nesses termos[29].

De fato, tratava-se de uma nova geração de marranos, diferindo das vítimas da Inquisição, *grosso modo*, apenas como a vergonha e a sede de amor diferem do medo. Assim como os "cristãos-novos" da Península Ibérica, esses judeus, mesmo depois de convertidos, continuavam socialmente sendo judeus aos olhos dos cristãos; judeus, como veremos, capazes de provocar ainda mais as paixões antijudias do que os filhos tradicionais do gueto. No começo do século XX, o grande economista Sombart deplorava, em nome de suas estatísticas, "a circunstância de que pessoas que são judias assumem a aparência de cristãos, só porque seus ancestrais ou elas mesmas um dia foram

---

26. *Apud* H. SCHNEE, *Die Hoffinanz und der moderne Staat, op.cit.,* t.III, pp. 153-154.

27. A.WEILL, "De l'état des Juifs en Europe", *La Revue indépendante,* XVI (1844), p.506.

28. Cf. S. DUBNOV, *Histoire moderne du peuple juif,* t.I, p.525, e MAX BROD, *Henri Heine, op. cit.,* p. 206.

29. Cf. HANS LAMM, *Von Juden in München,* Munique, 1958, pp. 109-110.

batizadas" e falava de "calamidade que permite dissimular de nós a verdadeira condição de uma pessoa que mudou de manto religioso"[30]. Mas, já em 1832, o judeu militante Gabriel Riesser (1806-1863) via mais longe: ". . . acreditem-me", advertia aos neomarranos, "o ódio sabe encontrar seu homem tão bem quanto o anjo da morte sabe reconhecê-lo seja qual for o nome sob o qual ele se esconda. . ."[31] E, apesar de tudo, até mesmo esse judeu praticante admitia partilhar seu amor entre o Deus de Israel e uma nova deusa estrangeira. Ele não escolhera como lema: "Nós temos um Pai no alto e temos uma mãe: Deus, o pai de todos os seres, e a Alemanha, nossa mãe aqui embaixo?"[32]

Foi assim que os esfacelamentos de gente como Rachel Levine tornaram-se a sina de um número cada vez maior de judeus. Para dizer a verdade, hesita-se perante o termo a ser empregado para designar uma coletividade cujas figuras de proa haviam abjurado a fé de Moisés. Já vimos que, para Heine, o judaísmo alemão tornara-se um mal de família e até uma doença. Para Alexandre Weill, estava em vias de tornar-se "uma seita cristã"[33]. As dificuldades da identificação semântica refletem a confusão reinante entre os filhos do gueto, que eles mesmos não sabiam bem quem eles eram. Na maioria, não conheciam outra identidade, pode-se dizer, senão a negativa: ". . . nós somos aqueles que não são alemães cristãos-velhos". Eles imitavam conscienciosamente os comportamentos alemães e rivalizavam em patriotismo até no culto da sinagoga, mas já a Alemanha parecia estar respondendo: "Vocês são o que não são".

Assim, um dos resultados da emancipação *more germanico* foi dar um novo aspecto à milenar dialética judaico-cristã: agora é imitando o cristão que o judeu se opõe a ele. O gênio irônico de Heine ditou-lhe a palavra final (mas a beleza dos versos continua intraduzível):

> Faz bem um milênio
> Que nos toleramos fraternalmente
> Tu toleras que eu respire,
> Eu tolero teus furores.
> Às vezes, em tempos obscuros
> Estranhos humores se apossavam de ti:
> Tuas patas pias e afetuosas,
> Tu as banhavas em meu sangue.
> Nestes tempos, nossa amizade cresce,
> Ela se consolida a cada dia
> Pois eu também fico com raiva,
> E me torno quase igual a ti![34]

30. W. SOMBART, *Die Juden und das Wirtschaftsleben, op.cit.*, p.9

31. Cf. ERICH LÜTH, "Gabriel Riesser 1806-1836", *Tribüne*, Frankfurt am Main, II/5 (1963), p. 10.

32. "Einen Vater in den Höhen, eine Mutter haben wir; Gott, ihn, aller Wesen Vater, Deutschland unsre Mutter hier." (Cf. F. KOBLER, *Juden und Judentum in deutschen Briefen aus drei Jahrhunderten*, Viena, 1935, pp. 231 e ss.)

33. A.WEILL, estudo *cit.*, p. 517

34. Fragmento "An Edom" (setembro de 1824)

Mas já um dos primeiros pioneiros do socialismo na Alemanha, Moses Hess, depois de preparar o caminho para Marx e Engels, engajava-se, em vez de se converter, no caminho do sionismo político, esse remédio privilegiado para o dilaceramento neomarrano.

2. O CASO DOS NÃO-JUDEUS

A emancipação tendo modificado profundamente a atitude dos judeus tanto em relação aos não-judeus quanto em relação a si mesmos, pode-se admitir que, como reação oposta, a sociedade majoritária tenha sido igualmente afetada e tenha mesmo chegado a passar por uma espécie de evolução paralela no que diz respeito à imagem que ela tinha dos judeus, se não à que ela possuía de si mesma. Por outro lado, essa sociedade atravessava uma fase excepcionalmente agitada de sua história, uma vez que o questionamento das crenças tradicionais e das idéias, conjugando-se com a ascensão da burguesia, acabou repercutindo nas estruturas políticas e sociais e provocando um grande incêndio geral. Por conseguinte, muitos espíritos passaram a procurar uma explicação simples e coerente para o espetáculo apocalíptico que a Europa oferecia desde 1789, e, já que o povo judeu era, ao mesmo tempo, o autor, o portador e o ator principal das Santas Escrituras, sua libertação não podia deixar de refletir-se nos diversos esquemas explicativos propostos. O conteúdo dessas escatologias, poderia, pois, fornecer um primeiro fio condutor para o estudo das reações dos cristãos à emancipação.

Mas também é verdade que as principais teorias desse tipo eram de uma inspiração bem anterior aos acontecimentos que elas pretendiam explicar. A era da incredulidade, isto é, o Século das Luzes, também foi, como se sabe, uma era de extrema credulidade: uma vez sacudido o jugo da Igreja, e afrouxadas as disciplinas teológicas, novas revelações estavam em condições favoráveis de disputá-lo à revelação judio-cristã, e, embora as naturezas proféticas tenham pululado em todos os tempos, a partir de então elas puderam recrutar adeptos à vontade, fundar capelas, conventículos e religiões (sob esse ponto de vista, o culto da deusa Razão poderia ser considerado meramente como a vitória da heresia mais radical dentre todas as que pululuaram na época). No nível inferior, o do charlatanismo puro, gente como Cagliostro ou como Saint-Germain colhiam êxitos fáceis praticando as artes mágicas; no nível superior, do milenarismo místico, gente como Swedenborg ou Saint-Martin, seguindo os passos de Jacob Boehme, exerciam uma ação em profundidade, e, embora aqueles — homens de ação — tenham virado a cabeça de seus contemporâneos, estes — homens de meditação — marcaram profundamente, através do romantismo e da filosofia, os sentimentos das gerações posteriores.

Assim como Boehme outrora, Swedenborg glosava abundantemente os dois *Testamentos;* quer dizer que, tanto em um, quanto em outro, são numerosas as referências aos judeus. Deve-se observar que Jacob Boehme (1575-1625) desenvolvia opiniões extremamente benevolentes em relação aos filhos de Israel, tais como as que podem ser encontradas em todas as épocas (mas principalmente nos dias de hoje) sob a pena de cristãos que meditaram sobre a Epístola aos Romanos; ele anunciava, em especial, a reintegração próxima do povo eleito[35]. Não se dava o mesmo com Emmanuel Swedenborg (1688-1772), que, em Estocolmo e em Londres, foi famoso como sábio, antes de sê-lo ainda mais como profeta, tendo um íntimo relacionamento com os espíritos. Não apenas negava decididamente a possibilidade de tal reintegração, como também suas glosas e suas visões o haviam levado a concluir que os judeus empre foram uma nação abjeta, apegada aos bens deste mundo e idólatra, incapaz por natureza de perceberem a mensagem divina (pode-se reconhecer aí a grande tese deísta):

... O caráter dessa nação é tal que, mais do que as outras nações, eles adoram os exteriores (+ os bens tangíveis) bem como os ídolos e não querem saber absolutamente nada dos interiores = a espiritualidade); com efeito, dentre todas as nações, são os mais avaros, e a avareza, tal como a deles, que consiste em amar o ouro e a prata pelo ouro e pela prata, e não por algum uso, é a afecção mais terrestre...; por aí deve-se ver claramente quanto se enganam aqueles que acreditam que essa nação será de novo escolhida ou que a Igreja do Senhor passará novamente por eles...[36]

Os espíritos disseram a Swedenborg que, antes dele, as Escrituras tinham sido lidas mal, pois por "reintegração de Israel" devia-se entender a reintegração dos verdadeiros cristãos; de fato, essa reintegração já havia ocorrido, pois o Juízo Final já fora realizado, no ano 1757; ele Swedenborg, havia então recebido o encargo de erguer a nova Jerusalém, e aqueles que ouviram sua palavra formavam o campo dos eleitos[37].

O filósofo Karl Jaspers, que estudou, na qualidade de psiquiatra, o caso do profeta sueco, viu nele um esquizofrênico caracterizado. "Pode-se compreender as preocupações de Swedenborg", escreveu, "como resultando de uma tradição religiosa, bem como dos temas que condicionavam seu pensamento antes da doença..."[38] No que se refere aos temas, no capítulo sobre os judeus, não passavam dos mesmos dos deístas ingleses, a quem Swedenborg dava assim a caução de uma revelação profética; no que se refere à tradição, não deixa de ser interessante observar que esse filho de bispo luterano empregava a mesma imagem que Lutero ao proclamar "que se pode converter pedras, mais do que

---

35. Cf. sua glosa sobre os filhos de Noé (*Gênesis*, IX, 20-29) em *Mysterium Magnum*, cap. 34.

36. *Arcanes célestes de l'Écriture Sainte ou Parole du Seigneur dévoilée*..., de EMMANUEL SWEDENBORG, n° 8301 (Paris, 1854, t.XII, p. 395).

37. Sobre Swedenborg, ver AUGUSTE VIATTE, *Les sources occultes du romantisme*, Paris, 1928; JACQUES ROOS, *Aspects littéraires du mysticisme philosophique et l'influence de Swedenborg*..., Estrasburgo, 1951, e principalmente ERNST BENZ, *Emmanuel Swedenborg*, Munique, 1948.

38. KARL JASPERS, *Strindberg et van Gogh, Hölderlin et Swedenborg*, Paris, 1953, p.189.

eles [os judeus] à fé do Senhor"³⁹. Poder-se-ia também compará-lo ao reformador em razão da força sugestiva de seu estilo e também em razão do recurso às descrições escatológicas quando se tratava de judeus. Depois de tê-lo visitado, ele descrevia "como se se estivesse nele" o inferno que lhes estava reservado. Era "uma cidade na qual eles afluem acotovelando-se; mas essa cidade é lamacenta e infecta, por isso é chamada Jerusalém maculada. Lá, eles correm na lama e no barro até os calcanhares, queixando-se e lamentando-se". Eles não têm aí outro alimento senão a lama ou pior, "matérias cadavéricas, pútridas, excremenciais e estercorosas, infectas e urinosas". Outros judeus, contudo, erram fora da *Jerusalém maculada*: ". . . são judeus que erram assim, proferindo ameaças de matar, de massacrar, de queimar, de cozer, e isso contra todos os que encontram, mesmo contra judeus ou amigos. Por aí pude conhecer o caráter deles, embora, no mundo, eles não ousem mostrar-se tais como são"⁴⁰. Sem dúvida alguma, Swedenborg foi o primeiro autor moderno a falar da "verdadeira natureza" dos judeus; se foi louco, sua loucura encontrou adeptos numerosos, e, já dissemos várias vezes, esse encarniçamento contra o Povo Eleito é freqüente entre os gentios que acham que receberam um mandato para romper o insolente monopólio desse povo e para suplantar sua mensagem. Sob esse aspecto, nada é mais característico do que a animosidade de Swedenborg contra o apóstolo Paulo: no curso de suas explorações no além, o intrépido visionário ficou até sabendo que também os demais apóstolos mantinham esse judeu à distância⁴¹.

Pode-se encontrar concepções análogas no ocultista sem dúvida alguma mais influente da geração seguinte. Claude de Saint-Martin, "o filósofo desconhecido" (1743-1803). Também ele, ao tratar do problema da "reintegração dos judeus", deduzia, de seus livros, que esse restabelecimento, fatal para os gentios, seria contrário aos decretos bem entendidos da Providência. "Se o judeus forem reunidos como uma única nação neste mundo, não haveria salvação eterna a esperar para ninguém, pois, com isso, o círculo divino das operações supremas estaria preenchido e fechado no tempo." Deve-se notar que esse raciocínio parece datar da mesma época em que Bonaparte, ao lançar, por ocasião da campanha do Egito, uma proclamação "sionista" aos judeus,

---

39. *Arcanes célestes . . . op. cit.* Cf. LUTERO, em seu prefácio de *Schem Hamephoras*: ". . . é tão fácil converter um judeu quanto converter o Diabo. Pois um judeu, um coração judeu são duros como o bordão, como a pedra, como o erro . . ." (Ver *De Cristo aos Judeus da Corte*, p. 188).

40. *Arcanes célestes* . . . , nº 940, *ed.cit.*, Paris, 1843, t.II, pp.87-88.

41. Cf. E. BENZ, *op.cit.*, p. 499: "So berichtet (Swedenborg) 1749 in der anderen Welt sei es eine bekannte Tatsache, dass die Briefe des Paulus nicht den 'inneren Sinn' besässen. Die unersättliche Eigenliebe, die ihn von seiner Bekehrung beherrscht habe, sei auch nachher nicht von ihm gewichen, sie habe sich nur ins Geistige verkehrt, nunmehr wollte er der Grösste im Himmelreich sein, und die Stämme Israels richten. Weiter berichtet Swedenborg, dass er in seinen Visionsserlebnissen habe er häufig feststellen können, dass die übrigen Apostel dem Apostel Paulus im Himmel die Gemeinschaft verweigern, und ihn nicht als einen der Ihrigen anerkennen wollten."

apresentava-se como seu messias. Acrescentemos que, ao contrário de Swedenborg, Saint-Martin agradecia aos judeus, cujo crime foi, para os gentios, "de uma utilidade inapreciável... o sangue que conjuraram sobre si era espírito e vida"; oferecia-lhes também o consolo do bastismo; o universalismo católico parece ter passado por aí[42]. Por outro lado, o "filósofo desconhecido" traçava um paralelo entre os franceses e os judeus, que é ilustrado por certas expectativas da época:

> ... os franceses poderiam ser vistos como o povo da nova lei, assim como os hebreus eram o povo da lei antiga. Não se deveria ficar espantado com essa eleição, apesar de nossos crimes e banditismo. Os judeus, que foram escolhidos no tempo deles, não valiam mais do que os franceses...[43]

Os êxitos revolucionários, seguidos pelos êxitos napoleônicos, deram um poderoso impulso, é evidente, às especulações escatológicas, e, ao tema dos mistérios eternos da existência, soma-se o da irreligião triunfante. As inquietas interrogações desse tempo foram formuladas por Joseph de Maistre, principal autor da "teoria providencial" da Revolução (1796):

> Não compreendo nada, é a palavra do dia... Então como (gritam de todos os lados) os homens mais culpados do universo podem triunfar sobre o universo! Um terrível regicídio tem todo o êxito que poderiam esperar aqueles que o cometeram! A monarquia está entorpecida em toda a Europa! Seus inimigos encontram aliados até sobre os tronos! Tudo dá certo para os malvados... Na Revolução Francesa há um caráter *satânico* que a diferencia de tudo que se viu e talvez de tudo que se verá...[44]

Uma primeira resposta consistiu em acusar os protestantes (ou guiados por Satã ou na qualidade de facção autônoma e plenamente responsável). A teoria da "conspiração protestante" podia apoiar-se nas simpatias pró-revolucionárias da maior parte dos reformados, velhos bodes expiatórios dos reis cristianíssimos, e principalmente no fato de que os principais banqueiros da monarquia, bem como o Ministro Necker, efetivamente eram de origem protestante. Porém o recurso ao "capital" ou ao "capitalismo" ainda não fora implantado nos costumes enquanto grande princípio explicativo, de modo que a tese da conspiração protestante se apagou rapidamente perante outra, talvez menos plausível a nossos olhos pós-marxistas: a da mão das seitas anticristãs, constituídas em sociedades secretas.

Aqui, pediremos ao leitor um momento de atenção. Promovidas, principalmente em relação a 1789, à categoria de fator histórico essencial, as "sociedades secretas" decerto não merecem essa honra (ainda que a investigação seja penosa por definição); em compensação, a cren-

---

42. *De l'esprit des choses...*, pelo "filósofo desconhecido", Paris, ano VIII (1800), pp. 248-252.

43. *Ministère de l'Homme-Esprit*, 1802 (cit. por A. TANNER, *Gnostiques de la Révolution, Claude de Saint-Martin*, Paris, 1946, p.208).

44. J. DE MAISTRE, *Considérations sur la France*, p.6.

ça na onipotência dessas sociedades influiu incontestavelmente no devir histórico ocidental, notadamente durante a primeira metade do século XX. Ainda seria preciso que tais crenças pudessem cristalizar-se em torno de um pretexto ou acontecimento banal fornecido oportunamente por exaltados ou mistificadores *brincando* de sociedade secreta: condição talvez indispensável para o nascimento de grandes mitos dessa ordem, e, nesse sentido, de fato não haveria fumaça sem fogo. Foi dessa maneira que os principais autores (os franceses Augustin Barruel e Joseph de Maistre; o inglês Robison; o alemão Göchhausen) puderam imputar o apocalipse revolucionário à tríade "iluminismo-franco-maçonaria-filosofia", dando ênfase principalmente ao primeiro termo.

O caso da ordem bavara dos Iluminados assemelha-se curiosamente ao fato banal de onde Dostoiévski tirou matéria para *Os Demônios*. O jesuíta Adam Weishaupt, que abandonara o hábito, pretendia dirigir uma conspiração em escala européia, destinada a destruir todos os Estados e a estabelecer uma república universal; acreditaram nele e o jogaram na prisão; deve-se notar que o caso ocorreu alguns anos *antes* de 1789, e a imaginação, ou a arte, parecia antecipar a natureza[45]. A franco-maçonaria foi associada, por nossos pensadores, ao Iluminismo; quanto ao "filosofismo", embora aos olhos do Abade Barruel, principal autoridade na matéria, tivesse tramado, nas pessoas de Voltaire, d'Alembert e Frederico II da Prússia, um plano minuciosamente fixado, sua ação, mesmo na falta de tal plano, teve, como se sabe, significação diferente da que a das duas outras ordens ocultas. Além disso, certos autores esquecidos levaram a pesquisa das causas ainda mais longe: já em 1794, um sacerdote encarregado por Pio VI de escrever a história da "perseguição francesa" enumerava, entre os fatores da subversão, as "invenções engenhosas", tais como os balões e os aerostatos[46].

Em tudo isso, os judeus não eram esquecidos. Mas é interessante constatar que, durante um primeiro período, que se estende até 1806, os polemistas anti-revolucionários só lhes atribuíam um papel episódico e passivo; eles são os peões de que se servem os grandes conspiradores para suas maquinações, ou os contrastes que fazem ressaltar mais seu negrume. Assim, o alemão Göchhausen, um dos primeiros propagandistas antiiluministas, chamava a atenção, já em 1786, para as ligações judaicas da maçonaria:

---

45. Sobre Weishaupt e os Iluminados, ver R. LE FORESTIER, *Les Illuminés de Bavière et la franc-maçonnerie allemande,* Paris, 1914, e JACQUES DROZ, *L'Allemagne et la Révolution française,* Paris, 1949, pp. 402-405.

46. *Mémoires pour servir à l'histoire de la persécution française, recueillis par les ordres de Notre Très Saint-Père Pie VI,* pelo Abade D'AURIBEAU D'HESMIVY, Roma, 1794. Nessa obra, fala-se de "invenções engenhosas (balões, aerostatos, magnetismo, mesmerismo etc.), ou melhor, de antigas descobertas renovadas nos dias de hoje, com a intenção de persuadir o povo de que se deve atribuir a causas naturais muitos milagres sobre os quais está inabalavelmente baseada a religião de Jesus Cristo ..." (t.I, p.244).

Nenhuma ordem traz marcas ou *sinais* — deixai-me usar essa palavra tão adequada — mais reveladoras do que a maçonaria simbólica, que gira em torno dos mais puros hieróglifos judeus. Todos os seus utensílios, tapetes, instituições, instruções, bem como sua história — ela foi publicada — são um apanhado de imaginária hebraica. O judeu Salomão é um de seus mestres supremos, e seu templo é a alegoria essencial disso[47].

Por seu lado, maçons autênticos insistiam nessa genealogia: tais como Karl Leonhard Reinhold (Fr.: Decius), lembrando, em 1788, a seus irmãos, que o "Grande Arquiteto do Universo" não é outro senão Jeová, e que incumbe a eles erigir, não um templo qualquer, mas sim "o templo destruído dos judeus, o templo da religião sobre a qual está fundada a fé comum dos cristãos". O que não implicava, por parte dele, em nenhuma ternura particular pelos primeiros construtores desse templo, muito pelo contrário[48].

O Abade Barruel também atribuía uma filiação judaica à francomaçonaria; mas, acima de tudo, censurava os conjurados filósofos por terem querido libertar os judeus, "para separar enfim os povos de sua religião", dando um "desmentido ao Deus dos cristãos e a seus profetas", e citava, como corroboração, a correspondência entre Voltaire e Frederico II[49], mas, nessa primeira versão, não se supunha que os filhos de Israel, deixados fora da conspiração, tivessem eles mesmos trabalhado no sentido de seu restabelecimento e da derrota da Igreja.

Para dizer tudo, antes de Napoleão reunir o Grande Sanedrim, os contemporâneos não tiveram a idéia de situar os judeus entre as potências maléficas, encarniçadas na destruição da cristandade. Embora em outros tempos o povo deicida tenha sido acusado de procurar perdê-la com o auxílio de procedimentos mágicos e sortilégios de todo tipo, essas lendas haviam perdido todo crédito para os modernos, para quem o próprio Satã aparentemente agora tinha de levar em conta as leis naturais e aplicar, junto com seus agentes, uma estratégia ditada pelas realidades políticas.

A iniciativa do "inimigo da Europa", já promovido à categoria de ogre ou de Anticristo no campo de seus detratores, forneceu novo pasto aos espíritos e reanimou antigos temores. A imaginação tornouse febril, e essa febre foi explorada pelas chancelarias. "Jamais se falou tanto dos judeus quanto no momento em que estamos", escrevia um jornal parisiense em 1806. Toda a Europa parece estar em *suspense* quanto ao motivo que dirigiu sua convocação, bem como sobre o resul-

---

47. E.A.A. GÖCHHAUSEN, *Enthüllung des Systems der Weltrepublick*, Roma (Leipzig), 1786, p. 398.

48. *Die Hebraischen Mysterien oder die älteste religiöse Freymaurery*, von BR. DECIUS, Leipzig, 1788, p. 17; para o denegrimento dos judeus, ver especialmente as pp. 28 e 56.

49. *Mémoires pour servir à l'histoire du jacobinisme*, pelo Abade BARRUEL, 2a. ed., Hamburgo, 1803, primeiro tomo, pp. 146-148, bem como (no que se refere à inspiração judaica do simbolismo maçônico) segundo tomo, pp. 253-254.

tado de sua assembléia. . ."⁵⁰. Mas esse *suspense* não se limitava à Europa. Nos longínquos Estados Unidos da América — espectadores distantes dos esfacelamentos europeus —, uma polêmica dividia, em 1806-1807, a opinião pública: Napoleão era um benfeitor geral, *Judaeorum salvator, Europae pacificator* e *humani generis benefactor* ou fora comprado pelo dinheiro dos judeus? Por acaso, não seria ele mesmo judeu, como pretendiam alguns?⁵¹

Estes argumentos, apresentados além-Atlântico em tom galhofeiro, eram desenvolvidos na Europa com grande veemência. Já mencionamos a inquietação que se apossou do governo austríaco quando foi anunciada a convocação do Grande Sanedrim e pode-se acreditar que a nova não foi explorada para fins de propaganda política graças à preocupação de não envenenar as relações com Napoleão. Tais considerações não se aplicam à Rússia, em conflito aberto com a França. No começo de 1807, o Santo Sínodo mandou que se lesse em todas as igrejas russas uma proclamação acusando o Imperador de ter feito um pacto sacrílego com os judeus:

. . . Para acabar de aviltar a Igreja, ele convocou, na França, as sinagogas judias, devolveu dignidade aos rabinos e fundou um novo Grande Sanedrim hebreu, o mesmo infame tribunal que outrora ousou condenar à cruz Nosso Senhor e Salvador Jesus Cristo. E agora ousa reunir todos os judeus que a cólera de Deus havia dispersado sobre a face do mundo e lançá-los, todos, à destruição da Igreja de Cristo, para que — ó audácia indizível que supera todos os limites — proclamem o Messias na pessoa de Napoleão⁵².

O metropolita católico romano também publicou um mandamento atribuindo ao Imperador dos franceses intuitos blasfematórios⁵³. Desse modo, a propaganda política procurava fazer vibrar a corda mística nacional. Conseguiu-o amplamente, a julgar pelo espaço que os jornais russos do tempo dedicaram ao tema Napoleão-Anticristo ou Napoleão-Messias dos judeus⁵⁴ e a francofobia mística da sociedade russa foi-se ampliando até a guerra patriótica de 1812. Os cálculos cabalísticos aos quais Pedro Besuhoff se entrega, em *Guerra e Paz* de Tolstói, quando projeta assassinar Napoleão, são um testemunho literário clássico desse estado de espírito.

Os inspiradores mais ouvidos dessas especulações milenaristas foram os teósofos alemães, continuadores de Swedenborg e do "filósofo desconhecido". A aventura napoleônica podia ser outra coisa senão

---

50. *Mélanges de philosophie et d'histoire* (seguimento dos *Annales catholiques*), Paris, 1806, t.I, p.226.

51. *"Napoleon I as the Jewish Messiah; some contemporary conceptions in Virginia"*, de JOSEPH J. SCHULIM, em *Jewish Social Studies*, VII (3), pp. 275-280.

52. Cf. R. ANCHEL, *Napoléon et les Juifs cit.*, pp. 221-222.

53. Cf. o artigo "Napoléon Bonaparte" de J. HESSEN, na *Enciclopédia judaica russa*, São Petersburgo, 1910, t.XI, p.513.

54. *Ibidem.*

a luta final entre o Bem e o Mal, a era da Grande Prova, aquela em que reinará a Besta? E o usurpador corso não era, se não o Anticristo em pessoa, ao menos o *Panaleão* exterminador e o *Apoliom* ou Anjo negro predito pelo Apocalipse (IX, 11)? Assim sendo, seu antagonista, Alexandre, não podia ser senão o Anjo branco ou o Anjo sacerdotal. Era o que dava a entender o mais influente dos turiferários místicos do tzar, Johann Heinrich Jung-Stilling, cujo biógrafo mais recente (o professor Max Geiger) diz "que ele exerceu uma ação direta e determinante no curso do desenvolvimento histórico"[55]. A escatologia de Jung-Stilling demonstrava boa vontade em relação aos judeus, mesmo que fossem, a seus olhos, "completamente imorais e perversos"[56]; com efeito, ao contrário de Swedenborg e de Saint-Martin, achava que era o Israel carnal que devia reunir-se na Terra Prometida e reconstruir o Templo, nas vésperas do segundo advento de Cristo.

> Imagine-se a Palestina, situada entre a Ásia, a África e a Europa, a leste do Mediterrâneo, ligada por terra e água a todos os países do mundo, e pense-se na nação mais laboriosa e mais ativa de todas, isto é, a nação judaica, cheia de amor fervoroso por Deus e por Cristo e esforçando-se para ganhar toda a humanidade para Cristo...[57].

Mas ainda era preciso, em primeiro lugar, que o povo reprovado se convertesse; mas nosso teósofo, que se informara com o velho apóstolo Lavater sobre os signos dessa conversão, com a emancipação via que ela progredia em toda parte. Observava, em todos os continentes, "uma viva animação e fermentação entre os judeus, o começo de uma inclinação por Cristo, bem como preparativos sérios para ir à Terra Prometida". Era instruído por informantes misteriosos, cujas revelações eram consignadas em seu diário, através de uma escrita secreta. Foi assim que, depois da convocação do Grande Sanedrim, recebeu a visita "de um homem importante, cujo pai era emir na Síria":

> Ele me disse que seu pai pertencia à sociedade que fazia suas assembléias em Jerusalém, na montanha do Templo. Essa sociedade não era outra coisa que o Velho Sanedrim, que jamais chegou a extinguir-se totalmente; consiste em judeus aparentes, que são, contudo, cristãos em segredo e esperam apenas um sinal do Mestre para juntar Israel dos quatro cantos e levá-la a Cristo e a sua pátria[58].

O mensageiro, sobre quem Jung-Stilling não fornece outros detalhes, devia ser ou um converso ou um charlatão; provavelmente os dois ao mesmo tempo. O que permite que se sonhe um pouco quanto

---

55. MAX GEIGER, *Aufklärung und Erweckung, Beiträge zur Erforschung Johann Heinrich Jung-Stillings und der Erweckungtheologie*, Zurique, 1963, p. 262.

56. Cf. "Szenen aus dem Geisterreiche", cena XI, em *Johann Heinrich Jungs... sämmtiliche Werke*, 2º tomo, Stuttgart, 1841, p. 169.

57. MAX GEIGER, *op. cit.*, pp. 221-222.

58. Carta a seu amigo Hess, de 28 de dezembro de 1809, citada por A. VIATTE, *op. cit.*, t.II, p.56.

a certas molas secretas da inspiração teosófica: por trás de muito místico desse tipo não terá havido, nas sombras, um mistificador judeu?[59] Em todo caso, pode-se ver como a paixão profética pode levar, em virtude de uma escolha obscura, tanto ao amor, quanto ao ódio, tanto ao "filo-semitismo", quanto ao "anti-semitismo", o essencial sendo uma atenção vigilante no destino do povo da *Bíblia*.

Sem nos demorarmos nos muitos êmulos alemães de Jung-Stilling, dos quais o filósofo católico Franz von Baader foi o mais notável e o continua o mais conhecido[60], chegamos agora à Grã-Bretanha, sede tradicional da exegese apocalíptica e inimigo jurado do Ogre. Graças a essa conjunção, também os milenaristas ingleses, ao mesmo tempo em que execravam Napoleão Bonaparte, formulavam, de acordo com o caso e com o temperamento, opiniões muito variadas em relação aos judeus[61]; mas também se pode dizer que, para esse tipo de vaticínio, não é preciso uma conjuntura política determinada pois, meio século mais tarde, encontramos mais de cinqüenta autores ingleses e norte-americanos que de novo estão em ação, independentemente uns dos outros, e que constatam que o Anticristo já havia feito sua aparição sob a forma de Napoleão III e que já fizera sua aliança com os judeus![62]

A Inglaterra também era a sede principal da propaganda dos emigrados franceses, dedicados, como todos os emigrados, a desempenhar a tarefa de incitadores e de fermentos políticos. Seu órgão principal, *L'Ambigu*, em 1806-1807, consagrou uma dezena de artigos ao Grande Sanedrim, nos quais Napoleão era atacado em todos os tons: "...tem ele a pretensão de se fazer passar e reconhecer por eles (os judeus) como o Messias que esperam há tanto tempo? É o que o tempo dirá. Não nos resta nada a não ser ver esse Anticristo lutar contra os decretos eternos da Divindade: deve ser o último ato de sua existência diabólica" (20 de outubro de 1806). De modo mais contido, outro polemista lembrava os entusiasmos judeus do tempo de Sabatai Tzvi, citava Bossuet e acautelava a Europa: "... o autor quis apaziguar sua consciência em relação ao governo e povos cristãos; se eles deixarem de tomar contramedidas prontas e eficientes, irão reconhecer tarde demais as conseqüências" (10 de dezembro de 1806). Um correspondente de Viena qualificava os judeus de "peste que rói as entranhas da monar-

---

59. O caso de um cabalista judeu, Ephraim Hirschberg, que manteve relações com Claude de Saint-Martin e multiplicava os engodos nos meios teosóficos, foi descrito por GERSCHOM SCHOLEM, "Ein verschollener jüdischer Mystiker", *Leo Baeck Yearbook*, vol.VII (1962), pp.247-278.

60. Baader teria partilhado, sobre os judeus, dos conceitos de Saint-Martin cf.E.BENZ, *Die abendländische Sendung der östlich-orthodoxen Kirche, op. cit.* p.598.

61. Cf. JAMES PARKES, "Lewis Way and his time", *The transactions of the Jewish Historical Society of England*, XX (1964), pp. 189-201.

62. Cf. M. BAXTER, *Louis-Napoleon the destined monarch of the world and personal Antichrist, foreshown in Prophecy to confirm a seven-years Covenant with the Jews* ... (Filadélfia, 1863), onde o autor, depois de expor sua própria tese, enumera as obras de cinqüenta e sete autores que chegaram às mesmas conclusões que ele (pp. 175 e ss.).

quia austríaca" (20 de julho de 1806). A profecia de Nostradamus também era chamada para dar sua contribuição em 20 de outubro de 1806, e, um mês depois, *L'Ambigu* revelava a seus leitores o fundo do enigma: o próprio usurpador era um judeu, quer porque sua família "fosse saída da raça judaica", quer porque sua "alegre mãe, Letícia Fesch, o tenha dado à luz depois de exercer, em Ajaccio, em relação a algum descendente de Israel, a mesma hospitalidade de Rahab, em Jericó, quanto aos espiões de Josué". Essa segunda versão deve ter sido propagada desde a campanha do Egito, pois, em maio de 1799, Jung-Stilling, sempre bem informado, escrevia a um amigo que o "homem do pecado" havia nascido do comércio adulterino de uma princesa oriental com um "judeu importante"[63].

Mas foi na própria França que o tema do Grande Sanedrim foi explorado da maneira mais original. Enquanto De Bonald e outros publicistas católicos empreendiam uma campanha contra a emancipação dos judeus, o Abade Barruel (que, neste ínterim, havia se aliado ao regime imperial e se tornado o cônego de Notre-Dame) alertava as esferas governamentais. Assim como Jung-Stilling, ele dispunha de informantes misteriosos, dos quais um deles, Simonini, um "militar italiano" viera entregar-lhe os planos da judiaria mundial. Antes de agir, Barruel tomou a precaução de se informar junto ao Papa Pio VII sobre o que se devia creditar. O papa o teria feito saber que tudo prenunciava a veracidade das informações de Simonini[64]. O caso era importante. Tendo conseguido ser admitido na intimidade dos grandes judeus toscanos, Simonini ficou sabendo que o sonho milenar de Israel estava a ponto de se realizar. Todos os males de que sofria a cristandade encontravam, assim, sua explicação mais profunda. Foram os judeus que fundaram a seita dos franco-maçons, bem como a dos Iluminados; eram eles ainda que se encontravam por trás de todas as seitas anticristãs; outros judeus faziam-se passar por cristãos, a fim de "melhor enganar o mundo"; em especial, dedicavam-se a infiltrar-se na Igreja católica, de modo que, só na Itália, mais de oitocentos eclesiásticos, dos quais alguns eram bispos e cardeais, trabalhavam na realidade por eles. Quanto ao objetivo final dos conspiradores, era nada menos do que "ser os donos do mundo, abolir todas as outras seitas para fazer reinar a sua, transformar as igrejas dos cristãos em sinagogas e reduzir o que resta destes a uma verdadeira escravidão"[65].

Por mais graves que fossem tais informações, o Abade Barruel absteve-se de torná-las públicas, por medo, dizia ele, de provocar um massacre geral dos judeus. A fim "de impedir o efeito que poderia ter

---

63. Cf. MAX GEIGER, *op. cit.*, p. 331.

64. O relatório de Simonini foi publicado pelo Padre Grivel na revista católica *Le contemporain*, t. XVI (1878), pp. 49-70, ao mesmo tempo que outras notas de Barruel. Em especial, este escrevia: ". . . Sua Santidade me escreveu, através do Sr. Abade Testa, seu secretário, que tudo prenunciava a veracidade e a probidade daquele que me havia desvendado tudo aquilo de que dizia ter sido testemunha" (*Souvenirs du P. Grivel sur les PP. Barruel et Feller*, p. 62).

65. *Souvenirs du P. Grivel* . . ., pp. 58-62.

o Sanedrim", julgou que era mais eficaz alertar discretamente Joseph Fouché e o Cardeal Fesch, a polícia e a Igreja. Como conseqüência, ele se atribuía o mérito "da brusca conclusão do Grande Sanedrim que o Imperador dissolveu sem ter obtido nenhum resultado positivo"[66].

Portanto, vê-se que a judiaria era associada à franco-maçonaria, ao iluminismo e ao "filosofismo", na qualidade de grande fautor de guerras e de revoluções e, de imediato, atribuía-se a ela um papel diretor nesse imenso complô; talvez tenhamos aí a fonte original dos *Protocolos dos Sábios de Sião*. Embora Barruel, cujos escritos foram traduzidos para todas as grandes línguas européias, tenha-se abstido, durante a vida, de publicar sua revelação derradeira, outros se encarregaram disso por ele: julga-se em especial, reconhecê-la sob a pena de Joseph de Maistre, que se empenhou, de sua parte, em alertar o tzar, por volta de 1810:

> Os judeus ... merecem uma atenção particular da parte de todos os governos, mas principalmente do da Rússia, que tem muitos em seu seio; não se deve ficar espantado que o grande inimigo da Europa o favoreça de maneira tão visível; eles já dispõem de imensas propriedades na Toscânia e na Alsácia; já têm uma sede em Paris e outra em Roma, de onde o chefe da Igreja foi expulso. Tudo leva a crer que seu dinheiro, seu ódio e seus talentos estão a serviço dos grandes conjurados. O maior e mais funesto talento dessa seita maldita, que se serve de tudo para chegar a seus fins, tem sido, desde sua origem, servir-se dos próprios príncipes para causar a perdição destes. Quem leu os livros necessários nesse gênero sabe com que arte ela sabia colocar junto aos príncipes os homens que convinham a suas opiniões[67].

Esses temas farão a fortuna da propaganda antijudaica, meio século mais tarde. Mas, ao lado dos teósofos cristãos, houve, desde essa época, alguns teósofos neopagãos que denegriam os judeus, ao mesmo tempo que a Igreja. Gente como Azais chamava-os de "povo realmente ignóbil e vicioso"; Quintus Leclerc tratava-os como o "mais atroz de todos os povos"[68]. Em suma, as várias gradações desta ordem, destacando-se do pano de fundo da epopéia napoleônica, da companha do Egito a Waterloo, foram tão numerosas quanto difíceis de retraçar. O erudito italiano R. de Felice assinala um panfleto italiano publicado em Veneza em 1799[69]; nós exumamos um opúsculo alemão de 1816, *Das Judenthum in der Maurerey*: "... Embora Napo-

---

66. *Idem*, p. 62. O Abade Barruel concluía: "Para conceber esse ódio dos judeus contra os reis da França, é preciso remontar até Filipe, o Belo, que, no ano de 1306, expulsou-os da França ... Daí, a seguir, a causa comum com os Templários", etc.

67. *Oeuvres complètes* de J. DE MAISTRE, Lyon, 1884, t.VIII, p. 336 ("Quatre chapitres sur la Russie").

68. A. VIATTE, *op.cit.*, t.II, apêndice I ("Illuminés et Juifs", pp. 277-278).

69. *Memorabili avvenimenti successi sotto i tristi auspici della Repubblica Francese;* cf. RENZO DE FELICE, *Storia degli ebrei italiani sotto il fascismo*, Turim, 1961, p. 41.

leão esteja isolado em seu rochedo no oceano, seus confidentes judeus detêm os fios de uma conjuração que se estende não apenas à França, como também à Alemanha, à Itália, à Espanha e aos Países Baixos, e cujos objetivos consistem, nada menos, do que na revolução mundial" etc.[70]. Pode-se colocar na mesma categoria *O Licurgo Sarmata*, curiosa utopia publicada em 1811 pelo cavaleiro Franz von Spaun para acautelar contra o "delírio filantrópico" da emancipação, que corre o risco de conduzir ao advento de "reis circuncidados aos tronos da Europa"[71].

Na segunda metade do século XIX, os propagandistas anti-semitas não deixarão de abeberar-se em todas estas fontes. Mas, de maneira característica, os judeus, dissociados de Napoleão, irão figurar agora como combatentes solitários à procura da dominação mundial. "Habent sua fata fabulae": Napoleão, messias dos judeus, foi um mito que morreu logo depois de nascer, que pudemos reconstituir apenas remontando às fontes originais. É que, para o homem europeu das gerações posteriores, o grande capitão surgia como um brilhante herói ariano (por conseguinte, os nazistas tentaram anexá-lo, depois de tê-lo devidamente "germanizado")[72] e, assim, ele se prestava mal ao papel de regente de uma conspiração tenebrosa. Quanto a suas origens semíticas, elas só podiam lisonjear, pelas mesmas razões, uma certa sensibilidade judia, como a de Disraeli, principal avalista judeu da interpretação racial da História, como veremos mais adiante. Em outras partes, a leste do Vístula, os judeus irão acabar cultivando a memória do "libertador de Israel", cujo retrato, no século passado, ornamentava muitas casas judias.

Se nos detivemos, talvez mais demoradamente do que era preciso, nos ocultistas e nos místicos, na orla do charlatanismo, é porque achamos que esses visionários, seja quais forem suas intuições e suas convicções íntimas, dispunham de antenas muito sensíveis para captar tanto as apreensões quanto as aspirações do comum dos fiéis. Muitos outros contemporâneos de temperamento mais assentado, ilustres ou obscuros, também se comoveram com o espetáculo da emancipação dos judeus e, sem gritar que havia um complô, evocaram o espectro

---

70. Esse opúsculo é amiúde citado na literatura nazista; assim, ADOLF ROSSBERG, *Freimaurerei und Politik im Zeitalter der französischen Revolution*, Berlim, 1942, p. 231. O próprio autor, Johann Christian Ehrmann, teria sido um Iluminado.

71. *Der sarmatische Lykurg, oder Über die Gleichstellung der Juden...*, Nuremberg, 1811; cf. R. W. STOCK, *Die Judenfrage durch fünf Jahrhunderte*, Nuremberg, 1939, pp. 347-351.

72. Assim, em PHILIPP BOUHLER, *Napoleon, Kometenlaufbahn eines Genies*, Munique, 1941: "Que o Corso, fruto de uma família nobre da Itália do Norte, descendia dos longobardos é uma afirmação que, embora não possa ser completamente demonstrada, beneficia-se de numerosos argumentos em seu favor. O que é certo é que sua dominação era exercida dentro de um espírito de democracia germânica" (p. 332). P. Bouhler foi chefe da chancelaria pessoal de Hitler.

da dominação judaica. Assim, Bonald, citando J.G. Herder, predizia, em 1806, "... que os filhos de Israel que, em todas as partes, formam um Estado dentro do Estado, conseguiriam, através de sua conduta sistemática e racional, reduzir os cristãos a não serem mais do que seus escravos"[73]... Chateaubriand estimava que o Sanedrim "de conseqüência em conseqüência... fez com que as finanças do mundo caíssem nas lojinhas dos judeus e, assim, produziu uma fatal subversão"[74]. Em 1808, um subprefeito de Gard resumia o sentido do debate: "Seria melhor expulsar os judeus da Europa do que ser expulso por eles!"[75] No tempo de Balzac, outras testemunhas, a quem daremos a palavra mais adiante, pensavam que os judeus haviam ganhado a parada. Tentemos, portanto, projetar alguma luz sobre a causa profunda dessas inquietações.

É preciso voltar às transformações sócio-econômicas da época e ao novo reinado do dinheiro. Herder (que Bonald não citou corretamente) criticara, a esse respeito, a incúria dos cristãos:

> Lá onde se encontram judeus, a reconstrução deve começar pelos cristãos depravados. Um ministério onde o judeu faz o que bem entende, uma casa onde o judeu tem a chave do guarda-roupa ou responde pela caixa, uma administração ou uma comunidade cujos negócios são geridos pelos judeus, uma universidade onde os judeus, emprestadores de dinheiro e intermediários, têm poder sobre os estudantes, são pântanos inaterráveis; mas as tentativas de conversão política são aplicadas no lugar errado; elas visam o judeu, não o cristão...[76]

O próprio Bonald punha em causa os judeus, "que difundiram na Europa esse espírito de cupidez que fez tantos progressos estranhos entre os cristãos"[77]. Eis, pois, que surgem os "judeus e fornecedores" do Marechal Gneisenau ("chamados para tornar-se pares de nosso reino"[78]); eis que as elites européias se assustam com o desaparecimento da antiga ordem hierárquica, e a nobreza, noutros tempos o melhor apoio dos judeus, começa aderir ao novo campo anti-semita. "Os cristãos podem ser enganados pelos judeus", exclamava ainda Bonald, "mas não devem ser governados por estes, e essa dependência é uma ofensa a sua dignidade, mais ainda do que o fato de que a cupidez dos judeus lesa seus interesses"[79]. Portanto, não se trata de um "anti-semitismo econômico", longe disso; esse tipo de concepção em todos os tempos não expressou senão uma visão superficial das coisas, mesmo nos casos em que parece tratar-se de uma concorrência mortal. George Bernanos irá falar, a esse propósito, em seu ensaio apologético ensaio sobre Drumont, "de um pretexto inventado para contentar a alta sociedade

---

73. L. DE BONALD, "Sur les Juifs", artigo *cit.*, p. 21.

74. CHATEAUBRIAND, *Mémoires d'Outre-Tombe*.

75. S. POSENER, *Adolphe Crémieux, op. cit.*, t. I, p.9.

76. HERDER, *Adrastea...*, Parte 2, Stuttgart, 1829, pp. 229-230 ("Bekehrung der Juden").

77. BONALD, *art. cit.*, p.19.

78. Cf. *supra*, p. 177.

79. BONALD, *op. cit.*, p. 20.

faminta de lógica"⁸⁰. No mesmo livro irá deplorar "a espantosa uniformidade de costumes" de uma época "em que tudo parece deslizar ao longo de um plano inclinado, com velocidade cada dia maior"⁸¹. Algumas manifestações de Goethe talvez nos permitam compreender melhor o que se deve entender com isso.

Pintando, no fim de sua vida, um quadro idílico dos costumes de outrora, Goethe enfatizava os benefícios "da subordinação diversificada que, dos maiores aos menores, do *Imperador ao judeu*, parecia unir mais do que separar os indivíduos, e favorecia o bem-estar"⁸². Por conseguinte, segundo o poeta, o que cimentava a sociedade e favorecia o bem-estar geral era o lugar fixo tradicionalmente atribuído a cada um, seja qual for o escalão social em que se encontre. Com isso não se estava invocando o problema da identidade pessoal, sobre o pano de fundo do nivelamento que começava? Numa sociedade em vias de democratização, na qual o *Imperador* é escorraçado de seu zênite e o *judeu* não está mais acorrentado a seu nadir, o quadro tradicional de referência está falseado; com certeza era isso, "a desordem pior do que a injustiça". Quando se mencionava qualquer mudança feita na condição dos judeus, Goethe ficava furioso: "ele esperava as conseqüências mais graves e mais desastrosas... todos os sentimentos éticos no seio das famílias, sentimentos que repousam inteiramente nos princípios religiosos, serão comprometidos por essas leis escandalosas", exclamava suspeitando de uma manobra do "todo-poderoso Rothschild"⁸³.

Talvez seja toda a tradição ocidental cristã que esteja falando pela boca de Goethe. Qual seria, pois, a realidade psicológica da idéia milenar de "povo-testemunha", um povo em relação ao qual todos os doutores da Igreja estavam de acordo em louvar o "valor probatório" e a utilidade (ao contrário dos povos pagãos)? No que consistiria a função psico-religiosa desses infiéis, chamados de deicidas, cuja própria existência era julgada delituosa, mas que, contudo, estavam cobertos por uma imunidade canônica e, segundo o apóstolo, traziam a salvação? Por ocasião das primeiras campanhas de emancipação, um apologista romano proclamava: "Um gueto de judeus é a melhor prova da verdade da

---

80. G. BERNANOS, *La grande peur des bien-pensants, Édouard Drumont* Paris, 1931. Eis o trecho: "Durante anos e anos, Millot explicou com gravidade aos ouvintes aturdidos que, sendo joalheiro, a judiaria o teria arruinado graças à concorrência das jóias folheadas. Só que, bem antes de ele fazer essa exposição ridícula, todos compreenderam que esse não passava de um pretexto inventado para contentar a alta sociedade, faminta de lógica, e que, joalheiro ou não, Millot teria odiado os judeus, exatamente como o cachorro parisiense, vagabundo e quimérico, tão cordial com seus colegas, odeia o gato peludo, calculista, cujo modo de vida continua sendo incompreensível para ele" (pp. 212-213).

81. *Idem*, pp. 39-45.

82. GOETHE, *Dichtung*, livro VII, edição Mayer, t. XIX, pp. 284-285.

83. Cf. L. GEIGER, *Die deutsche Literatur und die Juden*, Berlim, 1910, pp. 94-95.

religião de Jesus Cristo do que toda uma escola de teólogos"[84]. Por quê? Não seria na qualidade de um indispensável grupo de referência, que permitia que os cristãos se conhecessem como cristãos e encarnassem o bem em oposição ao mal, assim como, na opinião de tantos teólogos, a própria existência do mal explica-se por seu papel de revelador do bem?

Diversos indícios sugerem que os judeus, ainda nos dias de hoje, não cessaram de exercer essa ingrata função. Assim, certas discussões em torno do "esquema sobre os judeus" no Concílio Ecumênico em 1963-1965. O trecho desse esquema que exonerava explicitamente o povo de Israel do deicídio foi suprimido, dizem, a pedido dos bispos dos países orientais que temiam que seus fiéis vissem nisso a negação da divindade de Cristo[85]. A religião dessa gente simples, portanto, parece repousar na *felix culpa* judaica; reabilitai, "regenerai" os judeus, e vos mergulhareis nos tormentos da dúvida de uma fé vacilante; eles não sabem mais onde estão, *quem* eles são. Além do deicídio, e de uma maneira ainda mais clara, o sociólogo protestante Bernhard Olson escrevia, numa obra publicada em 1963, "que um cristão não pode saber o que é e no que consiste seu papel antes de compreender o que é o judeu e no que consiste o papel de Israel". Ele não deixava de lamentar, a esse respeito, que, em vez de ser um "espelho de identificação", este desempenhou, em relação àquele, o papel de um contraste[86]. Mas esse papel não contribuiu para o equilíbrio psíquico de inúmeros cristãos? E a emancipação dos judeus, ou melhor, a distorção ou mesmo a extinção da imagem secular, a distância que surge entre o símbolo e a realidade não semeava obscuros terrores — se o judeu não é mais judeu, o que sou eu e de onde virá minha salvação? —, daí um recrudescimento dos ódios, precisamente por causa da emancipação?

Ao lado de tal mecanismo específico (simétrico em relação à grande desorientação dos judeus), sem dúvida alguma havia outros que agiam

---

84. Cf. L. POLIAKOV, *Les banquiers juifs* . . . , Paris, 1965, p. 281 e *passim,*.

85. O Padre G. Baum, que foi um dos consultores do Concílio sobre o assunto, escrevia: "Na verdade a frase foi suprimida porque esse era o desejo dos bispos do Oriente Próximo. Até algumas Igrejas não-Romanas do Oriente Próximo juntaram-se a esse pedido. Por quê? Alegou-se que as pessoas poderiam interpretar a negação da Igreja de que os judeus são culpados de deicídio como um sinal de que a Igreja não reconhecia mais a divina filiação de Jesus Cristo. . ." Commentary on Part 4 of the declaration 'Relationship of the Church to Judaism'" de GREGORY BAUM, O.S.A., *Centre for Biblical and Jewish Studies*, Londres, Boletim 8/1966).

86. BERNHARD E. OLSON, *Faith and Prejudice,* Yale University Press, 1963: "Uma idéia da condição espiritual e do papel do judeu torna-se essencial para que o cristão compreenda sua própria missão. Pois não pode saber quem ele é e no que consiste seu papel enquanto não compreende quem é o judeu e qual o papel de Israel" (pp. 23-24). Mais adiante, falando do ensino cristão: "Como tais, as figuras judias podem servir somente como contraste para o cristão — e não como um espelho que mostre o cristão para si mesmo — porque o cristão, compreensivelmente, não pode identificar-se com elas" (p. 228).

em sentido contrário, de acordo com o projeto dos ideólogos da emancipação. Uma vez derrubado o muro dos guetos, o jovem judeu, na escola e no exército, desviava-se, aos olhos de seus colegas, pelo menos de uma parte dos atributos misteriosos e dos aspectos inquietantes que toda sociedade tende a atribuir àqueles a quem ignora e que cultivam outros costumes. Uma página das *Ilusões Perdidas* de Balzac reflete bem essa atitude realista, que consistia, bem pensando, em tomar o judeu por aquilo no que ele agora se transformou e em abandonar o antigo preconceito:

> ... Lucien perguntou-se qual o objetivo daquele fazedor de intrigas reais. Primeiro ele se contentou com uma razão vulgar: os espanhóis são generosos! O espanhol é generoso, como o italiano é envenenador e ciumento, como o francês é leviano, como o alemão é franco, como o judeu é ignóbil, como o inglês é nobre. Invertam essas proposições. Chegarão à verdade. Os judeus açambarcaram o ouro, eles escrevem *Roberto o Diabo*, representam *Fedra*, cantam *Guilherme Tell*, encomendam quadros, constroem palácios, escrevem *Reisebilder* e poesias admiráveis, são mais poderosos do que nunca, sua religião é aceita, enfim, eles dão crédito ao papa...[87]

Publicistas liberais da época, notadamente Benjamin Constant, manifestaram idéias semelhantes[88], e decerto seria possível dar, também para outros países, exemplos dessa atitude realista. Mas os documentos de toda ordem, quando são consultados para esclarecer o problema das reações afetivas dos cristãos à emancipação de Israel, na maioria das vezes soam de outro jeito principalmente na Alemanha. Descrevendo a ascensão dos ódios, em 1819, Ludwig Börne falava do "horror inexplicável" que inspira o judaísmo, que, "assim como um fantasma, como o espectro de uma mãe degolada, acompanha, zombando, o cristianismo, desde seu berço"[89]. Mas os degolados de sempre, ao mesmo tempo deicidas, isto é, misticamente degoladores e infanticidas tornavam-se, quais espectros vingativos, infinitamente mais ameaçadores para as imaginações dos cristãos, uma vez libertos de suas cadeias. Sem dúvida alguma eram esses os novos temores que Bonald exprimia em seu grande artigo "Sobre os Judeus":

> E que não se cometa enganos, a dominação dos judeus será dura, como a de tantos povos que foram escravizados por muito tempo e que se encontram no mesmo nível de seus antigos senhores; e os judeus, de quem todas as idéias são pervertidas e que nos desprezam ou nos odeiam, encontrariam em sua história exemplos terríveis...[90]

Além do caso singular dos judeus, o grande fenômeno social e político do século XIX, a ascensão dos nacionalismos e do racismo,

---

87. *Illusions perdues*, ed. Club Français du Livre, 1962, t.IV, p.1067.

88. Cf. mais adiante, p. 287.

89. L. BÖRNE, *Für die Juden, Sämtliche Werke*, ed. Düsseldorf, 1864, t.I, p.873.

90. *Art. cit.*, p.21.

poderia ser parcialmente devido — voltaremos a isso mais tarde — à necessidade surda que os ocidentais possuíam de erguer, depois de apagadas as antigas barreiras hierárquicas, novas separações e novas hierarquias. "O branco", escrevia Alexis de Tocqueville em 1835, "não percebe mais com distinção a barreira que deve separá-lo de uma raça aviltada e ele se distancia do negro com tanto mais cuidado quanto teme, um dia, chegar a confundir-se com ele"[91].

Essa observação pode ser aplicada integralmente a nosso problema. A angústia de não ser mais diferenciado em relação ao judeu, de se confundir com ele (de, em último caso, ser judeu ele mesmo), num mundo uniformizado, que Deus começa a abandonar e onde muito cristão se sente perdido, seria, portanto, um fator profundo e específico do anti-semitismo moderno. Embora, aos olhos do sociólogo, do moralista e do homem político avisado, ele constitua uma temível doença social, parece que o psicólogo não pode fazer mais do que constatar o efeito lenitivo que tal mecanismo de defesa exerce sobre os espíritos. Enquanto fenômeno regressivo, ele também é seletivo, pois não se manifesta, em sua forma dinâmica e irresistível, senão em certo tipo de homens. Pode-se perceber a diferença entre o anti-semitismo e a judeofobia medieval que o originou, pois esta contrapunha globalmente a judiaria à cristandade, pois esse confronto ou "guerra fria" secular, com suas bases econômicas, era também um conflito de interesses entre dois grupos sócio-religiosos e cada um deles, dentro de suas tradições e seu gênero de vida, nela encontrava, finalmente, sua razão de ser e suas gratificações psicológicas. Mas, com a grande mudança do mundo moderno, essa regra do jogo foi quebrada. Os judeus, privados, contra a vontade, do papel dado por seu emprego, resignam-se na maioria a "assimilar-se" aos cristãos, a ver nestes seus irmãos e, portanto, procuram, para pavor de grande parte destes, apagar os limites que os separam deles. Contudo, outros cristãos, como por exemplo Balzac, não parecem perceber nenhum mal em admitir os ex-filhos do gueto em sua sociedade. A diferença de atitude é determinada principalmente pelas disposições afetivas do equilíbrio individual, pela "estrutura da personalidade" de cada um, e, assim, começa a desenhar-se um perfil anti-semita. Por outro lado, a época é propícia à exacerbação dos chamados ódios e preconceitos "raciais" ou "étnicos"; todos os fatores sociais ou "anomias" parecem estar reunidos, e é neles que os sociólogos percebem as condições necessárias (e, algumas vezes, suficientes) dessas tensões: ao mesmo tempo em que os costumes se uniformizam, a "mobilidade vertical" aumenta e a urbanização se acelera; porém, na medida em que os ressentimentos se voltam eletivamente contra os judeus, são ainda os antigos mitos religiosos que estão em causa.

Na Alemanha, a revolução dos costumes encontrou seu reflexo até em certos aspectos da linguagem, que servem como sinal de alarme para os

---

91. A. DE TOCQUEVILLE, *De la démocratie en Amérique*, ed. J.P. Peter, Paris, 1963, p.191.

defensores da antiga situação. Estes chegam a manifestar sua inquietação nos documentos oficiais. Era assim que, quando da promulgação das reformas de Hardenberg, em 1811, a nobreza prussiana protestava contra a supressão de seus privilégios nos seguintes termos:

... Já não nos dão mais, bem como a nossos domínios, o nome que convém, porque acham que é belo demais para nós. O projeto do edito fala das "grandes propriedades fundiárias, chamadas de domínios nobres". Os judeus, em compensação (para citar um exemplo), também não são mais chamados pelo nome, mas por razão oposta, ou seja, porque acham que esse nome é vil demais para eles. Na ordenação que os autoriza a adquirir terrras, são chamados de "confessantes da religião mosaica".

Esses judeus, se forem realmente fiéis a sua fé, são necessariamente os inimigos de todo Estado existente (se não lhe forem fiéis, são hipócritas). Eles possuem uma massa de dinheiro líquido em suas mãos; no momento em que os bens fundiários baixarem bastante de preço para que eles os comprem com vantagens, esses bens passarão de imediato para suas mãos; os judeus, enquanto proprietários fundiários, irão tornar-se os principais representantes do Estado, e nossa velha e venerável Prússia brandeburguesa irá tornar-se, assim, um Estado judeu à nova moda (*ein neumodischer Judenstaat*)[92].

O projeto primitivo do protesto falava em "nova Jerusalém". Esse tema da judaização das terras cristãs foi explorado por vários escritores românticos e torna-se, na Alemanha, um lugar comum literário, pois a posse do solo materno é um símbolo poderoso. Achim von Arnim dedicou, a esse tema, seu romance *Die Majoratsherren* (1820). É pela cupidez judia que explica ali o declínio de uma família de boa e velha estirpe; o espectro da escravização cristã é evocado nestes termos; ". . . A seguir, a cidade passou a ser dominada por estrangeiros, os feudos hereditários foram abolidos e os judeus deixaram suas ruas estreitas, enquanto todo o continente era encarcerado, como um criminoso pego em flagrante. . ."[93] Von Arnim manifestava o pavor do judeu tanto em suas obras quanto em sua vida quotidiana[94]. Já em 1809, fundara em Berlim uma sociedade patriótica, a *Deutsch-chrisliche Tischgesellschaft*, à qual "os judeus e os filisteus" não tinham acesso: ". . . nem os judeus, nem os judeus convertidos, nem os descendentes dos judeus". Seu cunhado, Clemens von Brentano, célebre principalmente por seus contos de horror sobre judeus malfeitores, falava aos membros da *Tischgesellschaft* da essência judia: "É aquilo de que todo judeu gostaria de se livrar por tudo no mundo, menos por dinheiro"[95]. Ao contrário dos judeus, os filisteus eram considerados incapazes de

---

92. Cf. *Friedrich August Ludwig von der Marwitz, ein märkischer Edelmann im Zeitalter der Befreiungskriege*, ed. F. Meusel, Berlim, 1908-1913, t. II/2, p.21 ("Politische Schriften und Briefe").

93. *Die Majoratsherren*, ed. Mayer, t. II, pp. 246-286.

94. Cf. as cartas de von Arnim, citadas por HANS UFFO LENZ, *Das Volkserlebnis bei Ludwig Achim von Arnim*, Berlim, 1938, pp. 94-95.

95. "Der Philister von, in und nach der Geschichte"; discurso proferido por Clemens von Brentano perante a *Tischgesellschaft* em março de 1811, ed. Berlim, 1905.

perceber o que eram, e a definição que Brentano dava deles não era clara. Lembremos dos "judeus e fornecedores" do Marechal Gneisenau: fosse qual fosse a terminologia adotada, era sempre "judeus e companhia", a cabeça brilhante e a cauda de contornos imprecisos de um cometa de desgraça. Em compensação, Bettina von Arnim, a excêntrica irmã de Clemens, ela própria romancista de talento e personagem fora do comum (foi a Bettina-menina de Goethe), pertencia à minoria combativa que surge em todos os tempos e em todo lugar para se opor à compacta maioria e tornar sua a causa dos judeus. Com vinte anos, foi surpreendida um dia, em plena Berlim, de vassoura na mão, enquanto limpava o casebre de uma judia doente e pobre...[96] Defendeu a causa da emancipação em seus romances e em seus diálogos semifictícios[97]. É lamentável que não se possa encontrar vestígios das discussões que devem ter contraposto, sobre esse tema ardente, a irmã ao irmão e a mulher ao marido.

Temos mais sorte no que se refere a outro casal ilustre, cuja longa polêmica epistolar sobre o capítulo dos filhos de Israel nos esclarece quanto às contradições e ambigüidades inerentes a um debate desses. Ocorreu na época do Congresso de Viena, entre Wilhelm e Karoline von Humboldt. Esse par exemplar freqüentemente ficou separado por causa da carreira política do marido e de suas viagens. Ambos haviam freqüentado, na juventude, o salão de Henriette Herz em Berlim, e Humboldt tinha mesmo tentado aprender hebraico ali. Já falamos sobre suas convicções emancipadoras.

A polêmica começou de repente em princípios de 1815, quando surgiu em Berlim a questão de uma guerra contra a Saxônia. Descrevendo a emoção que se apoderara da capital, Karoline observava que o pânico se espalhou "mais na classe das pessoas de baixa extração, se posso dizer assim, dos usurários e dos judeus. Mas também há judeus cristãos", acrescentava. "A propósito dos judeus, pessoas bem informadas garantem que todo o dinheiro e todos os recursos do país encontram-se nas mãos deles e que, se a paz for salva, será preciso primeiro aliviar um pouco os camponeses, bem como os nobres". Sem discordar inteiramente dela, Wilhelm respondia que o mal não era devido à emancipação dos judeus, mas "a outras circunstâncias, à omissão de certas medidas que deveriam ter sido tomadas por ocasião da promulgação do edito (de emancipação)... Não há razão nenhuma em manter eternamente a antiga distinção entre judeus e cristãos e reforçar ainda mais o antigo preconceito"[98].

---

96. Carta de Bettina a Clemens, por volta de 1802; cf. F. KOBLER, *Juden und Judentum..., op. cit.,* p. 166.

97. Principalmente em "Goethes Briefwechsel mit einem Kinde", em *Die Günderode* e em *Gespräche mit Dämonen,* as obras principais de ELISABETH BETTINA VON ARNIM.

98. *Wilhelm und Karoline von Humboldt in ihren Briefen,* ed. Anna von Sydow, Berlim, 1907-1913, 7 vols; a polêmica sobre os judeus encontra-se nos vols. IV e V.

Tendo começado assim, a polêmica continuou durante mais de um ano, levando cada protagonista a afirmar solenemente sua posição. Assim, Wilhelm: "Essas idéias datam em mim de minha juventude: ainda criança, Alexander[99] e eu éramos considerados como os grandes paladinos do judaísmo" (4 de junho de 1815). "Jamais irei abandonar nem meus amigos de infância, nem os judeus!" (22 de março de 1816). Resposta de Karoline: "Você se gaba de jamais abandonar os judeus. É o único defeito que conheço em você. Eles o deixam muito indiferente. Mas a indiferença não é própria da natureza dos judeus..." Depois disso, ao mesmo tempo em que se atirava contra o espírito mercantil e a covardia dessas "máculas do gênero humano" (sobre quem ela garantia que possuíam em Berlim três dentre cada quatro imóveis), ela censurava seu marido pelo humor compassivo e pela rigidez de princípios (29 de março de 1816). O temperamento do marido e a questão dos judeus se imbricavam curiosamente na correspondência conjugal.

Embora retificasse as informações fantasiosas de Karoline e fizesse ironia sobre seu arrebatamento, algumas vezes Wilhelm se deixava levar a curiosas reflexões. Já em 17 de janeiro de 1815, admitia: "Trabalho com todas as forças pela outorga dos direitos civis aos judeus, para não ter de freqüentar, por generosidade, seus salões. Por outro lado, eles não gostam nem um pouco de mim", acrescentava. Deve-se convir que essa manifestação não permite que se conclua por uma afeição imoderada pelos objetos de sua solicitude. Particularmente, manifestava uma franca aversão em relação a Rachel Varnhagen-Levine, a grande amiga de sua mulher, evitando tanto quanto possível a companhia dessa ilustre intelectual. Ainda mais notável é a carta na qual, em 30 de abril de 1816, ele queria pôr um ponto final na discussão. Nela, praticamente se retratava:

> ... chega, como escreve você, pois esse tema jamais será esgotado. De modo algum estou comparando o ódio dos judeus de Adelheid ao teu. É o ódio de uma cristã-nova (*Neuchristin*)[100]. E estou pronto a render-me e a renunciar a minhas antigas convicções. Não se pode fazer nada. De fato, eu só gosto dos judeus *en masse; en détail*[101], eu os evito tanto quanto for possível. Varnhagen está de volta com sua mulher... Fui visitá-lo e ficarei só nisso. Ela ficou horrivelmente feia. Não se compreende por que isso acontece com certas pessoas...

Contudo, acontecia que nosso emancipador manifestasse simpatia por certos judeus *en détail*. Assim, em 1818, em Londres, gostava visivelmente da companhia de Nathan Rothschild, que o ajudara a negociar um empréstimo ao Estado prussiano. Tendo-o convidado para jantar, no dia seguinte ele dizia a sua mulher:

---

99. Alexander von Humboldt, o célebre naturalista e viajante, irmão mais novo de Wilhelm.

100. Adelheid era a filha dos Humboldt; tinha treze anos e acabava de fazer a primeira comunhão.

101. Em francês, no texto.

... Ontem, Rothschild jantou comigo. É um homem muito vulgar, sem nenhuma instrução, mas é muito inteligente e dá provas de ter um verdadeiro gênio para os assuntos de dinheiro. Várias vezes, ele colocou deliciosamente em seu lugar o Major Martens, que, durante o jantar, não parava de louvar a França. Martens apiedava-se especialmente, de uma maneira muito sentimental, das desgraças da guerra e da sorte das vítimas. "Ah!", disse Rothschild, "se esses homens não tivessem sido mortos, Senhor Major, o senhor provavelmente teria permanecido um simples tambor-mor..." Você deveria ter visto a cara de Martens!

Ainda mais instrutiva é a longa carta de 4 de junho de 1815, na qual descrevia como um velho talmudista havia tentado corrompê-lo para que ficasse favoravelmente disposto em relação aos judeus. O relato informa-nos, ao mesmo tempo, sobre os costumes diplomáticos do Congresso de Viena:

Observei que, fazia algumas semanas, os defensores do judaísmo aumentavam de número, e, como Gentz os estava encabeçando, logo compreendi as razões. Hardenberg chegou mesmo a assegurar-me que ele fez com eles [os judeus] um contrato por escrito. Não fui objeto de solicitações semelhantes, mas um velho sujeito de Praga, cuja natureza muito me agradou, pois não pertence aos judeus à nova moda (*da er nicht zu den neumodischen Juden gehört*), visitou-me várias vezes e me recomendou o assunto...
Muito bem, ontem o velho voltou, agradeceu-me infinitamente e me ofereceu de presente três anéis cravejados de esmeraldas e diamantes, acrescentando que, se eu não os quisesse, poderia dispor de quatro mil ducados de sua caixa. É evidente que recusei tanto um, quanto outro. Você não pode imaginar sua estupefação quando lhe disse simplesmente que tudo o que tinha feito, fiz por inclinação pelos judeus e que não iria aceitar nada... O velho judeu insistiu, e ele planeja mandar cinzelar para mim um serviço em prata e enviá-lo para mim dentro de um ano. Eu disse a Gentz que não o iria aceitar, mesmo dentro de dez anos... Gentz explicou-me demoradamente hoje que eu era, para ele, um enigma indecifrável...

Vê-se, portanto, que o homem complexo que era Wilhelm von Humboldt, que fizera da emancipação um dos princípios diretores de sua vida, reservava sua simpatia para os chamados judeus típicos, conforme à imagem que um aristocrata cristão podia fazer de um judeu argentário. Em compensação, a exaltada Karoline, que proclamava sua esperança de "que, dentro de cinqüenta anos, os judeus seriam exterminados enquanto judeus" (29 de março de 1816), tinha como amigos mais queridos judeus desjudaizados, "à nova moda", gente como Rachel Levine, Dorotéia Schlegel-Mendelssohn, o Dr. Koreff, a quem ela declarava sua afeição em termos hiperbólicos[102]. Talvez se possa dizer que ela dava provas de maior lógica que o marido. Em todo caso, tanto num quanto noutro dos cônjuges Humboldt, os judeus parecem ter pro-

---

102. Em 1798, Karoline von Humboldt escrevia a Rachel Levine: "... não quero e não posso abandonar a esperança de que um dia viverei com você. Parece-me que pertencemos uma à outra..." Em 1814, escrevia, a propósito do Dr. Koreff: "A respeito dele, só posso dizer o seguinte: amo-o como jamais um ser humano amou outro..." Outra carta, duas semanas mais tarde: "Em Viena, só deixo dois seres a quem me custa infinitamente deixar: Dorothée Schlegel, pois sinto que ela me ama, e o Dr. Koreff..." (cf. F. KOBLER, *Juden und Judentum...*, op. cit., p. 205).

vocado sentimentos tão contraditórios quanto fortes, e a questão de saber "qual dos dois era mais anti-semita" permanece em aberto.

Também não é fácil pronunciar-se sobre o caso de Friedrich Gentz, uma das melhores cabeças políticas da época. No capítulo dos judeus, esse "secretário da Europa" seguia princípios simples: subtrair-lhes tanto dinheiro quanto possível e falar deles tão bem quanto possível. Antes de tornar-se o turiferário titular dos Rothschild[103], fora assíduo freqüentador dos salões judeus de Berlim e de Viena. Mas eis como, em 1804, ele se exprimia, em particular, sobre o assunto:

> ...a inteligência é o pecado mortal dos judeus. Todos eles são mais ou menos inteligentes; mas ainda não nasceu um onde se pudesse encontrar uma centelha de coração e de verdadeiros sentimentos. A maldição deles, que os persegue até a décima milésima geração, é que, para tormento deles mesmos e do mundo, jamais conseguem sair da esfera da inteligência, no sentido estrito da palavra, e têm de ficar aí girando em círculo até que suas almas negras vão para o inferno. É por isso que esses monstros encontram-se em seu elemento onde quer que a inteligência, a estúpida e criminosa inteligência, pretende governar por inteiro: representantes natos do ateísmo, do jacobinismo, do iluminismo e assim por diante. Jamais um judeu acreditou sinceramente em Deus! Jamais uma judia – não faço exceções – conheceu o verdadeiro amor! Todas as desgraças do mundo moderno devem-se manifestamente, em última análise, aos judeus: eles sozinhos tornaram Bonaparte imperador; sozinhos atingiram a Alemanha do Norte com tal enceguecimento que o livro de Villiers é autoridade aí. Mas chega de falar desses canibais...[104]

Curiosa filípica! Nela pode-se reconhecer certos temas do romantismo nascente, caros a gente como Rachel Levine, ao mesmo tempo que aqueles próprios de Barruel e seus êmulos e que começavam a difundir-se pelo Ocidente. Mas o furor de Gentz parece apenas meio fingido, e, embora ele não acredite seriamente na malvadeza planetária dos judeus, "que atingiram a Alemanha do Norte com enceguecimento", temos a impressão de que não lhe desgostaria acreditar nisso.

Em todo caso, na medida em que dispomos de cartas ou diários íntimos (normalmente só dispomos deles para personagens elevadas ou ilustres), os documentos desse gênero em que os autores se manifestam livremente, sem preocupações com o que os outros irão dizer, confirmam uma freqüente predileção pelos judeus que, respeitando a antiga regra do jogo, se mantêm em seu lugar de judeus.

Aconteceu assim em relação ao jovem Bismarck que, em 1847, na Dieta de Frankfurt, retomava o argumento dogmático de Bonald (mas, sinal dos tempos, com precauções oratórias):

---

103. Em especial, Gentz havia redigido, para a enciclopédia de Brockhaus, um longo artigo sobre os Rothschild. Nele, atribuía o sucesso destes não apenas a seus meios materiais, como também a *qualidades do espírito* "que desarmaram a inveja e paralisaram a língua da maledicência", etc. (cf. *Ungedruckte Denkschriften, Tagebücher und Briefe von Friedrich von Gentz*, Mannheim,1840,t.V,pp. 113-122. ("Biographische Nachrichten über das Haus Rothschild").

104. Cf. F. KOBLER, *Juden und Judentum...*, op. cit., pp. 149-150 (carta de Gentz a Brinkmann).

... Reconheço estar, sob este ponto de vista, cheio de preconceitos; eu os ingurgitei junto com o leite materno e nenhuma dialética, por mais sutil que seja, pode fornecer-me os meios de eliminá-los. Admito que a simples idéia de que um judeu seria o representante da augusta majestade real e a quem eu devesse obediência, sim, admito que essa mera idéia me inspira sentimentos de profundo desagrado e humilhação; ela corre o risco de me privar da alegria e do ponto de honra e honestidade que procuro colocar atualmente no cumprimento de meus deveres para com o Estado. Aliás, partilho essa impressão com a massa das pessoas do povo e de modo algum fico enrubescido por me encontrar na companhia delas...[105]

Pouco depois, escrevendo a sua mulher, Bismarck elogiava o velho Rothschild de Frankfurt: "... gosto dele, justamente porque não passa de um judeu traficante (*Schacherjude*) e porque, ao mesmo tempo, é um judeu estritamente ortodoxo, que não toca em nada quando oferece um jantar e só come *Kascher*[106]. A simpatia jorra, aqui, portanto, da dupla possibilidade de se distanciar do judeu. Contudo, esse grande realista aconselhava que as "jumentas judias" fossem cobertas por "potros cristãos" e prometia bons resultados desse cruzamento (mas hesitava em dar um conselho desse a seus filhos[107]). "Não existem raças ruins", dizia, ao mesmo tempo em que postulava uma diferença radical entre elas e punha fé em seu faro para reconhecer o judeu de longe[108].

Ao lado de Bismarck, poder-se-ia citar o primeiro rei a quem serviu, Frederico Guilherme IV, que, em 1842, no começo de seu reinado, quis conceder um insigne favor ao povo eterno restabelecendo o gueto na Prússia[109]. Esse príncipe místico falava da emancipação com um horror inteiramente goethiano: "A ignóbil súcia judia", escrevia a um amigo, "desfere todos os dias, por palavras e escritos, o machado na raiz do ser alemão: ela não quer [como eu] enobrecer e confrontar livremente os Estados, que, só eles, formam um povo alemão, ela quer pôr no mesmo caldeirão todos os Estados"[110].

Com o tempo e os progressos da assimilação, o tema da especial nocividade do judeu invisível tornou-se o argumento preferido dos anti-semitas militantes. Assim, em Drumont:

... todo judeu que se pode ver, todo judeu manifesto é relativamente pouco perigoso, às vezes chega a ser estimável; adora o Deus de Abraão, é um direito que ninguém pensa contestar-lhe, e, como se sabe em que pé se está com ele, é possível vigiá-lo. O judeu perigoso é o judeu obscuro... É o animal prejudicial por excelência e, ao mesmo tempo, o animal inapreensível... Ele é o mais

---

105. BISMARCK, *Discours politiques*, Stuttgart, 1892, t.I, pp.23 e ss. (trad. A. Neher).

106. Cf. OTTO JÖHLINGER, *Bismarck und die Juden*, Berlim, 1921, p.18.
107. *Idem*, p.27.
108. *Idem*, pp. 27, 94, 189. "Die (Juden) frage ich nicht nach den Glauben denen sehe ich es an", dizia Bismarck.

109. Ver mais adiante, p. 333.

110. Citado por GOLO MANN, *Deutsche Geschichte des 19. und 20.Jahrhunderts*, Frankfurt am Main, 1959, p. 142.

poderoso elemento de perturbação que a terra jamais produziu e, assim passa pela vida com a alegria que é dada aos judeus pela consciência de sempre ter, sob formas diversas, feito mal aos cristãos[111].

Na Alemanha, na polêmica anti-semita do começo do século XX, o termo "judeu civilizado" (*Zivilisationsjude*) adquirira valor de injúria, equivalendo a "fermento de decomposição"[112]. A palavra final foi dita por Hitler: "O judeu está sempre instalado em nós, mas é mais simples combatê-lo em carne e osso do que sob a forma de demônio invisível"[113].

A grande massa do povo, cujas idéias Bismarck dizia compartilhar, só raramente as manifestava de modo articulado. Mas, em 1819, a Alemanha, bem como certo países limítrofes, foi sede de uma comoção popular, que pode ser considerada como a expressão, por parte dessa massa, dos sentimentos e ressentimentos em relação aos judeus.

Para transgredir a ordem existente, normalmente o povo tem necessidade dos encorajamentos prodigados pelas pessoas influentes ou letradas. Na Alemanha, na origem dos *pogroms* de 1819 pode-se encontrar a exaltação nacionalista das "guerras de libertação", cultivada sobretudo por professores e estudantes. Ao lado do filósofo Fichte, convém lembrar propagandistas como Ernst Moritz Arndt e Friedrich Jahn. Aquele, francófobo encarniçado, preconizava um sistema de comportas estanques entre os povos da Europa que era considerado rígido demais até mesmo pelos doutrinários racistas do III Reich; este, o célebre "padre ginasta" (*Turnvater Jahn*), assegurava que os povos mestiçados, assim como os animais híbridos, perdem sua "força de reprodução nacional". Ele também proclamava que os poloneses, os franceses, os padres, os fidalgotes camponeses e os judeus eram a desgraça da Alemanha, o que era desgraça demais para um só país[114].

Embora gente como Arndt e Jahn só atacassem os judeus de vez em quando, outros agitadores especializaram-se nesse campo, principalmente a partir de 1814, quando os ideólogos da libertação e os combatentes de outrora foram colocados perante as realidades reacionárias da Santa Aliança, em vez de verem florescer as liberdades germânicas pelas quais haviam lutado. Entre essas liberdades, figurava em lugar de destaque a de poder reconduzir os judeus aos guetos, fazendo *tabula rasa* da emancipação. Ludwig Börne comentava essas aspirações da seguinte maneira:

Entre os alemães, que culpavam só a Napoleão pela tirania que sofriam, a aspiração à liberdade e o ódio aos franceses se fundiram em um único sentimento.

---

111. *La France juive*, ed. Paris, 1943, t.I, p. 322.

112. Assim, o termo de *Zivilisationsjude* era empregado, nesse sentido, por Ernst Jünger; cf. EVA REICHMANN, "Diskussionen über die Judenfrage 1930-1932", em *Entscheidungsjahr 1932*, Tübingen, 1965, p.515.

113. Conversa com Rauschning; cf. *Tribüne*, Frankfurt-am-Main, 1964, p.1055.

114. Cf. mais adinate, pp. 323-332.

E, uma vez que se tende a não reconhecer e a denegrir o bem oferecido por mãos inimigas, não se reconheceu e denegriu-se aquilo que a legislação francesa trouxera de positivo à pátria alemã. Como conseqüência, após a expulsão dos franceses, houve tendência de se considerar como nefastas as liberdades civis que os judeus deviam aos franceses. Chegou-se mesmo a tratar os judeus de sequazes da dominação francesa, porque, embora sendo oprimidos como os demais alemães, eles tinham encontrado esse consolo. É desculpável nutrir um sentimento malévolo contra aqueles que extraem uma vantagem particular do sofrimento comum; quero dizer que se trata de uma fraqueza desculpável...[115]

Embora gente como Börne procurasse compreender e desculpar seus compatriotas, outros judeus emancipados atacavam o estado de espírito dominante com uma virulência bem diferente. Saul Ascher, publicista sob outros aspectos medíocre, empreendeu a defesa da *Aufklärung* de outrora num panfleto que chamou de *Die Germanomanie*; o título da obra e certos argumentos empregados, tais como o apelo às autoridades para manter a ordem pública, jogaram lenha na fogueira da paixão teutômana e antijudaica.

A partir de 1814, os escritos incendiários floresceram às dezenas, devidos tanto a folhetinistas de baixo nível quanto a cientistas de renome. Sem nos determos naqueles, digamos algumas palavras sobre estes. O mais ilustre foi o kantiano Jakob Fries (1773-1843), aluno de Fichte e chefe da escola filosófica que pretendia reduzir a fisiologia à mecânica. Em seu panfleto sobre o "perigo judeu", reclamava "o extermínio radical da casta dos judeus"[116] (a seguir, ele se justificava assegurando que tinha tido em vista não os judeus, mas sim o judaísmo). Fries também foi o único professor que honrou com sua presença a célebre festa de Wartburg (1817), durante a qual estudantes desenfreados lançaram ao fogo, junto com outros livros supostamente reacionários, a *Germanomanie* de Ascher. Dentre os êmulos de Fries, pode-se citar o Professor Ruehs, de Berlim, aluno do imaginativo Meiners[117], e o Dr. Köppe, que, em sua brochura, colocava este princípio lapidar: "Os judeus instruídos são uma canalha cosmopolita, que é preciso perseguir e expulsar de toda parte"[118].

Aos poucos, essa agitação acabou tendo repercussões nas massas, que, no verão de 1819, passaram à ação.

Já falamos das idéias propagadas pelos incitadores, mas ainda não dissemos nada dos interesses que voaram em socorro delas. A Alemanha estava em plena crise econômica; o fim do bloqueio continental permitia a importação de mercadorias inglesas, e grande número de fabricantes

---

115. L. BÖRNE. "Für die Juden", *Sämtliche Werke*, ed. cit., I, p. 875.

116. J. FRIES, *Über die Gefährdung des Wohlstandes und Charakters der Deustschen durch die Juden*, Heidelberg, 1816. Também se deve a esse filósofo outros panfletos antijudaicos; sobre esse tema, ver E. STERLING, *Er ist wie Du*, Munique, 1954, pp. 163 e 226.

117. Ver supra p. 120.

118. Regierunsrat KÖPPE, *Die Stimme eines preussischen Staatsbürgers in den wichtigsten Angelegenheiten dieser Zeit*, 1816. Pode-se encontrar uma bibliografia dos escritos anti-semitas da época em E. STERLING, *op. cit.*, pp. 224-232.

viu-se arruinado. Também muitos camponeses haviam se endividado; o judeu emprestador de dinheiro ainda era uma figura familiar nas cidades e nos campos. As corporações de ofício desejavam, como sempre, expulsar os artesãos judeus. Por outro lado, não se pode excluir a possibilidade de provocações governamentais e policiais destinadas a desviar o povo de toda aspiração libertadora; essa era a opinião de um observador francês[119], e essa também foi a estratégia clássica dos *pogroms*. Relatórios de polícia, em compensação, acusavam os teutômanos libertários de terem querido lançar os judeus "como um balão, nas mãos do povo, para ver até onde se podia impelir a plebe excitada, tendo em vista outras perturbações"[120]. Pode-se ver que os fatores explicativos são múltiplos, senão contraditórios; talvez fosse mais prudente ficar com o diagnóstico do historiador prussiano Von Treitschke, quando falava, a propósito dos motins antijudaicos, sobre "a prodigiosa emoção provocada pelas guerras de libertação, que revelaram, à luz do dia, todos os segredos da alma alemã[121].

Seja qual for a gênese do caso, as perturbações começaram em Würzburg, no começo de agosto de 1819, e logo se propagaram através das cidades e dos campos alemães, com exceção do reino da Prússia, no qual foi mantida a proverbial ordem. Excessos antijudaicos também ocorreram na Boêmia, na Alsácia, nos Países Baixos e na Dinamarca. Obscuros missionários percorriam cidades e vilas incitando a população. O grito de guerra dos amotinados era "Hep! Hep!" As pessoas letradas quiseram ver nisso o anagrama de "Hierosolyma Est Perdita", que se supunha ser o grito dos cruzados de 1096; por menos verossímil que seja, essa interpretação nos mostra que a lembrança das perseguições do verão de 1096 não estava perdida na Alemanha. Os motins, dos quais a imprensa da época nos deixou descrições circunstanciadas, começavam em geral por um ajuntamento, durante o qual eram molestados os passantes judeus; depois, aos gritos de "Hep! Hep!", a muldião, armada com machados e barras de ferro, ia até o bairro ou até a rua judia para se entregar a uma pilhagem sistemática; amiúde a sinagoga, minuciosamente saqueada, constituía o objetivo primordial. Porém, embora as vias de fato fossem freqüentes, os assassinatos foram raros. Em certos casos, a polícia intervinha de imediato; em outros, ela se omitia; em algumas cidades, uma delegação de burgueses se apresentava, no dia seguinte, às autoridades, para reclamar a expulsão dos judeus, cuja presença teria ateado fogo à pólvora. Todos esses detalhes deixam a impressão de uma certa organização e de um plano preconcebido.

---

119. M. Moureau atribuía os problemas de 1819 ao desejo do governo de comprometer, aos olhos do povo, o regime representativo, desejado pelos judeus. (MOUREAU (de Vaucluse), *De l'incompatibilité entre le judaisme et l'exercice des droits de cité* ..., Paris, 1819, p. 9).

120. Cf. E. STERLING, *op. cit.*, p. 182.

121. H. VON TREITSCHKE, *Deutsche Geschichte im 19. Jahrhundert*, Leipzig, 1886, t.II, p.417. Esse historiador foi o principal ideólogo do "antisemitismo liberal", por volta de 1875; ver WALTER BOEHLICH, *Der Berliner Antisemitismusstreit*, Frankfurt-am-Main, 1965.

Eis uma evocação da atmosfera que reinava em agosto de 1819 em Berlim, onde, de resto, os problemas foram abafados em embrião graças à diligência da polícia prussiana. O instantâneo também nos mostra como um velho judeu podia curvar a cabeça sob a tempestade:

> 3 de setembro. Prússia: os excessos cometidos contra os judeus em muitas cidades da Alemanha provocaram o surgimento de apreensões entre os israelitas dessa capital; já houve aqui até algumas pequenas cenas. Alguns inimigos dos judeus pagaram um número bem grande de maus elementos para gritar "Hep! Hep!" embaixo das janelas de uma casa de campo de um banqueiro dessa nação. Um velho israelita, mascate de fitas e lápis, foi perseguido na rua por malandros que faziam ouvir o grito temível; ele achou uma solução de homem de espírito e seguiu seu caminho rindo e gritando, também ele, "Hep! Hep!" sem interrupção, mas, tendo achado que devia meter a cabeça numa lojinha e ali fazer ouvir seu grito, uma mulher que estava na soleira da porta aplicou-lhe uma vigorosa bofetada, à qual ele respondeu no mesmo instante com outra. Um empregado da polícia que se encontrava na vizinhança o tomou sob sua proteção e, a fim de subtraí-lo aos maus tratos aos quais ainda estava exposto, conduziu-o à delegacia de polícia... O célebre "Hep! Hep!" já causou algumas cenas tumultuosas em vários lugares públicos. Teme-se muito que haja desordens mais graves por ocasião da pesca de Strahlau, festa que ocorre em 24 de agosto.

(*La Renommée*, Paris, 3 de setembro de 1819)

Nas outras regiões alemãs, as desordens foram mais graves, sem poderem ser comparadas aos *pogroms* da Rússia ou às perseguições medievais, pois correu pouco sangue. Mas nem por isso os judeus deixaram de ficar dolorosamente surpresos ao verem os vizinhos cordiais ou clientes da véspera precipitar-se sobre suas lojas e casas, com machados e alavancas na mão; ao verem — mistério dos *pogroms* — amigos de ontem "fazê-los dançar de outra maneira"[122]. Seguiu-se um movimento de emigração em direção aos Estados Unidos e também à França, que acolheu de braços abertos os refugiados. O poderoso Rothschild de Frankfurt, cujo banco quase foi saqueado, também pensou em deixar a Alemanha[123]. Os ministros da Santa Aliança comoveram-se e, face à omissão de numerosas autoridades municipais, Metternich deu ordem às tropas austríacas para intervirem em caso de necessidade. Ao mesmo tempo, decretou medidas severas contra as corporações de estudantes e os agitadores revolucionários.

Numa carta a seu irmão, Rachel Varnhagen-Levine incriminava, a propósito desses acontecimentos, "Fries, von Arnim, von Brentano e semelhantes". Mais adiante, escrevia: "Estou infinitamente triste

---

122. ALEXANDRE WEILL, em *Ma jeunesse* (op.cit., I, pp. 53-62), fez um relato vívido do *pogrom* que quase foi desencadeado em sua cidadezinha natal de Sufflen, na Alsácia; mas o ajuntamento, depois da intervenção do prefeito, serviu como pretexto para um baile campestre. Vemos, de novo, o espanto dos judeus, assaltados por seus vizinhos, nos relatos de testemunhas dos *pogroms* russos; ver especialmente J. SVIRSKY, *História de Minha Vida* (em russo), Moscou, 1947.

123. Cf. F. KOBLER, *Juden und Judentum...*, op. cit., pp. 210-211.

por causa dos judeus. Eles se esforçam para guardá-los; mas para martirizá-los, para desprezá-los, para chamá-los de judeus sujos, para dar-lhes pontapés no traseiro e fazê-los rolar pelas escadas... Eles incitam o povo às únicas revoltas a que ele se deixa incitar hoje"[124]. A análise psicológica não carecia de sutileza: em termos simples, Rachel deixava claro o "significado funcional" dos judeus, bodes expiatórios da cristandade. Seu marido julgava o caso com um olho mais político e criticava os filhos de Israel por se terem aliado aos poderosos deste mundo:

> A perseguição dos judeus em nossas cidades é um fenômeno horrível; as autoridades não intervêm em toda parte com a mesma energia que em Hamburgo; em Heidelberg, acusa-se severamente o diretor Pfister; em Karlsruhe, pessoas de distinção teriam entonado o grito "Hep! Hep!" A universalidade dessas manifestações antijudaicas mostra que estão enganados aqueles que acreditam perceber, em nossa fragmentação, um obstáculo para um movimento popular geral. Pode-se reconhecer a unidade dos alemães no sentimento que eles manifestam. Contudo, essa tempestade antijudia poderia ser o prelúdio de acontecimentos que iriam garantir-lhes a completa igualdade de direitos, pela via (de uma revolta) popular. Aconselha-se que os judeus militem no campo liberal; até aqui, eles têm-se considerado mais como súditos dos detentores do poder...[125]

De novo, alguns judeus esclarecidos procuraram corrigir seus irmãos: foram as perturbações de 1819 que incitaram Gans e seus amigos a fundar sua "Associação para a Cultura e a Ciência dos Judeus"[126]. Mas de nada adiantou que militassem, cada vez em número maior, no campo liberal ou progressista, outros motins antijudeus eclodiram na Alemanha em 1830, 1834, 1844 e 1848[127].

---

124. Carta citada em H. GRÄTZ, *Geschichte der Juden, op.cit.*, t.XI, pp. 365-366.

125. Carta de 3 de setembro de 1819; cf. *Briefwechsel zwischen Varnhagen von Ense und Oelsner*, Stuttgart, 1865, t.I, pp. 299-300.

126. Cf. L. GEIGER, *Geschichte der Juden in Berlin*, 1871, p.175.

127. E. STERLING, *op.cit.*, p.180.

Livro III: A REAÇÃO RACISTA

> De resto, mesmo que estivesse provado que jamais houve raça ariana no passado, nós queremos que haja uma no futuro: para os homens de ação, esse é o ponto de vista decisivo.
> (H. S. CHAMBERLAIN, *La genèse du XIXe siècle*, ed. Paris, 1913, p. 362).

Enquanto os judeus viveram efetivamente sob um regime de exceção, foram considerados, de acordo com a boa doutrina teológica, como participando plenamente da natureza humana, sendo que a maldição que pesava sobre eles não passava de uma expiação do ponto de vista da antropologia cristã. Foi quando eles foram emancipados — e puderam misturar-se livremente à grande sociedade burguesa — que a maldição se tornou, nos termos de uma nova antropologia chamada de científica, uma diferença ou inferioridade biológica e que a casta desprezada se tornou uma raça inferior, como se a rodela ou o chapéu cônico de outrora estivesse doravante gravado, "interiorizado", em sua carne, como se os sentimentos do Ocidente não pudessem dispensar a certeza de uma distinção que se transformou, depois de apagados os *sinais visíveis* que identificavam o judeu, numa *essência invisível*[1].

1. Sobre isso, cf. as interessantes reflexões de LOUIS DUMONT que, em seu estudo "Caste, racisme et stratification", liga o racismo ocidental à tradição dualista do cristianismo: ". . . Pode-se observar que, em certas circunstâncias que seria preciso especificar, uma diferença hierárquica continua a ser colocada, mas, desta vez, ela se relaciona aos caracteres somáticos, à fisionomia, à cor da pele, ao "sangue". Sem dúvida alguma, esses sempre foram os sinais distintivos, mas eles se tornaram a essência da distinção. Como explicá-lo? Aqui podemos lembrar que somos os herdeiros de uma religião e de uma filosofia dualista:

Nesta última parte de nosso trabalho, resta-nos estudar a ascensão do anti-semitismo moderno, paixão que desafia toda teologia, e que procura sua razão de ser na ciência. A esse respeito, fomos levados a nos perguntar quais as verdadeiras origens do "mito ariano", que, outrora, era objeto de ensino nas escolas e fazia parte do equipamento intelectual do europeu do século XIX, a tal ponto que, algumas vezes, os judeus eram os primeiros a admitir sua inferioridade em relação aos "arianos"[2]. Mas a gênese desse mito, cujas conseqüências são bem conhecidas, foi explorada de modo imperfeito. Sob muitos aspectos, trata-se de um terreno escabroso, situado numa espécie de terra de ninguém entre a história das idéias, a história política e a antropologia; embora existam alguns bons trabalhos[3] que fazem o histórico de uma impostura que dominou o pensamento científico europeu durante várias gerações, não existe nenhum, até onde sabemos, que tente analisar de maneira adequada as causas profundas de seu êxito irresistível.

a distinção entre o espírito e a matéria, entre a alma e o corpo, impregna toda a nossa cultura e, especialmente, a mentalidade popular. Tudo ocorre como se a mentalidade igualitária-identitária se situasse no interior desse dualismo, como se a igualdade e a identidade fossem relativas às *almas* individuais, a distinção só pudesse vincular-se aos corpos ..." (L. DUMONT, "Caste. racisme et stratification" *Cahiers internationaux de sociologie*, XXIX, (1960), p. 109).

2. Em 1892, SALOMON REINACH, em um trabalho sobre a origem dos arianos (*L'origine des Aryens*), constatava a título de introdução à matéria: "Fomos educados, nos bancos do colégio, com a idéia de que as civilizações e as raças da Europa tiveram por berço o planalto central da Ásia..." Em nosso próximo volume, trataremos da espantosa ascendência que o "mito ariano" exerceu nos espíritos em fins do século XIX. Aqui, basta um único testemunho. Em 1895, durante um debate sobre a "questão anti-semita" na Câmara dos Deputados, Alfred Naquet dizia que os "judeus... foram libertados por aquilo que me permitirão chamar de a fecundação européia, ariana (...). Eu, que sou judeu e não anti-semita, creio... que originariamente, na Palestina, havia entre os judeus, relativamente à raça ariana, uma inferioridade" (cf. a ata oficial da sessão de 27 de maio de 1895).

3. Em francês, pode-se assinalar o velho trabalho de S. REINACH, *L'origine des Aryens. Histoire d'une controverse* (Paris, 1892), e o de ISAAC TAYLOR, *L'origine des Aryens et l'homme préhistorique* (tradução do inglês, Paris, 1895). A obra de T. SIMAR, *Étude critique sur la formation de la doctrine des races au XVIIIe siècle et son expansion su XIXe siècle* (Bruxelas, 1922), continua sem igual pela riqueza da documentação. A tese de R. GÉRARD, *L'Orient et la pensée romantique allemande*, Paris, 1963, abre novas perspectivas sobre a gênese da "idéia ariana" no século XVIII.

Em inglês, existem apanhados, na maioria das vezes sumários nas inúmeras histórias, da antropologia e da sociologia; o melhor trabalho desse gênero continua sendo o de L.L. SNYDER, *Race, A History of Modern Ethnic Theories* (New York e Londres, 1939). A obra de HANNAH ARENDT, *The Origin of Totalitarianism* (New York, 1951), contém pontos de vista interessantes no cap. VI ("Race Thinking Before Racism").

Existem dois estudos preciosos de um filósofo católico alemão (que passaram despercebidos por causa da data de sua publicação): ERICH VOEGELIN, *Rasse und Staat* (Tübingen, 1933) e *Die Rassenidee von Ray bis Carus* (Berlim, 1933). Pode-se acrescentar WILHELM SCHMIDT, *Rassen und Völker in Vorgeschichte und Geschichte des Abendlandes*, Lucerna, 1946.

Pareceu-nos que as perspectivas abertas sobre a evolução dos sentimentos europeus pelo estudo da história do anti-semitismo permitem preencher *ipso facto* tal lacuna, desvendando-nos de uma só vez os segredos do nascimento de um mito moderno. É óbvio que uma questão dessas é digna de uma vasta pesquisa em profundidade, à qual não podemos nos entregar no quadro do presente trabalho. Esperamos, contudo, poder empreendê-la um dia, e as considerações que se seguem são, em nossa opinião, os primeiros passos dessa pesquisa.

Por quais causas profundas a Europa do século XIX fantasticamente escolheu para si mesma uma genealogia indo-persa? Deve-se observar, inicialmente, que uma escolha dessas não podia provocar indiferença, que ela comportava fortes ressonâncias afetivas; não se tratava da questão das origens do homem ocidental, do "de onde venho?" que é prelúdio do "o que sou eu?" E eis-nos, por esse desvio, levados de volta ao problema da identidade ociental-cristã, que já foi lembrado.

Nesses pontos, as tradições imemoriais dos povos europeus chocavam-se secularmente com os ensinamentos da Igreja, que, embora sendo, no caso, imprecisos, nem por isso deixavam de atribuir a esses povos uma vaga filiação "judaica", no sentido de que faziam remontar todo o gênero humano ao casal original, Adão e Eva, da mesma forma que concediam no hebraico a categoria de língua primitiva universal, anterior à "confusão de Babel". O berço do gênero humano era invariavelmente situado no fabuloso Oriente, lá onde outrora se encontrava o jardim do Éden, lá também onde Noé e seus três filhos puseram os pés depois do Dilúvio. Supunha-se que os europeus em geral descendiam de Jafé: assim, sob os traços de Adão, progenitor universal, ou sob os de Sem, o irmão mais velho, o "judeu" assumia dessa maneira ontogênica igualmente seu velho papel de "pai".

O novo mito dos arianos implicava, note-se bem, a perda dessa qualidade, e, nesse sentido, ele também marca, ou simboliza, a libertação do jugo eclesiástico, o fim da "idade da fé" ("o judaísmo perde, por assim dizer, em veneração, aquilo que os judeus ganham em liberdade política", observava um contemporâneo[4]). No máximo pode-se dizer que a nova era, a da ciência, no começo passou por uma etapa deísta: é característico que a idéia da Índia, berço da "religião natural" e até mesmo do gênero humano, propagou-se na segunda metade do século XVIII, antes mesmo da descoberta do parentesco entre as línguas européias e o sânscrito[5]. Aliás, este fato já fora constatado várias vezes no passado, mas, os tempos não estando maduros, a descoberta recaía no esquecimento. Aconteceu o contrário quando, em 1786, o inglês William Jones assinalou, em suas *Asiatic Researches,* a afinidade estrutural que existe entre o sânscrito, o grego, o latim, o "gótico" e o

---

4. M. CAPEFIGUE, *Histoire philosophique des Juifs,* Paris, 1833, p. 13.

5. Essa idéia foi especialmente promovida a uma ampla difusão por Herder; cf. R. GÉRARD, *L'Orient et la pensée romantique allemande, op. cit.,* pp. 57-60 e *passim.*

"céltico"; a o fazer isso, pensava poder atribuir a preexcelência ao idioma indiano, "uma estrutura admirável, mais perfeita que a do grego, mais rica que a do latim e mais sutil do que a de ambos"[6]. A filosofia da época acolheu favoravelmente esse juízo, que foi retomado e ampliado pelos irmãos Schlegel, fundadores da indologia na Alemanha. Por volta de 1805, Friedrich Schlegel escrevia que a língua hindu era "mais antiga do que as línguas grega ou latina, sem falar do alemão e do persa . . . o hindu se distingue", acrescentava "pela profundidade, clareza, calma e tendência filosófica"; também supunha que o hindu fosse "a mais antiga das línguas derivadas", a mais próxima, portanto, "da língua primitiva de onde saíram todas as línguas"[7] (por conseguinte, Friedrich Schlegel conservava, da antropologia cristã, a idéia de uma "língua primitiva", mas, como homem de seu tempo, escolhia uma que não fosse o hebraico). Na mesma obra, já se pode encontrar a idéia de "colônias" de hindus que vieram instalar-se na Europa em tempos imemoriais. August Wilhelm Schlegel, retomando uma idéia de Leibniz sobre a utilidade da filologia para o estudo da origem dos povos, também tratava da "origem dos hindus" e proclamava a superioridade de sua língua sobre as línguas semíticas[8]. Na mesma época, o filósofo Schelling criticava as imperfeições das Sagradas Escrituras, que, segundo ele, não podiam suportar uma comparação "de conteúdo verdadeiramente religioso" com os livros sagrados dos indianos[9]. "Foi então uma espécie de embriaguez", escrevia um século depois um historiador do gobinismo, "a civilização moderna pensou ter reencontrado seus títulos de família, extraviados fazia longos séculos, e o arianismo nasceu. . ." (como nota, acrescentava talvez nostalgicamente: "Hoje em dia, o mundo científico mudou, afirma-se que a cultura européia é autóctone . . ."[10]).

Os irmãos Schlegel, bem como Schelling, ainda se aquartelavam, em essência, no terreno filológico e filosófico, e Friedrich Schlegel, assim como Herder antes dele, recusava-se a estender o conceito de *raças* ao gênero humano (enquanto Schelling propunha limitar sua aplicação às raças "degradadas" não-européias[11]). Mas foi durante esse mesmo primeiro decênio do século XIX que outro filólogo alemão, J. C. Adelung, tomando por referência geólogos como Pallas, Pauw e Zimmermann, anexava francamente a antropologia a sua disciplina,

---

6. Cf. T. BENFEY, *Geschichte der Sprachwissenschaft und orientalischen Philologie in Deutschland*, Munique, 1869, pp. 347 e ss.

7. *Essai sur la langue et la philosophie des Indiens*, trad. do original alemão de Friedrich Schlegel, Paris, 1837, pp. 72-75.

8. A. W. SCHLEGEL, "De l'origine des Hindous", *Essais littéraires et politiques*, Bonn, 1842, pp. 439 e ss.

9. F. W. VON SCHELLING, Über das Studium der Theologie.", *Sämtliche Werke*, Stuttgart, 1859, t. V, p. 300.

10. ERNEST SEILLIÈRE, *Le comte de Gobineau et l'aryanisme historique*, Paris, 1903, p.xxiv.

11. Cf. HERMANN BLOME, *Der Rassengedanke in der deutschen Romantik und seine Grundlagen im 18. Jahrhundert*, Berlim, 1943, pp. 95 e 168.

e a luz com que o fazia revela com particular clareza como o "mito ariano" que se encontrava em esboço estava se modelando sobre o "mito bíblico", ao mesmo tempo em que procurava emancipar-se dele.

Na introdução a seu ensaio de gramática comparada, o célebre *Mitridates,* Adelung constata, de fato, que a Ásia sempre foi considerada o berço do gênero humano. Mas de que parte da Ásia se trata? É preciso levar em conta as opiniões concordantes dos cientistas, segundo os quais o "povo primitivo" só pôde constituir-se nos picos das montanhas, de onde as águas do dilúvio se retiraram em primeiro lugar. A partir daí, Adelung pensa poder designar o lugar exato: não pode ser outro senão a Cachemira, de que se sabe que reúne todos os esplendores do jardim do Éden, como Moisés o descreveu, "tudo aquilo que a imaginação mais prodigiosa pode representar-se enquanto ideal de todos os prazeres dos sentidos". Portanto, ele desenvolve extensamente a comparação entre o Éden e a Cachemira e acrescenta outra prova: "Até mesmo os homens ali se diferenciam favoravelmente de todos os outros asiáticos; não têm nada dos caracteres tártaros e mongóis, próprios dos tibetanos e dos chineses; eles apresentam as formas européias mais belas e superam todos os asiáticos em inteligência e espírito"[12]. Depois disso, relata a história do primeiro casal humano e de sua descendência, tal como ele a imagina. Pode-se ver, portanto, que Adelung permanece fiel à antropologia cristã, à qual abandona apenas num ponto essencial: o "casal original" não é mais o casal bíblico Adão e Eva, seu hábitat é transferido do Oriente Médio para a Índia, fala uma língua ariana (antecipadamente) e "apresenta formas européias".

Depois de Adelung, detenhamo-nos um momento em outro autor bastante esquecido, o alemão Johann Gottfried Rhode, que poderia ter sido o inventor do termo e da noção de ariano em sua acepção moderna[13]. Propondo-se a estudar as origens da cultura e da linguagem, Rhode se voltava, em 1820, para o *Zend-Avesta,* ou seja, a revelação de Zoroastro. A seus olhos, esse livro sagrado dos persas e dos medas era uma fonte mais segura do que os outros escritos da Alta Antigüidade: diversamente do relato mosaico, jamais invocava o milagre, e Zoroastro se faundamentava apenas "na força interior da verdade"[14]; além

---

12. *Mithridates oder allgemeine Sprachkunde . . .,* JOHANN CHRISTOPH VON ADELUNG, Parte III, Berlim, 1806, t.I, pp. 8 e ss.

13. *Die heilige Sage und des gesamte Religionssystem der alter Baktrier, Meder und Perser, oder des Zendvolkes,* J. G. VON RHODE, Frankfurt am Main, 1820. Essa obra valeu a Rhode a nomeação de doutor *honoris causa* da Universidade de Iena.

Não encontramos o termo ariano, empregado em seu sentido moderno, nas obras anteriores a 1820. É verdade que não lemos tudo!

14. "Folgenden Unterschied zwischen Zoroaster und Moses müssen wir noch berühren. *Moses* bewies — wenigstens nach der Form, wie wir jetzt seine Schriften besitzen, die Göttlichkeit seiner Sendung, und die Wahreit seiner Offenbarung, durch eine Menge Wundertaten; *Zoroaster* kennt keine Wunder; die innere Kraft der Wahreit ist alles, worauf er sich beruht" (*Die heilige Sage . . .,* p. 29).

do mais, o relato deste lhe parecia ser corroborado pelas informações vagas fornecidas por Heródoto e por Diodoro sobre o antigo povo dos arianos[15]. Comparando entre si as duas revelações, Rhode concluía pela superioridade e anterioridade de Zoroastro em relação a Moisés: segundo ele, este teria se inspirado quer diretamente naquele, quer "numa fonte comum"[16]. A descrição que fazia da beleza moral do *Zend-Avesta* já se reveste de alguns toques que fazem pensar em Nietzsche:

> O homem deve ser puro, santo e semelhante a Deus; sincero e justo em seus atos, magnânimo e benevolente em seus sentimentos, e principalmente ser agradecido por todo bem recebido! Como imaginar a possiblidade de um *homicídio* em presença de tais sentimentos, prescritos pela lei! É por isso que a lei não menciona em absoluto o homicídio; nesse caso, o servidor de Ormuzd não precisa de uma lei!
> Além disso, é notável que, em meio a todas essas leis, não exista nenhuma relativa ao *interesse* e à *usura*... Mesmo o *juramento* ainda é ignorado pelo legislador e por seu povo, pois não se pode encontrar nenhuma alusão a esse respeito, nem na lei, nem nos outros escritos do *Zend-Avesta; cada palavra ainda é um juramento,* e cada mentira é considerada, e punida, como um perjúrio![17]

Por outro lado, Rhode argüia a falsidade das opiniões dominantes que, desde Anquetil du Peron e Herder, situavam no Cáucaso o berço histórico dos persas e dos medas: ele transferia esse berço para os planaltos da Ásia Central, de onde aqueles teriam emigrado depois de algum cataclisma natural[18]. Enfim, baseando-se na descrição do Paraíso que Ormuzd teria ofertado a seu povo (paraíso, portanto, com que ele substituía o Éden bíblico), pensava descobrir ali uma nomenclatura geográfica, permitindo reconstituir "a marcha progressiva da conquista ariana"[19]. Em bom número de pontos, esse autor completamente esquecido abriu caminho para a marcha triunfal dos arianos.

Assim, portanto, tudo acontece como se a Europa, ao mesmo tempo em que permanecia prisioneira de certas representações tradicionais, procurasse novos ancestrais. Pode-se perceber o parentesco dessa aspiração com a polêmica deísta contra o Jeová do *Antigo Testamento,* e é característica a distinção feita por gente como Rhode entre um mosaísmo baseado nos milagres e um zoroastrismo que se fundamenta apenas "na força interior da verdade". Contudo, ao longo de toda a primeira metade do século XIX, os cientistas continuaram a medir o tempo com o padrão bíblico; embora nem todos seguissem a cronologia medieval, que situava o nascimento de Jesus Cristo no ano 4004 da Criação, todos continuavam convencidos de que o gênero humano existia apenas fazia alguns milênios, e essa convicção com certeza retardou o

---

15. *Idem,* p. 65.
16. *Idem,* pp. 455-461.
17. *Idem,* pp. 441-442.
18. *Idem,* p. 97.
19. Cf. MICHEL BRÉAL, "De la géographie de l'Avesta", *Mélanges de mythologie et de linguistique,* Paris, 1882, p. 180.

nascimento das ciências arqueológicas (pense-se nos dissabores de Lyell e de Boucher de Perthes), daí as razões suplementares para situar na Ásia o berço de uma humanidade que teria *colonizado* tardiamente a Europa. Para outro pioneiro da indologia, F.A. Pott, era evidente que a humanidade, em sua marcha ascendente, seguia o sol: *ex oriente lux*, e a Ásia era, para ele, o campo de jogos e o ginásio dos primeiros exercícios corporais e espirituais da humanidade[20]. Mas por que essa migração em direção às regiões setentrionais? Jakob Grimm, em sua célebre *História da Língua Alemã*, dizia que as populações foram postas em movimento "por um instinto irresistível cuja causa permanece oculta para nós"[21]. A timidez do mundo científico em admitir que o europeu pudesse simplesmente ser originário da Europa, a hostilidade com que se deparava toda hipótese nesse sentido[22], é um indício a mais da influência paralisante das idéias recebidas, mesmo quando elas contrariavam ostensivamente a cosmogonia bíblica.

Uma forma de ruptura mais radical com essa cosmogonia apresentava-se sob a figura das hipóteses poligenistas, em voga desde o Século das Luzes. Depois de Voltaire, Goethe aderira a elas, e os argumentos que apresentava em favor delas fazem surgir com particular clareza uma motivação "antijudaica" subjacente. De fato, Goethe justificava sua preferência, primeiro, personificando a natureza, cujo *espírito*, segundo ele, não era econômico, mas, ao contrário, pródigo:

> Acredita-se que a natureza é excessivamente econômica em suas produções. Sou obrigado a contradizer tal opinião. Afirmo, pelo contrário, que a natureza sempre se mostra generosa e até mesmo pródiga; que as pessoas se conformem ao espírito dela, admitindo que, imediatamente, ela fez surgir homens às dúzias e mesmo às centenas, em vez de supor que ela mesquinhamente os fez sair de um único casal. Quando as águas se retiraram e os terrenos secos ficaram suficientemente verdejantes, começou a época do devir humano, e os homens foram produzidos pela onipotência de Deus em todo lugar onde o terreno permitia, talvez de início nas alturas....

Goethe apresentava, a seguir, sob forma de dito espirituoso, outro argumento que, contudo, nos revela um motivo subjacente da opção que, por volta de meados do século XIX, se tornou a da maioria dos eruditos europeus:

> É verdade que as Sagradas Escrituras falam de um único casal humano criado por Deus no sexto dia. Mas os homens avisados que anotaram a palavra de Deus, transmitida pela *Bíblia*, de início tiveram a ver com seu povo eleito, ao qual de maneira alguma queremos contestar a honra de descender de Adão.

---

20. F. A. POTT, *Etymologische Forschungen*, I, p. xxi, citado por O. SCHRADER, *Sprachvergleichung und Urgeschichte*, Iena, 1883, p. 11. Foi através de outro trabalho de POTT, intitulado *Die Ungleichheit menschlicher Rassen...*, que Richard Wagner conheceu a obra de Gobineau, que, assim, foi promovido à glória póstuma na Alemanha (cf. "Lettres de Cosima Wagner à Gobineau", *Revue hebdomadaire*, Paris, 23 de julho de 1938).

21. O. SCHRADER, p. 13.

22. Cf. I. TAYLOR, *op. cit., passim*.

Mas nós, outros, bem como os negros e os lapões, decerto tivemos outros ancestrais: certamente deve-se convir que diferimos dos verdadeiros descendentes de Adão de muitas maneiras, e que eles nos superam especialmente no que diz respeito aos assuntos de dinheiro...[23]

Para Goethe, portanto, importava "diferenciar-se bem dos verdadeiros descendentes de Adão", coisa a que os autores europeus, notadamente os alemães, se empenhavam de inúmeras maneiras ao tratar das origens do gênero humano. Assim, o polígrafo Klemm, autor de uma popular *Allgemeine Kultur-Geschichte,* já em 1843 fazia distinção entre uma raça *ativa* (viril) e uma raça *passiva* (feminina) mais primitiva:

No ínterim, outra raça havia amadurecido nos planaltos vizinhos do Himalaia... Assim como a rígida crosta terrestre é agitada ou rompida pelas forças vulcânicas..., da mesma forma a pacífica população primitiva espalhada pela terra foi surpreendida em seus calmos devaneios pelos heróis da raça ativa, que se precipitaram sobre...[24]

Aqui já podem ser vistos traços muito combativos, os mesmos encontrados, desde essa época, sob a pena de Wagner, e que ele amplificará em música; mas a confusa identificação entre "juventude" ou "agressividade" e "perfeição" ou "valor" pode ser observada nos eruditos mais sérios. Assim, para o grande indólogo Lassen, "os arianos formam o povo mais completamente organizado, o mais empreendedor e o mais criativo: ele é, portanto, o mais jovem, a terra tendo produzido apenas tardiamente os gêneros mais perfeitos de plantas e animais..." Lassen, sob esse ponto de vista, já por volta de 1845, opunha os arianos aos semitas:

Dentre os povos caucasianos, certamente temos de entregar a palma aos indo-germânicos. Não achamos que isso seja devido ao acaso, mas acreditamos que deve decorrer de seus talentos superiores e mais vastos. A história nos ensina que os semitas não dispõem do equilíbrio harmonioso de todas as forças da alma que caracteriza os indo-germânicos...[25]

Os principais defeitos dos semitas, segundo Lassen, eram sua total mediocridade filosófica e seu fanatismo religioso egoísta[26]. Portanto estava então colocada, em 1845, a última pedra angular do mito.

Mas havia também os negros, quer dizer, os "camitas". A nova antropologia erudita continuava tributária da antiga num ponto suplementar, na medida em que adotava a divisão do gênero humano em três grandes raças, ecoando o mito dos três filhos de Noé. A observação foi

23. J. P. ECKERMANN, *Gespräche mit Goethe,* ed. Leipzig, 1902 (entrevista com o naturalista Von Martius, em 7 de outubro de 1828).

24. GUSTAV KLEMM, *Allgemeine Kultur-Geschichte der Menschheit,* Leipzig, 1843, t. I, p. 234.

25. CHRISTIAN LASSEN, *Indische Alterthumskunde,* Bonn, 1847, t.I, p.513.

26. *Idem,* pp. 414 e ss.

feita em relação a Cuvier[27]; a esse respeito, é notável constatar que a terminologia geralmente empregada continua sendo também a da *Bíblia*, pois os negros e os judeus, raças vis, são chamados de "camitas" e de "semitas"; mas, no que diz respeito a eles mesmos, os europeus, que pretendem ser de extração nobre, recusam a designação — que seria lógica — de "jafetitas", com seus relentos de *Antigo Testamento*; o fato de se proclamarem *arianos* se deve, sem dúvida, a que o termo é tido como proveniente da raiz que *honra* (*Ehre*). Tais concepções espalham-se com notável rapidez e logo se encontram aplicadas aos mais variados campos, inclusive ao setor dinâmico da religião; já em 1853, Wagner, este médium do século XIX, escrevia que o "cristianismo primitivo" foi alterado por sua mistura com os dogmas judaicos e que "esse cristianismo não passava de um ramo do venerável budismo"[28].

Poder-se-ia perguntar, mais uma vez, se, levando em conta o estágio dos conhecimentos científicos do tempo, existiam justificativas positivas para a grande "hipótese ariana". Mas, por mais que se procure, não se percebem outras que não sejam a descoberta da família das línguas indo-européias, a "descoberta de um mundo novo" (Hegel); mesmo para gente como Cuvier, podia-se distinguir os principais ramos das raças pela "analogia das línguas"[29]. São raras as vozes que se insurgem contra essa confusão; também é notável que a mais vigorosa, a de Alexander von Humboldt, erga-se ao mesmo tempo contra a divisão das raças em "superiores" e "inferiores"[30]. Mas essa tendência torna-se cada vez mais acentuada depois da tempestade napoleônica, e a questão das origens européias torna-se antes que venha Darwin, o campo reservado dos filólogos submetidos à "tirania dos sanscritistas"[31]. Aliás, foi o mais ilustre deles, o germano-inglês Max Müller, de Oxford, que fez prevalecer o uso do termo "ariano" na república dos cientistas. Suas conferências no Royal Institute de Londres, entre 1859 e 1861, durante as quais evocava o avanço triunfal dos arianos em direção ao Cabo Norte e às Colunas de Hércules, ficaram célebres; suas retratações e avisos, a partir de 1872, encontraram menos eco, e foi em vão que declarou, no fim da vida, que o termo *raça ariana* era tão pouco científico quanto o *gramática dolicocéfala*[32].

O etnocentrismo europeu que, desde o Século das Luzes, havia falseado a antropologia nascente, exalta-se prodigiosamente na era do romantismo e dos nacionalismos: ele orienta o pensamento dos eruditos e preside a gestação de suas hipóteses e de suas classificações. É nesse ambiente que é elaborada uma tripartição mística: o ariano, ou o ver-

---

27. Cf. EARL W. COUNT, "The Evolution of the Race Idea in Modern Western Culture During the Period of the Pre-darwinian XIXth Century", *Transactions of the New York Academy of Sciences*, XXIX (1946), pp. 139-165.

28. Carta a Liszt, de 7 de junho de 1855.

29. CUVIER, *Le règne animal . . .*, Paris, 1817, t. I, pp. 94-94 ("Variedades da espécie humana").

30. A. VON HUMBOLDT, *Kosmos*, Stuttgart, 1845, t. I, p. 345.

31. I. TAYLOR, *op.cit.*, p. 332.

dadeiro homem, define-se tanto em relação ao irmão Sem, o judeu meio-homem, meio-demônio, quanto em relação ao irmão Cam, o negro meio-animal, meio-homem. Por sua vez, os filósofos multiplicam as hierarquias desse gênero: até mesmo gente como Hegel, não obstante anti-racista por princípio[33], presta-lhes tributo ao descrever o caráter do negro. "Não se pode encontrar nada em seu caráter", escreve, "que lembre o homem":

> ... o negro representa o homem natural em toda a sua selvageria e sua petulância: é preciso fazer abstração de todo respeito e de toda moralidade se se quer compreendê-lo; não se pode encontrar nada nesse caráter que lembre o homem (...). Os negros possuem, pois, esse perfeito *desprezo* pelos homens que constitui propriamente sua condição fundamental, quanto ao direito e à moralidade. A imortalidade da alma também é ignorada... e é considerado coisa muito difundida e permitida comer carne humana[34].

Os cientistas profissionais não se preocupavam com a imortalidade da alma, mas seus juízos sobre a raça de Cam eram, se possível, ainda mais severos. Segundo a breve descrição de Cuvier, "a raça negra está confinada ao Sul do Atlas; sua tez é negra, seus cabelos crespos, seu crânio comprimido e seu nariz achatado, seu focinho saliente e seus lábios grossos a aproximam manifestamente dos macacos; as tribos que a compõem ainda permanecem bárbaras"[35]. O grande precursor do transformismo, que foi o inglês Lawrence, estendia-se mais longamente sobre a imbecilidade moral e intelectual dos negros:

> Eles se comprazem, quase que universalmente, em um deboche e uma sensualidade repelentes e dão provas de um egoísmo grosseiro, de indiferença pelos sofrimentos e pelos prazeres dos outros, de insensibilidade pela beleza das formas da ordem e da harmonia e de ausência quase total daquilo que entendemos pelas expressões de sentimentos elevados, virtudes viris e sentimento moral[36].

Será de espantar que a "raça" logo foi promovida à categoria de grande motor do devir humano, suplantando a Providência? Os historiadores recentes (principalmente os da antropologia) que tentaram esclarecer as razões da "confusão catastrófica" (Wilhelm Schmidt[37])

32. Com referência à adoção do termo *ariano*, ver M.MÜLLER, *Essays*, Leipzig, 1879, vol. II, pp. 333 e ss. ("Arisch als ein technischer Ausdruck"). A advertência foi feita pela primeira vez por Müller durante uma conferência proferida por ele em Strasbourg em 23 de maio de 1872 ("Über die Resultate der Sprachwissenschaft").

33. Ver o Cap. VI da *Fenomenologia do Espírito*, que nos foi indicado sobre o assunto por nosso amigo Alexandre Kojeve.

34. *Leçons sur la philosophie de l'histoire*, ed. Paris, 1938, pp. 76-77.

35. *Le règne animal...*, loc. cit.

36. *Lectures on Physiology, Zoology, and the Natural History of Man...*, por W. LAWRENCE, F.R.S. Londres, 1819, p.476; E. W. COUNT (*op. cit.*) chama aquele autor de "o maior antropologista entre o tempo de Kant e o de Darwin" (p.154).

37. W. SCHMIDT, *Rassen und Völker in Vorgeschichte und Geschichte des Abendlandes*, Lucerna, 1946, p.120.

entre raças e línguas, entre história e antropologia, mas principalmente entre uma filosofia repleta de resíduos teológicos e a ciência, amiúde mencionam a carta-programa dirigida, em 1829, por William Edwards a Amédée Thierry, na qual propunha pesquisar "até que ponto as distinções que o historiador estabelece entre os povos podem estar de acordo com as da natureza" e examinar em comum as concordâncias entre *as raças históricas e aquelas que são admitidas pelas ciências naturais*[37]. Nesse tempo, tais idéias já estavam no ar em todo lugar, e, bem antes dos historiadores Thierry e do naturalista Edwards, o romancista Walter Scott interpretava a história inglesa "racialmente", à luz das lutas entre saxões e normandos. Foi assim que a ciência racial se inspirou em devaneios românticos, e, "a partir das batalhas de Leipzig e Waterloo, o solo europeu não cessava de engendrar raças"[38]; geração espontânea de que a Alemanha, já vimos pelos nomes e pelos textos citados acima, foi o principal laboratório. Na França, idéias dessa ordem eram agitadas, por volta de 1820, num cenáculo animado por um certo Roux-Bordier que (como Walter Scott) havia freqüentado muito os autores alemães, e do qual fazia parte o poeta Ballanche, bem como o célebre Ampère. Em 1821, Ampère escrevia a Roux-Bordier:

> Tenho enorme vontade de conhecer o trabalho sobre raças que o senhor faz com Gasparin. Como determinou que sou escandinavo? Segundo suas cartas antigas, parece-me que, para isso, eu deveria ter sido ao menos um bom gentil-homem, mas um vil cientista, um obscuro vilão, só pode ser celta, árabe, etc. Será que é por que tenho os olhos cinza que pertenço a essa raça que o senhor ama tanto?

Uma carta de Roux-Bordier informa-nos que também ele tinha horror pelo *Antigo Testamento:*

> A história do pretenso povo de Deus, aliás, não passa de uma horrível trama de infâmias, baixezas e covardias, começando pelo próprio santo Rei Davi... O senhor não acha, como eu, que os cristãos cometeram um grande erro em aprovar todas as enormidades que a *Bíblia* contém? Enormidades que são de molde a falsear o juízo e ressecar o coração de nossos filhos?[39]

Pode-se reconhecer o grande tema deísta, o obscuro Roux-Bordier também aspirava a uma nova religião universal, fundada num cris-

---

38. *Des caractères physiologiques des races humaines considérés dans leur rapport avec l'histoire.* Carta a Amédée Thierry, autor da *Histoire des Gaulois,* de W. F. EDWARDS, Paris, 1820.

39. A imagem é de Bruno Bauer, testemunha ainda melhor porque, na época em que assim se expressva, esse ex-amigo de Karl Marx tornara-se um dos principais doutrinários da idéia pan-germanista. No contexto, Bauer criticava as concepções políticas de Disraeli: "Disraeli's Marotte von seiner Race steht nicht allein. Seit den Schlachten von Leipzig und Waterloo war der Boden Europas überfruchtbar in der Erzeugung von Racen, von denen jede sich der höchsten Leistung und Bestimmung im Fach der Moral, des Glaubens und Denkens rühmte, so dasse den Anderen Immer nur das Nachsehen blieb..." (*Disraeli's romantischer und Bismarck's socialistischer Imperialismus,* Chemnitz, 1882, p. 60).

40. Cf. H. VIATTE, *Claude-Jelien Bredin (1776-1854), Correspondance philosophique et littéraire avec Ballanche,* Paris, 1958 (introdução)

tianismo depurado e desjudaizado. Esse tema serve de filosofia implícita à antropologia mitificante do século XIX, que, no XX, encontrará sua forma acabada e mortal no nacional-socialismo alemão. Este não fez mais do que tirar as últimas conseqüências daquele: retrospectivamente, pode-se perguntar se o decreto de morte aos judeus da Europa não foi assinado no tempo em que, tendo o Ocidente decidido constituir para si uma nova genealogia, eles foram destituídos de seu antigo emprego, "perdendo em veneração o que ganharam em liberdades políticas", como escrevia outrora Capefigue em sua *Histoire philosophique des Juifs*.

Pode-se dizer que, em nossos dias, o mito dos arianos completou seu curso? Sob o regime hitlerista, acabou encarnando-se em uma realidade trágica, pois os arianos, poupados, opunham-se, através de toda a Europa, aos semitas acuados, assim como a vida se opõe à morte, e o berço ao túmulo. Pode-se escrever que, nesse sentido, o nazismo foi um esforço desesperado para demonstrar de modo positivo a verdade do mito ariano, e que esse esforço foi coroado de sucesso, pois "valer mais do que um judeu — esta ilusão do anti-semitismo que antes tivera apenas um significado psicológico e compensador — tornou-se uma verdade, uma realidade incontestável . . . um caso de vida ou morte"[40]. Hoje em dia, os órgãos administrativos alemães encarregados da reparação às vítimas do nazismo ainda conhecem a categoria, outrora "não ariana", das *pessoas judias de confissão cristã*. Por conseguinte, podemos dizer que a legislação racial não esgotou todos os seus efeitos; mas as raças humanas, na medida em que existem, não serão uma realidade acima de tudo psicológica e social, engendrada pelo irresistível "querer ser diferente" das sociedades, dos povos e das etnias?

40. MARGHERITA VON BRENTANO, "Die Endlösung. Ihre Funktion in Theorie und Praxis des Faschismus", em *Antisemitismus, Zur Pathologie der bürgerlichen Gesellschaft*, Frankfurt am Main, 1965, p. 61.

9. Inglaterra

1. AS JUDIAS DE WALTER SCOTT E OS JUDEUS DE DISRAELI

Ao tratar da emancipação, não falamos do caso da Inglaterra. De fato, lá, desde o século XVIII, os judeus gozavam de um estatuto semelhante ao dos católicos e outros "não-conformistas", de modo que suas incapacidades se limitavam à exclusão das funções públicas e honoríficas. Aliás, tratava-se principalmente de judeus portugueses, já fortemente ocidentalizados, como se sabe[1]. O ponto essencial sob litígio era a elegibilidade para a Câmara dos Comuns, que foi aberta para os católicos ingleses em 1829 (*Roman Catholics Emancipation Bill*). A libertação dos "papistas" prenunciava a dos fiéis de Moisés, mas esta última libertação chocou-se com resistências bem mais fortes, de modo que as lutas políticas a esse respeito prosseguiram durante quase um quarto de século. Pode-se perceber a analogia com o caso da França (onde os judeus foram emancipados na esteira dos protestantes), e essa analogia reaparece em muitos detalhes: assim como a jovem Assembléia Constituinte de 1790, a venerável Câmara dos Comuns tornou-se, em 1854, a propósito dos filhos de Israel, o palco de um tumulto inédito, que um jornal inglês não deixou de comparar com "a conduta dos fiéis dentro da sinagoga, e sabemos o que isso quer dizer"[2].

1. Cf. *supra*, p. 26 e ss.
2. *The Standard* de Londres, 22-23 de julho de 1854.

O fato é que, depois de adquiridos os direitos políticos, os judeus jamais foram recolocados em questão na Inglaterra, da mesma forma que lhes foram poupadas as crises e campanhas anti-semitas que grassaram quase que em todo lugar do continente europeu na segunda metade do século XIX. Para Gladstone, uma agitação contra os judeus na pátria dele era tão improvável quanto uma agitação contra a gravitação da terra. Não é que o preconceito universal se tivesse dissipado aí; o povo eleito provocava aí os mesmos sentimentos perturbadores que em outras partes, e os temas correspondentes ali eram desenvolvidos, de geração em geração, por numerosos publicistas, mas sem que seus escritos fizessem surgir um movimento político, linhas de combate ou de defesa — em suma, um pânico coletivo e organizado. Já se lembrou, a propósito dessa atonia do anti-semitismo inglês, as afinidades religiosas ("dois povos nutridos pelo Antigo Testamento") ou históricas ("o culto da tradição ancestral") ou a semelhança da ética econômica ("dois povos de mercadores, honrando o comércio") ou ainda a idiossincrasia inglesa (a "soberba" e a "insolência" de Albion). Quanto a este último ponto, pode-se admitir, com efeito, que a fobia da "invasão judaica" era incompatível com a gloriosa confiança dos súditos da Rainha Vitória, senhores dos mares e do comércio mundial[3]. Seja qual for o significado desses diversos fatores, a originalidade, amiúde chamada de "filo-semita" dos ingleses, exprimia-se de maneiras bem diversas. É preciso, principalmente relacioná-la com o respeito pelas hierarquias tradicionais num país cuja população jamais caiu sob o domínio dos mitos revolucionários. Por isso, os judeus britânicos, por seu lado, não manifestaram nenhuma tendência para aliar seus interesses políticos aos da "esquerda" ou das "classes laboriosas" (Disraeli não foi o único campeão judeu do conservantismo: em 1868, três, dentre oito deputados judeus eleitos para a Câmara dos Comuns, pertenciam à dinastia dos Rothschild[4]).

Durante o século XIX, a Grã-Bretanha arrogou-se, muitas vezes, o papel de potência protetora da nação dispersa. Sob esse ponto de vista, o ano de 1840 é uma data a ser retida, pois o "caso de Damasco" (que será visto mais adiante), ao mesmo tempo em que provocou uma nova tomada de consciência entre os judeus emancipados da Europa, marcou o começo dessa relação de proteção. Esta também se baseava em cálculos políticos, no quadro da "questão do Oriente", e pode-se fazer a mesma observação sobre os vários projetos de restauração de um Estado judeu, agitados desde os tempos de Lewis Way[5], numa perspec-

3. Cf. H. MEYER-COHEN, *Die Juden im heutigen England*, Berlim, 1890, p. 20: ". . . Der Engländer ist wirtschaftlich zu gebildet, als dass man ihm vorlügen dürfte, er werde von einem Handvoll Juden beherrscht. Er wäre auch zu stolz, etwas Derartiges zu glauben . . ." Esse pequeno livro de um contemporâneo contém muitas observações pertinentes.

4. O Barão Lionel de Rothschild por Londres, o Barão Mayer de Rothschild por Hythe e Nathaniel Mayer de Rothschild por Aylesbury; cf. C. K. SALAMAN, *Jews as They Are*, Londres, 1885, p. 90.

5. Cf. *supra*, p. 215.

tiva meio-política, meio-escatológica, por literatos, por prelados e até mesmo por estadistas britânicos. Mas em que outro Estado cristão um político podia proclamar, do alto da tribuna parlamentar, que os judeus eram uma raça superior, uma "aristocracia da natureza", sem que expressões tão provocadoras o impedissem de se tornar Primeiro Ministro e fundador do Império Britânico? Achamos também que é através da figura singular de Disraeli que se pode chegar a apreender melhor, cremos, a originalidade do relacionamento entre a Inglaterra e os judeus.

*
* *

Dissemos, contudo, que estes faziam vibrar, além-Mancha, as mesmas cordas sensíveis que em outras partes. Para sentimentos de hostilidade e desprezo dessa ordem, quando não se exteriorizam, não há melhor meio de revelação do que a criação artística: ora, através da evolução dos modos de expressão e dos estilos literários, a imagem do judeu, na pátria de Shakespeare, varia pouco e permanece dominada pela grandiosa figura de Shylock. É verdade que, como em outros lugares da Europa, lá o fim do século XVIII via florescer, nos palcos dos teatros, o tipo convencional do "bom judeu"; mas esse artifício didático (ridicularizado pelo satirista William Cobbett[6]) só foi utilizado por autores menores, hoje esquecidos.

Os grandes criadores permanecem fascinados pela figura do implacável *Mercador de Veneza*, cujos ressentimentos dão lugar, em Dickens, à malvadeza gratuita de Fagin, o carrasco de crianças; mais cheia de nuanças e mais digna de nota é a maneira como Walter Scott trata do tema judeu[7]. Em *Ivanhoé*, seu romance mais popular, a raça judaica encarnada em Isaac e sua filha Rebeca opõe-se, de início, às raças cristãs, elas mesmas engajadas num conflito secular durante o qual forja-se lentamente o devir inglês, pois "quatro gerações não foram bastante para fundir os sangues hostis de normandos e anglo-saxões"[8]. De modo que essas duas raças parecem não ter em comum nada, a não ser sua animadversão pelos filhos de Israel. Mas Isaac e Rebeca também contrastam entre si: menos sangüinário do que Shylock, o pai não passa de um poltrão desprezível, enquanto sua filha alia, a uma radiosa beleza, as virtudes mais sublimes, e sua perfeição é ainda mais realçada pelas provações e desgraças a que é condenada por Walter Scott. Uma divisão dessas, que só vem acentuar as luzes e sombras da imagem medieval do judeu[9], convinha otimamente à inspiração romântica e quase que de imediato se transformou em chavão literário: só durante o ano de 1820,

---

6. Cf. *Political Register* de W. COBBETT, 1818, p. 522.

7. Sobre a imagem do judeu na literatura inglesa, especialmente em Dickens e em W. Scott, ver o grande trabalho de EDGAR ROSENBERG, *From Shylock to Svengali, Jewish Stereotypes in English Fiction*, Londres, 1961.

8. *Ivanhoe. A romance*, ed. Paris, 1831, p. 2.

9. Cf. nosso vol. I, *De Cristo aos Judeus da Corte*, p. 116 e s. As imerecidas desgraças de Rebeca tendo provocado muitos protestos dos leitores, W. Scott teve de desculpar-se perante eles por não tê-la podido dar como mulher a Ivanhoé; cf. *Introduction to Ivanhoe*, 1831.

nada menos de quatro autores dramáticos ingleses levam os heróis judeus de *Ivanhoé* ao palco[10], enquanto que, na França, Chateaubriand, em seu ensaio sobre *Walter Scott e as Judias*, procura elucidar "por que, na raça judia, as mulheres são mais belas do que os homens"[11]. Acha, para o fenômeno, uma explicação interessante: o Filho de Deus foi renegado, martirizado e crucificado só por homens, enquanto "as mulheres da Judéia acreditaram no Salvador, amaram-no, seguiram-no, consolaram-no em suas aflições".

Uma opinião como essa, que o relato evangélico corrobora de modo apenas imperfeito, aponta, em compensação, a verdade pesicológica, "edipiana", do anti-semitismo, pela qual só o judeu homem é perigoso e horrível, e o pai castrador de fato não pode ser senão viril; desprovida de pênis, a mulher judia não compartilha da "maldição da raça", e sua inocência chega até a torná-la especialmente desejável. A esse respeito, Chateaubriand fazia-se intérprete da tradição cristã ao evocar a mulher de Betânia, a boa samaritana, e a adorável Madalena, graças às quais, concluía, "o reflexo de algum raio de beleza terá ficado na fronte das judias". Também a beleza das judias, freqüentemente chamada de *divina*, é uma idéia recebida da época romântica ("beleza celeste", irá escrever Michelet com a maior seriedade do mundo[12], e "pérola do Oriente"), enquanto suas desgraças permitem realçar ainda mais seus atrativos de deusa violentada ou de "símbolo sexual"[13]. Raramente, cremos, a mistura explosiva de religião, erotismo e angústia arcaica sobre a qual repousa o anti-semitismo foi evidenciada de modo tão claro quanto no comentário esquecido do autor do *Génie du christianisme*.

A sensibilidade que Walter Scott demonstra pelos fantasmas dessa ordem também se revela em seu romance *A Filha do Cirurgião*. Dessa vez, a intriga é contemporânea. Cópia moderna de Rebeca, a bela e infeliz Zilia Monçada foi seduzida por um nobre cristão e seu amor é contrariado por um pai fanático e cruel. Richard Middlemas, o filho bastardo que ela dá à luz, torna-se um vadio, aventureiro e libertino; por sua vez, ele seduz uma inocente cristã (como se tivesse de vingar a virtude ultrajada de sua mãe?) e seu negrume é realçado pelo contraste com a virtude de seu amigo "Adam Hartley... que possuía o ar franco do inglês de velha raça anglo-saxã". Depois de causar mil tormentos a seus pais e à tocante Menie Grey, o sombrio herói é esmagado por um elefante, que "põe fim, com o mesmo golpe, a sua vida e a seus crimes". Emanando do velho tema dos judeus criminosos e

10. ALFRED BUNN, *Ivanhoe, or the Jews of York*; T. JOHN DIBDIN, *Ivanhoe, or the Jews' Daughter;* W. T. MONCRIEFF, *Ivanhoe or the Jewess;* GEORGE SOANE, *The Hebrews*.

11. CHATEAUBRIAND, *Oeuvres complètes*, Paris, 1861, t.XI, pp. 764-766.

12. No tomo VII de *L'histoire de France* ("Renaissance").

13. J.-P. SARTRE, *Réflexions sur la question juive*. O tema da judia na literatura foi tratado por M. BLOCH, *La femme juive dans le roman et au théâtre*, Paris, 1892, e no recente (1964-1965) trabalho inédito de A. PESSÈS, *L'image du Juif dans la littérature romantique française*.

das judias inocentes, eis portanto, a primeira lição histórica sobre os malefícios da "mistura de sangues".

Com a emancipação dos judeus e sua entrada na sociedade, a mulher judia torna-se um fenômeno original e, de alguma forma, autônomo, da vida cultural européia. Seu encanto singular é exercido de diversas maneiras: na realidade, na Alemanha ou na Áustria, ela desempenha a função de "parteira de espíritos"; é o caso das grandes damas judias de Berlim e Viena; na região intermediária entre a realidade e a imaginação, ela se torna ilustre no palco dramático, tais como, na França, as divinas Rachel e Sarah Bernhardt; enfim, na Inglaterra, de Jessica a Rebeca, ela assume a forma de um fantasma sedutor; gradação que se ordena, parece, segundo a intensidade das reações provocadas por seu parceiro homem, escalonando-se desde o anti-semitismo manifesto ao anti-semitismo latente.

*

* *

Por volta de 1750, um mercador judeu de Ferrara, Benjamin Disraeli, veio instalar-se em Londres para dedicar-se aí ao comércio de coral. Seu filho Isaac tinha inclinações para a Literatura e alcançou honrado renome por seus ensaios e novelas, algumas das quais tiveram a honra de ser traduzidas para o francês[14]. Demonstrando todas as qualidades de um *gentleman* rematado, Isaac freqüentou, em Londres e Paris, os grandes homens de seu tempo: Lord Byron, bem como os irmãos Thierry fizeram parte do grupo de seus comensais. Na Inglaterra, o batismo não era um indispensável "bilhete de entrada para a cultura européia", e o fato de que Isaac Disraeli abandonou a sinagoga e mandou converter seus filhos em 1917, ocorreu depois de um desentendimento com seus correligionários. Essa deserção não impediu que ele publicasse anonimamente, em 1833, *The Genius of Judaism*, defesa e ilustração do judaísmo principalmente espanhol, na qual já se pode perceber a influência das idéias novas relativas aos "gênios" particulares dos povos ou raças. A obra, que demonstrava uma sólida cultura judaica, foi de imediato traduzida para o alemão[15].

Seu filho Benjamin, nascido em 1804, foi inicialmente educado num pensionato inglês, onde parece ter sofrido muitas afrontas por parte de seus colegas cristãos, e ainda mais porque um rabino vinha aos sábados instruí-lo na lei de Moisés. Mas, em vez de conduzi-lo à solenidade do *Bar-mitzvá*, sua formação religiosa desembocou, em 1817, quando tinha treze anos completos, no batismo anglicano: o que não teve o efeito, pode-se crer, de fortificar seu respeito pelas religiões estabelecidas.

Inteligente e ambicioso, sonhou então, qual um Julien Sorel judeu, conquistar um mundo hostil. Pode-se imaginá-lo, adolescente de cachos

---

14. *Trois nouvelles d'I. Disraeli,* trad. do inglês pela Sra. Collet, Paris, 1821.

15. Cf. *Im Vaterhause Lord Beaconsfield's,* do Dr. A. JELLINEK, Viena, 1881, p. 30.

negros, fascinado pelo esplendor passado de Israel, cumulando de perguntas um pai para quem ia a parte mais clara de suas afeições (a mãe quase não contava para ele; parece que tais auspícios favoreciam tanto a fidelidade à tradição dos ancestrais, quanto aos sonhos de glória futura). A exemplo de seu pai, tateou inicialmente a literatura: escrito depois de uma viagem pelo Oriente, seu *Alroy* (1833) expressava, observava em seu diário, sua "ambição ideal", a do restabelecimento de um Estado judeu, velho sonho dos marranos[16]. Mas suas ambições "ativas e reais" de judeu convertido ao anglicanismo eram políticas e mundanas. Durante alguns anos, ele ostentou maneiras de *dandy*, a exemplo do célebre Brummel, e brilhou nos salões; a seguir, foi eleito para a Câmara dos Comuns. Mas imediatamente se chocou contra as desconfianças e obstáculos inevitáveis para um homem de pequena prosápia e, além disso, judeu, estando esta desvantagem ainda mais agravada por seu nome, que soava como um desafio, e por seu físico oriental, não menos insólito na velha Inglaterra.

Em geral, a peculiaridade de seu nascimento impelia os jovens judeus ambiciosos da época a negarem uma "alteridade" que gostariam de reduzir a uma mera diferença de confissão, e foi assim que os sansimonianos judeus da França, bem como os arautos judeus da "Jovem Alemanha" foram, por antecipação, "anti-racistas", militando nos vários campos liberais. Na Inglaterra, o historiador liberal Macaulay desenvolvia uma opinião dessa ordem, em 1831, ao intervir em favor dos direitos dos judeus; ele comparava a "judeidade" aos "cabelos ruivos", a um pouco significativo acidente de nascimento[17]. A grande originalidade do jovem Disraeli foi jogar o jogo oposto, jogo que não era praticável a não ser na excêntrica e velha Inglaterra: embora convertido, ele reivindicava sua pertinência ao Povo Eleito para exigir, a esse título, um tratamento de favor e a promoção política de seus congêneres.

Depois de entrar para a vida política, Disraeli expôs sua visão do mundo, junto com seu programa de ação, em sua "trilogia política" romanceada (*Coningsby*, 1844; *Sybil*, 1845; *Tancred*, 1847). O caso particular dos judeus não tinha relação com a condição dos operários ingleses ou com os deveres da Igreja, mas aquilo não era o que menos o interessava. Previamente ele se documentara com seriedade sobre as concepções antropológicas de seu tempo, que lhe permitiam classificar os "semitas", judeus ou árabes, na "raça caucásica"[18]. *All is race: there is no other truth* era um *leitmotiv* de sua trilogia: embora, como vimos, uma idéia dessas já estivesse no ar, foi o primeiro inglês que fez dela, ao mesmo tempo que um princípio explicativo, a pedra angular

---

16. "Minhas obras são a encarnação de meus sentimentos. Em *Vivian Grey*, descrevi minha ambição ativa e real. Em *Alroy*, minha ambição ideal..." (*Mutilated Diary*, setembro de 1833).

17. THOMAS E. MACAULAY, "Civil Disabilities of the Jews", *Edinburgh Review*, janeiro de 1833.

18. Cf. RAYMOND MAITRE, *Disraeli, homme de lettres*, Paris, 1963, p. 206, nota.

de uma visão política. Mas, ao contrário das opiniões dominantes quanto à preexcelência germânica, já propagadas além-Mancha por gente como Carlyle ou Thomas Arnold[19], eram os "semitas" que foram promovidos por ele à dignidade de uma *Aristocracia da natureza*. Para aumentar a insolência dessa lição, adotava, como porta-voz, "Sidônia", judeu cuja sabedoria só encontra igual em sua riqueza (é, dizem os críticos, "Disrothschild", ou seja, um Disraeli pai, rico como Rothschild). Sidonia serve de mentor e iniciador de Coningsby e de Tancred e revela, a esses jovens aristocratas ingleses, os segredos da supremacia semita, fundada no culto da pureza da raça. Para Lorde Coningsby, ele faz observações desta ordem:

... O fato é que não se pode destruir uma raça pura de organização caucásica. É um fato fisiológico... Neste momento, apesar de séculos e dezenas de séculos de degradação, o espírito judeu exerce uma vasta influência nos negócios europeus. Não estou falando de suas leis, às quais vocês ainda obedecem, nem de sua literatura, de que estão saturados seus espíritos, mas sim do intelecto hebraico vivente. Não existe nenhum grande movimento intelectual na Europa em que os judeus não assumam um grande papel. Os primeiros jesuítas foram judeus; a misteriosa diplomacia russa que tanto perturba a Europa ocidental é conduzida principalmente por judeus; essa revolução vigorosa, que neste momento está sendo preparada na Alemanha e que, tão pouco conhecida na Inglaterra, irá tornar-se uma segunda e mais vasta Reforma, desenvolve-se inteiramente sob os auspícios dos judeus, que quase monopolizam as cátedras professorais da Alemanha...[20]

Mas Disraeli não se contentava só em povoar os conventos espanhóis e as universidades alemãs com judeus camuflados, isto é, com marranos; anexava também a essa raça as maiores personagens históricas, Kant, Mozart e até Napoleão, sem falar de heróis menores como Masséna ou Soult. Tal mistificação naturalmente era um argumento de dois gumes, que também podia servir para demonstrar o poder de corrupção dos judeus: uma arma dessas foi, a seguir, empregada pelos anti-semitas de todos os países da maneira como se sabe e continua a sê-lo hoje em dia[21]. Por outro lado, o procedimento das naturalizações abusivas foi utilizado em escala ainda mais vasta pelos turiferários do pan-germanismo, que anexaram, de Giotto a Pasteur, todo o Panteão dos grandes homens. Em todos esse pontos, Disraeli foi um precursor e talvez um mestre de pensamento.

19. Cf. FREDERIC E. FAVERTY, *Matthew Arnold the ethnologist*, Evanston, 1951 (Cap.II, "The Teutomaniacs").

20. *Coningsby*, Londres, 1844, pp. 182-183.

21. "Picasso é judeu! como, você não sabia? Cézanne também. E Kandinsky. Sem falar de Chagall, bem entendido. Esse aí, quando era comissário do povo em Vitebsk, fez de tudo para esgotar a renovação da pintura russa, começada no século XIX: ele estava à cabeça da grande conspiração!" Essas opiniões figuram numa reportagem sobre a URSS que caiu, por acaso, sob nossos olhos no momento em que escrevíamos estas linhas; são de um representante da "oposição stalinista" ("Moscou 66", de JEAN NEUVECELLE, *France-Soir*, 10 de agosto de 1966).

Em *Tancred*, sua obra preferida, levava suas teses provocadoras ainda mais longe, sem mesmo se embaraçar com um testa de ferro; pois era o próprio autor que, ali, glorificava o "espírito semítico" e escarnecia da "civilização dos francos":

> ... alguns francos de nariz reto, além de sonoras golfadas de pretensão (raça que talvez tenha surgido nos pântanos de alguma floresta nórdica mal cultivada), falam de progresso! ... O europeu fala de progresso porque, graças à aplicação engenhosa de algumas aquisições científicas, ele estabeleceu uma sociedade em que o conforto faz as vezes de civilização![22]

Mais adiante, é Tancred que, por sua vez, admite humildemente que descende "de uma horda de piratas bálticos", raça que sem dúvida alguma se teria "entredestruído" se não tivesse sido iluminada pela "espiritualidade dos semitas"[23].

Esse racismo virulento foi propagado por Disraeli durante toda a vida, não só em suas populares obras romanceadas, como também numa profissão de fé puramente política, *Lord George Bentinck* (1851), cujo capítulo XXIV é consagrado à apologia dos judeus. Logo depois da revolução de 1848, o futuro Lorde Beaconsfield vê, em Israel, a causa secreta e eficiente da subversão européia, e os estúpidos opressores cristãos só têm a culpar a si mesmos: por que não compreenderam que era preciso não levar ao desespero a raça eleita? De fato:

> A destruição do princípio semita, a extirpação da religião judaica, seja sob a forma mosaica, seja sob a forma cristã, a igualdade natural do homem e a ab-rogação da propriedade são proclamadas pelas sociedades secretas que formam governos provisórios, e pode-se encontrar homens da raça judia à frente de todas elas. O povo de Deus coopera com os ateus; os hábeis acumuladores de riqueza aliam-se aos comunistas; a raça particular e eleita estende as mãos a toda a gentalha e às castas vis da Europa! E isso tudo porque querem destruir o cristianismo ingrato, que deve a eles até o nome e cuja tirania não podem mais suportar.
>
> Quando, em fevereiro de 1848, as sociedades secretas surpreenderam a Europa, elas mesmas foram surpreendidas pelo êxito inesprado e não poderiam ter aproveitado a ocasião se não tivesse havido judeus que, infelizmente, há anos haviam se ligado a essas associações malfeitoras. Por maior que fosse a estupidez dos governos, o sismo político não teria destruído a Europa. Mas a energia e os inúmeros recursos dos filhos de Israel prolongaram grandemente essa luta inútil...[24]

"Sociedades secretas" e "raça semita"; essas idéias, caras ao século XIX, eram assim endossadas por um epígono da ironia marrana. Contudo, embora seja difícil pensar que Disraeli acreditava em tudo que escrevia, sua apologia dá testemunho de uma paixão singularmente

---

22. *Tancred*, Londres, 1871, pp. 226-227.

23. *Idem*, p. 427.

24. *Lord George Bentlinck. A political biography*, 10ª edição, Londres, 1881, p.357.

forte, principalmente quando, em *Tancred*, fustiga os judeus fracos e envergonhados, aqueles que negam ou dissimulam suas origens[25]. Sua sinceridade é ainda melhor evidenciada no surpreendente discurso em que, jogando sua carreira política, exigia, em 1847, a admissão dos judeus à Câmara dos Comuns, não em virtude de algum princípio abstrato de tolerância ou igualdade, mas a título de privilégio devido ao povo de Deus:

> Em todo dia sagrado, os senhores proclamam em público os feitos dos heróis judeus, as provas do fervor judeu, os brilhantes anais do passado esplendor judeu. A Igreja edificou, em todos os países, construções dedicadas ao culto, e sobre cada altar encontramos as tábuas da lei judaica. No domingo, quando se quer render graças ao Todo-Poderoso ou quando se procura um consolo na desgraça, pode-se encontrar ambos nas estrofes dos poetas judeus... Todos os primeiros cristãos foram judeus. A religião cristã foi, de início, pregada por homens que tinham sido judeus antes de se converter; na primeira era da Igreja, todos os homens cujo zelo, poder ou gênio propagaram a fé cristã foram judeus...

A tais palavras que provocaram arrepio de indignação nos ouvintes, Disraeli acrescentava:

> É na mesma medida do ardor de sua fé que os senhores devem procurar fazer esse ato de justiça. Se não tiverem esquecido o que devem a esse povo, se lhe são reconhecidos por seus escritos, que, através dos séculos trouxeram tanto consolo e tanta edificação aos filhos dos homens, ficarão felizes em satisfazer, na primeira ocasião, os pedidos dos que professam essa religião. Mas os senhores permanecem influenciados pelas obscuras superstições que datam dos séculos mais obscuros da história desse país. Foi essa verdade que não veio à luz durante este debate e, por mais esclarecidos que sejam, ela não veio à luz dentro dos senhores mesmos. Essas superstições continuam a influenciá-los, sem que o saibam, assim como elas influenciam outros homens, em outros países...[27]

Era assim que falava Disraeli: como judeu, orgulhoso de suas origens até a megalomania, e não temendo, em absoluto, chocar seus adversários cristãos que, como Gladstone, censuravam-no "por não ter uma gota de sangue inglês nas veias". Sobre isso, André Maurois, em seu *Disraeli* (onde evita insistir demais — como, aliás, todos os biógrafos disraelianos — na judeomania de seu herói), manifesta uma notável intuição quando opõe Disraeli a seu grande rival: "Gladstone", escreve, "via surgir à sua frente uma figura bizarra e hostil... ele a

---

25. "As senhoritas Laurella tinham vergonha de sua raça..." Elas também acreditavam que, graças ao progresso, "um hebreu respeitável, principalmente se fosse bem vestido e bem educado, poderia circular pela sociedade sem ser descoberto ou, ao menos, notado. Consumação do destino do povo favorito do Criador do universo!" (*Tancred*, pp. 381-383).

27. Cf. MONYPENNY-BUCKLE, *The life of Benjamin Disraeli*..., Londres, 1914, vol. III, pp. 69-70. A propósito desse discurso, comentam as biografias de Disraeli: "A argumentação de Disraeli foi muito desagradável à Câmara dos Lordes. Havia exclamações de oh! oh! a intervalos e muitos outros sinais de impaciência geral... Disraeli sentou-se sem nenhuma aclamação e entre gritos de *Divide*". Por outro lado, no dia seguinte, Disraeli pai exclamava que esse discurso era o mais importante que jamais fora pronunciado na Câmara dos Comuns.

tomava, contra a vontade, como medida de seu próprio êxito, *e julgava-se superado por todos se o era por Disraeli"*. Essa figura, portanto, teria servido para Gladstone como um ponto de mira, como referência existencial: papel tradicional do judeu. Mas Disraeli, escreve mais adiante Maurois, dava provas de uma espécie de "timidez, que o impedia de encontrar prazer real na companhia dos homens. *Ele tinha necessidade de ser seu chefe para se sentir igual a eles*"[28] (isto é, para se sentir igual aos ingleses). Raramente, cremos nós, a singularidade da relação entre judeus e cristãos e a profunda razão que leva aqueles a esforçar-se para fazer "mais e melhor" do que estes foram lembradas, discretamente e em poucas palavras, com tanta felicidade.

É certo que, salvo raras exceções, a opinião pública inglesa apreciava muito pouco da judeomania de Disraeli. Carlyle, indignava-se com suas "tagarelices judias" e perguntava "quanto tempo John Bull iria permitir que esse absurdo macaco dançasse sobre seu ventre?"[29] Ele também o chamava de "maldito judeu velho, que não vale seu peso em toucinho frio"[30]. Um certo Professor Wilson (Christopher North) replicou ao *Coningsby* com um *Anti-Coningsby*, publicado em 1844[31]. No *Punch*, Thackeray o parodiava numa pequena obra-prima de humor britânico intitulada *Codlingsby*. Nela, o papel iniciático de Sidonia é desempenhado por Mendoza, descendente de Rebeca, que fizera casamento desigual com Sir Wilfrid Ivanhoé (é a única "mácula em seu brasão"). Mendoza revela a Geoffroy de Bouillon, Marquês de Codlingsby, os mistérios do sangue semita. Até o Soberano Pontífice, todo o mundo é secretamente judeu:

Falemos mais baixo, diz Mendoza, acompanhando-o até a saída. Adeus, caro Codlingsby. Sua Majestade é dos *nossos*, cochichou perto da porta; e o mesmo ocorre com o Soberano Pontífice ... O que se seguiu a essas palavras perdeu-se num murmúrio[32].

No mundo científico, um certo Professor Robert Knox, numa *Pesquisa sobre a Influência da Raça no Destino das Nações*, criticava severamente Disraeli, ao mesmo tempo em que parafraseava literalmente sua doutrina:

É a raça que é tudo nos negócios humanos. Isso é um fato, o mais notável e de maiores conseqüências jamais anunciado pela filosofia. A raça é tudo: a literatura, a ciência, a arte, numa palavra, a civilização dependem dela...[33]

28. ANDRÉ MAUROIS, *La vie de Disraeli*, Paris, 1950, pp.166 e 177.

29. *Idem*, p. 131.

30. R. MAITRE, *Disraeli, homme de lettres, op. cit.*, p. 98.

31. *Idem*, p. 14, 29 (notas).

32. *The Works of William Makepeace Thackeray*, Londres, 1880, vol. VI, pp. 478-488.

33. *The Races of Men: A Philosophical Enquiry into the Influence of Race over the Destinies of Nations*, por ROBERT KNOX, Londres, 1850 (2a. ed., 1862), Prefácio. Esse trabalho foi apreciado por Emerson, que o achava "pleno de verdades percucientes e inesquecíveis" (Cf. FREDERIC E. FAVERTY, *Matthew Arnold ..., op. cit.*, p. 17).

Uma vez assentado tal princípio, as conseqüências que dele extraía o obscuro professor expressavam infinitamente melhor as disposições ocidentais do que as teses defendidas pelo ilustre estadista. Este era notavelmente refutado nos seguintes termos:

> O respeito pela verdade científica impede-me de refutar os romances de Disraeli. Basta simplesmente observar que, na longa lista de personagens ilustres que o Sr. Disraeli declara serem de origem judaica, não observei nenhum traço e nenhuma atitude judia; portanto, eles não são judeus, nem de origem judaica... [34]

A antítese valia tanto quanto a tese, e a entonação é bem a do anti-semitismo moderno. Em outra parte, os judeus e o autor de *Coningsby* eram aparteados em conjunto:

> Mas onde estão os camponeses judeus e os operários judeus? Ele não pode cultivar a terra? Por que ele não gosta de trabalhar com as mãos? O verdadeiro judeu não tem ouvido para a música, nem amor pela ciência ou pela literatura; não inventa nada; não se entrega a nenhuma pesquisa; a teoria de *Coningsby*, aplicada ao judeu inconteste e real, não é simplesmente uma fábula, ela é absolutamente desmentida por toda a História[35].

Contudo, a glória soberana de Lorde Beaconsfield rapidamente fez esquecer essas polêmicas em torno de Disraeli na Inglaterra. Seus turiferários e biógrafos, embora não silenciem sobre suas teorias raciais, tratam-nas como uma mistificação ou capricho. "É curioso observar", escreve Raymond Maitre, "que a maioria dos críticos põe em dúvida a seriedade e a sinceridade de Disraeli nesse ponto. Eles vêem, nisso, ou incoerências, ou um sinal de desequilíbrio mental, ou, na maioria das vezes, uma mistificação: a mais extraordinária brincadeira que Disraeli jamais ousou perpetrar"[36].

No Continente, compreendia-se mal esse gênero de humor. É notável que Disraeli, um dos autores mais apreciados em seu tempo pelo público anglo-saxão e que continua a ser lido[37], tenha sido muito pouco traduzido na Europa, o que não impedia que suas teorias raciais lá fossem tomadas muito mais a sério do que em seu próprio país. Chegou-se mesmo a tentar demonstrar que o Conde de Gobineau lhe tomara emprestado o essencial de sua filosofia política[38]. De fato, é provável que esses dois brilhantes conversadores se tenham conhecido em Paris em 1841 (onde Disraeli freqüentava a casa dos irmãos Thierry

---

34. *Idem*, p. 208.

35. *Idem*, p. 194.

36. HARRISON, 1894; cf. R. MAITRE, *op.cit.*

37. Cf. R. MAITRE, *op. cit.*, p. 424, apêndice II ("L'oeuvre de Disraeli et le public anglais contemporain").

38. CARL KOEHNE, "Disraeli als Vorläufer und Anreger Gobineaus, Untersuchungen...", *Archiv für Rassen — und Gesellschaftsbiologie*, XVIII (1926), pp. 370-396.

e a casa de Tocqueville); o *Essai sur l'inégalité des races humaines* foi concebido depois dessa data, e certas descrições que nele podem ser encontradas das "raças", tanto "inglesa", quanto "judia", apresentam forte semelhança com os desenvolvimentos correspondentes da trilogia política disraeliana[39]. Mas tais questões de prioridade ou de influências recíprocas são difíceis de resolver, principalmente quando uma "idéia no ar" fascina os espíritos como acontecia com a do determinismo político-racial no segundo quarto do século XIX. É mais fácil apresentar exemplos do uso que a propaganda anti-semita e racista fez, depois, das idéias lançadas pelo ilustre judeu. Na França, Gougenot des Mousseaux e Édouard Drumont tornaram-se, ambos, discípulos ingênuos dele: em *Le Juif, le Judaisme et la judaisation des peuples chrétiens*, várias páginas de Disraeli são traduzidas e comentadas favoravelmente[40]; em *La France juive,* onde aparece citado em treze lugares diferentes, suas teses são discutidas principalmente quando se trata do "semitismo" de várias personagens históricas[41]. Mas no que se refere ao caso particular de Napoleão, Jules Michelet já acolhia favoravelmente as opiniões do "espirituoso inglês, Sr. Disraeli", que ele apoiava com esta reflexão: "Também o amor de entesourar, tantos milhões empilhados nos porões das Tulherias, isso também tem cheiro de marrano"[42].

Os diversos argumentos desse tipo foram retomados pela maioria dos autores anti-semitas franceses de antes de 1914, principalmente quando eram anglófobos — o que acontecia na maioria das vezes. Na Alemanha Ludwig Schemann (o apóstolo de Gobineau) e Houston

39. *Idem,* pp. 379-380, os quadros das coincidências feitos por Carl Koehne.

40. *Le Juif, le judaisme et la judaisation des peuples chrétiens,* do cavalheiro GOUGENOT DES MOUSSEAUX, 2a.ed., Paris, 1880, pp. 386-392 e 354 ("A obra que tomamos a liberdade de traduzir traz a insígnia daquele Primeiro Ministro da Grã-Bretanha de quem, no capítulo precedente, fizemos um empréstimo breve e decisivo" etc.).

41. Aqueles a quem os judeus são hostis, escrevia Drumont, "são contrariados em tudo, como Disraeli explica tão bem; difamados, desmoralizados, eles não sabem quem culpar . . ." Em outro trecho: "Há vinte anos que os semitas detêm, como dizia Disraeli, os fios da diplomacia secreta . . ." E ainda: "Disraeli, que entendia do assunto, pintou-os admiravelmente muitas vezes, trabalhando misteriosamente para a obra comum . . ." (*La France juive,* ed. Paris, 1943, t.I, pp. 49, 110, 333).

42. Será preciso lembrar que Michelet não trazia Napoleão em seu coração? "Essas súbitas passagens, de uma grandeza teatral, a uma baixeza trivial", escrevia ele, "sem dúvida alguma o assimilam aos autores medíocres da Itália, que não conhecem a arte das passagens habilmente preparadas. Contudo, expus em meu primeiro volume as razões que o põem em contraste com a Itália, principalmente a indiferença pelo belo e o prosaísmo perfeito de um caráter em nada simpático às belas-artes. Disse que um espirituoso inglês, o Sr. Disraeli, queria fazer com que se acreditasse que ele era judeu de origem. E, como a Córsega outrora foi povoada pelos semitas da África, árabes, cartagineses ou mouros, *marranos,* dizem os espanhóis, parece que ele faz mais parte destes do que dos italianos. Também o amor de entesourar, tantos milhões enterrados nos porões das Tulherias, isso também tem cheiro de marrano" (*Histoire du XIXe siècle,* ed. Paris, 1880, vol.III, p. 340).

Stewart Chamberlain opunham, ambos, o grande judeu que proclamara pela primeira vez a importância da raça, à coorte mesquinha dos "anti-racistas" judeus[43]; e é evidente que, por outro lado, a propaganda hitlerista fazia disso o símbolo de uma Inglaterra dirigida pelos judeus. Assim, esse nome sonoro prestava-se a explorações bem diversas, e sem dúvida alguma ele despertou, de inúmeros modos, de 1845 a 1945 e talvez além[44], a fibra anti-semita. Uma ação dessas é difícil de medir exatamente, pois estamos no campo das chamadas forças invisíveis e das influências ocultas, que os iniciados envolvem de segredo, mas pode-se crer que o autor de *Coningsby* e de *Tancred* serviu de inspirador inconfessável para gerações de mistificadores anti-semitas, de falsários e de iluminados, e que ele foi tanto mais de bom grado acreditado e imitado, senão plagiado, quanto sua carreira espetacular parecia ilustrar a justeza de suas teorias. Estas, por sua vez, repousam em sua familiaridade com a tradição marrana, que na pessoa dele, freqüentemente julgada enigmática, lança seu último fulgor: em seu tempo o Duque de Naxos[45] não foi, para o Império Otomano aquilo que Lorde Beaconsfield se tornou para o Império Britânico?

---

43. "Vor allem aber hat ein grosser seinen kleineren Stammesgenossen das Konzept gründlich verdorben: Benjamin Disraeli . . ." (L. SCHEMANN, *Die Rasse in den Geisteswissenschaften, Studien zur Geschichte des Rassengedankens*, Berlim, 1938, p.24) "In Tagen, wo so viel Unsinn über diese Frage geredet wird, lasse man sich von Disraeli beleheren . . ." (H. S. CHAMBERLAIN, *Die Grundlagen des XIX. Jahrhunderts*, ed. Munique, 1919, p. 322).

44. Pode-se dizer que as mistificações disraelianas têm vida resistente. Na tese de doutoramento, defendida em 1962, de Raymond Maître, a que fizemos referência várias vezes, ainda é sustentada a tese do "semitismo" de Emmanuel Kant! Por outro lado, embora o Sr. Maître não leve a sério a doutrina disraeliana da raça, ele se baseia (p. 119) naquela, contemporânea e igualmente fantasiosa, de Ernest Renan. Fala, nesse local, da "ausência de nuança e de flexibilidade que parece caracterizar o espírito semítico", da "espécie de relaxamento moral que torna os semitas profundamente indiferentes quanto à escolha dos meios" etc.

45. Sobre a personagem de Iosef Nassi, Duque de Naxos, ver *De Maomé aos Marranos*, p. 215-220.

10. França

1. A ENTRADA DOS JUDEUS NA SOCIEDADE

Já em 1816, um contemporâneo celebrava a nova era: "Vemos os israelitas a nosso lado; nós lhes falamos, eles compartilham de nossos encargos, nossos sacrifícios, nossos prazeres, nossas vigílias, nossos temores, nossas esperanças; por quê? Porque gozam dos mesmos direitos..."[1] De fato, nada mais, a não ser preconceitos ultrapassados, parecia dever separar os judeus dos cristãos. Todas as carreiras estando agora abertas a eles, já podiam ser vistos, observava Benjamin Constant em 1818, "figurando honradamente nas administrações, não mais se afastando da carreira das armas, cultivando as ciências e ensinando-as..."[2] Ao contrário do que irá acontecer além-Reno, essa primeira geração não fornecerá (com exceção, talvez, de Rachel) nenhuma personalidade de primeiríssimo plano, mas, a título de segundos violinos, os filhos de Israel obtinham renome, tais como os irmãos Halévy, Léon Gozlan ou Alexandre Weill, nos teatros ou nas redações de jornais, povoavam em grande número o movimento sansimoniano e cultivavam talvez de modo típico para o judaísmo francês — a arte da guerra[3]. Quanto à segunda geração, na opinião de Alfred de Vigny, ela

---

1. *Des Juifs au XIXe siècle*, de M. BAIL, 2a. ed., Paris, 1816, p. 17.
2. *La Minerve française*, t. III (1818), p. 543.
3. É o que notava um autor em 1860: "Em geral, estamos acostumados a acreditar, a dizer que os judeus são pouco aptos ao serviço militar, pelo qual, diz-se, teriam grande repugnância. (Todavia, tudo prova o contrário ao menos

estava prestes a atingir "o pináculo nos negócios, nas letras e principalmente nas artes e na música antes das belas-artes"⁴. É o mesmo que dizer que só havia os Rothschild e o banco. E já o problema, colocado pela emancipação, da identidade incerta dos "israelitas" encontrava seu reflexo literário: em 1840, um autor anônimo expressava seu tormento, revestindo-o de uma fabulação romântica e medieval, à moda da época:

> Et si, pour éviter une fortune maudite,
> Je viens à déserter ma race proscrite,
> En me montrant du doigt, le Chrétien ébahi
> A mon tour s'écriera: voilà le Converti!
> (...) Et vous vous étonnez de ma tristesse extrême?
> Juifs, chrétiens, je vous hais! Sur vous tous anathème!⁵*

Contudo, sob a Restauração, a opinião burguesa e policiada parecia estar favoravelmente disposta em relação aos filhos de Israel. Um país que aspirava à ordem e à legalidade receava os objetos de discórdia. Todo trote ou discriminação encontrava de imediato censores vigilantes, especialmente entre os protestantes, ricos, também eles ativos e coletivamente traumatizados. A propósito do batismo fraudulento de um judeu, agitava-se o espectro das *dragonnades***"Será o Edito de Nantes revogado uma segunda vez, e estaremos nós destinados a ver renascer o tempo em que os convertedores... raptavam os filhos dos protestantes e dos judeus e os mandavam educar nos conventos?"⁶ Denunciando os trotes infligidos aos protestantes das Cévennes, Benjamin Constant incluía em sua defesa "o outro culto, perseguido com muito maior crueldade há dois mil anos e que, como conseqüência inevitável desse injusto anátema, parecia impregnado de ódio e hostilidade contra a ordem social que o prescrevia"⁷. Em troca, o historiador Léon Halévy prometia, que se um judeu "fosse chamado à legislatura..., ele se colocaria entre os defensores de nossas liberdades e viria

---

em nosso país. De fato, dentre quatro mil alunos admitidos na Escola Politécnica a partir de 1830, mais de cem pertencem à religião israelita. Assim, enquanto a população israelita forma apenas a quadricentésima parte de nossa população, seus membros figuram nas escolas militares na proporção de um quadragésimo." (*Voyage médical en Allemagne*, do Dr. GALLAVARDIN, Paris, 1860, p. 125).

4. Cf. mais adiante, p. 309.

5. *Chrétiens et Juifs*, drama em cinco atos, de M***, Épernay, 1840. A ação desse drama situa-se no século XIV, mas as alusões modernas são de perfeita transparência.

* Aproximadamente: "E se, para evitar uma fortuna maldita,/Chego a desertar de minha raça proscrita,/Apontando-me com o dedo, o cristão pasmado/ A meu redor exclamará: eis o convertido!/ (...) E vós vos espantais com minha tristeza extrema?/Judeus, cristãos, eu vos odeio! Sobre vós todos, anátema!" (N. do T.)

** Perseguições feitas pelo dragões reais contra os protestantes antes e depois da revogação do Edito de Nantes (N. do T.).

6. *La renommée*, 16-17 de junho e 9 de julho de 1819 (cf. S. POSENER, *Adolphe Crémieux*, Paris, 1933, t. I, pp. 70-72).

7. *La Minerve française*, loc.cit.

sentar-se nos bancos onde os Benjamin Constant, os Gautier e outros protestantes defendem com tanta eloqüência a causa de seus comitentes de todos os cultos"[8].

Mas doravante os judeus possuíam seus próprios advogados. Em seus arrazoados, Adolphe Crémieux proclamava, de seu lado, que os velhos ódios já tinham sido superados. "Vós não sois os mesmos, eles não são os mesmos, sua mudança é notável, a vossa não o é menos..."

> Lancem o olhar sobre esta França, pátria de todos os sentimentos generosos; vejam os israelitas atirando-se em todas as carreiras honradas e destacando-se por todas as virtudes que constituem os bons cidadãos... Que se deixe então de fazer ressoar, neste recinto, o nome da nação judaica, se é que se pode considerar os judeus como uma nação, já que eles tiveram a felicidade de serem confundidos na grande família do povo francês[9].

O nome de Adolphe Crémieux simbolizava o êxito da emancipação na França. Em 1830, Gans (o mestre berlinense de Karl Marx) notava, com uma ponta de inveja, que Crémieux "brilhava graças ao renome de seus conhecimentos, de sua habilidade e graças a um terceiro ponto de destaque, aqui, a saber, que ele é judeu"[10]. *Aqui,* era o salão do Marquês de Lafayette, para onde acorria a alta sociedade parisiense e internacional.

Ainda mais sugestivo para o eclipse do preconceito antijudaico nas classes esclarecidas e de posses da época é um argumento usado por Victor Schoelcher para mostrar a inutilidade do preconceito contra os negros: "Entre os europeus, existe alguma coisa desse tipo entre nós e nossos servidores assalariados, como outrora existia entre os católicos e os judeus, como ainda hoje existe entre os senhores russos e poloneses e seus servos..."[11]

O caso dos judeus, portanto, é citado a título de exemplo de um preconceito dos tempos passados. Os que ainda subsistem dizem respeito aos servos ou aos empregados domésticos assalariados: é bem a sociedade descrita por Balzac, onde o dinheiro é rei. Ora, nem todos os judeus franceses eram ricos, longe disso, e eram os mais miseráveis dentre eles que constituíam o obstáculo para a entrada coletiva na sociedade e na nação. Para transformá-los nos chamados cidadãos úteis, em "israelitas", os consistórios, rigidamente organizados por Napoleão, não mediam esforços, multiplicavam as escolas, as bolsas de estudo e os centros de aprendizagem. Se houve um ponto em que as comunidades

---

8. L. HALÉVY, *Résumé de l'histoire des Juifs modernes,* Paris, 1827, p. 319.

9. Esses discursos foram proferidos por Crémieux em 1826 e 1827, visando a abolição do juramento *more judaico,* último vestígio do antigo regime de exceção dos judeus; cf. S. POSENER, *op. cit.,* p. 83.

10. EDUARD GANS, "Paris im Jahre 1830", *in Rückblicke auf Personen und Zustände,* Berlim, 1836, p. 75.

11. VICTOR SCHOELCHER, "De l'abolition de l'esclavage" (1840); cf. *Esclavage et colonisation,* ed. E. Tersen, Paris, 1948, p. 70.

permaneceram fiéis aos erros ancestrais, foi o de sua estrutura plutocrática: em 1836, um franco-atirador, o matemático Olry Terquem, chamava o judaísmo francês de "vasta confederação comercial, a propósito de uma religião":

> Tenha prata e tornar-se-á notável; ouro, chegará aos consistórios; diamantes, alcançará o Consistório central...[12]

Por conseguinte, a direção suprema do judaísmo francês coube obviamente ao judeu mais rico, o cônsul da Áustria (ele jamais se naturalizou francês), James de Rothschild, *primus inter pares* dos cinco irmãos ilustres e "grande rabino da margem direita" segundo Heinrich Heine[13], ou "grande sacerdote do judaísmo em última instância", segundo esse outro *enfant terrible* que foi Alexandre Weill[14].

"Reis dos judeus e judeus dos reis"; os Rothschild primeiro são os judeus da corte da Santa Aliança dos monarcas. Mas o fenômeno rothschildiano é coisa bem diversa. Numa época em que os bancos, através do crédito público, "encabeçam os Estados" (Stendhal), o banco dos filhos do gueto de Frankfurt torna-se, em muitas circunstâncias, árbitro da situação política, ao mesmo tempo que árbitro da situação financeira. Em Paris, este banco "desempenha um papel bem mais considerável do que os governos, com exceção do gabinete inglês (Chanceler Metternich[15]). "Vice-rei e até mesmo rei da França", exclamava de modo mais cru a mulher do chanceler russo Nesselrode depois de ter jantado com James de Rothschild. Por seu lado, os financistas estimavam que uma grande operação na Europa só tinha probabilidades de êxito com o concurso dos Rothschild[17]. Seu poder, escreveu recentemente seu melhor historiógrafo, tornara-se aos olhos dos contemporâneos, "uma espécie de fatalidade, à qual era difícil escapar"[18]. Os adversários da ordem estabelecida podiam entregar-se a isso de todo coração. Em suas *Cartas de Paris*, Borne foi o primeiro a fazer ironia sobre essa "dominação judia":

12. O. TERQUEM (Tsarphati), *Huitième letre d'un Israélite*, Paris, 1836; cf. S. POSENER, *op. cit.*, t. I, p. 179.

13. HEINE, *Lutèce, lettres sur la vie politique, artistique et sociale de la France*, Paris, 1855, p. 65 (carta de 27 de maio de 1840). O "grão-rabino da margem esquerda" era o banqueiro Fould; com isso, Heine referia-se às duas ferrovias Paris-Versalhes.

14. A. WEILL, "De l'état des Juifs en Europe", *Revue indépendante*, XIV (1844), p. 481.

15. Metternich ao Embaixador Apponyi, 11 de dezembro de 1845; cf. JEAN BOUVIER, *Les Rothschild*, Paris, 1960, p. 52.

16. NESSELRODE, *Lettres et papiers*..., t. VIII, p. 91.

17. Papéis Mirabaud, carta de um banqueiro genovês de 30 de novembro de 1835, citada por BERTRAND GILLE, *Histoire de la maison Rothschild*, Genebra-Paris, 1965, t.I, p.491.

18. B. GILLE, em sua grande história citada acima, p. 486.

Rothschild beijou a mão do Papa . . . Enfim está estabelecida a ordem que Deus projetava quando criou o universo. Um cristão pobre beija os pés do Papa e um judeu rico beija-lhe a mão. Se Rothschild tivesse obtido seu empréstimo romano a 60% em vez de 65% e se tivesse podido enviar, ao cardeal camerlengo, mais do que dez mil ducados, ter-se-ia permitido abraçar o Santo Padre. O mundo não seria mais feliz se todos os reis fossem depostos e a família Rothschild fosse colocada no trono?[19]

Bom ou mau, o gracejo tinha sua razão de ser, visto que os Rothschild se empenhavam em impedir as carnificinas sem sentido. A paz era a grande palavra de ordem do banco: paz que, pesando com todo o peso de seu ouro, "freando a Europa, para que nada se mexa"[20], ele conseguiu fazer salvaguardar até meados do século. Se não se derramava sangue na Europa, sua dominação oculta tinha algo a ver com isso. Mas os contemporâneos, nem é preciso dizer, não pretendiam pagar a paz a esse preço. "Sombrio mediador das nações", escrevia Michelet em 1842, "que fala a língua comum a todas, o ouro, e com isso as força a que se entendam entre si . . . Eles não podem advinhar, por exemplo, que, em Paris, existem dez mil homens dispostos a morrer por uma idéia"[21].

A ilustre família sozinha personificava o espantalho outrora agitado pelos Maistre e pelos Arnim, ela parecia justificar as sombrias profecias de gente como Barruel ou a megalomania de um Disraeli. "E não agradeçamos ao judeu a paz que ele nos dá", protestava Toussenel; "se ele tivesse interesse que se fizesse guerra, guerra seria feita"[22]. Contudo, se os Rothschild aspiravam à paz em nome do bom andamento de seus negócios, essa aspiração permanecia conforme à tradição pacífica e cosmopolita dos guetos. "Para que brigar? A Rússia está longe . . .", escrevia sentenciosamente Nathan, de Londres, a Salomon, de Viena, em 1829; e James, de Paris, 1830: "Faremos o impossível para manter a paz . . ."[23] Um pouco mais adiante, veremos como ele contribuiu para salvaguardá-la em 1840, por ocasião da grande crise do Oriente, e como o conflito internacional foi precedido por um debate sobre os crimes rituais dos judeus.

Paz dos Rothschild ou *pax judaica*? Apesar da superabundância da literatura rothschildiana, não é fácil responder a essa pergunta, pois, no que diz respeito ao perfil propriamente judeu de sua política, faltam elementos para firmar um juízo. "Os Rothschild, enquanto *banqueiros*, parecem, ao historiador, mais tipicamente burgueses do que israelitas", escrevia recentemente Jean Bouvier[23]. Mas onde acaba o banqueiro e onde começa o homem? Uma das razões — e não a

19. L. BÖRNE, *Briefe aus Paris 1830-1833*, 72a. carta (janeiro de 1832).

20. B. GILLE, *Histoire de la maison Rothschild, op. cit.*, p. 486.

21. JULES MICHELET, *Journal*, t. I; Frankfurt, 21 de julho de 1842 (reflexões de Michelet depois de ter visitado o banco Rothschild).

22. A. TOUSSENEL, *Les Juifs, rois de l'époque* (1845), 4a.ed., Paris, 1888, t. I, p. 12.

23. Cartas citadas por J. BOUVIER, *Les Rothschild, op.cit.*, pp. 80 e 92.

menor — do poder da casa residia num admirável entendimento entre os diversos ramos nacionais, cimentado por uma endogamia ao mesmo tempo judia e rothschildiana, sendo que os casamentos extrafamiliais só eram feitos como último recurso. Rothschild acima de tudo? Mas os plutocratas, o que quer que se diga, também têm uma pátria. Parafraseando a profissão de fé de um americano que foi diretor da General Motors antes de tornar-se ministro, pode-se pensar que, para os cinco irmãos, "o que era bom para os Rothschild era bom para Israel"[24]; trabalhando para seu próprio esplendor, sem dúvida alguma acreditavam estar também elevando o nome e servindo os interesses de seus correligionários.

Embora o tema dos Rothschild tenha inspirado gerações inteiras de propagandistas anti-semitas, é notável vê-lo parcial ou mesmo inteiramente dissociado do nome dos judeus entre as grandes testemunhas da época. Para Balzac, o "lobo-cerval" Nucingen, isto é, o Barão James, acima de tudo é alsaciano e seu célebre sotaque é alemão[26]; Heine, não sem uma ponta de ironia, faz com que os Rothschild figurem entre as glórias da Alemanha[27]; Stendhal, que pinta o barão sob os traços de Leuwen pai, desjudaíza-o completamente e lhe atribui uma origem meio-holandesa[28]. Em suma, os Rothschild parecem, a seus contemporâneos, mais estrangeiros do que judeus; pode-se também dizer que eles satisfaziam, à sua maneira, um desejo dos emancipadores, ao ver mais o estrangeiro no judeu do que o judeu no estrangeiro. Sinal a mais de um clima aparentemente favorável, que permitiu certos autores escrever que o anti-semitismo foi desconhecido na França ou que permaneceu "subterrâneo" antes das grandes irrupções de fins do século XIX[29]. Até mesmo os polemistas anti-rothschildianos dissociavam, à sua maneira, os banqueiros dos filhos de Israel: o panfletário Mathieu-Dairnvaell escrevia, em *Rothschild, ses valets et son peuple:* "De modo algum desgosto dos judeus, que considero como meus irmãos ... Não gosto daqueles a quem chamo de judeus ..."[30] Aliás, reservas desse gênero são características de escritos

---

24. J. BOUVIER, *Les Rothschild, op. cit.*, p. 2.

25. "What is good for General Motors is good for America". A expressão e atribuída ao Secretário da Defesa Wilson, um dos colaboradores do Presidente Eisenhower.

26. ALBERT PESSÈS observa que, de *Père Goriot* (1834) em *Splendeur et misère des courtisanes* (1843), passando por *La Maison Nucingen* (1838), o aspecto judeu de Nucingen acentua-se progressivamente; cf. seu (inédito) *L'image du Juif dans la littérature romantique française*, Paris, 1964-1965, p.74.

27. "Wir Deutschen sind das stärkste und das klügste Volk. Unsere Fürstengeschlechter, sitzen auf allen Trönen Europas, unsere Rothschilds beherrschen alle Börsen der Welt, unsere Gelehrten regieren in allen Wissenschaften ..." (*Zur Geschichte der Religion und Philosophie in Deutschland, Erstes Buch*).

28. Cf. J. BOUVIER, *op. cit.*, p. 49.

29. Cf., por exemplo, RABI *Anatomie du judaisme français*, Paris, 1962, p. 48: "A obra de Balzac é prova de que o anti-semitismo na França, durante os primeiros cinqüenta anos do século, foi, no máximo, subterrâneo".

30. Cf. A. PESSÈS, *op. cit.*, p. 126.

de toda espécie onde os autores, temendo terem falado mal demais dos judeus, desculpavam-se em nota ou de alguma outra maneira. Michelet usa freqüentemente esse procedimento: depois de um retrato histórico de violência raramente igualada ("O judeu, homem imundo . . . De injúria em injúria, ei-los no trono do mundo . . .")[31], ele elogia os "judeus ilustres", de Meyerbeer a Rachel, que "os reabilitaram". Ainda mais revelador é o caso de seu ex-secretário Toussenel que, em seu *Juifs, rois de l'époque*, atacava-os sem a menor reserva; no prefácio, seus editores manifestam o desejo de desculpar-se no lugar dele "por ter posto em causa a raça judaica"[32]. Essas atenções e deferências permitiam aos judeus esperar que os antigos preconceitos terminassem extinguindo-se por si sós.

Contudo, a vitalidade dos preconceitos manifestava-se com força por ocasião de certos acontecimentos de repercussão. Se um judeu se encontrava no centro de um escândalo, imediatamente o escândalo tornava-se judeu e todos os filhos de Israel eram envolvidos na mesma condenação. Foi assim em 1832, quando a Duquesa de Berry foi presa, entregue ao governo de Luís Filipe pelo convertido Simon Deutz. Fora a Santa Sé quem recomendara esse aventureiro à duquesa, mas foi à sinagoga que foi dirigida a censura, da qual Chateaubriand e Victor Hugo foram os dois grandes porta-vozes. Aquele lembrava a sombra de Judas Iscariotes:

> Que o descendente do Grande Traidor, que o Iscariotes em que Satã entrara, *intravit Satanas in Judam*, diga quantos dinheiros recebeu pelo negócio. . .[33]

Victor Hugo servia-se da imagem, mais moderna, do judeu errante, e se Deutz havia apostasiado, era porque era pior do que um judeu:

> Ce n'est même pas un Juif! C'est un payen immonde,
> Un renégat, l'opprobe et le rebut du monde,
> Un fétide apostat, un oblique étranger (. . .)
> Marche, autre Juif errant . . .[34]*

---

31. Da mesma forma, ver a nota reveladora de MICHELET em *La Bible de l'humanité* (ed. 1864, p. 303): "Nada me custou mais do que este capítulo, eu gosto dos judeus (...). E, apesar de tudo, como ficar calado? (...). O judeu em toda a terra foi o melhor escravo, até mesmo sustentáculo de seus tiranos."

32. Ver o prefácio de Toussenel à quarta edição de seu livro: "... não fui eu que, nas primeiras edições deste livro, pareceu pedir desculpas ao público por ter posto em questão a raça judaica... Deixo a responsabilidade pelo ato de constrição e pelas desculpas aos senhores editores da *sociedade livreira*..." (ed. 1888, t. I, p. xxxii).

33. *Mémoire sur la captivité de Madame la duchesse de Berry*, de M. DE CHATEAUBRIAND, Paris, 1833, p. 72.

34. V. HUGO, "A l'homme qui avait livré une femme" (1832) (em *Les chants du crépuscule).*

* Aproximadamente: "Nem mesmo é um judeu! É um pagão imundo,/Um renegado, opróbrio e refugo do mundo,/Um fétido apóstata, um esquivo estrangeiro (...)/Caminha, mais um judeu errante..." (N. do T.).

Börne, por seu lado, assinalava o golpe com humor negro bem característico: "Não se pode compreender por que esse judeu tornou-se católico, ele poderia perfeitamente tornar-se um patife continuando judeu"[35]. Só Alexandre Dumas reservou a Deutz um tratamento algo equitativo[36]. Ainda nos dias de hoje, para historiadores como André Castelot, ele é tanto um *traidor*, quanto um *judeu*, de acordo com o costume[37].

Embora o episódio Deutz tenha sido principalmente sintomático, o caso de Damasco, em 1840, teve ressonâncias profundas e internacionais. Por um acidente histórico, o conjunto das potências, incluindo a Rússia de Nicolau I, tomou sob sua proteção os judeus perseguidos pelos agentes do governo francês, mas não foi por acidente que uma tal conjuntura suscitou, na era dos nacionalismos, uma incompatibilidade temporária entre a situação de judeu e a situação de francês.

Em 1840, entrou na fase aguda a crise do Oriente, durante a qual a França, que apadrinhava o vice-rei do Egito, Mehemet Ali, opunha-se ao resto da Europa, favorável ao sultão. A história pequena veio então imiscuir-se na grande: em Damasco, cidade parcialmente cristã, um monge capuchinho, o Padre Thomas, desapareceu misteriosamente em fevereiro de 1840. Os cônsules franceses, Ratti-Menton e Cochelet, imputaram esse desaparecimento à comunidade judaica e fizeram desencadear perseguições contra as pessoas de destaque dessa comunidade, acusadas de homicídio ritual. Torturados longamente, alguns sucumbiram, outros apostasiaram, outros ainda fizeram confissões falsas. Ocorre, porém, que duas dessas pessoas eram súditos austríacos. Os cônsules da Áustria, Merlatto e Laurin, procuraram libertar seus conterrâneos. De ambos os lados, os governos, de Metternich e de Thiers, tomaram o partido de seus agentes, e esse conflito tornou-se um episódio da prova de força que contrapunha a França às demais grandes potências, prova essa da qual serviu de alguma forma como prólogo. Foi assim que a Europa emocionou-se com o caso: na Síria, os representantes da Inglaterra, da Prússia e da Rússia foram em auxílio de seus colegas austríacos; nas capitais respectivas, a questão dos sacrifícios humanos supostamente prescrevidos pelo *Talmud* foi discutida às claras.

Em Paris, o Conselho dos Ministros preocupava-se mediocremente em saber se o sangue cristão servia de ingrediente para cozimento de pão ázimo. Mas para Thiers era importante não deixar descobrir que estava blefando ao proclamar sua intenção de defender Mehemet Ali até o fim, e foi por isso que ele se solidarizou com seus cônsules. Seus principais

---

35. L. BÖRNE, *Briefe aus Paris*, 20 de novembro de 1832 (cf. *Gesammelte Schriften*, ed. 1834, t. XIII, p. 23).

36. No relato de Dumas são lembrados os argumentos em defesa de Deutz, bem como a repercussão que teve o caso. Surgiu primeiro, em 1833, com a assinatura do General Dermoncourt e sob o título *La Vendée et Madame*. Cf. *Madame dans la cheminée*, de A. DUMAS, Paris, ed. Jacques Suffel, 1942.

37. Cf. ANDRÉ CASTELOT, *La duchesse de Berry*, Paris, 1963, p. 251 ("o judeu") e p. 253 ("o traidor").

antagonistas, Crémieux, Fould e Rothschild, estavam unidos por outra solidariedade. Os documentos[38] dão a entender que o Barão James e seus irmãos sentiam-se vitalmente afetados pelo destino de seus correligionários sírios (este aspecto dos "lobos-cervais" germânicos escapou totalmente a Balzac). Tendo Thiers se mostrado intratável durante uma entrevista com James, este quis recorrer, escrevia ele a seu irmão Salomon, "ao meio todo-poderoso aqui, a saber, ao auxílio dos jornais"[39], mas, por uma vez, a receita falhou, tanto mais que a febre patriótica começava a subir em Paris. Um órgão do governo (*Le Messager*) foi encarregado de escrever que as superstições dos judeus orientais prescreviam o homicídio ritual e que seria melhor que seus congêneres ficassem calados[40]. Talvez Thiers acreditasse nisso: o que ele podia saber sobre o judaísmo? Heinrich Heine criticava sua brilhante ignorância:

> O fato mais aflitivo que a sangrenta questão de Damasco trouxe à luz é a ignorância dos assuntos orientais que pode ser observada no atual presidente do Conselho dos Ministros...

e prosseguia, com sua habitual lucidez;

> ... ignorância brilhante que um dia poderá fazê-lo cometer enganos dos mais graves, quando não for mais essa pequena questão sangrenta da Síria, mas sim a grande questão sangrenta do mundo, a questão fatal e inevitável que chamamos de questão do Oriente, que se tratar de resolver[41].

De fato, Thiers atolava-se cada vez mais e fazia pose de valente. A propósito da "grande questão", escrevia a Guizot: "Somos nove, com o senhor, dez, com o rei, onze. Nós nos bastamos. Não tenhamos medo e caminhemos juntos. A animação na França é extraordinária"[42]. No que se referia à "pequena questão", ele contra-atacava do alto da tribuna da Câmara:

38. Publicados em 1926 por N. Gelber, os documentos dos arquivos do Estado de Viena referentes ao caso de Damasco compreendem especialmente duas cartas dirigidas por James de Rothschild a seu irmão Salomon (com cuja filha casara): cf. "Oesterreich und die Damascusaffaire im Jahre 1840, nach bisher unveröffentlichen Akten", *Jahrbuch der Jüdisch-Literarischen Gesellschaft*, XVIII (1926), pp. 21-64.

39. "Bei solchen Umständen blieb uns nur das hier allmächtige Mittel übrig, nämlich die Zeitungen zu Hülfe zu nehmen..." James a Salomon, 7 de maio de 1840 *(Idem*, p. 241).

40. *Idem*.

41. HEINRICH HEINE, 3 de junho de 1840, cf. *Lutèce...*, Paris, 1855, p. 79.

42. Thiers a Guizot, embaixador em Londres, em 31 de julho de 1840; citado por CHARLES POUTHAS, "La Politique de Thiers pendant la crise orientale de 1840", *Revue historique*, 182 (1938). Cf. também o juízo severo que F. CHARLES-ROUX faz sobre a política irresponsável de Thiers em *Thiers et Méhémet Ali*, Paris, 1951.

Os senhores reclamam em nome dos judeus e eu reclamo em nome de um francês. E, além disso, que me seja permitido dizê-lo: passa-se uma coisa extremamente honrosa para os israelitas. Quando os fatos foram conhecidos, eles se comoveram em toda a Europa e dedicaram, a esse caso, um zelo, um ardor que os honram profundamente a meus olhos. E que eles me permitam dizê-lo, eles são muito mais poderosos no mundo do que pretendem sê-lo e, na hora atual, estão reclamando junto a todas as chancelarias estrangeiras. Eles põem nisso um zelo extraordinário, um ardor que não se pode imaginar. É preciso coragem para que um ministro proteja um agente seu que é assim atacado. Creio ter mostrado alguma firmeza nesse caso e tive de fazê-lo...[43]

Pouco depois, Thiers falava à Câmara dos Pares com uma linguagem ainda mais pérfida: "Não devo dar mais fé à palavra do Sr. Cochelet do que à de uma seita que respeito em seus esforços enérgicos para justificar-se, mas que, enfim, é parte no processo?"[44] Endossada pelo presidente do Conselho, propagada por ele durante as entrevistas coletivas quotidianas[45], a fábula sangrenta era exibida em todos os jornais sobre o pano de fundo do humor beligerante dos franceses; inclusive, lamentavam-se os *Archives Israélites*, "os mais devotados às idéias de progresso e de liberalismo"[46]. Quanto àqueles cujas "opiniões políticas e religiosas ficaram bem atrasadas"[47], eles aumentavam o lance invocando uma razão de Estado e de Igreja. "Se se quer que os judeus sejam inocentes...", escrevia *La Gazette de France*, "será preciso acusar os muçulmanos e os cristãos; é uma triste alternativa"; segundo *La Quotidienne*, "sua própria inocência seria um assunto a mais de grave atenção; é cômodo acusar de imbecil toda a raça humana para explicar sua animadversão hereditária contra o povo dos traficantes"[48]. Outras tantas razões para condenar os judeus: houve só dois jornais em Paris, *Le Journal des Débats,* adito aos Rothschild, e *L'Espérance,* por solidariedade protestante, que tomaram sua defesa. Havendo uma quase-unanimidade na imprensa, o que deviam pensar os leitores? "Quem pode dizer quantas repugnâncias mal aplacadas, quantas suposições odiosas foram despertadas..."[49], exclamava *L'Espérance*. "Durante o triste episódio de Damasco", escreviam dois anos mais tarde os *Archives Israélites*, "nenhum dos seus amigos lhe disse, rindo com aquele riso de gelar a alma: 'Não quero almoçar com você, porque tenho medo que me sirva uma costeleta do Padre Thomas'"![55] Nada

---

43. Resposta de Thiers à interpelação de Fould, em 2 de junho de 1840; cf. S. POSENER, *Adolphe Crémieux, op. cit.,* t. I, p. 225.

44. Câmara dos Pares, sessão de 10 de julho de 1840; *idem,* p. 233.

45. HEINRICH HEINE, *Lutèce..., op. cit.,* p. 75 (carta de 3 de junho de 1840).

46. "Horrible accusation contre les Juifs de Damas", *Archives Israélites,* I/1840, p. 165.

47. *Idem.*

48. *Gazette de France,* 10 de abril de 1840; *La Quotidienne,* 7 de maio de 1840; cf. S. POSENER, *op. cit.,* pp. 207 e 215.

49. *Apud Archives Israélites,* I/1840, p. 220.

50. *Archives Israélites,* III/1842, pp. 150-151.

podia ferir mais os judeus do que esse tipo de brincadeira, bem parisiense e soturnamente ameaçadora, que Heinrich Heine também leva em conta quando fala da perfídia de Thiers: "Ouvindo-o falar, pode-se acabar acreditando que, de fato, a iguaria favorita dos judeus é carne de capuchinho"[51].

Nos outros países ocidentais, e especialmente na Grã-Bretanha, uma opinião pública hostil à França tendia, por isso mesmo, a abraçar a causa dos judeus. Estes, desejosos de limpar-se de uma suspeita infamante, só viam o problema sob o ângulo judeu e, portanto, eram os únicos que se preocupavam com seu fundo, em vez de com os prolongamentos e a exploração política dele. Situação que mostra como, ao lutar por sua segurança e sua honra, eles podem ter sido levados a servir a causa da verdade, fato de que o caso de Damasco foi o primeiro grande exemplo moderno. Organizando-se pela primeira vez, depois de sua emancipação, em escala internacional, as personalidades judias de destaque reuniram-se em Londres. Crémieux, delegado da França, exclamava: "A França está contra nós!"[52]; assim, na conjuntura, ele parecia sentir-se mais *judeu* do que *francês*, e, ao menos nesse ponto, os ataques de Thiers acertavam no alvo. Uma das personalidades inglesas, Bernard van Oven, propôs que se jurasse solenemente, por todos os rabinos da Europa, que a religião judaica não prescreve sacrifícios humanos[53]. Finalmente, decidiu-se delegar, junto ao sultão e a Mehemet Ali, uma missão composta por Crémieux, por Moisés Montefiore e pelo orientalista Munk. Efetivamente, essa missão partiu numa fragata posta à disposição pelo governo britânico. Mas o destino dos judeus de Damasco continuava em suspenso, aguardando a solução da crise internacional. Esta foi resolvida com a demissão de Thiers, à qual não parecem ser estranhos os esforços feitos por James de Rothschild junto a Luís Filipe; a renda acabava de baixar, a paz foi salva. Será que os Rothschild impuseram a demissão de Thiers, facilitando, assim, a solução pacífica do conflito? Será que, depois, eles se dedicaram a fazer convocar uma conferência internacional, a fim de pensar as feridas do amor-próprio francês?[54] Isso faz parte da grande história, que cada historiador interpreta à sua maneira, em função de suas concepções e dos documentos disponíveis. A história judaica anotou que os judeus foram reabilitados depois da capitulação de Mehemet Ali e que não se tocou mais, em Paris, na questão dos ritos sangrentos do *Talmud* e das "costeletas do Padre Thomas"; mas, tendo sido acalorado, a intriga tramada pelo obscuro Conde de Ratti-Menton serviu de ponto de partida para a constituição de organizações in-

---

51. *Lutèce..., op. cit.*, p. 78.

52. Cf. S. DUBNOV, *Histoire moderne du peuple juif*, Paris, 1933, t. I, p. 747, bem como S. POSENER, *Adolphe Crémieux, op. cit.*, t. I, pp. 230-239.

53. Cf. L. H. LOEWENSTEIN, *Damascia, Die Judenverfolgung zu Damascus*, Frankfurt am Main, 1841, p. 229.

54. Cf. as indicações fornecidas sobre o papel dos Rothschild na solução da crise de 1840 por B. GILLE, *Histoire de la maison Rothschild, op. cit.*, p. 304.

internacionais para defender os judeus, a começar pela Aliança Israelita Universal[55].

2. OS ESPECTROS DO PASSADO: OS JUDEUS ERRANTES

Em 1842, três judeus, Crémieux, Cerfberr e Fould foram levados à Câmara pelo eleitorado francês. Os *Archives Israélites* estavam jubilantes: "Quem fala de dissensões? Não pode haver mais nenhuma na França depois de tal resultado, não há mais, entre nós, diferenças religiosas, nem ódios hereditários, nem crenças que matam! O fanatismo está em ruínas, a perseguição morreu, a superstição desapareceu!"[56] Em outro artigo, a revista adjurava "os marechais literários que comandam o grande exército da imprensa" a renunciarem para sempre ao adjetivo "judeu":

> Não é que enrubesçamos por causa de nossa crença... — Deus nos livre! — mas é que, na França, em 1842, "judeu" é um adjetivo vazio de sentido; é que o judeu, como é entendido pelo dicionário da Academia, torna-se cada dia mais raro; é que o judeu cuja alma está em Jerusalém enquanto o corpo está na França não existe mais hoje em dia; é que a *nação judia* não pode mais ser encontrada sobre o solo francês...[57]

Era o movimento romântico e seus autores de sucesso que os *Archives Israélites* acusavam pela perenidade de uma "palavra que é uma arma permanente contra nós":

> Todos eles, pelo menos uma vez na vida, desejam mandar fazer um gibão em plena Idade Média e, quando a imaginação está esgotada, alinhavam uma história de judeus. Não existe um romancista, um aprendiz de novelista, o menor fabricante de folhetins, que não tenha em sua sacola a pintura fantástica do judeu de outrora, o relato de nossas desgraças passadas, a representação de nossas lendas ingênuas. Poder-se-ia dizer que, depois de nosso grande naufrágio histórico, o mais ínfimo aprendiz de pintura tem o direito de se apossar de nós como terras devolutas.
>
> Você gosta dos judeus? escreveu-se em todo lado.
>
> No teatro, de Shakespeare a Scribe; nos romances, de Ivanhoé a Paul de Kock; nos jornais, desde que existem escritores que cometem folhetins e um público que consente em engolir quotidianamente uma fatia deles; em todo lado, enfim, neste mundo de papel impresso (...) crac! improvisa-se um judeu como se fossem ovos estrelados... Que o Céu o proteja vocês da cor local desses senhores!

---

55. Cf. o histórico da fundação da Aliança Israelita Universal por S. POSENER, *op. cit.*, t. II, pp. 143 e ss., bem como N. LEVEN, *Cinquante ans d'histoire, l'Alliance israélite universelle (1860-1910)*, Paris, 1920, p. 67.

56. *Archives Israélites*, III/1842, p. 362 ("Les députés israélites, MM. Cerfberr, Crémieux et Fould").

57. *Idem*, pp. 147-155 ("Les complices d'un adjectif").

O testemunho é de valor. Mas foi em vão que os *Archives Israélites* esforçavam-se "em dizer a esses escritores que estão fazendo nossa caricatura, que estão nos desfigurando e que estão nos cobrindo, erradamente, com ouropéis velhos"; aos olhos da revista, o pior ainda estava por vir, pois, em 1844, *Le Constitutionnel* começava a publicar o célebre *Le Juif errant* de Eugène Sue.

Deve-se lembrar que, embora o tema date da Idade Média, a lenda popular do judeu errante difundiu-se na Europa no século XVI e que foi no começo do XIX que ela adquiriu notoriedade universal e entrou para a grande literatura. Goethe, Schubart, A. W. Schlegel, Brentano, Chamisso, Gutzkow na Alemanha, Byron, Shelley e Wordsworth na Inglaterra dedicaram-se, então, ao tema. Na França, a versão popular, sob forma de endecha, parece datar aproximadamente de 1800[58]. Em 1833, Edgar Quinet fazia de *Ahasvérus* o símbolo, prometéico ou faustiano — e um tanto confuso —, da humanidade laboriosa e sofredora; Sue deu a sua personagem o mesmo significado. Os *Archives Israélites* poderiam ter clamado que era honrar demais seus correligionários; e era, também, com certeza, trair a intenção popular fazer com que o mito significasse "a imagem do povo judeu, expulso de seus lares por ter desconhecido Cristo, errando desde então através do mundo e conservando sempre, apesar das perseguições, uma bolsa bastante repleta" (Gaston Paris[59]). Tanto mais que a lenda segue os ensinamentos da Igreja em pontos essenciais: a idéia de um testemunho eterno portado pelo povo-testemunha, bem como da degradação do irmão mais velho, pois, errante como Caim, o judeu errante também é marcado por um sinal na fronte.

Um Caim, decerto, "vagabundo e fugitivo sobre a terra", mas talvez com o crime a menos. A exemplo do povo personificado por ele, o judeu errante, só tem que se censurar a fidelidade à lei antiga ou a descrença; se, "sem razão", ele se recusou a ajudar Jesus no caminho do Calvário, era porque via neste o "mágico", o "criminoso". Ouçamos a endecha:

> *Moi, brutal et rebelle,*
> *Je lui dis sans raison:*
> *— Ote-toi, criminel,*
> *De devant ma maison,*
> *Avance et marche donc,*
> *Car tu me fais affront**

De resto, o judeu errante se arrepende e aspira, com todas as forças, a apagar seu crime: será ele tocado pela graça? — ele chama Jesus de *meu salvador:*

---

58. Cf. GASTON PARIS, *Le Juif errant* (extraído da *Encyclopédie des Sciences religieuses)*, Paris, 1880, pp. 16-17.

59. *Idem,* p. 18.

* Aproximadamente: "Eu, brutal e rebelde, / Digo-lhe sem razão: / Afasta-te, criminoso, / Da frente de minha casa, / Avança e caminha, então, / Pois me injurias." (N. do T.).

C'est une cruelle audace
Qui cause mon malheur;
Si mon crime s'efface,
J'aurai trop de bonheur:
J'ai traité mon Sauveur
Avec trop de rigueur*.

Em todos esse pontos, ele contrasta com Judas Iscariotes, a quem veio substituir nos tempos modernos enquanto personificação do povo judeu. O que significa, pois, essa nova imagem e por que essa substituição?

Deve-se notar que a lenda se propaga depois da expulsão dos judeus da Espanha, quando os proscritos, os *marranos,* que haviam se espalhado pela Europa, estavam emancipados de fato; e que seu fascínio aumenta no século XIX com a emancipação geral dos judeus no Ocidente. De Judas ao judeu errante, a metamorfose do mito judeu não poderia ser decifrada à luz da mudança da condição judaica? Judas é, para a imaginação cristã, um traidor, um ser infame, que, na pessoa coletiva dos judeus, sofre seu merecido castigo sob a forma do gueto, da insígnia, do ostracismo sócio-jurídico sob todas as formas. Em compensação, o judeu errante, embora se comporte como judeu, não tem outra culpa além da descrença; uma culpa que ele deplora, chegando mesmo a aspirar tornar-se cristão (talvez a lenda reflita, à sua maneira, o dilaceramento marrano); a enormidade de seu castigo, contrário a todo espírito de justiça e ainda menos conforme à moral evangélica, freqüentemente tem desconcertado as pessoas. Com isso, vê-se o novo símbolo juntar-se à nova realidade: não um regime de exceção, não um castigo motivado teologicamente, não um crime cometido voluntariamente, mas sim uma culpa judia que subsiste, uma culpa misteriosa e difusa, uma condição ainda mais trágica, uma maldição implacável que, pode-se dizer, não diz mais respeito ao que o judeu *faz* mas ao que ele *é*, a sua própria essência, a sua natureza. De modo definitivo, o novo símbolo parece ilustrar, à sua maneira, a passagem do anti-semitismo teológico ao anti-semitismo racial.

Voltemos, porém, ao *Judeu Errante* de Sue e a seus inúmeros congêneres. Pois eles foram inúmeros: só na França houve, antes do de Quinet e de Sue, o de Béranger, que "ultrajava com um riso desumano o Deus-Homem que mal e mal respirava", enquanto Gérard de Nerval traduzia o macabro *Juif errant* de Schubart. O de Quinet, generoso e universalista, inspirava, em fins de 1834, um jornal da mesma veia: *Le Juif errant, journal,* revista mensal do progresso. O órgão explicava-se no primeiro número:

O judeu errante! a esse nome todos se detêm e se inclinam com temor perante a majestade de Deus: a criança, o camponês, a nobre senhora ...

---

*   Aproximadamente: "É uma audácia cruel / Que provoca minha infelicidade; / Se meu crime se apagar, / Ficarei feliz demais: / Tratei meu Salvador / Com rigor excessivo." (N. da T.)

O judeu errante, segundo o padre crente, é a raça judaica, eternamente dispersa entre as nações sem confundir-se com elas, sem tornar-se irmã delas, sozinha entre os povos da terra, realizando, assim, as profecias da maldição divina... Em nossa opinião, é a humanidade que viaja, é o progresso que marcha, e foi por isso que tomamos como bandeira de reunião esse título ao mesmo tempo popular e simbólico do futuro...[60]

Assim também era o judeu errante de acordo com Eugène Sue. Esse humilde artesão, que votou todos os artesãos descendentes seus, todos os danados da terra, "a dores eternas", também foi, como se sabe, um instrumento a serviço de uma máquina de guerra antijesuíta; e seu êxito igualou *Les Mystères de Paris*; daí sua progenitura. Foi, primeiro, no ano seguinte. *La Juive errante* de Léon Lespès, uma rapariga devoradora que, de judia, na realidade, só tinha o nome; é que um nome desses vendia[61] (os *Archives Israélites* não estavam exagerando nada). Depois, em 1847, Collin du Plancy imprimiu na "Bibliothèque des Légendes" um *Judeu errante* aprovado pelo arcebispado e singularizado por sua raivosa impenitência, degolando crianças cristãs e destruindo os calvários por onde passava[62]. O ano de 1848 viu surgir um novo *Juif errant* periódico e revolucionário, cuja existência foi tão efêmera quanto a de seu precursor de 1833[63]. No mesmo ano, o teatro teve seu *Juif errant*, o de Sue, no Ambigu-Comique; a Ópera teve o seu em 1851, com música de Halévy e texto de Scribe e Saint-Georges. Um judeu maléfico, cuja visão "gela de terror" o próprio filho:

Ahasvérus *(a seus filhos)*: *Ne craignez rien*!
                          Ce sang qu'on veut verser, mes enfants, c'est le mien!
Léon: *Non, non*! *Je ne veux pas de ton secours terrible*
       C'est toi qui sur nos fronts appelle le malheur! *Va-t-en*!
Théodora *(a Léon)*: *A sa douleur ne sois pas insensible*!
Ahasvérus *(com desespero)*: *O decret inflexible*!
Léon: *Ton nom, ton nom maudit me glace de terreur*![64]*

---

60. *Le Juif errant, journal*, revista mensal do progresso, dezembro de 1834, p. 2. Só foram publicadas três números.

61. *La Juive errante*, Paris, 1845 (2 vols.). A obra foi publicada por Lespès sob o pseudônimo de Marquesa de Vieuxbois. Relatava os amores e aventuras de uma cortesã, a "Paduna"; ficou inacabada, de modo que o "mistério do nascimento" da heroína permaneceu; talvez o autor tivesse a intenção de fazê-la nascer judia.

62. *Légende du Juif errant*, de J. COLLIN DE PLANCY, Paris, 1847. Obra aprovada pelo Bispo de Chalois.

63. Esse periódico, que não consta do catálogo da Biblioteca Nacional, é mencionado por CHAMPFLEURY (J. HUSSON), *Histoire de l'imagerie populaire*, Paris, 1869, p. 4.

64. *Le Juif errant*, ópera em 5 atos... (ato IV, segundo quadro, cena V).

* Aproximadamente:
Ahasvérus: "Nada temam! / O sangue que se quer derramar, meus filhos, é o meu!" Léon: "Não, não! Não quero seu auxílio terrível! / É você que atrai a desgraça sobre nossas cabeças! Vá se embora!" Théodora: "Não seja insensível a sua dor!" Ahasvérus: "Oh! decreto inflexível!" Léon: "Seu nome, seu nome maldito gela-me de terror!" (N. do T.).

Esse judeu sobreviveu, no palco da Ópera, ao Juízo Final. No mesmo ano, Alexandre Dumas dedicava-se durante o exílio em Bruxelas, a um *Judeu errante* ainda mais prodigioso: um judeu "cristão e evangélico... um Byron sem as dúvidas, sempre o consolo... o futuro, o mundo, tal como será dentro de mil anos — Siloo, o segundo filho de Deus — o último dia da terra — o primeiro dia do planeta que sucederá a ela"[65]. Em suma, um judeu errante galático, mas do qual apenas dois volumes vieram à luz em vez dos vinte ou vinte e cinco previstos, tendo a censura imperial proibido um empreendimento que, na mente de seu autor, deveria ser uma história ao mesmo tempo universal e sobrenatural da humanidade.

Também houve a imagem do judeu errante: imagem artística com Gavarni, ilustrador de Sue, e com Gustave Doré, que ilustrou luxuosamente o poema de Pierre Dupont, ou imagem popular, com as vinte e cinco gravuras populares que o historiador de arte Champfleury enumerava para os anos de 1800-1860[66]. Pode-se ver até que ponto o arquétipo moderno do judeu fascinava tanto as elites quanto as massas. "É um nome vinculado para sempre ao de Cristo, de nome tão difundido quanto Maomé ou Napoleão" (1834, *Juif errant, journal*)."Dentre todas as lendas que se enraizaram no espírito do povo, a do judeu errante certamente é a mais tenaz" (1869, Champfleury). Em 1893, o Dr. Henry Meige, aluno de Charcot, tentava explicar a lenda sob o ponto de vista médico: tendo ele e seu chefe tido ocasião de observar judeus neurastênicos ou vagabundos, ele dedicava a estes sua tese de doutoramento e chegava à seguinte conclusão: "O judeu errante existe, portanto, hoje; existe sob a forma que tomou nos séculos passados... Cartaphilus, Ahasvérus, Isaac Laquedem procedem da patologia nervosa, da mesma forma como os doentes cuja história acabamos de traçar"[67]. Consagração suprema essa "entrada do judeu errante na Salpêtrière!" Mas o fato é que, ao contrário do que aconteceu na Inglaterra e na Alemanha, nenhum grande escritor francês deixou-se tentar pelo tema do judeu em quem Jesus teria descarregado sua cruz; o que, melhor do que o acaso, poderia explicar-se pelo sentido nacional da medida.

No quadro imposto pela lenda, a luz sob a qual se apresentava o injuriador de Cristo só podia variar dentro de certo limites, e, no máximo, uns acentuavam a duração de um momento, outros a expia-

---

65. Carta de A. Dumas a seu editor inglês, Sinnett, de 26 de março de 1852 (Cf. "Notes sur Alexandre Dumas; d'après des documents nouveaux" por C. CRIVEL, *Revue indépendante*, julho de 1902, p. 332).

66. CHAMPFLEURY, *Histoire de l'imagerie populaire*, op. cit., pp. 95-104.

67. HENRY MEIGE, *Étude sur certains névropathes voyageurs. Le Juif errant à la Salpêtrière*, Paris, 1893, p. 61. Essa tese de doutoramento em medicina foi defendida em 13 de julho de 1893 perante uma banca presidida por Charcot. Ela era característica pela mitologia da época. O Dr. Meige colocava como princípio: "Quase todas as lendas tiram sua origem de observações populares referentes aos fatos materiais"; foi por isso que ele foi levado a pensar que o judeu errante podia muito bem não passar de uma "espécie de protótipo dos israelitas neuropatas peregrinando pelo mundo" (pp. 8-9).

ção eterna. O judeu da Idade Média deixava às imaginações românticas uma latitude bem mais ampla, uma latitude que, na maioria das vezes, jogava em seu desfavor; assim como no caso do judeu contemporâneo, cujo poder de fascinação arrancou a seguinte observação de Börne: "Alguns me criticam por ser judeu, outros me elogiam, outros ainda me perdoam, mas todos pensam nisso"[68]. Resta-nos dar uma olhada na imagem do judeu entre os grandes criadores da época.

Victor Hugo, antes da maturidade, mostra-se bastante feroz. Num texto da juventude (1819), a influência voltairiana ou deísta é claramente visível: os massacres perpetrados pelos cruzados são justificados, não pelo deicídio, mas a título de "represália sangrenta dos massacres bíblicos cometidos pelos judeus". Contudo, é a tibieza religiosa de seus contemporâneos que o jovem Hugo, em conclusão, deplora: "Hoje em dia, existem muito poucos judeus que são judeus, muito pouco cristãos que são cristãos. Não se despreza mais, não se odeia mais, porque não se acredita mais. Imensa desgraça!"[69] Por trás da grandiloqüência do "jovem jacobita" não se pode perceber a surda inquietação provocada, nos meios mais variados, pela emancipação dos judeus? A seguir, Hugo irá instalar, em *Cromwell* e *Maria Tudor*, judeus bem inquietantes. O Rabino Manassés ben Israel (que negociou a volta dos judeus à Inglaterra) mostra-se sedento de sangue cristão:

> *Des deux partis rivaux, qu'importe qui succombe?*
> *Il coulera toujours du sang chrétien à flots*
> *Je l'espère du moins! C'est le bon des complots* *
>
> (*Cromwell*, ato IV, cena 5).

É dizer que esse rabino merece a apóstrofe de *judeu fétido, deicida, Barrabás,* que Cromwell lança em seu rosto. Assim como parecem justificadas, ao espectador, as sentenças "judeu que fala, boca que mente" e "a mentira e o roubo, tudo é judeu" que Fabiani aplica ao judeu Gilbert em *Maria Tudor* (primeiro dia, cena 6). Mas não passam de procedimentos dramáticos e comerciais em uso entre os jovens românticos, e o poeta que, como assegurava Drumont, "extinguiu-se circundado por judeus"[70], antes disso, em *Torquemada* (1882), havia se retratado em relação a Israel.

Lamartine, à primeira vista, parece opor-se ao jovem Hugo, um pouco como Rousseau opunha-se a Voltaire. Em seu *Voyage d'Orient*, proclama seu amor pelos judeus, uma "dessas nações poetas ... que idealizaram a política e fizeram predominar, na vida dos povos, o princípio divino", e, assim como Rousseau, afirma sua esperança sionista e providencial:

---

68. *Cartas de Paris*, 72a. carta, janeiro de 1832.

69. "Journal des idées, des opinions et des lectures d'un jeune jacobite de 1819" *(Littérature et philosophie mêlées).*

* "Dos dois partidos rivais, que importa qual sucumbe? / Sempre haverá sangue cristão correndo aos borbotões / Ao menos eu espero! É o bom dos complôs (N. do T.).

70. *La France juive*, ed. 1934, t. I, p. 106.

Um país desses, repovoado por uma nação jovem e judia, cultivado e irrigado por mãos inteligentes, fecundado pelo sol do trópico . . . – um país desses, digo, ainda seria a terra da promissão hoje se a Providência lhe desse um povo e a política, repouso e liberdade[71].

É o tom do *Vicaire savoyard*, e, pouco depois, Lamartine acrescenta a seu *Jocelyn* o episódio do mascate judeu:

Le pauvre colporteur est mort la nuit dernière
Nul ne voulait donner des planches pour sa bière;
Le forgeron lui-même a refusé son clou:
"C'est un Juif, disait-il, venu je ne sais d'où,
Un ennemi de Dieu que notre terre adore
Et qui, s'il revenait, l'outragerait encore . . . "
Et la femme du Juif et ses petits enfants
Imploraient vainement la pitié des passants*.

O Padre Jocelyn prega a seus paroquianos: "Fiz com que os cristãos se envergonhassem da dureza de sua alma". O apólogo que ele conta faz com que demonstrem melhores sentimentos: "Essa moral do drama desviou sua alma, e as pessoas brigavam pela criança e pela mulher"[72].

Outros autores não se pronunciam sobre os destinos de Israel, e os judeus que aparecem episodicamente em seus relatos não permitem concluir coisa alguma sobre seus sentimentos pessoais; talvez eles não cultivem esses sentimentos. É o caso de Alfred de Musset, que instala, em *L'habit vert*, um belchior judeu, Munius; mas esse velho patife é, por sua vez, enrolado pela costureirinha Marguerite e seus amigos [73]. Também é o caso de Stendhal, cujo *Le Juif (Philippo Ebreo)* é, primeiro, um homem, que conta ao autor sua vida de aventuras. Destaca-se, no relato, esta admirável síntese stendhaliana:

Essa foi a vida que levei de 1800 a 1814. Parecia que eu tinha a bênção de Deus.

E o judeu descobriu-se com um *respeito delicado*.

Em George Sand, pode-se encontrar, em *Les Mississipiens*, um agiota dos tempos de Law, Samuel Bourset, sobrinho imaginário do cé-

---

71. *Voyage en Orient, Oeuvres complètes*, ed. 1861, t. I, pp. 65 e 307.

* "O pobre mascate morreu na noite passada / Ninguém queria dar tábuas para seu caixão; / O próprio ferreiro recusou seu cravo: / 'É um judeu, dizia ele, vindo não sei de onde, / Um inimigo do Deus que nossa terra adora / E que, se este voltasse, aquele ultrajaria novamente...' / E a mulher do judeu e seus filhos pequenos / Imploravam em vão a piedade dos passantes". (N. do T.)

72. *Jocelyn*, nona época. Esse episódio não agradou a todo o mundo. Assim, os *Annales de Philosophie chrétienne* (31 de março de 1836) comentavam: "Querer enterrar um judeu por um padre católico é ferir todas as conveniências. Supor que existem, em nossa época, cristãos fanáticos bastante para jogar o cadáver de um judeu nas gretas de um rochedo, como se fosse um cão, é uma calúnia".

73. Além disso, *L'habit vert* foi escrito por MUSSET em colaboração com ÉMILE AUGIER, que, dos dois, parece ter sido o artesão principal.

lebre financista Samuel Bernard, que a romancista, assim como gerações de historiadores, pensava erradamente ter sido judeu.

No universo de Balzac, os judeus pululam, esboçados ao vivo e freqüentemente identificáveis (Nucingen = Rothschild, Nathan = Gozlan, Dr. Halpersohn = Koreff[74] ou Dr. Knothe[75]). Pode-se contar uns trinta no total. Não falta a cortesã de beleza "sublime", nem o "usurário dos tecidos", Magus ou simplesmente o usurário Gobseck; mas o criador não manifesta nenhuma prevenção quanto a eles. O mesmo não acontece com algumas outras de suas personagens. Lady Dudley, recebendo o escritor Nathan, diz a sua amiga: "Existem, meu anjo, prazeres que custam bem caro" (*Le lys dans la vallée*). O estudante Juste "disse, em 1831, o que iria acontecer e o que aconteceu: os assassinatos, as conspirações, o reino dos judeus" (*Z. Marcas*). O próprio Balzac nota a rigidez do ostracismo provinciano: "A origem de Mlle de Villenoix e os preconceitos contra os judeus que são conservados na província não lhe permitiam, apesar de sua fortuna e da fortuna de seu tutor, ser recebida nessa sociedade exclusivista que se chamava, com razão ou não, de nobreza" (*Louis Lambert*)[76]. Mas a burguesia de província devia ser não menos exclusivista, especialmente em Lyon, onde, observava um escritor lionês (Fleury la Serve), "o judaísmo, mais do que em outros lugares, está condenado ao afastamento, é suspeito, é evitado"[77].

Já tivemos ocasião de citar, duas vezes, Chateaubriand. Esse gentilhomem bretão dedicou aos judeus um ódio tenaz, ora regozijando-se com a decadência dos *imoladores de Cristo* ("o gênero humano pôs a raça judia no lazareto, e sua quarentena, proclamada do alto do calvário, só irá terminar com o fim do mundo"), ora invejando sua prosperidade ("Felizes judeus, mercadores de crucifixos, que hoje governam a cristandade . . . Ah! se quisessem trocar de lugar comigo, se ao menos eu pudesse me infiltrar em seus cofres, roubar de vocês o que vocês roubaram aos jovens de família, eu seria o mais feliz dos homens"). A contradição entre esses dois trechos de *Mémoires d'outre-*

---

74. O amigo de Karoline von Humboldt (cf. supra, p.249); identificação proposta por A. Pessès, em seu ensaio citado acima.

75. Médico da Mme Hanska; identificação proposta por M. BOURTERON, na edição de La Pléiade da *Comédie humaine* (t. I. p. xxix).

76. Sobre o tema de Balzac e os judeus, ver o ensaio citado acima de A. PESSÈS, bem como RABI, *Anatomie du judaisme français, op. cit.*, pp. 43-48 ("Balzac témoin").

77. "Dentre todas as cidades da França", escrevia Fleury la Serve em 1838, "a nossa é, sem contestação, a mais tenaz em seus preconceitos, e, como Lyon é universalmente católica, segue-se que, lá, o judaísmo, mais do que em outros lugares, está condenado ao afastamento, é suspeito, é evitado. Essa circunspecção quase geral dos católicos e o espírito nacional dos judeus encerram estes em sua própria esfera e só permitem entre as duas religiões relacionamentos puramente comerciais..." (FLEURY LA SERVE, "Les Juifs à Lyon", *Revue du Lyonnais*, 1838, p. 343).

tombe[78] só poderia ser suprimida atribuindo aos judeus poderes sobrenaturais; parece que era aos Rothschild que Chateaubriand atribuía o fracasso de sua carreira política[79].

Tais sentimentos, como já dissemos, são característicos de uma nobreza que não podia reconciliar-se com a nova ordem social. Pode-se encontrar, em Alfred de Vigny, esse rancor de casta, mas complicado por suas idiossincrasias e falhas de caráter, e revestido, nesse pensador, de uma forma quase obsessiva. Embora seu judeu de teatro (o "Samuel Montalto" de *La maréchale d'Ancre*, "rico e avaro, humilde e hipócrita") não passe do par de Manassés ben Israel de Hugo e de seus inúmeros êmulos, seu *Journal d'un poète* contém muitos trechos reveladores desse ódio[80].

No homem judeu, seja ele quem for, Vigny vê regularmente primeiro o judeu, depois o homem. *Heine é judeu* . . . – segue-se a descrição dessa personagem "fria e malvada" de quem Vigny não gosta (1832)[81]. *Spinoza é judeu* . . . – segue-se uma síntese do "sistema" da *Ética* (1833)[82]. Em 1847, Vigny observa um *fato notável: o Sr. Halphen (judeu) foi nomeado administrador do segundo "arrondissement" de Paris*[83]. O *Journal d'un poète* também nos informa abundantemente sobre a maneira como Vigny encara o mundo. Este mundo é atroz, tudo aí vai de mal a pior: "Paris, triste caos, dá-me cedo a tristeza que traz em si mesmo e que é a de uma cidade velha, cabeça de um velho corpo social" (1847)[84]. "A burguesia é senhora da França, ela a possui em largura, comprimento e profundidade" (1842)[85]. "O homem volta a ser

---

78. *Mémoires d'outre-tombe*, ed. do centenário, Paris, 1948, t. IV, p. 401 (17 de setembro de 1833).

79. Cf. a nota de M. LEVAILLANT, t. IV, p. 395 da edição citada.

80. A fascinação que os judeus e o judaísmo exercem sobre Vigny foi percebida por GEORGES BONNEFOY em sua tese *La pensée religieuse et morale d'Alfred de Vigny* (Paris, 1945, pp. 291-297): "Vigny só pode encarar a 'sabedoria' dos judeus com ironia e inquietação: a rapacidade pelo ouro acompanharia a incredulidade quanto a Cristo? Qual é a função permanente dessa raça de materialistas conseqüentes, se não a de humilhar os cristãos, infiéis a seu cristianismo? (...) Decerto ele fica perturbado pelo novo poder desses reis materialistas, a quem os cristãos, aliás, não têm o direito de criticar nada".

81. "Heine é judeu. Ele veio ver-me várias vezes. – Ele me desagrada. – Eu o acho frio e malvado. É um desses estrangeiros que, não tendo alcançado a glória em seu país, querem que outro país acredite nela" *(Journal d'un poète*, cf. *Oeuvres Complètes* de ALFRED DE VIGNY, ed. La Pléiade, t. II, p. 947).

82. "Spinoza era judeu (português) e seu nome era Baruch. Seu sistema é este: 'Uma substância na natureza – una, eterna, independente, indivisível e simples; modificada em extensão ela produz todos os corpos, em pensamento, todas as inteligências'. Ateísmo e panteísmo reunido. *Tudo é Deus* e *Deus não é* como ser inteligente e independente. Morto em 11 de fevereiro de 1677" (*Idem*, p. 994).

83. "Supplément au Journal d'un poète", em H. GUILLEMIN, *M. de Vigny, homme d'ordre et poète*, Paris, 1955, p. 101.

84. *Journal d'un poète*, ed. La Pléiade, t. II, p. 1258.

85. *Idem*, p. 1163.

macaco" (1851)[86]. "Os antigos tinham a vantagem, sobre nós, de não conhecer a imprensa" (1839)[87]. Num tal universo, o que cabe ao Conde de Vigny, que foi, garante ele, "oprimido desde a infância"? Isto: "Em mil ocasiões de minha vida, vi que os nobres, na França, são como os homens de cor na América, perseguidos até a vigésima geração"[88].

Este mundo também é totalmente judeu. As reflexões a esse respeito que nos apresenta Vigny são ou opiniões pessoais, ou notas feitas pelo escritor para uma obra futura, mas, entre as opiniões do homem e sua transfiguração pelo artista, nem sempre se consegue separar o que é um e o que é outro. Será a proverbial resignação de Vigny? Ele fala, dessa judaização, sem acrimônia (já em 1822 exclama, em *Hélène*: "Aos filhos de Judas, tudo é permitido"[89]), mas seu depoimento só se torna mais impressionante por isso. E, em primeiro lugar, o judeu é o fautor da revolução de julho:

> O judeu pagou a revolução de julho porque ele maneja os burgueses com maior facilidade do que os nobres. — O judeu paga Próspero. — Esse judeu é belo, grande, pálido, feliz e triunfou dos cristãos que adoram o bezerro de ouro em todos os países. — No último capítulo, conta que o Grande Turco e o Papa receberam-no igualmente bem e que ele comprou uma cruz do Imperador e outra de um Rei. — O mundo é dele. — As duquesas fazem as honras em seus salões, quando ele quer, e os barões cristãos são seus humildes servidores ...
> (22 de abril de 1837)[90]

Nessa época, Vigny começava a trabalhar na grande obra que tinha em vista. De maio a setembro de 1837, redigiu um fragmento dela, *Daphné*, cuja ação se passa sob Juliano, o Apóstata; pode-se sentir que ele está fascinado pela atemporal personagem do financista judeu, encarnado, em 1837, em Rothschild:

Daphné. Pensamento-matriz.
(...) "Deixe-os fazer o que querem", diz Libanius.
Mas o *Banqueiro* judeu sorri desses esforços e diz:

86. *Idem*, p. 1286.
87. *Idem*, p. 1119.
88. *Idem*, p. 1298.

89. "Todos eles eram judeus (...) Contavam o monte de ouro caído entre suas mãos, os sabres de Damasco que o soldado admira, e as vestes macias tecidas em Cachemira, os cálices cristãos, os colares, os crescentes, esses brincos, da orelha ornamentos inocentes: Pois aos filhos de Judas tudo é permitido, como em seus tesouros tudo é admitido..." *(Hélène, Oeuvres, ed. cit.*, t. I, pp. 286-287). A propósito disso, G. BONNEFOY, em sua tese citada, espantava-se "porque, por volta do fim, [Vigny] introduziu os judeus que partilham entre si indiferentemente o ouro dos cristãos e o dos muçulmanos, e, de fato, nada justifica sua presença nesse lugar" (p. 78).
Em *Daphné*, Vigny irá desenvolver vigorosamente o tema dos judeus, aproveitadores onipresentes; ver mais adiante.

90. *Idem*, p. 1061.

— Jeová não abandonou seu povo eterno. Ele me deu a realeza da riqueza e a inteligência da opulência que é o centro do mundo.

Um judeu reina neste momento sobre o papa e sobre o cristianismo; ele paga os soberanos e compra as nações. *Rei do crédito* e dos grandes *movimentos de ouro*.

(20 de julho de 1837)[91]

Trata-se, de fato, de Rothschild, cujo nome irá citar a seguir, ao imaginar como "Mlle Rothschild" poderia passar por cima de uma das últimas vontades de seu pai[92]. Outros projetos datam de 1840: o banqueiro judeu é então "um banqueiro rico e benfazejo, bastante simplório", que "reúne seus quatro filhos para saber se fará um cristão de seu último neto. Este irá pescar melhor os cristãos em suas redes sendo irmão deles"[93]. O procedimento, pode-se dizer, parece natural a Vigny. Contudo, ele não ignora que esses judeus, esses banqueiros na maioria das vezes desejam apenas assimilar-se, pois em 1842 imagina este outro ponto de partida: "Um honrado banqueiro judeu, dotado de todas as virtudes individuais, tornou-se tão francês que não pratica mais sua religião (. . .) imitando Jean-Jacques, (ele) quis deixar que seu filho chegasse à idade adulta antes de escolher uma religião . . ."[94] Mas nem por isso o reino judeu, de que todos os judeus não pssam de mantenedores e aproveitadores, deixa de ser, para Vigny, um fato consumado. Assim, observa, alguns dias mais tarde: "O luxo. O judeu banqueiro, milionário, é rei do mundo. O que acha você de minha realeza? pergunta ele a seu filho"[95]. Realeza que justifica algumas semanas depois, sob o título *Des Juifs et de l'esprit juif:*

O doutor Noir[96]: "Quem lhe diz que esse judeu está enganado? A Europa — o que estou dizendo? — o globo não é um reino judeu? Desde que se escreve, há queixas sobre a cupidez: Orfeu diz uma coisa, Homero diz outra a Juvenal: 'Estamos na nona era', etc. E o ouro sempre é rei. Vejamos se não é a culpa do primeiro que criou esse signo da troca e (ilegível) o proletário também. Feito

---

91. *Idem*, p. 1069.

92. "Acabar com os traços de Mlle Rothschild. Seu pai colocou no testamento que ela terá os milhões dele se casar com um homem de sua religião. A moça encontra no campo um belo oficial dos Horse-Guards. Eles se amam, ela consulta um advogado e lhe diz: — Mas sou judia e, se casar com ele perco toda a minha fortuna. — Não, não, existe um meio. — Ela se casa. Os advogados de seu pai lhe dizem: 'Mas a senhora não tem direito a nada', 'Sim, senhor, leia o testamento'. Ele o traz: 'Se ela casar com um homem de sua religião. Segunda-feira tornei-me cristã. Ele é cristão luterano. Eu casei com ele na terça-feira, está tudo certo'. Como a lei inglesa é conforme à letra, ela obteve sua fortuna". (*Idem*, p. 1178).

93. *Idem*, p. 1143.

94. *Idem*, p. 1176.

95. *Idem*, p. 1179.

96. O "Dr. Noir" [Dr. Negro] é "a fria inteligência discursiva, em nada desumana, mas levada, pelo hábito profissional de procurar as causas de tudo, a encontrar a razão das coisas" (Fernand Baldensperger).

isso, o judeu inventa a letra de câmbio; nisso ele também é mestre. Ele não acredita na divindade de Cristo, dizem vocês, mas vocês também não acreditam".
(13-14 de julho de 1842)[97]

Uma nota benevolente sobre "a raça oriental e inflamada" dos judeus tem a data de março de 1856:

Nota sobre os judeus. — Essa raça oriental e inflamada, raça direta dos patriarcas, plena de todas as luzes e de todas as harmonias primitivas, possui aptidões superiores que a levam ao ponto mais alto nos negócios, nas letras e principalmente nas artes e na música, mais do que nas outras belas-artes. *Cem mil* israelitas apenas estão estabelecidos no meio de *trinta e seis milhões* de franceses e, sem cessar, eles obtêm os primeiros prêmios nas escolas. *Quatorze* deles na Escola Normal obtiveram os primeiros lugares. Foi-se obrigado a reduzir o número daqueles que poderiam concorrer aos exames públicos[98].

Nessa época, Vigny ligara-se em amizade com o convertido Louis Ratisbonne, a quem iria tornar seu executor testamentário; já se conhece a freqüência de tais afinidades eletivas. Da mesma maneira, nenhuma acrimônia contra os judeus transparece numa nota de 1839 sobre a tristeza romântica dos poetas:

Stello (. . .) procurava na imensidão um ponto de apoio onde pudesse assentar seus pensamentos sempre errantes. Uma impressão indelével de tristeza fez com que ele procurasse em toda parte alguém que fosse tão triste quanto ele e, imaginando que a lembrança das maiores dores da terra moderasse o sentimento das suas, se pôs a pensar no povo que compreendera melhor a tristeza da vida: os judeus . . .[99]

Assim, para "moderar sua tristeza", é nos filhos de Israel que Stello, isto é, Vigny, procura um *ponto de apoio* fixo para seus *pensamentos errantes.* É o povo-testemunha que serve a ambos como ponto de referência na desgraça. "Nós e os judeus". Essa confrontação fundamental é ainda mais visível no fragmento acabado de *Daphné*, obra que Vigny ainda sonhava retomar dois anos antes de sua morte[100]. O contraste é aí marcado da seguinte maneira: de um lado, os *outros*, os gentios, Juliano, o Apóstata e seus amigos pagãos ou cristãos, o filósofo Libânio ou São João Crisóstomo, que discorrem, lutam e sofrem; do outro, o narrador, o jovem mercador judeu Joseph Jechaîah, espectador impassível desses discursos, lutas e sofrimentos, portanto uma identificação do autor, se não uma consciência. Além disso, Joseph Jechaîah não é um mercador comum: ele freqüenta, de igual para igual em cultura, o Imperador e seus comensais; e, ele mesmo filósofo, não pode "impedir-se de admirar como todas as mudanças dos idólatras terminavam,

97. *Idem,* p. 1183.
98. *Idem,* p. 1321.
99. *Idem,* p. 1123.
100. *Idem,* p. 1363 ("Plan de Daphné").

de uma maneira inevitável, no crescimento de nosso poder sobre o mundo"[101].

Ao longo de todo o relato, não há senão sentimentos inefáveis, preocupações lancinantes dos augustos protagonistas quanto ao devir humano — será melhor, para a humanidade, ser cristã ou pagã? — e o judeu filósofo parece mesmo participar desses sentimentos e preocupações. Mas, bem no fim, quando cristãos "estúpidos e ferozes" massacraram os pagãos e saquearam seu templo, Joseph Jechaîah, depois de comprar deles a preço vil o tesouro dos pagãos, deixa cair a máscara: "Isto poderia reconstruir uma boa parte do santo Templo de Salomão. Assim, graças a nossa perseverança, nossa santa nação cava, sob os pés de todas as nações da terra, uma mina cheia de ouro dentro da qual elas serão enterradas, se tornarão nossos escravos aviltados e reconhecerão nosso poder imperecível. Louvado seja o Deus de Israel!..."[102] Por conseguinte, o sagaz observador na realidade não passava de um Sábio de Sião.

Quem banca o anjo, também banca o demônio. Hoje, sabe-se[103] como, ao mesmo tempo em que esculpia sua personagem para a posteridade em sua "torre de marfim", o poeta denunciava à polícia imperial as figuras de destaque de seu círculo que ele suspeitava de terem simpatias republicanas. Na figura do pérfido Joseph Jechaîah, o Conde Alfred de Vigny talvez tenha feito o mais extraordinário dos auto-retratos.

3. AS AMEAÇAS DO FUTURO: OS MOVIMENTOS SOCIALISTAS

Embora gente como Chateaubriand, e até como Vigny, utilizasse, contra os judeus, os velhos argumentos do arsenal católico, a Igreja absteve-se, durante a primeira metade do século XIX, de fazer campanha contra eles. Seria por causa da lembrança, ainda muito pungente, da Revolução e dos ataques de Voltaire? — o fato é que não se encontra quase membros do clero entre os polemistas antijudeus dessa época. A única exceção digna de nota foi o abade italiano Chiarini, professor de "antigüidades orientais" em Varsóvia, que publicou, em 1829, em Paris, às custas do Imperador Nicolau I, sua *Teoria do Judaísmo Aplicada à Reforma dos Israelitas de Todos os Países da Europa*[104]. A obra, que agitava as velhas fábulas do homicídio ritual e do envenenamento

---

101. *Idem*, p. 798. Numa variante inédita, o judeu de *Daphné* deveria ressuscitar, por volta de 1840, e exclamar: "Agora vocês negam que Jesus foi Deus. Nós sabíamos disso há dezoito séculos. Ajoelhem-se, então, e peçam perdão" (Cf. G. BONNEFOY, *op. cit.*, p. 74, nota 26).

102. *Daphné*, ed. La Pléiade, t. II, p. 854.

103. Graças aos documentos publicados por HENRY GUILLEMIN, no primeiro capítulo de *M. de Vigny, homme d'ordre et poète* (Paris, 1955).

104. *Théorie du judaïsme appliquée à la réforme des Israélites de tous les pays de l'Europe*, do ABADE L. CHIARINI, Paris, 1829.

dos poços, teve alguma repercussão, e os *Archives Israélites* classificaram o autor entre os grandes difamadores históricos do judaísmo[105]. Para regenerar os judeus, ele propunha um meio inédito, ou melhor, escrevia, "dois meios diferentes, mas quase que igualmente seguros e igualmente simples e novos: através do hebraico aprendido por princípios e através da versão do *Talmud* (. . .) a fim de fazer eclodir à luz do dia esse caos informe, esse receptáculo de erros e preconceitos onde se acumulam todos os sonhos do fanatismo em delírio"[106]. A morte prematura do Abade Chiarini, em 1832, fez abortar esse projeto original.

Quanto ao resto, os especialistas católicos do antijudaísmo eram recrutados entre os judeus convertidos. Ao Abade Drach e aos irmãos Ratisbonne, pode-se acrescentar Cerfberr de Medelsheim, um primo de Louis Ratisbonne, cujo opúsculo *Ce que sont les Juifs de France (O que são os judeus da França)* (1842) vendeu vinte mil exemplares e atraiu, parece, a atenção de Vigny[107]; mas ele merece ser tirado do esquecimento por outra razão. Ele é um daqueles relatos que retratam uma sociedade: sob a Monarquia de Julho, o judeu, se se acreditar no autor, só podia aceder à virtude e à religião depois de fazer fortuna:

. . . Embora o judeu alemão normalmente morra na impenitência final, algumas vezes ele se emenda, principalmente quando sua fortuna está feita. Esses judeus são, então, verdadeiramente bons e generosos: praticam o bem sem ostentação, vivem sem fasto e sem orgulho; dão aos filhos uma educação sólida e liberal: são cidadãos úteis, e a pátria pode contar com eles na hora do perigo; são francos e leais, reconhecem os erros de sua nação e, como nenhum interesse obriga-os então a dissimular seus sentimentos, confessam a verdade e quase todos são cristianizantes[108].

Compreende-se ainda melhor por que, nessa época, as grandes campanhas antijudaicas vieram de um lado bem diverso. Mas todo projeto de reorganização radical da sociedade tem-se visto confrontado, através da história ocidental, com a imagem multiforme do judeu, algumas vezes cobrindo-se com o messianismo de Israel, na maioria das vezes tendendo a fazer do judeu um anti-símbolo. O fenômeno verifica-se, com particular nitidez, no caso dos movimentos socialistas franceses.

Herdeiro direto das Luzes, Saint-Simon não parece ter-se preocupado pessoalmente com uma questão que, sob sua pena, merece

---

105. *Archives Israélites*, III/1842, p. 633: "Outrora vocês se chamavam Wagenseil, Eisenmanger, Chiarini, etc."

106. *Théorie du judaísme, op. cit.*, t. II, p. 197, e t. I, p. 6.

107. G. BONNEFOY, *La pensée religieuse et morale d'Alfred de Vigny, op. cit.*, p. 297, nota.

108. A. CERFBERR DE MEDELSHEIM, *Ce que sont les Juifs de France*, 2ª ed., Paris, 1844, pp. 64-65. A obra também foi traduzida na Inglaterra e na Alemanha.

apenas algumas linhas sem grande relevo[109]. Mas ele contava, entre seus raros discípulos, com dois jovens judeus, Léon Halévy e Olinde Rodrigues, e, quando, depois de sua morte, o movimento sansimoniano toma impulso, muitos filhos de Israel figuraram entre seus militantes ou simpatizantes, a doutrina, que punha em lugar de destaque o comércio e o banco, tinha com o que atrair os especialistas hereditários dessas profissões, desenraizados pela emancipação, e sem dúvida procurando também um novo modo de inserção na sociedade. Essa aliança entre os jovens judeus e o sansimonismo manifestou-se não só no "filo-semitismo" deste, como também, no que se refere às pretensões escatológicas da seita, numa expedição ao Oriente, à procura de uma "Mãe" ao mesmo tempo universal e judia[110]; e ela contribuiu, aos olhos da opinião pública, para uma identificação entre sansimonianos e judeus que repousava em fundamentos mais profundos. Conhece-se o resultado da aventura sansimoniana e como os irmãos Pereire, mas também os irmãos Talabot, Michel Chevalier e o chefe da seita, o próprio Enfantin, encontraram um lugar nos bancos e nos conselhos administrativos. Uma frase, citada por Taxile Delord, corria então pelo mundo das finanças:

> O senhor não terá êxito, dizia-se a um industrial que fundava uma grande empresa, o senhor não tem judeus em seu Conselho.
> Fiquem tranqüilos, respondia ele, tenho dois sansimonianos[111].

Outros observadores encaravam as coisas de modo mais trágico. É sugestiva — e perspicaz a sua maneira — esta diatribe de Capefigue em sua *História das Grandes Operações Financeiras*:

> Por que negá-lo? Estamos em plena sociedade sansimoniana e judia. Tentou-se evitá-lo, em vão; corre-se nessa direção. Quando a magistratura, com a nobre e santa dignidade que a caracteriza, condenou em 1832, os chefes dos sansimonianos (hoje ricos e promovidos às dignidades) à prisão correcional, ela pressentiu a sociedade em que essas doutrinas transformariam o mundo: a família some; a propriedade esfacela-se; o campo se despovoa em favor das cidades, as pequenas cidades em favor das grandes; as máquinas criam uma sombria escravidão; as estradas de ferro, um entorpecimento monótono, uma existência babilônica, que não tem, como distração, senão o fumo narcótico de um novo ópio...[112]

---

109. "Esse povo, sombrio, concentrado, devorado pelo orgulho inspirado por sua nobreza mais do que terrestre e pela humilhação em que era obrigado a viver, consolava-se de uma e da outra e devolvia centuplicado, a seus vizinhos idólatras, o desprezo que sofria por parte deles. Essa profunda disposição ainda não pereceu; em seu cativeiro universal, rebaixado de todos os lados à categoria de besta, o inabalável israelita diz, em seu íntimo: eu sou o homem de Deus". (*Oeuvres de Saint-Simon et d'Enfantin*, Paris, 1865-1878, t. XIX, p. 178; citado por GEORGES WEILL, historiador do sansimonismo, em "Les Juifs et le saint-simonisme", *R.E.J.*, XXX-XXXI (1895), p. 261-273).

110. Cf. S. CHARLÉTY, *Histoire du saint-simonisme*, ed. Paris, 1965, p. 179.

111. Cf. G. WEILL, est. cit., p. 272.

112. *Histoire des grandes opérations financières*, de M. CAPEFIGUE. Paris, 1858, t. III, p. III.

Foram numerosos os contemporâneos que, apavorados com isso, qualificavam de *judias* as irreversíveis transformações do mundo moderno, profeticamente percebidas por Saint-Simon e seus adeptos. Os outros doutrinários do socialismo, hostis à revolução industrial, expressavam de modo mais fiel o protesto popular e, a rivalidade sectária ajudando, eles foram em sua maioria anti-semitas em grau mais ou menos acentuado.

E em primeiro lugar Charles Fourier. Sejam quais forem as fontes discutidas de sua inspiração (o iluminismo swedenborguiano, cujo centro, na França, foi Lyon?[113] Ou as fraternidades operárias, os "Pobres de Lyon"?[114]), esse ex-viajante comercial exprimia fielmente as velhas reivindicações corporativas em relação aos judeus. Em 1808, pode-se encontrar, sob sua pena, as recriminações dos mercadores do século XVIII[115], e é o espírito pequeno-burguês mais rotineiro que nos fala através de sua boca quando ele se faz porta-voz dos concorrentes ameaçados em seu "apólogo do judeu Iscariotes e dos seis cristãos":

> O judeu Iscariotes chega à França com cem mil libras de capital, que ganhou em sua primeira falência: ele se estabelece como comerciante numa cidade onde tem como rivais seis casas de bom nome e bom crédito. Para prejudicar a reputação delas, Iscariotes começa dando todos os artigos a preço de custo; é um meio seguro para atrair a multidão: logo os rivais de Iscariotes começam a lançar brados; este sorri das queixas deles e continua muito à vontade a dar mercadorias a preço de custo.
>
> Então o povo começa a cantar maravilhas: viva a concorrência, viva os judeus, a filosofia e a fraternidade; todos os gêneros tiveram o preço abaixado desde a chegada de Iscariotes; e o público diz às casas rivais: "São os senhores que são os verdadeiros judeus e que queriam ganhar demais: Iscariotes é um homem honesto, ele se contenta com um lucro módico porque não tem uma casa tão esplêndida quanto a dos senhores". Em vão os antigos comerciantes argumentam que Iscariotes é um malandro disfarçado que irá à falência mais cedo ou mais tarde; o público acusa-os de estar com inveja e fazer calúnias e corre cada vez mais para o israelita...

A falência fraudulenta não demora, e "Iscariotes desaparece com sua carteira de dinheiro na Alemanha, para onde encaminhou suas mercadorias compradas a crédito". Porém, além disso, ele arrasta as seis casas cristãs em sua queda, e "é assim que o estabelecimento de um vagabundo ou de um judeu basta para desorganizar inteiramente o cor-

---

113. Na opinião de FLORA TRISTAN, "Swedenborg, pela revelação das correspondências, anunciou a unidade e universalidade da ciência e indicou, a Fourier, seu belo sistema de analogias... Fourier quis realizar na Terra o sonho celeste de Swedenborg e transfigurou em falanstério o convento da Idade Média" *(L'émancipation de la femme...,* Paris, [1846] citado por M. BOURGIN, *Étude sur les sources de Fourier,* Paris, 1905, p. 32).

114. Na opinião de Michelet, "Fourier sonha com *A Harmonia...* Mas nada tem o poder de agir sobre ele mais do que o fervilhante meio de Lyon, suas fraternidades operárias. Lá o socialismo estava em casa e já era antigo entre os Vaudois lioneses, os pobres de Lyon." *(Histoire du XIXe siècle,* Paris, 1880, t. I, p. 3).

115. Ver *supra,* p. 252.

po dos mercadores de uma grande cidade e força as pessoas mais honestas a cometer crimes"[116].

Será de espantar que o criminoso do apólogo se chame Iscariotes? O ressentimento econômico — sempre se volta a ele — nutria-se de um ressentimento teológico: não é verdade que Fourier pretendia ser (em sua *Falsa Indústria*) um "intérprete social vindo depois de Jesus?"

> João Batista foi o profeta precursor de Jesus. Eu sou o profeta pós-cursor, anunciado por ele e que completará sua obra de reabilitação dos homens apenas na parte industrial (. . .) essa função de profeta que me coube não é uma missão pessoal dada a um eleito, como a de João Batista, mas sim uma missão concorrente, uma carreira aberta a todos . . . [117]

Por outro lado, esse profeta, que viveu em contato com a realidade, não ignorava que, na França, a usura era exercida por cristãos, por "naturais do país", como ele dizia. Mas, a seus olhos, a usura judaica era mais perigosa, e muito mais nefasta era a emancipação dos judeus: uma vez estes bem espalhados pela França, escrevia em 1808, o país "não será mais do que uma vasta sinagoga, pois, mesmo que os judeus detivessem apenas um quarto das propriedades, teriam a maior influência por causa de sua liga secreta e indissolúvel"[118]. Em 1821, a emancipação continuava sendo um escândalo para ele, pior do que "os progressos do espírito mercantil" e "os escândalos industriais":

> A estes vícios recentes, todos vícios de circunstância, acrescentemos o mais vergonhoso, a admissão dos judeus aos direitos civis. Portanto não bastavam os *civilizados* para garantir o reino da esperteza; é preciso pedir ajuda às nações de usurários, aos *patriarcas improdutivos*. A nação judaica não é civilizada, ela é patriarcal, não tendo soberano e achando louvável toda esperteza quando se trata de enganar aqueles que não praticam sua religião[119].

Se existem judeus honestos, continua Fourier, isso só serve para pôr em evidência os vícios da seita[120]. Outra prova de sua infâmia é dada pela recusa em repartir pão e sal com os cristãos (sem dúvida alguma, nada podia ser mais chocante para esse amante da boa mesa). A propósito disso, Fourier tem outra anedota para contar:

---

116. *Théorie des quatre mouvements et des destinées générales*, Leipzig, 1808, pp. 327-331.

117. *La fausse industrie morcelée, répugnante, mensôngère...*, Paris, 1836, pp. 484-486.

118. *Théorie des quatre mouvements...*, p. 357, nota. É notável que essa ameaça tenha sido levantada por Fourier às vésperas da reunião do Grande Sanedrim.

119. *Le nouveau monde industriel et sociétaire, Oeuvres*, ed. 1841, t. VI, p. 421.

120. *Publication des manuscrits de Charles Fourier*, Paris, 1852, t. III, p. 34.

Um dia, o presidente do Grande Sanedrim foi convidado para jantar com o arquichanceler; ele se limitou a sentar-se à mesa e beber; recusou comer qualquer dos pratos porque haviam sido preparados por cristãos. É preciso que os cristãos sejam muito pacientes para suportar esse tipo de impertinência. Ela denota, na religião judaica, um sistema de desconfiança e de aversão pelas demais seitas. Ora, será que uma seita que quer conservar seus ódios até na mesa de seus protetores merece ser protegida? Essa recusa de comer feita pelo chefe dos judeus não demonstra a realidade de todas as infâmias que se lhes censura, entre outras o princípio de que roubar um cristão não é roubar?[121]

Não existe nenhum escrito de Fourier que não contenha uma parte que ataque os judeus, com exceção de sua última obra, *La fausse industrie* (1838). Sem dúvida, esperava, no fim da vida, fazer com que Rothschild se interessasse por suas idéias: em todo caso, ele o comparava a Esdras e a Zorobabel e chegava até a oferecer-lhe o trono de Davi:

> A restauração dos hebreus seria, portanto, uma bela palma para os senhores de Rothschild; eles podem, como Esdras e Zorobabel, levar os hebreus de volta a Jerusalém e ali restabelecer o trono de Davi e Salomão, para nele assentar uma dinastia Rothschild. O augúrio parece um sonho, e nada é mais fácil de realizar em seis meses sob a proteção de todos os monarcas ... [122]

Os discípulos de Fourier não depuseram as armas depois de sua morte. Na revolução de 1848, *La Démocratie pacifique* escrevia: "A presença do Sr. Crémieux no Ministério da Justiça é um grave perigo ... Os israelitas sinceramente republicanos, inimigos do favoritismo e da bajulação, não ficarão ofendidos quando dissermos: a França acaba de fazer uma revolução e não um sabá"! Mais tarde, na época do caso Dreyfus, a *Rénovation* fourierista dava provas de anti-semitismo frenético[124]. Também se pode evocar a sombra de Dostoiévski, que, depois de queimar o que adorava, conservou, de seu fourierismo, apenas a judeofobia: nesse ponto, os caminhos de Damasco raramente foram seguidos até o fim.

Dispersos em Fourier, os taques foram concentrados em seu discípulo Toussenel em *Les Juifs, rois de l'époque* (1844). Essa obra, antes de ser suplantada por *La France juive*, foi um clássico, que Drumont não tinha outra ambição a não ser igualar[125]. Seu principal interesse histórico reside na luz que projeta sobre a utilização do

---

121. *Publication des manuscrits...*, t. II, p. 226.

122. *La fausse industrie...*, p. 660.

123. Citado por S. POSENER, *Adolphe Crémieux, op. cit.*, t. II, p. 63.

124. Cf. a obra, que sob muitos aspectos nos foi preciosa, de E. Silberner, *Sozialisten zur Judenfrage*, Berlim, 1962, p. 36.

125. "Panfleto, estudo filosófico e social, obra de poeta, de pensador, de profeta, o admirável livro de Toussenel é tudo isso ao mesmo tempo, e minha única ambição, confesso, depois de longos anos de labor literário, seria que meu livro pudesse ocupar um lugar ao lado do seu na biblioteca daqueles que quiserem ficar conhecendo as causas que precipitaram, na ruína e na vergonha, nosso país" *(La France juive*, ed. cit., t. I, p. 346).

termo "judeu" na época em que este começa a servir como brado de guerra. Toussenel é o mais explícito possível a esse respeito:

> Chamo com esse nome desprezível de judeu a todo traficante de espécies, a todo parasita improdutivo, que vive da substância e do trabalho de outrem... E quem diz judeu, diz protestante, e é fatal que o inglês, que o holandês e que o genovês, que aprendem a ler a vontade de Deus no mesmo livro que o judeu, professem, pelas leis da eqüidade e pelos direitos dos trabalhadores, o mesmo desprezo que o judeu[126].

Mais adiante, o círculo parece ampliar-se a fim de abarcar os *estrangeiros* em geral[127]. Atacando especialmente a Inglaterra, depois Toussenel chega, a propósito do comércio de ópio, a colocar em questão o papa, que "ele mesmo guardou silêncio. Há muito tempo que o Deus do Evangelho não tem mais vigário aqui embaixo! O vigário de Cristo é um velho que empresta dos judeus..."[128] E são muitos os capítulos de *Juifs, rois de l'époque* em que não se trata de judeus, em absoluto.

Na realidade, a verdadeira intenção de Toussenel era denunciar o reinado do dinheiro, como indicava o subtítulo do livro acima, *Histoire de la Féodalité financière* ("História do Feudalismo Financeiro"). Chegava mesmo a felicitar-se por poder, graças aos judeus, atacar esse feudalismo abertamente: "Abençoem a suprema Providência por ter querido que o feudalismo mercantil tivesse, como primeiros padrinhos, os filhos de Israel, filhos não degenerados daqueles fariseus e escribas que puseram Cristo na cruz, para que o mundo cristão reconhecesse, de imediato, o *Infame,* pela mera mácula de seu nome![124] Por outro lado, reconhecia que "nestes últimos tempos, viram gloriosos nomes de artistas e de sábios jorrar da linhagem de Israel"[130]. Ele chegava até a tomar sob sua proteção especial Rachel, que *Le Journal des Débats* e *Le Commerce* continuavam demolindo[131]. Para melhor abater a artista, Petrus Borel, em *Le Commerce,* começava por fazer "fremir bem dolorosamente, sobre seu pedestal" a Racine e acabava brandindo a ameaça dos tempos "em que essa raça outrora proscrita e queimada nos terá dizimado e subjugado de tal modo que nossas cidades só terão,

---

126. A. TOUSSENEL, *Les Juifs, rois de l'époque,* 4ª. ed., Paris, 1888, t.I, pp. xi, xv.

127. *Idem,* p. 42 ("Mas o que importa, pergunto, a esses ingleses, a esses genoveses, a esses judeus, a todos esses estrangeiros, que a França se esvaia em sangue?").

128. *Idem,* p. 66.

129. *Idem,* p. xxiv.

130. *Idem,* p. xxxi.

131. "O folhetim [do *Journal des Débats*] que estou cansado de ouvir chamar, há tanto tempo, de espiritual, também empreendeu na época a demolição de Mlle Rachel... Mlle. Rachel é uma atriz notável, que ressuscitou Racine e Corneille e que, com sua admirável dicção, fez com que nós descobríssemos, nas obras-primas dos mestres do palco, maravilhas de harmonia de que não suspeitávamos!" (*Idem,* t. II, p. 15).

em um pequeno canto dos bairros, uma cristianeria... como, na Idade Média, cada uma delas tinha uma judiaria"[132]. Pode-se dizer que Borel, que, contudo, em seu *Dina ou La belle Juive* (1833), erguera-se contra o antigo preconceito, tinha um estofo de verdadeiro anti-semita, muito mais do que Toussenel.

Mais cheio de nuanças foi o socialista cristão Pierre Leroux, cujo trabalho, publicado em 1846, também se intitulava "Les Juifs, rois de l'époque"[33]. Sob a pena de Leroux, o judeu torna-se o símbolo ambivalente do gênero humano: "Elevando-nos à própria raiz de todos os males que afligem a humanidade em todos os seus membros, diremos que, se o mal, sob uma determinada forma particular, mostra-se mais especialmente nesse povo, não é que o mal, a esse respeito, esteja contido especialmente nesse povo e só atinja a ele: o mal atinge, em graus diferentes, a todos os homens". Embora Leroux fale da "terrível predestinação vinculada a esse povo", em compensação prevê, para esse mesmo povo, os destinos mais elevados: "... não veremos sempre essa figura feia que tem hoje. Ele retomará uma figura mais serena, mais jovem, sorridente; deixará de ser parecido com o judeu Shylock; e espero vê-lo ressuscitar sob os traços do Nazareno que os judeus crucificaram e ainda crucificam hoje com a agiotagem e o capital".

Assim como Toussenel, Leroux invocava o uso da língua: "Nós falamos dos judeus como a Academia":

A Academia, na palavra *judeu* de seu dicionário, faz uma observação nestes termos: *Judeu*: Aqui não se coloca a palavra como nome de uma nação, mas porque é empregada figuradamente em algumas frases da língua. Assim, chama-se *judeu* um homem que empresta mediante usura... Na linguagem familiar, diz-se de todos aqueles que demonstram grande avidez e afã de lucrar.

"É o *espírito judeu* que atacamos", prosseguia Pierre Leroux, "decerto não é nem os judeus enquanto coleção de indivíduos, nem qualquer judeu em particular". Nem mesmo os Rothschild, acrescentava em suma. Lendo tais textos, chega-se a perguntar se a carga afetiva do termo "judeu" não seria, há um século, bem mais forte ainda do que hoje, e vê-se que a Academia só o definia em sua acepção figurada e pejorativa.

Codificada pelos dicionários, uma carga dessas justificava as campanhas contra a realeza dos judeus, mas essas campanhas também exprimiam profundas permanências históricas. Elas faziam ecos àquelas dos pregadores populares da Idade Média, monges mendicantes ou frades heréticos que, reivindicando a mensagem evangélica, açulavam outrora, contra os deicidas usurários, um povo cristão sedento de justiça, e os fundamentos religiosos dos movimentos socia-

---

132. *Le Commerce* de 15 de julho de 1844, cf. o ensaio *cit.* de A. PESSÈS, p. 119.

133. PIERRE LEROUX, "Les Juifs, rois de l'époque", *La Revue sociale*, janeiro de 1846. Em 1866, Leroux desenvolvia os mesmos conceitos num apêndice de seu drama *Job*. Cf. E. SILBERNER, *op. cit.*, pp. 44-45.

listas realçam-se com especial nitidez à luz de sua agitação antijudaica. Contudo, os tempos tinham mudado; a ponta anti-semita cessara de ser inevitável e, apesar do fenômeno Rothschild, vários socialistas de primeira hora, como Etienne Cabet, Constantin Pecqueur, Louis Blanc e Auguste Blanqui, abstiveram-se de servir-se desses argumentos, sem dúvida porque seu raciocínio não estava embotado pelo legado histórico do cristianismo[134]. No seio do próprio movimento fourierista, militantes como Victor Hennequin e Jean Czynski tomaram a peito a defesa dos judeus[135]. Como já observamos[136], agora estava intervindo um sutil coeficiente pessoal, de maneira talvez decisiva, na equação geral. Pode-se dizer que o anti-semitismo se individualiza e até que se interioriza; como a religião, ele se torna um assunto particular. Mas esse assunto facilmente assume proporções desmedidas: assim ocorreu com Pierre Proudhon.

Para esse influente pensador do socialismo francês, o judeu era o *mau princípio, Satã, Arimã*, e talvez tenha sido o primeiro, na França, a ver esse princípio encarnado em uma *raça*, a de Sem. Eis como desenvolvia essa concepção:

O judeu é, por temperamento, antiprodutor, nem agricultor, nem industrial, nem verdadeiramente comerciante. É um atravessador, sempre fraudulento e parasita que opera, tanto nos negócios quanto na filosofia, pela maquinação, pela contrafação, pela artimanha. Ele só conhece a alta e a baixa, os riscos do transporte, as incertezas da colheita, os azares da oferta e da demanda. Sua política, na economia, é toda negativa; é o mau princípio, Satã, Arimã, encarnado na raça de Sem[137].

Se o judeu de Proudhon tem toda licença para exercer, no mundo contemporâneo, sua influência maléfica, é porque este mundo é profundamente depravado. Além disso, é sob o título de *Decadência,* que o revolucionário, em sua obra principal (*Da Justiça. . .*), acusa os judeus de terem "tornado, em toda a Europa, a burguesia, alta e baixa, semelhante a eles"[138]. Pode-se reconhecer o argumento apresentado por Bonald[139] em 1808, argumento esse em que talvez Proudhon tenha se inspirado diretamente; de fato, a propósito da decadência, ele invocava o testemunho de Napoleão e de Chateaubriand, "o herói e o bardo"; mas foi em vão que "Napoleão tentou despertar o sentimento religioso com a Concordata . . . o resultado foi que ele fez entrar uma alma de

---

134. Cf. E. SILBERNER, *op. cit.*, pp. 43, 53, 65.

135. *Idem*, pp. 39-40.

136. Ver supra, p. 247.

137. PIERRE-JOSEPH PROUDHON, *Césarisme et christianisme*, Paris, 1883, t. I, p. 139.

138. *De la justice dans la Révolution et dans l'Église, Oeuvres*, ed. 1935, t. IV, p. 459.

139. Cf. supra, p. 243.

cristão no corpo de um incrédulo"[140]. Ainda mais vã parece, a Proudhon, no ponto em que chegaram as coisas, a tentativa de lutar contra "os soberanos da época"; "não iria servir absolutamente para nada, hoje, expulsá-los"[141]. De sua época, Proudhon percebe a decadência em múltiplos sinais, dentre os quais enumera a diminuição da estatura dos conscritos e o abastardamento das raças eqüinas.

Esses acentos pessimistas, essas ilusões e essas idéias fixas já são o anti-semitismo moderno, e, na Alemanha, gente como Richard Wagner irá dizer isso tudo e muito mais. Em Proudhon, é a confusão entre teologia e racismo que é notável. Para ele, os judeus colocaram-se "fora do gênero humano" ao rejeitarem Cristo[142]. Sua teologia torna-se menos banal quando contrapõe (em *Da Justiça* ...) o *politeísmo judeu* ao monoteísmo *indo-germânico*: Jeová não é designado, nas Escrituras, como "Senhor dos senhores" ou "deus dos exércitos"?

> É um politeísmo hierarquizado... O monoteísmo é tão pouco idéia judia ou semita que se pode dizer que a raça de Sem foi, por ele, condenada, rejeitada; é o que expressa a declaração dos apóstolos aos judeus obstinados em seu particularismo: *Já que vocês repelem a palavra de Deus,* do Deus universal, *nós passaremos aos gentios.* O monoteísmo é uma criação do espírito indo-germânico; ele só podia sair daí... [143]

É assim que a nova antropologia racial, elaborada principalmente na Alemanha, se vê colocada a serviço de uma visão global do mundo. Proudhon ainda ameniza seus verdadeiros sentimentos, pois aqueles que ele consigna em seus *Carnets* não são quase publicáveis:

> Os judeus, raça insociável, obstinada, infernal. Primeiros autores dessa superstição maléfica, chamada catolicismo, na qual o elemento judeu, furioso, intolerante, sempre vence os outros elementos gregos, latinos, bárbaros etc., e que, por muito tempo, foi o suplício do gênero humano... Assim a influência do elemento judeu no cristianismo é explicada pelo caráter dessa nação: belo objeto de história a ser tratado.

Esquece (como Voltaire) seu anticlericalismo frente a um judeu:

> Quando Crémieux fala, na tribuna, sobre uma questão em que o cristianismo está envolvido, direta ou indiretamente, ele tem o cuidado de dizer: *sua* fé, que não é a minha; seu Deus, seu Cristo, seu Evangelho, seus irmãos do Líbano. Todos os judeus fazem assim; concordam conosco em todos os pontos, desde que possam daí tirar proveito; mas sempre tomam o cuidado de excluir-se – eles se reservam! Odeio essa nação.

---

140. *De la justice...*, pp. 451-452.

141. *Idem*, p. 458.

142. P.-J. PROUDHON, *Jésus et les origines du christianisme*, Paris, 1896, p. 122: "... a fé de Jesus conquistou o mundo; os imperadores tornaram-se cristãos; e nada teria impedido que houvesse judeus entre eles, se os próprios judeus tivessem tido fé, se não se tivessem colocado, por sua obstinação messiânica, fora do gênero humano".

143. *De la justice...*, ed. cit., 1930, t. I, p. 445.

Depois disso, Proudhon aborda a questão do salário feminino, que ele quer que seja inferior: "E, além disso, é bom que a mulher sinta a superioridade do homem e que, ao amor, junte-se, nela, o sentimento da proteção recebida e do devotamento a sua fraqueza e a seus encantos". Mas os judeus não têm qualquer encanto para ele: alguns meses depois, esboça também um programa de ação progressiva, parecido com o que será aplicado na Europa no segundo quarto do século XX:

> *Judeus*. Fazer um artigo contra essa raça, que envenena tudo, que se imiscui em todo lugar, sem jamais fundir-se com povo algum. — Exigir sua expulsão da França, com exceção de indivíduos casados com francesas. — Abolir as sinagogas, não admitir que seja feito uso algum delas, perseguir, enfim, a abolição desse culto. Não foi por nada que os cristãos os chamaram de deicidas. O judeu é o inimigo do gênero humano. É preciso reenviar essa raça para a Ásia ou exterminá-la[144].

Para esses furores de Proudhon, a influência de Fourier ou suas brigas com Marx (a quem chamou de "tênia do socialismo"[145]), não fornecem uma explicação suficiente e ainda menos é o caso de suas leituras teológicas ou suas origens camponesas. Talvez tudo isso tenha pesado, somando-se, e talvez não estejam enganados os historiadores que quiseram ver, nesse apóstolo das classes médias, um fascista *avant la lettre* (não vamos entrar nessa discussão). Para compreendê-lo melhor, primeiro é preciso conhecer seus outros ódios e suas outras apreensões.

Enumerando, em *De la justice*..., os sintomas da decadência da França, incluía aí a invasão estrangeira: "Enquanto os judeus se apossam, em todos os pontos, do banco, do crédito, da comandita, reinam sobre as manufaturas e detêm, pela hipoteca, a propriedade, exércitos de trabalhadores belgas, alemães, ingleses, suíços, espanhóis substituem, na indústria, os operários franceses e já invadem os campos"[146]. Da mesma forma, escreve a Pierre Leroux: "Quero minha nação devolvida à sua natureza primitiva, livre uma vez de toda crença exótica, de toda instituição alienígena. Por tempo demais o grego, o romano, o bárbaro, o judeu, o inglês influíram em nossa raça..."[147] A França para os franceses? O xenófobo em Proudhon fala ainda mais alto em uma obra inacabada e póstuma, *France et Rhin*:

> *Nacionalidade francesa*. Invadida pelos ingleses, alemães, belgas, judeus, etc. A Declaração dos Direitos do Homem, o liberalismo de 1789, 1814, 1830 e 1848 só foi de proveito para os estrangeiros. Que importa aos estrangeiros o des-

---

144. *Carnets de P.-J. Proudhon*, ed. P. Haubtmann, Paris, 1960-1961, t. II, pp. 23, 52, 151, 337.

145. *Idem*, p. 200.

146. *De la justice...*, ed. cit., t. IV, p. 458.

147. Citado por HENRY DE LUBAC, *Proudhon et le christianisme*, Paris, 1945, p. 68 (7 de dezembro de 1849).

potismo do governo? Eles não são do país; eles só entram aí para explorá-lo; assim o governo tem interesse em favorecer os estrangeiros, cuja raça expulsa insensivelmente a nossa.

Segue-se o plano de um trabalho a ser escrito:

> Algumas páginas fortemente acentuadas sobre os judeus. — Uma franco-maçonaria através da Europa. — Uma raça incapaz de formar um Estado, ingovernável por si mesma, entendendo-se às maravilhas para explorar os outros. Seu análogo nos boêmios, nos poloneses emigrados, nos gregos e em tudo o que fica vagabundeando[148].

Essa obra jamais virá à luz: um livro a ser escrito sobre os judeus, quer antigos, quer contemporâneos, parece ter obsedado Proudhon durante toda a vida e, no capítulo do anti-semitismo, esse homem que, em muitos pontos, sabia rever suas opiniões, permanecerá sempre fiel a si mesmo. Poderíamos também deter-nos no Proudhon antiprotestante, que chegou até a justificar a revogação do Edito de Nantes[149]. Mas é principalmente o antifeminista fanático que merece nossa atenção.

Em *De la justice* . . . Proudhon ataca os emancipadores "que se obstinam em fazer da mulher uma coisa diferente do que queremos (. . .). O homem será o senhor, e a mulher obedecerá. *Dura lex sed lex*".

> O ser humano completo, adequado a seu destino, estou falando do físico, é o macho, que, por sua virilidade, atinge o mais alto grau de tensão muscular e nervosa que comporta sua natureza e sua finalidade e, através disso, o máximo de ação no trabalho e no combate. A mulher é um diminutivo do homem, a quem falta um órgão para tornar-se coisa diversa de um efebo.

O que seria da civilização se esse ser destituído do *órgão* gozasse da plenitude de direitos? Um mundo castrado, um mundo de eunucos:

> É que, para pôr [as mulheres] a par conosco, seria preciso tornar inúteis em nós a força e a inteligência, deter o progresso da ciência, da indústria, do trabalho, impedir a humanidade de desenvolver virilmente seu poder, mutilá-la no corpo e na alma, mentir ao destino, reprimir a natureza, tudo para maior glória dessa pobre almazinha de mulher que não pode nem rivalizar com seu companheiro, nem segui-lo.

Mais adiante, Proudhon invoca, para defender os privilégios masculinos, os valores supremos, que, para ele, são a justiça, a dignidade viril e a castidade:

> Assim, a castidade é um corolário da justiça, o produto da dignidade viril, cujo princípio, conforme foi explicado mais acima, existe, se existe, em grau muito mais fraco na mulher. Nos animais, é a fêmea que procura o macho e lhe dá o sinal; não acontece coisa diferente, é preciso admitir, com a mulher tal como é posta pela natureza e apreendida pela sociedade. Toda a diferença que existe

---

148. *France et Rhin*, Paris, 1867, p. 258.

149. Cf. H. DE LUBAC, *op. cit.*, pp. 123 e ss.

entre ela e as demais fêmeas é que seu cio é permanente, algumas vezes dura toda a vida. Ela é *coquette** — não é dizer tudo? Nos campos, na cidade, onde quer que se misturem, em seus jogos, meninos e meninas, quase sempre é a lubricidade destas que provoca a frieza daqueles. Entre os homens, quais são os mais lascivos? Aqueles cujo temperamento mais se aproxima do da mulher.

Decididamente, a mulher é "improdutiva por natureza, inerte, sem indústria nem entendimento, sem justiça e sem pudor" e ela é mesmo "uma espécie de meio-termo entre ele (o homem) e o resto do reino animal"[150].

Obsessão com a mulher, obsessão com o judeu: tudo faz crer que a subjugação de uma e a expulsão do outro revestiam-se, para Proudhon, de significados próximos, e há fundamentos para ver, nesse revolucionário atrasado para sua época, nesse violento, um precursor da *personalidade autoritária* do século XX, esse tipo humano presente entre nós e em quem investigações feitas em profundidade permitiram estabelecer, em grau mais ou menos acentuado, conexões entre o anti-semitismo, o interesse exagerado pelas questões sexuais, a agressividade autoritária, o espírito convencional e um determinado número de outras características[151]. Também se fica pensando no *Portrait d'un antisémite (Retrato de um anti-semita)* de J.-P. Sartre, em que uma personalidade desse tipo é descrita com a força e a economia de meios só permitidas por um grande talento literário. Mas, para apreender o *Homo antisemiticus* em estado puro, talvez a França seja um terreno privilegiado, justamente porque, em seu clima intelectual muito diferençado, os homens dessa têmpera adquirem melhor relevo do que em outros países e especialmente na Alemanha. Frente aos judeus, sua faculdades cognitivas deixam de funcionar normalmente. Fourier garantia que falava por experiência própria: "Falo de cátedra, tendo morado muito tempo com eles"[152]. Proudhon pretendia saber ainda mais a respeito deles: "H. Heine, Alexandre Weill e outros não passam de espiões secretos; Rothschild, Crémieux, Marx, Fould, seres malvados, biliosos, invejosos, acres etc., que nos odeiam"[153]. Mecanismo de projeção (no sentido psicanalítico), obviamente, que nos faz conhecer um Proudhon desconhecido por Proudhon, e vimos como também em Vigny o "judeu" que levava em si mascarava o homem que ele via a sua frente; mas é fato que, na França da primeira metade do século XIX, esse mecanismo concorreu para a formação de uma opinião política principalmente no caso dos reformadores sociais.

* Derivado de *coq*, galo, em francês. (N. da T.)

150. *De la justice...*, ed. cit., t. IV, pp. 179-215 ("La femme").

151. T. W. ADORNO *et al.*, *The authoritarian personality*, op. cit., New York, 1950.

152. *Publication des manuscrits de Charles Fourier*, t. III, p. 34 ("Questions de morale et politique comerciale").

153. *Carnets de P.-J. Proudhon*, t. II, p. 338.

11. Alemanha

1. ARNDT, JAHN E OS GERMANÔMANOS

O culto da raça germânica, que surgiu na Alemanha no começo do século XIX, é um fenômeno sem analogia nos outros países: dentre os nacionalismos europeus que começam a competir entre si em exaltação, nenhum assume essa forma biologizada. É quase sem transição que os autores passam, entre 1790 e 1815, da idéia de uma missão especificamente alemã, à glorificação da língua e, daí, à do sangue alemão, no quadro de um "contramessianismo" particularista que se constitui em réplica ao messianismo universalista francês. É que o drama da Revolução Francesa continua sendo o dado fundamental da tragédia alemã do século XX, tudo, ou quase tudo, tendo sido dito além-Reno, no campo que nos interessa, mais de um século antes do nascimento do movimento hitlerista.

Na perspectiva do anti-semitismo racista, a obsessão germânica pela pureza do sangue leva a uma condenação dos judeus, mesmo na falta de um ódio específico, e, ao lado do tipo do anti-semita internacional cujo universo mental está povoado de judeus, vê-se surgir o tipo alemão de patriota subjetivamente não anti-semita, mas que lhes é hostil porque ele professa o mito da raça. Esse segundo tipo é prenunciado pelos escritos de dois grandes apóstolos do racismo germano-cristão, Ernst Moritz Arndt e Ludwig Friedrich Jahn.

Recentemente se disse que esses dois agitadores "marcam o começo do pequeno-burguês no nacionalismo alemão"[1]. Aliás, nenhum

---

1. Cf. HARRY PROSS, *Dokumente zur deutschen Politik 1806-1870*, Frankfurt, 1959, pp. 78-79.

dos dois era de cepa puramente alemã, pois Arndt foi, primeiro, súdito sueco, enquanto Jahn era de longínqua ascendência tcheca, como seu nome indica². Esse detalhe talvez diga muito acerca de uma das molas do profetismo germânico, cujos grandes arautos, durante gerações, surgiram de todos os quadrantes da Europa³. Dos dois, Arndt (1768-1860) continua sendo o mais conhecido, e era principalmente nele que os nazistas viam seu grande precursor ideológico. Os textos de Arndt citados por eles escoravam solidamente essa filiação; por isso é ainda mais notável a reflexão de um de seus apologistas pós-hitleristas ao escrever que "sua evolução pessoal reflete o caminho particular que tomou o sentimento nacional alemão"⁴. Mas o Arndt que nos interessa aqui não é o que compunha cantos de ódio contra a França, nem aquele que sonhava com uma Alemanha que englobasse a Alsácia, a Suíça e os Países Baixos, nem mesmo aquele que glorificava os instintos agressivos da criança; é aquele sobre quem o Barão de Stein (de quem era secretário) dizia "que evidentemente pertencia a uma tribo de peles-vermelhas, pois possuía um nariz de cão de caça para farejar os diferentes tipos de sangue"⁵. Era no sangue que Arndt supunha estar ancorada a preexcelência do "luminoso povo" (*Lichtvolk*) alemão. Para o piedoso luterano, esse povo era o único que possuía a verdadeira centelha divina.

Acho que não estou errado [escrevia] ao afirmar que o poderoso e ardente cavalo chucro chamado germano era a espécie boa em que podia ser inoculada a semente divina para produzir os frutos mais nobres. Os germanos, e os latinos impregnados e fertilizados por eles, são os únicos que fizeram florescer o germe divino, graças à filosofia e à teologia, e que animam e dirigem como mestres. . . os povos vizinhos, pertencentes a espécies estrangeiras⁶.

Mas é importante proteger a *Teutschkeit*, a "germanidade", que se distingue, primeiro, por sua simplicidade, pelo senso de liberdade e pela honestidade, de toda contaminação estrangeira, principalmente da *Welschheit* francesa, que "ataca como um veneno narcótico a semente mais nobre"⁷. De resto, Arndt não deixou de pregar, durante

---

2. Jahn escrevia que seus ancestrais tinham emigrado da Boêmia no tempo da Guerra dos Trinta Anos; cf. *Deutshces Volkstum*, Leipzig, ed. Reclam, s.d., p. 22.
3. O francês Gobineau, o inglês H. S. Chamberlain, o báltico Alfred Rosenberg, o austríaco Hitler, etc.
4. WALTER BUSSMANN, "Ernst Moritz Arndt", *Das Parlament*, 9 de março de 1960, pp. 141-146.
Deve-se assinalar o estudo de ERNST WEYMAR, publicado sob o mesmo título no número de 18 de maio de 1960 em *Das Parlament* e no qual o autor ressalta o aspecto "pré-racista" do pensamento de Arndt.
5. Citado por HERMANN BLOME, *Der Rassengedanke in der deutschen Romantik und seine Grundlagen im 18. Jahrhundert*, Berlim, 1943, p. 297. O autor qualificava Arndt como o "primeiro campeão de uma *Kulturpolitik* racial e higiênica" (p. 309).
6. Citado por E. WEYMAR, estudo *cit.*, p. 322.
7. O resumo abaixo das idéias de Arndt em matéria de antropologia, *apud* E. WEYMAR, *op. cit.*, e *Das Selbstverständnis der Deutschen*, Stuttgart, 1961, pp. 41-48. Cf. também G. ILLGEN, *Die Anschaungen Ernst Moritz Arndts über Volk und Staat*, 1938.

toda a vida, a luta contra a mistura de sangues, ou "abastardamento", e exigia compartimentos estanques entre os povos, sendo que seus comentadores nazistas estavam em boa posição para mostrar que esses compartimentos eram bem mais cerrados e divididos do que os da doutrina e legislação hitleristas. É que Arndt identificava raça humana com povo e, portanto, fazia distinção entre raça alemã, francesa, italiana ou russa, cuja perpetuação era feita, segundo proclamava, da mesma maneira que as diversas raças de cães ou cavalos: para mostrar os malefícios da mistura racial, ele se referia às experiências dos criadores ingleses. Em tudo isso, pode-se reconhecer, rapidamente levadas a um ponto absurdo dentro do clima alemão da época, certos aspectos da antropologia do Iluminismo, mas, quanto a si mesmo, Arndt reivindicava fontes bem diversas. O culto da pureza do sangue, pensava ter encontrado entre as antigas tribos germânicas descritas por Tácito e, na qualidade de protestante conhecedor do *Antigo Testamento,* invocava também, em apoio de sua tese, a cólera do Eterno contra "os filhos de Deus que viram que as filhas do homem eram belas" (*Gênesis*, VI, 1-6); assim o Dilúvio não passava, a seus olhos, do justo castigo do primeiro "abastardamento".

O sangue dos judeus parece não ter sido, para Arndt, nem pior nem melhor do que qualquer outro sangue estrangeiro. Embora ele se erguesse com veemência contra a admissão dos judeus poloneses na Alemanha, "essa chaga e peste dos cristãos", não se distanciava tanto das opiniões dos emancipadores ao manifestar a esperança de que os da Alemanha iriam desaparecer rapidamente depois de convertidos.

> A experiência mostra [escrevia] que, a partir do momento em que eles abandonam suas leis desconcertantes e tornam-se cristãos, as particularidades do caráter e do tipo judeu apagam-se rapidamente, e, na segunda geração, é com dificuldade que ainda se pode reconhecer a semente de Abraão.

Na memória alemã, o nome de Arndt evoca principalmente o poeta que, ao lado de H. von Kleist, de T. Körner e de M. von Schenkendorf, conclamava seu povo às armas, exortando-o a expulsar ou degolar o tirano estrangeiro. Mas a noção de "sangue impuro", sangue com que era preciso inundar os sulcos das duas margens do Reno, logo se tornou, na Alemanha, a de um sangue inferior; talvez, tanto mais facilmente quanto apenas acumulada, a excitação belicosa dos alemães viu-se confrontada com as realidades da paz e teve de ser dispendida inteiramente no campo irresponsável da imaginação. O fato é que, a partir de 1815, a germanomania invadiu insidiosamente até os manuais escolares. Assim, a *Teutsche Geschichte* de Kohlrausch, que foi utilizada nas escolas prussianas até fins dos século XIX, referia-se também a Tácito para exaltar as virtudes do povo alemão, "receptáculo escolhido por Deus para a conservação de seus ensinamentos", cuja pureza contrastava com a degenerescência dos judeus, dos gregos e dos latinos. Para gente como Kohlrausch, como para gente como Fichte e Arndt, os alemães eram o povo eleito da Nova Aliança a quem Lutero tinha feito tomar consciência de sua missão; mas o Messias coletivo, devotado ao serviço da humanidade, dos teólogos da geração precedente, transformava-se, uma vez encarnado na raça e no sangue, num Messias orgulhoso e triunfante[8].

Sob inúmeras variantes, a noção da eleição alemã encontra reflexo nos espíritos românticos; poetas como Novalis e Hölderlin exprimiam-na à sua maneira[9] e os nomes de Adam Müller, de Görres e de seu amigo Perthes lembram-nos que ela não se detinha perante a fronteira confessional[10]. Com Fichte, ela se reveste de metafísica, enquanto Friedrich Ludwig Jahn (1778-1852) lhe dá uma forma mais direta e mais brutal; além disso, este apóstolo da cultura física soube propagar um folclore e criar um movimento popular que prefigura muitos aspectos das organizações para-militares nazistas.

Curiosa personagem, esse *Turnvater Jahn,* o "padre ginasta", cuja biografia e estilo também fazem pensar no Führer do III Reich, apesar de sua relativa tolerância em relação aos judeus. Filho de pastor, bem cedo deu provas de um caráter arrebatado e instável e mostrou-se renitente aos estudos; expulso sucessivamente de várias universidades, até os vinte e cinco anos levou uma existência miserável e vagabunda. Exibia uma grosseria (segundo ele conforme à retidão alemã) de que não se separou por toda a vida; esse relato mostra-o escandalizado por uma reprodução da *Madona Sixtina*, impudica segundo ele, e estendendo-se sobre o tema com intenções policialescas. O bizarro atavio com que gostava de vestir-se e que chamava de "costume velho-alemão" caminhava lado a lado com suas outras idiossincrasias[11]. O primeiro escrito que lhe deu reno-

---

8. Sobre o tema dos manuais de Kohlrausch, ver o notável estudo já mencionado de ERNST WEYMAR, pp. 19-41 (Cap. I: "Die christlich-germanische Sendung"). A passagem dos pensadores luteranos do "Messias servidor" (como ainda pode ser encontrado em Herder e em Schleiermacher) ao "Messias triunfante" foi estudada por GERHARD KAISER, *Pietismus und Patriotismus im literarischen Deutschland,* Wiesbaden, 1961 (cf. Cap. XI: "Völkerfamilie oder Sendungsidee").

9. Cf. os escritos e os poemas de Novalis e de Hölderlin, citados por JACQUES DROZ, *L'Allemagne et la Révolution française,* Paris, 1949, pp. 459-475 e 486-488.

10. ADAM MÜLLER: "O grande federalismo dos povos europeus que um dia virá, tão certo quanto estamos vivos, trará ainda cores alemãs; pois tudo o que é grande, profundo e eterno nas instituições européias, é alemão" (*Elemente der Staatskunst*, 1809, citado por G. KAISER, *op. cit.,* p. 220).
GÖRRES: "Como outrora a Judéia, atualmente é a Alemanha a terra santa, onde a religião funda seu templo... É aos alemães que cabe ser os sacerdotes da época moderna, a casta bramânica" (*Fall der Religion und ihre Wiedergeburt,* 1810, citado por R. GÉRARD, *L'Orient et la pensée romantique allemande, op. cit.,* pp. 171-172). F. PERTHES: "Nós, alemães, somos um povo eleito, um povo representando a humanidade, e para quem tudo se torna um assunto de interesse geral. Jamais este povo que somos foi pura e simplesmente nacional." (Carta a Görres, 1808, citada por M. BOUCHER, *Le sentiment national en Allemagne,* Paris, 1947, p. 79.)

11. Os trabalhos sérios sobre Jahn são pouco numerosos e, ao que conheçamos, não existe nenhum recente. Servimo-nos daquele de EDMUND NEUENDORFF, *Geschichte der neueren deutschen Leibesübung...* vol. II, "Jahn und seine Zeit", Dresden, sem data. O episódio da *Madona Sixtina,* relatado pelo pedagogo prussiano Henrich Steffens, ali está descrito à pág. 489.

me, o *Deutsches Volkstum* (1810), inspirava-se no desastre prussiano de 1806. Num estilo muito pessoal, permeado de neologismos inventados por ele (tais como o próprio termo *Volkstum*), desenvolvia ali um programa de renovação nacional, mediante a eliminação de todas as influências estrangeiras, notadamente as francesas. Para tanto, não somente as artes e a literatura, como também a língua em si deviam ser expurgadas; os prenomes estrangeiros, inclusive os de origem bíblica, deveriam desaparecer; os divertimentos populares deveriam ser regulamentados e qualquer ato algo solene de vida, tal como freqüentar a igreja, deveria ser realizado pelos alemães dos dois sexos com a *Volkstracht*, a indumentária popular, tal como Jahn a descrevia (de cor verde para as meninas, vermelha para as virgens, azul para as esposas, prata-escuro para as matronas e branco-laranja para as prostitutas[12]). É evidente que a luta contra a ameaça estrangeira implica uma barragem contra os sangues estrangeiros, e isso sob pena de extinção do povo alemão; com efeito, "os animais híbridos não se reproduzem; da mesma forma, os povos mestiçados perdem sua força de reprodução nacional... aquele que projeta reunir num só rebanho os povos nobres da terra corre o risco de reinar, bem cedo, apenas sobre o detrito mais miserável"[13]. Portanto, é a mesma filosofia veterinária do que em Arndt, mas desenvolvida com maior viço. Ao mesmo tempo em que glorifica a raça dos alemães, Jahn não contesta os méritos dos outros povos, desde que eles sejam isentos de toda mistura; o que constitui uma abominação a seus olhos é o "pecado contra o sangue", a cópula antinatural, cujos traços não se apagam nem na milésima geração; a esse respeito, seu estilo atinge pináculos intraduzíveis de invectiva germanômana[14]. Esse filho de pastor profetiza que Deus desvia seu rosto dos "povos misturados" e não deixa de citar Moisés e Neemias. É por isso que ele prevê a degradação dos alemães que se unirem às estrangeiras. Em relação aos judeus, nele não se observa nenhuma animosidade especial, mas é evidente que proíbe que seus compatriotas casem com as "Rachel"[15]. Por outro lado, enquanto povos autenticamente puros e nobres, Jahn só conhece os gregos da Antiguidade e os alemães que tomaram o lugar daqueles; são os dois povos santos da terra, e o último é o único legatário do espírito do "cristianismo primitivo"[16]. As opiniões de Jahn em matéria de política internacional são igualmente expeditivas: "Existem fronteiras ou divisões naturais, e uma rápida olhada sobre um mapa da Europa permite descobri-

---

12. *Deutsches Volkstum*, Leipzig, ed. Reclam, s. d., pp. 194-195.
13. *Idem*, p. 40.
14. Aqui está uma amostra: "Im Mittelalter gleichen die Mangvölker [os "povos misturados", principalmente os franceses] einem Mischsud, schäumen wie Most und toben im wilden Drunter und Drüber, bis die widerstrebenden Urteile sich zersetzen, auflösen und endlich wie Quenckbrei vereinen... Mangvölker fühlen ewig die Nachwehen, die Sünde der Blutschande und Blutschuld verfolgt sie, und anrüchig sind sie immerdar auch noch bis ins tausendste Glied..." (*Werke zum deutschen Volkstum*, 1833; cf. JAHN, *Werke*, Hof, 1885, vol. II, p. 560).
15. Isto é, as judias (cf. *Werke*, II, p. 827).
16. *Deutsches Volkstum*, ed. cit., p. 38.

las"; é preciso suprimir os Estados-monstros, tais como Portugal, que é (a imagem é tomada de empréstimo a Arndt) um câncer no corpo da Espanha[17]. Embora Jahn não seja o único europeu de seu tempo a louvar os benefícios da guerra, ele encontra, para isso, fórmulas particularmente enérgicas. Eleito, na velhice, para o parlamento alemão de 1848, escrevia: "O que sei é que um longo período de paz parteja discórdias e querelas intestinas que minam nossa força nacional. O que nos faz falta é a golilha de ferro da guerra, a cura de aço das armas"; e qualificava seus contemporâneos de "vermes engendrados por uma longa paz, corja fruto de uma situação totalmente podre"[18]. Completemos o quadro com sua solicitude para com os animais, que se pode encontrar em outros germanômanos célebres: nosso homem reclamava medidas policiais de proteção até mesmo para os besouros[19].

Assim foi Jahn, o escritor, de que a Alemanha do século XIX, de Gervinus Treischke, falava com ironia ou com embaraço[20], e de quem descobrimos hoje em dia a estatura dementemente profética. O homem de ação revelou-se em 1813-1814, quando criou um corpo franco (o *Lützower Freikorps*) para correr atrás dos franceses; é verdade que ele mostrou ser um soldado deplorável, não aceitando, parece, combater o inimigo senão corpo a corpo e com machado. Mas, talhado como Hércules, foi um bom chefe de homens, e, uma vez chegada a paz, essas qualidades permitiram que difundisse pelo país o culto da ginástica (*Turnen*, a palavra que designa ginástica em alemão é um dos neologismos forjados por ele). Tal como ele a entendia, a cultura física devia contribuir para o aperfeiçoamento moral dos alemães; deveria permitir, segundo um de seus discípulos, "uma progressiva elevação do povo para o destino mais alto do homem, graças ao desenvolvimento de todas as faculdades do corpo e da alma que Deus lhes deu"[21]. De fato, as sociedades de ginástica, que agrupavam, em 1818, quase seis mil membros[22], tornaram-se conventículos políticos, instigados por estudantes germanômanos e contestatários, que serviram de núcleo às novas corporações de estudantes (*Burschenschaften*). Nesse mundo, Jahn, transformado no fim da guerra em herói nacional, exercia um singular domínio, "um po-

17. *Idem*, p. 48.
18. Cartas citadas em *Geschichte der neueren deutschen Leibesübung*, op. cit., II, p. 403.
19. Cf. C. EULER, *Fr. L. Jahn, Sein Leben und Wirken*, Stuttgart, 1881, p. 131.
20. "Em Jahn, vemos desfigurado, até a caricatura, tudo o que gente como Fichte e Arndt fizeram e aconselharam fazer para favorecer o desenvolvimento do caráter e da liberdade na Alemanha..." (GERVINUS, *Histoire du XIXe siècle*, Paris, 1864, III, p. 145). É o tom dominante, e Treitschke, em sua *Deutsche Geschichte*, dedicou a Jahn páginas de humor feroz. Mas, no século XX, seja qual for a religião política do autor, o tom deixa de ser irônico. Hoje em dia, principalmente na República Democrática Alemã, esse tom, com freqüência, é francamente entusiasta; ali, Jahn está em condições de figurar como um "grande ancestral" popular.
21. FRANZ PASSOW, *Das Turnziel*, Breslau, 1818, p. 65.
22. Cf. E. NEUENDORFF, *op. cit.*, vol. II, p. 304.

der angustiante" no dizer de um contemporâneo[23]. Ele também tinha prazer em arrastar seus fiéis a imensas marchas forçadas, à maneira dos futuros *Wandervögel* ("aves migratórias"). Os judeus não eram excluídos delas; aliás, por ocasião da epopéia do "corpo franco Lützow", foi um judeu chamado Simoni quem serviu de ordenança a Jahn[24]. Mas o ambiente não devia ser especialmente favorável para eles. Wolfgang Menzel, ginasta que depois se tornou um crítico literário célebre, relata, a esse respeito, um incidente característico. Durante um percurso particularmente duro, sob um sol tórrido de julho, a maioria dos que marchavam abandonaram a partida e não sobrou mais do que uma dezena. Um deles, "um judeu berlinense, alto mas um pouco fraco, sentou-se numa pedra, pois não podia seguir. Jahn, louco de raiva, precipitou-se sobre ele, ameaçando matá-lo com seu machado e fazendo tal escândalo que não pude suportar por mais tempo. Ele então se voltou contra mim, mas não me deixei intimidar e lhe declarei que ia ajudar aquele judeu, que choramingava lamentavelmente como uma mulherzinha, e embora não tivesse comigo nenhum tostão..." (de fato, cada andarilho tinha de entregar seu dinheiro ao tesoureiro do bando). Menzel ficou então com seu protegido, que estava todo triste; uma hora depois, eles se puseram em marcha e tiveram uma boa surpresa ao verem os ginastas alinhados num canto da estrada; "o velho Jahn estava na frente; ele me dirigiu um discurso elogioso e, homem honesto que era, deu-me plena satisfação, pois sempre se arrependia quando ia longe demais"[25].

Solidariedade viril dos ginastas; através do episódio, percebe-se um ambiente, o das confrarias masculinas ou das chamadas tropas de elite, agrupadas por trás de um chefe bem-amado. Outro discípulo de Jahn, que também se tornou célebre a seguir, o historiador Heinrich Leo, falava da volúpia que sentia ao infligir-se dores físicas: "A visão de minhas próprias e recentes cicatrizes tem, para mim, qualquer coisa de exaltante, quando vejo o sangue como pérolas sobre minha carne... não há nada mais bonito do que uma cicatriz triangular recente"[26]. Outros ginastas sujeitavam-se a outros exercícios ascéticos[27]. Mas o próprio chefe parece ter preferido — briguento impenitente — infligir a outros a dor física.

Inquietante personagem esse *Turnvater*, de quem Treitschke escrevia que queria pôr o inimigo para fora da Alemanha com o auxílio de uma flexão de cintura[28]; mas, no caso, a farsa, a mais de um século de distância, precedeu a grande tragédia; ou, para citar Heine, o latido

---

23. Testemunho do pedagogo Henrich Steffens; cf. NEUENDORF, *loc. cit.*
24. Cf. O. F. SCHEUER, *Burschenschaft und Judenfrage, Der Rassenantisemitismus in der deutschen Studentenschaft*, Berlim, 1927, p. 8, nota 10.
25. WOLFGANG MENZEL, *Denkwürdigkeiten*, Leipzig, 1877, pp. 11-12.
26. HEINRICH LEO, *Meine Jugendzeit*, Gotha, 1880, p. 62.
27. Cf. E. SCHUPPE, *Der Burschenschaftler Wolfgang Menzel*, Frankfurt am Main, 1952, p. 17.
28. H. VON TREITSCHKE, *Deutsche Geschichte im neuenzehnten Jahrhundert*, Leipzig, 1882, t. II, p. 387.

dos cãezinhos prenunciava a futura entrada dos gladiadores[29]. O latidor-chefe continua sendo, sob muitos aspectos, uma personagem difícil de classificar. Será por que, até hoje, sua biografia e seu papel histórico não foram seriamente estudados e por que foi preciso esperar o nacional-socialismo para que seu significado viesse à luz? Pouco antes da ascensão de Hitler ao poder, um historiador alemão escrevia, sobre ele, numa revista universitária: "Da maneira como concebemos, hoje, científica e existencialmente, o problema do chefe, era exatamente isso que teríamos esperado"[30]. Dez anos depois da queda do Führer, um pedagogo empreendia a apologia do *Turnvater* no jornal dos professores da Alemanha Oriental[31]. Não se pode contestar o fato de que Jahn tinha uma espécie de gênio. As invenções e termos folclóricos que deu a seu país são incontáveis. Citemos o brado de reunir dos ginastas — *Gut Heil*! — que prenuncia o *Sieg Heil*! hitlerista. Outra invenção: as cores vermelho-preto-ouro, cores do corpo franco Lützow, que pretendia serem "velhas-alemãs", foram adotadas pelo parlamento de 1848 ("Parlamento de Frankfurt") e por fim tornaram-se as cores nacionais da Alemanha Ocidental, bem como da Oriental.

Foi esse o ídolo dos "ginastas" e dos estudantes germanômanos, elementos mais dinâmicos de uma juventude que, depois de 1815, sonhava com a unificação da pátria e se exaltava com as palavras mágicas de liberdade e revolução. Nesse tempo, as universidades, principalmente as protestantes, constituíam, na Alemanha, o foco principal da agitação política. Mas já era paradoxalmente reacionário o programa desses primeiros revolucionários alemães. Estes mostravam-se belicosos e chauvinistas; procuravam inspiração num passado moldado por sua imaginação; também no aspecto dos costumes, uma pureza e uma castidade pretensamente germânica faziam as vezes de ideal. Comentando, na época, esse "sombrio enigma", Görres observava que a revolução já fora feita, na Alemanha, e que ela fora feita "do alto":

> Não foi o Terceiro Estado que fez a revolução na Alemanha; foram os governos que a fizeram, sob a proteção de uma potência estrangeira... Entre nós, os adeptos do despotismo servem-se de formas e práticas jacobinas, enquanto os amigos da liberdade defendem, em parte, os princípios dos reacionários franceses. É essa confusão que coloca um sombrio enigma aos observadores estrangeiros[32].

De fato, um enigma, gente como Jahn considerava-se como liberal perseguida por um governo reacionário, mas liberais que entraram para a história alemã nessa qualidade, ideólogos da soberania popular tais como Rotteck (1775-1840) ou Dahlmann (1785-1860) mostravam-

---

29. Ver *infra*, p. 341.
30. CARL BRINKMANN, "Der Nationalismus und die deutschen Universitäten im Zeitalter der deutschen Erhebung", *Sitzungsberichte der Heidelberger Akademie der Wissenschaften*, 1932, p. 67.
31. Cf. WILLY SCHRÖDER, "Das pädagogische Vermächtnis Jahns", *Deutsche Lehrerzeitung*, nº 34, 1955, p. 3.
32. Citado por GOLO MANN, *Deutsche Geschichte des 19. und 20. Jahrhunderts*, Frankfurt am Main, 1958, p. 122.

se, no capítulo dos judeus, apenas pouco menos exclusivistas que Jahn[33]. Principalmente Karl von Rotteck, que se opunha à outorga de direitos políticos aos judeus, deixou, nestes, a lembrança de um inimigo encarniçado[34].

Os liberais alemães aspiravam especialmente a uma renovação dos costumes universitários. Arndt e Jahn, cada um de seu lado, haviam elaborado para tanto um programa de reorganização das associações estudantis que as novas *Burschenschaften* procuraram aplicar. Mais radical, o programa de Arndt também era mais eclusivista, pois barrava a entrada de judeus nessas corporações. Essa questão provocou grandes discussões nas várias *Burschenschaften.* Segundo Treitschke, seus membros "acreditavam ser uma nova cavalaria cristã e manifestavam, em relação aos judeus, uma intolerância que fazia pensar no tempo das Cruzadas". Afinal, ficou combinado que cada *Burschenschaft* iria decidir por si mesma qual a política que seguiria. É curioso constatar que foram as mais dinâmicas e as mais radicais, por exemplo a de Giessen, animada por Karl Follen, o "Robespierre alemão", que, ao mesmo tempo em que sonhavam com a ação direta, insistiam na importância da vida e das práticas religiosas e recusavam aceitar judeus em seu seio.

Chegava-se à unanimidade de modo mais fácil no campo dos sentimentos antifranceses, e foi assim que a *Burschenschaft* de Iena, considerada a mãe das novas corporações, estipulava em seus primeiros estatutos que esses "eternos inimigos do nome alemão" jamais poderiam ser admitidos em seu seio. Esses estatutos nada diziam sobre os judeus. J. F. Fries, filósofo kantiano que veio dar aula em Iena em 1814 precedido por uma sólida reputação de comedor de judeus — "toda a judiaria treme", escrevia Goethe, "pois seu inimigo mais feroz vem instalar-se em Thuringe" — obteve uma revisão dos estatutos nesse sentido[35].

Em outubro de 1817, Jahn e Fries foram os grandes incentivadores da famosa festa de Wartburg, destinada a comemorar, ao mesmo tempo, o tricentenário da Reforma ("libertação interior") e o décimo aniversário da batalha de Leipzig (libertação política dos alemãs). Nessa ocasião, as delegações de outras quatorze universidades, na maioria protestantes, acorreram a Iena para fundar a *Allgemeine deutsche Burschenschaft.* Depois de uma procissão solene, seguida de um serviço religioso, um grupo de adeptos de Jahn organizou um auto-de-

---

33. Cf. BRIGITTE THEUNE, "Volk und Nation bei Jahn, Rotteck, Welcker und Dahlmann", *Historische Studien,* 319 (1937).

34. Em 1879, quando começou a agitação anti-semita na Alemanha unificada, o velho romancista Berthold Auerbach escreveu a um amigo: "Não é terrível que tudo tenha de recomeçar? Já fazem cinqüenta anos que Hofacker em Stuttgart e Rotteck em Karlsruhe babaram contra os judeus. Isso não me deixa em paz..." (Cf. KOBLER, *Juden und Judentum in deutschen Briefen, op. cit.,* p. 270).

35. Ver CARL BRINKMANN, *est. cit.,* H. VON TREITSCHKE, *Deutsche Geschichte...*, vol. cit., e O. F. SCHEUER, *Burschenschaft und Judenfrage, op. cit.*

fé de livros ou objetos considerados como antialemães e reacionários: regulamentos administrativos estavam lado a lado, na fogueira, com um bastão de caporal, um rabo de peruca e a *Germanomanie* de Saul Ascher, o que não deixa de ser sugestivo quanto à natureza dessas primeiras aspirações libertárias alemãs[36]. Escrevia Ascher que "sem dúvida eles queimaram minha *Germanomanie* porque nela digo que todos os homens são feitos do mesmo modo que os alemães e que o cristianismo não é uma religião alemã"[37]. Esse comentário de um autor sob outros aspectos medíocres prenuncia a função desmistificadora que será exercida por tantos de seus ilustres correligionários de além-Reno.

Embora, na época, Iena fosse a sede da agitação política estudantil, o espírito que presidira o auto-de-fé de Wartburg era cultivado por minorias atuantes em todas as universidades. Em 1818, um estudante de Heidelberg, o futuro teólogo Richard Rothe, descrevia esse estado de espírito para seu pai numa carta tanto mais notável quanto o fato de que seu autor tinha apenas dezenove anos:

> ... Os de Iena querem uma *Burschenschaft* cristã-alemã, mas nós, outros, queremos que a nossa seja universal e é por isso que decidimos aceitar judeus e estrangeiros. Nesse ponto, os *alemães*, em número de uns vinte, ficaram com uma raiva terrível (...). A partir de então, eles formam uma seita da *Burschenschaft* e se diferenciam principalmente por ficarem na oposição e por sempre terem opinião diversa da maioria. Eles se mantêm isolados e têm maneiras muito particulares; demonstram grande zelo pela ginástica – é preciso reconhecer –, também praticam muita esgrima, riem e falam pouco, usam blusas alemãs e suspiram (sobre as desgraças da Alemanha) como almas penadas... Não se pode dizer que demonstram grande zelo pelos estudos, mas se comportam como se tivessem encontrado a pedra filosofal, meditando sobre a maneira como um dia (e por que não desde agora) eles se tornarão os salvadores e os messias da Alemanha...[38].

Fica-se pensando no estudante de Goettingen que, em Heine, clama, numa taverna, "que é preciso vingar, no sangue dos franceses, o suplício de Conradin de Hohenstaufen". Era assim que se manifestavam, nas universidades alemãs, as primeiras minorias atuantes do pangermanismo racista. Em 1819, o assassinato do escritor Kotzebue pelo estudante Sand provocou medidas repressivas e pôs um freio na agitação; Arndt foi destituído de sua cátedra; Jahn foi condenado por alta traição e encarcerado numa fortaleza. Graças a isso, suas idéias espalharam-se ainda mais; no que diz respeito à idéia da pureza da raça alemã, a discussão foi retomada nas *Burchenschaften* na segunda metade do século, e, depois de 1918, quase todas passaram a excluir os "não-arianos" de seu meio; também os professores alemães, notava Max Weber em 1919, diziam agora a seus alunos judeus: *lasciate ogni speranza*[39].

---

36. Cf. FRANZ SCHNABEL, *Deutsche Geschichte im neuenzehnten Jahrhundert*, Freiburg i/B., 1933, vol. II, pp. 245-248.
37. SAUL ASCHER, *Die Wartburg-Feier...*, Leipzig, 1818, p. 34.
38. Essa longa carta foi publicada integralmente por O. F. SCHEUER, *op. cit.*, pp. 17-19.
39. MAX WEBER, *Wissenschaft als Beruf*, cf. ed. R. ARON, *Max Weber: le savant et le politique*, Paris, 1959, p. 61.

2. O ATALHO DO ANTI-SEMITISMO ECONÔMICO

Vimos que a emancipação dos judeus, nos Estados alemães, foi uma emancipação incompleta. Em certas regiões, sua condição praticamente não mudou: assim, no reino da Saxônia, onde eram muito pouco numerosos para que o governo se preocupasse com fazer estatutos para seu caso, de modo que até 1848 continuaram sendo regidos pelas leis feudais do passado. Em outros lugares, aconteceu que foram recolocadas em questão as liberdades outorgadas em 1800-1851: o caso mais notável foi o da Prússia, depois da ascensão ao trono, em 1840, do Rei Frederico Guilherme IV.

O monarca, que, na juventude, tomara parte na "guerra de libertação", tinha permanecido fiel aos ideais românticos e germano-cristãos de sua geração. Friedrich Carl von Savigny, o célebre historiador do direito que foi encarregado de sua formação política, só podia firmá-lo ainda mais em suas convicções; não tinha ele, em 1815, comparado os judeus aos peregrinos romanos e exigido o restabelecimento de seu regime de exceção?[40] (Entre os partidários do retorno ao gueto, os pensadores da escola histórica alemã figuram em lugar de destaque e, deles, Heine desconfiava "como dos gendarmes e da polícia"[41]). Inspirando-se em concepções desse tipo, Frederico Guilherme IV, entre outras medidas de jubilosa entronização, condecorou Jahn com a cruz de ferro e reconduziu o velho Arndt a sua cátedra universitária; por outro lado, quis instituir, para os judeus, um regime conforme a seu destino supostamente sobrenatural. Decidiu, então, dispensá-los do serviço militar, afastá-los definitivamente da função pública e constituí-los em "Nação separada", sob sua proteção especial; com isso, pensava estar "obedecendo aos decretos do alto e provando, aos judeus, a benevolência de que são objeto"[42]. Mas as comunidades judias suplicaram ao rei que exercesse sua benevolência de outra maneira e seus protestos de patriotismo ("Deixaríamos de ser verdadeiros prussianos, se fôssemos dispensados de servir no exército"[43]) contribuíram para fazê-lo renunciar ao projeto utópico.

Por aí, pode-se ver a precariedade da emancipação na Alemanha, onde certas exclusões antijudaicas, em postos de influência e autoridade, foram sempre mantidas. Graças a isso, os filhos de Israel eram melhor canalizados na direção das ocupações a que seu passado os predispunha e na direção das quais eram impelidos pelas novas promessas da revolução industrial. Comércio, finanças e profissões liberais, tais foram os campos onde eles demonstraram seus talentos.

---

40. FRIEDRICH CARL VON SAVIGNY, *Von Beruf unserer Zeit...*, ed. Heidelberg, 1840, p. 175.

41. "Geh nicht nach Norden, Und hüte dich von jenem König in Thule, Hüt' dich vor Gendarmen und Polizei, Vor der ganzen historischen Schule" (*Wintermärchen*, Cap. XXVI).

42. Cf. a correspondência do *Journal des Débats,* Paris, 10 de março de 1842.

43. Petição coletiva das comunidades judaicas da Prússia, citada por S. DUBNOV, *Histoire moderne du peuple juif, op. cit.,* t. I, pp. 454-455.

Em que medida eles contribuíram para o surto econômico da Alemanha? O próprio fato da emancipação torna difícil a resposta, já que não se dispõe, para o século XIX, de documentos administrativos consagrados às atividades da ex-"nação judia". Os historiadores que, nos dias de hoje, têm-se esforçado para esclarecer essa questão (o desaparecimento dos judeus estimulou, na Alemanha, pesquisas do gênero) citam fatos disparatados e apresentam nomes: fica-se sabendo assim, por exemplo, que, em Berlim, trinta, das cinqüenta e duas casas bancárias que ali existiam em 1807, pertenciam a judeus[44]. Também fica-se sabendo que, encabeçados pelos onipresentes Rothschild, os banqueiros judeus foram os principais promotores do crédito público na época em que se generalizava a prática dos empréstimos feitos ao Estado e que outros filhos do gueto foram grandes os incentivadores de novos ramos de atividade, tais como a construção de estradas de ferro ou a indústria têxtil alemã (um deles, Liebermann, pôde gabar-se, perante Frederico Guilherme IV, "de ter expulsado os ingleses do Continente"). A seguir, seu espírito de iniciativa fará maravilhas no comércio de metais não-ferrosos, na criação de uma indústria elétrica e na fundação das grandes lojas que, na Alemanha, permanecerão, até 1933, monopólio judeu na proporção de quase 80%. A valorização da bacia mineira da Alta Silésia também se deve, em sua maior parte, a empresários judeus; em compensação, o império industrial do Ruhr, com suas dependências do Sarre, foi edificado unicamente por capitães-de-indústria cristãos e parece que o mesmo ocorreu com a indústria química, ramo de atividade, todavia, tipicamente "novo". Seria tão fácil multiplicar os exemplos dessas disparidades quanto difícil propor para elas uma explicação coerente; além disso, essas indicações apresentam para nosso tema, um interesse apenas marginal. No máximo, elas nos lembram que, num regime liberal e capitalista (chamado, na época, de "judeu" por seus principais detratores), a religião do operador econômico perde seu significado e que, se certas antigas especializações persistem, as especializações novas parecem operar-se ao acaso; ao que se deve acrescentar a tendência para a concentração e a ascensão das sociedades anônimas, com seus entrelaçamentos de interesses, de tal forma que, no final, torna-se impossível distinguir entre "negócios judeus" e "negócios cristãos".

Mas, no alvorecer da Revolução Industrial, na Alemanha como em outros lugares e talvez mais do que nos outros lugares, fatores extra-econômicos faziam parecer mais importante do que era o papel econômico dos judeus: tais como seu afluxo para as grandes cidades e, nestas, sua concentração nos bairros residenciais finos, onde manifestavam uma certa propensão a exibir os sinais externos de seu sucesso, tais como palacetes particulares ou criadagem. A persistência das antigas

---

44. Os dados que se seguem sobre o papel econômico dos judeus na Alemanha foram extraídos do estudo de ERNST FRAENKEL, "Der Beitrag der deutschen Juden auf wirtschaftlichem Gebiet", *Judentum, Schicksal, Wesen und Gegenwart,* Tübingen, 1965, pp. 552-600, e no estudo, mais rebuscado, mas incidindo principalmente na República de Weimar, de ESRA BENNATHAN, "Die demographische und wirtschaftliche Struktur der Juden", *Entscheidungsjahr* 1932, Tübingen, 1965, pp. 87-131.

ocupações de lojista, vendedor ambulante e prestamista a juros aumentava essa tendência, e as novas profissões de advogado ou notário, de médico ou farmacêutico também multiplicavam os serviços onerosos prestados aos cristãos pelos judeus. Além disso, no século XIX, os judeus ainda eram numerosos nas pequenas cidades, principalmente na Baviera e em Wurtemberg, onde serviam como intermediários entre o campo e a cidade, tentacular e misteriosa, e personificavam facilmente a dominação desta[45].

Todos esses fatores contribuíam para reforçar a impressão de uma invasão ou penhora judia, impressão que, na Alemanha, repousava em bases menos frágeis do que nos outros países ocidentais. Para o começo do século XX, dispõe-se, a esse respeito, de alguns dados estatísticos que, refletindo o final de uma evolução, permitem fixar as idéias no que se refere a seu começo. Desses dados (coligidos por Werner Sombart[46]), ressalta principalmente que os judeus, que formavam perto de 1% da população alemã, forneciam, por volta de 1900, 25% dos membros dos conselhos administrativos e 14% dos titulares de cargos de direção nas empresas industriais e financeiras. Pode-se crer que uma parte desses capitães-de-indústria teria preferido saciar suas ambições no seio do Estado Maior e do corpo diplomático ou na alta administração, dos quais estavam excluídos[47]; o fato de serem relegados à economia contribuía, por sua vez, para reforçar a impressão segundo a qual eles se tinham içado até suas posições na qualidade de "judeus" e não como "diretores" ou "banqueiros". Quanto aos judeus em geral, ressalta, dos quadros pintados por Sombart, que eram, em média, seis ou sete vezes mais ricos do que seus compatriotas, ou seja, que eles detinham em suas mãos 6 a 7% da fortuna nacional.

Eram essas as fontes, meio reais, meio imaginárias, do anti-semitismo econômico, fenômeno que, embora mereça o nome, não o merece nos tempos modernos, a não ser quando os judeus superam os não-judeus na qualidade de financistas e empresários ou no exercício das chamadas profissões liberais. Região por região européia, tal superioridade foi principalmente marcante no começo da industrialização, por ocasião da fase da "arrancada capitalista", que foi também a da emancipação judia. As ciumeiras tradicionais das corporações cristãs confluíram, então, para a emoção geral provocada pela libertação dos homens do gueto, cuja concorrência tornou-se ainda mais temível para elas. Não há dúvida alguma de que suas intrigas encontravam-se na origem de muita campanha anti-semita, de que muito panfleto foi fabricado sob encomenda; mas as intrigas e provocações desse gênero, tramadas em segredo, são difíceis de retraçar. Contudo, os problemas antijudeus de

---

45. Cf. H, P. BAHRDT, "Gesellschaftliche Voraussetzungen des Antisemitismus", *Entscheidungsjahr 1932, op. cit.* p. 141.

46. W. SOMBART, *Die Juden und das Wirtschaftsleben*, Leipzig, 1911, pp. 134-135 e 218-221.

47. Em outros setores, principalmente no ensino, observava-se um *numerus clausus*, que facilmente degenerava em exclusão de fato (tal como na Prússia no ensino primário). Cf. E. HAMBURGER, "Jews in Public Service under the German Monarchy", *Leo Baeck Yearbook*, vol. IX (1964), pp. 206-238.

1819, que foram seguidos por inquéritos policiais, revelam a agitação burguesa contra o pano de fundo da crise que atingiu as indústrias alemãs nascentes depois do retorno da paz. Assim, fica-se sabendo que os mestres ofereciam bebida aos operários e aos aprendizes e os incitavam contra os judeus; alguns estalajadeiros teriam mesmo chegado a distribuir armas; em Würzburg, onde nasceram as perturbações, as provocações eram tão evidentes que o governo ameaçou suprimir as corporações[48].

Pode-se encontrar conjunturas análogas na Rússia um século mais tarde. M. I. Kalinin, economista e estadista soviético fez sua descrição[49]:

> Uma família judia, mal acabada de sair do gueto, naturalmente torna-se mais apta para a luta pela vida do que as famílias cultas russas, que obtiveram os direitos, não através de lutas, mas através de uma espécie de direito de primogenitura. O mesmo acontece em relação aos comerciantes. Antes de poder enveredar pela larga estrada da exploração capitalista, o judeu teve de passar pela dura escola da luta pela existência. Só podiam sair do gueto, onde milhares de pequenos comerciantes e artesãos disputavam encarniçadamente sua clientela, os judeus que davam provas de possuir capacidade especial para enriquecer, através da utilização honesta ou desonesta das condições ambientais. É evidente que esses judeus ultrapassavam por uma cabeça inteira os mercadores russos, que não tinham sido formados por uma escola tão dura. É por isso que, aos olhos dos mercadores russos e dos membros das profissões liberais, aos olhos da burguesia em geral, os judeus passavam por concorrentes terrivelmente perigosos.

Tratava-se, portanto, já o dissemos, de um fenômeno geral na Europa, mas que se aguçava especialmente num determinado estágio do desenvolvimento sócio-econômico. Também é importante observar que os mercadores cristãos tinham, de fato, tudo a ganhar com o desaparecimento dos judeus, enquanto que o povo só podia perder com isso. Lembremos o que escrevia Charles Fourier: "... o povo canta maravilhas: 'Viva a concorrência! Viva os judeus, a filosofia e a fraternidade'; todos os gêneros baixaram de preço com a chegada de Iscariotes, e o público diz às casas rivais: "Sois vós, senhores, quem sois os verdadeiros judeus"[50].

Mas esse povo permitia que abusassem dele facilmente. Cerquemos, então, mais de perto a noção de "anti-semitismo econômico", esse "socialismo dos imbecis" – diz-se freqüentemente – que, em sua acepção mais corrente, engloba a cobiça e o furor cego de todo o povo cristão.

Seja qual for a acepção e seja "racional" (caso dos comerciantes) ou "irracional" (caso dos clientes), o anti-semitismo econômico continua enraizado na teologia e só subsiste através dela, já que, sem ela, os judeus de posses não teriam passado de homens de dinheiro,

---

48. Cf. os dados esparsos reunidos por E. STERLING, *Er ist wie du, op. cit.*, pp. 168 e 218.
49. M. I. KALININ, *Os Judeus Agricultores na União dos Povos da U.R.S.S.* (em russo), Moscou, 1927, pp. 26-27.
50. Cf. supra, p. 313.

iguais aos outros. Lá "onde não existem judeus os cristãos judaizam bem pior...", já observava Bernard de Clairvaux[51]. O que se aplica às origens longínquas parece reproduzir-se ao longo de gerações, como uma repetição compulsiva. Historicamente, a função teológica do judeu precedeu e determinou suas especializações econômicas, e é a imagem compósita resultante dessas duas funções que, no seio da nova sociedade burguesa, continua a singularizá-lo como judeu. Em relação ao anti-semitismo, é a primeira função que é tópica. E ela é proteiforme; já vimos e ainda veremos como ela pode vestir-se e ocultar-se; como, no Ocidente, o judeu, seja qual for a verdade dele, judeu, serve de testemunha para verdades contraditórias que se confrontam. É por isso que uma história do anti-semitismo é, primeiro e acima de tudo, uma história teológica, por mais embaralhada que esteja com a história econômica.

Para dar um exemplo: não se poderia isolar os ressentimentos dos franceses em relação à hegemonia dos Rothschild da emoção provocada pelo caso do homicídio ritual de Damasco; ora, são paixões dessa ordem que, de geração em geração, diferenciam os judeus banqueiros dos banqueiros judeus. Essa permanente interação, ou essa antiga genealogia, pode ser retraçada ainda melhor na Alemanha moderna: de fato, os judeus, ao mesmo tempo em que continuavam, no novo mundo burguês e chauvinista, a figurar como rivais temíveis nos negócios, transformaram-se, ali, de uma maneira ainda mais expressiva do que outrora — alguns como ideólogos, outros, mais numerosos, só por sua presença e sem compreender muito bem como — nos inimigos declarados das convicções professadas por esse mundo e promovidas, por este, à categoria de valores supremos. Será principalmente nesta qualidade que eles irão pesar enormemente no destino germânico, o que nos traz de volta ao âmago de nosso verdadeiro assunto.

3. BÖRNE E HEINE. JOVEM ALEMANHA OU JOVEM PALESTINA?

Tribuno esquecido nos dias de hoje, Ludwig Börne, nascido Loeb Baruch, sem dúvida alguma teria entrado para a História como o Mazzini da Alemanha se a mística republicana e revolucionária tivesse enraizado melhor lá. Durante a vida, serviu como mentor intelectual dos meios liberais, foi "o carvalho Börne" para Friedrich Engels, "um pedaço da história mundial" para Heinrich Laube; depois, só os suíços Jakob Burckhardt e Gottfried Keller cultivaram sua memória.

Nascido em 1785 no gueto de Frankfurt, o brilhante panfletário era filho de um judeu da corte já liberado que, na velhice, "lia de boa vontade o que seu filho escrevia, mas teria preferido que não tivesse sido escrito por seu filho"[52]. Beneficiou-se de uma educação filosófica,

---

51. Sobre o assunto, remetemos o leitor a nosso trabalho *Les banquiers juifs et le Saint-Siège...*, *op. cit.*, p. 29 e *passim.*
52. Citado por JOSEPH DRESCH, em sua edição de L. BÖRNE, *Études sur l'histoire et les hommes de la Révolution française,* Paris, 1952, p. 12.

freqüentou, em Berlim, o salão de Henriette Herz, seguiu os cursos de Schleiermacher e apaixonou-se pela Alemanha. Contudo, na época do Grande Sanedrim transformou Napoleão em seu ídolo, comparando-o a Moisés e a Cristo[53], mas logo depois desencantou-se e participou do ardor patriótico da "guerra de libertação"; porém ele sempre conservou em seu coração o amor por uma França libertadora dos filhos de Israel. Louvava o espírito e os talentos de seus ex-correligionários e alegrava-se com seu rápido embasbacamento pelas idéias e modos ocidentais[54]; para ele, o judaísmo não passava de uma "múmia egípcia que tem apenas aparência de vida, mas cujo cadáver resiste à putrefação"[55]. Ou seja, não via futuro para seus irmãos a não ser no seio de uma Alemanha também regenerada, livre e fraternal. Também gente como Arndt ou Jahn sonhava com uma Alemanha assim, mas eles a concebiam de outro jeito; um patriota como Börne não podia militar a não ser num campo que não lhe contestasse as qualidades de patriota e de alemão ou, na falta deste, fundar semelhante campo. Era assim que se anunciava uma dialética particular da história alemã, e Friedrich Schlegel estava certo ao prever que as campanhas antiemancipatórias terminariam dividindo a Alemanha em duas facções opostas[56].

Na época em que se esboaçava tal divisão, Börne afirmava candidamente sua convicção de ser um patriota alemão melhor do que os outros, precisamente porque nascido no gueto. Já em 1808, observava: "Alegro-me por ser judeu; isso me torna um cidadão do mundo e não tenho de corar por ser alemão"[57]. Aos alemães que ficavam exasperados com tal aforisma, ele retrucava a seguir que não passavam de escravos: "A Alemanha não é o gueto da Europa? Os alemães não usam, todos, um pano amarelo em seu chapéu? Vocês ficarão livres *com* nós ou não ficarão de modo algum"[58]. E explicava a "graça divina" de ser judeu, explicando-se como segue: "... Sei apreciar a felicidade imerecida de ser, ao mesmo tempo, alemão e judeu, de poder pretender ter as virtudes dos alemães, sem compartilhar seus defeitos. Sim, é porque nasci na escravidão que compreendo a liberdade mais do que vocês. Sim, é porque nasci apátrida que desejo, para vocês, uma pátria, mais ardentemente do que vocês mesmos"[39]. Por conseguinte, esse adepto integral do Iluminismo não fazia distinção entre a libertação dos alemães e a emancipação dos judeus, a propósito de quem escrevia, ainda, que "era preciso ligar sua causa às aspirações gerais à liberdade; falar deles sempre que houver oportunidade, de uma maneira inesperada, para incitar os leitores bem dispostos a preocupar-se com eles porque encontram-nos em

---

53. "Moisés, Cristo e Napoleão formam a santa trindade da História" (*Aforismas*, 1808-1810; cf. *Sämtliche Werke*, ed. 1964, t. I, p. 141).
54. *Idem*, pp. 14 e ss. ("Bermerkungen über die neue Stättigkeits - und Schutzordnung für die Judenschaft in Frankfurt am Main...").
55. *Idem*, p. 163, *Aforismas*, 1808-1810).
56. Cf. supra, p. 209.
57. *Idem*, p. 145.
58. Citado por HELMUT BOCK, *Ludwig Börne, Vom Gettojuden zum Nationalschrifsteller*, Berlim (Leste), 1962, pp. 105 e 422.
59. *Cartas de Paris*, 74ª carta (7 de fevereiro de 1832).

seu caminho. Dessa maneira, é mais fácil defender os judeus"[60]. Efetivamente, Börne falava dos judeus a propósito de tudo, se não fora de propósito, reivindicando para eles, depois de um ensaio de *Shylock* em Frankfurt, o "direito ao ódio"[61], sublinhando, por ocasião dos problemas de 1819, a fatal convergência da judeofobia com a francofobia, alegrando-se, em 1828, ao ver o equilíbrio europeu ser mantido graças à judiaria[62], censurando os alemães por "aspirarem, como na Ópera, a um coro uniforme, ao uníssono; querem alemães saídos das florestas de Tácito, de cabelos ruivos e olhos azuis. Os judeus, de pele escura, destoam..."[63].

Uma apologética dessas só podia deixar em brasa os furores germanômanos, e é evidente que o primeiro argumento dos adversários de Börne, consistia em contra-atacar o judeu. Como ele mesmo constatava, "no momento em que meus inimigos se sentem perdidos frente a Börne, lançam a âncora de segurança, Baruch"[64]. O crítico Wolfgang Menzel, que primeiro foi seu aliado, censurava-o "por escrever em francês" e por fazer isso porque não podia esquecer as humilhações sofridas na qualidade de judeu[65]. Outro crítico falava "dos numerosos e maléficos defeitos desse asiático, que não podem desaprecer com o batismo"[66]. Exprobravam-no por odiar a Alemanha e por ter esse ódio no sangue; para fundamentar melhor essa censura, Karl von Simrock, tradutor dos *Niebelungen,* apresentava como exemplo a si mesmo: "Quando examino a mim mesmo, vejo claramente que, se não me tivesse sido dito expressamente para amar fraternalmente todos os homens, teria sido necessário, para mim, odiar teu povo" e concluía daí que esse povo, animado por seu espírito tribal, não podia deixar de odiar os alemães[67]. Pouco depois da morte de Börne, os *Hallische Jahrbücher* dos "Jovens Hegelianos" qualificavam-no de "Cam do povo alemão"; "como verdadeiro judeu fanático, ele só conhece o ódio, seu espírito não passa de zombaria"[68]. Como observava Börne, "todos eles estão fascinados pelo círculo mágico judeu, ninguém consegue sair dele"[69]. Esse círculo, que, sem dúvida alguma, fazia com que ele parecesse maior do que o natural, tornava o nome de Baruch-Börne um símbolo.

Essa função de símbolo, ou melhor da anti-símbolo, é ainda mais acentuada no caso de seu grande rival, Heinrich Heine. Talvez não tenha

---

60. *Idem,* 103ª carta (2 de fevereiro de 1833).
61. "Der Jude Shylock im Kaufmann von Venedig", *Sämtliche Werke, ed. cit.,* I, pp. 499-505.
62. "Das europäische Gleichgewicht wird von der Judenschaft erhalten. Sie gibt heute dieser Macht Geld, morgen der andern, der Reihe nach allen, und so sorgt sie liebevoll für den allgemeinen Frieden..." (*Aphorismen und Miszellen,* 1828, *ed. cit.* t. II, p. 306).
63. *Für die Juden,* ed. cit., t. I, p. 876.
64. Cf. F. KOBLER, *Juden und Judentum...,* Viena, 1935, p. 277.
65. H. BOCK, *Ludwig Börne..., op. cit.,* pp. 392-393.
66. Citado por L. MARCUSE, "Ludwig Börne", *Tribüne,* Frankfurt am Main, VI/ 1963, p. 614.
67. Citado por H. BOCK, *op. cit.,* p. 450.
68. *Hallische Jahrbücher,* II (1839), p. 1347.
69. *Cartas de Paris,* 74ª carta.

havido outro homem que haja percebido e expressado com tanto acerto os impasses e imprevistos da emancipação; quando Heine escrevia que "havia encontrado em seu berço o mapa para a vida toda", estava resumindo, numa fórmula atraente, as determinações que levaram Börne e ele a militar no mesmo campo e a erguer-se contra as mesmas injustiças. Quanto ao resto, os dois homens contrastavam entre si, as certezas apaixonadas do tribuno opondo-se ao demônio irônico e aos esfacelamentos do poeta. Freqüentemente censura-se Heine por não levar nada e ninguém a sério olhando mais de perto, suas cartas íntimas nos informam que ele fazia uma exceção para os judeus patriarcais à moda antiga. Acusava sua geração de "não ter força para usar barba, para jejuar, para odiar e suportar o ódio" seguindo o exemplo de seus ancestrais do gueto[70], como se ele estivesse fascinado por essas grandiosas imagens parentais; a freqüência desse tema, em suas cartas e também em seus escritos, sugere uma consciência atormentada por um "complexo de traição", principalmente depois de seu batismo. Mas, se Heine não poupava seus semelhantes, "desertores da velha guarda de Jeová", começando por ele mesmo — não exclamava, no dia seguinte a sua conversão, que agora ele era abominado tanto pelo judeu, quanto pelo cristão? —, era principalmente às custas dos alemães natos batizados que exercia seus dons de sarcasmo profético. Se, na qualidade de judeu, não podia deixar de ter ódio visceral pelos adeptos do culto da raça germânica, se diferençava de gente como Börne ou Ascher por sua faculdade de ver claro e longe, de pressentir o trágico desfecho desse culto e de prever com singular acuidade o giro que iria tomar a história do século XX. Ele o fazia em seus poemas — onde a sátira freqüentemente torna-se ultrajante; assim, quando, no fim de *Wintermärchen,* uma deusa faz com que ele aspire os odores do futuro alemão e caia, numa síncope, nessa cloaca[71], ou em seus ensaios, onde os contornos desse futuro tornam-se mais precisos sob sua pena:

> O cristianismo suavizou, até certo ponto, o ardor belicoso dos germanos; mas não conseguiu destruí-lo, e quando a cruz, talismã que o acorrenta, vier a se quebrar, então transbordará de novo a ferocidade dos antigos combatentes, a exaltação frenética dos Bersekers que os poetas do Norte cantam ainda hoje. Então — e infelizmente esse dia chegará —, as velhas divindades guerreiras se erguerão de seus túmulos fabulosos, limparão a poeira secular de seus olhos; Thor se levantará com seu martelo gigantesco e demolirá as catedrais... Não riam desses avisos, embora eles provenham de um sonhador que os convida a desconfiar dos kantianos, dos fichtianos, dos filósofos da natureza; não riam do poeta fantasioso que

---

70. Carta a I. Wohlwill, de 1º de abril de 1823. "Eu também não tenho força para usar barba, para fazer com que me chamem de *Judenmauschel,* para jejuar, etc.", acrescentava. Nas cartas aos íntimos, voltava com freqüência a esse tema, mas principalmente no fim da vida. A seu irmão Max, escrevia em maio de 1849: "Nossos pais eram homens corajosos: eles se humilhavam perante Deus e era por isso que enfrentavam com tanta obstinação os homens, os homens aqui embaixo; eu, ao contrário, provocava o céu e era humilde e rastejante perante os homens — e é por isso que agora estou estendido no chão, como um verme esmagado. Glória e honra ao Eterno!" (Cf. F. KOBLER, *Juden und Judentum...,* op. cit., cartas citadas, pp. 215-230).
71. *Wintermärchen,* cap. XXVI.

espera, no mundo dos fatos, a mesmo revolução que ocorreu no domínio do espírito. O pensamento precede a ação como o relâmpago precede o trovão. O trovão, na Alemanha, é, na verdade, também alemão; não é muito ligeiro e vem rolando com certa lentidão; mas virá, e, quando vocês ouvirem um estalo como jamais se ouviu outro na história mundial, saibam que o trovão alemão finalmente atingiu o objetivo. Com o barulho, as águias cairão mortas do alto dos ares, e os leões, nos desertos da África, baixarão o rabo e se arrastarão para dentro de seus covis reais. Na Alemanha será executado um drama perto do qual a Revolução Francesa não passará de inocente idílio. É verdade que, hoje em dia, tudo está calmo, e se vocês virem, aqui e ali, alguns alemães gesticulando com maior vivacidade, não pensem que são os atores que um dia serão encarregados da representação. Não passam de cãezinhos que correm pela arena varia latindo e trocando algumas dentadas antes da hora em que deve entrar a tropa dos gladiadores que irão combater até a morte[72].

Esse aviso dirigia-se aos franceses; foi redigido em Paris, onde Heine se instalara e onde se esforçava para operar uma reconciliação franco-alemã, para indignação do campo germanômano. Mas não foi somente a propósito da aventura nacional-socialista que ele exerceu seus talentos de Cassandra; a epopéia comunista, no término de uma guerra mundial, e a instauração da igreja stalinista foram pressagiados por ele várias anos antes da publicação do *Manifesto Comunista*[73]. Por isso desejava que seus netos viessem ao mundo com pele bem grossa.

A clarividência de Heine, cuja leitura fornece, em nossos dias, sutis alegrias intelectuais, não podia deixar de exasperar a maior parte de seus compatriotas, a ponto de fazer surgir, no decorrer dos anos, um verdadeiro "caso Heine", espinho na carne da Alemanha guilhermina. Mas era impossível suprimir, da história nacional, o chantre da *Lorelei*, como essa Alemanha teve tendência a fazê-lo em relação a Börne; ao menos, as cidades alemãs entraram em acordo para não levantar monumentos a esse judeu, a esse ingrato, que "não parava de cobrir sua pátria de baba" (Von Treitschke)[74]. Particularmente resoluta era a oposição de Düsseldorf, cidade natal de Heine. Quando, ao aproximar-se seu centenário, Elizabeth da Áustria, admiradora dele, quis impor o monumento, a discussão transformou-se num pequeno caso de Estado[75]; no final, a Imperatriz teve de resignar-se com erigir a estátua que encomendara, e que não encontrava quem a aceitasse, no jardim de seu palácio da Ilha de Corfu, de onde Guilherme II mandou bani-la a seguir. Em 1906, Adolf Bartels, crítico literário influente, publicava sob o título de *Heinrich Heine, à guisa de Monumento*[76], uma acusação contra a má conduta do poeta; nela, o estilo lírico era comentado à luz do sangue

---

72. *Histoire de la religion et de la philosophie en Allemagne,* conclusão (1834); cf. H. HEINE, *De l'Allemagne,* Paris, 1856, t. I, pp. 181-183.
73. Cf. os textos reunidos e comentados por GOLO MANN, *Deutsche Geschichte des 19. und 20. Jahrhunderts, op. cit.,* pp. 161-170 ("Heinrich Heine").
74. *Deutsche Geschichte im neunzehnten Jahrhundert, op. cit.,* Leipzig, 1885, t. III, p. 420.
75. As discussões em torno do monumento a Heine foram descritas por PAUL ARNSBERG, "Heinrich Heine als linksintellektuelles Anti-Symbol", *Tribüne,* Frankfurt am Main, VI/1963, pp. 643-657.
76. ADOLF BARTELS, *Heinrich Heine, auch ein Denkmal,* Dresden, 1906.

judeu. Finalmente, em 1913, a cidade de Frankfurt resolveu à sua maneira o debate erguendo um grupo à *musa* de Heine, sendo o homem declarado indigno de homenagens públicas. O debate não está encerrado, e Heine continua sendo, hoje, na Alemanha, um poeta contestado[77]. Essas paixões cívicas encontravam alimento suplementar nos escritos dos judeus militantes; já em 1878, Von Treitschke, que tornou popular a expressão "os judeus são nossa desgraça", criticava o historiador Grätz por ter glorificado Börne e Heine que, "tais como reis", teriam servido de mentores ao "Miguel alemão", despertando-o do sono; nada mais sugestivo do que a resposta embaraçada de Grätz, explicando que a passagem incriminada datava de 1868, quando ainda era lícito e mesmo habitual chamar os alemães de "Miguel"; "as gloriosas vitórias, bem como a unificação e o restabelecimento da Alemanha, devidos a uma direção genial, ocorreram mais tarde"[78]. Depois de 1870-1871, tornou-se ainda mais difícil ser judeu na Alemanha.

*

* *

Heine e Börne entraram para a história literária alemã como os dois líderes do movimento "Jovem Alemanha". Os outros membros do grupo — Gutzkow, Laube, Wienbarg, Mundt — eram autores cujas armas visavam principalmente a ordem moral e familial, e cujas obras pregavam especialmente "a emancipação da carne". Quase todos tinham sofrido a influência de Rachel Varnhagen-Levine, e Mundt chegava mesmo a chamar essa judia de "mãe da jovem Alemanha"[79]. Todos esses emancipadores foram englobados na mesma condenação. O crítico germanômano Wolfgang Menzel, que denunciou o movimento às autoridades, tratava-o de "Jovem Palestina", de "república judaica do vício da nova firma Heine e companhia"[80]. O decreto de censura que, em 1835, atingiu esses escritores com a interdição, também acusava Gutzkow, Wienbarg e Mundt por seu sangue supostamente israelita[81], e, assim, pode-se constatar novamente qual o significado de que se revestia, durante essas lutas político-literárias alemãs, a judeidade de Heine e de Börne.

Karl Gutzkow, o autor mais importante da "Jovem Alemanha" escrevia que eles alcançavam um sucesso retumbante junto aos espíritos jovens e que, contudo, não agradavam, "eles ocupavam o pensamento e não ganhavam os corações, mas era preciso dois judeus para derrubar a

---

77. "Es scheint nicht ganz zufällig, wenn Heine auch heute noch in Deutschland als Dichter umstritten ist, während das Ausland ihm einen Platz neben Goethe zuordnet, ja, ihn dem Weimarer Olympier gelegentlich sogar vorzieht." (HEINZ BECKER, *Der Fall Heine-Meyerbeer*, Berlim, 1958, p. 23).

78. W. BOELICH, *Der Berliner Antisemitismusstreit*, Frankfurt am Main, 1965, p. 52.

79. Cf. J. DRESCH, *Gutzkow et la Jeune Allemagne*, Paris, 1904, p. 155.

80. Cf. H. BOCK, *Ludwig Börne. . ., op. cit.*, p. 383.

81. Cf. H. H. HOUBEN, *Jungdeutscher Sturm und Drang*, Leipzig, 1911, p. 96, citando o decreto de interdição do governo bávaro; mas o processo teria sido devido ao próprio Metternich.

antiga ideologia e abalar todas as ilusões"[82]. Observava também que "a repulsa dos cristãos em relação aos judeus era uma idiossincrasia física e moral contra a qual é tão difícil lutar quanto contra a repugnância que alguns têm pelo sangue ou pelos insetos"[83]. Mas esse ex-*Burschenschaftler* teria podido apresentar a si mesmo como exemplo. Não é verdade que escrevia, depois de ter começado a rebelar-se, que o "eterno judeu" tinha-se tornado culpado de crimes contra a humanidade bem piores do que aquele que erradamente se lhe censurava, consistindo em egoísmo particularista, em "materialismo niilista" e em mercantilismo literário? Já a expressão "fermentos de decomposição" aparecia sob sua pena; esse emancipador criticava ainda os judeus por "acreditarem que o sol, a lua, as estrelas, tudo se move e gira apenas pela emancipação; Goethe, Schiller, Herder, Hegel só devem ser julgados segundo o que pensavam sobre o tema da emancipação"[84].

Heinrich Laube manifestou primeiro muito boa vontade. Em *A Jovem Europa*, sua obra-prima, o judeu Joel combate pela liberdade universal, mas é mal recompensado; embora tenha "repudiado o judeu existente dentro dele", os cristãos continuam a repudiá-lo, de tal forma que ele decide "retornar a ser judeu" e até mesmo tornar-se vendedor ambulante[85]. Mas, a seguir, também Laube, a quem Meyerbeer acusara de plágio, chega à conclusão de que os judeus eram "de uma nação oriental, completamente diferente", cujas "máximas de existência as mais profundas nos repugnam de modo gritante"[86]. Sem dúvida alguma, ele exprimia a convicção comum à república alemã das letras do tempo. Como escreve hoje em dia o sociólogo alemão H. P. Bahrdt, "as noções de 'judeu' e de 'judiaria' tinham deixado de designar, para o público literariamente culto, figuras sociais concretas; elas não eram empregadas, de modo geral, senão em sentido simbólico"[87]. "O eterno judeu" de Gutzkow ilustra excelentemente a observação. A esse respeito, é interessante observar que, ao contrário do tema do judeu na literatura inglesa ou francesa, o do judeu na literatura alemã do século XIX jamais tentou qualquer universitário à procura de tema para teses[88], certamente porque os resultados de tal pesquisa teriam sido tão

---

82. *Jahrbuch der Literatur*, I (1839), p. 14; cf. J. DRESCH, *op. cit.*, pp. 64-65.

83. Cf. E. STERLING, *Er ist wie du, op. cit.*, p. 114.

84. K. GUTZKOW, *Julius Mosens Ahasver* (seguido de um *Nachtrag* polêmico, no qual sustenta e torna mais precisa a tese sobre os judeus); *Vermischte Schriften*, Leipzig, 1842, vol. II, pp. 155 e ss. e 171 e ss.

85. Cf. a tese (inédita) de MARIE-LOUISE GABRIEL, *The Portrait of the Contemporary Jew in English and German Fiction and Drama from 1830 to 1880*, p. 21.

86. Cf. E. STERLING, *op. cit.*, p. 206, nota 103, referindo-se aos *Dramatische Werke*, de LAUBE (1847, p. 21).

87. "(Hierzu trug bei) dass gerade die Begriffe 'Jude' oder 'Judentum' für die literarisch gebildete Offentlichkeit den Charakter der Bezeichnungen anschaulicher sozialer Gestalten verloren und sich nahezu ins 'Symbolische' verflüchtigt hatten." (HANS PAUL BAHRDT, "Gesellschaftliche Voraussetzeungen des Antisemitismus", *Entscheidungsfahr 1932, op. cit.*, p. 149).

88. Exceto a tese comparatista citada acima de MARIE-LOUISE GABRIEL. A obra de LUDWIG GEIGER, *Die deutsche Literatur und die Juden*, Berlim, 1910, não é mais do que uma coletânea de ensaios.

aflitivos quanto monótonos; só autores cujos nomes naufragaram no esquecimento mostravam-se favoráveis aos judeus. A pesquisa também poderia ter incidido sobre a chamada literatura de baixo nível, aquela que não encontra lugar nos manuais de história literária, mas que, melhor do que qualquer outra, reflete o gosto do público. Nesse campo, os judeus dos *Segredos de Berlim* de Stieber competem em maldade com os dos *Mistérios de Berlim* de Bass[89], e, se o romântico *Judeu* de Karl Spindler (1828) ainda está conforme ao molde de *Ivanhoé, o Judeu Pio* (1844) de seu colaborador Wilhelm von Chézy já é um sábio do Sião, que trabalha pela emancipação a fim de melhor subjugar o povo alemão[90].

No que se refere a autores de melhor quilate, depois da emancipação dos judeus sua decisão parece estar tomada. Embora Johann Paul Richter procure, em 1795, iniciar-se na sabedoria rabínica, lamentando não conhecer hebraico[91], Ludwig Tieck declara, em 1835, que os judeus "são um elemento estranho dentro do Estado; nas letras alemãs, onde dominam desde Rachel, Heine e Börne, sua influência foi mais nociva do que benéfica"[92]. No ano seguinte, Karl Immermann, que foi um dos primeiros admiradores do gênio lírico de Heine, publicou seu romance, *Die Epigonen*, onde dedica vários capítulos à nova geração judia. Primeiro, ele prepara uma surpresa para seus leitores: a personagem que ele apresenta "usava uma roupa de colarinho aberto como prescreve Jahn; longos cachos loiros desciam de sua cabeça: belos olhos azuis brilhavam em seu rosto franco e aberto". Essa personagem simpática apresenta-se como vítima das perseguições reacionárias, como alguém salvo das masmorras de Metternich; mas, algumas páginas mais adiante, fica-se sabendo que o suposto combatente da liberdade não passa de um salteador de estradas, de um judeu disfarçado de alemão: o rosto franco não passa de uma máscara, os cabelos loiros, uma peruca![93] Immermann multiplica a seguir as descrições dos usos e costumes da "cavalaria egípcia" — como qualifica os judeus — e eis sua conclusão:

> O judeu permanece judeu, e é principalmente quando ele se mostra amável que o cristão deve ficar em guarda. Todos eles são escravos libertos, humildes e rastejantes quando querem obter alguma coisa, altaneiros quando conseguiram obtê-la[94].

Mas também inúmeros judeus alemães julgavam-se com não menor severidade, e as figuras dominantes dão provas de reviravoltas

---

89. Cf. L. GEIGER, *op. cit.*, p. 22.
90. Cf. a obra de MARIE-LOUISE GABRIEL, p. 57, e principalmente p. 206.
91. Cf. sua correspondência com o amigo judeu Emmanuel Osmond (F. KOBLER, *op. cit.*, pp. 150-151).
92. Cf. R. KOEPKE,, *Ludwig Tieck...*, Leipzig, 1855, vol. II, p. 214.
93. K. IMMERMANN, *Die Epigonen, Familienmemoiren...*, Düsseldorf, 1836, t. II, pp. 208 e ss.
94. *Idem*, p. 344.

por vezes espantosas. É o caso de Ferdinand Lassalle (1825-1864), fruto de uma família ainda ortodoxa. Adolescente, ele sonhava, no tempo do caso de Damasco, tornar-se o messias vingador dos judeus. "Povo covarde, você merece sua sorte! O verme espezinhado se contorce, mas você se achata ainda mais! Você não sabe morrer, destruir, você não sabe o que significa uma justa vingança, você não sabe perecer junto com o inimigo, estraçalhá-lo ao morrer! Você nasceu para a escravidão!" Pouco depois, afirmava sua esperança de ver aproximar-se a hora da vingança e proclamava sua sede pelo sangue dos cristãos. Não tardou em mudar de ambições e de opiniões, e, quando sua vida agitada transformou-o no messias da classe operária alemã, seus furores pareceram voltar-se unicamente contra seus irmãos: "Je n'aime pas du tout les Juifs, même je les déteste généralement"[95]. Karl Marx, que os detestava ainda mais, nem por isso deixava de chamá-lo de "negro judeu" e chegava mesmo a escrever a Engels que Lassalle era o curioso produto de um cruzamento entre negros, judeus e alemães[96]. Tais paixões e tais renegações, coroadas por tais êxitos, não podiam deixar de singularizar ou isolar ainda mais os judeus na Alemanha, onde o exclusivismo judeu encontrava larga ração no exclusivismo germânico.

O itinerário podia ser diferente, levar, do universalismo emancipador, ao particularismo nacionalista. Foi esse o caso de Moise Hess (1812-1875), o "rabino comunista" que serviu de anunciador de Karl Marx e que foi o primeiro mestre de Friedrich Engels[97]. Também professava, em relação aos judeus, as concepções cristãs dominantes, acomodadas à moda hegeliana; eles não passavam, escrevia, de múmias sem alma, de fantasmas retidos neste mundo, e opunha o Deus humanista dos cristãos ao Deus nacionalista de Abraão, Isaac e Jacó (*A Triarquia Européia*, 1841). Em 1845, sem dúvida sob a influência de Marx, encontrava fórmulas ainda mais enérgicas:

> Os judeus, que, na história natural do mundo social, tiveram a vocação universal de desenvolver o animal de rapina a partir do homem, finalmente terminaram a obra à qual foram votados. O mistério do judaísmo e do cristianismo foi revelado no mundo dos lojistas judaico-cristãos[98].

Também tendo-se a seguir exilado em Paris, Hess ali procurou a verdade nas ciências positivas da época, mergulhou nas leituras antropo-

---

95. Em francês no texto. Cf. E. SILBERNER, *Sozialisten zur Judenfrage, op. cit.* (Cap. "Lassalle", pp. 160-180). ("Não gosto nem um pouco dos judeus, chego mesmo a detestá-los em geral" – N. do T.).
96. *Idem*, p. 137.
97. Em 2 de setembro de 1841, Hess escrevia a seu amigo Auerbach: "Prepare-se para conhecer o maior, ou melhor, o único verdadeiro filósofo atualmente vivo... O Dr. Marx – é assim que se chama meu ídolo – é um jovem de vinte e quatro anos no máximo, que irá dar o golpe de graça na religião e na política medievais. Nele, um espírito filosófico profundo e sério soma-se à ironia mais mordaz: imagine Rousseau, Voltaire, Holbach, Lessing, Heine e Hegel, não reunidos, mas confundidos numa só pessoa e você terá o Dr. Marx..."
98. Cf. E. SILBERNER, *op. cit.* (Cap. "Hess", pp. 181-197).

lógicas e, operando a partir de então com os conceitos de ariano e semita que tinha em mãos, pensou ter descoberto, na "luta de raças", a causa primeira da luta de classes. Foi assim que, aguilhoado pelo espírito da época e pelo anti-semitismo ambiente, se tornou, no fim da vida, uma nacionalista, um "teutômano judeu", segundo sua expressão; para ele, como para seus adversários, é a "raça" que faz o judeu. Em 1862, o precursor de Marx tornava-se, em *Roma e Jerusalém*[99], seu último livro, o doutrinário do sionismo político, precursor de Herzl; assim, o caminho percorrido por esse João Batista parece antecipar o que a história do século XX irá impor ao judaísmo alemão.

Será preciso acrescentar que Hess não foi ouvido pelos judeus de seu tempo e que estes tinham medo dele? Outras personagens, hoje esquecidas, expressavam melhor suas tendências dominantes, principalmente seu conformismo patriótico a que agora pagavam tributo mesmo os judeus praticantes. Entre a ortodoxia rabínica e a revolução social, a via média parece ser simbolizada por Gabriel Riesser (1806-1863), que procurou fazer, de seu caso pessoal, um caso representativo. Estando seu futuro de jurista comprometido por causa de sua judeidade, recusou converter-se ou transigir com a injustiça fosse de que modo fosse e militou em favor de uma reforma geral das leis numa pátria que ele queria unificada. O jornal que fundou para lutar, em duas frentes, contra as práticas discriminatórias e contra as conversões fictícias, levava o título provocante de *Der Jude*. Eleito para o Parlamento de Frankfurt em 1848, ali falou alto e em bom som a favor da igualdade de todos os alemães, tornou-se seu vice-presidente e fez parte da delegação encarregada de oferecer a coroa alemã ao rei da Prússia. Mais tarde, se tornou o primeiro juiz judeu na Alemanha. Von Treitschke citava esse judeu orgulhoso como exemplo "de homem alemão, no melhor sentido da palavra", desligando expressamente seu caso do de Börne, de Heine e dos outros "fermentos de decomposição" orientais. Esse nacionalista fazia distinção, portanto, entre judeu e judeu, como era habitual na época; mas é óbvio que, para ser qualificado como homem alemão, um judeu devia dar provas de qualidades que poucos alemães não-judeus podiam gabar-se de ter.

4. A CRUZADA DOS ATEUS

> *Esses doutores da Revolução e seus discípulos impiedosamente decididos são os únicos homens realmente vivos na Alemanha, e o futuro é deles.*
>
> (HEINRICH HEINE)

Meditando no fim da vida sobre as ousadias da filosofia germânica e dando a si mesmo como exemplo, Heine acautelava seus amigos, Ruge e Marx, bem como Daumer, Feuerbach e Bruno Bauer, contra a

---

99. M. HESS, *Rom und Jerusalem*, Leipzig, 1862, pp. 31 e 39.

"autodivinização dos ateus"[100]. Em 1840-1850, o questionamento de Deus pelos metafísicos alemães prosseguia às claras; nesse ponto, os "jovens hegelianos" entraram na liça três quartos de século depois dos materialistas franceses do Iluminismo. Não nos demoraremos nas razões ou na significação dessa defasagem no tempo; basta constatar que todo processo movido ao Deus dos cristãos pôs em causa o povo cujo testemunho era citado pela defesa, e que os homens a quem se dirigia Heine não cessaram de ocupar o assento da promotoria; eles merecem atenção, portanto.

O mais velho dos cinco, Georg Friedrich Daumer (1800-1875), o menos conhecido nos dias de hoje, não é o menos interessante. Por sua parte, ele representa o passado, mais do que o futuro: poeta e teólogo, esse aluno de Hegel é típico da supervalorização praticada pelos idealistas alemães que procuravam captar o absoluto e sistematizá-lo[101]. Nosso homem jamais conseguiu terminar o seu e, sem dúvida alguma, faltavam-lhe a seriedade e o vigor filosófico necessários; mas também ele quis abolir o reino do Filho, ou da teologia, a fim de instaurar, no lugar, o reino do Espírito, ou da filosofia germânica. Atacado por pastores ortodoxos, se deixou arrastar pela polêmica e, no correr dos anos, seu ódio pelo homem-Deus dos cristãos foi crescente; exalava esse ódio em brochuras pseudocientíficas nas quais corria livre uma crítica bíblica, de gênero novo, alimentada por imensas leituras. O cristianismo primitivo acabou transformando-se, sob sua pena, numa confraria de canibais; pensava ter penetrado até os recônditos mais ocultos em sua obra *Segredos da Antiguidade Cristã* (1847).

Segundo esse escrito, Jeová e Moloch originalmente teriam sido um só, e a páscoa teria sido "a festa solene em que os semitas sacrificavam as crianças"[102]; mas, desde os tempos mais remotos, os hebreus teriam depurado seu culto e instituído oferendas de animais. Contudo, subsistiu entre eles "uma seita que não cessava de perpetuar os antigos horrores canibalescos". Jesus teria sido o chefe dessa seita clandestina; se ele desconfia de Judas, é porque acha que este o está espionando. Os dois homens se confrontam durante a Ceia, cerimônia antropófaga para Daumer:

> Jesus constata que Judas é perigoso, graças ao fato de que este não participa de nada ou só participa incompletamente dessa refeição muito especial. Para pôr

---

100. Cf. o prefácio de Heine à segunda edição do tomo II de suas obras (*Zur Geschichte der Religion und Philosophie in Deutschland*), onde ele chama seus amigos de *gottlose Selbstgötter*. Não pudemos consultar essa edição, citada por Mme Kühne cf. a nota seguinte).

101. A vida e as obras de G. F. Daumer foram estudadas na notável tese de AGNES KÜHNE, *Der Religionsphilosoph Georg Friedrich Daumer, Wege und Wirkungen seiner Entwicklung*, Berlim, 1936; tese ainda mais notável pelo fato de que Mme Kühne não temia fazer sutilmente ironia sobre a "Volkschristliche deutsche Bewegund" nazista (pp. 86-87). Foi principalmente desse trabalho que tomamos emprestados os dados seguintes sobre Daumer.

102. G.-FRÉDÉRIC DAUMER, "Secrets de l'Antiquité chrétienne", tradução de Hermann Ewerbeck, em *Qu'est-ce que la Bible d'après la nouvelle philosophie allemande*, Paris, 1850, p. 57. A tradução está abreviada em vários trechos, mas não conseguimos consultar o texto alemão original.

à prova os sentidos e o espírito do falso apóstolo, ele faz com que este prove um pedaço da iguaria, que o outro não quer e só consegue engolir com nojo e horror. Depois dessa cena, Judas, profundamente perturbado e indignado, apressa-se em denunciar o que aconteceu sob o manto do silêncio[103].

Assim aclaram-se os mistérios do cristianismo: "Segue-se.., que a idéia da vítima humana, imolada a Deus, é a idéia fundamental do cristianismo (...). Como? Então vocês não sabem mais que ele ensina o sacrifício sangrento do corpo de seu Deus? Uma vez no Gólgota, em original, e um número infinito de vezes em imitação?"[104] — e Daumer passava em revista os crimes dos séculos passados nos quais via outros tantos homicídios rituais cristãos: "São inúmeros os seqüestros de crianças na Idade Média, e não erraremos ao atribuir a maioria à superstição religiosa"[105]. A isso, acrescentava "as mortificações psíquicas e físicas, as inquisições da fé ortodoxa, os cadafalsos, as fogueiras, as noites de São Bartolomeu, os processos de bruxaria, os massacres de judeus"[106]. As velhas lendas também davam sua contribuição, e o flautista de Hamelim transformava-se em fornecedor de carne fresca para a Igreja[107]. Como observava Mme Kühne, a excelente biógrafa de Daumer, "os *Segredos da Antiguidade Cristã* testemunham os estragos que podem ser causados pelo método especulativo-idealista e o que acontece quando um autor se habitua a operar com vagas suspeitas, no lugar de provas precisas"[108].

Em seu tempo, os *Segredos* foram levados a sério, especialmente nos meios revolucionários alemães. Hermann Ewerbeck, dirigente parisiense da "Liga dos Justos" comunista, apressou-se em traduzi-los para o francês e apresentá-los como um dos pináculos da filosofia alemã[109]. Em Londres, em novembro de 1847, Karl Marx dedicava uma palestra às idéias de Daumer, nas quais via "o último golpe dado contra o cristianismo" e, portanto, a confirmação de suas próprias esperanças escatológicas. Uma curiosa reflexão pessoal sugere que tinha meditado sobre essa exegese; acrescentava, com efeito, que o protestantismo havia transposto o sacrifício humano "no homem espiritual" e, com isso, "suavizara um pouco a coisa"[110]. Arnould Ruge, que visitara

---

103. Citado por A. KÜHNE, *op. cit.*, pp. 70-71 (esse trecho não foi traduzido por Ewerbeck).
104. Tradução de Ewerbeck, pp. 64 e 70.
105. *Idem*, p. 124.
106. *Idem*, p. 56.
107. *Idem*, pp. 130-133.
108. A. KÜHNE, *op. cit.*, p. 73.
109. *Qu'est-ce que la Bible...*, *op. cit.*; cf. também o prefácio de Ewerbeck para *Qu'est-ce que la religion d'après la nouvelle philosophie allemande*, Paris, 1850.
110. "Todos os escritos que foram dirigidos, até aqui, contra a religião cristã", dizia Marx, "limitavam-se a provar que ela repousava sobre fundamentos errôneos, por exemplo, que os autores copiavam-se entre si; mas o culto prático do cristianismo até agora não tinha sido estudado. Sabemos que o supremo elemento do cristianismo é o sacrifício humano. E Daumer demonstra, em obra publicada recentemente, que os cristãos de fato degolaram homens, comeram carne humana e beberam sangue humano (...). O sacrifício humano era sagrado e exis-

Daumer em Nuremberg em 1844, ficou muito impressionado com a personagem. "Como é raro ver homens assim! Estou adiando minha partida para continuar a escutá-lo... seu olhar, seus traços faciais, seus movimentos, sua conversa animada merecem-no..." A grande preocupação de Daumer teria sido "suprimir a religião" difundindo suas descobertas, para além dos meios eruditos, diretamente junto ao povo[111].

Mas a vida desse campeão da blasfêmia idealista foi trágica. Seu sucesso não passou de escândalo, e o povo não o seguiu: vilipendiado pelas Igrejas, doente, solitário, acabou por desesperar do advento do reino do espírito ou da missão germânica. Então, se sentiu atraído pelo judaísmo, sobre o qual escrevia, em 1849: "... que formava uma contradição com o cristianismo, a saber, a primeira e a mais imediata, e que fez todo o possível para impedir que um mal tão grande (= o cristianismo) saísse de seu seio e se difundisse"[112]. Por volta de 1855, redigiu uma antologia sobre *A Sabedoria de Israel* e chegou mesmo a querer aderir à comunidade judaica reformada de Frankfurt; mas os judeus não quiseram saber dele[113]. Acabou refugiando-se no seio da Igreja Católica, onde não encontrou paz.

Por seu lado, Daumer considerava-se como um deísta à procura da verdadeira religião, não como um ateu. Embora seu deísmo tenha evoluído para formas singularmente agressivas, essa agressividade volta-se inteiramente contra a religião e a sociedade dominantes. Parece que os judeus não foram criticados por ele a não ser na medida em que não tinha outra alternativa, num empreendimento desse gênero: como denunciar Jesus ou seus apóstolos sem demonstrar a malvadeza daqueles judeus ou de seus êmulos modernos? Para tanto, se abeberava em escritos antigos e modernos de todo tipo, especialmente naqueles da polêmica antijudaica, a fim "de esclarecer a filosofia sobre os fatos históricos", como escrevia, em 1842, a seu grande amigo Ludwig Feuerbach. Mas a carta que reflete preocupações menos aberrantes do que parecem, uma vez que, das campanhas de Voltaire até a polêmica soviética, toda cruzada anticristã viu coisas semelhantes, merece ser citada:

> Parece-me absolutamente necessário que a filosofia seja melhor esclarecida sobre os fatos históricos, a fim de que ela possa atingir seus objetivos; minha aspiração é contribuir para isso. Descobri segredos desconcertantes. Dentre as seitas judias, tanto quanto as conheço, os caraítas estão limpos de toda atrocidade

tiu realmente. O protestantismo não fez mais do que transpô-lo para o homem espiritual e suavizou um pouco a coisa... Essa história, como é exposta por Daumer em sua obra, dá o último golpe contra o cristianismo. A questão é saber qual significado isso tem para nós. Isso nos dá certeza de que a velha sociedade aproxima-se do fim e que o edifício da mentira e do preconceito está desmoronando" (KARL MARX, FRIEDRICH ENGELS, ed. "MEGA", I, 6, pp. 640-641).

111. ARNOLD RUGE, *Zwei Jahre in Paris, Studien und Erinnerungen*, Leipzig, 1842, t. I, pp. 6-12.

112. *Die Religion des neuen Weltalters*, Hamburgo, 1849; cf. A. KÜHNE, *op. cit.*, p. 96, nota 12.

113. A. KÜHNE, pp. 96-97. *Die Weisheit Irsraels* de DAUMER foi publicado por L. Hirschberg (Berlim, 1924).

e, em geral, são gente boa. Mas as seitas rabínicas e talmúdicas, os sabaístas, que tendem para o cristianismo, e os hassídicos, que predominam nos países eslavos, têm seus mistérios sangrentos... Também o cristianismo, que não é mais do que uma espécie de sabataísmo e hassidismo dos tempos antigos, praticou durante longo tempo os sacrifícios humanos... As ossadas das vítimas eram conservadas em suas igrejas, a título de relíquias, e eram objeto de um culto, como se faz entre nós em Nuremberg...

Daumer predizia que uma "luz terrível" seria um dia projetada sobre tudo isso. Prometia revelar "coisas inéditas", mostrar a que ponto "a base negativa e abstrata sobre a qual repousa tudo" (ou seja, o culto sangrento de Moloch) continuava sendo o fundamento real da revelação judaico-cristã. Concluía abruptamente sua longa carta, informando o amigo que acabava de explorar, em Nuremberg, uma velha caverna e um forno subterrâneo dos judeus e que ali havia descoberto esqueletos; todo comentário parecia-lhe inútil[114].

Não é preciso dizer que, embora Daumer fizesse uma distinção entre os judeus esclarecidos, cujo protótipo foi Judas, e os judeus canibais, cujo protótipo foi Jesus, ele encontrou adeptos que se apressaram em reerguer a elucubração sobre pé. Em primeiro lugar, seu aluno Friedrich Wilhelm Ghillany (1807-1876)[115], também de Nuremberg, a princípio teólogo como ele, mas que, por sua instigação, parece, abandonou seu ofício de pastor e dedicou-se também, durante os anos que se seguiram ao caso de Damasco[116], a denunciar o canibalismo dos judeus. Esse "molochismo" era atestado, a seus olhos, tanto pelo homicídio ritual de Jesus, quanto por aquele que os judeus não cessavam, pensava ele, de cometer na Alemanha da época, não tendo esquecido nada, nem aprendido nada. Como dar direitos políticos a

tais homens, que se atêm de modo tão rígido a esses velhos preconceitos desumanos, que nos consideram impuros, como os servos e os cães, como faziam seus antepassados, mesmo que eles agora não nos joguem isso na cara. São homens assim que reivindicam a plenitude dos direitos civis, o direito de exercer funções de comando, de tornar-se superiores aos cristãos, funcionários judiciários e administrativos!

O sentimento antifrancês vinha à tona:

A Alemanha deve ser desfigurada pela mesma falsa cultura que a França? A história contemporânea conhecerá um fenômeno mais repugnante do que esses judeus franceses que são, ora franceses, ora hebreus, que fazem elogios à grande nação em público e rezam pelo restabelecimento do reino judeu na sinagoga?[117]

---

114. *Ausgewählte Briefe von und an Feuerbach,* ed. W. Bolin, Leipzig, 1904, t. I, pp. 96-98.
115. Os dados sobre F. W. Ghillany, *apud* R. W. STOCK, *Die Judenfrage durch fünf Jahrhunderte,* Nuremberg, 1939, pp. 391-427.
116. Ver supra, pp. 294-297. Os escritos de Daumer também poderiam ter sido estimulados pelo caso de Damasco, mas suas opiniões tomaram corpo antes que o caso estourasse em 1840.
117. Cf. R. W. STOCK, *op. cit.*

A propaganda hitlerista festejou tanto o mestre, quanto o aluno; a obra de um certo R. W. Stock, publicada em 1939 pelas edições Stürmer, dedicava-lhes um lugar de destaque e via, neles, dois gloriosos precursores.

Terá Daumer também influenciado Feuerbach (1804-1872), cuja filosofia ele também queria aclarar no que dizia respeito aos fatos históricos? Uma estreita amizade, travada em 1835, unia os dois homens: *A Essência do Cristianismo* (1840), principal obra de Feuerbach, contém uma referência ao "judaísmo desmascarado" de Eisenmenger, uma das grandes fontes de Daumer; o texto também autoriza a suposição. Feuerbach taxa aí os judeus de egoístas, tema clássico desenvolvido especialmente por Hegel, e também lhes imputa uma hipertrofia do "sentido do ventre" e uma apetência gastronômica por Deus, o que poderia ser um eco do "molochismo" de Daumer. É verdade que já os Padres da Igreja falavam da glutoneria judia. Seja como for, este é o trecho:

> Até os dias de hoje, os judeus conservaram sua originalidade. Seu princípio, seu Deus, é o princípio mais prático do mundo – o egoísmo, e, na verdade, o egoísmo sob a forma de religião. O egoísmo é um Deus que jamais abandona seus servidores na necessidade e na ignomínia. O egoísmo é essencialmente monoteísta, pois só tem uma coisa por objetivo: ele mesmo. O egoísmo une e concentra as forças do homem, dá-lhe um princípio prático de vida, sólido e condensado; mas o transforma, em teoria, num ser limitado, indiferente a tudo que não tem para ele utilidade imediata. A ciência e a arte não podem, portanto, nascer a não ser no seio do politeísmo, cujos sentidos estão abertos, sem distinção, a tudo que é bom e belo, ao mundo, ao universo inteiro...
>
> Os gregos contemplavam a natureza com os sentidos teóricos; ouviam uma música celeste no curso harmonioso das constelações; viam a grande natureza, sob a forma de Vênus Anadiomena, erguer-se da espuma do oceano, pai das coisas. Os judeus não a percebiam a não ser pelos sentidos do ventre; não sentiam seu gosto a não ser no estômago; eles não tinham prazer com seu Deus a não ser no prazer do maná... Comer é o ato mais pomposo, a iniciação à religião judaica. No ato de comer, o judeu celebra e renova o ato da criação; ao comer, o homem declara que a natureza em si mesma não é nada. Quando os setenta sábios subiram a montanha com Moisés, "lá eles viram Deus, e, quando o contemplaram, eles beberam e comeram". A visão do Ser supremo, portanto, não fez mais, parece, do que estimular seu apetite...[118].

Parece que a teologia do fundador do humanismo ateu repousava, no caso, na associação inconsciente entre a acusação moderna de materialismo ("o judeu, ser limitado, indiferente a tudo que não tem, para ele, utilidade imediata"; o gosto passa por sentido material) e a antiga acusação de deicídio ou homicídio ritual ("eles não tinham prazer com seu Deus a não ser no prazer do maná" = pão ázimo = sangue cristão). Talvez também se possa relacionar a uma reminiscência do estágio oral a célebre máxima feuerbachiana: "Der Mensch ist, was er isst". Não nos demoraremos nesses delírios, para não perder pé e sermos arrastados para águas profundas demais; corretamente interpretados, contudo,

---

118. L. FEUERBACH, *L'essence du christianisme*, trad. de J. Roy, Paris, 1864, pp. 144-145 (para maior clareza, invertemos a ordem dos dois parágrafos da citação).

eles poderiam desvendar a projeção mais secreta, canibalesca, do mecanismo anti-semita (cf. a expressão popular francesa "bouffer du Juif"*). Permaneçamos em terreno sólido e vejamos os outros cruzados do ateísmo de que falava Heine.

É notável que este não citasse David Friedrich Strauss, cujo *A Vida de Jesus* (1835), que reduzia o relato evangélico a um mito, marcou época na história do ateísmo; seria por que Strauss não se desviava da serenidade do cientista e abstinha-se de fazer, sobre os judeus e sobre qualquer outra coisa, juízos de valor? Mas as polêmicas desencadeadas por sua obra multiplicaram esses juízos e estiveram na origem da campanha dos jovens hegelianos; Ruge, Bauer e Marx mantiveram-se na frente desse combate.

Arnold Ruge (1802-1880) foi um ex-*Burschenschaftler* germanômano que mergulhou numa conspiração e passou vários anos na prisão. Libertado, se converteu, em 1833, ao hegelianismo; na falta de talentos filosóficos, ele dispunha de uma pena alerta e de um temperamento de instigador e de organizador[119]. Em 1838, fundou uma revista, os *Hallische Jahrbücher*, que se tornou o órgão dos "jovens hegelianos", isto é, da ala radical de uma escola que, a exemplo do mestre, esperava a salvação vinda da Prússia. Uma Prússia que, escrevia Ruge, estava "tão profundamente enraizada no germanismo que era impedida, justamente por isso, de se opor à tendência para as formas livres de Estado... Será somente apreendendo todas as conseqüências do protestantismo, bem como do constitucionalismo, que a Prússia poderá, com a Alemanha, desempenhar sua elevada missão e realizar plenamente o conceito de Estado absoluto"[120]. Para Ruge, como para os outros jovens hegelianos, era óbvio que um Estado desses, a exemplo da filosofia, devia ser ateu; mas ele não foi o único polemista desse gênero a reencontrar, iria-se dizer, sua fé quando tratava dos judeus, "essas larvas no queijo da cristandade", escrevia, "que se sentem tão indizivelmente bem em sua pele de agiotas que não acreditam em nada e continuam judeus, precisamente por essa razão"[121]. Ruge, por seu lado, acreditava numa filosofia que achava que só podia ser atéia. Parece que ele pertenceu à espécie de ateu que, segundo a expressão, "acreditam que não acreditam".

A seguir, tendo sido proibidos os *Hallische Jahrbücher,* Ruge tentou ressuscitá-los em Paris, em 1843, sob o título *Annales franco-allemandes.* Uma curiosa carta a sua mãe mostra-o enfrentando corajosamente as dificuldades da emigração. Ele escrevia que havia fundado uma livraria e que esperava que seu amigo Karl Marx se associasse a ele.

---

* Ao pé da letra: Comer judeu, ou seja , aniquilar o judeu (N. do T.).

119. A vida de Ruge, *apud* W. NEHER, *Arnold Ruge als Politiker und politischer Schriftsteller,* Heidelberg, 1933, e H. ROSENBERG, "Arnold Ruge und die Hallischen Jahrbücher", *Archiv für Kulturgeschichte,* XX (1930), pp. 281 e ss.

120. "Europa im Jahre 1840", *Hallische Jahrbücher,* III (1840), p. 691.

121. "Die Düsseldorfer Malerschule...", *Hallische Jahrbücher,* II (1839), pp. 1596-1598.

"Não posso evitar tornar-me, eu mesmo, meio comerciante, coisa que jamais teria esperado... sou obrigado a constatar que os judeus não poderiam subsistir senão graças ao comércio. Esse sempre foi seu destino, e é instrutivo que, agora, eles tenham todo o mundo no bolso"[122]. Sobreveio a briga com Marx, que então se tornou "um porco e um judeu sem-vergonha" (6 de outubro de 1844). Em outra carta (27 de maio de 1845), trata-se, a propósito da prática do socialismo, "de uma comunidade de atrozes almas judias"[123]. A partir de 1850, Ruge viveu na Inglaterra, onde continuou a se ocupar com o jornalismo político; abandonando a filosofia, se fez apologista da Alemanha unificada de Bismarck, que lhe conferiu, em 1877, um "soldo de honra" de três mil marcos anuais[124].

Bruno Bauer (1809-1882) foi uma cabeça filosófica de outro calibre. Teólogo protestante, de início conservador, também se converteu ao hegelianismo e perdeu a fé; a crítica dos Evangelhos que então empreendeu continua sendo, segundo Albert Schweitzer, "o repertório mais genial e mais completo que jamais foi feito das dificuldades apresentadas pela vida de Jesus"[125]. Em Berlim, Bauer foi, em 1836-1840, a alma daquele *Doctorenklub*, cujo fogoso caçula chamava-se Karl Marx. Dentre os vários planos para o futuro que eles traçaram em comum em 1841, figurava a publicação de uma revista intitulada *Arquivos do Ateísmo*[126]. Também a amizade entre eles foi rompida depois de uma briga que Marx imortalizou em *A Sagrada Família* e em *A Ideologia Alemã*. O pensamento de Bauer, com isso, ficou desacreditado[127]; contudo, combinando a dialética de Hegel com a filosofia do Eu de Fichte, ele havia elaborado um sistema em que são prefigurados muitos elementos da escatologia inicial do comunismo. Também para ele, a História é uma sucessão de revoluções ou de catástrofes; a última, que irá preceder o advento de uma era de ouro para a humanidade será "terrível, ainda mais grandiosa do que a que marcou o nascimento do cristianismo..." escrevia, em abril de 1840, a Karl Marx. "O futuro parece tão seguro que não se pode ficar em dúvida um só segundo..."[128]. Em 1843, a hora dessa "luta final", que teria como resultado

122. *Arnold Rubes Briefwechsel...*, Berlim, ed. Nerrlich, 1886, t. I, pp. 332-333.
123. "...da Marx ein ganz gemeiner Karl und ein unverschämter Jude ist... eine andere Praxis des Sozialismus als die Gemeinschaft dieser greulichen Judenseelen und ihrer Genossen gab es doch wahrlich und gibt es noch jetzt in Paris nicht" *(Idem.* pp. 367, 396).
124. Cf. W. NEHER, *Arnold Ruge als Politiker und politischer Schriftsteller, op. cit.,* p. 225.
125. A. SCHWEITZER, *Geschichte der Leben-Jesu-Forschung,* Tübingen, 1933, p. 161.
126. Cf. A. CORNU, *Karl Marx et Friedrich Engels...*, Paris, 1953, t. I, p. 267.
127. Cf. HORST STUKE, *Philosophie der Tat...*, Stuttgart, 1963; 2. *Bruno Bauer und die Begründung der Philosophie der Tat im philosophisch-politischen Radikalismus* (pp. 123-187). Na longa nota das páginas 127-130, onde são enumerados os trabalhos de Bauer, Stuke examina os motivos do desagrado que os historiadores do marxismo têm para com esse filósofo.
128. Carta de 5 de abril de 1840; cf. A. CORNU, *op. cit.,* p. 166.

a Razão triunfante assinando o decreto de morte de Deus, já tinha soado para ele[129].

Na conclusão de sua principal obra de crítica bíblica, Bauer resumia sua filosofia da História:

> As religiões antigas, ao mesmo tempo em que também eram formas de alienação do Eu, haviam recebido seus encantos da nacionalidade, da família, da natureza; as correntes com que prendiam os homens estavam adornadas com flores. A abstração espiritualista (= o cristianismo) chegou. Esse vampiro tirou dos mortais até a última gota de sangue vital e de inteligência; conseguiu, enfim, empobrecer e ressecar tudo: natureza, belas-artes, família, nação, Estado político. O Eu, sem força e sem resistência, ficava, portanto, sozinho sobre as ruínas de seu universo e era-lhe necessário algum tempo para começar uma nova criação. Esse Eu agora era tudo e nada ao mesmo tempo; ele tinha absorvido o mundo antigo e continuava vazio. Era forçoso que se lançasse, por sua vez, no seio de uma potência universal chamada Messias, que, no fundo, não passava do Eu mesmo e do Eu visto no espelho. O Eu acabava de engolir o mundo; também o Messias havia absorvido o mundo criado em sua totalidade: a Natureza, a Família, as Nacionalidades, as Ciências, as Belas-Artes, a Moral, tudo fugira da realidade e se concentrara no Messias.
> O ponto de partida dessa evolução era dado pelo judaísmo, que não tinha nada nem culto da Natureza, nem de culto da Arte...[130].

Mas isso não impedia, que para Bauer, a "abstração espiritualista" do cristianismo — esse "vampiro" — fosse um progresso em relação ao judaísmo, "expressão de um grau novo e mais elevado da Consciência universal" e era precisamente porque era um progresso, ou uma "melhor aproximação da Verdade", que ele se encontrava "dialeticamente" na origem de uma "alienação do Eu" humano que nosso filósofo descrevia sob as cores aterrorizantes cuja amostra acabamos de dar[131]. Assim "formava-se em grandes linhas um quadro da sociedade burguesa, tal como foi esboçado pelos críticos sociais do tempo", nota um comentarista em 1963[132]. Contudo, da "religião natural" à felicidade da "consciência universal", passando pela "abstração espiritualista", como se pode deixar de reconhecer, sob a pena de Bauer, a trindade "Reino do Pai", "Reino do Filho" e "Reino do Espírito Santo" que remonta aos joaquinitas e aos espirituais franciscanos?

Destituído, em 1841, de sua cátedra universitária, Bruno Bauer redobrou em ardor combativo. Seu primeiro golpe, *A Questão Judaica*, foi oblíquo. Polemizando contra a emancipação dos judeus dizia, ali, que "sua concepção do judaísmo iria parecer ainda mais dura do que a que se estava acostumado a ver, até então, entre os adversários da emancipação"[133]. Com efeito, criticava os judeus, "que tinham feito seu

---

129. HORST STUKE, *op. cit.*, p. 158, citando *Das entdeckte Christentum* (1843) de BRUNO BAUER.
130. *Kritik der evangelischen Geschichte der Synoptiker* (1841), trad. Ewerbeck (em *Qu'est-ce que la Bible...*, *op. cit.*, p. 622).
131. Cf. HORST STUKE, *op. cit.*, bem como A. CORNU, *op. cit.*, pp. 157-161.
132. HORST STUKE, *op. cit.*, p. 150.
133. B. BAUER, *Die Judenfrage*, Braunschweig, 1843, p. 3.

ninho nos poros e interstícios da sociedade burguesa"[134], por serem eles mesmos os artesãos de suas desgraças, já que continuavam judeus. A "tenacidade do espírito nacional judeu" era atribuída, por ele, à falta da faculdade de desenvolvimento histórico, conforme ao caráter completamente "a-histórico" desse povo e devido a sua "essência oriental"[135] (transparece aí uma idéia de Hegel). O delito dos judeus era "não reconhecer o desenvolvimento puramente humano da História, o desenvolvimento da consciência humana"[136]. Complementação do judaísmo, o cristianismo, nesse escrito, também era criticado e reinterpretado no quadro das categorias hegelianas:

> É verdade que o cristianismo é a complementação do judaísmo... Mas essa complementação é, como demonstramos mais acima, ao mesmo tempo e necessariamente, a negação da essência especificamente judaica. Os teólogos cristãos negam essa negação, a negação radical da essência do Antigo Testamento, pois eles não querem convir que, no decorrer da história universal, a revelação jamais tenha progredido... Esses cristãos judeus não querem desenvolvimento, não querem história, não querem negação do passado e é-lhes indiferente se tornam o judaísmo cristão ou o cristianismo judeu. Isso é indiferente para eles porque, de todo modo, chegam a um cristianismo judeu...[137].

Da mesma forma, Bauer opunha-se à emancipação dos judeus em uma sociedade onde todos os homens, subjugados pela religião, têm necessidade de serem emancipados. "Primeiro deveríamos tornar livres a nós mesmos, antes de pensar em convidar outros à liberdade... Só um mundo livre pode esperar libertar o escravo do preconceito." Ademais, "é mentirosa, a situação em que o judeu está teoricamente privado dos direitos políticos, enquanto desfruta praticamente de um poder imenso e exerce, por atacado, uma influência política que lhe é recusada no varejo. O judeu que, por exemplo em Viena, não é senão tolerado, determina, por seu poder financeiro, o destino de todo o mundo..."[138]. Bauer, assim, desafiava o "judeu" limitado e inculto a refutar *O Judaísmo Desmascarado* de Eisenmenger e redigir um *Cristianismo Desmascarado* que pudesse ser posto ao lado desse clássico do antijudaísmo[139].

Logo depois, Bauer resolveu redigir esse tratado ele mesmo. Publicado em 1843, em Zurique, *O Cristianismo Desmascarado* foi confiscado e destruída a edição pelas autoridades do cantão; sua violência é atestada por uma carta que, em fevereiro de 1843, o autor dirigia a seu editor:

---

134. *Idem*, p. 9.
135. *Idem*, p. 11.
136. *Idem*, p. 21.
137. *Idem*, pp. 79-80.
138. *Idem*, p. 114.
139. *Idem*, pp. 84-87 ("Das entdeckte Judentum und Christentum").

Sendo o escrito por demais extremista – nele demonstro que a religião é o inferno do ódio do gênero humano e que Deus é o grande preboste desse inferno – o senhor pode, se quiser, pôr, na capa, o nome de outra firma que não seja a sua. O título *Cristianismo Descoberto* já foi indicado e introduzido de antemão por mim em minha *Questão Judaica*, que acaba de ser publicada...[140]

Parece que Bauer, ali, especificava, em relação aos judeus, que sua emancipação exigia previamente a passagem pelo "estágio cristão", isto é, pelo batismo[141]. Contudo, outro jovem cruzado do ateísmo conseguia, no mesmo ano, publicar e difundir trechos do *Cristianismo Desmascarado*[142]; não era outro senão Wilhelm Marr, o futuro decano do anti-semitismo racista alemão e suposto inventor do termo "anti-semitismo". Na época, militava nas fileiras socialistas e popularizava, às próprias custas, Feuerbach[143]. O próprio Bauer passou por uma evolução semelhante à de Wilhelm Marr ou de Ruge; a seguir, esse rebelde, sobre quem Marx dizia, já em 1845, "que sua crença em Jeová trasformara-se em crença no Estado prussiano"[144], tornou-se doutrinário do conservantismo alemão e serviu sob Bismarck; mas, no que diz respeito às questões interligadas dos judeus e das fontes do cristianismo, sua teologia permanecia, em 1880, o que fora em 1840[145].

Resta o caso de Karl Marx (1818-1883), que, logo aproveitando a deixa do mais velho, publicou uma *Questão Judaica*, onde o mundo corrompido, mas ainda "cristão", de Bauer tornava-se "judeu". Marx, ali, já distinguia entre teoria e *praxis:* "... na prática, o egoísmo espiritualista do cristão torna-se forçosamente o egoísmo materialista do judeu"[146]. O escrito dividia-se em duas partes. Na primeira, teórica,

---

140. Cf. ERNST BARNIKOL, "Bruno Bauers Kampf gegen Religion und Christentum und die Spaltung der vormärzlichen preussischen Opposition", *Zeitschrift für Kirchengeschichte*, XLVI (1928), pp. 1-28.

141. Não nos foi possível consultar *Das entdeckte Christentum*, publicado e comentado por E. BARNIKOL em 1927. Em *Grundriss der Geschichte der Philosophie* (Berlim, 1870, t. II, p. 666), J. E. Erdmann dizia, a propósito desse escrito: "... Im wesentlichen führt es denselben Gedanken durch, dass dem Christen am Nächsten gelegt sei, sich zur Freiheit der Atheisten zu erheben, während dem Judem kaum etwas übrig bleiben, möchte, als durch jenes [das Christentum] hindurchzugehen".

142. Esses extratos foram publicados por W. MARR, sob o título *Das entdeckte und das unentdeckte Christentum in Zürich und ein Traum. Eine Bagatelle, Auszüge aus der in Zürich konfiszierten Bauerschen Schrift enthaltend und dem christlichen Bluntschli gewidmet vom Antichrist*. Cf. E. BARNIKOL, ed. cit., p. 15.

143. WILHELM MARR, *Das junge Deutschland in der Schweiz*, Leipzig, 1846, p. 180.

144. *La Sainte Famille*, trad. Molitor, *Oeuvres philosophiques*, Paris, 1927, t. II, p. 200.

145. Cf. B. BAUER, *Christus und die Caesaren. Der Ursprug des Christentums aus dem römischen Griechentum*, Berlim, 1879, bem como o artigo "Bauer", de E. BARNIKOL, em *Handwörterbuch für Theologie und Religionswissenschaft*, Tübingen, 1957, t. I, pp. 922-923. ("Der radikale Atheist wirkte nach 1848 als konservativer Politiker und Mitglied der 'Kreuzzeitung' und galt als der geistige Schöpfer des konservativen Staatslexikons Wageners. Zugleich trat er als entschiedener Antisemit aus.")

146. *La question juive*, trad. Molitor, *Oeuvres philosophiques*, de KARL MARX, Paris, 1946, pp. 163-214 (p. 213). Em alguns lugares, retificamos a tra-

polemizava com seu ex-amigo, mostrando que era inútil procurar suprimir a religião enquanto não se tivesse destruído as raízes da sociedade e do Estado; incidentalmente, declarava, aos judeus, que a emancipação política que pediam não era a emancipação humana, já que ela não os desjudaizava necessariamente[147]. Na segunda parte, Marx atacava com extrema violência a sociedade de seu tempo, que denunciava como sendo inteiramente judia porque inteiramente subjugada ao dinheiro; ele se servia, portanto, dos termos em sua acepção derivada ou convencional, preocupando-se tão pouco quanto Ruge ou Bauer — ou como Alphonse Toussenel, cujo *Les Juifs, rois de l'époque* data do mesmo ano de 1844 — com a realidade humana dos fiéis de Moisés dispersos pelo mundo.

Frases incisivas emergiam da bruma da dialética hegeliana:

> Não devemos procurar o segredo do judeu em sua religião, mas procurar o segredo da religião no judeu real. Qual é o fundo profano do judaísmo? A necessidade prática, a utilidade pessoal. Muito bem, emancipando-se do tráfico de mercadorias e do dinheiro, como consequência do judaísmo real e prático, a época atual iria emancipar-se de si mesma... Reconhecemos, portanto, no judaísmo, um elemento anti-social universal e atual que, pelo desenvolvimento histórico para o qual os judeus, sob esse aspecto deplorável, colaboraram ativamente, foi levado a seu ponto culminante na época contemporânea... O judeu emancipou-se à maneira judaica, não só tornando-se mestre do mercado financeiro, mas porque, graças a ele e por ele, o dinheiro se tornou uma potência mundial, e o espírito prático judeu, o espírito prático dos povos cristãos. Os judeus se emanciparam na medida mesma em que os cristãos se tornaram judeus... A supremacia efetiva do judaísmo sobre o mundo cristão adquiriu, na América do Norte, esta expressão normal e absolutamente nítida: o anúncio do Evangelho, a pregação religiosa tornou-se um artigo de comércio (...). O judeu que se encontra colocado como um membro particular na sociedade burguesa não faz mais que figurar, de modo especial, o judaísmo da sociedade burguesa... Qual era, em si, a base da religião judaica? A necessidade prática, o egoísmo. O monoteísmo do judeu é portanto, na realidade, o politeísmo da necessidade multiforme, um politeísmo que faz mesmo das privadas um objeto da lei divina... O dinheiro é o deus ciumento de Israel, diante do qual nenhum outro pode subsistir. O dinheiro rebaixa todos os deuses do homem e os transforma em mercadorias... A transação, esse é o verdadeiro deus dos judeus. Seu deus não passa de uma transação ilusória... o que está contido sob uma forma abstrata na religião judaica, o desprezo pela teoria, pela arte, pela história, pelo homem considerado como seu próprio objetivo, é o ponto de vista real e consciente, a virtude do homem de dinheiro. E mesmo as relações entre o homem e a mulher tornam-se um objeto de comércio! A mulher torna-se objeto de um tráfico. A nacionalidade quimérica do judeu é a nacionalidade do comerciante, do homem de dinheiro. A lei sem fundamento ou razão do judeu é apenas a caricatura religiosa da moralidade... O jesuitismo judaico, o mesmo jesuitismo prático cuja existência no *Talmud* é provada por Bauer, é o relacionamento do mundo do egoísmo com as leis que dominam o mundo (...). O cristianismo saiu do judaísmo, e acabou por voltar ao judaísmo. Por definição, o cristão foi o judeu teórico; o judeu é, por conseguinte, o cristão prático, e o cristão prático tornou-se de novo judeu... Só então o judaísmo pôde alcançar a dominação universal (*allgemeine*) (...) Quando a sociedade conseguir suprimir a essência empírica do judaísmo, suprimir o tráfico de suas condições, o judeu se tornará impossível... A emancipação social do judeu é a emancipação da sociedade em relação ao judaísmo.

dução de certos termos de um modo que nos pareceu mais conforme ao sentido original alemão.

147. *Idem*, pp. 188-189.

A *Questão Judaica* foi escrita por Marx durante o inverno de 1843-1844, uma parte em Kreuznach e a outra em Paris; data do ano decisivo de sua vida, o de seu casamento, de seu exílio e de sua conversão ao comunismo. Esse texto já parece anunciar *A Ideologia Alemã*, que ele qualificará mais tarde de "exame de consciência filosófico". Em sua cólera profética, fustigava o mundo de seu tempo servindo-se da terminologia forjada por este; é possível acreditar também que os judeus, que ele só conhecia através de alguns burgueses, lhe parecessem tão condenáveis quanto esse mundo. O tema do texto, o procedimento por ele implicado, e até mesmo seu título foram ditados a Marx por Bauer, a quem em sua paixão polêmica, procurava ultrapassar; desse modo, ele criticava com violência ainda maior uma sociedade burguesa que ambos identificavam com o judaísmo. Mas, no rebento de uma linhagem de rabinos, é lícito admitir um segundo objetivo, ignorado pelo ex-teólogo; um objetivo mais secreto, perseguido por um procedimento inverso e ditado por uma outra paixão; identificando o judaísmo com essa sociedade, transformando magicamente todos os outros judeus em homens de dinheiro, esse judeu sem dinheiro, convertido na idade de sete anos, não estaria inconscientemente procurando distanciar-se do judaísmo, procurando produzir seu certificado de não-judeu, procurando exibir um álibi ao qual, sobretudo nessa época, aspiravam em vão inúmeros de seus congêneres?[148].

No entanto, uma frase singular de *A Questão Judaica*, contrastando com o restante do texto, parece à primeira vista contradizer uma tal interpretação. Trata-se aí da questão da verdadeira missão do judeu: "... a partir do momento em que o judeu reconhece a vaidade de sua essência prática e se esforça por suprimir essa essência, ele tende a sair daquilo que até então foi sua evolução, trabalha pela emancipação universal e se volta para a mais alta expressão prática da renúncia à alienação humana"[149]. Curiosa exortação, talvez carregada de uma confissão involuntária: Marx não estaria, aqui, dando a si mesmo como exemplo, insensatamente exigente em relação aos outros judeus, ele que, durante toda a vida, recusou reconhecer-se como judeu, que, apesar da evidência saltando aos olhos, fazia de conta que ignorava a existência de um socialismo judeu[150], e que só se servia do vocábulo para denunciar os capitalistas ou para injuriar seus inimigos?

---

148. A respeito, seguimos uma opinião desenvolvida por Arnold Kunzli em sua *Psychographie* de Marx: "... enquanto Marx identificava o judeu com o tipo humano e com o sistema social que ele condenava e combatia... ele podia esperar dispor de um álibi para seu próprio não-mais-querer-ser-judeu. Se o judeu era um capitalista, tornava-se impossível para Karl Marx ser judeu. É por isso que Marx deve ter-se sentido despeitado com o nascimento de um socialismo judeu, pois, com isso, a legitimidade do sistema no qual, após a operação radical à qual se entregara, ele havia fechado o judaísmo, era posta em dúvida, sem álibi via-se abalado e ele mesmo era relacionado, aos olhos do mundo, com seu judaísmo." (KARL MARX, *Eine Psychographie*, Zurique, 1966, pp. 209, 551).

149. *Ed. cit.*, p. 206.

150. Cf. E. SILBERNER, *Sozialisten zur Judenfrage, op. cit.*, pp. 138-140, ("Anfänge des jüdischen Sozialismus").

Foi no momento em que esta obra entrava no prelo que tivemos conheci-

Também existe, de fato, a correspondência particular de Karl Marx, na qual o termo, sortido com as invectivas de praxe, é freqüentemente aplicado aos judeus que tiveram o azar de desagradá-lo e só a estes[151]. "O judeu Steinthal, de sorriso meloso..." (1857); "O maldito judeu de Viena (Max Friedländer)..." (1859); "O autor, esse porco jornalista berlinense, é um judeu de nome Meier..." (1860). Seu médico é chamado de judeu porque tem pressa em receber seus honorários (1854). É ainda pior quando o judeu é banqueiro: Bamberger faz parte "da sinagoga da bolsa de Paris", Fould é um "judeu de bolsa", Oppenheim é "o judeu Süss do Egito". Quanto a Lassalle, "a forma de sua cabeça e de seus cabelos mostra que ele descende dos negros que se juntaram ao bando de Moisés por ocasião do êxodo do Egito", ou então ele é "o mais bárbaro de todos os judeus polacos"[152], ou, ainda, ele é Lázaro, o leproso, que, por sua vez, é "o tipo primitivo do judeu". Contudo, Marx tinha-se ligado, durante uma cura em Karlsbad, ao historiador judeu militante Grätz e escreveu para ele uma dedicatória em um exemplar de *O Capital:* "Ao Senhor Professor Heinrich Grätz, em sinal de amizade e estima"[153]. Não é que tenha estudado a obra; aquela história não o interessava, ele preferia ignorá-la; suas notas de leitura de 1852 mostram que, ao ler um tratado de história geral (o *Allgemeine Kulturgeschichte* de Wachsmuth), evitou deter-se no capítulo dedicado aos judeus[154].

Sabe-se o que era o temperamento prometéico — ou paranóide — de Karl Marx: o demiurgo decidia soberanamente quem era judeu e quem não era; o filósofo manejava à vontade esse termo carregado de secular desprezo; ao Messias revolucionário, que desprezava o velho Deus de Israel, seria talvez possível aplicar o que dissemos de Voltaire. Na alquimia da paixão anti-semita, a imaginação (censurar-se por agir como judeu, enquanto se rivaliza com os judeus, identificar-se negativamente com eles — o caso de Voltaire) ou a realidade (ser judeu de nascença, e não mais querer sê-lo — o caso de Marx) podem provocar semelhantes precipitados. Mas, no segundo caso, a reação pode ser ainda

---

mento do estudo de GÉRARD LYON-CAEN, *Lecture de la "Question juive"*. Em especial, ele escreve: "... seria, portanto, o caso de dizer aos judeus: sejam revolucionários, vocês não têm outra escolha se desejam emancipar-se como cidadãos e como homens... O judeu tem de ser mais do que assimilacionista ou irreligioso; tem de ser revolucionário". Em conclusão, Lyon-Caen comenta o escrito nos seguintes termos: "É preciso não dissimular: esse texto é violento e explosivo. Dizer que esteve na origem do anti-semitismo moderno seria exagerar demais. Mas parece ser dificilmente contestável afirmar que ele favoreceu certas correntes anti-semitas nos países capitalistas ou até mesmo libertos do capitalismo." (*Archives de la philosophie du droit*, Paris, nº XII (1967), "Marx et le droit moderne", pp. 1-11).

151. As citações que se seguem foram extraídas de E. SILBERNER, *op. cit.*, pp. 136-148, ("Private Ausserungen") e de A. KÜNZLI, *op. cit.*, pp. 214-215, com as referências de apoio.

152. "Der ungriechischste aller wasserpolackischen Juden" (o que subentende o contraste entre "Atenas" e "Jerusalém").

153. E. SILBERNER, *op. cit.*, pp. 115 e 319-320.

154. A. KÜNZLI, *op. cit.*, p. 210.

mais explosiva, uma vez que a realidade vem ajudar a imaginação. Daí, surgem estimulantes e tensões suplementares: particularmente para os convertidos, importa ainda mais provar a si mesmos e aos outros que não são judeus. Em nosso caso, os amigos e discípulos de Marx, também, realçavam, cada um a seu modo, a judeidade dele; seu genro, o Dr. Lafargue, acreditava mesmo reconhecer a raça judia nas proporções de seu corpo[155]. Com isso, os anti-semitas oriundos da linhagem de Israel carecem desse ponto de fuga que permitia a um Voltaire, diante de um judeu, perceber a si mesmo como "gentil-homem cristianíssimo". Vã é a simulação; os golpes são encaixados pela própria pessoa que os dá, vítima e carrasco coabitam sob a mesma pele; para os judeus, o anti-semitismo reserva apenas medíocres alegrias.

Essas areias movediças da psicologia individual não serão remexidas por nós mais a fundo. Isso já foi feito; tudo o que diz respeito a Karl Marx foi objeto de uma vasta literatura, e também seu anti-semitismo fez correr muita tinta[156]. Por último, um psicanalista, Arnold Künzli, dedicou-lhe mais de oitocentas páginas, nas quais interpreta o fundador do marxismo à luz dos conflitos infantis do pequeno Karl, de onde faz decorrer seu "ódio-judeu-de-si-mesmo" (*judischer Selbsthaas*)[157]. Aliás, vimos a que ponto os judeus desjudaizados dessa época tinham tendência para testemunhar contra si próprios; o pai de Karl, o suave *Aufklärer* Heinrich Marx, parece não ter sido exceção. Mas daí a pretender que os escravos libertos tivessem "atingido a dominação universal" havia um grande passo a dar, uma terminologia a manejar, que até então tinha permanecido domínio particular dos cristãos, tais como os socialistas utópicos franceses ou os visionários do romantismo alemão. Marx abeberara-se em todas essas fontes; com ele, é o anti-semitismo judeu que rompe na cena histórica[158], caracterizado pelo descomedimento e expressando-se com o tom hiperbólico que já havíamos encontrado em homens que deixaram sua marca na história ocidental.

Definitivamente, o anti-semitismo de Marx parece, mais do que qualquer outro, ser sobredeterminado, ser alimentado por numerosas correntes, sendo que as últimas não são as mais desprezíveis. Depois dos conflitos da primeira infância — uma infância que continua sendo singularmente pouco conhecida —, depois do liceu católico de Trêves e dos

---

155. "Er war auch in der Tat sehr kräftig, seine Grösse, ging über das Mittelmass, die Schultern waren breit, die Brust gut entwickelt, die Glieder wohl proportioniert, obgleich die Wirbelsäule im Vergleich zu den Beinen etwas zu lang war, wie es bei der jüdischen Rasse häufig zu finden ist." Esta descrição do Dr. Lafargue é citada por Fr. MEHRING, *Karl Marx*..., Leipzig, 1933, p. 549.
Da mesma forma, FREILIGRATH ("Oberhaupt der Synagoge"), BORKHEIM ("Germane jüdischer Herkunft"), HYNDMAN ("É bem evidente que Marx era judeu..."); cf. A. KUNZLI, *op. cit.*, pp. 196-197.

156. Parece que o primeiro autor que se deteve na questão do anti-semitismo de Marx foi Thomas Masaryk, futuro estadista tcheco; cf. *Die philosophichen und soziologischen Grandlagen des Marxismus*, Viena, 1899, p. 454.

157. *Karl Marx, Eine Psychographie*, *op. cit.*, Künzli aborda especialmente o ressentimento que Marx nutria em relação à sua mãe.

158. Houve, contudo, no século XVII, o caso de Baruch Spinoza; cf. *De Maomé aos Marranos*, pp. 225-232.

judeus envergonhados de Berlim, houve as seduções do hegelianismo e o meio ativista da seita; também houve — como se pode esquecê-lo! — o próprio Hegel: "Marx", escreve Georges Cottier, "enceta uma fenomenologia do judaísmo que não deixa de ter uma grande analogia com a que o jovem Hegel tinha escrito a propósito de Abraão (. . .). Embora Marx possa não ter conhecido os escritos de juventude de Hegel, ele está familiarizado com *A Fenomenologia*, onde a tonalidade espiritual daqueles é fielmente transmitida. . ."[159]. Houve, enfim, *A Questão Judaica* de Bauer; o que Marx acrescenta a ela, criticando-a, continua sendo paradoxalmente o melhor, pois, por mais desagradável que seja sua logorréia, já se pode sentir que ela é percorrida pela faísca que Engels virá atiçar; nela, percebe-se o germe de uma crítica econômica e social.

Pode-se dizer que, com esse escrito, Marx acertou contas urgentes com seu passado, com sua mãe, com Bauer, com ele mesmo enfim. De fato, seu tom começa a atenuar-se a partir do ano seguinte. Em *A Sagrada Família*, de novo dirigida contra Bruno Bauer ("são Bruno"), trata-se ainda de um "mundo moderno judeu até o mais íntimo de seu ser"[160]; as *Teses sobre Feuerbach*, onde sua nova filosofia toma impulso ("os filósofos não fizeram mais do que interpretar o mundo de maneiras diferentes; o que importa é transformá-lo"), chamam a *praxis* burguesa de "imundamente judia" (*schmutzigjüdisch*)[161]. Depois disso, a entonação torna-se quase imperceptível. Até o final de seus dias, Karl Marx falava dos judeus com tom de desprezo em sua correspondência ("Ramsgate está cheia de pulgas e de judeus", 1879)[162], demagógico em *O Capital* ("o capitalista sabe que todas as mercadorias. . . são dinheiro, são judeus internamente circuncidados"[163], mas ele só falava deles rara e marginalmente. Tudo acontecia como se, uma vez tornado "economista no sentido rigoroso e científico do termo" (Raymond Aron), ele tivesse renunciado a agitar aquele fantasma.

Restavam os outros fantasmas; restava uma historiosofia "recolocada de pé", mas que nem por isso deixava de ser sustentada pelas visões apocalípticas dos jovens hegelianos. Esse messianismo revolucionário e cristão, impropriamente qualificado de "messianismo judeu" de Karl Marx[164], essa espera pelos últimos dias ou pela luta final — disso

---

159. GEORGES-M. COTTIER, *L'athéisme du jeune Marx. Ses origines hégéliennes*, Paris, 1959, pp. 229-231.
160. *La Sainte Famille*, trad. Molitor, *Oeuvres philosophiques*, Paris, 1927, t. II, p. 196.
161. *Teses sobre Feuerbach*, tese I.
162. E. SILBERNER, *op. cit.*, p. 138.
163. *Idem*, p. 125 (*O Capital*, t. I, Cap. IV; essa imagem e outras do tipo foram conservadas por Marx nas três edições do tomo I publicadas durante sua vida).
164. De um modo extremamente amplo, todo "messianismo" (tanto o do Iluminismo, por exemplo, quanto, *a fortiori*, o dos movimentos milenaristas da Reforma) pode ser qualificado de "judeu", pois, retraçando sua genealogia, acaba-se necessariamente por remontar, passo a passo, aos apocalipses e livros proféticos judeus. Mas, quando se fala do "messianismo judeu" de Marx, são suas ori-

ele não se desviou. E era justamente essa escatologia que garantia a repercussão do pensamento científico do marxismo. Parece que houve mais: um olhar que, a exemplo dos velhos escolásticos, procurava penetrar nos últimos mistérios da existência não seria levado, justamente por isso, a abranger a vida social em sua plenitude, a pôr em relevo a dimensão histórica, a desvendar a mutabilidade e a relatividade das instituições e dos regimes?[165]

De qualquer maneira, as aspirações e as intuições metafísicas da juventude de Marx não cessam de animar sua crítica econômico-social. Assim, a heresia milenarista esteve na origem da constituição de uma sociologia. Sonhos impossíveis faziam progredir a ciência. Como em Kepler ou Newton, especulações metafísicas procuravam uma demonstração vigorosa. O falso, como é normal, fazia passar o verdadeiro; mas é assim que vão as coisas neste mundo.

E naturalmente também, a arma com que Marx procurava ferir a sociedade de seu tempo logo depois voltou-se contra ele. Na *Nova Gazeta Renana*, que ele dirigiu em fins do ano revolucionário de 1848, seu correspondente preferido era Eduard Tellering[166], que escrevia, de Viena:

gens familiais que se tem em vista. Ora, de acordo com tudo que se sabe sobre seu meio familial e sua educação, nenhum rudimento da tradição judaica lhe foi inculcado durante a infância; depois disso, já vimos, evitava propositadamente o estudo da história judaica. Por conseguinte, à primeira vista, no que o messianismo de Marx seria mais judeu do que o de seu amigo Bauer, o "Messias do ateísmo"? (A menos que se façam intervir hipóteses impossíveis de verificar o tipo junguiano, segundo as quais o messianismo poderia ter sido legado a Karl Marx pela via de um "inconsciente coletivo" ou qualquer outro elo dessa ordem).

Contudo, pode-se estabelecer, de um modo satisfatório para o intelecto, uma ampla relação entre a judeidade de Marx e a perspicácia de sua crítica social. De fato, é certo que os judeus desempenharam, de um modo geral, um papel de pioneiros nas ciências humanas (ao contrário do que ocorreu em relação às ciências naturais), e certos ramos do saber — especialmente a sociologia e a psicologia profunda — foram, em sua maior parte, constituídos por eles. No essencial, isso deve-se a sua marginalidade social, a sua distância em relação ao objeto de estudo; no seio da sociedade cristã, todo judeu era, em potencial, um crítico dos valores e das idéias recebidas.

Desse ponto de vista, pode-se com efeito afirmar que seu meio de origem predispunha Marx, mais do que qualquer outro pensador da plêiade hegeliana, a tornar-se o genial sociólogo e economista que ele foi. Então é Marx, o sociólogo, que seria "judeu", no sentido habitual, e não Marx, o profeta. É só por meio desse viés, e observando que o profetismo de *Antigo Testamento* implicava numa espécie de crítica social, que se pode fazer uma relação entre a judeidade de Karl Marx e o papel histórico que ele desempenhou. Pode-se também acrescentar que a sociologia do passado deixava, à crítica social, uma parte muito mais ampla do que a sociologia contemporânea deixa.

165. Esse conceito foi sustentado especialmente por Jean Marchal; cf. *Deux essais sur le marxisme,* Paris, 1955, pp. 17-82 "Le marxisme comme conception générale de l'Homme et du Monde"). Há quase meio século, o historiador inglês da economia, Tawney, chamava Karl Marx de "o último dos escolásticos".

166. Cf. W. BLUMENBERG, "Eduard von Müller-Tellering, Verfasser des ersten antisemitischen Pamphlets gegen Marx", *Bulletin of the International Institute of Social History,* III/1951, pp. 178-197.

O que vocês chamam de burgueses, aqui são judeus, que se apoderaram do leme democrático. Mas esse judaísmo é dez vezes mais infame do que a burguesia ocidental. . . Se vencermos, serão novamente os judeus comuns, cuja covarde agiotagem desconsidera completamente a democracia aos olhos do povo, que serão os ganhadores e que nos farão conhecer todas as infâmias do regime burguês...

Tendo a revolução fracassado, Tellering procurou pôr-se a serviço do governo prussiano. Para melhor se retratar, publicou, em 1850, uma brochura anticomunista.

Marx, o futuro ditador alemão, é judeu [escrevia]. Ora, não existe vingança mais implacável do que a de um judeu. Em 1848, obriguei-o a atacar judeus em sua folha. Ele mordeu os lábios e fez isso, porque seus outros colaboradores também atacavam os judeus. Seu coração agora procura vingança...

A brochura intitulava-se: *Antegosto da Futura Ditadura Alemã de Marx e Engels*. Outras se seguiram, e a corrente de autores foi aumentando. O escrito de Tellering não passava, de fato, de um antegosto.

5. O CASO DE RICHARD WAGNER

> Wagner é uma neurose.
>
> [Nietzsche]

Muitos artistas quiseram ser profetas, mas Wagner foi o único a ser reconhecido como tal em seu país e em todo o Ocidente; portanto, não é como músico em si, mas como músico que contribuiu para modelar politicamente o mundo de ontem que ele nos interessa.

Tudo foi excepcional no caso dele. A começar pelo problema insolúvel de suas origens, pois jamais se saberá se ele era filho do funcionário saxão Karl Wagner ou do ator Ludwig Geyer, cujo nome portou até a idade de quatorze anos; e ainda menos se saberá se este era de origem judaica[167] — como freqüentemente se quer — a tal ponto que,

---

167. Em 1912, um certo Otto Bournot dedicou sua tese de doutoramento a Ludwig Geyer. Os arquivos paroquiais saxões permitiram-lhe remontar até seu bisavô, Benjamin Geyer, que foi, em fins do século XVII, organista na igreja de Eisleben. O estudo das certidões de nascimento sucessivas permitiu-lhe concluir que todos os ascendentes de Ludwig Geyer haviam pertencido à igreja evangélica e declarar que "a possibilidade da paternidade Geyer não implica nada de desfavorável quanto aos juízos que podem ser feitos sobre a obra de arte de Bayreuth" (O. BOURNOT, *Ludwig Heinrich Christian Geyer*, Leipzig, 1913, p. 13). Os wagnerianos puderam, assim, ser serenados; mas o fato é que o próprio Wagner não dispunha desses dados; dificilmente ele podia pensar em fazer uma pesquisa sobre as origens de seu padrasto. Aliás, pesquisas desse tipo estão sempre sujeitas a cuidado.

com o compositor ainda vivo, os humoristas vienenses o chamavam de "grande rabino de Bayreuth"[168]. Mas, à apaixonada denúncia de Nietzsche, preferimos, nessa matéria inverificável, o ceticismo salomônico[169]. Tais questões, aliás, não têm importância em si para nosso assunto: o que, em compensação, pode passar a ter muito é o que os próprios interessados pensam e que se torna sua verdade subjetiva. Ora, é certo que Wagner inclinava-se para a "hipótese Geyer" e pensava, portanto, ser filho adulterino. Será que acreditava, além disso, que Geyer (= abutre) era judeu? Isso também parece verossímil, e o eremita de Sils-Maria teria, então, bebido suas suspeitas na fonte, o que explicaria a certeza que ele demonstrava[170]. Mas, novamente, o dilema: simplesmente bastardo ou bastardo filho de judeu não é fundamental, pois, se o judeu é bastardo para o inconsciente anti-semita, a recíproca pode ser verdadeira na medida em que o bastardo perseguido se aproxima do judeu (ambos são gente sem confissão, "sem eira, nem beira"), e lembramos o que foi dito no capítulo anterior: nessas matérias, é a imaginação, a "realidade psíquica" que tem primazia. No máximo, pode-se perguntar, desta vez em relação aos jogos da imaginação coletiva, se Wagner (= ferreiro) ter-se-ia tornado exatamente o que ele foi para a Alemanha com o nome de abutre.

Na autobiografia onde lemos que Wagner, na infância, foi conhecido por esse nome duplamente equívoco (um *Geyer* já é quase um *Adler*, exclamava Nietzsche[171], ele nos diz que Ludwig Geyer consolava

168. Os humoristas vienenses ironizavam igualmente sobre as "valquírias escondedoras"; cf. ERNEST NEWMAN, *The Life of Richard Wagner*, New York, 1942, t. II, pp. 612-613.
169. "Existem três coisas que estão acima de minhas forças, mesmo quatro que não posso compreender: o traçado da águia nos céus; o traçado da serpente na rocha; o traçado do navio no meio do mar; e o traçado do homem na mulher." (*Prov.*, XXX, 18-19).
170. Essas questões foram estudadas pelo wagneriano Ernest Newman, que pôde estabelecer que os rumores relativos às origens judaicas de Wagner propagaram-se depois de uma nota inserida por Nietzsche em *O Caso Wagner* ("Wagner é alemão?..."). Newman também supõe que as suspeitas formuladas por Nietzsche repousavam em confidências que lhe teriam sido feitas por Wagner em fins do ano de 1869 (cf. E. NEWMAN, *op. cit.*, pp. 608-613, "The Geyer Question").
171. *Adler* é um sobrenome freqüente entre os judeus alemães, bem como outros nomes de pássaros (*Sperling, Gans, Strauss*, e, genericamente, *Vogel*), e é evidente que *Geyer*, em alemão, tem o mesmo significado figurado que *vautour*, em francês, de homem rapace e usurário, o que não podia deixar de fortificar as suspeitas relativas à origem do padrastro de Richard Wagner.

Hesitamos em assinalar uma determinação suplementar do "complexo Geyer" wagneriano. Contudo, pode-se supor que o grande leitor e grande homem de imaginação que foi o compositor tenha conhecido o mito egípcio, relatado por vários autores gregos, segundo o qual a geração dos abutres exclui a intervenção do macho; eles são, portanto, pássaros "sem pai" = "bastardos": talvez o filho adotivo de "Geyer", cujo nome levava, tenha ficado impressionado por esse tema. Em todo caso, a coincidência é curiosa; também se sabe que o simbolismo do abutre forma o tema central do ensaio que Freud dedicou ao caso de Leonardo da Vinci.

sua mãe das infidelidades do marido e fala dele com afeição, chamando-o tanto de padrasto, quanto de pai, como se sua própria identidade fosse incerta para ele[172]. Esses *lapsus calami,* num homem que se embandeira para a eternidade, parecem atestar a origem de uma neurose mencionada por quase todos os biógrafos de Wagner, cada um a seu modo, e seja qual for sua dedicação ao monstro sagrado: uma neurose reivindicadora, desmesurada, propriamente wagneriana.

Citemos o testemunho de seu primeiro apóstolo francês, Édouard Schuré:

> ... a menor contradição provocava, nele, cóleras inauditas. Eram, então, saltos de tigre, rugidos de fera. Ele percorria o quarto como um leão na jaula, sua voz tornava-se quase rouca e lançava palavras como se fossem gritos, sua fala se desarticulava. Parecia então um elemento da natureza desencadeado, algo como um vulcão em erupção. Com isso, impulsos de simpatia fogosa, movimentos de tocante piedade, inclinações excessivas para com os homens que via sofrer, para com os animais e mesmo para com as plantas. Esse homem violento não podia ver um pássaro na gaiola; uma flor arrancada fazia-o empalidecer, e quando encontrava na rua um cachorro doente, levava-o para casa. Tudo nele era gigantesco e desmedido...[173].

Certos traços desse retrato, especialmente os primeiros, não fazem pensar num ídolo alemão mais recente? Mas é o amor pelos animais que é pista mais significativa, e a degolação de um frango despertava em Wagner, como ele mesmo escreveu a Mathilde Wesendonck, velhas obsessões:

> O pavoroso grito do animal e, mais fracas, suas lastimáveis lamentações durante o ato penetraram com horror em minha alma. Desde então não consegui me libertar dessa impressão, que muitas vezes já senti. É terrível o abismo infinito de miséria cruel sobre o qual continua a repousar nossa existência tão gozadora...[174].

A obsessão da castração em Wagner caminhava junto com a angústia da morte, e também com o ardor amoroso, com suas tumultuosas e provocantes ligações[175], com seus gostos desenfreados pelo luxo que nos são descritos por seus biógrafos, cada um a seu modo. Ele se justificava por isso, perante seu amigo Liszt, pelo gênio de artista e de mago:

> ...não posso viver como um cão. Não posso dormir sobre palha e contentar-me com licores de baixa qualidade. Minha sensibilidade, que é excitável, delicada, excepcionalmente suave e terna, deve ser lisonjeada de um modo qualquer a fim de que meu espírito possa desincumbir-se da tarefa horrivelmente difícil da criação de um mundo inexistente[176].

---

172. Cf. RICHARD WAGNER, *Mein Leben,* ed. Munique, 1963, pp. 10, 12, 13, 87, 265 (alternância dos termos *Vater* e *Stiefvater*).
173. E. SCHURÉ, "Souvenirs sur Richard Wagner", em *Richard Wagner, son oeuvre et son idée,* Paris, 1930, p. XLII.
174. Carta de 1º de outubro de 1858.
175. "Wagner desprezará o julgamento da sociedade ligando-se a mulheres ricas e vivendo da liberalidade de seus maridos." (M. SCHNEIDER, *Wagner,* Paris, 1960, p. 30.)
176. Carta de 15 de janeiro de 1854.

Esse mundo grandioso que ele criou foi povoado em seguida por arianos e semitas, uma impostura em escala wagneriana. Tudo nele foi espetacular: o despertar de sua raiva anti-semita, que tem seu lugar na história da música e na história da Alemanha, mereceria um outro lugar nos manuais de psicologia. Esta fúria surgiu à luz do dia em 1850, quando Wagner tinha trinta e sete anos; antes, como ele mesmo nos diz, havia militado em favor da emancipação completa dos judeus.

A partir de 1837, havia estabelecido relações, ele, artista desconhecido, com Meyerbeer, vinte anos mais velho e, na época, o rei da ópera européia. Transformou-o em seu deus artístico, alemão e universal. Numa primeira carta, escrevia-lhe de longe:

> ... não é este o lugar de multiplicar elogios desajeitados a sua genialidade; contentar-me-ei em escrever que o vejo resolver à perfeição a tarefa do alemão, que faz suas as qualidades das escolas italiana e francesa, a fim de tornar universais as criações de seu próprio gênio...[177]

Num artigo, ele o comparava a Glück, Haendel e Mozart:

> Não se deve nunca perder de vista que eles foram alemães e que ele também o é... os traços particulares do alemão também pesam sobre Meyerbeer... Meyerbeer era tão alemão que logo seguiu as pegadas de seus antigos predecessores alemães; estes franquearam com vigor nórdico os Alpes e conquistaram a bela Itália... Ele conservou sua herança alemã, a ingenuidade do sentimento, o pudor da invenção musical... uma consciência sem máculas...[178]

Quando, em 1839, Wagner veio procurar fortuna em Paris, Meyerbeer ajudou-o com real generosidade, apresentou-o aos meios musicais e emprestou-lhe dinheiro. O irresistível jovem músico aceitava-o como algo devido: podia conceber melhor pai provedor do que um artista judeu rico e amável cujo nome, além do mais, rimava com o de Geyer? Assim é que declarava a Meyerbeer só esperar salvação vinda dele:

> Ajude-me [suplicava] e Deus me ajudará; com veneração recomendo-me ao senhor, com todos os meus pecados, misérias, fraquezas e aflições, e imploro a Deus e ao senhor que me livrem de todos os males. Mantenha sobre mim sua benevolência, e Deus estará perto de mim...[179]

Por mais exageradas que possam ter sido, essas efusões parecem ter correspondido inicialmente a sentimentos de sincera gratidão, cujo reflexo encontramos em 1840, no diário íntimo que mantinha[180]. Mas

---

177. Carta de 4 de fevereiro de 1837, de Königsberg; cf. J. KAPP, "Wagner-Meyerbeer, Ein Stuck Operngeschichte", *Die Musik*, XVI/1, 1923, pp. 25 e ss.
178. Esse artigo permaneceu inédito até 1911, quando foi publicado por J. KAPP, "Richard Wagner und Meyerbeer", *Die Musik*, X/14, 1911, pp. 84 e ss.
179. Cf. KAPP, *Wagner - Meyerbeer*, art.cit., p. 22 (carta de 18 de janeiro de 1841).
180. "Toda melhora não pode depender apenas de felizes eventos, e entre estes devo contar as pessoas sobre as quais baseio minha esperança e que, sem nenhum interesse pessoal, fariam qualquer coisa por mim: esperança que seria

a têmpera do caráter de Wagner, e talvez também as intrigas parisienses, não podiam fazer durar o idílio, e, enquanto Meyerbeer continuava a desempenhar seu papel de eficaz protetor, seu protegido logo deu mostras de uma duplicidade muito lúcida. Aqui, é a correspondência com Robert Schumann que é reveladora. Ao final de 1840, Wagner ainda é pró-Meyerbeer: "Não deixe que critiquem Meyerbeer: devo-lhe tudo, e em especial minha celebridade bem próxima!"[181] Tais dívidas facilmente se tornam insuportáveis: no começo de 1842, o tom é bem outro: "Halévy é franco e honesto, não é um enganador ardiloso como Meyerbeer. Mas não o critique! É meu protetor e — chega de brincadeiras — um homem amável!"[182] Portanto, Wagner ainda não é conscientemente anti-semita. Mas já é antimeyerbeeriano e... é prudente. O bastante para que Meyerbeer continue a trabalhar em seu favor, mandando montar *Rienze* em Dresden e o *Holandês Voador* em Berlim. Wagner agradece a ele publicamente na primeira edição de sua *Autobiografia* e numa carta de fevereiro de 1842: "Por toda a eternidade, não poderei dizer-lhe outra coisa senão obrigado, obrigado!"[183], enquanto que, para Schumann, escreve que a obra de seu benfeitor é "uma fonte cujo mero odor, por mais longe que o perceba, causa-me repugnância"[184]. Continua fazendo-se convidar por ele e fazendo com que ele lhe preste serviços; sua longanimidade chega a espantá-lo; em dezembro de 1845, se mostra surpreso com a cordialidade e o interesse manifestados pela Sra. Meyerbeer[185]; sempre necessitado, novamente solicita, no outono de 1848, sua ajuda financeira[186].

Tendo fracassado em Paris, Wagner dirige, a partir de 1842, a ópera de Dresden. É o período revolucionário e jovem-hegeliano de sua vida: lê Feuerbach, trava amizade com Bakunin, quer ligar o futuro de sua arte ao futuro político alemão, e, na primavera de 1849, toma parte na revolução da Saxônia. (Um curioso episódio mostra que ele foi um revolucionário prudente, "sabendo até que ponto pode-se ir longe demais"; no momento crucial da revolta, esse homem impetuoso deixou-se trancar à chave por sua mulher, Minna[187]. A seguir, emigra para a

---

humilhante se eu me convencesse de que a única coisa que recebo são esmolas. Felizmente, sou obrigado a convir que pessoas como Meyerbeer, Laube, nada fariam por mim se não acreditassem que eu *mereço*. Apesar disso, a fraqueza, o capricho, o acaso podem influir sobre essas pessoas e afastá-las de mim. Esse é um pensamento terrível..." (Paris, 23 de junho de 1840, cf. *Lettres françaises de R. Wagner*, Paris, 1935, p. 56).

181. Carta de 29 de dezembro de 1840. Cf. MAURICE BOUCHER, *Les idées politiques de Richard Wagner*, Paris, 1947, p. 57.

182. Cf. J. KAPP, *Wagner-Meyerbeer*, p. 37, carta de 5 de fevereiro de 1842.

183. Cf. KAPP, *Richard Wagner und Meyerbeer*, art. cit., p. 80.

184. Cf. M. BOUCHER, *op. cit.*, p. 58 (carta de 25 de fevereiro de 1843).

185. Cf. J. KAPP, *Wagner-Meyerbeer...*, p. 39.

186. Cf. HEINZ BECKER, "Giacomo Meyerbeer", *Leo Baeck Yearbook*, IX (1964), pp. 178-201 (p. 189). Depreende-se do diário de Meyerbeer que este recusou o empréstimo pedido (1.200 *thalers*).

187. "Am Montag sandte Wagner wieder von dem Kreuzturme einen Brief an seine Gattin mit der Bitte um zwei Flaschen Wein. Frau Wagner ward stutzig und frug den Boten, ob Wagner sich allein oben auf dem Kreuzturme befände. Als ihr dies verneint und Namen wie Bakunin gennant wurden, sandte sie weder

Suíça, onde, em 1849-1851, redige seus principais tratados teóricos. Nesse exílio, medita sobre os mitos germânicos e germanômanos; a partir de então, irá pôr em música as especulações dos filólogos e dos metafísicos, com a conhecida repercussão. "Os nomes wagnerianos, a música wagneriana", lembrava Georges Dumézil em 1939, "animaram os combatentes alemães de 1914 a 1918 nas horas de sacrifício e de fracasso, ainda mais do que nas horas de triunfo. O III Reich não teve de criar seus mitos fundamentais..."[188] Mas, antes de insuflar vida a esses sonhos, Wagner irá explicar seu projeto.

No primeiro de seus escritos[189], proclama que a lenda é mais verdadeira do que a História e resume a chamada teoria ariana da origem da humanidade:

> É sobre essas montanhas [o Himalaia] que devemos procurar a pátria primitiva dos atuais povos da Ásia e de todos os povos que emigraram para a Europa. Lá está a origem de todas as civilizações, de todas as religiões, de todos os idiomas...

A seguir, aborda especialmente o povo franco e a lenda dos *Niebelungen:*

> Está provado que a própria origem dessa lenda é de natureza religioso-mítica: sua significação profunda foi a consciência primitiva do povo franco, a alma de sua raça real (...) impondo respeito e considerada por todos como de essência superior[190].

Depois ele ressuscitou o velho deus Wotan ou, melhor, pensou encontrar, naquele, o Deus dos cristãos: Deus-Filho, note-se bem, mais do que Deus-Pai:

> O supremo deus abstrato dos alemães, Wotan, não cedeu o lugar necessariamente ao Deus dos cristãos; chegou mesmo a ser absolutamente identificado com ele; basta despojá-lo dos atributos sensíveis com que os diversos povos o revestiram, segundo seus respectivos caracteres, seus países e seu clima... Esse deus primitivo, único, nacional, de quem as diferentes raças derivavam sua existência terrestre, evidentemente foi o menos abandonado: pois, nele, pode-se encontrar, com Cristo, filho de Deus, esta analogia decisiva de que também ele foi morto e foi chorado, vingado, como ainda hoje vingamos Cristo nos judeus. A fé e o apego transferiram-se com maior facilidade para Cristo porque se reconheceu nele o Deus primitivo[191].

Wein noch Tabak, sondern die briefliche Mitteilung, Wagner solle sofort nach Hause kommen, sonst würde sie das Haus verlassen. Sofort gab Wagner seine Observation auf and begad sich in seine Wohnung, wo ihn die Gattin durch weises Verstecken des Hausschlüssels gefangen hielt." (HUGO DINGEN, *Richard Wagners geistige Entwicklung,* Leipzig, 1892, vol. I, p. 184).

188. GEORGES DUMÉZIL, *Mythes et dieux des Germains,* Paris, 1939, p. 156.
189. *Os Nibelungos. História Universal Extraída da Lenda.*
190. *Oeuvres en prose de Richard Wagner,* Paris, s.d., t. II, p. 44, 47, 56.
191. *Idem,* p. 90.

Mas também Wagner tinha algo a vingar: sua infância, sua miséria e seus malogros? Ou os benefícios recebidos do judeu Meyerbeer e sua própria bajulação? Pode-se pensar que este objetivo não era o menos urgente, mesmo que, prudente como sempre, tenha publicado seu tratado sobre *O Judaísmo na Música* sob a capa de um duplo anonimato: assinava com um nome emprestado e não atacava nominalmente Meyerbeer, mas sim através de Mendelssohn-Bartholdy e dos judeus em geral. Em junho de 1849, manifestava suas intenções a Liszt:

> É preciso que eu tenha dinheiro como Meyerbeer, ou mais dinheiro do que Meyerbeer, ou então que eu seja temido. Pois bem!, na falta de dinheiro, tenho uma vontade furiosa de praticar um pouco o terrorismo no domínio da arte. Dê-me sua bênção, ou melhor, preste-me assistência. Venha dirigir esta grande caçada: atiraremos de modo a fazer uma bela hecatombe de lebres...[192]

No ano seguinte, punha seu projeto em execução. Três temas entrecruzam-se em *O Judaísmo na Música,* seu escrito de maior repercussão e o mais influente[193]. A título de introdução à matéria, Wagner se retrata pelo fato de ter sido revolucionário, manifestando o desejo de pactuar, a partir de então, com os poderes e as tradições estabelecidos: razão a mais para escolher os judeus como bode expiatório ou, como se expressava na carta a Liszt, como *lebres*. Ele renuncia expressamente à "aspiração à liberdade social":

> Mesmo quando lutamos pela emancipação dos judeus, combatíamos mais por um princípio abstrato do que por um caso determinado. Assim como todo nosso liberalismo não passava de um jogo do espírito algo perturbado, quando defendíamos o povo sem conhecê-lo e até evitando qualquer contato com ele, da mesma forma nosso zelo em reivindicar a igualdade para os judeus resultava muito mais de uma excitação produzida por um estado de espírito geral do que de uma simpatia real...[194]

É que – e é o segundo tema do escrito – os judeus mantêm sob sua dominação uma sociedade degenerada e principalmente a arte dessa sociedade: "Não temos de provar que a arte moderna judaizou-se; o fato salta à vista e é evidente para os sentidos. O mais urgente é emanciparnos da opressão judaica..." Seguem-se as imagens fúnebres:

> É só no momento em que a morte interior de um corpo torna-se evidente que os elementos estrangeiros tomam força bastante para apossar-se dele, mas somente para decompô-lo; então a carne desse corpo pode bem dissolver-se na vida fervilhante dos vermes, mas quem, vendo seu aspecto, pensaria ainda em considerá-lo como vivo?

192. Carta a Liszt, Paris, 5 de junho de 1849.
193. Cf. H. S. CHAMBERLAIN, *Richard Wagner, sa vie et ses oeuvres,* Paris, 1900; segundo Chamberlain, "uma das perífrases favoritas para designar Richard Wagner é "o autor do *Judaísmo na Música*". Em 1935, o editor das *Lettres françaises de Richard Wagner* (Julien Tiersot) emitia o seguinte juízo: "Seus escritos contra os judeus pareceram escandalosos na época; hoje em dia, são tomados como autoridade".
194. *Oeuvres en prose...*, t. VII, pp. 94-123.

Mas, embora o judeu corruptor marche, assim, de triunfo em triunfo, seu caso não é menos trágico. Wagner dedica-se a descrevê-lo: é o terceiro tema do *Judaísmo na Música,* no qual o fel não exclui a lucidez:

> O judeu culto entregou-se a todos os afãs imagináveis para livrar-se de todos os sinais característicos de seus correligionários vulgares: em muitos casos, chegou mesmo a pensar que estava de acordo com seus objetivos ajudar, com o batismo cristão, a lavar todo traço de sua origem. Mas esse zelo, de que jamais recolheu todos os benefícios com que contava, só contribuiu para isolar completamente o judeu culto e fazer dele o mais seco de todos os homens, a ponto que perdemos até mesmo nossa antiga simpatia pelo destino trágico de sua raça.

Nada de bom pode vir de um judeu desses, duplamente maléfico e estéril aos olhos de Wagner, pois ele "rompeu todo vínculo com sua própria raça". Até mesmo um Mendelssohn-Bartholdy, cujo talento, em particular, colocava bem alto[195], jamais pôde "produzir em nosso coração e em nossa alma essa impressão comovente que esperamos da arte". Mas é contra Meyerbeer que vão as flechas mais pérfidas:

> Para quem observou o comportamento insolente e a indiferença da assembléia dos fiéis na sinagoga durante um serviço divino em música, é fácil compreender que um compositor judeu de ópera não se sinta ferido ao encontrar a mesma coisa em um público de teatro e seja capaz de trabalhar sem desagrado por esse público... é pela impressão de frieza e de ridículo real que nos deixa, que o célebre compositor nos revela o caráter do judaísmo na música. Do exame atento desses fatos, que ficamos conhecendo ao procurar justificar nossa invencível antipatia pelo espírito judeu, ressalta, para nós, a prova da *esterilidade de nossa época na arte musical.*

"O judaísmo é a má consciência da civilização moderna", conclui Wagner e evoca o judeu errante, que só pode esperar salvação do túmulo. Ameaçador, exorta os judeus: "Pensem bem que só existe um único modo de conjurar a maldição que pesa sobre vocês: a redenção de Ahasvérus – o aniquilamento!" Era com essas linhas que terminava o panfleto; até o fim, o nome de Meyerbeer não chegou a ser pronunciado.

No ano seguinte, em *Ópera e Drama,* Wagner, incidentalmente, atacava seu benfeitor nominalmente e apresentava um novo argumento: "Sendo judeu, Meyerbeer não tinha uma língua materna indissoluvelmente ligada ao nervo mais íntimo de seu ser; falava com o mesmo interes-

---

195. A biografia de Glasenapp reflete em várias passagens a alta opinião que Wagner tinha de Mendelssohn. Admirava especialmente a abertura das *Hébridas:* "Das ist enorm schön, geisterhaft!... Bei der *Sommernachtstraum-Ouverture* muss man bedenken, dass ein Fünfzehnjähriger sie geschrieben hat, und wie formvollendet ist das schon alles... Aber wie stümperhaft kam ich mir vor, als junger Mann, nur vier Jahre jünger als Mendelssohn, der ich erst mühsam anfing Musik zu treiben, während jener schön ein fertiger Musiker war und auch als gesellschaftlicher Mensch die anderen völlig in die Tasche steckte. Ich wusste damals nichts besseres zu tun, als – in meiner *Columbus-Ouverture* – ihm nachzuahmen, was ich freilich seitdem glücklich verlernt habe..." (CARL FR. GLASENAPP, VI, p. 320).

se em qualquer língua e a punha em música da mesma maneira". Outros dirão, segundo ele, de modo mais conciso: "Quando um judeu fala em alemão, ele mente!"

Em sua *Autobiografia,* Wagner garantia que *O Judaísmo na Música* provocara uma conspiração judia contra ele, tendo Meyerbeer como regente: atribuía a essa conspiração todas as críticas, todas as cabalas, todos os golpes de azar que conheceu depois de 1851 em sua vida movimentada:

> A sensação provocada por esse artigo, o verdadeiro terror que ele espalhou, não podem ser comparados a nenhum acontecimento semelhante... É assim principalmente que se explica a hostilidade inaudita que, até hoje, manifesta em relação a mim a totalidade da imprensa européia... O furor revestiu-se de um caráter pérfido e calunioso, pois a campanha foi sistematizada por um grande conhecedor da matéria, o Sr. Meyerbeer, e ele a dirigiu com mão firme até o fim de seus dias...[196]

Eis, então, Wagner tomado pela mania de perseguição; ei-lo, uma vez cometida a agressão, transformado em perfeito anti-semita. Em 1853, Liszt descrevia à Princesa Wittgenstein a nova obsessão de seu amigo comum: "... ele pulou em meu pescoço, depois rolou pelo chão, acariciando seu cachorro, Pepi, e dizendo-lhe bobagens, alternadamente cuspindo sobre os judeus, que são, para ele, um termo genérico de um sentido muito extenso. Em suma, uma grande e grandíssima natureza, algo como um Vesúvio..."[197] Uma vintena de anos depois, o gobinista Ludwig Schemann fazia um relato mais circunstanciado dos furores wagnerianos:

> Suas queixas sobre a miséria indizível que os judeus infligiram a nosso povo culminaram com a descrição da situação do camponês alemão, que logo não irá possuir um único acre de terra próprio. Jamais observei, nele, algo que se aproximasse dessa santa cólera, mesmo de longe; depois dessas últimas palavras, precipitou-se, inteiramente fora de si para dentro da noite hibernal, para só voltar algum tempo depois que o paroxismo passara e que os saltos de seu terranova, que o acompanhava, o tivessem acalmado...[198]

É notável que, cãozinho Pepi ou fiel terranova, haja cães perfilando-se no pano de fundo dessas diatribes; isso merece ser considerado. Contudo, outras cartas e outros depoimentos nos informam que Wagner, que foi um notável psicólogo (a ponto que Thomas Mann o comparava a S. Freud[199]), estava muito consciente das vantagens que podia extrair de sua mania. Vantagens subjetivas: "... fazia tempo que continha minha cólera contra os judeus, uma cólera tão indispensável a minha natureza quanto a bile é para o sangue... Suas malditas escrevinhações ser-

---

196. RICHARD WAGNER, *Mein Leben,* ed. cit., p. 544.
197. Carta de 3 de julho de 1853.
198. LUDWIG SCHEMANN, *Neue Erinnerungen an Richard Wagner,* Stuttgart, 1902, pp. 46-47.
199. THOMAS MANN, *Leiden und Grösse Richard Wagners* (1933); cf. *Adel des Geistes,* Estocolmo, 1945, p. 406.

viram-me de pretexto, e eu explodi...." (a Liszt, 1852)[200]. Mas também vantagens objetivas, renome aumentado: "Graças à estupidez de Meyerbeer, que acaba de contratar, em Paris, um bando de escrivinhadores, subitamente tornei-me célebre em Paris ou, ao menos, muito interessante... A perspectiva de uma luta terrível, mas importante e rica em promessas, com Meyerbeer, excita minha... digamos: minha maldade" (para sua sobrinha Franziska, no mesmo ano)[201]. Esse lúcido Wagner só abusava num único ponto: jamais Meyerbeer empreendeu qualquer coisa que fosse contra seu ex-protegido: ele tinha por princípio não responder aos ataques e tomara sua decisão a partir do anti-semitismo ambiental. Nem por isso, mesmo no plano humano, deixa de ser historicamente o perdedor, o "falso cavalheiro"[202]. (Como se se tivesse resignado antecipadamente, Meyerbeer escrevia, em 1840, a Heinrich Heine que "99% dos leitores são anti-semitas, é por isso que apreciam e apreciarão sempre o anti-semitismo, com a única condição de que ele lhes seja ministrado com um pouco de habilidade[203].

Da mesma forma, os "judeus" dessa época jamais empreenderam nada, nem contra o compositor, nem contra o panfletário; pelo contrário, este continuou a encontrar, entre aqueles, seus sustentáculos e seus amigos mais fiéis. Sob o véu da música, sob a divisa da arte pela arte, a dialética do anti-semitismo podia ter livre curso em toda sua pureza.

* *
*

Quaisquer que possam ter sido as razões, o fato é que no campo das belas-artes, é primeiro na qualidade de músicos que os judeus emancipados se destacaram. Desde o alvorecer do século XIX, se tornam compositores e se tornam intérpretes: que o autor de *O Anel,* que o genial empreendedor Wagner tenha recorrido a seus talentos nada teria de espantar em si. No caso, é a freqüência que se torna um sintoma. A predileção de Wagner pelos intérpretes judeus era bem conhecida: "Por que seu pai e o meu não nos circuncidaram, no tempo deles?" exclamava comicamente o regente Hans von Büllow, perante um colega[204].

"Muitos de meus melhores amigos são judeus"; Wagner sempre seguiu essa boa regra do anti-semitismo do passado. Mas essa inclinação culpada, ou esse álibi, não era de sentido único; psicologicamente, os benefícios tornavam-se facilmente recíprocos. No círculo wagneriano, o caso extremo desse gênero foi o do virtuose Joseph Rubinstein. A liga-

---

200. Cf. GLASENAPP, *Das Leben Richard Wagners,* Leipzig, 1896, t. II, p. 384.
201. Cf. J. KAPP, *Wagner-Meyerbeer...., op. cit.,* p. 42.
202. Cf. por exemplo RENÉ DUMESNIL, *Richard Wagner,* Paris, 1954, pp. 20, 76, 79.
203. Citado por HEINZ BECKER, *Der Fall Heine-Meyerbeer,* Berlim, 1958, p. 21.
204. Citado por E. NEWMAN, *The Life of Richard Wagner, op. cit.,* t. IV, p. 643, nota.

ção dos dois começou com uma carta que o artista dirigiu, da Ucrânia natal, ao autor do *Judaísmo na Música,* para lhe dizer que ele o aprovava em todos os pontos e que, portanto, não lhe restava senão escolher entre o suicídio ou uma redenção à sombra do Mestre; Wagner consentiu em servir-lhe de protetor paternal, acolheu-o por volta de 1872 como gente da casa e fez dele seu pianista predileto: aos convidados, as árias de *Siegfried,* de *Wotan,* das *Valquírias* eram reveladas, no arranjo para piano, por esse judeu. Sua devoção por Wagner não conhecia limites e a morte deste deixou-o desamparado, a tal ponto que se suicidou sobre o túmulo de seu mestre. "Ele não pôde suportar o que suportaram todos os fiéis do Mestre: sobreviver a ele", comentava a biografia oficial de Wagner[205].

Outro pianista, Karl Tausig, aluno de Liszt, não é mencionado como judeu, nessa biografia, redigida sob o controle de Cosima Wagner: os autores limitam-se a uma alusão a "suas origens obscuras". É que Tausig, que também era homem de ação, foi o grande artesão do projeto de Bayreuth; sem dúvida alguma, era importante para os wagnerianos poupá-lo a título póstumo.

Igualmente judeu, o tenor Angelo Neumann, o Lohengrin e o Siegfried prediletos de Wagner; tornando-se diretor de teatro, conseguiu que o mestre lhe prometesse os direitos mundiais de *Parsifal* fora de Bayreuth[206]. Depois dos artistas e dos empresários, os admiradores e os mecenas. Wagner apreciava tanto o crítico musical Heinrich Porges que, em 1864, fez com que viesse a Munique e quis pô-lo a seu serviço, na qualidade de secretário, esse "decano dos wagnerianos"[207]. Os negócios do *Patronatsverein* de Bayreuth eram administrados por um certo banqueiro Cohn[208], e o próprio compositor admitia que eram os judeus que mais aplaudiam suas óperas[209].

Será que, com isso, procuravam afirmar melhor sua germanidade? A atração que o anti-semita pode exercer sobre o judeu assimilado talvez mostre aí uma de suas fontes: a seus olhos, o inimigo parece investido de um mister especial, para lhe entregar um certificado de patriotismo, se não de não-judeidade. A tentação pode tornar-se sutil: como comprovam as reflexões que um judeu, sob outros aspectos tradicionalista, o romancista Berthold Auerbach, confiava a um parente depois de ler *O Judaísmo na Música:*

> A coisa é mais perigosa e mais venenosa do que parece e não basta dizer que vai passar, que logo se verá que Wagner é movido apenas pela malícia e pela inveja. Não, ali existe outra coisa que é preciso reconhecer e sondar a fundo (...) o que Wagner diz da música de Mendelssohn, eu mesmo sempre senti parcialmente...[210]

205. GLASENAPP, *op. cit.,* Leipzig, 1907, t. V, p. 34.
206. Cf. ANGELO NEUMANN, *Souvenirs sur Richard Wagner,* Paris, 1908, pp. 331 e ss.
207. Sobre Heinrich Porges, cf. GLASENAPP, t. III 1, pp. 106-107, 110, 117, 447-448, e t. VI, pp. 508-509.
208. GLASENAPP, *op. cit.,* Leipzig, 1904, t. II 1, p. 392.
209. *Oeuvres en prose de Richard Wagner,* Paris, t. IX, p. 108.
210. Carta a J. AUERBACH, 12 de dezembro de 1869; cf. F. KOBLER, *Juden und Judentum...*, *op. cit.,* pp. 330-331.

Auerbach acrescentava que essa música não tinha naturalidade e só fazia exceção para *A Noite de Walpurgis* e o *Sonho de uma Noite de Verão*. Será que ele estava falando apenas na qualidade de músico ou estava se concedendo, pelo mesmo movimento, uma patente de bom alemão?

Vejamos agora o lado wagneriano do assunto. Seu anti-semitismo foi crescendo até o fim da vida e foi encontrando expressões cada vez mais violentas. Antes de abordar os escritos e manias secundárias, deve-se assinalar que ele se alegrou, em 1864, quando ficou sabendo da morte de Meyerbeer[211] e que não manifestou nenhuma pena em 1882 quando, durante uma apresentação de Offenbach no Ringtheater de Viena, irrompeu um incêndio no qual mais de oitocentos espectadores, cristãos ou judeus, perderam a vida. "Os homens são ruins demais para que sejam lamentados quando perecem em massa", exclamava. "Para que serve a escória reunida em tal teatro? Quando operários são vítimas de uma catástrofe nas minas, nesse caso fico comovido...."[212]. No mesmo ano, declarava: "Que o gênero humano pereça não seria pena: mas que pereça pelos judeus seria uma ignomínia"[213]. Que o mundo pereça, mas que pereça por Wagner!

Por que os anti-semitas se comprazem com a companhia ignominiosa dos judeus? Sem dúvida por motivos variados, onde pode ser incluída parcialmente a generosidade de que eles assim dão provas; mas o benefício essencial deve ser a exibição de seu esplendor ariano face a semitas servis e, em última análise, face a si mesmos. Dominar os judeus é colocar-se acima das pessoas mais astuciosas que existem, superar os super-homens, que conseguiram embrutecer, castrar os arianos: "Somos uns burros completos que tomamos tudo emprestado aos judeus", dizia ainda Wagner, pouco antes da morte[214].

Esse tirano se comprazia em jogar com o "judeu" como faz o gato com o rato. No pináculo da glória, confiava a direção de *Parsifal*, sua "obra germano-cristã cênica sagrada" (*christlich-germanisches Weihefestspiel*) ao regente Hermann Levi, a quem chamava de seu "plenipotenciário" e até de seu *alterego*[215]. Queria convertê-lo ao protestantismo, mas também o felicitava por ter conservado seu nome, sem trocar nenhuma letra[216]. Uma briga passageira, pouco antes da primeira apresentação de *Parsifal*, deixa ver bem a natureza de seu relacionamento.

---

211. Cf. o posfácio de GREGOR-DELLIN a sua edição da autobiografia de Wagner (*Mein Leben, ed. cit.,* pp. 888-889).
212. GLASENAPP, Leipzig, 1911, t. VI, p. 551.
213. *Idem,* p. 435. (Wagner acabava de ficar conhecendo a antropodicéia pessimista do Conde de Gobineau, com quem, pouco depois, iria travar amizade).
214. *Idem.,* p. 721. (Wagner perguntava por que a concepção hindu segundo a qual o entendimento é o "sexto sentido" dos homens não tinha mais curso na Europa, — "woran es läge, dass diese einmal gewonnene Erkenntnis wieder verschwinden könne? — Daran, dass wir Schafsköpfe sind und alles von den Juden übernommen haben").
215. Carta de Wagner a H. Levi, outubro de 1881; cf. F. KOBLER, *Juden und Judentum...,* pp. 332-333.
216. GLASENAPP, *op. cit.,* t. VI, p. 129.

Por volta de meados de junho de 1881, Wagner recebe, de Munique, uma carta anônima, conjurando-o a não deixar que sua obra fosse dirigida por um judeu que, além de tudo, insinuara-se, mantinha relações culposas com Cosima[217]. Naquele dia, o casal Wagner esperava Levi para o almoço. O marido colocou a carta no quarto reservado para Levi, numa mesa.

Ora, Levi chegou atrasado. Wagner o esperava na entrada, com o relógio na mão, e lhe diz, com tom grave: "O senhor está com dez minutos de atraso! Falta de pontualidade vem imediatamente depois de infidelidade!" A seguir acrescentou: "Agora, vamos almoçar — não, primeiro leia a carta que preparei para o senhor".

Na mesa, Levi, transtornado com a carta, guardou silêncio. Wagner perguntou por que estava tão silencioso. Levi respondeu que não compreendia por que Wagner fizera com que ele lesse a carta, em vez de rasgá-la imediatamente. Ouviu a seguinte resposta: "Vou dizer-lhe. Se eu não tivesse mostrado a carta a ninguém, se a tivesse rasgado, talvez alguma coisa do conteúdo teria ficado dentro de mim, mas, assim, posso garantir-lhe que não irei conservar a menor lembrança".

Sem se despedir, Levi voltou a Bamberg, de onde pediu insistentemente a Wagner que o desligasse da direção de *Parsifal*. Wagner respondeu por telegrama: "Caro amigo, peço com muita seriedade que volte o mais depressa possível: a coisa principal deve ser levada a bom termo". Levi insistiu na demissão e então recebeu uma carta contendo as seguintes frases:

> Caríssimo amigo! Todo meu respeito por sua sensibilidade, mas, desse modo, o senhor não facilita as coisas nem para o senhor, nem para nós. É justamente porque o senhor se olha com um olhar tão sombrio que poderíamos ser tomados de angústia em nossas relações com o senhor. Estamos plenamente de acordo para contar essa m... a todo o mundo, mas isso também exige que o senhor não nos abandone e não deixe supor absurdos. Pelo amor de Deus, volte imediatamente e aprenda a conhecer-nos melhor! Não ceda nada em sua fé, mas também tome coragem para isso! — talvez haja uma grande virada em sua vida —, mas, de todo jeito, o senhor é meu regente para *Parsifal*.

Podia ser este o grande jogo de Wagner: um desejo sádico de humilhar; um humor conciliador e sentimental; e, principalmente, a vontade de ligar a si mesmo de modo ainda mais íntimo, sua vítima. Levi chegou a admitir que *O Judaísmo na Música* fora ditado por um generoso idealismo; no mesmo ano, ele escrevia a seu pai, um rabino:

> A posteridade um dia vai reconhecer que Wagner foi tão grande como homem quanto como artista, como já sabem seus íntimos. Sua luta contra o que ele chama de "judaísmo" na música e na literatura pode igualmente ser explicada pelos motivos mais nobres[218].

---

217. Para esclarecer o episódio, reportamo-nos às cartas de Wagner, seguidas das notas explicativas de Levi, publicadas nos *Bayreuther Blätter*, com uma introdução de H. S. CHAMBERLAIN (*Richard Wagners Briefe an Hermann Levi*, XXIV (1901), pp. 13-41). Cf. também GLASENAPP, VI, pp. 623-624; E. NEWMAN, IV, pp. 636-638, e T. W. ADORNO, *Essai sur Wagner*, Paris, 1966, cuja interpretação seguimos (pp. 17-18).

218. Carta citada por GREGOR-DALLIN, *Mein Leber*, ed. cit., p. 890.

Depois da morte desse fiel wagneriano, H. S. Chamberlain dedicou-lhe uma notícia elogiosa nos *Bayreuther Blätter*. Após mencionar seus méritos de judeu excepcional, concluía que seu problema humano insolúvel, isto é, a consciência que tinha do estigma de sua raça, tornava-o especialmente apto para expressar, como artista, a procura desesperada de *Parsifal*[219]. Mas tudo se passava, veremos mais adiante, como se esse afilhado de Wagner parasse no meio do caminho do raciocínio.

*
* *

A bibliografia wagneriana comporta mais de quarenta e cinco mil títulos, parece que só cedendo em importância à de Jesus Cristo e de Napoleão. Nenhum outro artista mexeu tanto com as multidões; também nenhum outro foi tão odiado.

Ele foi a grande decepção da vida de Nietzsche, que, depois de tê-lo amado muito, exortava os alemães a se defenderem contra ele "como contra uma doença" (*O Caso Wagner*). "Wagner era algo de completo; era a corrupção completa; Wagner era a coragem, a vontade, a *convicção* na corrupção". E Nietzsche declarava guerra "à cretinice de Bayreuth e, incidentalmente, ao gosto alemão". (Pode-se deixar por menos: Edmund von Hagen, em seus *Aforismas sobre Wagner*, não qualificava seu ídolo de "onipotente, de Sófocles e Platão, Shakespeare e Bacon, Schiller e Kant, Goethe e Schopenhauer numa única pessoa, dominando o mundo"?)

Thomas Mann, que também sofreu o fascínio wagneriano, via nele, primeiro, o criador de mitos. "Quando o ouvimos", escrevia em 1933, "chega-se a crer que a música não foi criada senão para servir o mito e que ela não se pode propor nenhuma outra tarefa... A música de Wagner é psicologia, símbolo, mitologia, ênfase — tudo, mas não música no sentido puro e pleno..." Em 1944, dizia "ter amado tanto essa obra que mesmo hoje fico profundamente comovido ouvindo alguns compassos", mas pensava que ela "tinha sido criada e dirigida contra a civilização, contra toda a cultura e a sociedade dominante desde a Renascença, que ela emergia da época burguesa-humanista da mesma maneira como o hitlerismo", e que ela era "muito precisamente o anúncio espiritual do movimento 'metapolítico' que, neste momento, aterroriza o universo". Obra intensamente alemã, em grau exemplar, acrescentava ainda[220].

---

219. Introdução citada acima, p. 17 ("... die unvergleichliche Art, wie es Hermann Levi gelang, das trostlose, aber auch ratlose Irren des nach dem Grale suchenden Parsifal, im Vorspiele zum dritten Aufzuge bei seiner Direktion des Werkes wiederzugeben. In dieser bedeutsamen Vereinigung von Mensch und Künstler, Wesen und Begabung, erfuhr ein in der Wirklicklkeit unlöslich dünkendes Problem seine ahnungsvolle künstlerische Lösung").

220. T. MANN, *Wagner und unsere Zeit*, Frankfurt, 1963, p. 158 e *passim*.

Mas o wagnerismo, como o hitlerismo, também foi um fenômeno europeu. Na França, contou com o entusiasmo de Baudelaire, de Barrès e de Proust, dos Simbolistas e da *Revue wagnérienne*, "o serviço, prestado desde a infância, aos altares do deus Richard Wagner" de que fala Lévi-Strauss[221]. O passar do tempo e, mais ainda, a provação do hitlerismo progressivamente infletiram os juízos sobre uma arte que pretendia ser a música do futuro e que orquestrou um sangrento passado. "Não há dúvida de que esse alemão de raça pura, esse gênio tão autenticamente germânico", escrevia Henri Lichtenberger no fim do século passado, "encontrou precisamente entre nós uma segunda pátria espiritual... respeitamos nele um dos mais nobres heróis da Alemanha moderna e da arte de todos os tempos"[222]. Meio século mais tarde, por volta de 1944, Marcel Beaufils constatava: "Wagner informará o francês como informará o alemão, e com planos estranhamente contraditórios. Parece que esse homem, com suas características, tem o poder de libertar os temperamentos: o de sua raça por muito tempo, o das raças estrangeiras por gerações"[223]. Ainda mais tarde, em 1960, Marcel Schneider admitia que Wagner foi grande, mas de uma grandeza que, justamente porque "sagrada", expunha-o ao ódio e à zombaria:

> Pode-se sentir o cheiro de fraude, de má fé, e nada choca mais do que o falso profeta que utiliza para fins pessoais o fervor de seus fiéis, do que o mago de irrisório que faz uso criminoso do sagrado. Contudo, é a essa noção de mistério religioso que é preciso retornar para conceber a apoteose que Wagner conheceu no fim de seus dias. Ela não pode ser explicada de outra maneira. Quando a religião perde seu prestígio, os homens esperam que o artista substitua o sacerdote...[224].

Em compensação, Wagner, festejado no III Reich ainda mais do que no II, foi nele considerado um precursor e um iniciador. Era todo um clima, mas também era, de modo mais particular, a realidade de um homem. Um amigo de infância de Adolf Hitler assegura que este "procurava em Wagner bem mais do que um modelo e um exemplo. Ele se apropriou literalmente da personalidade de Wagner, como para torná-la parte integrante de sua individualidade"[225]. Não parece ser exagero para um homem que, em sua juventude, dividia seus contemporâneos entre aqueles que eram wagnerianos e "aqueles a quem não se dá esse nome" (cf. os *Libres propos* de Hitler)[226]. No estilo que lhe era próprio, Alfred Rosenberg parece não dizer coisa diferente:

---

221. CLAUDE LÉVI-STRAUSS, *Le cru et le cuit,* Paris, 1964, p. 23.
222. HENRI LICHTENBERGER, *Wagner,* nova ed., Paris, 1948, p. 230.
223. MARCEL BEAUFILS, *Wagner et le wagnérisme,* Paris, 1946, p. 7.
224. M. SCHNEIDER, *Wagner,* Paris, 1960, p. 52.
225. AUGUST KUBIZEK, *Adolf Hitler, mon ami d'enfance,* Paris, 1954, p. 91.
226. "No começo deste século, havia aqueles que eram chamados de wagnerianos. Os outros não recebiam nome. Que alegria me deu cada uma das obras de Wagner, e lembro de minha emoção na primeira vez que entrei em Wahnfried. Dizer que estava comovido!" (A. HITLER, *Libres propos sur la*

Bayreuth é a consumação do mistério ariano (. . .). A essência da arte ocidental revela-se em Wagner: a saber, que a alma nórdica não é contemplativa, que ela não se perde na psicologia individual, que ela aspira viver segundo as leis cósmicas da alma e formá-las espiritualmente, arquitetonicamente[227].

Mas talvez Wagner não tenha tido melhor exegeta do que o próprio Wagner.

Durante toda a vida, explicou a si mesmo numa obra na qual procurava fundir, numa unidade indissolúvel, música, ação temática e ideologia. Depois do período de Zurique, foi principalmente em Bayreuth, no fim da vida, que ele multiplicou os escritos sobre arte, política e outros assuntos. Seu anti-semitismo não foi desmentido; com o tempo, tornou-se mais fúnebre: "Considero a raça judia como o inimigo nato da humanidade e de tudo que é nobre; é certo que especialmente os alemães vão perecer por ela e talvez eu venha a ser ainda o último alemão que conseguiu afirmar-se contra o judaísmo, que já mantém tudo sob seu tacão", escrevia, em 1881, ao rei da Baviera, Luís II[228]. (O que não impede que, no mesmo ano, reconforte seu empresário, Angelo Newmann, presa dos problemas anti-semíticos de Berlim, que critique nessa ocasião as campanhas anti-semitas e que fale "de absurdos mal-entendidos"[229]; isso também é Wagner.) Os motivos pessimistas de Schopenhauer enriquecem-se com os de Gobineau, relativos à decadência racial. "Demônio plástico da decadência da humanidade": assim chama o judeu num escrito intitulado, não pode ser por acaso, *Conheça-te a ti mesmo (Erkenne dich selbst)*. Ali, atribui ao "judeu" uma superioridade maléfica e triunfos espantosos; ele lhe imputa a invenção do dinheiro e, pior, a do papel-moeda, "maquinação diabólica"; no limite, enfim, toda a civilização ocidental, que é "uma salada judaico-bárbara" e em nada "uma criação cristã". Esse poder do judeu parece a ele ser inerente ao sangue, tão poderoso que "nem mesmo a mistura o prejudica; homem ou mulher, por mais que se alie às raças mais estranhas à sua, engendra sempre um judeu".

Tema fundamental do nazismo, e do qual este extraiu as conseqüências que se conhece bem. Em Richard Wagner, ele se entrecruza com o do vegetarianismo, do qual também Hitler foi adepto. Relaciona expressamente "o consumo proibido da carne dos animais" com "o fato de que o Deus dos judeus julgou o cordeiro gordo sacrificado por Abel

---

guerre et la paix, Paris, 1952, t. I, p. 233, "Nuit du 24 au 25 janvier 1942"). Hitler manifestou seus entusiasmos wagnerianos em muitas outras ocasiões e especialmente nas primeiras páginas de *Mein Kampf*. Todos os seus biógrafos mencionam essa influência, que, porém, mereceria ser estudada com maior atenção: assim, ela pode ser encontrada nos argumentos que ele apresentava em favor do vegetarianismo, em relação a suas opiniões sobre a decadência da humanidade (*Libres propos*. . ., ed. cit., "5 novembre 1941 au soir").

227. A. ROSENBERG, *Der Mythos des 20. Jahrhunderts*, ed. Munique, 1933, p. 433.
228. Cf. E. NEWMAN, IV, pp. 638-639.
229. Cf. F. KOBLER, *Juden und Judentum*. . ., p. 333.

mais saboroso do que os frutos do campo ofertados por Caim"[230]. A seus olhos, o consumo de carne animal é uma das principais causas da decadência da humanidade. Desenvolve essa opinião especialmente em *Religião e Arte* (1880).

Nos termos da antropodicéia wagneriana, outrora, nos tempos da idade de ouro, os homens teriam vivido inocentes e felizes sobre os planaltos asiáticos; depois de inúmeras peripécias, relatadas por ele com detalhes[231], eles se tornaram carnívoros e antropófagos; a estação final desse caminho que leva, do vegetarianismo ariano, ao canibalismo judeu, é um "matadouro parisiense, entregue a suas ocupações matinais". É que Wagner tinha tendência a condenar a matança de um animal com maior severidade do que a de um homem.

Pelo fim da vida, sentiu-se atraído pela figura de Cristo, mas fabricou para si mesmo um cristianismo sob medida. De fato, ele achava que a Ceia significava o retorno à inocência primitiva, que ela queria simbolizar o respeito pela vida animal e, portanto, pelo vegetarianismo. É assim que o pão e o vinho teriam substituído a carne e o sangue; é assim que os apóstolos pretendiam comemorar a lembrança do Salvador e selar a Nova Aliança; mas a Igreja tendo-se rapidamente "judaizado", este simbolismo do cristianismo primitivo teria sido completamente obliterado[232].

230. *Oeuvres en prose de Richard Wagner*, Paris, 1925, t. XIII, p. 72 ("Religion et Art").
231. "Desde o primeiro alvorecer da História, encontramos os aborígines da península indiana nos vales frios do Himalaia, vivendo da criação de animais e da agricultura... a natureza oferecia-lhes profusamente tudo que era preciso para viver... o caçador parecia [ao hindu] um ser repugnante, e o sacrificador, o matador de caros animais domésticos, totalmente impensável... Foi nos mesmos vales que também ocorreu a separação pela qual as raças parentes [penetraram] nas vastas regiões da Ásia Menor onde nós as vemos, no decurso das eras, conquistando e fundando poderosos impérios... Esses povos atravessaram os desertos que separam as terras mais avançadas da Ásia do país do Hindu; o animal feroz, atormentado pela fome, ensinou-lhes a tomar, não mais do leite, mas a carne de seus rebanhos para se alimentar e logo apenas o sangue lhes pareceu ser capaz de nutrir a coragem do conquistador...

"A história das raças humanas não nós apresenta mais, portanto, que ataque e defesa, miséria e guerra, vitórias e derrotas, dominação e escravidão, e tudo isso selado por sangue: e a conseqüência imediata da vitória do mais forte foi uma efeminação, fruto de uma civilização suportada pela escravidão dos vencidos, e à qual sucedeu uma eliminação dos degenerados por forças ainda mais selvagens. Pois, nessa degenerescência contínua, o sangue e os cadáveres parecem ser o único alimento digno do conquistador do universo: o festim de Tieste teria sido impossível entre os hindus; mas a imaginação humana podia jogar com quadros tão horríveis a partir do momento em que adotou o hábito da matança de homens e animais. E a imaginação dos homens civilizados modernos, depois de se acostumar à visão de um matadouro parisiense entregue a suas ocupações matinais, talvez mesmo ao espetáculo de um campo de batalha na noite de uma vitória, poderia desviar-se com horror de quadros como aquele. É incontestável que fizemos progressos desde o festim de Tieste..." *(Religion et Art*, pp. 50-53).
232. Essas opiniões de Wagner foram resumidas por GLASENAPP, t. VI, pp. 307 e ss.

Sejam o que forem essas fantasias teológicas, que, olhando mais de perto, constituíam exatamente o inverso das fantasias daumerianas[233], o fato de Wagner ter situado seu matadouro na Cidade Luz possui um significado próprio. Fascinado pelos franceses, quase tanto quanto pelos judeus, escarneceu grosseiramente desses "latinos semitizados" no dia seguinte à rendição de Paris em 1871 em sua *Capitulação;* nem por isso deixavam de ser, para ele, por mais "turbulentos que fossem", "os senhores e deuses do mundo"[234]. Isso também parece bem alemão; mas aqui a ambivalência ainda é um pouco comedida ou, se se quiser, a atração é menos recalcada.

Com as outras "raças inferiores", eslavos e negros, Wagner, que não era um doutrinário sistemático, quase nada se preocupara. No que se refere às mulheres que o amaram e ajudaram tanto, elas simbolizam, em sua obra, o "eterno feminino" romântico, sob as duas formas da Mãe imaculada de Deus e de Vênus genitrix, ou, ainda, da "natureza" oposta ao "espírito". Aquilo que tinha a dizer discursivamente foi interrompido, em fevereiro de 1883, pela morte; não parece que no ensaio esboçado sobre "o elemento feminino no ser humano" ele teria pregado um antifeminismo à maneira de Proudhon.

Assim, o traço particular que, em Wagner, parece acompanhar o ódio pelos judeus é o amor pelos animais. Em suas óperas, o cisne de *Lohengrin*, como o de *Parsifal*, encarnam a inocência e a pureza, essa pureza da qual, conforme escrevia a Mathilde Wesendonck, extraía toda sua força: "Só digo o seguinte: apenas o sentimento de minha pureza me dá força. Sinto-me puro: sei, no mais profundo de meu ser, que sempre agi para outrem, jamais por mim; meus sofrimentos perpétuos são prova disso..."[234].

Os sofrimentos desse egoísta também eram o pavor da poluição, que seus escritos (especialmente aquele que ele considerava mais importante, *Heroísmo e Cristianismo*) nos revelam sob duas formas: mácula através do sangue judeu e mácula através da carne animal. Era à conjunção das duas que tendia a atribuir a *decadência ocidental:* "... aquele que atribui", escrevia, "essa decadência do espírito público unicamente à degeneração de nosso sangue, causada não somente pelo abandono da alimentação natural do homem, como muito mais pela mistura degenerante do sangue heróico das raças mais nobres com o de antigos canibais que se tornaram, hoje, os mercantes experimentados de nossa sociedade, pode muito bem ter razão"[236]. Para essa decadência, não via remédio a não ser em uma "purificação divina", graças à "recepção do sangue de Jesus, tal como ocorre simbolicamente no único sacramento verdadeiro da religião cristã... Esse antídoto, então, iria opor-se à decadência das raças, causada por sua mistura; e talvez o universo não tenha produzido seres vivos a não ser para servir essa religião"[237].

233. Ver *supra*, p. 347.
234. *Oeuvres en prose de Richard Wagner*, Paris, 1924, t. XII, p. 9.
235. Citado por T. MANN, *Leiden und Grösse Richard Wagners, op. cit.*, p. 458.
236. *Héroisme et christianisme, Oeuvres*, XIII, p. 134.
237. *Idem*, p. 133.

Qual é, pois, essa religião? Qual é esse *Mistério ariano de Bayreuth*, onde certos exegetas pensam poder encontrar os elementos da "religião velho-ariana"?[238] Esses fantasmas encontram-se em outro escrito, em Wagner, militando contra a vivissecção, vai ainda mais longe[239]. Primeiro, adverte que "é a questão mais grave da humanidade que é debatida aqui". A seguir, resume sua tese principal:

> Quando a sabedoria humana percebeu, um dia, que é o mesmo sopro que anima o homem e o animal, pareceu que já era tarde demais para desviar a maldição que parecemos ter atraído sobre nós, colocando-nos no nível de bestas ferozes ao consumir alimento animal: doenças e misérias de todo tipo às quais não vemos expostos os homens que só vivem de vegetais. O reconhecimento que adquirimos com isso nos fez perceber a profunda culpabilidade de nossa existência terrestre...

Seria a matança do animal o pecado original da humanidade? Eis que Wagner parece aproximar-se curiosamente de S. Freud, para quem o "assassinato do pai" estava na origem tanto do sentimento de culpa, quanto do sacrifício totêmico. Pois parece que se trata disso para Wagner:

> Povos [impelidos pela necessidade]... conservaram até épocas recentes a consciência de que o animal não pertence a eles, mas sim a uma divindade; eles sabiam que matando ou abatendo um animal tornavam-se culpados de uma crime do qual deviam pedir perdão a Deus; imolavam o animal a ele e lhe ofereciam, em ação de graças, as partes mais nobres do animal. O que fora um sentimento religioso sobreviveu, depois da decadência das religiões, nas filosofias mais recentes, como um pensamento pleno de humanidade...

O crime contra o qual Wagner protesta é tanto mais horrível a seus olhos quanto o animal lhe parece moralmente superior ao homem, notadamente por sua "fidelidade devotada até a morte". Ele lhe atribui outras virtudes, sinceridade, ingenuidade, impossibilidade de mentir. Termina, também, invocando a morte expiatória de Jesus, mas as forças do mal recuperaram-se, o cristianismo judaizou-se: "O *Antigo Testamento* é vencedor, hoje, e o animal feroz [isto é, o homem] tornou-se o animal calculista..."

Numa carta dirigida a E. von Weber, presidente da liga antivivisseccionista, Wagner aconselhava-o a utilizar meios fortes e pensava novamente nos judeus:

> Seria excelente, por exemplo, atemorizar os judeus, eles que, cada dia mais, se comportam de maneira mais insolente. Da mesma forma, é preciso atemorizar os senhores vivisseccionistas; seria preciso que, simplesmente, eles temessem pela vida e pensassem ver, em sua frente, o povo armado de porretes e chibatas[240].

---

238. Assim, L. VON SCHROEDER, *Das arische Mysterium von Bayreuth*, Munique, 1911. Da mesma forma, A. ROSENBERG, em *Le Mythe du XXe siècle*.

239. *Lettre ouverte à M. Ernst von Weber, Oeuvres*, XIII, pp. 5-28.

240. Citado por GLASENAPP, t. VI, p. 262.

Eis, novamente, os judeus citados a título de exemplo, de um modo que faz pensar nos "judeus e fornecedores" do Marechal Gneisenau e nos "judeus e filisteus" de Clemens von Brentano; outros, naquele tempo, falavam de "judeus e franco-maçons". Mas achamos ter reunido elementos suficientes para poder concluir, como parece sugerir-nos o genial artista que pretendia ser "consciente do inconsciente" *(Der Wissende des Unbewussten)*.

A neurose wagneriana é antes de tudo um clima, uma forma do "mal do século". Ela é — desmedida em Wagner, como todo o resto — "o sofrimento do artista"; ela pode portanto ser, com proveito, cultivada e exibida, do mesmo modo como seu sintoma anti-semita não faz mais que exprimir uma ideologia dominante da época. Resta o mal autêntico, a ferida narcísica; nesse plano, essa neurose, como qualquer outra, prolonga na vida adulta o conflito da primeira infância, um conflito complicado em Wagner pela dupla e incerta paternidade. Como o conflito foi mal resolvido, a imagem do pai se vê cindida em duas, e todas as ligações afetivas do compositor permaneciam marcadas por essa cisão: os amigos, os protetores tornavam-se a imagem do pai amoroso e bom, a imagem de um Geyer do qual guardava uma lembrança grata; os inimigos, os rivais prolongavam o pai ameaçador e castrador — Geyer na cama da mãe. Geyer o intruso, o judeu — que ele odiava, cuja lembrança procurava recalcar, mas com quem continuava a identificar-se no inconsciente profundo.

Pode-se crer que a conversão de Wagner ao anti-semitismo foi um bálsamo para essa ferida. Ela lhe permite acertar essas velhas contas, pelo menos em parte; doravante, parece sentir-se, a seu modo, um pai, um chefe, e acerta sua vida nesse passo; não representa mais o rebelde; adquire uma audiência, discípulos, domina por sua vez. Mas a ferida subsiste, a alma continua mutilada e, vendo as coisas mais de perto, esse misantropo só sente uma verdadeira afeição por aqueles que mantém inteiramente sob seu domínio. Foi o que ocorreu durante alguns anos em relação a Nietzsche. Em 1872, escrevia ao jovem filósofo que se punha a seus pés, que ele era, junto com sua mulher, Cosima, a única coisa que ganhara em sua vida; fora dos dois, havia somente seu cão, Fidi; seus filhos carnais, Siegfried e Eva, não figuravam nesse balanço existencial[241].

Era assim que os cães e os judeus balizavam a vida afetiva do artista e, sem dúvida, nas profundezas de seu inconsciente, associava uns aos outros; prova disso são os dois pavores de poluição pela carne (animal) e pelo sangue (judeu). Da mesma forma, os sentimentos de afeição que tinha pelos animais, estendia-os aos judeus em servidão, castrados por ele, um Joseph Rubinstein, um Hermann Levi, esses cães humanos de Wagner, coisas animadas submetidas a seu completo controle: alegrias da desforra, repulsa metamorfoseada em atração. Deslo-

---

241. "Genau genommen sind Sie, nach meiner Frau, der ainzige Gewinn, den mir das Leben zugeführt: nun kommt glücklicherweise noch Fidi dazu; aber zwischen dem und mir bedarf es eines Gliedes, das nur Sie bilden können, etwa wie der Sohn zum Enkel..." (25 de junho de 1872).

camentos desse gênero foram igualmente observados entre os assassinos nazistas, grandes amantes de bichos e que prodigavam sua afetuosa benevolência aos escravos judeus designados para o seu serviço pessoal. Jogos característicos da psique anti-semita, que se esforça, além do mais, em atribuir ao objeto de seu encarniçamento, pelo mecanismo da projeção, tudo aquilo que teme e gostaria de ignorar em si mesma: no caso de Wagner, uma avidez devoradora, a sede de dinheiro e a sede de sangue, ambas percebidas como imundas e facilmente associadas; em suma, o "judeu" dentro dele. Mas esse demônio não se deixa conter, principalmente numa personagem tão clarividente quanto Wagner, e essa sede não se deixa saciar; a ferida fica incurável, o ódio interiorizado persiste; daí os sentimentos de culpa, percebidos sob a forma de imundície, e a aspiração a uma redenção pelo sangue do Salvador, o que, novamente, no renovador dos velhos mitos, reflete a sede de sangue, a pulsão vingadora.

É em torno desse sangue precioso que se organiza misticamente a ação de *Parsifal*, obra sagrada de Bayreuth, apoteose meditada durante um quarto de século; é ele que virá curar a ferida do Rei Amfortas, a quem Wagner deu todas as suas angústias. Sabe-se que tirou o tema da lenda do Graal, que modificou à sua maneira, assegurando que seu autor medieval a compreendera mal[242]. Algumas das modificações permitem-nos, à luz de suas relações com Hermann Levi, acrescentar um ou dois toques a seu retrato.

Dentre as liberdades que tomou com o tema do Graal, houve as que espantaram ou chocaram muitos críticos. O Rei Amfortas, "uma figura de prodigioso interesse trágico", escrevia ele já em 1859[243], torna-se a personagem central da ação; a Ceia — principalmente os católicos o criticavam por isso — é uma espécie de banquete vegetariano; e, principalmente, a Sexta-feira Santa é bem o contrário de um feriado de luto. "Feliz toda criatura, tudo que se abre e logo morre, pois a natureza resgatada orna-se de inocência em tal dia!" É o célebre *Encantamento da Sexta-feira Santa*, cuja partitura enviou, em fevereiro de 1879, a Hermann Levi. A remessa era acompanhada por uma carta plena de alusões enigmáticas, que H. S. Chamberlain publicou em 1901 nos *Bayreuther Blätter*, junto com umas trinta outras cartas dirigidas por Wagner a Levi; mas a primeira frase dessa carta era substituída por reticências[244]:

---

242. "Das Ganze bleibt immer wüst und dumm. Was müsste ich nun mit dem Parzival alles anfangen? Denn mit dem weiss Wolfram nun auch gar nichts: seine Verzweiflung mit Gott ist albern und unmotiviert, noch ungenügender seine Bekehrung", etc. (Carta a Mathilde Wesendonck, de 30 de maio de 1859).

243. *Ibid*.

244. *Bayreuther Blätter*, XXIV (1901), pp. 24 e ss., "Richard Wagners Briefe an Hermann Levi" (carta nº 22, p. 29). Agradecemos à Sra. Gertrud Strobel, do Richard Wagner Archiv de Bayreuth, que teve a bondade de nos comunicar a primeira frase dessa carta, suprimida na publicação acima.

Caro amigo!

[Minha mulher não para de falar de sua amabilidade em relação a ela, e devo, então, agradecer por meio de um autógrafo que o senhor poderá recopiar para sua coleção]. O que tenho a lhe dizer não terá muita importância, a menos que a expressão de minha alegria apresente alguma. Falando assim de "minha alegria", não gostaria de passar por pretensioso, como se essa alegria tivesse valor; mas, aí, existem graves e profundos segredos, e quem os esclarecer completamente à luz da razão estimaria, por exemplo, que "minha alegria em relação ao senhor" é de bom augúrio para a futura construção das coisas humanas. Para nós dois, deveria ser consolador encontrar-nos, purificados, na harmonia dessa construção.

— Metafísica social!

Agradecimentos e saudações cordiais de seu mui devoto

Richard Wagner.

Bayreuth, 27 de fevereiro de 1879.

Pode-se acreditar que a supressão da primeira frase foi praticada em consideração a Cosima Wagner, ou mesmo a pedido seu: teria sido importante para ela manter distância do amável regente judeu. Mas resta a continuação, que aos wagnerianos não pareceu subversiva em nada, e é ela que importa para nós. Quais são esses "graves e profundos segredos" de que falava, gracejando, ao enviar a Levi *O Encantamento da Sexta-feira Santa*? Qual é essa "purificação" comum que ele entrevia? Que é essa "metafísica social"? E, mais, por que se empenhava tanto em converter Hermann Levi e a comungar com ele?[245] Por que ele o chamava de alterego e dava um peso tão grande ao fato de que *Parsifal* fosse regido por esse filho de rabino?[246] A natureza exata dos relacionamentos Wagner-Cosima-Levi precisaria também ser estudada mais de perto: as duas partes da carta, a frase suprimida e o resto, poderiam encadear-se de várias maneiras...

Voltamos, então, à "questão Geyer". Se Wagner, o anti-semita, secretamente acreditasse ser judeu, não teria se expressado de outra forma, e sua "ferida de Amfortas" — esse mal misterioso, esses tormentos que descrevia ao rei da Baviera[247] — teria sido isso. Mas, para além, é possível esboçar uma hipótese suplementar, relativa a uma fonte, sem dúvida obscura para o próprio artista, do mito wagneriano de *Parsifal*.

Fazendo ironia sobre os entusiasmos sentimentais de Meyerbeer, Wagner uma vez o chamou de "redentor moderno, cordeiro de Deus que expia os pecados do mundo"[248]. Indignado, um crítico católico, o

---

245. GLASENAPP, VI, p. 427, 451 e principalmente p. 502 (opiniões manifestadas por Wagner, a Levi, na páscoa de 1881).

246. Wagner a Levi, outubro de 1881 (cf. F. KOBLER, *Juden und Judentum... p. cit.*, pp. 332-333).

247. 30 de agosto de 1865, nota ao Rei Luís da Baviera: "Nicht aber die Schmerzen der Wunde sind es, **Amfortas' Seele** umnachten: sein Leiden ist tiefer. Er ist der Erlesene, der das Wundergefäss zu pflegen hat: er und kein anderer hat den heiligen Zauber zu üben, der die ganze Ritterschaft erquickt, stärkt und leitet, während nur *er* einzig zu leiden hat, zu leiden um des schrecklichsten Selbstvorwurfes willen sein Gelübde vorraten zu haben..."

248. "So ward der Opernkomponist vollständig zum Erlöser der Welt, und in dem hilfbegeisterten, von selbstzerfleischendem Schwärmeeifer unwiderstehlich hingerissenin Meyerbeer haben wir jedenfalls den modernen Heiland, das weltentsün digende Lamm Gottes zu erkennen" (*Ópera e Drama*).

Padre T. Schmid, perguntava, a propósito, se *Parsifal*, onde se aborda muito a questão do Redentor e da Redenção, não era uma farsa sacrílega, uma paródia da Paixão[249]. Enumerava as heresias de Wagner e perguntava se sua arte não trazia escrito na fronte o *schibboleth:* "Mysterium, Babylona Magna, mater fornicationum et abominationum terrae"[250].

Talvez não fosse necessário mirar tão alto. Pode-se admitir que os escritos anti-semitas foram, para Wagner – cujos admiradores clamavam que ele havia reencontrado, sob a inspiração do Espírito Santo, o verdadeiro sentido da Ceia[251] –, uma melhor fonte de inspiração. Era leitor assíduo deles, o que não é de espantar, e sempre que podia os criticava: assim, censurava a Wilhelm Marr sua superficialidade e a Eugen Dühring a vulgaridade de estilo[252]. Mas *O Judeu do Talmud* do Padre A. Rohling, professor de teologia da Universidade de Praga encontrou sua plena concordância: esse tratado, onde muito se fala da questão da matança ritual, ajudou-o a suportar o eczema de que sofria em 1880 e ele se pasmava com os "singulares costumes dos judeus"[253]. Pode-se admitir que lera, na época, *Os Segredos da Antigüidade Cristã*, de Daumer[254]; que se pense também em sua emoção – "formação reativa" para o psicólogo – quando viu degolar um frango. Quer ele tenha acusado os judeus de canibalismo ou quer tenha aspirado à redenção pelo sangue do Salvador; pode-se encontrar esse fascínio exercido pelo sangue inocente. Ora, para que serve o sangue cristão entre os judeus, nos termos da tradição anti-semita? As variantes são múltiplas: para comemorar odiosamente a paixão de Cristo; para consagrar o pão ázimo; para pensar a ferida da circuncisão; para tirar o *foetor judaicus;* para estancar, nos homens, o sangue menstrual ou para curar algum outro mal inconfessável[255]. Em todo caso, esse sangue deve, de preferência, ser obtido na Sexta-feira Santa. Supostamente os judeus se

---

249. T. SCHMID, "Das Kunstwerk der Zukunft und seine Meister", *Stimmen aus Maria-Lach (Stimmen der Zeit)*, XXV (1883), pp. 535-536.

250. *Apocalypse*, XVII, 5 (*idem*, XXVI, 1984, p. 159).

251. Cf. M. ANDRÉ, "Le vrai Parsifal", *Le correspondant*, Paris, 1914, LXVI (254), pp. 68-88. Na véspera da Primeira Guerra Mundial, os entusiasmos wagnerianos de certos católicos iam longe: *"Parsifal,* de Wagner, é um novo e brilhante argumento, juntado aos antigos, em favor da religião(...). Foi por inspiração do Espírito Santo que Wagner escreveu *Parsifal* (...). *Parsifal* não é algo mais do que *a apoteose musical da religião católica?* Não é uma *profecia?...* *Parsifal* não é assim o *terceiro homem* da História, o terceiro Adão – Adão, Jesus Cristo e Parsifal?" (M. D. ESPAGNOL, *L apothéose musicale de la religion catholique, Parsifal de Wagner*, Barcelona, 1902, pp. 1, 3, 245).

252. GLASENAPP, VI, pp. 231, 435.

253. "... nur durch enhaltendes Vorlesen konnte eine bessere Stimmung hergestellt werden. Webers *Afrika-Reise* ward auf diese Weise zu Ende gebracht, daran schloss sich der Rohlingsche *Talmudjude* unter Staunen über die eigentümlichen Satzungen dieses ausserwählten Volkes an"(GLASENAPP, VI, p. 280).

254. Em 1852, Wagner entusiasmava-se por uma coletânea de poenas de DAUMER, *Hafîs*, e recomendava sua leitura ao amigo Uhlig (*Wagners Briefe an Th. Uhlig*, Leipzig, 1888, pp. 221, 227, 236).

255. Cf. J. TRACHTENBERG, *The Devil and the Jews,* Yale University Press, 943, pp. 124-155.

rejubilam nesse dia: essa fábula tem vida resistente, como mostra uma reflexão que Proust atribui ao Barão de Charlus[256].

O gênio criador de Wagner se teria deixado enebriar por esses temas? Tratava-se, para ele, de obscuramente apagar os estigmas de Geyer, de exorcizar esse velho espectro? Seria o "judeu" dentro dele — e tal como ele o via em si mesmo — que teria aspirado a essa cura redentora pelo sangue cristão e se teria alegrado numa Sexta-feira Santa? O sentido derradeiro de *Parsifal*, incompreendido pelo próprio Wagner, seria este: um homicídio ritual, uma imensa farsa delirante, dirigida, orquestrada por seu "outro eu", o filho do rabino Hermann Levi?

Seja como for, é esse caminho que um teólogo deveria trilhar se quisesse perceber mais claramente as razões que tornam o anti-semitismo a pior das abominações para um cristão, pois é o anverso do mistério eucarístico.

256. "... um judeu! Aliás, isso não me espanta; isso se deve a um curioso gosto pelo sacrilégio, peculiar a essa raça (...). Quando se dá, na Semana Santa, esses indecentes espetáculos chamados de Paixão, metade da sala está repleta de judeus, exultando ao pensamento de que vão pôr, pela segunda vez, Cristo na cruz, ao menos em efígie. No concerto Lamoureux, eu tinha por vizinho, um dia, um rico banqueiro judeu. Tocavam *A Infância de Cristo,* de Berlioz; estava consternado. Mas logo ele reencontra a expressão de beatitude que lhe é habitual ouvindo *O Encantamento da Sexta-feira Santa." (Sodome et Gomorrhe,* Paris, ed. La Pléiade, 1963, t. II, p. 1105).

Conclusão

À primeira vista, o termo que mais parece convir para caracterizar o anti-semitismo moderno, no sentido antropológico, é *sobrevivência*, pois este anti-semitismo se propaga numa época em que os judeus da Europa Ocidental tendem a renunciar, ao mesmo tempo que a seu particularismo histórico a sua cultura própria. No plano das relações sociais, nada mais parece separá-los dos cristãos: professam os mesmos valores e às vezes chegam a emitir sobre si próprios os mesmos julgamentos que a sociedade burguesa, à qual procuram integrar-se. Mas esta continua hostil a eles, e esta hostilidade na verdade aumenta. Os preconceitos e os ódios são particularmente agudos nas classes médias e entre o clero, mas estendem-se a uma aristocracia que outrora se mostrara relativamente favorável aos judeus, e eles se manifestam, às vezes com o mesmo rigor, entre os doutrinários do nascente socialismo. Portanto, não se trata de um "fenômeno de classe", de determinações econômicas. Supõe-se que o conflito seja racial, mas, se uma raça judia se constitui na imaginação dos contemporâneos, é porque uma casta teologicamente reprovada preexistira a ela.

Procurando tornar inteligível esse fenômeno, dedicamo-nos inicialmente a examinar as posições adotadas com relação ao povo da Bíblia pelos grandes ideólogos que abalaram as crenças e a ordem estabelecidas. Estas posições variaram e às vezes eram mesmo contraditórias. Mas em todos os casos, e cada um a seu modo, antecipam o futuro, ao mesmo tempo em que o preparam. Assim, em Voltaire, acreditamos distinguir o apóstolo de uma nova fé, procurando quebrar o monopólio profético dos judeus; as singularidades de seu caráter devem ter contribuído para dele fazer o protótipo do anti-semita moderno. Em compensação, alguns temas e sem dúvida certas motivações do futuro filo-semitismo encontram-se reunidos em Jean-Jacques Rousseau. Aos deístas ingleses e aos enciclopedistas franceses, imputamos o projeto de desconsiderar as crenças estabelecidas ao desconsiderar ou recusar o grupo-testemunha dos judeus. Assim, eles teriam sido *antijudeus*, hostis a uma crença, e não *anti-semitas*, inimigos de uma hipotética essência; o que não impede que a distinção de princípio, clara na teoria, facilmente se embaralhe na prática. Os primeiros passos da ciência do homem favorecem a confusão, pois esta ciência, que tende a produzir um juízo globalmente negativo sobre tudo aquilo que não é o homem branco europeu (em primeiro lugar, o negro), condena, para além das crenças ditas supersticiosas, as raças ditas degeneradas e, para além das idéias, os homens. É com base nessas concepções que o humanismo universalista das Luzes quer libertar os filhos dos guetos; esta emancipação é concebida como uma *regeneração*. Para tornar-se plenamente homem, o judeu deve renunciar não apenas a seu particularismo histórico, mas também a seus hábitos ou modo de ser. Desde essa época, a linha que, na França das Luzes, separa o antijudaísmo do anti-semitismo, torna-se cada vez mais tênue até parecer imperceptível.

Passando a seguir para a Alemanha dos poetas e dos pensadores, insistimos, especialmente quanto aos segundos, nas particularidades de uma história nacional em virtude das quais, no contexto da *Aufklärung* protestante, a passagem para o mundo moderno se efetua sem rupturas violentas nem solução de continuidade. Com isso, as duras críticas dirigidas ao judaísmo e aos judeus por Kant e Hegel, no prolongamento da tradição luterana, decorrem, mais diretamente do que em qualquer outra parte, de suas fontes medievais. No conjunto, é certo que Lutero e sua posteridade tanto teológica quanto filosófica não discorrem de modo diferente do que o fazem os Padres da Igreja sobre a questão da culpa e do erro dos judeus. Por outro lado, o enraizamento destes na Alemanha, e o papel econômico que aí desempenham, especialmente na corte dos príncipes, particularmente espicaçam a animosidade contra eles.

Em seguida, passamos aos problemas criados pela emancipação dos judeus, proclamada pela Revolução Francesa e executada nos diferentes países ocidentais com fortuna diversa. Mas em quase todos esses países, a libertação dos párias suscita não apenas murmúrios e recriminações, como também angústias supersticiosas cujos exemplos procuramos multiplicar. Paradoxalmente, os esforços dos judeus com o objetivo de serem assimilados, isto é, de deixar de serem judeus, freqüentemente levaram, na Alemanha especialmente, a resultados contrários: quanto mais se tornam semelhantes aos cristãos, mais parecem misteriosos, distantes, temíveis. A conclusão impunha-se: se a casta desprezada, uma vez suprimida de direito, transformava-se em raça inferior ao invés de desaparecer, é porque ela tinha uma função psicossocial a cumprir, é porque de algum modo a cristandade precisava dos judeus, a fim de melhor se distinguir deles. O sucesso deles nos diferentes campos da existência, o espetáculo de homens de dinheiro desprezados elevando-se às mais altas posições sociais aumentam as tensões e os conseqüentes ressentimentos contra sua libertação. A idéia de uma raça semita parece, portanto, destinada a preencher um vazio social criado pela emancipação, vazio angustiante a ponto de alguns visionários chegarem a atribuir a uma conspiração judia as alterações revolucionárias da época: a sombra dos Sábios do Sião se perfila no horizonte. Nada ilustra melhor essas contradições do que a correspondência do casal Humboldt: a mulher, ostentando um virulento anti-semitismo *avant la lettre* e prodigando sua amizade a judeus desjudaizados; o marido, grande humanista e grande emancipador, porém tolerando melhor os judeus ortodoxos do que os que seguiam "a nova moda"; todas as ambigüidades do anti-semitismo reunidas.

É sobre esse plano de fundo que o grande projeto de emancipação é bombardeado. Além do mais, o fenômeno da reação racista contribui para manter, entre os judeus emancipados, os laços da solidariedade ancestral e para neles perpetuar o sentimento de uma identidade judia que mesmo o batismo não basta para obliterar inteiramente. A reação antiemancipadora forja os conceitos adequados à nova época da ciência e, a fim de melhor se afastar dos judeus, inventa uma genealogia particular, chamada "teoria do arianismo". Essa teoria, que se constitui em autoridade em toda a Europa, é uma criação internacional, mas a sensibilidade antijudaica evolui de modo diferente conforme o país em questão.

Assim, na Grã-Bretanha, ela só é perceptível através da literatura. Esse país ignora a agitação anti-semita; ali, nenhum ideólogo pensa em atribuir os malefícios da revolução industrial aos judeus. É diferente na França, onde o movimento romântico e o movimento socialista ampliam, cada um à sua maneira, os mitos medievais: o perigo judeu serve de espantalho tanto para os campeões da nobreza decaída, quanto para os do povo explorado, tanto para Chateaubriand e Vigny, quanto para Fourier e Proudhon. A respeito, é notável ver como seus pontos de vista convergem a ponto de se confundirem; já, então, o anti-semitismo parece esboçar um traço de união entre posições sob outros aspectos incompatíveis.

Mas é a Alemanha que, após a tormenta napoleônica, serve de campo predileto para a paixão antijudaica dos novos tempos. Tentamos mostrar a ascensão de um racismo especificamente germânico, que decreta a superioridade congênita de seus adeptos sobre os outros grupos humanos, e a da reação antijudaica comum a todos os europeus[1].

---

1. Percebe-se no Barão de Seillière uma distinção semelhante, no começo deste século, quando, a respeito do "arianismo histórico", fala em "duas correntes... a corrente indo-européia, extensiva, acolhedora, abrangendo todo o ocidente não-semita em suas simpatias, e a corrente indo-germânica, estreita, suspeitosa, desejosa de reservar apenas para os germânicos a herança preciosa do Veda...". O contraste entre a corrente "estreita, suspeitosa", que exclui todos os não-germânicos, e a corrente "extensiva, acolhedora", que exclui apenas os semitas, é sintomática da sensibilidade da época. (ERNEST SEILLIÈRE, *Le conte de Gobineau et l'aryanisme historique*, Paris, 1903, p. XXV).

Logo após 1815, essa conjunção promove o desenvolvimento, por diversos agitadores que formam a ala extremada do jovem nacionalismo alemão, é um primeiro programa de "pureza da raça", que no século seguinte será traduzido em fatos. Esse clima condena os judeus alemães a constituírem-se em oponentes e críticos, a militarem contra as idéias recebidas e a encarnarem a cultura alemã naquilo que ela tem de universal por excelência. Suas contradições, de que Heine é testemunha, estimulam a fertilidade intelectual e os faz representar o papel revolucionário conhecido; é em grande parte graças a um punhado de pensadores judeu-alemães que serão elaboradas, no coração da Europa, as grandes idéias do futuro. Entretanto, como prolongamento das campanhas dos enciclopedistas, a filosofia alemã empreende, por sua vez, com o objetivo de um futuro melhor, a demolição das crenças estabelecidas; desta vez, numerosos judeus participam dessa campanha, e é nesse contexto que se manifesta o anti-semitismo judeu de um Karl Marx. Mas foi estudando o caso de Richard Wagner que tentamos desnudar as últimas molas da paixão anti-semita. Se, a crer nas profecias de Nietzsche ou no diagnósitco de Thomas Mann, o grande criador de mitos prepara o caminho para a Europa fascista e para a Alemanha hitlerista, do ponto de vista psicológico e volúpia anti-semita dimana nele da mesma fonte donde brota a angústia de sentir-se judeu, e a religião de *Parsifal* parece alimentada pelo fantasma do assassinato ritual.

É possível ir mais longe? Através da concepção wagneriana da Ceia, por mais herética que tenha sido, não seria possível desnudar uma mola secreta, e por isso mesmo tanto mais poderosa, da judeofobia ortodoxa medieval? A fim de tentar essa reconstituição arqueológica, pensemos na ligação entre a acusação de deicídio e o sacramento eucarístico que comemorava a Ceia, isto é, a oferenda feita por Cristo de seu corpo de homem-Deus.

De geração em geração e de comunhão em comunhão, esse sacramento supremo, o da união mística em Cristo, levantava a comunidade que se alimentava com a carne e o sangue de seu Senhor contra o povo, tão sugestivamente denominado "povo-testemunha", que se excluía do festim, colocava-se fora do elo sagrado, que portanto contestava sua significação e que com isso se condenava a seu papel de bode expiatório. No entanto, a Igreja ensinava aos fiéis que também eles eram culpados pela morte de Cristo, que também eles haviam crucificado o Homem-Deus que se sacrificara por eles. Mas essa culpabilidade, sobre a qual a piedade e a arte medievais insitiam com a força sugestiva que se conhece, sobre quem recaía mais facilmente do que sobre os lendários assassinos, cujo crime inaudito, longe de ser atenuado pela assunção cristã das responsabilidades, via-se exatamente por isso constantemente lembrado? É desse modo que a emoção religiosa deveria transmudar-se em ódio para com a raça deicida. Foi assim que os judeus se tornaram, para a imaginação medieval, os estranguladores de criancinhas e os profanadores de óstias e, com efeito, vê-se, nos séculos XII e XIII, as lendas de seus assassinatos rituais e de suas profanações se espalhar à medida que se propaga (e em que é dogmaticamente consagrada pela Igreja) a idéia de um Jesus realmente presente, em carne e sangue, na óstia consagrada[2]. É então, que fazendo eco a um primeiro milagre da óstia, que institui a festa do Santo Sacramento, outros milagres descrevem o menino Jesus surgindo vitorioso das óstias profanadas pelos judeus[3]. Os processos por assassinato ritual também surgem no século XII e multiplicam-se pelo XIII; a instituição da rodela, a queima do *Talmud* e as expulsões de seus sectários são outros tantos sintomas dessa ascensão do anti-semitismo cristão[4]. Por sua vez, esta evolução ameaçadora contribui para relegar os filhos de Israel ao ofício amaldiçoado da usura[5]; com isso, fazem figura de malfeitores universais, que estrangulam os cristãos não apenas sugando-lhes o sangue mas também o dinheiro. Estrangeiros onde quer que estejam, pois escorraçados de toda parte, errantes sem lar nem lugar, associados naturais do diabo, iniciados nas artes mágicas da medicina e nos mistérios das finanças, reúnem agora todas as qualidades necessárias para servir de alvo aos ódios sagrados dos cristãos.

Em tudo isso, a antiga acusação de deicídio era fundamental, mas é preciso ver que esse motivo, por mais coerente que fosse, extraía seu dinamismo de uma outra culpabilidade, aquela de que se livraram os acusadores quando se identificavam, graças à manducação da carne e do sangue — isto é, pelo caminho realista de uma introjeção —, com o Homem-Deus que assumira os pecados do mundo. De resto, tal transferência de culpabilidade já se esboça desde os primeiros séculos cristãos, em alguns Padres da Igreja; assim, essa parece ter sido uma causa específica essencial do anti-semitismo cristão, a que fazia dos judeus os bodes expiatórios, e dessa causa as outras acusações parecem ser simples prolongamentos ou seqüelas[6]. Além disso, havia o fato de que o sangue divino que recaía

---

2. A coincidência no tempo entre a formação do dogma da transubstanciação, o desenvolvimento da piedade eucarística popular e o aumento das acusações de assassinatos rituais e de profanação de óstia, nos foi assinalada pelo Padre Gavin Langmuir (Stanford University); cf. sua obra (em preparo) *From Xenophobia to Prejudice: The Formation of Antisemitism*.

3. É esse o tema clássico dos milagres das óstias profanadas. Sob este ângulo, o realismo ingênuo da piedade medieval pode também ser ilustrado com um sermão de Bertoldo de Ratisbona (século XIII), que consolava seus ouvintes desapontados por não verem o menino Jesus surgir da óstia consagrada. "Quem é que gostaria de com seus dentes arrancar a cabeça, os braços ou os pés de uma criança?" (Cf. H. L. STRACK, *Das Blut im Gauben und Aberglauben der Menschheit*, Munique, 1900, p. 14). Percebe-se assim o papel educativo exercido pela Igreja, confrontada com a sobrevivência, nos corações dos fiéis, de certas angústias ou pulsões arcaicas.

4. Cf. *De Cristo aos Judeus da Corte, op. cit.*, pp. 47-54.

5. Cf. *Les banquiers juifs...op. cit.*, especialmente a conclusão, pp. 291-305.

6. Historicamente, a acusação de deicídio (precedida pela da recusa de Cristo) foi evidentemente a primeira acusação capital levantada pelos cristãos contra os judeus. No que diz respeito a sua relação dinâmica com o sacramento eucarístico, pensamos que um estudo sério (que supera nossas possibilidades) poderia revelá-la em diversos Padres da Igreja (Orígenes, Tertuliano, Gregório de Niça). Esta relação é manifesta no mais anti-semita dos Padres, João Crisóstomo, igualmente apelidado de "o doutor da eucaristia" (século IV). A associação de uma piedade eucarística ardorosa ao ódio para com os carrascos de Cristo surge nele, por exemplo, nestas homilias:

sobre os judeus era também o de um rei judeu, da raça de Davi; os estranguladores de crianças cristãs estavam assim associados ao Deus da graça do *Novo Testamento,* ao mesmo tempo, em que encarnavam o Deus da vingança do *Antigo.* A última ambivalência do anti-semitismo reside talvez aí.

Nos tempos modernos, essa dinâmica da paixão antijudia viu-se substituída pelas ações e reações cujo mecanismo procuramos esclarecer. Quantos céticos ou doutores, quantos campeões da irreligião ou de uma religião depurada tornavam-se, tal como Voltaire, bons cristãos e bons católicos diante de um judeu. A respeito, pode-se observar que há outras heranças ou sobrevivências desse tipo, disposições afetivas "sugadas com o leite", cujos modos de transmissão ainda não são perfeitamente conhecidos. Um certo grande intelectual e grande leigo nos confessava, assim, suas prevenções contra os protestantes franceses, esses outros perseguidos e inimigos hereditários de outrora. Neste sentido, os judeus tiveram uma identidade acusada de modo diferente, e seus esforços no sentido de modificá-la ou mesmo de eliminá-la só faziam exasperar ainda mais, repetimos, as prevenções cristãs. Além do mais, o antigo ensinamento do desprezo, sob sua forma ortodoxa ou sob diversos disfarces heréticos (como o da mitologia wagneriana) continuava, assim como as velhas paixões religiosas continuavam a exercer seus efeitos, convergindo com os da nova cruzada dos ateus. Uma grande parte dos ideólogos do século XIX pagaram assim seu tributo a uma tradição que Charles Maurras qualificava de "gênio anti-semita do Ocidente".

O sociólogo poderia ater-se a uma outra determinação específica do anti-semitismo, de ordem supra-individual: a saber, a ação exercida pela linguagem que continuava fiel a si mesma num mundo em vias de rápida evolução. A carga afetiva incluída no termo *judeu* e os que lhe estão associados, de algum modo também "sugado com o leite mater-

"Quando o corpo de Cristo te é apresentado, diz a ti mesmo: é graças a esse corpo que não sou mais terra e cinzas, que não estou mais acorrentado, porém livre... É este corpo que, atravessado por pregos e batido com as varas, não se entregou à morte... É desse corpo ensangüentado, atravessado pela lança, que jorraram as fontes salutares do sangue e da água para toda a terra... E ele nos deu esse corpo para que o sustentássemos, para que o comêssemos: infinito gesto de amor. Pois o que amamos apaixonadamente é por nós mordido e remordido..."
(In I *Cor, hom.,* XXIV, 4).

"Quantos dizem hoje: gostaria de ver seu aspecto, seu rosto, suas roupas, seus sapatos. E eis que tu o vês, o tocas, o comes. Desejas ver suas roupas; ele não te permite apenas que o vejas mas também que o comas, toques, que o ponhas dentro de ti... Pensa a que ponto te irritas contra os traidores, contra os maus que o crucificaram e cuida para que não sejas também responsável pelo corpo e sangue do Senhor. Eles mataram seu corpo sagrado, e tu, tu o receberás em tua alma maculada após ter obtido dele tantos benefícios! Como deveríamos ser puros para gozar de tal sacrifício! Nossa mão não deveria ser mais esplêndida do que os raios do sol para romper essa carne? E nossa boca que se enche com o fogo espiritual? Nossa língua trêmula que se tinge de sangue? Pensa que honra ele te fez, a que mesa te sentas..."

(In *Math. hom.* XXXIII, 40).
(Cf. *Eucharistia, encyclopédie populaire sur l'eucharistie,* Paris, 1941, pp. 69, 771).

no", permanecia imutável. Como resultado disso, para os perturbados contemporâneos, afligidos ou mesmo desclassificados pelas transformações econômicas e sociais, o mundo parecia tornar-se "judeu" na própria época em que os judeus se esforçavam por não mais serem judeus, pelo menos na acepção pejorativa, tradicional e medieval do termo. Mas ainda era necessário que eles exercessem seu papel eminente no comércio e nas finanças; mas os banqueiros ou empresários judeus permaneciam judeus, banqueiros ou empresários; a intervenção dos termos fazia com que fossem definidos e julgados, não pelo que faziam na realidade (não pela sua conduta), mas pelo que se acreditava que fossem (através de uma essência imaginária). A respeito, encontram-se espalhados por vários lugares de nossa obra os textos nos quais os contemporâneos apelavam para os termos judeu e judaísmo a fim de designar os critérios do mal. Acreditamos que não é possível superestimar a influência da carga afetiva inerente a uma linguagem de coloração judeófoba, que se constituiu e forjou seus meios de expressão, perpetuados até nossos dias, numa Europa monoliticamente cristã. Também através desse elo o anti-semitismo moderno se filiou à teologia medieval.

Aliás, é da mesma fonte que poderia decorrer a dificuldade bem conhecida que é dar, hoje, uma definição adequada do judeu. As categorias da religião ou da confissão, e as de nação ou nacionalidade, foram elaboradas pelo pensamento de uma civilização cristã; o judaísmo que foi concebido nos tempos pré-cristãos como uma comunidade particularista com vocação ética universal, "que tem sua morada à parte"[7], não se deixa integrar globalmente nem em uma, nem em outra dessas duas categorias. No século XIX, era considerado — e se considerava — como "confissão" na parte ocidental da Europa e como "nacionalidade" na região leste; mas, já na época, o falar das judiarias polonorussas completava essa definição com a noção singularmente forte da *idischekeit*, isto é, uma sensibilidade própria aos judeus. A idéia de "raça judia" era doravante unanimemente rejeitada tanto em razão dos progressos da antropologia, quanto por razões imperiosas de ordem extra-científica, e hoje por vezes propõe-se substituí-la pelo conceito de uma "especificidade judia" ou de uma "judeidade". Esses conceitos, do ponto de vista da razão analítica ocidental, correm o risco de serem tautológicos, uma vez que o judeu se define por uma judeidade que por sua vez se define pelo judeu, ou por uma sensibilidade judia que não se sabe em que consiste a não ser no fato de ser inerente ao judeu[8]. No entanto, essa definição tem a vantagem de enfatizar a unicidade do fenômeno,

---

7. *Números*, XXIII, 9.
8. Freud, que sempre merece ser ouvido, em 1926 descrevia seu sentimento de identidade judia nestes termos: "O que me ligava ao judaísmo — devo confessar — não era a fé, tampouco o orgulho nacional, pois sempre fui um descrente, uma vez que fui educado sem religião, embora não sem respeito pelas exigências ditas "éticas" da cultura humana. Quando eu me inclinava para a exaltação nacional, sempre me esforçava por reprimi-la como algo de catastrófico e de injusto, assustado que estava com os povos entre os quais vivíamos, nós judeus. Mas ainda sobravam muitas coisas para fazer do judaísmo e dos judeus algo irresistível, muitas forças afetivas obscuras, tanto mais poderosas quanto não se deixavam

no seio da civilização ocidental (ela nos lembra que, em virtude mesmo da natureza das coisas, o destino dos judeus — o "fato judeu" — não podia encontrar, aí, uma analogia[9]). Resta enfim a noção de uma "comunidade judaica", noção freqüentemente recusada pelos judeus não-praticantes e, mais geralmente, pelos ateus de todas as origens, em razão de sua coloração religiosa, mas que, no entanto, e por isso mesmo, ressalta (não sem felicidade, acreditamos) as preocupações humanitárias e aspirações éticas (coisa que de resto facilmente se transforma em reivindicação e acusação ao mundo ambiente) que caracterizam a sensibilidade judaica ou mesmo a "alma judaica". Mas seja como for, todas essas dificuldades e essas contradições parecem devidas, em última análise, a um pensamento e a uma terminologia constituídas numa sociedade em que o cristão era a regra e o judeu, a exceção; marginal tanto em relação à língua quanto à sociedade, não se casava bem com as categorias usuais. É evidente que nem o *ídiche* do Leste da Europa, nem o *ladino* do Mediterrâneo, cujas estruturas nesse ponto refletiam os modos de pensar talmúdicos, não conheciam estas dificuldades.

A originalidade do fato judeu e a unicidade da relação judeu-cristã tornam dificilmente inteligível a questão do anti-semitismo, subtraem-na às generalizações, e por muito tempo ainda farão com que fracassem as interpretações sociológicas diante das interpretações místicas, tanto por hábito do pensamento quanto por desespero de causa. A sociologia adquire mais facilmente seus direitos nos casos aberrantes, que chocam as idéias recebidas e que levam a colocar as verdadeiras questões. No caso, existem os tais casos aberrantes. Facilmente decretado como eterno e intrínseco ao judaísmo, o anti-semitismo, no entanto, inexistiu no Extremo Oriente. Esse fato aliás nos sugeriu, em certo momento, a hipótese de partida de nossas pesquisas. As comunidades judaicas da China e da Índia, escrevía-

---

apreender pelas palavras, e havia ainda a clara consciência de uma identidade interior, o sentimento íntimo e uma mesma construção psíquica . . ." ("Ansprache an die Mitglieder des Vereins, B'nai B'rith", *Gesammelte Werke*, XVII, 51)

9. A este respeito, A. Philonenko pensa que a impossibilidade de dar uma definição contemporânea, que não "tautológica", do judeu poderia decorrer do paradoxo em virtude do qual "os esforços dos judeus com vistas a assimilar-se, isto é, a deixar de serem jdeus, freqüentemente levam. . . a resultados opostos". Escreve após ter tomado conhecimento desta conclusão: "eu estaria tentado a dizer que esse paradoxo nos tira até a possibilidade de apresentar uma definição nominal que determinasse um complexo por uma de suas qualidades específicas (. . .) pois todos os termos podem ser considerados sob um duplo sentido. . . A definição nominal do judeu será sempre, tanto a determinação da consciência que o estrangeiro adquire da consciência judaica, quanto a determinação da própria consciência judaica, na medida em que esta quer libertar-se de seu próprio ser-judeu ou, pelo contrário, afirmá-lo, e isto contra a vontade de negação que anima toda definição humana. É por isso também que a designação do judeu — não digo nem mesmo sua definição — deve surgir como modificável à vontade, suscetível de confundir-se com a recusa do estrangeiro, o que dá base para as assimilações mais abusivas, bem como para as distinções mais absurdas". Reencontra-se assim, ao nível da discussão filosófica, os sentimentos ambivalentes por excelência que os judeus sempre suscitaram entre a cristandade — e, desde sua emancipação, entre eles mesmos.

mos há uns quinze anos, "não surpreenderam o mundo com o espetáculo de seus tormentos e massacres, nem expiaram suas imperfeições, nunca representaram um papel desproporcional a seu número, nem se ilustraram em atividades intelectuais e econômicas, nem assumiram qualquer tipo particular de papel". A observação nos levava a concluir que "a fé no destino providencial dos judeus exerceu papel preponderante em seu destino efetivamente estranho"[9]. Entendíamos com isso a interação multissecular, na área das religiões monoteístas, entre adeptos da religião-mãe e os das religiões-filhas, sendo esta interação muito mais acentuada na cristandade do que no Islã. Tal abordagem permitia uma interpretação do fenômeno anti-semita que oferecia a nossos olhos a vantagem suplementar de pôr fim a suas interpretações "sobrenaturais"; ele podia ser razoavelmente atribuído a tensões psicossociais, exercendo-se nos níveis conjugados de uma teologia que singularizava os judeus e de uma economia no seio da qual eles exerciam um papel, por conseguinte, eminente. Uma tese de história econômica dedicada à função dos judeus na sociedade medieval nos parece confirmar a justeza de nossa hipótese inicial. Com efeito, esse trabalho nos levava a concluir que o segredo das especializações profissionais dos judeus devia ser procurado no pensamento e na consciência religiosa cristãos, de preferência em aptidões congênitas que se tende a atribuir-lhes e que não passam, pensando melhor, de "traços raciais" da antropologia (e das idéias recebidas) de antigamente[10].

Ao caso dos judeus na sociedade não anti-semita no Extremo Oriente, opõe-se o caso da sociedade anti-semita – a despeito da ausência de judeus – na Espanha moderna. Esse outro caso aberrante mostra como o fenômeno se perpetua após o desaparecimento dos judeus, mas também como ele acaba por desaparecer. No caso, a primeira etapa do processo começa com a unificação religiosa da Espanha (expulsão dos judeus espanhóis em 1492), que suscita inicialmente o fenômeno do criptojudaísmo; os "marranos" perpetuam-se no segredo das famílias durante várias gerações, e é apenas no começo do século XVIII que as perseguições da Inquisição parecem não ter mais objeto. Mas sua sombra persiste, e é assim que, no decorrer de uma segunda etapa que, sobrepondo-se à primeira, estende-se também por cerca de dois séculos, uma parte da Espanha católica persegue a outra, supostamente de linhagem judaica e portanto "impura". O conflito entre "velhos" e "novos" cristãos é um fenômeno do mesmo tipo daquele entre os "arianos" e os "semitas" na Europa burguesa do século XIX, mesmo se a minoria que sofre o desprezo e a injustiça seja uniformemente católica num caso, e diversificada, como vimos, no outro; os comportamentos da maioria são anti-semitas nos dois casos. Do lado minoritário, as reações correspondentes mantêm uma sensibilidade que ainda não se apagou inteiramente em nossos dias; ainda persistem reminiscências sob formas diversas nas Ilhas Baleares, bem como em Portugal[11].

9. *De Cristo aos Judeus da Corte*, op. cit., pp. XII-XIII.
10. *Les banquiers juifs... op. cit.*, conclusão e *passim*.
11. Cf. *De Maomé aos Marranos, op. cit.*, pp. 241-242 (Ilhas Baleares), pp. 204-205 (Portugal) e *passim*.

As analogias acabam aí: seria inútil, acreditamos, tentar extrair daí um ensinamento qualquer relativo a nosso mundo contemporâneo. O recuo do anti-semitismo em relação ao que foi na primeira metade do século presente explica-se por outras causas. Vamos resumi-las, rapidamente, em sua heterogeneidade. As perseguições raciais do regime hitlerista, que, após o preâmbulo dos judeus, já se estendia a outros grupos humanos, suscitaram uma reprovação unânime, e o racismo, com o qual geralmente se identifica o anti-semitismo, foi cercado por uma espécie de tabu. As igrejas cristãs, de modo particular, doravante o condenam: a reviravolta dos ensinamentos relativos ao povo da Bíblia, culminando nas decisões do Concílio Ecumênico de 1965, é neste sentido um signo e uma promessa futura (que devem ser colocados em relação com a evolução geral da psicologia e do pensamento religioso). Essa censura ao anti-semitismo, propagada pelas elites, se exerce pois de cima para baixo. Mas é de baixo para cima, pode-se dizer, que se difunde uma nova imagem do judeu, inspirada pelo jovem folclore de Israel e pelo simples fato da existência desse Estado. Ele não é mais um bastardo sem lar nem lugar; não é mais o judeu errante; os traços de um soldado trabalhador vêm embaralhar os de Shylock de dedos aduncos. Assim, os jogos da imaginação coletiva vêm secundar a ação exercida pela consciência moral do Ocidente. Mas, além dessas novas disposições devidas à conjuntura histórica, intervém um fator que depende da evolução das estruturas mentais do Ocidente.

Atualmente, não se censura mais os judeus por tramar um complô permanente contra o gênero humano, por desencadear as revoluções e as catástrofes históricas; não lhes são mais atribuídos poderes sobrenaturais; o anti-semitismo delirante ou "paranóico"[12] (cuja ascendência sobre certos pensadores do século XIX já demonstramos), se chega a manifestar-se em escala individual, é relegado pela opinião pública à categoria de um capricho, ou mesmo de uma psicose. Ora, há meio século ainda um mito tão pueril como o dos "Sábios do Sião" era levado a sério, não apenas pelos russos anticomunistas ou pelos alemães nacionalistas, como também por certos meios dirigentes da *Entente vitoriosa*[13]; isso é, hoje, algo de impensável. Este retorno ao bom senso reflete, em última análise, as grandes mutações do mundo ocidental. Tudo leva a crer, com efeito, que os judeus chocam e destoam menos numa sociedade industrializada tal como a nossa, doravante habituada a ser aquilo que dela faz o destino do Ocidente, acostumada à urbanização, ao ritmo acelerado da existência, em suma, a suas próprias mudanças. De seu lado, o povo errante estava empenhado há já muito tempo

---

12. Tomamos emprestados termo e conceito das notáveis análises do Pe. N. COHN na conclusão de *Histoire d'un myhte (La "conspiration" juive et les Protocoles des Sages de Sion)*, Paris, 1967.

13. *Ibid.* Particularmente sugestivos são certos comentários da imprensa, citados por N. COHN. Assim, o *Times* de Londres perguntava-se, em 1920, se o mundo não havia escapado à *pax germanica* apenas para cair sob a *pax judaica*. Por outro lado, os *Protocolos* eram distribuídos em escala internacional por Henry Ford (o pioneiro da indústria automobilística).

num ciclo dessa ordem; em inúmeros pontos – urbanização[14], mudança freqüente de horizontes[15] – este lhe era familiar desde o começo da Dispersão. Donde, entre outras coisas, a tradicional acuidade de seu senso crítico e sua aptidão para as desmistificações; mas, igualmente sob este ângulo, o mundo contemporâneo, cético em relação às ideologias, resignado a seu desencanto, não mais se insurge ou insurge-se menos contra uma crítica dos valores outrora qualificada de "judaica", assim como era considerado "judeu" o culto do bem-estar material que caracteriza nossa civilização da abundância. Portanto, se essa civilização deixou de sofrer a censura de ser "judaica", sob este ou aquele ângulo, é enfim porque a mudança do mundo moderno, transformada em coisa permanente, doravante faz parte do cenário quotidiano e é aceita pelos costumes. Neste sentido, arriscamos escrever, a fim de ilustrar ainda mais claramente nosso objetivo, que nossa vida efetivamente se tornou "judaica", na acepção *anti-semita* do termo e, mesmo, que o mundo continuará se "judaizando" por toda parte onde penetrar a civilização técnica.

Nestas condições, parece que o anti-semitismo não mais constitui uma ameaça capaz de novamente dilacerar o corpo social. Resta a sensibilidade subjacente e sua interação com uma sensibilidade judaica ainda traumatizada pela lembrança das perseguições hitleristas.

Esta "judeidade" vem de ser reavivada, no momento em que acabamos a redação desta obra, pela ameaça de destruição que durante alguns dias pairou sobre o Estado de Israel. Sobre o pano de fundo de uma emoção geral e confusa, esses eventos provocaram reações de uma violência inesperada entre os judeus da Dispersão, levando a tomadas de consciência análogas as que outrora acompanhavam as campanhas anti-semitas. A palavra desabusada de um crítico judeu: "O Estado de Israel é a nova religião dos judeus" pode dar a medida da violência de certas paixões, mas a atmosfera quase sagrada que cercava os reencontros do Muro das Lamentações mostra a complexidade do problema; enfim, pode-se dizer, pensando naquele aforisma feroz de outrora, que o patriotismo dos judeus não mais consistia manifestamente no ódio de si próprio[16].

---

14. Um antropólogo alemão de reputação internacional, O. von Verschuer, constatando que o judeu era bem o tipo do "Homem urbanizado" *(Stadtmensch)* exclamava em 1938: "Também há homens urbanizados em outras raças; mas não os percebemos mais facilmente como "judeus"? Citado por K. SALLER, *Die Rassenlehre des Nationalsozialismus in Wissenschaft und Propaganda*, Darmstadt, 1961, p. 68).

15. As peregrinações históricas dos judeus amiúde atribuídas, pelos autores do passado, a um "nomadismo", considerado como uma propriedade racial. Basta citar o adepto mais influente dessa opinião, Werner Sombart. Ele qualificava os judeus de "tribo errante dos beduínos" e, de modo ainda mais expressivo, de "povo do deserto, povo nômade, povo de sangue quente, perdido entre os povos de essência diferente, povos úmidos e frios de sangue pesado, povos fixados à terra" (*Die Juden und das Wirtschaftsleben, op. cit.*, pp. VII, 405).

16. Cf. acima, p. 222. A violência das reações dos judeus surpreendeu os observadores em quase todos os centros da Dispersão. Nos Estados Unidos, o pensador judeu Arthur Hertzberg escrevia: "As grandes linhas dos efeitos que a crise do Oriente Médio representou para o judaísmo americano são relativamente cla-

Em todo caso, a concepção difundida nos termos da qual a existência de um Estado judeu devia conduzir, num futuro mais ou menos próximo, ao fim do povo judeu disperso parece ter sido desmentida. Tratava-se no mínimo de um diagnótico prematuro, e o ponto de interrogação que o sociólogo Georges Friedmann acrescentava ao título de seu livro estava amplamente justificado[17]. Pode-se também pensar no contraste entre essas reações e as convicções anti-sionistas das gerações anteriores, especialmente no caso dos judeus franceses. Mas ali onde os pais temiam a suspeita de dupla fidelidade e a colocação em questão de seu patriotismo francês, os filhos parecem antes obsedados pela lembrança desses pais que sucumbiram nas câmaras de gás. Além do que, Israel lhes remete uma imagem de si mesmos conforme com a que emana dele através do mundo e que, simplesmente pode ser uma imagem nacional, não é a imagem anti-semita do judeu.

Este jogo de espelhos lhes traz, portanto, uma segurança psicológica. No entanto, essas fidelidades israelenses não deixaram de provocar censuras cujos autores por vezes se viam, diante dos judeus, patriotas de seus respectivos países, tal como antes. Especialmente na França, a política governamental criou um clima e levou a certas tomadas de posição que fazem o historiador pensar no velho caso de Damasco[18]. Mas por trás das polêmicas, podia-se perceber, sobretudo na Alemanha, a satisfação de ver os filhos de Israel replicar com violência às ameaças, atacar e ganhar uma guerra-relâmpago. Profundos sentimentos de culpa parecem ter sido aliviados pelo espetáculo oferecido pelos judeus que se furtavam a seu tradicional papel de vítimas e que, em seguida à consagração suprema de Auschwitz, desertavam o campo da justiça absoluta. Do ponto de vista da história do anti-semitismo, talvez a data de 1967 marque uma etapa.

ras. Ela uniu os que se devotavam aos valores judeus de um modo como eles jamais o haviam sido antes, e suscitou movimentos de devoção entre numerosos judeus que até então não haviam se preocupado muito com o assunto (. . .) O sentimento de pertencer a um povo mundialmente disperso, de que Israel é o centro, é um sentimento religioso, mas ele parece persistir mesmo entre os judeus que se consideram leigos ou ateus. Não existe no Ocidente termos teológicos convencionais que permitiriam explicar isso, e a maioria dos judeus contemporâneos sente essas emoções sem saber como defini-las. . ." ("Israel and American Jewry", *Commentary*, agosto de 1967).

17. G. FRIEDMANN, *Fin du peuple juif?*, Paris, 1964. [Trab. bras.: *Fim do Povo Judeu?*, São Paulo, Perspectiva, 1969]

18. Cf. acima, pp. 294-297.

Orientação Bibliográfica

Pareceu-nos inútil agrupar nesta bibliografia as variadas obras que consultamos no curso de nossa pesquisa e já indicadas nas notas de rodapé; com maior razão ainda, pareceu-nos inútil indicar outras cuja lista, em relação a um assunto como este, seria interminável. Do mesmo modo, lembraremos apenas que toda obra consagrada à história dos judeus na Dispersão (como aquelas, já antigas, de H. Grätz e S. Dubnov, ou as mais recentes, de Cecil Roth e S. W. Baron fornecem múltiplas informações. Aqui, limitar-nos-emos a assinalar os trabalhos especializados, dedicados ao anti-semitismo, ou aqueles que, por uma razão qualquer, apresentam um interesse particular para seu estudo [1].

As obras mais antigas desse tipo datam do fim do século XIX e inspiraram-se nas campanhas anti-semitas que, na época, se desenvolviam na maioria dos países europeus. Na França: BERNARD LAZARE (*L'antisémitisme. Son histoire et ses causes*, Paris, 1894; reed. Paris, 1934) e ANATOLE LEROY-BEAULIEU (*Les Juifs et l'antisémitisme, Israel chez les nations*, Paris, 1893; reed. *Israel et l'antisémitisme*, New York, 1943) esforçam-se por atingir a objetividade e manter um tom sereno. De outro tipo são os ensaios apaixonados de WALTHER RATHENAU ("Höre, Israel", sob o pseudônimo de W. HARTENAU, *Die Zukunft*, 6 de março de 1897) e de OTTO WEININGER (capítulo conclusivo, "Das Judentum" *Geschlecht und Charakter*, Viena, 1902) nos quais a crítica dos judeus está lado a lado com notáveis intuições. Também interessantes são os escritos dos doutrinários do sionismo (LEON PINSKER, *Auto-émancipation*, Berlim, 1882; trad. francesa, Cairo, 1944, e THEODOR HERZL, *Der Judenstaat*, Leipzig, 1896; trad. francesa, *L'Etat Juif*, Paris, 1897; Paris, 1926; Jerusalém, 1954). O ponto de vista dos movimentos operários foi resumido por AUGUST BEBEL, *Sozialdemokratie und Antisemitismus* (Berlim, 1894). As interpretações econômicas do anti-semitismo encontraram expressão no tratado de WERNER SOMBART, *Die Juden und das Wirtschaftsleben* (Berlim, 1911; trad. fr. *Les Juifs et la vie économique*, Paris, 1925) no qual esse economista procurava demonstrar as ori-

---

1. As obras em vias de publicação, ou inéditas, estão assinadas com um asterisco.

gens judaicas do capitalismo. Essa obra que, apesar de seus inúmeros erros, merece ainda ser consultada, suscitou polêmicas que se prolongaram até as vésperas da Segunda Guerra Mundial (cf. especialmente suas refutações por HENRI SÉE, "Dans quelle mesure puritains et Juifs ont-ils contribué aux progrès du capitalisme moderne?", *Revue historique,* CLX, 1927, e por ANDRÉ SAYOUS, "Les juifs", *Revue économique internationale,* março, 1932.

Após 1914-1918, as pesquisas, estimuladas por fenômenos tais como a súbita popularidade internacional dos *Protocolos dos Sábios do Sião* e, na Alemanha, a ascensão do movimento hitlerista, tornam-se mais numerosas e especializam-se mais. A literatura dedicada, a partir de 1921, à refutação dos *Protocolos* constitui, ela sozinha, uma categoria à parte (cf. a respeito a longa nota bibliográfica de NORMAN COHN, *Histoire d'un mythe,* Paris, 1967). P. F. BERNSTEIN, *Der Antisemitismus als Gruppenerscheinung, Veruch einer Soziologie* (Berlim, 1926; trad. americana, New York, 1951) e F. KAHN, *Das Wesen des Antisemitismus* (Berlim, 1932) representam as primeiras tentativas de uma sociologia do anti-semitismo. Mencionemos também JAKOB WASSERMANN, *Mein Weg als Deutscher und Jude* (Berlim, 1921), obra menos sistemática, porém de notável penetração. As pesquisas históricas encontram seus primeiros pioneiros em HUGO VALENTIN (*Der Antisemitenspiegel,* Amsterdam, 1936; trad. *Antisemitism Historically and Critically Examined,* Londres-New York, 1936) e sobretudo em JAMES PARKES (*The conflict of the Church and the Synagogue,* Londres, 1934; *The Jew in the Medieval Community,* Londres, 1938), às quais convém acrescentar JOSHUA TRACHTENBERG (*The Devil and the Jews,* Yale, 1943). Sob o ângulo da história das idéias, os trabalhos do filósofo ERICH VOEGELIN (*Rasse und Staat,* Tübingen, 1933; *Die Rassenidee in der Geistesgeschichte,* Berlim, 1933) abriram novas perspectivas, ainda por explorar; assinalemos também I. SCHAPIRA, *Der Antisemitismus in der französischen Literatur, Edouard Drumont und seine Quellen,* Berlim, 1927, estudo sólido que cobre um terreno mais amplo que sugerido pelo título. Na psicologia profunda, após o aventuroso ensaio de THEODOR REIK, *Der eigene und der fremde Gott* (Viena, 1923; trad. americana, New York, 1951), *Moisés e o Monoteísmo* de S. FREUD (*Der Mann Moses und die monotheistische Religion,* Amsterdam, 1939) marca uma época. Nos Estados Unidos, MAURICE SAMUEL (*The great hatred,* New York, 1940) também interpreta o anti-semitismo à luz da psicanálise, enquanto que a obra coletiva *Jew in a Gentile World* (New York, 1942, I. Graeber and St. H. Britt, orgs.) produto da colaboração de vários sociólogos e historiadores, joga luz sobre os conhecimentos adquiridos e sobre as teorias. À medida que se agravam as perseguições hitleristas, os estudos científicos sobre o anti-semitismo, que se multiplicam, refletem a tendência doravante dominante de considerá-los como uma doença social ou um fenômeno de psicopatologia coletiva. A ampla gama de trabalhos publicados a partir de 1945 pode ser subdividida nas seguintes categorias:

1. *O extermínio dos judeus europeus em 1939-1945.* Esse tema é tratado ou abordado na maior parte dos trabalhos dedicados à história do III Reich. Limitamo-nos a indicar três tentativas de síntese: LÉON POLIAKOV, *Le bréviaire de la haine* (Paris, 1951); GERALD REITLINGER, *The Final Solution* (Londres-New York, 1953), RAUL HILBERG, *The Destruction of the European Jews* (Chicago, 1961); para os elementos que vieram à luz durante o processo de Adolf Eichmann, pode-se consultar L. POLIAKOV, *Le procès de Jérusalem,* Paris, 1963, e GIDEON HAUSNER, *Justice in Jerusalem,* New York, 1966.

2. *História do anti-semitismo.* Sobre o problema das origens, a obra fundamental continua a ser a de MARCEL SIMON, *Vérus Israel, Étude sur les relations entre chrétiens et Juifs dans le monde romain (135-425),* (Paris, 1948), prolongado por BERNHARD BLUMENKRANZ, *Juifs et chrétiens dans le monde occidental (430-1906),* (Paris, 1960). É igualmente ao primeiro milênio da era cristã que foram dedicados os trabalhos mais cursivos de JULES ISAAC, *Jésus et Israel,* Paris, 1948, e *Gènese de l'antisémitisme* (Paris, 1956). F. LOVSKY, *Antisémitisme et mystère d'Israel* (Paris, 1955) dá o ponto de vista de um historiador que é ao mesmo tempo um teólogo. Esta é também a perspectiva da obra alentada

e apaixonada de FRIEDRICH HEER, *Gottes erste Liebe* (Munique, 1967). No que diz respeito à cristalização dos sentimentos antijudeus na Europa medieval, e enquanto se espera pela obra anunciada por GAVIN LANGMUIR, *From Xenophobia to Prejudice; The Formation of Antisemitism*, encontra-se brilhantes colocações em NORMAN COHN, *The Pursuit of the Millenium* (Londres-New York, 1957; trad. fr. *Les fanatiques de l'Apocalypse*, Paris, 1963). JACOB KATZ, *From exclusiveness to tolerance*, Oxford, 1961, dá a conhecer o ponto de vista rabínico sobre as relações com a cristandade medieval. O entrelaçamento da ideologia com as realidades da vida econômica é examinado por LÉON POLIAKOV, *Les banquiers juifs et le Saint-Siège du XIIIe au XVIIIe siècle* (Paris, 1964), completando neste ponto os dois volumes já publicados da História do Anti-Semitismo: *De Cristo aos Judeus da Corte* e *De Maomé aos Marranos*, Paris, 1955 e 1961; São Paulo, Perspectiva, 1979 e 1984.

Entre os numerosos trabalhos publicados desde o fim da guerra na Alemanha, pode-se isolar três obras coletivas: *Judenfeindschaft, Darstellungen und Analysen* (K. Thieme, org., Frankfurt am Main, 1963), *Judentum, Schicksal, Wesen und Gegenwart* (Fr. Böhm e W. Dirks, orgs., Wiesbaden, 1965) e W. P. ECKERT e E. L. EHRLICH, *Judenhass-Schuld der Christen?* Essen, 1964).

Enfim, o caso particular da Espanha foi objeto de inúmeros estudos, sobretudo após a fundação da revista *Sefarad* (Madrid, 1941). Pode-se confrontar a obra fundamental de I. BAER, *A History of Jews in Christian Spain* (2 v., Philadelphia, 1961-1966), com o ensaio extraordinariamente sugestivo de AMÉRICO CASTRO, *Realité de l'Espagne* (Paris, 1961), a ser prolongado por A. DOMINGUEZ ORTIZ, *La clase social de los conversos en la edad moderna* (Madrid, s.d.).

Para os tempos modernos, as pesquisas recentes limitam-se em geral a um único país. Para a Alemanha, ELEONORE STERLING, *Er ist wie Du* (Munique, 1956) é a única obra a estudar as campanhas antijudias da primeira metade do século XIX. Para a segunda metade, pode-se consultar P. MASSING, *Rehearsal for Destruction* (New York, 1949); G. J. PULZER, *The Rise of Political Antisemitism in Germany and Austria* (Londres-New York, 1964) e GEORGE L. MOSSE, *The Crisis of German Ideology* (New York, 1964). *Der Berliner Antisemitismusstreit 1879-1880* (W. Boehlich, org.,Frankfurt am Main, 1965) é uma útil coleção de documentos. A monumental obra coletiva *Entscheidungsjahr 1932, Zur Judenfrage in der Endphase der Weimarer Republik* (W. E. Mosse e A. Paucker, org., Tübingen, 1965), exaustiva no que diz respeito à República de Weimar, é abundante em dados sobre as últimas décadas da Alemanha imperial. A rivalidade econômica é estudada por H. GENSCHEL, *Die Verdrängung der Juden aus der Wirstschaft im 3. Reich* (Göttingen, 1966). Para a Áustria do final do século XIX há a tese de DIRK VAN ARKEL, *Antisemitism in Austria** (Leyde, 1966).

Para a França, dispõe-se de J. BYRNES, *Antisemistsm in Modern France* vol. I, "The Prologue to the Dreyfus Affair" (New Jersey, 1950) que podem ser completados com os capítulos sugestivos, mas freqüentemente contestáveis, dedicados ao caso Dreyfus por HANNAH ARENDT, *The Origins of Totalitarism* (2. ed., Londres-·New York, 1958). No que diz respeito especialmente ao anti-semitismo na imprensa católica, pode-se consultar o sólido e brilhante ensaio de PIERRE SORLIN, *La Croix et les Juifs (1880-1899)*, (Paris, 1967).

Para a Itália, RENZO DE FELICE, *Storia degli ebrei italiani sotto il fascismo* (Turim, 1961), e ATTILIO MILANO, *Storia degle ebrei in Italia* (Turim, 1963) limparam o terreno. Para os outros países, remete-se às obras de história judaica.

3. *O anti-semitismo na literatura.* Para a Idade Média, além dos trabalhos mencionados acima, pode-se consultar os textos reunidos por M. LIFSCHITZ-GOLDEN, *Les Juifs dans la littérature française du Moyen Age* (New York, 1935). Não se pode omitir a arte sacra, que deste ponto de vista constitui objeto de numerosos trabalhos, e em último lugar o estudo de B. BLUMENKRANZ, *Le Juif médiéval au miroir de l'art chrétien* (Paris, 1966), que, em nota, remete a alguns de seus predecessores.

A "imagem do judeu" nas várias literaturas nacionais tem sido amiúde estudada, notadamente no que se refere à literatura inglesa: as teses divergentes de J.

CARDOZO (*The Contemporary Jew in the Elizabethan Drama*, Amsterdam, 1925) e H. MICHELSON (*The Jew in Early English Literature*, Amsterdam, 1926), foram seguidas por E. MODDER (*The Jew in the Literature of England to the End of the 19th Century*, Filadélfia, 1939) e principalmente E. ROSENBERG (*From Shylock to Svengali, Jewish Stereotypes in English Fiction*, Londres, 1961). Não existe trabalho de igual valor sobre a literatura francesa; somos obrigados a nos contentar com C. LEHRMANN, *L'élément juif dans la littérature française* (Paris, 1960), que pode ser completado com utilidade pelo trabalho de A. PESSÈS*, *L'image du Juif dans la littérature romantique française* (Paris, 1964-1965) (E. RANDALL, *The Jewish Character in the French Novel 1870-1914*, pode servir como prolongamento), e não se deve deixar de lado, a propósito dessas questões de sensibilidade literária, PIERRE AUBÉRY, *Milieux juifs de la France contemporaine à travers leus écrivains* (Paris, 1957). Espera-se, também, a tese de CHARLOTTE WARDI*, *Le Juif dans le roman français contemporain.*

Embora a imagem do judeu, nas letras germânicas, tenha sido objeto de numerosos trabalhos e teses sobre o III Reich, há poucos sérios; mencionemos, contudo, H. BLOME, *Der Rassengedanke in der deutschen Romantik und seine Grundlagen im 18. Jahrhundert* (Berlim, 1943). Depois, surgiu apenas uma obra de valor, SIR LOUIS-GABRIEL*, *The Portrait of the Contemporary Jew in English and German Fiction and Drama from 1830 to 1880*. Dispõe-se também, para o campo conexo da filosofia alemã, de N. ROTENSTREICH, *The Recurring Pattern, Studies in Antijudaism in Modern Thought* (Londres, 1963). Para as ideologias socialistas, ver E. SILBERNER, *Sozialisten zur Judenfrage* (Berlim, 1962).

4. Sociologia. Dentre as numerosas pesquisas feitas, depois da última guerra, nos Estados Unidos, a do grupo da Universidade de Berkelev (*The Authoritarian Personality*, de T. W. ADORNO, E. FRENKEL-BRUNSWIK, D. J. LEVINSON, R. N. SANFORD et al., New York, 1950) continua sendo a mais detalhada e a mais rica em sugestões. Pode-se assinalar também J. GALTUNG, *Antisemitism in the Making. A Study on American High School Students* (Oslo, 1960). GERHARD LENSKI, *The Religious Factor* (New York, 1961), é uma pesquisa sobre as imagens respectivas do judeu, do católico e do protestante nos Estados Unidos (cf. também WILL HERBERG, *Protestant-Catholic-Jew* (New York, 1955); BERNHARD E. OLSON, *Faith and Prejudice* (Yale, 1963), trata especialmente das imagens do judeu e do católico no ensino protestante. A mais recente das pesquisas dessa categoria é a de CHARLES Y. GLOCK e RODNEY STARK, *Christian Belief and Antisemitism* (New York, 1966). Mas não se deve esquecer de consultar a clássica obra norte-americana sobre preconceitos étnicos de toda ordem, GORDON W. ALLPORT, *The Nature of prejudice* (Cambridge, Mass., 1954).

Para a Grã-Bretanha, ver J. ROBB, *Working-class Anti-Semite: A Psychological Study in a London Borough* (Londres, 1954). Não existe nada parecido para a França, mas as brilhantes *Réflexions sur la question juive* de JEAN-PAUL SARTRE (Paris, 1954) suplementam essa falha à sua maneira: há poucas obras que provoquem tanta reflexão.

Foram numerosos os trabalhos na Alemanha. Citemos as pesquisas de M. MULLER-CLAUDIUS (*Antisemitismus als Angriff auf die Seele*, Berlim, 1931; *Der Antisemitismus und das deutsche Verhängnis*, Frankfurt-am-Main, 1948); as prudentes interpretações de EVA REICHMANN (*Flucht in den Hass, Die Ursachen der deutschen Judenkatastrophe*, Frankfurt-am-Main, 1950; tradução inglesa: *Hostages of Civilization*, Londres, 1950) e, mais recentemente, duas obras coletivas que se completam: *Antisemitismus, Zur Pathologie der bürgerlichen Gesellschaft* (H. Huss e A. Schroder, orgs., Frankfurt am Main, 1965) e H. BUCHHEIM, M. BROSZAT, H. JACOBSEN e H. KRAUSNICK, *Anatomie des SS-Staates* (Olten, 1965).

5. *Psicologia.* Dentre as interpretações que se situam no prolongamento da doutrina freudiana ortodoxa, pode-se assinalar: *Antisemitism, A Social Disease* (E. Simmel, org., New York, 1946), R. P. LOEWENSTEIN, *Psychanalyse de l'antisémitisme* (Paris, 1950, tradução americana: *Christians and Jews*, New York, 1951), e, mais recentemente, o nº 5/XVI (1962) de *Psyche,* Stuttgart (*Die psy-*

chologischcn und sozialen Voraussetzungen des Antisemitismus), contendo estudos de B. Grunberger, W. Hochheimer, A. Mitscherlich. Mais ecléticas foram as pesquisas de N. W. ACKERMANN e M. JAHODA, *Antisemitismus and Emotional Disorder, A Psychoanalytic Interpretation* (New York, 1950) [Trad. bras.: *Distúrbios Emocionais e Anti-semitismo*, S. Paulo, Perspectiva, 1969)] e de B. BETTELHEIM e M. JANOWITZ, *Dynamics of Prejudice, A Psychological and Sociological Study of Veterans* (New York, 1950). As repercussões do anti-semitismo na psicologia dos judeus, especialmente sob a forma de um "anti-semitismo judeu", foram abordadas em último lugar, sob perspectivas muito variadas, por A. KÜNZLI, *Karl Marx, Eine Psychographie* (Frankfurt am Main — Viena, 1966) e por A. MEMMI, *Portrait d'un Juif* (2 v., Paris, 1963 e 1966).

COLEÇÃO ESTUDOS

1. *Introdução à Cibernética*, W. Ross Ashby.
2. *Mimesis*, Erich Auerbach.
3. *A Criação Científica*, Abraham Moles.
4. *Homo Ludens*, Johan Huizinga.
5. *A Lingüística Estrutural*, Giulio C. Lepschy.
6. *A Estrutura Ausente*, Umberto Eco.
7. *Comportamento*, Donald Broadbent.
8. *Nordeste 1817*, Carlos Guilherme Mota.
9. *Cristãos-Novos na Bahia*, Anita Novinsky.
10. *A Inteligência Humana*, H. J. Butcher.
11. *João Caetano*, Décio de Almeida Prado.
12. *As Grandes Correntes da Mística Judaica*, Gershom G. Scholem.
13. *Vida e Valores do Povo Judeu*, Cecil Roth e outros.
14. *A Lógica da Criação Literária*, Käte Hamburger.
15. *Sociodinâmica da Cultura*, Abraham Moles.
16. *Gramatologia*, Jacques Derrida.
17. *Estampagem e Aprendizagem Inicial*, W. Sluckin.
18. *Estudos Afro-Brasileiros*, Roger Bastide.
19. *Morfologia do Macunaíma*, Haroldo de Campos.
20. *A Economia das Trocas Simbólicas*, Pierre Bourdieu.
21. *A Realidade Figurativa*, Pierre Francastel.
22. *Humberto Mauro*, Cataguases, Cineart, Paulo Emílio Salles Gomes.
23. *História e Historiografia do Povo Judeu*, Salo W. Baron.
24. *Fernando Pessoa ou o Poetodrama*, José Augusto Seabra.

25. *As Formas do Conteúdo*, Umberto Eco.
26. *Filosofia da Nova Música*, Theodor Adorno.
27. *Por uma Arquitetura*, Le Corbusier.
28. *Percepção e Experiência*, M. D. Vernon.
29. *Filosofia do Estilo*, G. G. Granger.
30. *A Tradição do Novo*, Harold Rosenberg.
31. *Introdução à Gramática Gerativa*, Nicolas Ruwet.
32. *Sociologia da Cultura*, Karl Mannheim.
33. *Tarsila – sua Obra e seu Tempo* (2 vols.), Aracy Amaral.
34. *O Mito Ariano*, Léon Poliakov.
35. *Lógica do Sentido*, Gilles Delleuze.
36. *Mestres do Teatro I*, John Gassner.
37. *O Regionalismo Gaúcho*, Joseph L. Love.
38. *Sociedade, Mudança e Política*, Hélio Jaguaribe.
39. *Desenvolvimento Político*, Hélio Jaguaribe.
40. *Crises e Alternativas da América Latina*, Hélio Jaguaribe.
41. *De Geração a Geração*, S. N. Eisenstadt.
42. *Política Econômica e Desenvolvimento do Brasil*, Nathanael H. Leff.
43. *Prolegômenos a uma Teoria da Linguagem*, Louis Hjelmslev.
44. *Sentimento è Forma*, Susanne K. Langer.
45. *A Política e o Conhecimento Sociológico*, F. G. Castles.
46. *Semiótica*, Charles S. Peirce.
47. *Ensaios de Sociologia*, Marcel Mauss.
48. *Mestres do Teatro II*, John Gassner.
49. *Uma Poética para Antonio Machado*, Ricardo Gullón.
50. *Burocracia e Sociedade no Brasil Colonial*, Stuart B. Schwartz.
51. *A Visão Existenciadora*, Evaldo Coutinho.
52. *América Latina em sua Literatura*, Unesco.
53. *Os Nuer*, E. E. Evans-Pritchard.
54. *Introdução à Textologia*, Roger Laufer.
55. *O Lugar de Todos os Lugares*, Evaldo Coutinho.
56. *Sociedade Israelense*, S. N. Eisenstadt.
57. *Das Arcadas do Bacharelismo*, Alberto Venancio Filho.
58. *Artaud e o Teatro*, Alain Virmaux.
59. *O Espaço da Arquitetura*, Evaldo Coutinho.
60. *Antropologia Aplicada*, Roger Bastide.
61. *História da Loucura*, Michel Foucault.
62. *Improvisação para o Teatro*, Viola Spolin.
63. *De Cristo aos Judeus da Corte*, Léon Poliakov.
64. *De Maomé aos Marranos*, Léon Poliakov.
65. *De Voltaire a Wagner*, Léon Poliakov.
66. *A Europa Suicida*, Léon Poliakov.
67. *O Urbanismo*, Françoise Choay.
68. *Pedagogia Institucional*, A. Vasquez e F. Oury.
69. *Pessoa e Personagem*, Michel Zeraffa.
70. *O Convívio Alegórico*, Evaldo Coutinho.
71. *O Convênio do Café*, Celso Lafer.
72. *A Linguagem*, Edward Sapir.
73. *Tratado Geral de Semiótica*, Umberto Eco.
74. *Ser e Estar em Nós*, Evaldo Coutinho.

75. *Estrutura da Teoria Psicanalítica*, David Rapaport.
76. *Jogo, Teatro & Pensamento*, Richard Courtney.
77. *Teoria Crítica I*, Max Horkheimer.
78. *A Subordinação ao Nosso Existir*, Evaldo Coutinho.
79. *A Estratégia dos Signos*, Lucrécia D'Aléssio Ferrara.
80. *Teatro: Leste & Oeste*, Leonard C. Pronko.
81. *Freud: a Trama dos Conceitos*, Renato Mezan.
82. *Vanguarda e Cosmopolitismo*, Jorge Schwartz.
83. *O Livro dIsso*, Georg Groddeck.
84. *A Testemunha Participante*, Evaldo Coutinho.
85. *Como se Faz uma Tese*, Umberto Eco.
86. *Uma Atriz: Cacilda Becker*, Nanci Fernandes e Maria Thereza Vargas (org.).
87. *Jesus e Israel*, Jules Isaac.
88. *A Regra e o Modelo*, Françoise Choay.
89. *Lector in Fabula*, Umberto Eco.
90. *TBC: Crônica de um Sonho*, Alberto Guzik.
91. *Os Processos Criativos de Robert Wilson*, Luiz Roberto Galizia.
92. *Poética em Ação*, Roman Jakobson.
93. *Tradução Intersemiótica*, Julio Plaza.
94. *Futurismo: uma Poética da Modernidade*, Annateresa Fabris.
95. *Melanie Klein I*, Jean-Michel Petot.
96. *Melanie Klein II*, Jean-Michel Petot.
97. *A Artisticidade do Ser*, Evaldo Coutinho.
98. *Nelson Rodrigues: Dramaturgia e Encenações*, Sábato Magaldi.
99. *O Homem e seu Isso*, Georg Groddeck.
100. *José de Alencar e o Teatro*, João Roberto Faria.
101. *Fernando de Azevedo: Educação e Transformação*, Maria Luiza Penna.
102. *Dilthey: um Conceito de Vida e uma Pedagogia*, Mª Nazaré de Camargo Pacheco Amaral.
103. *Sobre o Trabalho do Ator*, Mauro Meiches e Silvia Fernandes.
104. *Zumbi, Tiradentes*, Cláudia de Arruda Campos.
105. *Um Outro Mundo: a Infância*, Marie-José Chombart de Lauwe.
106. *Tempo e Religião*, Walter I. Rehfeld.
107. *Arthur Azevedo: a Palavra e o Riso*, Antonio Martins.
108. *Arte, Privilégio e Distinção*, José Carlos Durand.
109. *A Imagem Inconsciente do Corpo*, Françoise Dolto.
110. *Acoplagem no Espaço*, Oswaldino Marques.
111. *O Texto no Teatro*, Sábato Magaldi.
112. *Portinari, Pintor Social*, Annateresa Fabris.
113. *Teatro da Militância*, Silvana Garcia.
114. *A Religião de Israel*, Yehezkel Kaufmann.
115. *Que é Literatura Comparada?*, Brunel, Pichois, Rousseau.
116. *A Revolução Psicanalítica*, Marthe Robert.
117. *Brecht: um Jogo de Aprendizagem*, Ingrid Dormien Koudela.
118. *Arquitetura Pós-Industrial*, Raffaele Raja.
119. *O Ator no Século XX*, Odette Aslan.
120. *Estudos Psicanalíticos sobre Psicossomática*, Georg Groddeck.
121. *O Signo de Três*, Umberto Eco e Thomas A. Sebeok.
122. *Zeami: Cena e Pensamento Nô*, Sakae M. Giroux.
123. *Cidades do Amanhã*, Peter Hall.

124. *A Causalidade Diabólica I*, Léon Poliakov.
125. *A Causalidade Diabólica II*, Léon Poliakov.
126. *A Imagem no Ensino da Arte*, Ana Mae Barbosa.
127. *Um Teatro da Mulher*, Elza Cunha de Vicenzo.
128. *Fala Gestual*, Ana Claudia de Oliveira.
129. *O Livro de São Cipriano: uma Legenda de Massas*, Jerusa Pires Ferreira.
130. *Kósmos Noetós*, Ivo Assad Ibri.
131. *Concerto Barroco às Óperas do Judeu*, Francisco Maciel Silveira.
132. *Sérgio Milliet, Crítico de Arte*, Lisbeth Rebollo Gonçalves.
133. *Os Teatros Bunraku e Kabuki: Uma Visada Barroca*, Darci Kusano.
134. *O Ídiche e seu Significado*, Benjamin Harshav.
135. *O Limite da Interpretação*, Umberto Eco.
136. *O Teatro Realista no Brasil: 1855-1865*, João Roberto Faria.
137. *A República de Hemingway*, Giselle Beiguelman-Messina.
138. *O Futurismo Paulista*, Annateresa Fabris.
139. *Em Espelho Crítico*, Robert Alter.
140. *Antunes Filho e a Dimensão Utópica*, Sebastião Milaré.
141. *Sabatai Tzvi: O Messias Místico I, II, III*, Gershom Scholem.
142. *História e Narração em Walter Benjamin*, Jeanne Marie Gagnebin.
143. *Bakhtin*, Katerina Clark e Michael Holquist.
144. *Os Direitos Humanos como Tema Global*, J. A. Lindgren.
145. *O Truque e a Alma*, Angelo Maria Ripellino.
146. *Os Espirituais Franciscanos*, Nachman Falbel.
147. *A Imagem Autônoma*, Evaldo Coutinho
148. *A Procura da Lucidez em Artaud*, Vera Lúcia Gonçalves Felício
149. *Memória e Invenção: Gerald Thomas em Cena*, Sílvia Fernandes Telesi
150. *Nos Jardins de Burle Marx*, Jacques Leenhardt
151. *O* Inspetor Geral *de Gógol/Meyerhold*, Arlete Cavalière

Impressão:
Gráfica Palas Athena